Introdução ao controle de processos

Blucher

sociedade brasileira de
AUTOMÁTICA

Julio Elias Normey-Rico
Marcelo Menezes Morato

Introdução ao controle de processos

Introdução ao controle de processos

Editora Edgard Blücher Ltda.
Publisher Edgard Blücher
Editor Eduardo Blücher
Coordenação editorial Jonatas Eliakim
Produção editorial Bonie Santos
Diagramação Autores
Revisão de texto Maurício Katayama
Capa Leandro Cunha
Imagem da capa iStockphoto

Editora Blucher
Rua Pedroso Alvarenga, 1245, 4º andar
CEP 04531-934 – São Paulo – SP – Brasil
Tel.: 55 11 3078-5366
contato@blucher.com.br
www.blucher.com.br

Dados Internacionais de Catalogação na Publicação (CIP)
Angélica Ilacqua CRB-8/7057

Normey-Rico, Julio Elias

Introdução ao controle de processos / Julio Elias Normey-Rico e Marcelo Menezes Morato. – São Paulo: Blucher, 2021. 708 p. : il.

Bibliografia

ISBN 978-65-5506-158-1 (impresso)

ISBN 978-65-5506-159-8 (eletrônico)

1. Engenharia industrial 2. Controle de processos 3. Controle automático 4. Automação industrial I. Título. II. Morato, Marcelo Menezes

21-3579 CDD 629.8

Índice para catálogo sistemático: 1. Engenharia industrial - Controle de processos

Julio:

Para Ana.

Marcelo:

Para Lara.

Apresentação

Neste livro, apresentamos os elementos básicos da teoria de controle de processos, usando uma abordagem para iniciantes. O objetivo do livro é apresentar de forma conceitual, sem necessidade de ferramentas de cálculo avançado, os elementos básicos de sistemas de controle, assim como as principais estratégias de controle usadas na prática industrial.

Desta forma, todas as discussões, demonstrações e exemplos aqui expostos são desenvolvidos integralmente no domínio do tempo e, portanto, podem ser compreendidos com conhecimentos prévios básicos de física e cálculo. Ademais, este livro também apresenta aspectos práticos relacionados às implementações das diversas técnicas de controle, com foco principal em sistemas digitais. Detalhes práticos, como a presença de perturbações, ruído de medição e a saturação dos atuadores, são levados em conta em todas as análises elaboradas ao longo do livro. Assim, as leitoras e os leitores poderão compreender todas as etapas necessárias para o projeto de um sistema de controle básico, desde a análise dos dados experimentais de um processo real até a síntese da lei de controle e sua respectiva implementação em malha fechada.

Em cada capítulo, o livro oferece exercícios propostos, problemas resolvidos e diversas atividades e ensaios que podem ser desenvolvidos em um kit experimental de baixo custo, proposto como uma plataforma prática de validação, para iniciantes no tema do controle de processos. Com esse kit, todos os passos de projeto de um sistema de controle simples podem ser implementados e testados.

O conteúdo deste livro é dividido em três partes. Primeiramente, apresentamos os temas conceituais associados ao controle de processos, como as operações de medição e atuação, controle em malha aberta e malha fechada, além de ferramentas de análise e síntese, como os diagramas de blocos. Nessa primeira parte, os conceitos básicos da teoria de sinais e sistemas também são introduzidos, como linearidade e estabilidade, além das operações necessárias para a implementação de sistemas de controle digital, como a amostragem e a interpolação.

Na segunda parte, o livro aborda as ferramentas básicas para a modelagem e o estudo das respostas de sistemas contínuos e discretos de primeira ordem, visando formalizar resultados teóricos com base em ensaios intuitivos e empíricos.

A terceira e última parte é dedicada à discussão e à análise dos algoritmos de controle por realimentação de saída mais usados na indústria: controladores on-off, proporcional, proporcional-integral e proporcional-integral-derivativo. Usando unicamente conceitos matemáticos simples, métodos de sintonia clássicos baseados em conceitos temporais são apresentados, além de discussões teóricas e experimentais sobre a regulação de processos em malha fechada. Ademais, apresentamos uma discussão sobre diversos aspectos importantes para aplicações práticas, como estratégias de anti-windup, o uso de sinais de BIAS, ponderação do set-point e uso de filtros de ruído, temas ilustrados por meio de diversos exemplos. O livro também inclui um capítulo final que discute, de forma preliminar, algumas questões avançadas sobre sistemas de controle, como incerteza, robustez e otimização, com o objetivo de motivar as leitoras e os leitores para estudos mais aprofundados.

Agradecimentos

Aproveitamos este espaço para agradecer a uma série de pessoas que, de diversas maneiras, tornaram este livro possível.

Primeiro, gostaríamos de agradecer a Amanda Joenck, César Comelli, Luiz Hage e Daniel Regner, que nos ajudaram na preparação de exemplos e na revisão do texto. Também agradecemos a Alice Branco e Alex Cani por elaborarem listas e gabaritos para a disciplina de Introdução ao Controle de Processos que serviram como base para exercícios aqui colocados.

Agradecemos ainda pelos incentivos dos nossos colegas e amigos de departamento. Alguns exemplos e casos de estudo apresentados ao longo deste livro foram elaborados com base em pesquisa científica financiada pela Capes, pelo CNPq e também pelo CNRS-França. Agradecemos a estas instituições pelo suporte.

Lembramos do acolhimento deste livro pela Sociedade Brasileira de Automática, que o incluiu nas séries de publicações de material didático.

Por fim, agradecemos pelo suporte, a paciência e a compreensão de nossas famílias e nossos amigos durante o processo de escrita.

Conteúdo

Capítulo 1

Introdução

Este livro tem como objetivo principal apresentar aos estudantes de engenharia (e de áreas afins) alguns problemas de controle do cotidiano e outros normalmente encontrados na indústria de processos, como também muitas das soluções implementadas para resolvê-los na prática.

O livro também trata de aspectos técnicos dos processos industriais de produção, como questões relacionadas aos sistemas de medição, de atuação e de controle. Para tal, diversos casos reais são usados para motivar e embasar as ferramentas de controle e seus respectivos desenvolvimentos matemáticos. Alguns exemplos práticos vistos ao longo deste livro provêm da indústria sucroalcooleira, de sistemas de energia solar, do setor de veículos autônomos e da indústria de petróleo e gás, temas de suma importância social.

No decorrer do texto, os conceitos básicos de controle de processos serão detalhados, abordando as principais metodologias de controle realimentado da prática industrial, mas também alguns casos de aplicação de técnicas de controle avançado.

É importante ressaltarmos que todo o desenvolvimento teórico apresentado neste livro segue uma abordagem intuitiva, recorrendo apenas a conceitos e ferramentas básicas da física e do cálculo. O livro é orientado a estudantes de engenharia que possuem conhecimentos básicos de matemática (como funções, derivadas, integrais, equações diferenciais ordinárias e séries) e de física (mecânica, termodinâmica, hidráulica e leis de conservação). Não são necessários conhecimentos de transformadas de Laplace ou Fourier. O material disponível neste livro também pode ser utilizado em cursos técnicos em engenharia de controle e automação e áreas correlatas.

Este livro também apresenta um tutorial para a elaboração de uma bancada experimental para estudo de sistemas de controle. Essa bancada é constituída de um par motor-gerador de corrente contínua, cuja velocidade é regulada por meio de um sinal de tensão acionado por um microcontrolador Arduino. Pela bancada, diversos conceitos teóricos e métodos de controle podem ser testados.

Os tópicos, seções e subtópicos de cada capítulo são divididos em temas básicos e avançados. Os temas avançados têm grau de profundidade matemática maior, com maior rigor e formalismos nas demonstrações. Em termos de notação, os títulos dos tópicos avançados são marcados em cinza. Os leitores e as leitoras que não desejarem se aprofundar nesses tópicos podem continuar a leitura do texto "pulando" os tópicos avançados, sem perda de continuidade.

Este livro é organizado de maneira progressiva, abordando primeiro temas iniciais até chegar em temas mais avançados:

- Os Capítulos 2 e 3 introduzem os primeiros conceitos sobre processos físicos, sinais e sistemas. As definições de atuação, medição, variável de controle e de processo, tal como os conceitos de interpolação e amostragem, são apresentadas e discutidas por meio de exemplos práticos.

- Os Capítulos 4, 5 e 6 apresentam as ferramentas matemáticas para análise de sistemas físicos e como estes podem ser representados por equações diferenciais ou equações às diferenças. Nestes capítulos, os conceitos de linearidade, linearização e propriedades gerais de sistemas também são discutidos e debatidos por meio de ilustrações e análises intuitivas e empíricas.

- O Capítulo 7 apresenta um panorama geral sobre como os sistemas se comportam quando colocados sob a ação de controladores com realimentação dinâmica da saída.

- Na sequência, os Capítulos 8, 9, 10, 11 e 12 apresentam, respectivamente, as abordagens de controle do tipo *on-off* (liga-desliga), proporcional (P), proporcional-integral (PI) e proporcional-integral-derivativo (PID). No Capítulo 12, ideias preliminares sobre controladores antecipativos (*feed-forward*) são debatidas.

- Por fim, no Capítulo 12.7, algumas noções básicas sobre otimização são debatidas, além da ilustração de detalhes preliminares sobre controladores robustos, incluindo abordagens lineares a parâmetros variantes.

Para fins de revisão dos conteúdos apresentados, no final de cada um desses capítulos, incluímos listas de exercícios e de problemas, além de alguns problemas resolvidos. Nestas listas, propomos exercícios com foco direto nos temas do capítulo correspondente. Já nos problemas, buscamos apresentar casos de estudo que integram o conteúdo de vários capítulos. Ressaltamos também que, a partir do Capítulo 5, incluímos atividades experimentais que são propostas para serem desenvolvidas na bancada experimental proposta. Também, no final da maioria dos capítulos, apresentamos uma seção de leituras recomendadas para discussões mais aprofundadas dos temas discutidos.

O livro conta com três apêndices. O Apêndice A é composto exclusivamente por problemas resolvidos, que englobam todos os conteúdos apresentados. O Apêndice B apresenta o tutorial para montagem do kit experimental proposto como ferramenta de testes e validação. Por fim, o Apêndice C apresenta duas ferramentas para a simulação de processos e sistemas de controle.

Parte I

Processos e sistemas

Capítulo 2

Processos

O assunto principal deste livro é o controle de processos, área de estudo muito importante no contexto das mais diversas aplicações de engenharia. Para podermos avançar neste estudo dos problemas associados ao controle de processos, é necessário, primeiramente, apresentarmos os conceitos básicos de sistemas e respondermos a perguntas como:

- O que é e como se define um processo na engenharia de controle?
- Em quais passos consiste o projeto de um sistema de controle de um processo?

Visando responder a essas perguntas, neste capítulo discutimos o funcionamento de processos e introduzimos algumas definições e conceitos importantes para sua compreensão, por exemplo, o que são variáveis de controle, variáveis controladas e perturbações.

2.1 Introdução

Definição 1 *Processo*

No contexto da engenharia, um ***processo*** *é definido como sistema que trans-*

forma ou modifica as propriedades físicas, químicas ou biológicas de um material ou elemento, podendo até convertê-lo em um novo produto.

Esse conceito é um dos fundamentos básicos para a sequência deste livro, que discute projetos de sistemas de controle para os pequenos processos do cotidiano. O aquecimento de água para o banho é um processo de nosso cotidiano, ao passo que alguns exemplos de processos industriais de grande porte são a transformação de bauxita em alumínio e a produção de etanol a partir da cana-de-açúcar.

Várias pequenas tarefas do cotidiano são exemplos de processos simples. Apresentaremos alguns destes na sequência.

Exemplo 1 *A Figura 2.1 ilustra um exemplo corriqueiro de um processo: o ato de esquentar água em um fogão. Neste processo do cotidiano, ao manipularmos ou regularmos a quantidade de calor entregue pela chama do fogão, conseguimos modificar uma propriedade física (neste caso, a temperatura) da matéria-prima (que, para este exemplo, é a água). Podemos notar, empiricamente, portanto, que há uma relação de causa e efeito: a temperatura da água aumentará conforme o fogão fornecer calor. Em outros termos, geralmente, a variação da propriedade física do material será uma função da intensidade da atuação sobre o processo que produz esse material. Neste processo, usamos a energia produzida pela combustão do gás (que é uma reação química) para alterar a temperatura da água.*

Exemplo 2 *Um outro exemplo de um processo simples é a variação da velocidade das pás de um ventilador quando acionamos o botão que modifica a potência elétrica do aparelho (ilustrado na Figura 2.2). Neste processo, a energia elétrica é transformada em energia mecânica. Uma potência elétrica de acionamento maior faz com que as pás do ventilador se movam mais rapidamente.*

Apesar dos exemplos anteriores serem de áreas e contextos muito diferentes, do ponto de vista conceitual, eles têm várias características em comum.

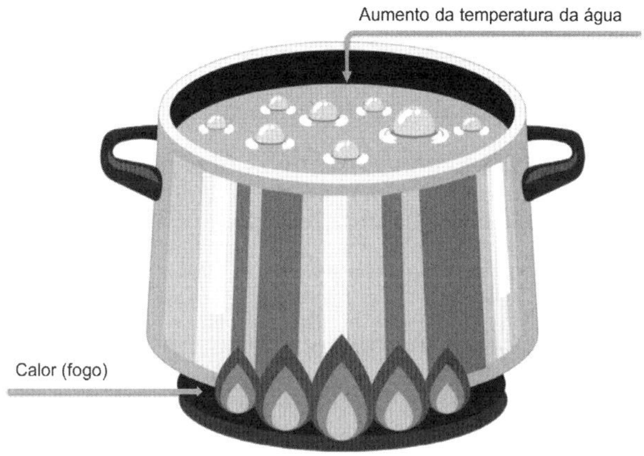

Figura 2.1 – Sistema de aquecimento de água.

A primeira é que existe uma relação de causa e efeito entre uma manipulação realizada sobre o processo (que, mais tarde, definiremos como variável manipulada do processo) e a propriedade do material que é produzido ou a característica do processo modificado (que definiremos, nas próximas seções, como variável controlada). No caso do fogão, manipulamos a válvula de gás visando aumentar a temperatura da água. Já no caso do ventilador, nosso objetivo é manipular a posição do botão que ajusta a potência elétrica para variar a velocidade do ventilador. A segunda característica em comum é que em todo processo as variações das grandezas que queremos modificar (temperatura e velocidade nos exemplos anteriores) se dão na prática de forma gradual ao longo do tempo, com uma certa dinâmica, que estudaremos mais à frente neste livro. Finalmente, uma terceira característica é que precisamos de elementos no processo que permitam nossa interação com ele: algum dispositivo que nos permita atuar no processo e algum outro equipamento que nos permita perceber as mudanças que acontecem por causa de nossa atuação. Ainda neste capítulo discutiremos estes conceitos com mais detalhes, mas, antes, apresentaremos uma forma gráfica simples para representar o processo.

Como visto nos exemplos anteriores, a descrição de um processo pode ser realizada de forma textual. Entretanto, na prática de engenharia, é bem comum utilizarmos representações gráficas dos processos, de forma que seja possível uma compreensão de maneira rápida e direta das relações entre as manipulações que realizamos no processo e dos efeitos por elas produzidas.

Por exemplo, para o processo do ventilador, poderíamos fazer uma representação gráfica muito simples, como a apresentada na Figura 2.2. Nessa representação, podemos observar diretamente a relação de causa e efeito entre as diferentes grandezas envolvidas nesse processo (no caso, a posição do botão e a velocidade das hélices do ventilador) e, também, que existe uma certa transformação que "traduz" a posição do botão em uma certa velocidade.

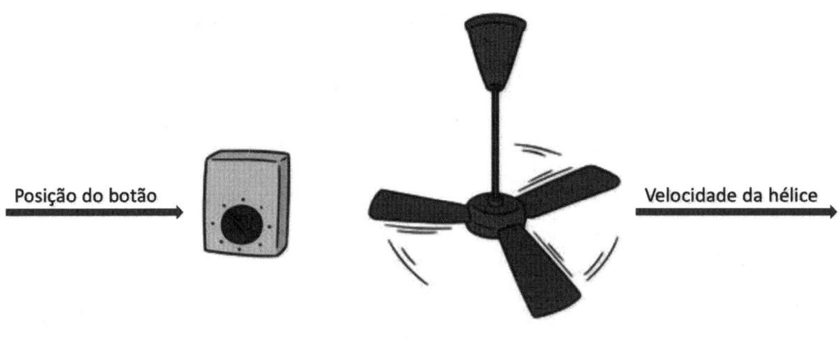

Figura 2.2 – Ventilador com controle de velocidade.

No contexto de engenharia de controle, a principal representação para as transformações e relações de causa e efeito entre variáveis é denominada "diagrama de blocos". Devido à importância desta ferramenta de representação e análise de processos, e que nos será útil para explicar vários dos conceitos deste capítulo, ela é discutida com mais detalhes na próxima seção.

2.1.1 Diagrama de blocos

Um diagrama de blocos é um fluxograma esquemático usado para caracterizar e detalhar o funcionamento de processos e é uma ferramenta muito útil para a representação visual de processos reais. Com ele é possível, de maneira muito simples e visual, demonstrar as etapas e os procedimentos intermediários necessários para, por exemplo, transformar uma dada matéria-prima em produto final, mesmo em processos mais complexos dos que apresentamos na seção anterior.

Exemplo 3 *Na Figura 2.3, apresentamos um diagrama de blocos que representa as etapas fundamentais de um processo de produção de açúcar e bioetanol a partir da cana-de-açúcar. O processamento começa com a moagem da cana-de-açúcar, em um processo similar ao usado nos quiosques de caldo de cana. Os subprodutos deste processo são a garapa, um caldo açucarado, e o bagaço de cana, que consiste nas fibras da cana-de-açúcar que foram moídas. Com estes dois subprodutos, o processamento continua dentro da fábrica (na usina de cana, como normalmente esta fábrica é denominada). A garapa passa, então, por um processo de clarificação, para deixar o produto com a cor branca mediante tratamento químico, e concentração, para retirada da água por evaporação. O produto resultante (que pode ser comparado ao melado de cana) segue por dois caminhos possíveis: ou ele é cristalizado e centrifugado para produzir açúcar, ou ele é fermentado e destilado para produzir etanol. Já o bagaço da cana, juntamente com o palhiço (resíduo orgânico como folhas e ponteiros da cana, trazidos da lavoura), é queimado em caldeiras, para produzir vapor. Por sua vez, este vapor é usado, em uma pequena parte, para a própria usina (por exemplo, para aquecer os evaporadores) e, em grandes volumes, para a produção de energia elétrica em turbinas a vapor, que é vendida para a concessionária (distribuidora de energia local). Além disso, um outro subproduto da fábrica, a vinhaça, que é o resíduo não alcoólico da destilação* *da garapa concentrada, é usado em digestores para produzir biogás. Este biocombustível pode ser usado para produzir calor e eletricidade em máquinas específicas para isso, denominadas CHP (do inglês, combined heat and power). O destino da energia elétrica proveniente do CHP é, também, a venda e o consumo local. Já o calor proveniente destas máquinas pode ter várias utilidades práticas. Uma delas é ser usado em resfriadores industriais, dispositivos capazes de gerar água fria a partir de água quente. Essa água fria é usada para esfriamento de alguns fluidos dentro do processo de produção de açúcar e etanol.*

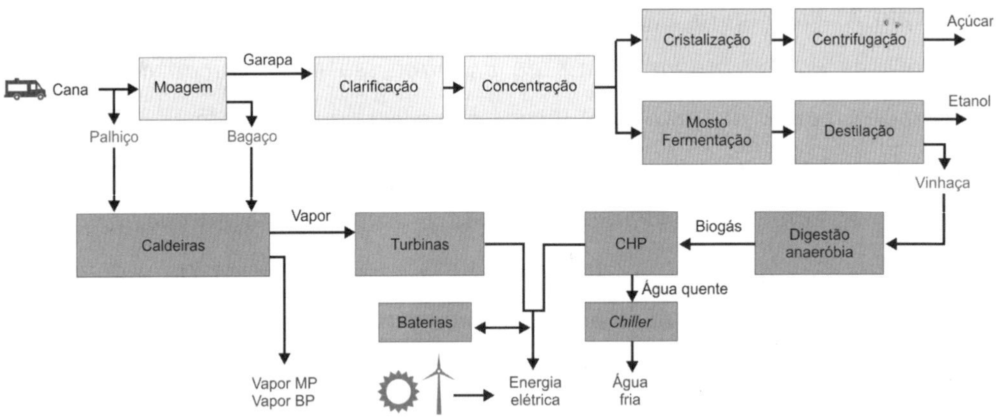

Figura 2.3 – Produção de açúcar, etanol e energia na indústria sucroalcooleira.

Como pudemos notar, este é um processo complexo, cuja matéria-prima, a cana-de-açúcar, é usada por completo: tanto no que poderia ser considerado o produto principal, o caldo, como nos resíduos do processo de transformação (palhiço, bagaço e vinhaça), que são utilizados para gerar energia elétrica, água fria e vapor, que servem para manter o processo de clarificação, moagem e concentração funcionando. Cada uma dessas etapas de transformação da cana-de-açúcar (blocos do diagrama) são processos que modificam as propriedades físicas e químicas dos produtos. O conjunto de todos os processos conectados recebe normalmente o nome de planta, termo que, às vezes, utilizamos como sinônimo do processo.

Ressaltamos que o nível de detalhe que é incluído nesses diagramas de blocos pode variar conforme o setor ou a aplicação da engenharia (computação, produção etc.).

Exemplo 4 *Um outro exemplo de uma aplicação industrial de geração de energia renovável é representado com um diagrama de blocos na Figura 2.4. Nessa figura, podemos observar como o processo transforma a biomassa e irradiação solar para gerar potência elétrica para demandas internas da indústria como também para a rede externa. A biomassa recebida é armazenada e depois conduzida a uma caldeira para produzir vapor, que é convertido em energia elétrica em um par turbina-gerador que opera a uma frequência de* 60 *Hz. Por outro lado, a irradiação solar é convertida em energia elétrica pelos painéis fotovoltaicos e pode ser enviada à rede depois de passar por uma etapa de conversão para a frequência da rede. A energia produzida nesses processos pode ser diretamente injetada na rede ou acumulada em baterias para ser usada em outros horários, diferentes do horário da produção, sempre com a correspondente transformação entre corrente alternada para contínua (ou vice-versa).*

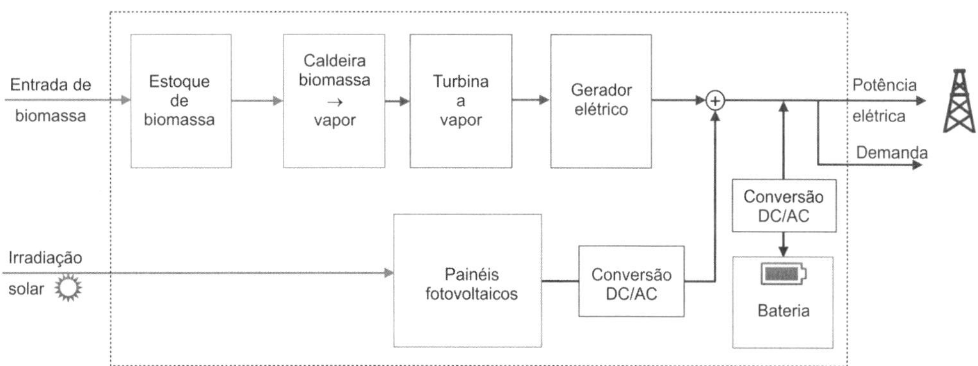

Figura 2.4 – Microrrede: processo de geração de energia renovável.

Exemplo 5 *A Figura 2.5 apresenta mais um exemplo, neste caso de um diagrama de blocos um pouco mais geral em nível de detalhas, para o qual* *apenas representamos as trocas de energia entre o processo de conversão e armazenamento. Notamos, neste caso, que não estão especificados os tipo de subprocessos que são representados com este diagrama.*

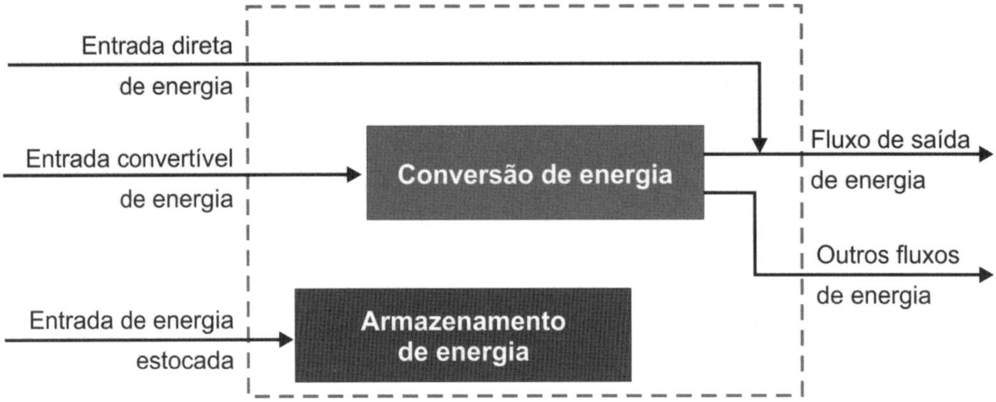

Figura 2.5 – Processo de geração e armazenamento de energia.

É importante ressaltarmos, aqui, que esses diagramas são muito importantes para o entendimento qualitativo dos processos e, como veremos mais adiante (este tema será discutido com detalhes no Capítulo 3), para a aplicação da teoria de sistemas de controle. Entretanto, para realizarmos estudos quantitativos e detalhados sobre os processos, cada um dos blocos desses diagramas deve ser associado a uma equação matemática (ou a um conjunto de equações) que descreva a relação entre as diferentes variáveis envolvidas no processo.

O termo "variável" é usado para descrever uma determinada grandeza relacionada ao processo que pode variar ao longo do tempo. Essa variação é causada por modificações realizadas no processo ou pela evolução natural de suas caraterísticas físico-químicas. Por exemplo, no caso do processo do ventilador, a velocidade das pás poderia ser considerada a variável do processo que é modificada, ao longo do tempo, devido ao efeito causado pela manipulação do botão de comando, que, neste caso, seria uma variável manipulada.

2.2 Controle de processos?

A palavra "controlar" é bastante usada na vida cotidiana para as mais diversas situações: falamos em controlar os gastos, em controlar o peso, em controlar o colesterol etc. Controlar, então, significa tomar algumas ações visando causar um determinado efeito em uma propriedade ou situação de nossas vidas. Por exemplo, para "controlarmos" nosso peso, devemos tomar como ação a ingestão de uma determinada quantidade de alimento que esteja de acordo com nossa rotina de vida e com o peso que desejamos ter. Assim, se consideramos o nosso organismo como um processo que transforma os alimentos que ingerimos em energia e aumento de peso, devemos manipular a quantidade de alimento que ingerimos para podermos ter como "resultado" o peso desejado.

Com base no exemplo anterior, podemos agora introduzir, intuitivamente, algumas ideias importantes associadas ao controle de processos. Para controlar nosso peso, precisamos medi-lo. Para tal, podemos usar uma balança. Conhecendo nosso peso, prosseguimos comparando-o com o peso que gostaríamos ter, ou seja, com um valor de "referência" que definimos previamente, segundo algum critério. Dependendo da diferença entre o peso medido e o desejado, tomaremos uma decisão, que será uma "ação de controle". Usaremos, para a decisão desta ação, seguindo alguma lógica baseada na "matemática de uma dieta". Finalmente, esta ação de controle será executada quando preparamos a comida que será ingerida. Neste passo final, manipulamos uma variável (alimentos ingeridos) para afetar o processo e tentar "levar nosso peso ao valor desejado".

A Figura 2.6 mostra um diagrama desse sistema de controle. Na sequência, detalharemos cada uma das operações desse diagrama com rigor matemático, mas, neste momento, podemos destacar que observamos três etapas fundamentais para o processo: a medida, o controle e a atuação.

De forma geral, controlar um processo significa definir determinadas

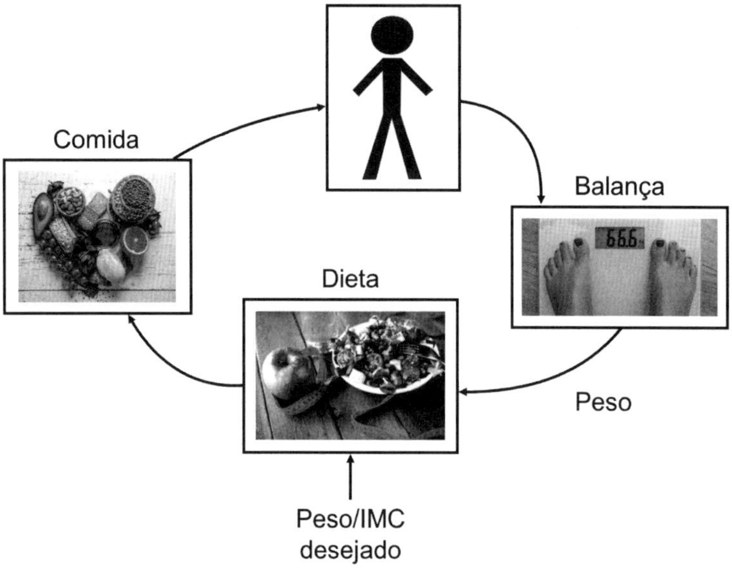

Figura 2.6 – Esquema para controle de peso/IMC.

ações a serem executadas por meio das variáveis manipuláveis, de tal forma que possamos conseguir com que os produtos ou variáveis do processo cumpram determinadas condições ou apresentem determinadas propriedades. E para auferir que os objetivos estão sendo cumpridos é que usamos as medidas das variáveis de interesse.

Para o exemplo do processo de aquecimento de água em uma panela, controlar o processo significa determinar de que forma manipulamos a entrada de gás no fogão (pela posição do botão) para conseguirmos uma determinada temperatura da água, geralmente em um determinado tempo. Ressaltamos que aquecer a água a uma dada temperatura pode não ser uma solução satisfatória para o usuário se demoramos muito tempo para chegar a essa temperatura desejada. O conceito de controlar um dado processo, embora simples, está diretamente associado aos objetivos que devem ser alcançados.

Engenheiras e engenheiros de controle devem ser capazes de entender e projetar sistemas de controle para os mais variados tipos de processos, sejam estes industriais ou cotidianos; devem saber projetar sistemas de controle de tal forma que certos requisitos possam ser atendidos.

Esses requisitos, denominados "requisitos de controle", podem ser divididos em cinco categorias principais, tal como é apresentado a seguir:

1. **Requisitos de custo-benefício:** sistemas de controle podem ser projetados para garantir que o processo mantenha algum nível especificado de custo-benefício. Na prática, a grande maioria dos processos deve ser controlada de tal forma que seu retorno econômico seja maior que seu custo. Em um sistema de geração de energia fotovoltaica, um exemplo de um requisito de custo-benefício é que o custo de instalação dos painéis deve ser dirimido pela economia na conta elétrica em um prazo máximo de alguns anos.

2. **Requisitos de segurança:** a segurança de processos industriais é sempre uma prioridade, principalmente para diminuir o risco de acidentes. Dessa forma, muitos sistemas de controle são projetados para que situações de falha, panes e paradas forçadas sejam evitadas. Em uma pequena caldeira, como no exemplo da Figura 2.4, devem ser garantidos níveis seguros de temperatura e pressão, de tal forma que explosões nunca ocorram.

3. **Regulação ambiental:** questões ambientais são frequentemente levadas em conta para o funcionamento adequado de processos. Os sistemas de controle devem garantir, por exemplo, que o descarte de um certo material na natureza ou a reintrodução desse material em alguma etapa intermediária do processo sejam feitos de acordo com a legislação vigente. Na indústria do curtume, por exemplo, utiliza-se a pele do gado para a produção de roupas e materiais de couro. Esse tipo de processo costuma gerar uma grande quantidade de resíduo orgânico, que deve ser descartado de forma adequada.

4. **Restrições operacionais:** restrições da operação adequada do próprio

processo devem ser levados em conta no projeto de sistemas de controle. Essas restrições são mecânicas e físicas (inerentes ao processo em si) ou normativas. Quanto às primeiras, estas dizem respeito aos limites reais da operação, ou seja, quando se pode aumentar ou diminuir uma determinada variável de sistema: não se pode ultrapassar as cargas máximas preestabelecidas de uma máquina ou planejar ter mais quantidade de matéria-prima do que o disponível. Quanto às segundas, deve-se observar o conjunto de normas (internas ou externas) que regem o tipo de atividade que se realiza no processo. Portanto, os processos devem ser controlados sempre de tal forma que essas normas sejam respeitadas. Em uma indústria cerâmica, por exemplo, deve-se definir qual é a temperatura máxima dentro do forno de queima, de tal forma que as peças não percam resistência mecânica por temperatura excessiva.

5. **Requisitos de desempenho:** por fim, um sistema de controle sempre deve ser projetado de tal forma que o processo controlado obtenha um comportamento de acordo com um desempenho pré-especificado. Por exemplo, um sistema de controle de um carro autônomo deve garantir que o carro trafegue de acordo com a rota planejada pelo usuário, e que os tempos de chegada nos diferentes pontos sejam cumpridos. De forma geral, os requisitos de desempenho são referentes, entre outros, à otimização da operação processo, à supressão de efeitos não desejáveis causados por perturbações externas, à manutenção da estabilidade do processo e ao cumprimento de requisitos temporais (tempo de chegada a uma dada condição, por exemplo).

2.3 Entendendo o controle de processos

Considerando as cinco categorias de requisitos de controle expostas na antecedência, os processos devem ser controlados de tal forma que estas possam ser, de fato, garantidas. Para tal, os processos controlados devem ser monitorados e intervenções devem ser feitas de forma autônoma e "inteligente". Vamos, então, formalizar alguns desses conceitos por meio do diagrama de blocos apresentado na Figura 2.7.

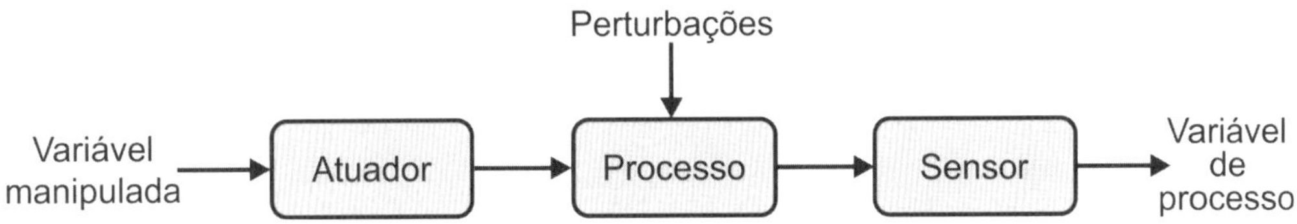

Figura 2.7 – Diagrama de blocos: atuador, processo, sensor.

Nessa figura, estão indicadas várias variáveis e alguns elementos que estão presentes em todos os processos. A "variável de processo", também denominada "variável controlada", representa alguma propriedade do produto do processo que desejamos manter sob controle, por exemplo, uma temperatura de um fluido, uma velocidade de um ventilador, uma quantidade de açúcar produzida por hora etc. Para observarmos ou sabermos o estado dessa variável, precisamos, na maioria dos casos, de um sensor ou medidor (por exemplo, um termômetro para medir um sinal de temperatura). A "variável de controle", também denominada "variável manipulada", representa a variável que deve ser manipulada pelo operador ou pelo sistema de controle automático. Para tal, precisamos de um elemento atuador, que "conecta" a manipulação ao processo. Por exemplo, quando giramos o botão de acionamento de um fogão, existe uma válvula ligada a esse botão (atuador) que permite a passagem do gás pela tubulação até a chama. Como discutimos, a manipulação da variável de controle tem como objetivo garantir que a variável de processo respeite os requisitos de controle, e isso deve ser realizado e garantido a despeito de possíveis perturbações. Essas perturbações são as variáveis que afetam o resultado do processo, mas que não podemos manipular.

Formalizaremos estes conceitos e citaremos alguns exemplos adicionais:

- **Variável de controle** ou **variável manipulada** é a variável do sistema que o operador ou controlador manipula para causar um efeito sobre a variável de processo.

- **Variável de processo** ou **variável controlada** é a variável física do processo que representa uma característica de interesse do processo e que será afetada pela manipulação da variável de controle.

- **Perturbações** são as variáveis que modificam de forma direta ou indireta o comportamento do processo alterando a variável de processo. Não há como manipularmos uma perturbação. De forma geral, as perturbações de um processo são variáveis exógenas (secundárias) ao sistema de controle, tal como atrito, resistências em geral, variações de temperatura externa, vibrações, variáveis não identificáveis, carga ou torque externo, falhas e ruídos (tanto no sinal de controle quanto na variável de processo).

Ainda, as definições dos blocos referentes à atuação e à medição do processo devem ser apresentadas:

- **Atuador**: é o componente capaz de transformar a variável de controle (que geralmente é de baixa potência) em uma grandeza capaz de modificar o processo (com maior potência). Por exemplo, uma válvula industrial que controla a vazão de água em uma tubulação que alimenta um tanque é, de fato, um atuador, visto que ela recebe um sinal elétrico que é transformado em um movimento mecânico para estrangular a passagem de fluido e, consequentemente, reduzir a vazão de água que entra no tanque, desta forma fazendo o nível de água no tanque variar. Uma válvula mecânica manual também é um atuador que permite ao operador usar a posição da alavanca da válvula para modificar a vazão na tubulação.

- **Sensor**: é o componente capaz de traduzir uma grandeza física em outra que possa ser interpretada pelo sistema de controle (geralmente uma tensão ou corrente elétrica), ou em uma visualização gráfica que possa ser compreendida pelo operador. Um termopar, por exemplo, é um sensor de temperatura que transforma a variação de temperatura do líquido no qual ele está imerso em um valor de tensão elétrica. A temperatura também pode ser medida com um termômetro de mercúrio, que apresenta para o usuário uma variação visual do nível de uma coluna de mercúrio dependendo da temperatura que está sendo medida.

Um detalhe importante deve ser comentado em relação às diferentes nomenclaturas usadas na academia e na indústria para as variáveis e elementos de controle. Na indústria, utilizam-se tanto os termos variável de controle quanto variável manipulada para a atuação; já na academia, é mais usual usarmos a denominação "variável de entrada" (ou somente "entrada"). A variável de interesse, ou que se deseja controlar, é denominada, no contexto industrial, variável de processo; na academia, é mais usual utilizarmos o termo "saída do processo"(ou somente "saída").

Esta denominação de entradas e saídas de um processo é muito associada ao uso do diagrama de blocos como representação matemática do processo, mas devemos ter cuidado quando usamos esta terminologia, pois a saída do processo, do ponto de vista do controle, não é necessariamente a saída do produto do processo. Por exemplo, em um sistema de controle de temperatura de água, a saída física do sistema é a água quente, mas a variável de processo, em termos de controle, é a temperatura da água.

Na sequência, apresentaremos alguns exemplos de processos para que possamos identificar os elementos e as variáveis envolvidas.

2.3.1 Exemplos de processos e suas variáveis

Exemplo 6 *Na Figura 2.8, apresentamos um chuveiro elétrico residencial. Este aparelho é usado para aquecer a água do banho mediante a transformação de energia elétrica em energia térmica. O chuveiro possui no seu interior um pequeno tanque que recebe a água fria e no qual está alojada uma resistência elétrica. A água, passando por este pequeno tanque, é aquecida pelo calor gerado pelo resistor e sai do chuveiro com uma temperatura maior que a da entrada. Esta temperatura depende de quanta potência é dissipada no resistor elétrico e por quanto tempo a água permanece dentro do pequeno tanque. O chuveiro é capaz de elevar a temperatura da água em um dado incremento e, portanto, o valor final desta temperatura, na saída, será igual à soma desta variação com a temperatura da água que entra no pequeno tanque.*

Neste processo, podemos diretamente definir a temperatura da água que sai do chuveiro como a variável de processo, pois esta é a variável de interesse que é controlada pela pessoa que toma banho. A temperatura de entrada da água é, sem dúvidas, uma perturbação para este processo, uma vez que não temos controle sobre ela e suas variações afetam a variável de processo. Podemos considerar duas variáveis diferentes como a variável manipulada. Caso o chuveiro não possua uma potência elétrica variável, a única variável de controle é a vazão da água, regulada por meio de um registro (torneira). Ressaltamos que essa variável tem um efeito inverso sobre a temperatura, pois, ao aumentarmos a vazão de água, diminuiremos a temperatura de saída da água, pois a água passará mais rápido pelo pequeno tanque, se mantivermos todas as outras variáveis do processo constantes. No caso de chuveiros com potência elétrica variável, temos a possibilidade de usar duas variáveis controladas, visto que a própria potência também pode ser considerada uma variável manipulada. Na prática, as pessoas que tomam banhos nestes chuveiros utilizam, normalmente, ambas as variáveis controladas para regular o processo, pois, desta forma, é possível regularmos a temperatura da água e também a vazão, dentro de certos limites, para um banho agradável.

Vamos, agora, identificar neste processo alguns elementos adicionais. O chuveiro geralmente não tem sensor de temperatura, pois usamos o nosso próprio corpo para verificar a temperatura da água, sem considerar o valor exato, mas apenas uma sensação de temperatura agradável. Um chuveiro mais sofisticado poderia possuir um termômetro com visor digital que indicasse a temperatura da água. Em termos de atuadores, podemos identificar dois neste processo: o registro de água (que atua como uma válvula), que nos permite modificar a vazão e, consequentemente, a temperatura da água, e o acionamento mecânico (botão) do chuveiro, que nos permite modificar a potência elétrica da resistência.

Figura 2.8 – Chuveiro elétrico com potência variável.

Exemplo 7 *A Figura 2.9 mostra uma ilustração de um sistema de suspensão automotiva, composta por um amortecedor de amortecimento variável e uma mola de rigidez constante. O objetivo deste sistema é minimizar a aceleração vertical do chassis, de tal forma a melhorar o conforto dos passageiros, a despeito da estrada sobre a qual o veículo trafega. Logo, a aceleração vertical do carro é a variável de processo para este sistema, a variável de controle é a força dissipativa imposta pelo amortecedor. O atuador, neste processo, é o amortecedor de amortecimento variável, e o sensor é o* *transdutor que mede a aceleração vertical instantânea do carro, acoplado ao centro de massa do veículo. A estrada e suas características verticais (buracos, solavancos etc.) representam as perturbações deste processo.*

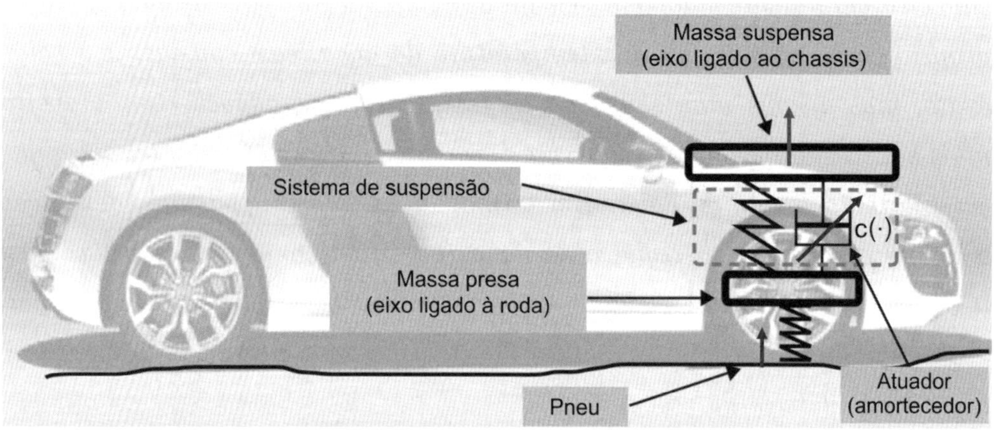

Figura 2.9 – Sistema de suspensão automotiva.

Exemplo 8 *Na Figura 2.10, apresentamos uma representação gráfica de uma caldeira a gás, usada industrialmente para esquentar água. Esse sistema é composto por um queimador a gás e uma tubulação interna, pela qual circula água. Essas tubulações estão dispostas de tal forma que a chama produzida pela queima do gás esquente a água.*

O objetivo desse processo é aquecer o fluxo de água que entra na tubulação a uma dada temperatura mediante a queima do gás enviado ao queimador. Portanto, a temperatura da água de saída é a variável de processo (T, na figura), e a abertura da válvula que controla a vazão de gás ("V_2", na figura) é a variável de controle. Assim como no caso do chuveiro residencial, a temperatura da água que entra na tubulação da caldeira e a sua respectiva vazão modificam a temperatura de saída da água e, ao considerarmos que não temos como controlá-las, estas são as perturbações do processo.

Na Figura 2.10, podemos observar os atuadores e sensores deste processo, representados, respectivamente, pelas válvulas ("V_2"e "V_3") e medidores de temperatura (símbolo "TT", do inglês temperature transducer) e *vazão (símbolo "FT", do inglês flow trasducer). Notamos que este sistema tem sensores para a variável de processo, mas também para outras variáveis. Neste caso, a vazão de gás e de água entrando no sistema também são variáveis medidas, assim como a temperatura da água que entra no sistema. Este tipo de medida auxiliar é importante para melhorar o desempenho do sistema de controle, como veremos em próximos capítulos.*

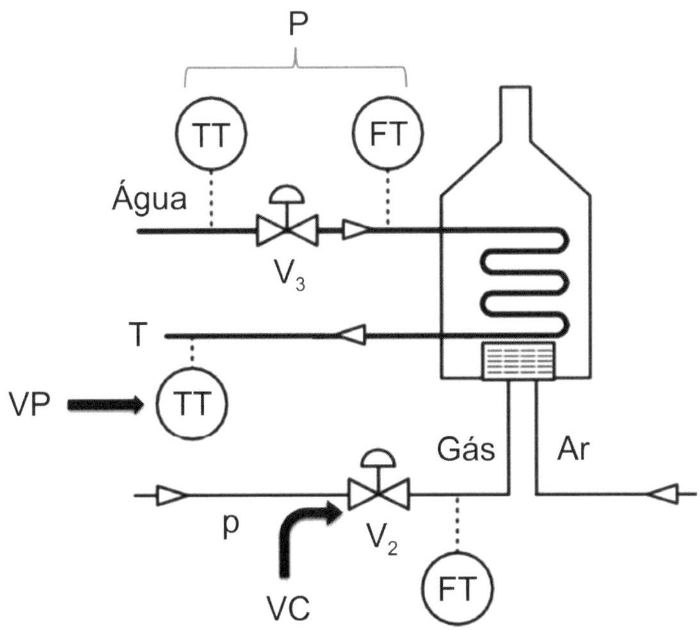

Figura 2.10 – Caldeira a gás com controle de temperatura (variável de processo) usando a vazão de gás (variável de controle).

Ainda, cabe ressaltarmos que, neste processo, duas válvulas servem como atuadores para as vazões de gás e água. Ademais, existem sensores que medem a temperatura e vazão da água produzida. Portanto, poderíamos considerar a caldeira como um sistema no qual atuamos simultaneamente em duas variáveis de controle para controlar simultaneamente duas variáveis de processo (vazão e temperatura da água na saída da caldeira). Este tipo de situação é bastante comum na prática, e recebe o nome de sistema multivariável. Discutiremos em mais detalhes este tópico na próxima seção.

2.3.2 Processos monovariáveis e multivariáveis

Dependendo da quantidade de variáveis de processo e de controle que são relevantes nos processos, estes podem ser categorizados como:

- Monovariáveis ou entrada única saída única (SISO, do inglês *single input single output*). Estes são aqueles processos que têm apenas uma variável de processo e uma variável de controle. Neste caso, todas as outras variáveis que modificam o produto final de um processo SISO são perturbações.

- Multivariáveis ou múltiplaseEntradas múltiplas saídas (MIMO, do inglês *multiple inputs multiple outputs*). Estes são aqueles com mais de uma variável de processo e/ou mais de uma variável de controle. Ressaltamos que estes processos possuem, necessariamente, mais de um sensor e/ou atuador.

Além do exemplo da caldeira anteriormente mencionado, listamos aqui alguns outros exemplos de processos MIMO. O processo associado ao controle de voo de um avião também é do tipo MIMO, uma vez que precisamos controlar, no mínimo, a velocidade do avião, sua altitude e seu eixo de inclinação horizontal. Neste caso, se atua por meio da potência dos motores e dos comandos das asas e leme (*flaps*). Os sistemas de cultivo em estufas necessitam do controle adequado da umidade e da temperatura dentro da estufa para possibilitar as condições climáticas mais apropriadas para o crescimento dos alimentos/plantas. Na prática, o controle dessas estufas é realizado a partir do aquecimento ou do resfriamento do ambiente e da injeção de vapor de água no ar. Este é um processo com duas variáveis de processo (temperatura e umidade) e várias variáveis manipuladas (potência do aquecedor, abertura de janelas, injetores de água).

2.3.3 Controle em malha fechada manual e automático

A estrutura de implementação de sistemas de controle mais usada na indústria (e na pesquisa acadêmica) é a denominada de estratégia de "controle em malha fechada", ou controle "realimentado".

O termo malha fechada refere-se ao esquema de implementação ilustrado por meio do diagrama de blocos da Figura 2.11. Comparando esse diagrama com a Figura 2.7, observamos que um novo bloco, referente ao controle, é adicionado. Esse bloco recebe uma medição da variável de processo proveniente de um sensor e, por uma etapa de processamento, envia ao atuador uma variável manipulada, que interfere no processo por meio do atuador. Nesta estrutura de controle, "fechamos uma malha", por meio do bloco de controle, entre a variável de processo e a variável manipulada (saída e entrada do processo, no que diz respeito à Figura 2.11). Geralmente, este bloco de controle recebe (ou usa internamente) um sinal de referência, usado para expressar requisitos de operação para a variável de processo.

Os sistemas de controle em malha fechada também são chamados de realimentados devido a uma alimentação da entrada do processo (variável manipulada) feita com base em informações e sua saída (variável de processo). Em inglês, o termo usado para realimentação é *feedback* e, para sistemas realimentados, é *feedback systems*.

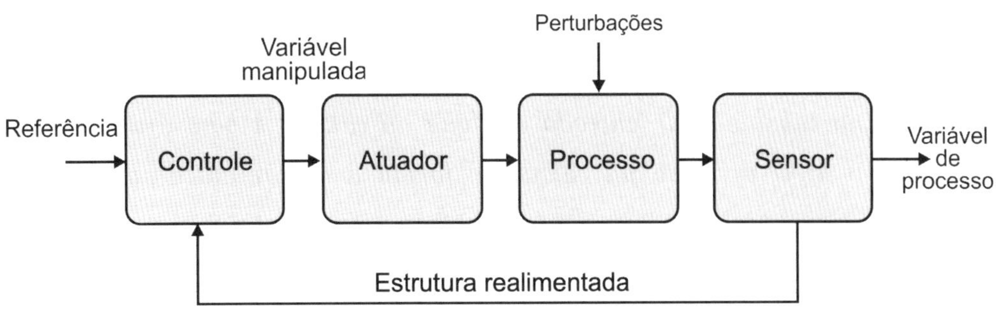

Figura 2.11 – Diagrama do sistema de controle realimentado: atuador, processo, sensor e controlador.

Podemos, agora, lembrar-nos do exemplo do sistema de controle de peso de uma pessoa (Figura 2.6), ilustrado no início deste capítulo. Associando os blocos da estrutura de controle realimentada, da Figura 2.11, àquele problema, no qual a própria pessoa atuava no processo ao ingerir uma comida correspondente a um certo processamento (dieta), que era determinada em função da medida do peso da pessoa (por meio da balança) e de um valor de peso/IMC desejado (referência). Segundo a nomenclatura de controle de processos, dizemos que este sistema de controle é do tipo **manual**, uma vez que uma pessoa ou operador humano toma as decisões de controle a partir da observação da saída do processo (peso medido) e manipula, manualmente, o atuador do sistema (neste caso, a comida ingerida). Neste exemplo de controle do peso, o valor mostrado na balança (medição com sensor) é observado pela pessoa, que, então, decide qual comida deverá ingerir, de acordo com o peso observado, o peso/IMC desejado e a dieta (controlador). O atuador, neste caso, representa a preparação e a ingestão da comida da dieta determinada. Sistemas de controle em malha fechada sempre podem ser representados por meio de um diagrama de blocos como o da figura anterior. Entretanto, ressaltamos que, às vezes, alguns elementos físicos se confundem ou se misturam; há casos em que o atuador, o sensor e o controlador estão juntos em um único elemento/equipamento. Apresentaremos um exemplo muito simples de controle em malha fechada no qual isso acontece.

Exemplo 9 *Considere uma caixa-d'água residencial com uma boia mecânica instalada na tubulação de entrada de água na caixa. A boia é usada para controlar o nível de água na caixa, de forma a deixar entrar mais água quando há consumo para que o nível sempre seja mantido em uma determinada altura. A boia possui, no seu extremo, uma bola plástica que, neste caso funciona, como um sensor: o nível de água é traduzido em termos da posição da haste da boia. Esta haste é conectada, por sua vez, a uma válvula (que é fisicamente parte da mesma boia) que regula a passagem de água para dentro da caixa-d'água, dependendo da posição da haste. Note que a* *boia mecânica é, ao mesmo tempo que sensor, também o atuador neste processo, que manipula a entrada de água na caixa. Finalmente, a regulagem mecânica e a geometria do conjunto bola-haste-válvula definem a estratégia de controle, isto é, qual deve ser a abertura da válvula para cada posição da bola plástica, que se movimenta flutuando dentro da água da caixa. Boias de diferente tamanho e forma vão executar diferentes estratégias de controle. Portanto, fica nítido que a boia mecânica mede, controla e atua no processo de regulação de nível na caixa-d'água, configurando-se como um sistema de controle automático operando malha fechada: há uma realimentação entre o nível de água medido e a abertura da válvula de entrada de água na caixa.*

Este sistema de controle é considerado **automático**, uma vez que ele atua de forma independente e autônoma, sem necessidade de que um operador humano realize qualquer ação sob a válvula após a instalação e ajuste do sistema. Ressaltamos que uma operação de controle manual deste processo poderia ser implementada de forma simples, pela implementação de uma torneira na entrada de água na caixa-d'água e de um indicador de nível. Para tanto, um operador deveria ficar observando o nível de água na caixa para decidir quando (e quando não) deve abrir a torneira, para que a água consumida seja reposta. Note que a estratégia de controle continuaria sendo em malha fechada, uma vez que o operador toma as decisões da variável manipulada com base na variável de processo, mas a operação é manual.

Na indústria de processos, podemos encontrar diversos sistemas que operam tanto em modo manual quanto em modo automático, dependendo das necessidades e dos requisitos de controle. Entretanto, ressaltamos que os processos têm sido cada vez mais automatizados, pois, nesta condição, operam com maior repetibilidade, precisão e confiabilidade nas suas ações, quando comparadas às operações resultantes de uma operação manual.

A realimentação regula naturalmente muitos processos físicos e biológicos, nos quais a malha "é fechada" de forma natural. Em sistemas de controle, tanto de operação manual quanto automático, tentamos reproduzir esta estrutura de implementação para conseguirmos melhorar o comportamento do processo.

O controle realimentado manual, no qual um operador "fecha a malha", é usado praticamente em todas as nossas ações do dia a dia. Por exemplo, ao fecharmos uma janela porque sentimos frio, realizamos o controle de temperatura do ambiente, medindo a temperatura com nosso corpo (sensor) e tomando a decisão de fechar a janela (controle) com nossas mãos (atuador).

Esta operação de controle em malha fechada é também exemplificada com outras situações do dia a dia. Para pegarmos um objeto com nossas mãos, usamos uma estratégia realimentada, uma vez que nosso cérebro (controle) decide a posição correta para nossas mãos e braços (atuadores) com base em informações da nossa visão (sensor). Aproximamos nossas mãos do objeto de acordo com base em uma lei de controle estipulada pelo cérebro, que processa a informação da distância entre o objeto e nossas mãos.

De forma oposta ao controle em malha fechada, também existe o que denominamos controle em malha aberta. Nesse tipo de implementação, a atuação sobre o processo controlado é feita sem o uso de informação sobre sua saída. Por exemplo, no caso de estudo do controle de nível da caixa-d'água, uma implementação em malha aberta poderia ser feita por meio de uma torneira na entrada de água, cuja operação consistiria em abrir a torneira em uma dada posição, deixando o nível de água na caixa variar livremente. Se a quantidade de água entrando na caixa pela torneira for maior que o consumo, o nível aumentará. A ação de controle (definida pela abertura constante da torneira) não é influenciada pela variável de processo (nível de água). A Figura 2.12 mostra um diagrama de blocos referente a um sistema de controle operando em malha aberta, no qual o sinal de controle é definido sem uso da informação da variável de processo, apenas com base em sinais predefinidos, como uma variável de referência que define a abertura da torneira, no exemplo anterior. Note que as variáveis envolvidas neste esquema são as mesmas da implementação em malha fechada.

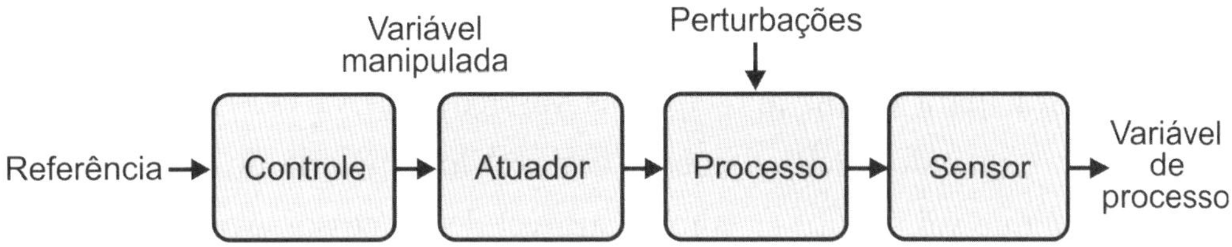

Figura 2.12 – Diagrama do sistema de controle em malha aberta: atuador, processo, sensor e controlador.

Podemos notar várias vantagens da operação em malha fechada em face das operações em malha aberta quando buscamos um objetivo específico para o funcionamento do processo. Muitas destas vantagens serão discutidas ao longo deste livro, em maiores detalhes a partir do Capítulo 7.

Por exemplo, para enchermos a caixa-d'água rapidamente até um dado nível, é válido abrirmos totalmente a torneira em um momento inicial, quando o nível é muito aquém do valor desejado e, conforme o nível aproxima-se deste valor, podemos progressivamente fechar a torneira. Note que a lei de controle que define o valor da vazão de entrada de água na caixa (abertura da torneira) depende da medida do nível de água na caixa, que pode variar em qualquer momento que houver consumo de água. Ou seja, sistemas de controle em malha fechada são menos afetados por perturbações, uma vez que a lei de controle é dada conforme a medição instantânea da variável de processo, orientada na busca de um objetivo predefinido. Já por meio de uma implementação em malha aberta, não poderíamos realizar a regulação do nível de maneira tão simples, ao menos que soubéssemos, de antemão, como seriam as variações do consumo de água ao longo do tempo.

Por outro lado, o controle em malha aberta pode ser útil para complementar uma implementação em malha fechada, visando o desempenho do controle de um processo com perturbações mensuráveis ou quando conhecemos muito bem o processo e podemos prever seu comportamento futuro. Um exemplo deste tipo de operação é o controle conhecido como antecipativo ou pré-alimentado (*feed-forward*, em inglês), no qual, uma vez conhecida a perturbação (ou como o processo se comporta frente a ela), atuamos, em malha aberta, para tentar antecipar as variações da variável de processo. Outro caso é quando manipulamos a variável manipulada do processo antecipando o que vai acontecer com a variável de processo. Apresentaremos um exemplo do dia a dia que ilustra o uso do controle antecipativo, em malha aberta, e do controle realimentado em um mesmo processo, ambos implementados de forma manual.

Exemplo 10 *Considere o caso de uma pessoa tomando banho. Seu banho é em uma ducha elétrica, na qual a temperatura é regulada pela vazão de água, determinada pela abertura de um registro. Essa pessoa conhece bem o funcionamento da ducha e, pela experiência prévia acumulada na operação dela, sabe que precisa abrir o registro até uma certa posição para obter, aproximadamente, a temperatura desejada para um banho agradável. Desta forma, sem medir a temperatura da água, a pessoa realiza uma primeira ação de controle em malha aberta, de forma antecipativa, abrindo o registro até a posição predeterminada, prevendo que esta abertura será suficiente para que a água seja aquecida até uma dada temperatura. A pessoa também sabe que com essa operação, geralmente, não vai conseguir atingir a temperatura ideal com precisão e, portanto, após alguns segundos da primeira ação, inicia uma operação de controle em malha fechada: conforme mede a temperatura da água com sua mão (usada como sensor), a pessoa decide quanto deve aumentar ou diminuir a vazão de água (abrir ou fechar o registro) para que a água atinja a temperatura desejada para um banho quente. Esta operação em malha fechada requer uma atuação mais lenta e de pequenos movimentos para um ajuste adequado da temperatura. Neste exemplo de controle manual, a combinação de uma ação rápida, em malha aberta, antecipativa e de uma mais lenta, realimentada, permite a operação adequada do processo de regulação da temperatura da água de um chuveiro elétrico para um bom banho.*

O exemplo anterior ilustra como diversas formas de controle podem ser usadas e associadas de tal forma a obtermos determinadas condições para a operação de um processo. Para tal, entretanto, ressaltamos que conhecimento do funcionamento do processo é importante para uma boa solução do problema. No léxico da engenharia de controle, pretendemos entender e descrever matematicamente os fenômenos associados ao funcionamento dos processos (por meio de modelos), de tal forma que possamos elaborar leis de controle automático que, implementadas em dispositivos eletrônicos ou eletromecânicos, permitam a operação autônoma dos mais diversos processos ou sistemas. Nos debruçaremos, neste livro, sobre este assunto ao longo dos capítulos seguintes.

2.4 Comentários finais

Este capítulo teve como objetivo introduzir de forma intuitiva alguns conceitos relacionados com os processos e seus sistemas de medição, atuação e controle. Um dos principais aspectos desta análise é a consideração dos sistemas como processos com variáveis associadas e entender de que forma podemos interagir com eles para atingir determinados objetivos. O segundo conceito muito importante apresentado, também intuitivamente, é o de controle em malha fechada, que permite atuar em um processo com base em uma lei de controle que depende da observação da sua saída. Finalmente, vimos, usando alguns exemplos, como a implantação de um sistema de controle em um processo cria a possibilidade de modificar seu comportamento, na busca de objetivos de operação. Nos próximos capítulos, entraremos em maiores detalhes em vários aspectos aqui discutidos.

2.5 Leitura complementar

A maioria dos livros de teoria de controle realimentado ou de controle de processos apresentam nos seus capítulos iniciais ideias básicas de sistemas de controle e casos simples do funcionamento de processos. Em geral esses livros são orientados a estudantes com conhecimento de fundamentos matemáticos mais avançados dos que os usados neste livro. Assim, para quem estiver interessado em se aprofundar no assunto sugerimos algumas referências que utilizam esta abordagem matemática mais complexa.

- FRANKLIN, G.; POWELL, J.; WORKMAN, M. *Feedback Control of Dynamic Systems.* 5. ed. Upper Saddle River, NJ: Prentice Hall, 2002.
- STEPHANOPOULOS, G. *Chemical process control.* Englewood Cliffs, NJ: Prentice Hall International, 1984.
- OLLERO, P.; CAMACHO, E. F. *Controle e Instrumentação de processos químicos.* [S.l.]: Editora Sínteses, 2006.

Para uma leitura dos conceitos de controle sem necessidade de maior aprofundamento matemático, sugerimos:

- ALBERTOS, P.; MAREELS, I. *Feedback and control for everyone.* [S.l.]: Springer, 2010.

Lista de exercícios

1. Qual a diferença entre variáveis manipuladas, controladas e perturbações. De maneira geral, como elas se relacionam com sensores e atuadores presentes em uma planta?

2. A classificação das variáveis em manipuladas, controladas e perturbações é uma consequência intrínseca do processo físico ou as classificações podem variar de acordo com os objetivos de controle, sensores e atuadores disponíveis?

3. Cite alguns objetivos (pelo menos três) que geralmente estão relacionados com o uso de um sistema de controle.

4. Considere o sistema de controle para um chuveiro elétrico.

    - Desenhe um esquema físico simplificado, sem controle, do sistema (ex: chuveiro + válvula + resistência).
    - Pensando em um sistema de controle de temperatura da água, identifique no esquema anterior variáveis manipulada(s), controlada(s) e perturbações.
    - Proponha um sistema que permita controlar a temperatura de saída da água. Não precisa entrar em detalhes elétricos nem matemáticos, mas identifique onde estão localizados (se existirem) sensores, atuadores e controladores. Deixe evidente também como se dá o fluxo de informação neste sistema (em que ordem as variáveis são lidas/calculadas/enviadas, quem envia o que para quem etc).
    - Transforme seu esquema de controle/físico em um diagrama de blocos da estrutura de controle.

5. Considere agora o sistema de controle de nível de um tanque.

- Refaça os passos do exercício anterior para este novo sistema. Considere que você pode controlar a abertura de uma válvula na parte superior do tanque (por onde entra a água), mas a válvula de saída do tanque não pode ser modificada.
- O que poderia ser feito caso fosse possível medir a abertura da válvula de saída do tanque (apenas medir, não controlar)?
- O que deveria ser modificado no sistema de controle proposto caso a função das válvulas fosse invertida (a válvula controlável passa a ser apenas a de saída na parte inferior)?

Capítulo 3

Sinais e sistemas

No capítulo anterior, apresentamos alguns conceitos básicos sobre controle de processos, assim como definições e termos básicos utilizados, sempre usando uma abordagem intuitiva e sem o rigor matemático necessário para poder aprofundar o desenvolvimento das soluções. Neste capítulo estudaremos algumas formulações matemáticas, ainda simples, usadas na área para descrever o funcionamento dos processos. Os conceitos básicos de sinais e sistemas são apresentados na sequência, tais como as propriedades físico-matemáticas relacionadas e eles.

3.1 Sinais, sistemas e modelos

Como vimos no capítulo anterior, no contexto das aplicações de engenharia de controle, precisamos representar os processos de forma que seja simples entender o seu funcionamento. Ao mesmo tempo, precisamos relacionar o processo (ou parte dele) com outros processos (ou outras das suas partes). Duas definições são muito importantes para iniciar a formalização dessas ideias e para que possamos ter uma metodologia geral, aplicável para qualquer caso de estudo: as definições de sinais e de sistemas.

Definição 2 *Sinal*
Um sinal é a descrição quantitativa de um determinado fenômeno associado a um dado meio.

No nosso dia a dia, lidamos com sinais o tempo todo. Por exemplo, a temperatura máxima de cada dia do ano em Florianópolis pode ser considerada um sinal associado ao meio ambiente da cidade. No momento que esta temperatura é descrita de forma quantitativa, isto é, quando definimos um valor de temperatura para cada dia do ano, representamos o fenômeno físico através do sinal.

Poderíamos, por exemplo, escrever um vetor de 31 elementos, dado por:

$$T_{\text{Janeiro}} = [22, 23, 27, 31, 26, \ldots, 27]^{\circ}\text{C}\,,$$

que represente as temperaturas máximas observadas no mês de janeiro, em Florianópolis, para qual cada elemento representa a temperatura máxima diária, do primeiro ao trigésimo primeiro dia deste mês.

Outro exemplo muito simples e cotidiano é a velocidade instantânea de um carro, mostrada pelo indicador de velocidade do painel (velocímetro) a cada instante. Ressaltamos que o que de fato é apresentado pelo velocímetro é um sinal que quantifica o estado de funcionamento do carro (ou, poderíamos dizer, do "sistema carro").

Definição 3 *Sistema*
Define-se como sistema uma parte de um meio ambiente que com ele se comunica através de e a partir de sinais.

Esta é uma definição abstrata e generalista sobre o que é um sistema, embora permita explicar bem a ideia que apresentamos através do exemplo anterior. O "sistema carro" se comunica com o meio por meio do sinal velocidade. Note que, neste sistema, poderíamos também considerar outros sinais resultantes, como a aceleração instantânea, a inclinação da carroceria etc.

Observamos que um sistema pode ser algo natural (como é o exemplo do sistema clima da cidade) ou construído pelo ser humano (como o sistema carro). Qualquer processo físico pode ser compreendido como um sistema. Todo sistema sempre terá uma comunicação com o ambiente no qual ele está inserido, ou com outros sistemas que com ele interagem, por meio de sinais.

Por exemplo, no caso do sistema carro, este recebe vários sinais de comando do motorista, como giro do volante ou posição do pedal do acelerador, e devolve vários sinais, como a velocidade e a aceleração do carro (que são recebidos pelo motorista, mas também pelos outros passageiros e carros que circulam nas vizinhanças).

Também podemos entender de forma mais clara porque usamos a denominação "sistemas de controle", uma vez que, ao implementar o controle de um processo, estaremos criando um sistema que recebe sinais do processo (os que quantificam as variáveis de processo), realiza algumas transformações com eles e, por fim, envia ao processo novos sinais (os que quantificam as variáveis manipuladas).

Na literatura de teoria de sistemas e de controle, denomina-se como o "sinal de saída" de um sistema todo sinal que é produzido pelo sistema e que afeta o meio onde o sistema está inserido. Por outro lado, "sinal de entrada" representa o sinal enviado do meio para o sistema, que, consequentemente, afeta o comportamento do sistema (e de suas saídas).

Exemplo 11 *Tomemos como exemplo de sistema um ambiente fechado climatizado. Para este sistema, deseja-se manter a temperatura interna a um determinado nível. Assim, podemos considerar como sinal de entrada a ação de comando do aparelho que esquenta ou esfria o ambiente (aquecedor ou ar-condicionado), que será também a variável manipulada. Como sinal de saída temos a temperatura do ambiente fechado, que afeta tanto os* *usuários do ambiente como os ambientes vizinhos. Outros sinais de entrada também podem ser considerados neste sistema, por exemplo, as temperaturas externas ao ambiente (que pode ser de ambientes vizinhos ou de um ambiente externo que engloba o ambiente climatizado). Observe que essas temperaturas externas também afetam a temperatura interna do ambiente climatizado, sendo assim um sinal de entrada para o sistema ambiente. Neste caso, como geralmente essas temperaturas externas não podem ser controladas pelo usuário da sala, elas são representadas como entradas de perturbação (denominadas perturbações do sistema).*

Um sistema poder ser constituído por componentes físicos (implementação em hardware) ou pode ser um algoritmo que calcula um determinado sinal de saída a partir de um sinal de entrada (implementação de software). O sistema do exemplo anterior da sala climatizada é classificado junto ao primeiro grupo. Um exemplo de sistema implementado em software é um algoritmo que calcula a temperatura média do dia em uma cidade. Este sistema tem como sinal de entrada a temperatura instantânea medida na cidade e como resultado (saída) o sinal que representa o valor médio calculado nas últimas vinte e quatro horas.

Exemplo 12 *Analisaremos mais detalhadamente este último exemplo para formalizar algumas ideias. No sistema calculador de valor médio da temperatura de um ambiente, com temperaturas medidas a cada hora, temos:*

- *Sinal de entrada:* $T(t)$ *que representa a temperatura medida no tempo* $t = 1, 2, 3....24$ *(horas de um dia).*
- *Sinal de saída:* T_m *que representa a temperatura média de um dado dia.*
- *Cálculo de* T_m *(modelo deste sistema):*

$$T_m = \frac{1}{24}\sum_{t=1}^{t=24} T(t)\,.$$

Como podemos ver neste exemplo, é necessário construir uma equação matemática que relacione os sinais de entrada do sistema com seus sinais de saída, para que se possa entender que tipo de transformação acontece dentro do sistema que transforma os sinais. Esta equação é chamada de lei governante do sistema ou de modelo do sistema.

Definição 4 *Modelo*
Na teoria de sistemas, as equações que descrevem as relações matemáticas entre as entradas e as saídas de um sistema (e as possíveis variáveis intermediárias) são definidas como o modelo matemático deste sistema.

Temos agora um conjunto de conceitos muito poderoso para trabalharmos com os processos. Podemos entender os processos como sistemas que interagem entre si por meio de sinais e também podemos desenvolver equações matemáticas que descrevem as relações de causa e efeito entre seus sinais de entrada e de saída. Isso nos permite estudar as propriedades dos processos, verificadas matematicamente por seus modelos, e calcular as soluções (saídas) dos sistemas para um dado conjunto de entradas. Posteriormente, esses modelos também serão usados para projetarmos sistemas de controle que regulam o comportamento das saídas do processo de acordo especificações de projeto.

O Capítulo 5 é dedicado especificamente ao estudo aprofundado dos diferentes tipos de modelos (que podem servir para diferentes processos) e suas soluções analíticas. Entretanto, já ressaltamos aqui que um sistema físico é constituído por componentes interconectados, os quais são caracterizados por suas relações dinâmicas entre entradas e saídas. Ademais, cada sistema físico é governado por leis de interconexão entre essas entradas e saídas.

As leis que governam os circuitos elétricos, por exemplo, podem ser encontradas por meio das relações de tensão e corrente para cada elemento do circuito (resistores, capacitores, indutores, transformadores, transistores e assim por diante) em conjunto com as leis de interconexão entre as malhas do circuito (Leis de Kirchhoff). Por meio dessas leis de interconexão, podemos determinar equações matemáticas que relacionam as saídas do sistema às suas entradas. Essas equações representam, por fim, o modelo matemático do sistema circuito elétrico. Vejamos, agora, um exemplo concreto de dois circuitos elétricos simples.

Exemplo 13 *Consideremos o circuito básico composto por uma bateria colocada em paralelo a uma lâmpada. A bateria alimenta o circuito com uma tensão $V(t)$ e a lâmpada possui uma resistência elétrica R. A intensidade da luz emitida pela lâmpada depende da corrente que passa por ela. A equação que determina o comportamento da corrente $i(t)$ que circula pelo circuito é dada por:*

$$V(t) = Ri(t) . \tag{3.1}$$

Note que esta equação é um modelo simples que descreve as dinâmicas deste sistema (circuito). Ao consideramos este circuito como um sistema sob o qual atuamos por meio da tensão de alimentação $V(t)$ para modificar a corrente elétrica $i(t)$ e, consequentemente, a intensidade da luz emitida, podemos definir $V(t)$ como um sinal de entrada, $i(t)$ como um sinal de saída e $V(t) = Ri(t)$ como o modelo do sistema.

Consideremos, agora, um segundo circuito elétrico. Neste, a bateria alimenta com tensão $V(t)$ uma carga indutivo-resistiva, com indutância L. A nova equação que determina o comportamento da corrente $i(t)$ que vai ser consumida pela carga é:

$$V(t) = L\frac{di(t)}{dt} + Ri(t) . \tag{3.2}$$

Esta equação é o modelo deste novo sistema, para o qual consideramos $V(t)$ como sinal de entrada para o sistema e $i(t)$ como sinal de saída.

Podemos ver que a solução da Eq. (3.1) é imediata, trivial, pois podemos calcular a saída do sistema $i(t)$ diretamente por $V(t)/R$. Entretanto, o modelo do segundo circuito, dado pela Eq. (3.2), requer uma solução de uma equação diferencial, pois a Eq. (3.2) envolve uma derivada em $i(t)$.

O modelo na Eq. (3.1) é do tipo ***estático****, ao passo que o modelo na Eq. (3.2) é do tipo* ***dinâmico****, dado que neste último temos expressões de derivadas dos sinais envolvidos na equação, e não somente relações algébricas entre os sinais como no caso do primeiro modelo.*

As mesmas ideias usadas nos exemplos de circuitos elétricos podem ser aplicadas em outras áreas, por exemplo, nos sistemas térmicos, que são governados pelas leis da termodinâmica. Apresentaremos agora um exemplo de sistema térmico no qual podemos observar as diferenças entre modelos estáticos e dinâmicos.

Exemplo 14 *Consideremos o processo de aquecimento da água por um chuveiro elétrico residencial, como apresentamos no Capítulo 2 (vide Figura 2.8). Imaginemos que queremos modelar a relação entre a potência consumida pelo chuveiro e o respectivo aumento de temperatura da água pelo chuveiro. Considerando a vazão de água que passa pelo chuveiro constante, podemos apresentar um simples modelo estático da relação entre o incremento de temperatura da água e da potência de acionamento do chuveiro, conforme a seguinte equação:*

$$\Delta T = K_e P \,, \tag{3.3}$$

na qual ΔT representa o aumento de temperatura da água (^oC) e P a potência aplicada (kW). O parâmetro K_e é a relação estática que diz em quantos graus Celsius conseguimos aumentar a temperatura de água para cada kW de potência aplicado. Em um chuveiro residencial comum, o valor de K_e é normalmente próximo de $4\,^oC/kW$.

Entretanto, sabemos que, quando aplicamos uma dada potência no chuveiro, a variação de temperatura não acontece de forma instantânea. A água é esquentada durante um certo tempo até que ele chegue ao valor final, estacionário, de temperatura. Esta variação no tempo da temperatura, representada pelo sinal $T(t)$, está associada à dinâmica do processo de aquecimento da água.

Todos os sistemas físicos reais têm dinâmicas temporais que não podem ser representadas simplesmente por um modelo estático como o da Eq. (3.3). O modelo estático, neste caso do chuveiro, descreve apenas a relação final, estacionária do processo. Para obter um modelo que represente bem o fenômeno de aquecimento da temperatura, precisamos considerar como varia a energia térmica dentro deste sistema e realizarmos um balanço de energia. Sem entrar em muitos detalhes neste exemplo, poderíamos usar um modelo do tipo:

$$\tau \frac{d\Delta T}{dt}(t) + \Delta T(t) = K_e P(t) \,. \tag{3.4}$$

Esse modelo é obtido ao adicionarmos ao modelo estático um termo que leva em consideração o efeito da variação da temperatura no tempo ($\frac{\mathrm{d}\Delta T}{\mathrm{d}t}(t)$). Observamos que, quando o sistema atinge uma temperatura constante, os dois modelos apresentam a mesma solução. Neste novo modelo, o parâmetro τ está associado à importância da parte dinâmica no comportamento do sinal de temperatura $\Delta T(t)$.

Estudaremos estas questões com detalhes nos Capítulos 5 e 6.

3.2 Modelos e diagramas

Os modelos são fundamentais para o estudo dos processos e seus respectivos sistemas de controle. Eles são usados, normalmente, para podermos detalhar as relações entre as entradas e saídas dos sistemas. Também comentamos que os mais diversos processos geralmente estão compostos pela interconexão de vários subprocessos.

Portanto, realizar uma representação completa de um processo utilizando apenas suas equações (modelos) pode ser, em algumas situações, complicado, sobretudo se quisermos obter uma visão geral do funcionamento do sistema, sem muitos detalhes. A metodologia de representação de processos por meio de diagramas de blocos, tal como apresentada no Capítulo 2, é muito prática para representações das relações gerais de sistemas.

Desta forma, os sistemas serão convenientemente ilustrados neste livro por "blocos". Segundo esta metodologia de representação, um bloco representa um sistema arbitrário (não nos preocupamos, inicialmente, com todas as relações e interconexões internas, mas apenas com as relações de causa e efeito entre as entradas e as saídas). Formalmente, um bloco representa um sistema como um conjunto de variáveis de entradas e saídas.

A Figura 3.1 mostra a representação de um sistema arbitrário por meio de um diagrama de blocos. Nesta figura, definimos os sinais de entrada ao sistema como as variáveis de controle (ou manipuladas) e os sinais de perturbação, colocados à esquerda. Os sinais de saída são as variáveis de processo (medidas e controladas), colocados à direita.

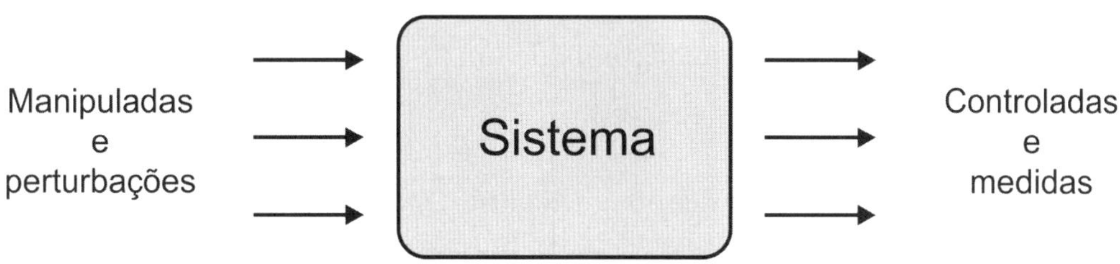

Figura 3.1 – Variáveis do sistema no modelo tipo bloco.

Com relação às definições apresentadas no Capítulo 2, relembremos que, em sistemas de controle, as variáveis manipuladas são aquelas que o operador (usuário do sistema ou controlador) pode manipular, de tal forma que o comportamento das variáveis de processo seja alterado. As variáveis de perturbação são todos aqueles sinais provenientes do meio, que podem afetar o comportamento do sistema, mas que não são manipuláveis, ou seja, não podem ser controladas pelo operador ou controlador.

Podemos distinguir as saídas de um processo como aquelas que são medidas (variáveis utilizadas para conhecermos ou inferirmos sobre o estado do sistema) ou controladas (que são aquelas que desejamos controlar segundo alguma especificação).

Ressaltamos que nem toda saída controlada é necessariamente medida e nem toda variável medida é controlada. Por exemplo, em um sistema de destilação nos interessa como variável de processo principal a concentração de um dado produto na saída do processo, mas se não dispusermos de um sensor de concentração em linha, pois são muito caros, podemos medir pressões e temperaturas em vários locais do processo para inferir o valor de concentração que queremos controlar. Lembramos que os processos podem ter uma ou mais variáveis de entrada (lembremos das definições de sistema monovariável, SISO ou multivariável, MIMO). A maioria dos sistemas físicos reais são multivariáveis, mas, em muitas situações, modelos parciais monovariáveis podem ser usados para descrever uma parte de um sistema multivariável e simplificar o estudo. A Figura 3.2 ilustra diagramas de blocos de sistemas tipo SISO e MIMO.

Já a Figura 3.3 mostra o diagrama de um sistema MIMO onde aparecem os vários tipos de entradas e saídas.

Exemplo 15 *Podemos considerar a caldeira a gás, ilustrada previamente na Figura 2.10, no capítulo anterior, como um exemplo que envolve todos estes sinais aqui mencionados. Se associamos o caso da caldeira ao diagrama de blocos da Figura 3.3, temos como variável manipulada (entrada de controle) a abertura da válvula V_2, como saída medida e controlada a temperatura da água quente (variável de processo), como outra saída medida a vazão de gás que entra para a linha de combustão, como perturbações medidas a temperatura e vazão da entrada de água fria e, finalmente, como perturbação*

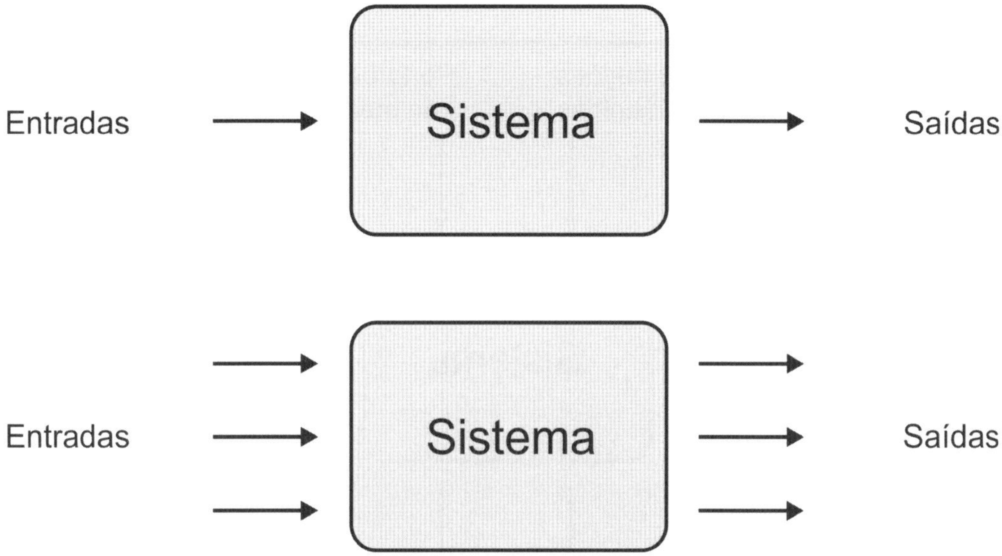

Figura 3.2 – Sistemas representados por blocos: caso SISO (superior) e MIMO (inferior).

não medida a pressão de gás na linha de alimentação da combustão.

Uma das grandes vantagens de representação de sistemas por diagramas de blocos é que estes permitem ilustrar operações entre os sinais de vários sistemas de forma simples. Consideraremos, na sequência, casos de modelos SISO e algumas operações básicas, de tal forma a exemplificar essa propriedade. Para cada bloco (sistema S), representa-se a relação de causa e efeito entre uma entrada I e uma saída O como

$$O = S.I \,, \tag{3.5}$$

sendo que a notação do produto (símbolo "$\cdot$") é usada para expressar que O é obtido a partir de I com as transformações realizadas pelo sistema S.

A Figura 3.4 ilustra uma operação simples, com dois sistemas ($S1$ e $S2$) cujas saídas ($O1$ e $O2$, respectivamente) são somadas de tal forma a produzir uma saída final O. Com relação às operações desses dois sistemas,

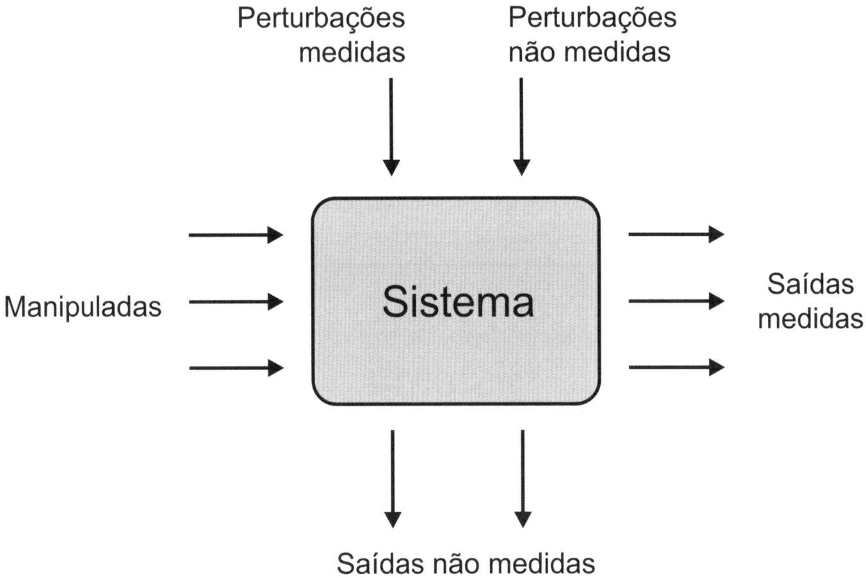

Figura 3.3 – Sistema descrito por bloco com entradas e saídas considerando os diferentes tipos de variáveis.

podemos representá-las matematicamente por meio da seguinte notação:

$$\left\{\begin{array}{rcl} O1 & \equiv & S1.I1\,, \\ O2 & \equiv & S2.I2\,, \\ O = O1 + O2 & \equiv & S1.I1 + S2.I2\,. \end{array}\right. \tag{3.6}$$

Observamos nestas representações simplificadas que os sistemas podem ter (como entradas e saídas) variáveis com unidades diferentes. Entretanto, saídas somadas devem ser da mesma dimensão para que o diagrama faça sentido. Por exemplo, ao considerarmos dois sistemas elétricos com saídas em corrente, para os quais há uma soma de correntes que interconecta ambos circuitos, então, O representará a soma das correntes $O1$ e $O2$ que são obtidas, respectivamente, pela aplicação de duas entradas $I1$ e $I2$ nos sistemas $S1$ e $S2$. Notamos que $I1$ e $I2$ não tem, necessariamente, a mesma unidade ou dimensão, ao passo que $O1$ e $O2$ devem ser obrigatoriamente correntes elétricas.

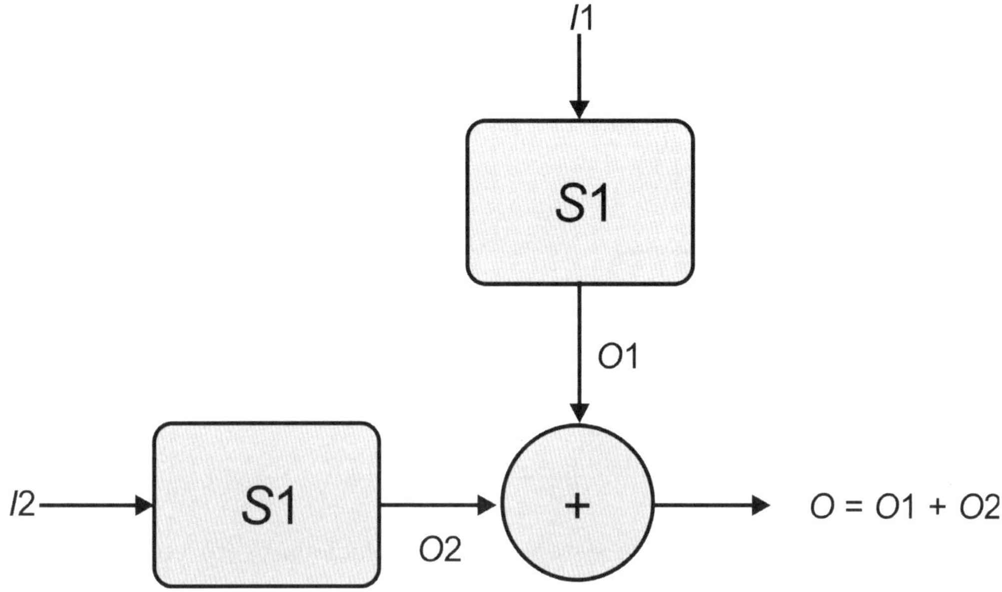

Figura 3.4 – Soma de saídas de dois sistemas, Eq. (3.6).

A operação sequencial de dois sistemas é representada pela **operação em cascata** de blocos, como ilustra a Figura 3.5. Observamos que o sinal de saída de um bloco é o sinal de entrada do seguinte, o que novamente implica em coerência nas dimensões das variáveis ($O1$ deve ter a mesma dimensão que $I2$).

Como exemplo de um sistema físico que opera em cascata (e que, de fato, poderia ser representado pelo diagrama de blocos da Figura 3.5), podemos considerar um carro elétrico, cujo motor é acionado por um dado circuito alimentado em tensão: o primeiro sistema ($S1$) é o circuito elétrico, que converte uma entrada $I1$ (tensão elétrica) em potência elétrica ($O1$); esta potência elétrica, por sua vez, é a entrada de acionamento do motor elétrico do carro ($S2$), cuja velocidade final ($O2$) varia de acordo com a potência a ele entregue. Em termos matemáticos, este sistema em cascata, cuja entrada do segundo sistema é a saída do primeiro, é representado por:

$$\begin{cases} O1 & \equiv & S1.I1\,, \\ I2 & = & O1\,, \\ O2 & \equiv & S2.I2\,, \\ O2 & \equiv & S2.S1.I1\,. \end{cases} \tag{3.7}$$

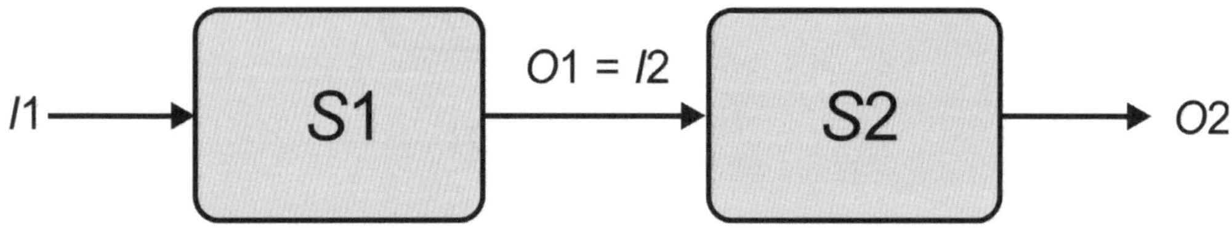

Figura 3.5 – Sistemas operando em cascata, Eq. (3.7).

A representação geral de sistemas e seu relacionamento com os sinais foi discutida. Discutiremos em maior profundidade, agora, o tratamento matemático dos sinais e suas representações analíticas.

3.3 Sinais: representação e utilização

Recapitulemos que um sinal é a descrição quantitativa de um determinado fenômeno, e, no caso deste livro, essa descrição será realizada ao longo do tempo. Assim, um sinal pode ser representado por meio de uma função no tempo do tipo $x(t) : D \to A$, no qual D é seu domínio e A sua imagem. Notamos que a variável do tempo t é definida dentro do conjunto D e o mapa $x(t)$ é definido dentro do conjunto imagem A.

Sinais podem ser classificados de acordo com seu domínio: sinais contínuos têm $t \in D \subseteq \mathbb{R}^+$, e sinais discretos têm $t \in D \subseteq \mathbb{N}$. $\mathbb{R}^+$ representa o conjunto dos números reais positivos e $\mathbb{N}$ o conjunto dos naturais.

Ressaltamos essas classificações a seguir:

Definição 5 *Sinal de tempo contínuo. São sinais que têm por domínio um intervalo do eixo real, o que significa que são definidos para todo instante desse intervalo.*

Alguns exemplos de sinais contínuos são:

- Temperatura ambiente - $T(t) : \mathbb{R}^+ \rightarrow [0, 35] \subset \mathbb{R}^+$ (ºC).
- Velocidade de um carro - $V(t) : \mathbb{R}^+ \rightarrow [0, 100] \subset \mathbb{R}^+$ (km/h).
- Potência consumida por uma lâmpada - $P(t) : \mathbb{R}^+ \rightarrow [0, 70] \subset \mathbb{R}^+$ (W).

A representação gráfica do sinal como função do tempo é bastante útil na prática, pois permite uma visualização do seu comportamento ao longo do tempo.

Exemplo 16 *A Figura 3.6 mostra um exemplo de quatro sinais contínuos no tempo, que representam a variação angular do centro de gravidade de uma motocicleta, em relação ao eixo vertical, quando esta faz uma curva fechada. Consideram-se, nessa figura, três abordagens diferentes para estratégias de controle do motor da moto (Controladores 1, 2 e 3), que tentam rastrear o sinal de referência (que indica uma "curva perfeita"). Cada controlador resulta em uma variação angular diferente para o eixo da moto.*

Definição 6 *Sinal de tempo discreto*
São aqueles sinais cujo domínio é definido por um número "contável" de pontos. Este conjunto é chamado de conjunto discreto de pontos e é normalmente um subconjunto dos naturais. Assim, estes sinais são descritos por uma sequência de valores.

Exemplos deste tipo de sinais são:

- Índice de poupança diário $I_p(k) : \mathbb{N} \rightarrow [0, 10]$ (%).

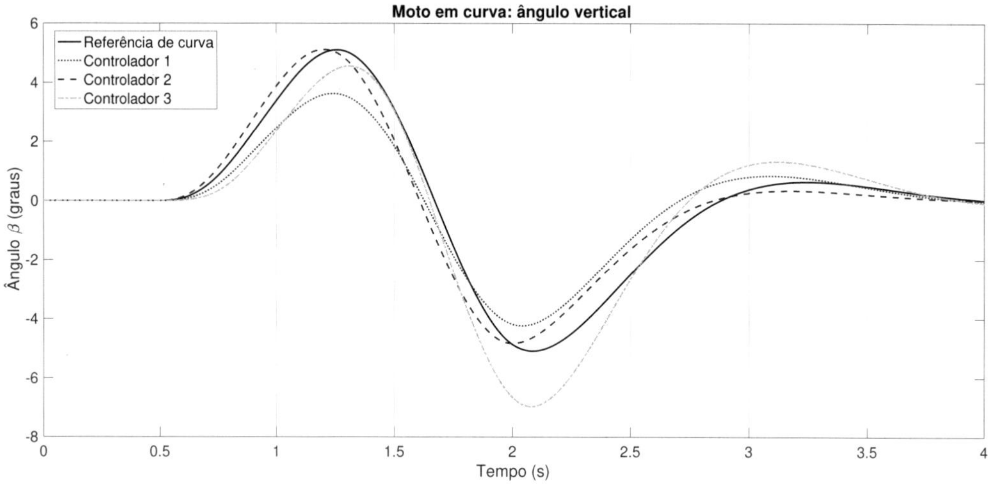

Figura 3.6 – Sinal contínuo: ângulo lateral de uma moto ao fazer uma curva fechada.

- Número de peças no inventário diário $P(k) : \mathbb{N} \to [0, 1000]$ (peças).

Existem muitos sinais que são naturalmente considerados unicamente em tempos discretos.

Exemplo 17 *A Figura 3.7 mostra a evolução do número de casos ativos de uma doença viral em situação de pandemia, cujos dados são divulgados diariamente. Considera-se, nesta figura, situações com e sem isolamento social, isto é, com a evolução natural da doença sem nenhuma intervenção da vida das pessoas e com medidas de distanciamento social para evitar o contágio.*

Vistas as definições apresentadas e os exemplos mencionados, pode-se afirmar que um sinal, do ponto de vista matemático, nada mais é que uma função no domínio do tempo (discreto ou contínuo). Poderíamos, então, utilizar qualquer tipo de função para representar um sinal (polinomial, racional, afim, linear, entre outras classes).

De um ponto de vista prático, existem algumas funções do tempo (sinais) que são de particular interesse por poderem ser usadas para representar

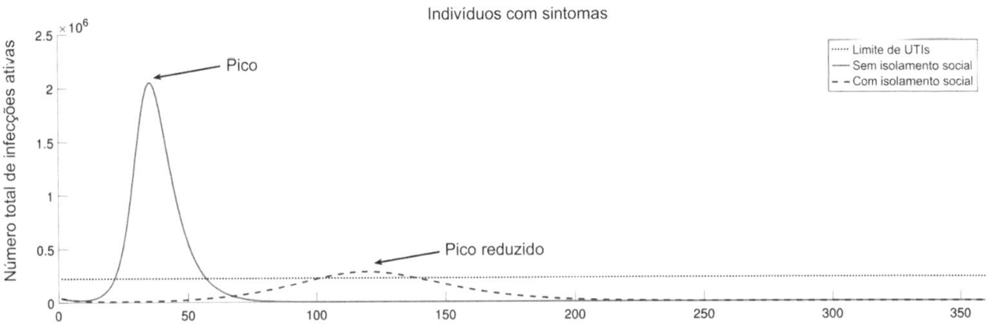

Figura 3.7 – Sinal discreto: número de casos diários de covid-19 com e sem isolamento social.

as entradas e saídas de diversos sistemas físicos. Esses sinais particulares são definidos por expressões matemáticas simples e são muitos usados para analisar e modelar processos, assim como aplicações de controle.

Os principais sinais de interesse ao longo deste livro são detalhados nas próximas subseções.

3.3.1 Sinal degrau

O sinal degrau representa, idealmente, a operação de ligar ou desligar um equipamento e, por isso, tem uma importância fundamental em sistemas de controle. Quando acionamos um interruptor para, por exemplo, acender o farol de um carro, fazemos com que o sinal de tensão aplicado sobre a lâmpada do farol varie quase instantaneamente de 0 para 12 volts (valor de tensão de bateria veiculares), configurando uma variação em forma de degrau. Mesmo que na prática essa variação não seja instantânea, ela costuma ser muito mais rápida que os tempos de resposta (reação) dos sistemas de controle. Neste caso, o acionamento da lâmpada do fato é muito mais rápido que o tempo de reação da lâmpada (e também da visão), de tal forma que podemos considerar que a lâmpada recebe instantaneamente a variação de tensão.

O sinal degrau unitário é representado neste livro como $\mathbf{1}(t)$ e é descrito pela seguinte lei analítica, no caso contínuo:

$$\mathbf{1}(t) = \begin{cases} 0\,, \text{ para todo } t < 0\,, \\ 1\,, \text{ para todo } t \geq 0\,. \end{cases} \tag{3.8}$$

A mesma definição vale para o caso discreto, e denotamos o degrau unitário como $\mathbf{1}(k)$, com $k \in \mathbb{N}$ representando os instantes para os quais o sinal é definido (minutos, horas, dias etc). A Figura 3.8 mostra o sinal degrau unitário no tempo. Observamos que o **instante de subida** do sinal é exatamente em $t = 0$. Um degrau de amplitude A_0 (também aplicado em tempo $t = 0$) é definido como $A_0\,\mathbf{1}(t)$. No caso de um degrau unitário cujo momento de subida do degrau é deslocado para um tempo posterior $t_0 > 0$, este é expressado por $\mathbf{1}(t - t_0)$.

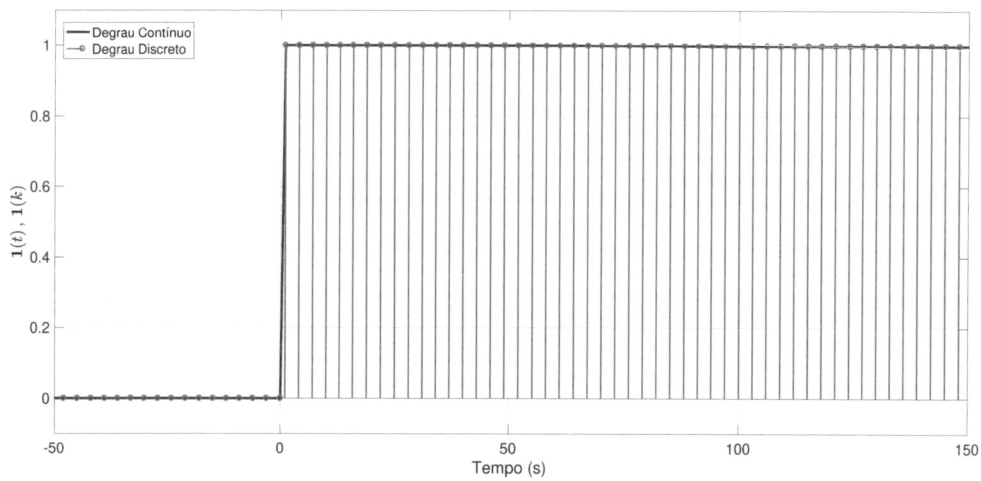

Figura 3.8 – Sinal degrau unitário $\mathbf{1}(t)$, $\mathbf{1}(k)$.

3.3.2 Sinal rampa

O sinal tipo rampa é muito útil para representarmos fenômenos de variação lenta, com taxas de variação constante (ou aproximadamente constante). Por exemplo, a temperatura de um ambiente aquecido pelo sol, no período da manhã, pode ser razoavelmente bem aproximada por uma rampa crescente, considerando intervalos de tempo não muito longos. Já no períodos da tarde, a temperatura ambiente pode ser aproximada por uma rampa decrescente (o ambiente se esfria conforme o sol se põe). Sinais tipo rampa são muito usados como sinais de variável manipulada na indústria de processos para o acionamento lento de um equipamento, de tal forma que sua inicialização não seja brusca. Por exemplo, a partida de motores industriais é feita por meio de rampas que levam a corrente da armadura da máquina do repouso (valor nulo) até um dado valor de operação, seguindo uma inclinação constante. A inclinação da rampa é determinada pelas características do equipamento.

O sinal rampa unitária é definido por:

$$\text{ramp}(t) \;=\; \begin{cases} 0\,, \text{ para todo } t < 0\,, \\ t\,, \text{ para todo } t \geq 0\,. \end{cases} \quad . \tag{3.9}$$

A definição anterior vale para o caso discreto, denotando a rampa como $\text{ramp}(k)$, com $k \in \mathbb{N}$ representando os instantes para os quais o sinal é definido (minutos, horas, dias etc). A inclinação do sinal $\text{ramp}(t)$ é unitária. Uma rampa de inclinação A_0 é dada por $A_0\text{ramp}(t)$. O sinal $\text{ramp}(t)$ tem variação diferente de zero a partir do tempo $t = 0$, como ilustra a Figura 3.9. No caso de uma rampa de inclinação A_0, deslocada no tempo, cujo início se dá em um tempo $t_0 > 0$, temos o sinal $A_0\text{ramp}(t - t_0)$.

Exemplo 18 *Utilizaremos, neste exemplo, os sinais degrau e rampa unitários para descrever o sinal de tensão aplicado a um motor para dar a partida de acordo com a seguinte sequência: motor inicialmente parado (em repouso), e desejamos aplicar, no tempo $t = 2$ s, um degrau de amplitude* 10 *V. Depois de passados* 10 *segundos, desejamos aplicar uma rampa que leve a tensão de acionamento do motor de* 10 *a* 100 *V em* 18 *segundos. A tensão deve ser mantida em* 100 *V pelo restante do tempo do experimento.*

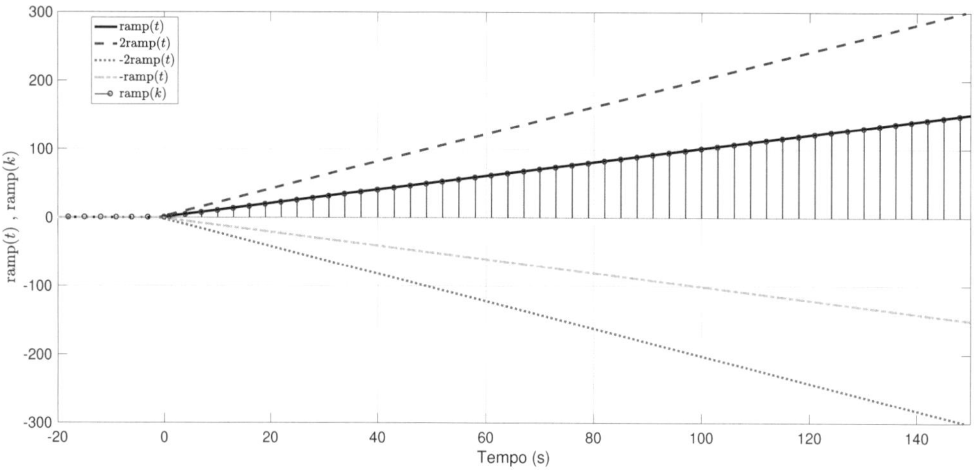

Figura 3.9 – Sinais rampa contínuos de diferentes inclinações e ramp(k).

O primeiro sinal que devemos aplicar a este motor é dado por um degrau de amplitude 10 *V, a partir do instante de tempo* $t = 2$ *s; este sinal é dado por:*

$$S_1(t) = 10\,\mathbf{1}(t-2) \ .$$

Este sinal é mulo pelos primeiros dois segundos. Depois disso, o sinal $S_1(t)$ *representa um valor constante de* 10 *V.*

Para impormos uma variação destes 10 *V até* 100 *V em 18 segundos, podemos usar uma rampa de inclinação* 5 *V/s, visto que o incremento em tensão deve ser de* 90 *V para estes* 18 *s. Este segundo sinal é dado por:*

$$S_2(t) = 5ramp(t-12) \ .$$

O sinal da soma de $S_1(t)$ *com* $S_2(t)$ *(dada por* $S_1(t) + S_2(t)$*) atende as especificações de projeto de acionamento até o tempo* $t = 30$ *s. Por fim, queremos que o sinal de tensão prossiga igual a* 100 *V, para todo instante de tempo* $t \geq 30$ *s. Por isso, devemos acrescer ao sinal* $S_1(t) + S_2(t)$ *um terceiro termo* $S_3(t)$ *que compense a subida da rampa para* $t \geq 30$ *s. Este* *sinal é uma rampa de inclinação −5 deslocada para $t = 30\,s$, ou seja:*

$$S_3(t) = -5ramp(t-30)\,.$$

A soma destes três sinais consegue o resultado desejado para a acionamento do motor:

$$\begin{aligned} S(t) &= S_1(t) + S_2(t) + S_3(t)\,, \\ &= 10.\mathbf{1}(t-2) + 5\left(ramp(t-12) - ramp(t-30)\right)\,. \end{aligned}$$

Terminamos este exemplo com a Figura 3.10, que mostra os sinais envolvidos no acionamento do motor em questão.

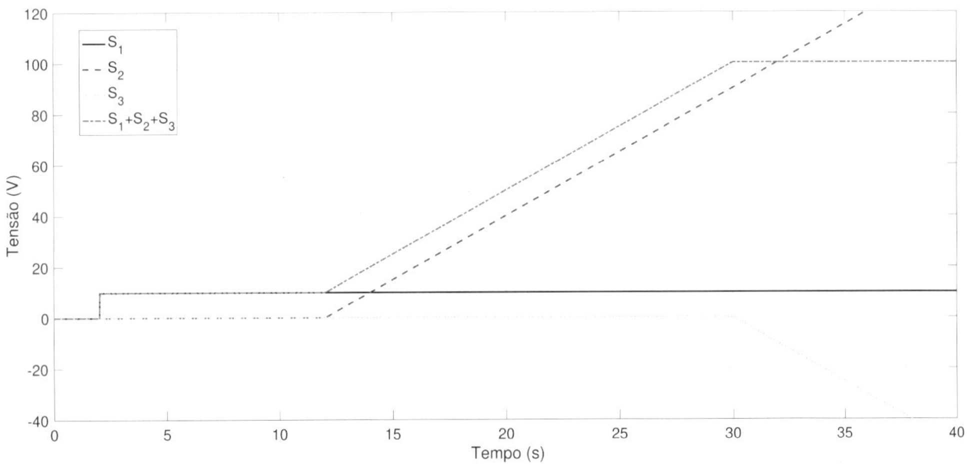

Figura 3.10 – Sinal de acionamento de um motor elétrico.

Todos os sinais aqui detalhados podem ser expressados tanto no domínio do tempo contínuo $t \in \mathbb{R}^+$ quanto no domínio discreto $k \in \mathbb{N}$.

Como um segundo exemplo, consideraremos a definição de um sinal que determine a quantidade de peças a serem enviadas para o setor de empacotamento de uma fábrica, dia a dia (e, portanto, discreto).

Exemplo 19 *Consideremos agora o exemplo de uma fábrica de peças. Queremos expressar um sinal $S(k)$ que represente o número total de peças enviadas/despachadas por esta fábrica, que começa a enviar 20 peças por dia no dia $k = 4$ e, depois de 5 dias com esse padrão de produção, incrementa o envio em 5 peças a mais por dia, até chegar ao nível de envio de 100 peças por dia. Este problema é similar ao da partida do motor, e a solução (ou seja, o sinal que representa o número do total de peças enviadas) é dada por:*

$$S(k) \;=\; 20.\mathbf{1}(k-4) + 5ramp(k-9) - 5ramp(k-25)\,.$$

Como exercício complementar às leitoras e aos leitores, sugerimos desenhar o gráfico deste sinal $S(k)$ ao longo do tempo k e verificar a validade da solução proposta.

3.3.3 Sinal pulso unitário

O sinal pulso unitário é o elemento mínimo de descrição de sinais discretos. Esse sinal, representado por $\Delta(k)$, descreve um pulso de amplitude unitária, aplicada na amostra de tempo $k = 0$, ou seja:

$$\Delta(k) \;=\; \begin{cases} 1\,, \text{ se } k = 0 \\ 0\,, \text{ caso contrário} \end{cases}.$$

Podemos usar o sinal pulso unitário $\Delta(k)$ para representar qualquer sinal discreto com as manipulações adequadas. Por exemplo: um pulso de amplitude 5, com subida em $k = 0$, é dado por $5\Delta(k)$; já uma série de três pulsos de amplitude 3, dada com subidas a partir da amostra de tempo $k = 7$, é descrita pelo seguinte sinal: $3\,(\Delta(k-7) + \Delta(k-8) + \Delta(k-9))$.

Exemplo 20 *Escrevamos o sinal discreto $S(k)$ com base nos sinais discretos pulso e degrau ($\Delta(k)$ e $\mathbf{1}(k)$, respectivamente).*

O sinal $S(k)$ é descrito por:

$$S(k) = \begin{cases} 0\,,\ \forall k \leq 0\,, \\ 2\,,\ k = 1\,, \\ 2\,,\ k = 2\,, \\ 10\,,\ k = 3\,, \\ 20\,,\ k = 4\,, \\ 0\,,\ k = 5\,, \\ 12\,,\ k > 5\,. \end{cases}$$

Nos primeiros instantes (entre as amostras $k = 1$ e $k = 4$), este sinal é descrito por pulsos deslocados, de amplitudes diferentes, e, para amostras de tempo $k > 5$, o sinal é dado por um degrau deslocado, com amplitude 12. Somando estes dois termos, chegamos à seguinte expressão fechada:

$$S(k) = 2\left(\Delta(k-1) + \Delta(k-2)\right) + 10\Delta(k-3) + 20\Delta(k-4) + 12.\mathbf{1}(k-6)\,.$$

3.3.4 Sinais senoidais

Sinais senoidais são muito usados nas mais diversas aplicações de engenharia. Os sinais elétricos de sistemas de geração em corrente alternada podem ser representados por sinais senoidais. No Brasil, por exemplo, a energia elétrica é distribuída às residências como um sinal de tensão eficaz de 110 ou 220 V. No segundo caso, a tensão alternada é do tipo senoidal, de frequência 60 Hz e tensão pico a pico de aproximadamente 311 V. Podemos escrever este sinal[1] como $V(t) = 311sen(2\pi 60t)$ V. Sinais senoidais também são muito importantes para o estudo de sistemas no domínio frequencial, tópico fora do escopo deste livro, mas essencial em disciplinas mais avançadas de engenharia de controle.

[1] Note que a tensão eficaz é dada por $V_{\text{eficaz}} = \sqrt{\frac{1}{60}\int_0^{1/60} V(t)} = 220$ V.

3.3.5 Sinal discreto de potenciação

Um sinal discreto de potenciação é definido por

$$S(k) \;=\; b^k\,, \tag{3.10}$$

para um dado instante de tempo discreto k (natural). Esse sinal tem uma importância fundamental no estudo da dinâmica de sistemas de tempo discreto e é muito importante para descrever diversos sinais que representam as respostas de sistemas dinâmicos discretos.

Exemplo 21 *Consideremos o exemplo de uma caderneta de poupança. Imaginemos que uma pessoa aplica* 100 *reais em uma caderneta de poupança que rende juros a uma taxa fixa de* 1% *ao mês. Queremos calcular o saldo desta caderneta ao longo do tempo no caso de nenhum saque ou depósito novo. Usaremos o sinal discreto $S(k)$ para representar o saldo dessa poupança, com k representando um índice natural de meses ($k = 0$ é o mês inicial, quando foi feito o primeiro depósito). Desta forma, temos que $S(0) = 100$ reais. No mês seguinte, temos $S(1) = S(0) + 0.01S(0) = 1.01S(0)$. Para o segundo mês, temos $S(2) = S(1) + 0.01S(1) = 1.01S(1) = 1.01^2S(0)$. Expandindo recursivamente esta equação para os meses seguintes, temos:*

$$S(k) = (1.01)^k S(0)\,.$$

Desta forma, o sinal discreto de potenciação $S(k) = b^k$, com $b = 1.01$, permite descrever a dinâmica (evolução temporal) do saldo dessa caderneta de poupança ao longo do tempo.

Observa-se que esse tipo de sinal tem uma taxa de crescimento variável no tempo, que aumenta para valores maiores de k. No exemplo da poupança, o saldo no mês $k = 100$ será de aproximadamente 270 *reais, ao passo que no mês $k = 200$ será de* 731 *reais, quase triplicando em magnitude para um dobro de tempo passado.*

3.3.6 Sinal exponencial

O sinal exponencial, dado por

$$S(t) \ = \ e^{at}, \tag{3.11}$$

tem uma importância fundamental em sistemas de controle, pois permite representar com precisão o comportamento transitório de sistemas dinâmicos contínuos.

Por exemplo, caso observamos a evolução da velocidade de um ventilador quando desligamos a sua energia (partindo da sua velocidade de operação constante), podemos constatar que a velocidade cai de uma forma mais rápida logo após o corte da energia e que a taxa de variação vai diminuindo à medida que a velocidade diminui. Isto se deve ao fato de que o atrito causado pelo ar (que freia a pá do ventilador) é mais intenso quanto maior a velocidade de giro das pás, assim a força dissipativa colocada no sistema vai perdendo efeito à medida que a velocidade diminui. Esse comportamento pode ser bem aproximado por um sinal $S(t) = e^{at}$ com $a < 0$.

Outro exemplo no qual a função exponencial pode representar bem o fenômeno físico é o aumento de pessoas contagiadas por uma doença, como o agente viral SARS-CoV-2 (causador da doença COVID-19). Em uma situação de evolução natural da doença, na fase inicial, o número de infetados cresce cada vez mais rápido à medida que o número de infetados aumenta. Nesta fase, a curva de infeções é representada por um sinal exponencial com $a > 0$. A Figura 3.11 apresenta um gráfico de um sinal exponencial $y(t)$, na qual podemos observar as propriedades analisadas nos dois exemplos anteriores.

Essa constatação intuitiva desse tipo de fenômeno será demonstrada matematicamente (e, portanto, comprovada) mais adiante, ao calcularmos a solução de um problema real usando um modelo matemático que descreve as dinâmicas de um ventilador.

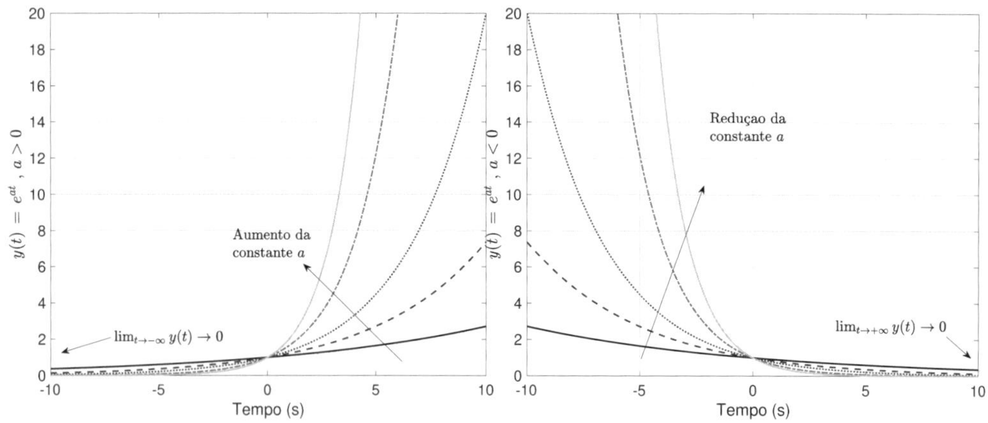

Figura 3.11 – Sinal exponencial real e^{at}.

O modelo de sinal exponencial decrescente também é usado, por exemplo, para representar a queda de temperatura de um forno quando ele é desligado, dado que a transferência de calor para o meio ambiente depende da diferença de temperatura entre o forno e o ambiente (taxa de esfriamento) é sempre proporcional a temperatura do forno, que decai ao longo do tempo.

Veremos, na continuação, um caso de estudo baseado na dinâmica de um tanque, para entendimento da importância do sinal exponencial.

Exemplo 22 *Consideremos agora um tanque de água. Suponhamos que este tanque está inicialmente cheio com sua saída fechada e, em um dado instante, a válvula de saída do tanque é totalmente aberta. Estudaremos a evolução do nível do tanque (que chamaremos de h) ao longo do tempo, de tal forma que possamos construir uma representação para o sinal $h(t)$.*

Como a vazão de saída do tanque depende da pressão da coluna de água sobre a válvula, e essa pressão depende do nível de água no tanque, sabemos que a vazão será inicialmente mais intensa e diminuirá à medida que o tempo passa e o tanque esvazia. Também é possível inferir que, se esperarmos tempo suficiente, o nível de água no tanque chegará a zero.

Desta forma, também podemos inferir que a evolução do nível do tanque no tempo $h(t)$ também terá uma taxa de variação maior em um primeiro momento, assim que a válvula de saída é aberta, e menor em um momento seguinte, à medida que a pressão da coluna de água diminui e (consequentemente) a vazão também. A Figura 3.12 mostra a variação no tempo de um tanque real, de base pequena, cujo nível máximo é de 0.7 m.

Podemos notar, então, que a taxa na qual este nível é reduzido é proporcional ao nível do tanque, ou seja, $\frac{dh(t)}{dt}$ *é proporcional a* $h(t)$. *A Figura 3.13 mostra esse fato, comparando estes dois sinais. Observa-se que a derivada é sempre negativa (o nível sempre diminui) e seu valor tende a zero á medida que o tempo passa e o nível se aproxima de zero.*

Com relação a essa discussão, existe entre os sinais apresentados neste capítulo um que tem um comportamento equivalente ao do nível do tanque. Esse sinal é o sinal exponencial $f(t) = e^{-t/\tau}$, *com* $\tau > 0$, *uma vez que sua derivada* $\frac{df(t)}{dt} = -\frac{1}{\tau}e^{-t/\tau}$ *é, de fato, proporcional a ele mesmo. Comprovamos assim que a função exponencial será muito útil para representar a evolução no tempo para diversos sinais provenientes de diversos sistemas físicos reais, entre estes a variação de nível em um tanque.*

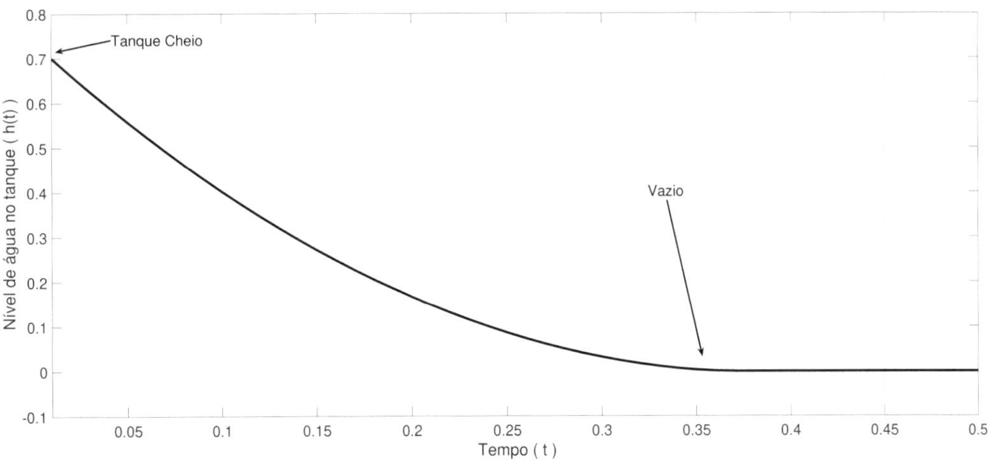

Figura 3.12 – Nível de um tanque de água.

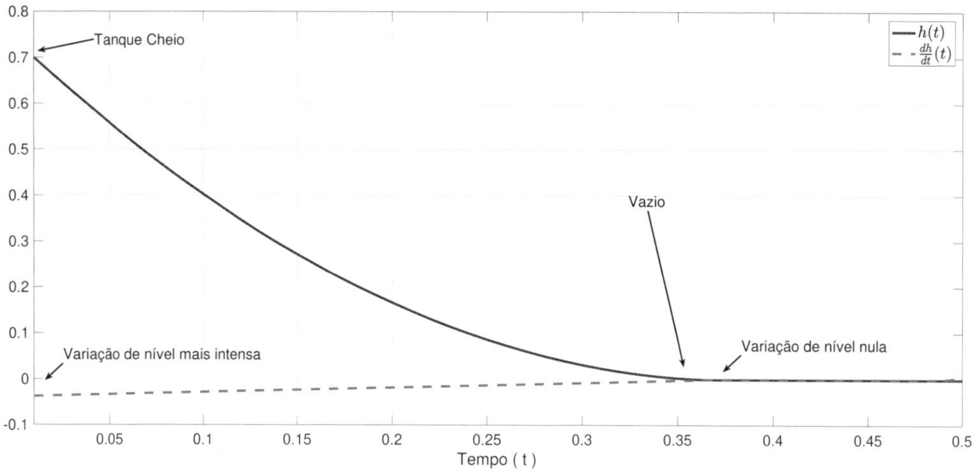

Figura 3.13 – Nível de um tanque de água: variação do nível.

Fechando esta seção, notamos que um sinal exponencial (contínuo) é transformado em um sinal discreto de potenciação, por meio da transformação $t = kT_s$: $S(k) = e^{akT_s} = b^k$, com $b = e^{aT_s}$. Ou seja, ao amostrar um sinal exponencial contínuo com uma taxa fixa, obtemos um conjunto de amostras que respeitam uma lei de potenciação discreta.

3.4 Sinais: energia

O conceito da energia de um sinal definido no tempo é muito importante no contexto de sistemas de controle. Discorremos a seguir sobre este tema.

Definição 7 *Energia de um sinal*
Considere um sinal real definido no tempo $f : \mathbb{R}^+ \to \mathcal{F} \subseteq \mathbb{R}$*. Este sinal* $f(t)$ *tem sua energia definida como:*

$$\mathcal{E} = \int_0^{+\infty} \left(f^2(t)dt\right) . \tag{3.12}$$

No caso discreto, para um sinal real definido como $f : \mathbb{N}^+ \rightarrow \mathcal{F} \subseteq \mathbb{R}$, a energia deste sinal é dada por:

$$\mathcal{E} = \lim_{N \rightarrow +\infty} \sum_{0}^{N} \left(f^2(k)\right). \tag{3.13}$$

Esta definição provém de uma generalização do conceito da energia dissipada em resistores elétricos. Por exemplo, considere um sinal $f(t)$ que representa a corrente que circula por um circuito composto por um único resistor de resistência unitária e uma fonte de tensão. A energia dissipada neste resistor é dada pela integral apresentada na Eq. (3.12). No caso de uma resistência elétrica R, a energia é dada por $R\mathcal{E}$. No caso mais geral, a integral da Eq. (3.12) (ou somatório, no caso discreto) é definida com limite inferior em $t = -\infty$. Entretanto, como consideramos neste livro apenas sinais causais definidos no tempo a partir do instante $t = 0$, calculamos a energia de um sinal por meio de uma integral avaliada desde $t = 0$.

É importante pontuarmos que a definição da energia de um sinal é equivalente ao cálculo da norma 2 do sinal, ou seja, $\mathcal{E} \equiv ||f(t)||_2^2$, no caso contínuo, ou $\mathcal{E} \equiv ||f(k)||_2^2$, no caso discreto. Quando a função f representar um sinal vetorial (tipicamente em um processo multivariável), de n elementos, ou seja, $f = \begin{bmatrix} f_1 & \dots & f_n \end{bmatrix}$, a norma 2 é definida como a soma das energias de todas as componentes do vetor, ou seja: $\mathcal{E} = \sum_{i=1}^{N} \int_0^{+\infty} (f_i^2(t)dt) = \int_0^{+\infty} \left(\left(f^T(t)f(t)\right) dt\right)$, no caso contínuo.

Vale ressaltarmos que a potência instantânea de um sinal (contínuo) é dada por $\mathcal{P}_{\text{inst}} = \frac{d\mathcal{E}}{dt}$. Assumindo que $\int_0^{+\infty} (f^2(t)dt) = (\lim_{t \rightarrow +\infty} g(t)) - g(0)$, com $g(t)$ definida em t, temos $\mathcal{P}_{\text{inst}} = f^2(t)$. Em muitos livros de sinais e sistemas, o conceito de potência média de um sinal é usado. A potência média é dada pela média da potência instantânea no tempo, ou seja, $\mathcal{P}_{\text{média}} = \lim_{\mu \rightarrow +\infty} \frac{\int_{-\mu/2}^{\mu/2} \mathcal{P}_{\text{inst}} dt}{\mu} = \lim_{\mu \rightarrow +\infty} \int_0^{\mu/2} (f^2(t)dt)$. Quando o sinal f é periódico, o limite $\lim_{\mu \rightarrow +\infty}$ pode ser substituído pelo período do sinal. Note que a potência média de um sinal é dada pela distribuição da energia do sinal ao longo de sua evolução no tempo.

De forma prática, chamamos um sinal como sinal de energia caso este tenha energia finita, ou seja, $0 < \mathcal{E} < +\infty$. Um sinal de potência média finita é dito um sinal de potência. Note que não existem sinais de potência e de energia simultaneamente, ou seja, as desigualdades $0 < \mathcal{E} < +\infty$ e $0 < \mathcal{P} < +\infty$ são mutuamente excludentes. No entanto, existem sinais que não são nem de energia, nem de potência, com energia e potência infinita ou nula. Como exemplo deste caso, apresentamos o sinal tipo rampa unitária, $f(t) = t$, para o qual $\mathcal{E} = +\infty$ e $\mathcal{P} = +\infty$.

Uma propriedade importante sobre sinais de energia deve ser ressaltada. Considere um sinal real com condição inicial não nula e positiva: $f(t) : \mathbb{R}^+ \to \mathbb{R}$, com $f(0) = f_0 > 0$. Para este sinal ser um sinal de energia, basta que o termo integrado no tempo da expressão para a energia do sinal, apresentada na Eq. (3.12), decresça ao longo do tempo e convirja para a origem. Desta forma, caso $V(t) = f^2(t)$ seja uma função com $V(0) = f^2(0) = (f_0)^2 > 0$ e $\lim_{t\to+\infty} V(t) \to 0$, é válido afirmarmos que $f(t)$ é um sinal de energia. Para tanto, basta avaliarmos se $V(t) > 0$ para todo t e que $\frac{dV(t)}{dt} < 0$ para todo t. Ressaltamos que uma derivada $\frac{dV(t)}{dt} < 0$ implica no decaimento da função $V(t)$ ao longo do tempo. Portanto, com $V(t) > 0$ e $\frac{dV(t)}{dt} < 0$, observaremos um sinal que converge para a origem.

Como um exemplo da verificação desta propriedade, retomemos o exemplo de um sinal $f(t) = e^{\frac{-t}{\tau}}$ que representa o nível de um tanque de água que é esvaziado. Consideremos $f(0) = 0.7$. Apresentamos, na Figura 3.14, as curvas $f(t)$ e $V(t)$ (gráfico superior), $\frac{dV(t)}{dt}$ (gráfico intermediário) e $\mathcal{E}(t) = \int_0^t (f^2(\mu)d\mu)$ (gráfico inferior). Note que este sinal é, de fato, um sinal de energia, uma vez que $V(t) > 0$ e $\frac{dV(t)}{dt} < 0$, implicando em $\mathcal{E} = \lim_{t\,to+\infty} \mathcal{E}(t) = 50 < +\infty$.

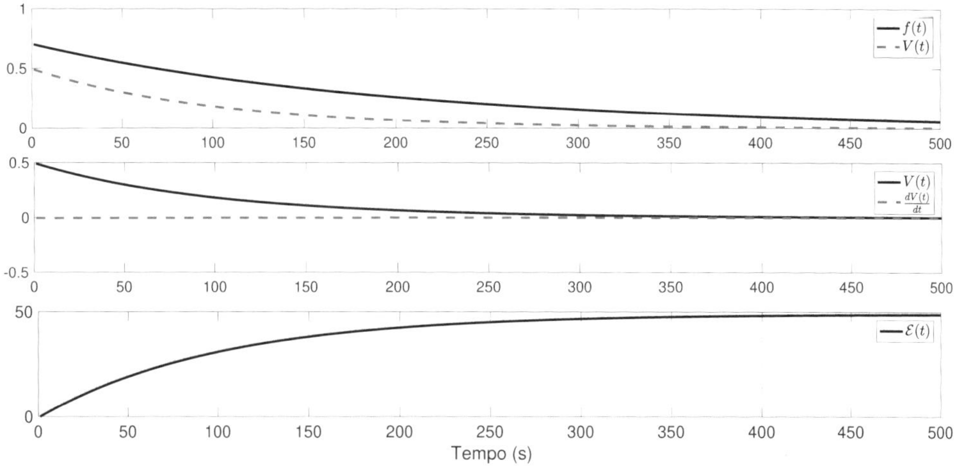

Figura 3.14 – Dissipação da energia de um sinal.

3.5 Sinais: operações e transformações

Dado que os sinais são matematicamente representados por funções no tempo, podemos realizar com eles todas as operações que normalmente usamos com as funções. Assim, e como já vimos em alguns exemplos na seção anterior, podemos somar sinais, derivá-los, multiplicá-los etc. Este tipo de operação modifica a imagem do sinal mantendo seu domínio.

Por exemplo, ao calcularmos o sinal de potenciação $x^2(t)$, criamos um novo sinal que tem o mesmo domínio de $x(t)$, porém com uma imagem modificada.

Além dessas operações tradicionais, existem outras transformações relacionadas com modificações do domínio dos sinais, que são especialmente importantes em sistemas de controle, no qual convivem os sinais de tempo contínuo e de tempo discreto. Observem que no mundo moderno a maioria dos sistemas que processam informações são baseados em computadores (ou microcontroladores) que operam em tempo discreto, ou seja, realizam operações em ciclos de tempo predefinidos. Por outro lado, a maioria dos processos pertence ao mundo dos sistemas contínuos, cujos sinais estão definidos para todo tempo real, como os processos térmicos, mecânicos e elétricos.

Para unir estes dois *mundos*, ou seja, para que os sinais do mundo contínuo possam ser entendidos e utilizados pelo *mundo* discreto e vice-versa, precisamos definir duas operações ou transformações com sinais, denominadas de amostragem e interpolação.

Na Figura 3.15, mostramos um diagrama de blocos de um sistema de controle digital, que controla um processo físico real (analógico). O termo analógico é usado para definir sinais de domínio e imagem real. Dessa forma, sistemas que usam sinais analógicos são também denominados analógicos.

Um sistema é dito digital quando utiliza sinais digitais que são sinais de tempo discreto, cuja imagem também é discreta e que podem apenas ter valores dentro de um conjunto finito. Por exemplo, os sinais que um computador processa têm sua imagem definida pelo número de bits usado no computador e seu domínio discreto depende da frequência de processamento.

As variáveis de processo são medidas com um sensor, cujo sinal contínuo é transformado em sinal discreto por um amostrador. O sinal amostrado (discreto) é, na sequência, convertido em sinal digital (expresso em um dado número de bits) e, depois, recebido pelo controlador, que determina um sinal de controle para o processo. Neste sistema, o sinal de controle digital é transformado em sinal contínuo por um interpolador, cuja saída é a variável de controle contínua, que orienta o atuador, regulando a dinâmica do processo. O símbolo VR na figura representa um sinal de referência para o controlador, e este último atua no processo normalmente para fazer com que a variável de processo aproxime-se do valor definido por esta referência. Os símbolos VC, P e VP representam, respectivamente, os sinal da variável controlada, da perturbação e da variável de processo.

Na sequência, discutiremos com maiores detalhes as operações de amostragem, interpolação e quantização.

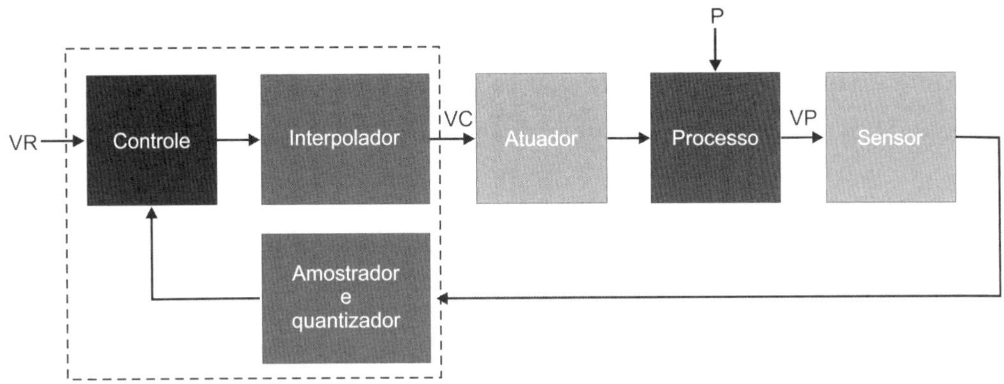

Figura 3.15 – Sistema de controle discreto por diagrama de blocos.

3.5.1 Amostragem

Em processamento de sinais, chamamos de amostragem a transformação de um sinal contínuo em um sinal discreto. Um exemplo clássico (e muito comum) do processo de amostragem é a conversão de ondas sonoras (sinais contínuos) em uma sequência de amostras discretas, medidas em um conjunto discreto de instantes de tempo.

Definição 8 *Amostragem*
A operação da amostragem é definida como o processo de medição instantânea de valores de um sinal analógico (contínuo) em intervalos, que geralmente são iguais e sua duração é definida como tempo de amostragem. O intervalo entre as amostras é determinado por um pulso de sincronismo e a sua frequência é chamada de taxa de amostragem.

> *Em 1928, Henry Nyquist, dos Laboratórios Bell, demonstrou que a representação digital de um sinal analógico seria funcionalmente idêntica à forma de onda original se a taxa de amostragem fosse pelo menos duas vezes maior que a maior frequência da onda analógica. Esse resultado, conhecido como o teorema da amostragem de Nyquist, é um resultado muito importante para a teoria de sinais e sistemas.*

Baseado no teorema de Nyquist, a voz humana, que tem uma frequência máxima de quatro mil Hertz, requer oito mil amostras por segundo para ser adequadamente amostrada. Um áudio com qualidade de CD tem frequência máxima de vinte mil Hertz, e, portanto, requer quarenta mil amostras por segundo para ser adequadamente amostrado. Se a operação da amostragem for realizada com uma em taxa de amostragem inferior ao dobro da frequência máxima do sinal amostrado, ocorrerá perda de informação. No caso do som, o sinal digital terá distorções e comparado ao sinal analógico que o gerou.

De maneira mais intuitiva, a escolha do período (ou frequência) de amostragem deve ser compatível com a velocidade de variação do sinal no tempo. Em termos práticos, o sinal amostrado deve apresentar uma forma similar ao sinal original.

Quando um sinal é amostrado com uma taxa de amostragem menor que a taxa de variação do sinal, o sinal amostrado terá uma imagem que não terá suficiente informação para poder recuperar a imagem analógica original. Ainda ao recuperar o sinal analógico a partir das amostras podemos obter diversos sinais diferentes, além do que gerou o sinal amostrado. Chamamos este fenômeno de *aliasing*. Um exemplo de aliasing é apresentado na Figura 3.16, na qual um sinal senoidal de frequência f, $x(t) : \mathbb{R}^+ \rightarrow A$, dado por $x(t) = \sin(2\pi f t)$ (em linha cheia na figura), é amostrado com uma taxa de amostragem f_s inadequada, neste caso $f_s < 2f$. O período de amostragem é $T_s = 1/f_s$. O sinal resultante da amostragem, $x : \mathbb{N} \rightarrow A$, definido por $x(kT_s) = \sin(2\pi f n T_s)$, é indicado na figura pelas flechas.

Como podemos observar nesta figura, a forma do sinal amostrado não representa bem a forma do sinal original. Ademais, existem outros sinais contínuos (por isso o termo *alias*, que significa pseudônimo, apelido) que também passam pelos pontos amostrados, como o sinal desenhado em linha pontilhada na figura. Isto é, na hora de interpretar o sinal amostrado não conseguiríamos saber se ele corresponde à senoide original $x(t)$ ou a outra senoide de menor frequência.

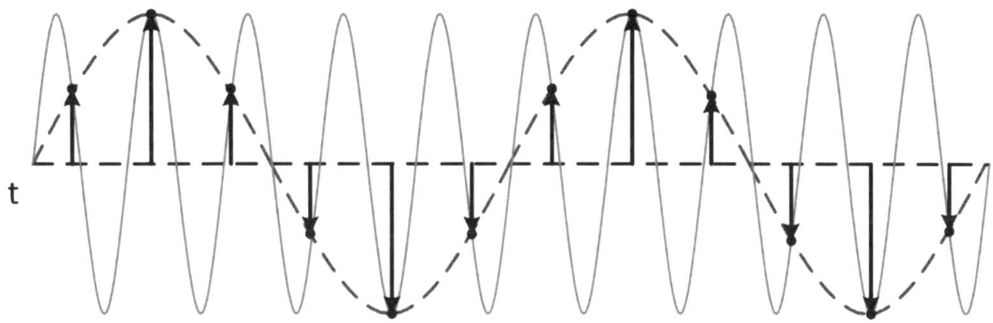

Figura 3.16 – Sinal amostrado com uma taxa de amostragem inferior a sua variação no tempo.

A operação da amostragem remete apenas a uma transformação no domínio do sinal e não interfere em sua imagem (observe que o sinal amostrado sempre tem o mesmo valor que o sinal contínuo nos tempos de amostragem). Um sinal contínuo do tipo $x(t) : D \rightarrow A$, com $D \subseteq \mathbb{R}^+$, quando amostrado, transforma-se em um sinal do tipo $x(kT_s) : D_{\text{novo}} \rightarrow A$, com $D_{\text{novo}} \subseteq \mathbb{N}_{T_s}$. Aqui $\mathbb{N}_{T_s}$ representa os múltiplos naturais do período de amostragem T_s.

A amostragem é matematicamente dada pela seguinte operação:

$$\begin{aligned} \text{Amostragem}\{x(t)\} &\Rightarrow x(kT_s), \text{ para a qual} \\ t &= kT_s = \frac{n}{f_s}, \end{aligned} \tag{3.14}$$

sendo f_s a frequência (taxa) de amostragem e T_s o período de amostragem.

Também podemos escrever a seguinte expressão que relaciona o sinal original $x(t)$ e o sinal amostrado $x(kT_s)$:

$$x(t) = x(kT_s) \quad , \quad \forall \;\; t = kT_s \;\; k \in \mathbb{N}\,. \tag{3.15}$$

Observe que o sinal amostrado está unicamente definido nos múltiplos inteiros do período T_s.

Uma questão interessante a discutirmos é a relação entre sinais discretos e sinais amostrados. Um sinal amostrado é evidentemente um sinal discreto, apenas com a particularidade de que é definido para instantes de tempo múltiplos de T_s. A temperatura de um ambiente, por exemplo, quando amostrada a cada meio segundo, é definida através uma sequência de valores: $T(0.5), T(1), T(1.5), \ldots$, configurando também um sinal discreto, definido em um domínio contável de pontos.

Já o contrário não é verdade: nem todo sinal discreto é um sinal amostrado. Se o sinal é proveniente de um sistema que se comunica com o meio usando sinais em instantes de tempo discretos, ele será discreto por natureza. Por exemplo, o sinal que representa a taxa de juros da poupança do dia k é um sinal discreto por natureza, que somente está definido a cada dia.

3.5.2 Interpolação

Com relação ao diagrama de blocos de um sistema de controle digital, apresentado na Figura 3.15, ainda precisamos detalhar o bloco de interpolação. A necessidade de usar a operação da interpolação em sistemas de controle é bastante simples. Imaginemos que controlamos o nível de um tanque e, para tal, atuamos por meio da válvula que regula a entrada de água no tanque. Este sistema de controle discreto produzirá uma sequência de valores numéricos definidos a cada T_s. Estes são valores instantâneos tem uma certa amplitude $U(k)$ e duração teoricamente nula. Evidentemente, a válvula de atuação não é capaz de reagir aos pulsos de forma instantânea, uma vez que sua construção física não é capaz de acompanhar variações tão rápidas. Portanto, precisamos criar um sinal que seja de tempo contínuo para a atuação desta válvula, que mantenha os valores do sinal discreto nos instantes de amostragem, mas que não seja uma série de pulsos. Esta transformação pode ser realizada por um interpolador.

Para podermos criar um sinal contínuo $x(t)$ a partir de um conjunto de amostras discretas $x(kT_s)$, faz-se necessário interpolar as amostras para obtermos valores do sinal x para todo instante t definido dentro de um intervalo de interpolação, dado por $t \in [kT_s\,,\,(k+1)T_s]$. Isto é, a operação de interpolação "liga os pontos" discretos, de tal forma que uma curva contínua seja gerada.

A interpolação é uma operação que altera o domínio do sinal. O sinal $x(kT_s) \,:\, D_n \rightarrow A$, quando interpolado, é convertido em um novo sinal $x(t) \,:\, D_t \rightarrow A$.

Podemos optar por interpolar um sinal discreto de diversas formas, seguindo abordagens lineares, polinomiais ou trigonométricas. De forma geral, as operações de interpolação mais utilizadas são lineares, e, portanto, as únicas abordadas neste livro.

A notação matemática utilizada para representar a operação da interpolação é a seguinte:

$$\begin{aligned} \text{interpolação}\{x(k)\} &\Rightarrow x(t), \text{ para a qual} \\ x(t) &= x(kT_s)\ \forall\ t = kT_s\,, \end{aligned} \tag{3.16}$$

sendo T_s o período de amostragem.

Notamos que $x(t)$ tem o mesmo valor que $x(kT_s)$ para todo instante de tempo $t = kT_s$. Entretanto, ainda falta definirmos $x(t)$ para $t \neq kT_s$. Consideraremos, então, dois tipos de interpolação:

- Interpolação por meio de polinômio de ordem zero, denotada "ZOH" (do inglês, "zero-order hold"). Para este tipo de interpolação, a seguinte regra é utilizada: $x(t) = x(kT_s)$ para todo $kT_s \leq t < (k+1)T_s$, ou seja, a amostra do instante kT_s é mantida constante no sinal contínuo resultante até o instante $(k+1)T_s$. Um sinal interpolado por um interpolador tipo ZOH é apresentado na Figura 3.17. Nesta figura, o sinal amostrado original é representado pelos pontos

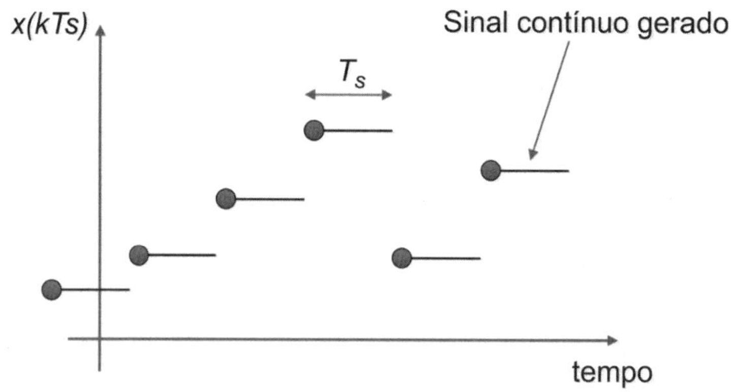

Figura 3.17 – Sinal interpolado por interpolador tipo ZOH.

tipo bola e o sinal interpolado pelos patamares de valor constante em cada período de amostragem. Este tipo de interpolação é o mais usado na prática. Com períodos de amostragem T_s adequados, a representação por interpolação tipo ZOH costuma ser suficientemente boa.

- Interpolação por meio de polinômio de ordem um, ou aproximação por uma reta, denotada "FOH"(do inglês *first-order hold*). Neste caso, o sinal contínuo dado entre duas amostras consecutivas é uma reta que liga estes pontos, ou seja, para $kT_s \leq t \leq (k+1)T_s$, o sinal contínuo é dado por:

$$x(t) = x(kT_s) + \left(\frac{x((k+1)T_s) - x(kT_s)}{T_s}\right)[t - x(kT_s)] .$$

Esse sinal é uma reta, cuja inclinação é dada por $\left(\frac{x((k+1)T_s)-x(kT_s)}{T_s}\right)$, que passa do ponto $(kT_s\,, x(kT_s))$ ao ponto $((k+1)T_s\,, x((k+1))T_s))$. A Figura 3.18 ilustra a operação de interpolação tipo FOH.

Um ponto importante a ser ressaltado aqui é que as operações de interpolação e amostragem não são exatamente inversas. Note que, ao inter-

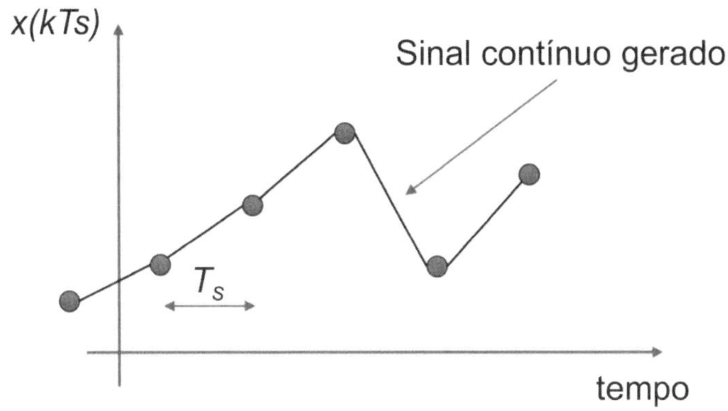

Figura 3.18 – Sinal interpolado por interpolador tipo FOH.

polarmos um sinal previamente amostrado e, posteriormente, amostrá-lo, sempre usando o mesmo período de tempo T_s, recuperaremos exatamente o sinal amostrado original. Entretanto, isso não acontece ao realizar as operações ao contrário para um sinal qualquer. Um sinal contínuo amostrado e, posteriormente, interpolado resultará, na maioria dos casos, em um sinal diferente do original, uma vez que apenas nos instantes de tempo de amostragem o sinal contínuo original e o sinal contínuo interpolado coincidem.

A Figura 3.19 ilustra os diferentes sinais no processo de amostragem e interpolação usando um caso de um sinal senoidal de temperatura: o sinal de temperatura real (contínuo), o sinal amostrado no tempo e o sinal interpolado com um FOH.

Podemos observar que, neste caso, a diferença entre os sinais é pequena, dado que a interpolação linear consegue capturar bem os dados para o período de amostragem T_s usado.

Para finalizarmos este capítulo, debateremos, de forma simplificada, o processamento realizado na comunicação analógico-digital, usada nos sistemas de controle industrial, dando atenção especial à operação de quantização.

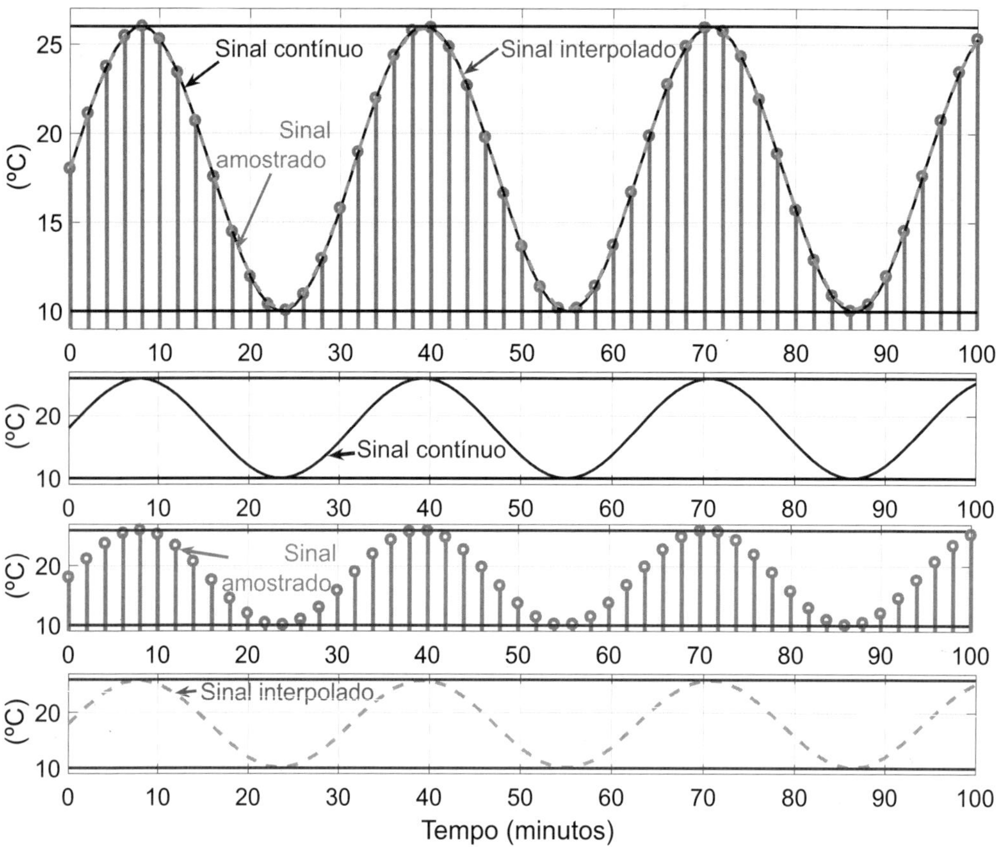

Figura 3.19 – Sinal contínuo de temperatura, sua amostragem e interpolação tipo FOH.

3.5.3 Processamento digital

Atualmente, sistemas que operam em tempo discretos são os mais usuais em todas as áreas da engenharia. O uso de computadores ou microcontroladores embarcados é altamente difundido na prática, tanto para a aquisição de dados dos processos quanto para o monitoramento e o controle. A Figura 3.20 apresenta o esquema de funcionamento de um sistema de controle digital. Os sinais procedentes das leituras das variáveis de processo, vindas de sensores digitais ou analógicos, são processadas em um sistema de aquisição de dados que funciona geralmente em uma placa eletrônica com um microprocessador. Estes sinais são então enviados para o computador que realiza os cálculos e define os valores das ações de controle a serem executadas. Estes sinais digitais do controlador passam novamente pelo sistema de aquisição de dados para serem transformados em sinais possíveis de serem interpretados pelos atuadores, como válvulas, motores etc. Como este dispositivo faz a conversão de sinais analógicos (A) em digitais (D) e digitais em analógicos, é normalmente denominado AD/DA. Nestes sistemas AD/DA, estão instalados os amostradores, interpoladores e os quantizadores.

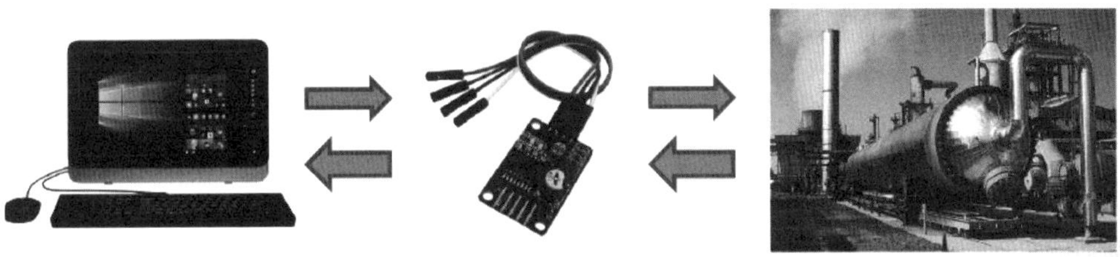

Figura 3.20 – Aquisição e envio de dados por meio de sistemas de conversão AD/DA.

Cabe aqui analisarmos com mais detalhes os sinais denominados digitais. Todos os sinais processados por computadores e microprocessadores são digitais. Isso implica que são discretos no tempo, mas também que podem assumir apenas determinados valores, isto é, o conjunto imagem do sinal é apenas uma família finita de valores. Isto depende do processador usado, que define os valores possíveis que o sinal pode assumir.

Como exemplo, consideremos um microprocessador digital de 5 bits. Nele há um total de 2^5 possíveis combinações de valores para cômputo. Desta forma, todos os sinais por ele processados devem ser representados dentro desta família de 32 valores discretos possíveis. Geralmente esse processador trabalha com tensões entre 0 e 5 V, assim, os valores de tensão que podem ser utilizados são definidos em passos $\frac{5}{32}$ V. A amplitude destes incrementos discretos é referida como a resolução do processador.

Suponhamos que este microprocessador recebe dados de um termopar (sensor que mede temperatura) de um ambiente que tem sua temperatura controlada entre 10 e 26 °C. O circuito eletrônico que processa o sinal elétrico do termopar vai nos fornecer uma tensão de 0 a 5 V, sendo que tensão máxima corresponde a medição de uma temperatura máxima. Neste caso, a resolução dos dados de temperatura é de $\frac{26-10}{32} = 0.5$ °C. Assim, toda variação de temperatura menor que 0.5°C será desconsiderada no microprocessador.

Lembramos que a variação de temperatura do ambiente, por ser um fenômeno físico real, é necessariamente um sinal analógico, isto é, um sinal que pode assumir quaisquer valores entre 10 e 26 e está definida para todo tempo. Já o sinal digital que representa a temperatura poderá assumir apenas valores múltiplos da resolução do sistema, dados nos instantes de amostragem.

Este erro causado pela digitalização a imagem do sinal é chamado de erro de quantização e é ilustrado na Figura 3.21. Por menor que seja o passo (ou por maior que seja o número de bits), sempre haverá um erro de quantização.

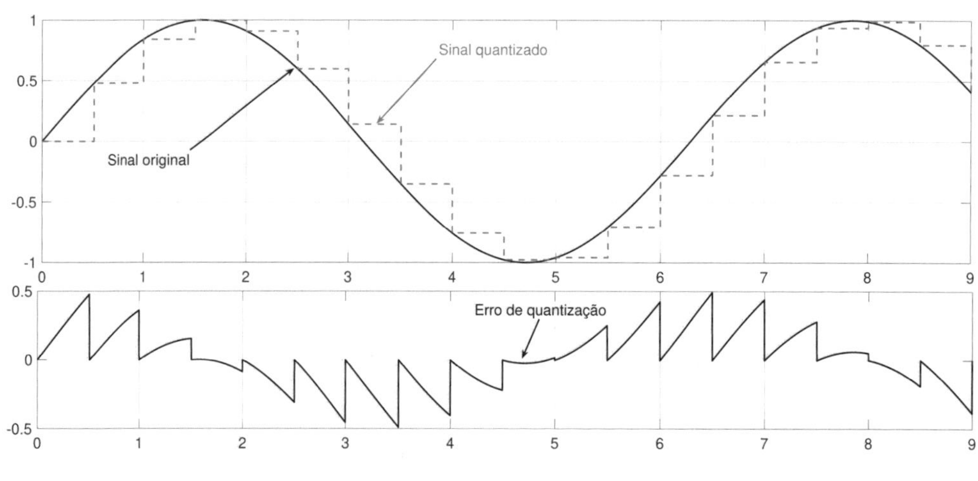

Figura 3.21 – Erro de quantização na geração do sinal digital.

É importante ressaltarmos aqui que, hoje em dia, com o avanço da tecnologia, trabalhamos com processadores de 32 ou 64 bits. Neste caso, o erro de quantização acaba sendo muito pequeno, e pode, na maioria das aplicações ser desprezado. Por exemplo, para o mesmo caso anterior, da medição de temperatura, para um processador com 64 bits, teríamos passos de $8\ 10^{-19}$ V (muito pequenos!).

3.6 Comentários finais

Neste capítulo, alguns conceitos básicos sobre sinais e sistemas foram apresentados. As noções de sinais interpolados e amostrados foram discutidas, assim como diversos sinais importantes para a engenharia de controle. Nos próximos capítulos, entraremos em maiores detalhes sobre vários dos aspectos que aqui foram preliminarmente discutidos, como modelos dinâmicos e respostas no tempo de sistemas lineares.

3.7 Leitura complementar

Muitos livros tratam a teoria de sinais e sistemas, seja com a abordagem de sistemas de comunicação como de teoria de controle. Assim como comentado no capítulo anterior, esses livros são orientados a estudantes com conhecimento de fundamentos matemáticos mais avançados do que os usados neste livro. Sugerimos, de todas as formas, alguns livros para quem tiver interesse em se aprofundar no assunto.

- KWAKERNAAK, Huibert; SIVAN, Raphael; STRIJBOS, Rens C. W. *Modern signals and systems.* Englewood Cliffs: Prentice Hall, 1991.
- LATHI, Bhagwandas Pannalal; GREEN, Roger A. *Linear systems and signals.* New York: Oxford University Press, 2018.
- OPPENHEIM, Alan V.; WILLSKY, Alan S.; NAWAB, Syed Hamid. *Signals and systems.* London: Prentice-Hall International, 1997.

Lista de exercícios

1. Olhe ao redor e cite exemplos de sinais que estão sendo produzidos em seu entorno. Esboce uma representação gráfica deles.

2. Apresente o gráfico dos seguintes sinais. Não é necessário que todos os pontos estejam identificados. O importante é captura "a forma principal" deste gráfico, explicitando os pontos de interesse.

   (a) $x(t) = \mathbf{1}(t)\mathbf{1}(\theta - t)$, com θ fixo. Tome cuidado com $-t$, pense que propriedade está sendo utilizada. Se necessário, substitua valores para t (positivos e negativos) e compare com a função degrau.

   (b) $x(t) = e^{-t}\mathbf{1}(t)$

   (c) $x(t) = \sin(\text{ramp}(t))$. Argumente por que este sinal é equivalente a $\sin(\text{ramp}(t))\mathbf{1}(t)$. O mesmo aconteceria com $x(t) = \cos(\text{ramp}(t))$ e $\cos(\text{ramp}(t))\mathbf{1}(t)$?

   (d) $x(k) = a^k\mathbf{1}(k)$ para os seguintes casos:

      i. $0 < a < 1$,

      ii. $a > 1$,

      iii. $a = 1$,

      iv. $a = 0$,

      v. $-1 < a < 0$,

      vi. $a = -1$,

      vii. $a < -1$.

3. Considere o sinal $x(t) = \sin(\omega t)$. Apresente o gráfico do sinal resultante $\rho(x)$ das seguintes transformações:

(a) $\rho(x) = \text{sign}(x)$, no qual $\text{sign}(x)$ é a função sinal:

$$\text{sign}(x) = \begin{cases} 1, & \text{se } x > 0, \\ 0, & \text{se } x = 0, \\ -1, & \text{se } x < 0. \end{cases}$$

(b) $\rho(x) = \text{sat}(x)$, no qual $\text{sat}(x)$ é a função saturação:

$$sat(x) = \begin{cases} 1, & \text{se } x > 1, \\ x, & \text{se } |x| \leq 1, \\ -1, & \text{se } x < -1. \end{cases}$$

(c) $\rho(x) = \text{ramp}(x)$, no qual $\text{ramp}(x)$ é o sinal tipo rampa:

$$ramp(x) = \begin{cases} 0, & \text{se } x < 0, \\ x, & \text{se } x \geq 0. \end{cases}$$

(d) $\rho(x) = x^2(x)$.

4. Apresente o gráfico dos seguintes sinais discretos.

$$\Delta(k) = \begin{cases} 1 & \text{se } k = 0 \\ 0 & \text{se } k \neq 0 \end{cases}$$

(a) $y_1(k) = \Delta(k) + 3\Delta(k-2) - \Delta(k-5)$

(b) $y_2(k) = 3\Delta(k+1) - \Delta(k) + 6\Delta(k-1)$

5. Expresse o degrau unitário **discreto** em função do impulso unitário discreto e vice-versa, ou seja, encontre expressões $\mathbf{1}(k) = f(\Delta(\cdot))$ e $\Delta(k) = g(\mathbf{1}(\cdot))$. Dica: você pode somar, ou subtrair, e deslocar os sinais para a esquerda e para a direita.

6. Considere os seguintes sinais exponenciais: $f_1(t) = e^{-t}$, $f_2(t) = e^{-2t}$ e $f_3(t) = e^{-3t}$. Compare estes sinais, discutindo as diferenças na velocidade de caimento (ou seja, na convergência para $\lim_{t\to+\infty} f(t) = 0$. Qual a proporção entre o coeficiente a (do termo e^{at}) e a velocidade de caimento destes sinais?

7. Considere o sinal $f(t) = (1 - e^{-t/3})$. Este é um sinal de energia? Caso positivo, calcule $\mathcal{E}$.

8. Considere o sinal contínuo $f_c(t) = (1 - e^{-t/3})$ e o sinal discreto $f_d(k) = (1 - 0.9^k)$. Desenhe estes sinais, considerando os intervalos $t \in [0, 15]$ s e $k \in [0, 50]$ amostras. Também desenhe o sinal $f_c(t)$ amostrado com $T_s = 0.3$ s e o sinal $f_d(k)$ interpolado (ZOH) com este mesmo período. O sinal amostrado é equivalente ao sinal $f_d(k)$? O sinal interpolado é equivalente ao sinal $f_c(k)$? Discuta.

9. Considere o sinal $f(t) = \sin(\frac{1}{5}\pi t)$ definido dentro do intervalo $t \in [0, 10]s$. Amostre este sinal com diferentes períodos de amostragem: $T_s = 0.1$ s, $T_s = 1$ e $T_s = 6$ s. Interpole os sinais amostrados com uma reta (FOH) e compare os sinais obtidos. Todos os sinais resultantes podem ser consideradas representações fieis, no domínio de tempo discreto, do sinal contínuo original? Discuta o fenômeno do aliasing. Como deve ser feita a escolha correta para o período de amostragem? Qual o efeito dos diferentes tipos de interpoladores (FOH, ZOH) nos sinais resultantes?

Capítulo 4

Propriedades de sistemas

No capítulo anterior, apresentamos as definições formais de sinal e de sistema e nos debruçamos sobre o estudo de alguns sinais de relevância, além de operações sobre estes. Neste capítulo, estudaremos as propriedades físicas e matemáticas de sistemas, classificando-os de acordo com estas propriedades, tais como causalidade e linearidade, entre outras.

4.1 Classificação de sistemas

Para o estudo da teoria de sistemas de controle, é bastante conveniente que os diversos sistemas sejam classificados de acordo com suas propriedades físico-matemáticas, verificáveis por meio de seus modelos.

Uma vez que os sistemas estejam classificados de acordo com suas propriedades, processos das mais diversas áreas da engenharia podem ser agrupados com base em um conjunto de propriedades comuns. Isso permite, então, que sejam deduzidas características (estáticas ou dinâmicas) do comportamento para toda uma classe de sistemas, simplificando e facilitando o estudo de diversos casos práticos.

Neste livro, descreveremos os diversos sistemas, por meio do estudo dos seus modelos, de acordo com os seguintes quesitos:

(A) o domínio do tempo no qual estão definidos (sistemas contínuos ou discretos),

(B) a causalidade nas relações entre as suas entradas e saídas (sistemas causais ou não causais),

(C) a manutenção de características ao longo do tempo (sistemas variantes no tempo e sistemas invariantes no tempo),

(D) a forma das relações entre as entradas e as saídas (sistemas lineares ou não lineares),

(E) o tipo de comportamento dinâmico (sistemas estáveis ou instáveis).

Na sequência, cada uma destas categorias é detalhada e exemplificada.

4.2 Sistemas contínuos e discretos

No capítulo anterior, definimos e classificamos sinais no que diz respeito aos seus domínios, considerando sinais contínuos aqueles que podem ser representados como funções do tempo no domínio real e sinais discretos como aqueles definidos no domínio dos naturais ou múltiplos inteiros positivos de um tempo de amostragem. Quando representamos um sistema por meio de um modelo, consideramos as relações dinâmicas e estáticas entre seus sinais de entrada e saída. Assim, as equações que o representam estarão definidas no mesmo domínio dos seus sinais. Essa propriedade nos permite definir um sistema como contínuo ou discreto.

Definição 9 *Sistema contínuo/discreto*
Um sistema se define como contínuo (discreto) quando os sinais associados ao sistema são sinais contínuos (discretos).

Como consequência desta definição, um sistema contínuo (discreto) será representado por modelo contínuo (discreto), isto é, um conjunto de equações em tempo contínuo (discreto) que relacionam suas variáveis de processo, manipuladas e perturbações.

Exemplo 23 *Carro elétrico*

Consideremos o sistema de controle de velocidade de um carro elétrico, no qual usamos o acionamento do acelerador (variável manipulada) para atuar no motor e modificar a velocidade do carro (variável de processo). A velocidade do carro ainda é afetada pelo atrito com o ar, que é considerada uma perturbação. Os sinais envolvidos nesse sistema são contínuos, dado que tanto a posição do acelerador como a velocidade do carro e a força do atrito contra o movimento do carro estão definidos para todo tempo real. Portanto, podemos dizer que o sistema de controle de velocidade do carro elétrico é um sistema contínuo, e seu modelo será um modelo contínuo.

Tomando $v(t)$ como o sinal de velocidade e $a(t)$ como o sinal que representa a posição do acelerador, podemos escrever, usando a equação de equilíbrio de forças, o seguinte modelo dinâmico

$$m\frac{dv(t)}{dt} = F_m(t) - F_a(t) = K_m a(t) - K_a v(t)\,, \qquad t \in \mathbb{R}\,,$$

sendo m a massa do veículo, $F_m(t) = K_m a(t)$ a força do motor (considerada proporcional à posição do acelerador) e $F_a(t) = K_a v(t)$ a força de atrito (considerada proporcional à velocidade). Neste modelo, K_m e K_a são duas constantes que dependem de aspectos construtivos do carro.

Exemplo 24 *Saldo de uma aplicação financeira*

Consideremos o sistema de controle de saldo de uma aplicação financeira pré-fixada, isto é, para qual a rentabilidade (juros) é fixada em contrato (como, por exemplo, um título público prefixado). Como todos os sinais envolvidos neste sistema são definidos diariamente, estes são sinais discre-

tos e, consequentemente, o sistema de controle de saldo de uma aplicação financeira é um sistema discreto por construção.

Consideremos os sinais $S(k)$ e $A(k)$ como sendo, respectivamente, o saldo e a aplicação realizada no dia k a uma taxa de juros diária t_j. Podemos escrever, então:

$$S(k) = S(k-1) + S(k-1)t_j + A(k)\,, \qquad k \in \mathbb{N}\,.$$

Note que esta equação é um modelo discreto simples para o processo estudado.

Nota 1 *É importante fazermos, aqui, um breve comentário sobre os sistemas e seus modelos. Na prática de aplicações de engenharia de controle, sempre podemos construir sinais discretos a partir de sinais contínuos, como vimos no capítulo anterior, usando operações de amostragem. Por isso, um sistema contínuo pode ter seus sinais amostrados, o que nos leva a construir um modelo discreto para um sistema contínuo. Isto não muda a propriedade do sistema, já que as variáveis envolvidas no sistema real continuam sendo contínuas. De toda forma, do ponto de vista de controle e da representação matemática do processo (modelo), estaremos usando uma descrição em tempo discreto (neste caso, amostrado).*

Exemplo 25 *Modelo amostrado de um sistema contínuo*
Consideremos, novamente, o sistema de controle de velocidade de um carro elétrico do exemplo anterior. Suponhamos, agora, que os sinais envolvidos neste sistema são amostrados a cada T_s segundos (T_s é o período de amostragem). Definindo $v(kT_s)$ a sua velocidade, $a(kT_s)$ a posição do acelerador, podemos reescrever o modelo do sistema como:

$$\begin{aligned} m\frac{v\left((k+1)T_s\right) - v\left((k)T_s\right)}{T_s} &= F_m(kT_s) - F_a(kT_s) \\ &= K_m a(kT_s) - K_a v(kT_s) \qquad k \in \mathbb{N}\,. \end{aligned}$$

Neste modelo, aproximamos a derivada da velocidade $\frac{dv(t)}{dt}$ *pela seguinte fração:* $\frac{v((k+1)T_s)-v(kT_s)}{T_s}$. *Ressaltamos que este modelo discreto pode ter um comportamento similar ao contínuo se* T_s *é pequeno o suficiente para que a derivada* $\frac{dv(t)}{dt}$ *seja suficientemente bem aproximada por* $\frac{v((k+1)T_s)-v((k)T_s)}{T_s}$. *A velocidade real do carro é uma variável contínua, mas sua representação por meio deste modelo é feita por um sinal discreto. Esse procedimento de aproximação do termo derivativo não é o único possível a ser aplicado para encontrarmos o modelo discreto. Discutiremos isso com mais detalhes no Capítulo 5.*

4.3 Sistemas causais e não causais

Definição 10 *Causalidade*
Um sistema é dito causal se qualquer uma das suas saídas (definida aqui pelo sinal $y(t)$*), em qualquer instante* t_0*, depende apenas dos valores das entradas do sistema* $u(t)$ *para* $t \leq t_0$*. Em outras palavras, o valor das saídas de um sistema causal, em um dado instante presente, depende apenas dos valores presente e passado das suas entradas, não dependendo de valores futuros delas.*

Esta é uma definição bem intuitiva e que é verificada por todos os processos físicos reais. Vejamos, por exemplo, alguns dos sistemas apresentados nas capítulos anteriores: o carro elétrico não pode ter sua velocidade modificada antes de ser aplicada uma ação no acelerador, tal como não podemos ter saldo no caso da aplicação financeira até o momento em que realizarmos uma primeira aplicação.

De um ponto de vista formal, a verificação da propriedade de causalidade é realizada utilizando o modelo do sistema, e não o próprio sistema. Entretanto, de um ponto de vista empírico, esta propriedade é verificada analisando as características da resposta do sistema.

Em um sistema causal em estado de repouso, com saídas nulas, estas se manterão nulas até o instante que uma entrada seja aplicada. Caso as saídas deixem de ser nulas antes da aplicação de uma entrada, o sistema seria não causal, para o qual a saída atual depende de valores futuros da entrada.

Como comentamos, todo sistema real é causal. Então, qual seria a utilidade desta definição e classificação? Modelos não causais podem ser criados para matematicamente descrever um determinado procedimento específico, embora as relações entre as variáveis físicas envolvidas sempre devam ser causais.

Exemplo 26 *Um exemplo de sistema teórico não causal é representado pela Eq.* (4.1)*, cuja saída* $y(t)$ *depende de um valor futuro (no tempo* $t+2$*) da entrada* $u(t)$ *do sistema:*

$$y(t) \;=\; u(t)+u(t+2)\,,\; t \in \mathbb{R}\,. \tag{4.1}$$

Exemplo 27 *Um outro exemplo matemático de sistema não causal é um algoritmo que calcula o valor médio de um intervalo de dados, representado pela Eq.* (4.2)*. A saída* $y(k)$ *do sistema é o valor médio da entrada do sistema* $u(k)$ *em um intervalo de dados que considera* N *dados à frente e* N *dados anteriores ao dado do instante* k*.*

$$y(k) \;=\; \frac{\sum_{i=-N}^{N} u(k+i)}{2N+1}\,,\; k \in \mathbb{N}\,, \tag{4.2}$$

Observe que $y(k)$ *depende de valores futuros da entrada do sistema. Portanto, fica claro que, apesar da definição do sistema ser do tipo não causal, fisicamente devemos esperar ter todas as entradas do intervalo antes de calcular* $y(k)$*, assim, fisicamente a saída só poderia ser modificada depois de termos as entradas.*

Nota 2 *Na sequência deste livro, todo sinal contínuo é definido com* $t \in \mathbb{R}$

(unidade de tempo), ao passo que todo sinal discreto é definido em $k \in \mathbb{N}$ *(número de amostras). Doravante, não explicitaremos mais o domínio de modelos discretos e contínuos.*

4.4 Sistemas invariantes e variantes no tempo

O conceito de invariância no tempo também é bastante intuitivo e diz respeito à manutenção, ao longo do tempo, das caraterísticas de resposta do sistema. Normalmente, queremos que os sistemas sejam invariantes. Por exemplo, quando compramos uma máquina de lavar louças, desejamos que ela funcione anos depois da mesma forma como no momento em que a compramos, ou seja, que a resposta a uma dada manipulação feita hoje nessa máquina seja exatamente igual à resposta da máquina a essa mesma manipulação em qualquer outro momento do futuro. Classificamos este sistema, portanto, como **invariante no tempo**. Ressaltamos que, se fôssemos estritos na aplicação desse conceito, na prática, quase não existiriam sistemas invariantes, pois a maioria dos sistemas não é capaz de se manter funcionando sempre da mesma forma, devido aos desgastes naturais do uso e do envelhecimento. Todavia, se consideramos períodos de tempo não muito longos, podemos muitas vezes desprezar essas variações e considerar o sistema invariante.

Exemplo 28 *Consideremos, por exemplo, o sistema de controle de velocidade do carro que apresentamos no início deste capítulo. Se o modelo matemático desenvolvido for considerado como representação fidedigna do sistema, e os parâmetros do modelo* m*,* K_a *e* K_m *forem constantes conhecidas, a velocidade do carro para uma dada ação do acelerador será sempre a mesma independente de quando for aplicada, sempre que partindo das mesmas condições iniciais. Desta forma, fica nítido que não poderíamos considerar esta condição para os parâmetros em experimentos realizados* *com o carro novo e com ele depois de vinte anos de uso. Todavia, poderíamos assumir que esta condição é válida para intervalos de tempo de dias ou semanas, pois o automóvel deteriora-se muito lentamente e, portanto, em períodos de tempo curtos os parâmetros do seu modelo podem ser considerados constantes.*

Formalizaremos este conceito matematicamente, usando os sinais envolvidos no sistema.

Definição 11 *Invariância no Tempo*
Um sistema S, com entrada $u(t)$ e saída $y(t)$, é dito ***invariante no tempo*** *se a seguinte condição for satisfeita: assumindo uma dada condição inicial em $t = t_0$, aplicamos uma entrada $u(t)$, $t \geq t_0$ ($u(t) = 0$, $t < t_0$) no sistema e obtemos uma saída $y(t)$, $t \geq t_0$; se assumimos a mesma condição inicial e aplicamos a mesma entrada $u(t)$ apenas atrasada um tempo T, ou seja, $u(t - T)$, a saída obtida deve ser a mesma saída observada anteriormente, mas também atrasada no tempo, isto é, $y(t - T)$, $t \geq t_0$.*

Esta propriedade é graficamente ilustrada na Figura 4.1, que mostra as respostas $y(t)$ para uma entrada $u(t)$ e uma entrada $u(t - T)$. Nota-se que, para $u(t - T)$, temos a mesma saída $y(t)$ referente à entrada $u(t)$, mas deslocada em T unidades de tempo, ou seja, $y(t - T)$.

No caso de sistemas **variantes no tempo**, a saída em um dado instante t depende não apenas da entrada aplicada ao sistema, u, mas também do instante de tempo no qual ela foi aplicada t.

No caso invariante no tempo, temos que a saída y é representada por meio de uma função da entrada, ou seja, $y(t) = f(u(t))$. Já no caso variante no tempo, temos $y(t) = f(u(t), t)$, ou seja, a saída como função da entrada e do instante de tempo no qual a entrada é aplicada. Apresentaremos mais alguns exemplos na sequência.

Exemplo 29 *Consideremos novamente o sistema de controle de velocidade do carro elétrico. Modificaremos o modelo para considerar a possibilidade de*

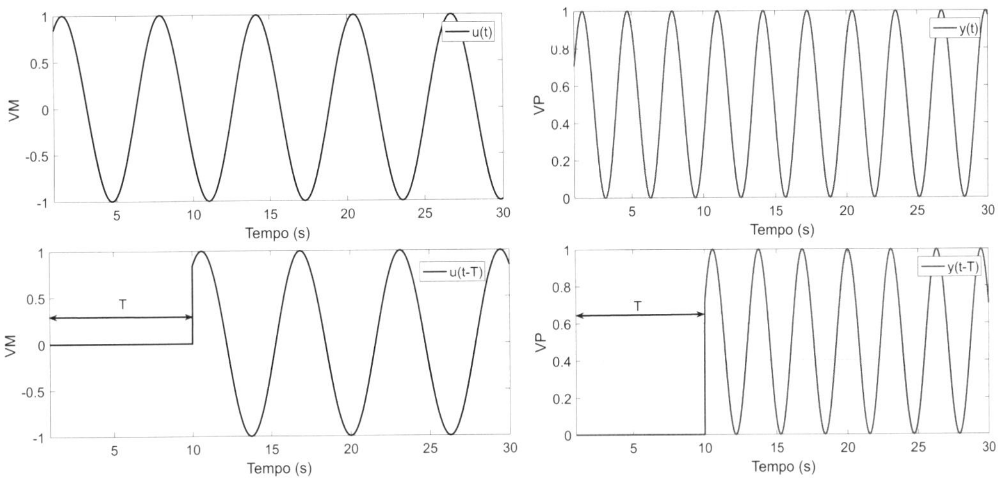

Figura 4.1 – Propriedade de invariância no tempo.

variação ao longo do tempo das suas características. Basicamente, sabemos que pelo desgaste o motor não vai manter sempre o mesmo desempenho, assim, o modelo que relaciona a força do motor proporcional à posição do acelerador é modificado para $F_m(t) = K_m(t)a(t)$*, ou seja,* K_m *deixa de ser constante. O novo modelo do sistema de controle de velocidade do carro elétrico é dado por:*

$$m\frac{dv}{dt} = K_m(t)a(t) - K_a v(t)\,.$$

Neste caso, a velocidade que obteremos para uma dada entrada $a(t)$ *será diferente dependendo do valor de* $K_m(t)$*, ou seja, este sistema não é mais invariante no tempo.*

Exemplo 30 *Um exemplo de um sistema variante no tempo por definição é o sistema da poupança bancária ou de uma aplicação em títulos do tesouro "pós-fixado", dado que o saldo* $S(k)$ *(saída do sistema) depende não só das aplicações* $A(k)$ *que serão realizadas a partir de um dado momento (entrada do sistema) e do saldo inicial das aplicações (condição inicial* $S(0)$*), mas também da taxa de juros/rentabilidade* $t_j(k)$ *durante o período da apli-*

cação, que neste caso é função do tempo (e não sabemos os seus valores antecipadamente). Neste caso, temos o seguinte modelo:

$$S(k) = S(k-1) + S(k-1)t_j(k) + A(k) \ .$$

Um investimento dito "prefixado", por outro lado, é um sistema invariante no tempo, pois o rendimento (saída) para uma dada condição inicial depende apenas da aplicação (entrada), visto que a rentabilidade é constante no tempo (fixada). Usaríamos, neste caso, o modelo anterior com uma taxa de juros t_j constante para toda amostra k.

O segundo exercício da lista de exercícios proposta no final deste capítulo discute as propriedades deste sistema de investimento.

Por fim, ressaltamos um ponto importante: como podemos, na prática, demonstrar que um sistema é invariante no tempo? Para validarmos a propriedade da invariância no tempo, devemos analisar o seguinte caso: se no sistema, para uma entrada $u_1(t)$, obtemos uma saída $y_1(t)$, deve valer que para uma entrada $u_2(t)$ obtida a partir de $u_1(t)$ por um deslocamento no tempo, $u_2(t) = u_1(t - T_d)$, a saída observada seja dada por $y_2(t) = y_1(t - T_d)$, ou seja, uma saída obtida a partir de $y_1(t)$ pelo mesmo deslocamento no tempo T_d.

Apresentamos a seguir dois exemplos, nos quais demonstramos como é possível verificar se um dado sistema é (ou não é) invariante no tempo.

Exemplo 31 *Considere que um sistema é descrito pela seguinte equação, que descreve a relação entre os sinais de entrada e de saída:*

$$2\frac{dy(t)}{dt} + y(t) = (u(t))^3 \ ,$$

sendo $u(t)$ o sinal de entrada e $y(t)$ o sinal de saída.

Para uma entrada $u_1(t)$, observamos a seguinte relação de saída:

$$2\frac{dy_1(t)}{dt} + y_1(t) = (u_1(t))^3 . \tag{4.3}$$

Já para uma entrada deslocada no tempo, dada por $u_2(t) = u_1(t - T_d)$, temos:

$$2\frac{dy_2(t)}{dt} + y_2(t) = (u_2(t))^3 , \tag{4.4}$$

$$2\frac{dy_2(t)}{dt} + y_2(t) = (u_1(t - T_d))^3 . \tag{4.5}$$

Da Eq. (4.3), temos que $(u_1(t))^3 = 2\frac{dy_1(t)}{dt} + y_1(t)$. Usando o operador de deslocamento no tempo em T_d unidades, temos que $(u_1(t - T_d))^3 = 2\frac{dy_1}{dt}(t - T_d) + y_1(t - T_d)$. Logo, podemos reescrever a Eq. (4.5) da seguinte maneira:

$$2\frac{dy_2(t)}{dt} + y_2(t) = 2\frac{dy_1(t - T_d)}{dt} + y_1(t - T_d) . \tag{4.6}$$

Portanto, é válido afirmarmos que $y_2(t) = y_1(t - T_d)$ e, desta forma, podemos concluir que este sistema é, de fato, invariante no tempo.

Exemplo 32 *Considere que um sistema é descrito pela seguinte relação entrada-saída:*

$$2\frac{dy(t)}{dt} + y(t) = t\,(u(t))^3 ,$$

sendo $u(t)$ o sinal de entrada e $y(t)$ o sinal de saída.

Para uma entrada $u_1(t)$, observamos a seguinte relação de saída:

$$2\frac{dy_1(t)}{dt} + y_1(t) = t\,(u_1(t))^3 . \tag{4.7}$$

Já para uma entrada deslocada no tempo, dada por $u_2(t) = u_1(t - T_d)$, podemos diretamente aplicar o deslocamento no tempo em T_d unidades em *ambos os lados da Eq. (4.7), o que nos leva a:*

$$2\frac{dy_1}{dt}(t - T_d) + y_1(t - T_d) = (t - T_d)\left(u_1(t - T_d)\right)^3 . \tag{4.8}$$

Notamos, portanto, que a relação entrada-saída dada na Eq. (4.8) não é a mesma relação da Eq. (4.7), visto que o parâmetro que multiplica o sinal de entrada altera-se com o tempo. Portanto, podemos concluir que este sistema é variante no tempo.

De forma alternativa, se definimos $y_1(t - T_d) = y_2(t)$ e substituímos esta relação na Eq. (4.8), obtemos:

$$2\frac{dy_2(t)}{dt} + y_2(t) = (t - T_d)\left(u_2(t)\right)^3 . \tag{4.9}$$

Esta equação nos mostra que a relação entre u_2 e y_2 não é a mesma que entre u_1 e y_1.

4.5 Sistemas lineares

O conceito de linearidade é fundamental em muitas áreas e bastante usado em sistemas de controle. Este conceito nos permite, com uma aproximação suficientemente realista, descrever muitos dos comportamentos encontrados na prática. Ademais, as soluções matemáticas associadas aos sistemas lineares são bem mais simples que as soluções obtidas para sistemas não lineares.

Mas, afinal, o que queremos dizer quando um dado sistema é dito linear? A linearidade é uma propriedade matemática que tenta formalizar a forma de pensar, racionalizar e prever as coisas pelo ser humano inteligível. Na vida cotidiana, em geral, temos a tendência de esperar que, quando aumentamos nossa ação sobre um dado sistema, ele responda aumentando a sua saída proporcionalmente ao aumento executado na entrada. Por exemplo, se alimentamos um aquecedor de ambiente com uma dada potência elétrica, esperamos aumentar a temperatura do ambiente proporcionalmente a nosso aumento de potência. Se, para cozinhar uma xícara de arroz, usamos duas xícaras água na panela, esperaríamos usar quatro xícaras de água para cozinhar duas de arroz. Mas, muitas vezes, somos surpreendidos por comportamentos que não respeitam estas propriedades, comportamentos não lineares. Formalizaremos estas ideias na sequência.

Definição 12 *Linearidade*
Um sistema é dito linear se uma combinação linear de entradas $u = au_1 + bu_2$ *(*a, b *constantes) gera um saída* y *que é descrita como uma combinação linear das saídas* y_1 *e* y_2 *obtidas pela aplicação das entradas* u_1 *e* u_2 *de forma independente, isto é,* $y = ay_1 + by_2$*. Caso contrário, o sistema é dito não linear.*

Apresentaremos alguns exemplos simples de sistemas lineares e não lineares.

Exemplo 33 *Considere um circuito elétrico composto por uma fonte de tensão* u *(considerada a entrada) e um resistor de resistência constante* R*, sob o qual se mede a corrente de malha* i *(considerada a saída). O modelo deste sistema é dado por* $i = \frac{1}{R}u$*. Este é um modelo estático muito simples.*

Verificaremos se ele cumpre a condição de linearidade. Se aplicamos uma tensão u_1*, obtemos uma corrente* $i_1 = \frac{1}{R}u_1$ *e, para uma tensão* u_2*, obtemos uma corrente* $i_2 = \frac{1}{R}u_2$*. Se aplicamos agora uma entrada* $u = au_1 + bu_2$*,* a, b *reais, utilizando a equação do modelo obtemos uma saída* $i = \frac{1}{R}(au_1 + bu_2)$*, que pode se reescrita como* $i = a\frac{1}{R}u_1 + b\frac{1}{R}u_2$*, ou como* $i = ai_1 + bi_2$*. Portanto, a linearidade se verifica, o sistema é linear.*

Nota 3 *Note que, neste sistema, consideramos a operação de multiplicação de uma variável por uma constante e mostramos que ela verifica a propriedade da linearidade.*

Nota 4 *De forma similar, podemos mostrar a propriedade da linearidade da soma de sinais, ou seja, o sistema* $y(t) = u(t) + q(t)$*, sendo* $y(t)$ *a saída e* $u(t), q(t)$ *entradas, é um sistema linear.*

Nota 5 *Combinando as operações lineares da soma e do produto por constantes, apresentadas anteriormente, podemos deduzir que o sistema* $y(t) = K_u u(t) + K_q q(t)$ *com* K_u *e* K_q *constantes,* $y(t)$ *a saída e* $u(t), q(t)$ *entradas, é um sistema linear. Esta representação é particularmente interessante na prática, pois representa muitos sistemas estáticos simples que possuem uma saída ou variável de processo* y*, uma entrada manipulada* u *e uma perturbação* q*.*

Exemplo 34 *Consideremos, novamente, o modelo do circuito elétrico do exemplo anterior. Agora, consideramos a adição em série ao resistor de um elemento que representa as perdas de carga no circuito que liga o resistor à fonte. Portanto, o novo modelo que representa as dinâmicas da malha elétrica é dado por* $V = Ri + V_q$*, no qual* V_q *é a nova variável que representa essas perdas. O novo modelo é escrito, em termos de entradas e saídas, como:*

$$i = \frac{1}{R}V - \frac{1}{R}V_q \,.$$

Este modelo linear mais completo inclui, portanto, o sinal de perturbação no sistema V_q*.*

Também podemos representar matematicamente a propriedade da linearidade segundo dois critérios, que conjuntamente geram a condição para uma combinação linear. Consideremos um sistema arbitrário, com entrada u e saída y. Este sistema é dito linear se ele é:

1. Associativo, ou seja, respeita:

$$\begin{aligned} \text{se } u_1 &\rightarrow y_1\,, & (4.10)\\ \text{e } u_2 &\rightarrow y_2\,, \text{ logo, para todo } u_1 \text{ e } u_2 & \\ u_1 + u_2 &\rightarrow y_1 + y_2\,. & (4.11) \end{aligned}$$

Esta propriedade é conhecida como o princípio da superposição, dado que o resultado obtido quando aplicamos duas entradas diferentes em um sistema é equivalente à superposição (soma) dos resultados obtidos de forma separada.

2. Homogêneo, ou seja, respeita:

$$\begin{aligned} \text{se } u_1 &\rightarrow y_1\,, & (4.12)\\ \text{então } ku_1 &\rightarrow ky_1\,. & \end{aligned}$$

O exemplo do circuito elétrico é um caso de um sistema estático, sem dinâmica. Entretanto, como já discutimos por meio de vários exemplos, a maioria dos processos possui uma dinâmica associada aos seus comportamentos. A operação de derivada é muito importante na modelagem de sistemas contínuos dinâmicos; assim, demonstraremos como a operação de derivação é um operador linear.

Exemplo 35 *Consideremos um sistema simples que use o conceito de derivada. Por exemplo, no modelo do carro elétrico que já apresentamos, a relação entre a velocidade do carro $v(t)$ e sua posição $x(t)$ é dada pelo modelo $v(t) = \frac{dx(t)}{dt}$. Assim, consideraremos neste modelo a posição do carro como sinal de entrada do sistema e sua velocidade como sinal de saída.*

Usando a definição de linearidade, consideramos uma combinação linear de entradas $x(t) = ax_1(t) + bx_2(t)$ (a, b constantes), assumindo que $v_1(t)$ é *a saída correspondente à entrada $x_1(t)$ e que $v_2(t)$ é a saída correspondente à entrada $x_2(t)$. Precisamos encontrar a saída correspondente a $x(t)$, assim:*

$$v(t) = \frac{dx(t)}{dt} = \frac{d(ax_1(t) + bx_2(t))}{dt} = a\frac{dx_1(t)}{dt} + b\frac{x_2(t)}{dt} = av_1(t) + bv_2(t)$$

o que demonstra que o sistema é linear.

É interessante combinarmos essas propriedades que acabamos de discutir. Como as operações de soma, derivada e produto por constantes de sinais representam operadores lineares, um modelo de um processo que combine esses operadores também será, portanto, um sistema linear. Isso nos leva a observar, de uma forma genérica, que sistemas cujos modelos têm a mesma estrutura matemática que o modelo de controle de velocidade do carro elétrico são, de fato, lineares, pois estes podem ser expressados por meio de uma equação diferencial linear.

Para os sistemas discretos que apresentamos, se estes estão representados por modelos com operações básicas de soma e produto de sinais por constantes, podemos considerá-los lineares.

Por fim, nos falta apenas analisar se a operação de deslocamento no tempo é uma operação linear, uma vez que diversos sistemas são representados por meio de modelos com operações de deslocamento temporal entre suas entradas e saídas. Ressaltamos que a operação do deslocamento no tempo relaciona sinais em instantes de tempo diferentes. Estes modelos que incluem operações de deslocamento no tempo são chamados de equações às diferenças.

Exemplo 36 *Operador deslocamento no tempo discreto*
O operador deslocamento no tempo discreto é definido como um atraso ou adiantamento de um sinal ao longo do tempo. Um operador de deslocamento funciona de tal forma que sua saída $y(k)$ é dada por sua entrada $u(k)$ deslocada em m instantes de tempo (m é constante). Portanto, a operação de

deslocamento no tempo é dada por:

$$y(k) = u(k-m)\,.$$

Mostraremos que este é um operador linear usando o procedimento em dois passos. Se aplicamos uma entrada u_1 *e, depois,* u_2*, obteremos como saídas* $y_1(k) = u_1(k-m)$ *e* $y_2(k) = u_2(k-m)$*, respectivamente. Ao aplicar no sistema a soma* $u = u_1 + u_2$*, obtemos* $y(k) = u_1(k-m) + u_2(k-m)$*, que verifica* $y(k) = y_1(k) + y_2(k)$*, comprovando a linearidade. Para a homogeneidade usamos uma entrada* $k_1 u_1$ *(*k_1 *constante) obtendo como saída* $y(k) = k_1 u_1(k-m)$*, que verifica* $y(k) = k_1 y_1(k)$*. Assim, concluímos que, de fato, o deslocamento de um sinal no tempo é uma operação linear.*

Nota 6 *A operação de deslocamento positivo no tempo* $y(k) = u(k+m)$ *é uma operação não causal.*

Nota 7 *O operador atraso no tempo tem grande utilidade na modelagem de processos reais. Em muitas situações práticas os processos apresentam atrasos causados, por exemplo, pelo tempo que um sensor ou processador de sinal demora para dar uma medida. Consideremos como ilustração o caso de um medidor de concentração em um linha de produção de produtos químicos, usado na indústria para obtermos a informação, em tempo real, referente à concentração de um dado produto que está sendo processado. Na prática, o processador demora alguns segundos (ou minutos) na operação de "tradução" do sinal químico, referente à concentração, em um sinal elétrico correspondente, dado por* $C(k)$*. Desta forma, temos que o valor de concentração que o sensor informa, em uma dada amostra* k*, será dado por* $C(k-m)$*, sendo* m *o número de amostras que o processamento demora.*

O conceito de atraso se aplica tanto a sinais discretos como contínuos. Por exemplo, em um sistema de medição de temperatura de um líquido em um tanque, poderíamos ter $T(t)$ como sendo a temperatura do líquido e

$T_m(t) = T(t - L)$ a sua medida por um sensor térmico, que corresponde a um valor atrasado em L segundos da verdadeira temperatura no tanque. Voltaremos a estudar alguns casos relacionados com este fenômeno no Capítulo 5. Todavia, compreendemos, pelo mostrado até aqui, que o operador atraso contínuo também é um operador linear.

Para finalizar este tópico, apresentamos um exemplo mais complexo que os anteriores, para o qual aplicamos o procedimento para demonstrar (ou não) a linearidade.

Exemplo 37 *Considere que um sistema é descrito pela seguinte relação entrada-saída:*

$$2\frac{dy(t)}{dt} + y(t) = (u(t))^3 ,$$

sendo $u(t)$ o sinal de entrada e $y(t)$ o sinal de saída.

Para uma entrada $u_1(t)$, observamos a seguinte relação de saída:

$$2\frac{dy_1(t)}{dt} + y_1(t) = (u_1(t))^3 . \tag{4.13}$$

Já para uma segunda entrada $u_2(t)$, temos:

$$2\frac{dy_2(t)}{dt} + y_2(t) = (u_2(t))^3 . \tag{4.14}$$

Consideramos, então, uma terceira entrada dada pela soma destas entradas anteriores, ou seja, $u_3(t) = u_1(t) + u_2(t)$:

$$\begin{aligned} 2\frac{dy_3(t)}{dt} + y_3(t) &= (u_1(t) + u_2(t))^3 \qquad (4.15) \\ &= (u_1(t))^3 + 3\,(u_1(t))^2\,u_2(t) + 3u_1(t)\,(u_2(t))^2 + (u_2(t))^3 . \end{aligned}$$

Note que, somando as relações dadas nas Eqs. (4.13) *e* (4.14)*, obtemos:*

$$2\frac{d(y_1 + y_2)(t)}{dt} + (y_1 + y_2)(t) = (u_1(t))^3 + (u_2(t))^3 . \tag{4.16}$$

Note que a relação da saída $y_3(t)$, dada pela Eq. (4.15), não é igual à soma das relações das saídas $y_1(t)$ e $y_2(t)$, dada pela Eq. (4.16). Este sistema viola a propriedade da associação ($y_3(t) \neq y_1(t)+y_2(t)$) e, portanto, não é linear.

Como conclusão principal desta seção, podemos entender que todos os sistemas lineares podem ser descritos por uma ou várias equações diferenciais (às diferenças) lineares, para o caso contínuo (discreto).

Caso a equação diferencial ou às diferenças tenha os parâmetros constantes ao longo do tempo, temos um sistema linear e invariante no tempo. Como já comentamos, todos os sistemas físicos são causais, assim, todos os modelos representativos destes sistemas serão causais. Sistemas representados por equações diferenciais são sempre causais. Sistemas representados por equações às diferenças são causais desde que os deslocamentos no tempo para o futuro das saídas do sistema sejam maiores que os deslocamentos referentes às entradas. Por exemplo, o sistema modelado por $y(k+2) = u(k+3)$ é não causal, pois a saída em tempo $k + 2$ depende da entrada em tempo $k+3$. Já o sistema $y(k+2) = u(k+1)$ é causal, pois a saída depende apenas de valores da entrada em tempos anteriores.

4.6 Estabilidade de sistemas

O conceito de estabilidade é extremamente importante para a teoria de sistemas de controle. O termo estabilidade é muito usado na linguagem comum para descrever acontecimentos corriqueiros, do nosso dia a dia. Falamos, usualmente, que os preços do mercado estão estáveis quando variam pouco, dizemos que o sinal de internet está estável quando não falha e podemos nos comunicar sem problemas. Como notamos, o conceito de estabilidade, em termos gerais, está associado a fenômenos que variam pouco ou não variam.

Na indústria de processos, é comum ouvirmos a frase "melhorar a estabilidade do processo" associada a esse conceito de variabilidade. Considere o exemplo de um processo cuja temperatura é controlada para seguir uma referência de 100 °C, mas a temperatura de fato observada está variando de forma ruidosa entre 85 e 115 °C. Ao melhorar o método de controle (ou o ajuste do método), verificou-se que a temperatura é mantida entre 96 e 103 °C. Neste caso, costuma-se dizer que o novo sistema de controle melhorou a estabilidade do processo. Entretanto, o que fato foi melhorado é a variabilidade da variável de processo (neste caso, temperatura).

Em termos mais teóricos, a estabilidade de um processo está associada ao comportamento dinâmico dele nos seus pontos de equilíbrio ou de operação. Em geral, um processo é projetado para trabalhar de forma contínua em uma condição de operação predefinida. Esta condição de operação é denominada de ponto de operação do processo (ou do sistema). Um ponto de operação representa simplesmente o conjunto de valores das variáveis de entrada e saída do sistema onde podemos garantir que ele permanecerá, a menos que alguma das variáveis de entrada, manipuladas ou perturbações, se altere. Por esse motivo, um ponto de operação também é chamado de (ponto de) equilíbrio.

Como exemplo, considere um controle de nível em um tanque de água que possui uma válvula para deixar entrar a água proveniente de uma fonte de abastecimento e outra válvula que libera o escoamento da água através de um furo na base do tanque. Quando dizemos que este tanque está em um ponto de operação, isso significa que o nível de água no tanque é constante e igual a um dado valor H_0. Para que isso seja verdade, ambas válvulas devem estar fechadas ou abertas de tal forma que a vazão de água que entra no tanque V_e seja igual à vazão que sai V_s. Neste caso do tanque, temos um ponto de operação definido pelo equilíbrio de vazões, com valores $V_e = V_s = V_0$ e nível H_0. Notemos que existem muitas combinações de valores de nível e vazão que determinam pontos de equilíbrio ou de operação.

Formalizaremos este conceito na sequência.

Definição 13 *Ponto de Operação*
Um ponto de operação (que também é um ponto de equilíbrio) de um sistema se define como o conjunto de valores constantes (condições) para suas entradas e saídas tais que o sistema se mantenha operando indefinidamente neste ponto se nenhuma das entradas for modificada.

Exemplo 38 *Considere o sistema de posicionamento de uma pequena bola em uma superfície que tem uma montanha e um vale, como ilustrado pela Figura 4.2. Neste sistema a bola pode estar equilibrada no ponto mais baixo do vale, no qual as forças da gravidade e normal aplicada sobre a bola se compensam (caso 1), ou bem em cima da montanha (caso 2). Se posicionamos a bola em qualquer um destes dois pontos de equilíbrio, ela vai permanecer parada indefinidamente, a menos que seja aplicada alguma força sobre ela (variável de controle).*

Vamos analisar, agora, o que acontece nesse sistema se perturbamos o equilíbrio da bolinha. Nos dois pontos de operação (caso 1 e caso 2), as duas bolas estão paradas (em equilíbrio) em um dado momento inicial. Representaremos este sistema através de um modelo com uma entrada (pequena força horizontal aplicado à bola) e uma saída (posição vertical da bola). Para os dois casos, nos dois pontos de equilíbrio, aplicamos a mesma entrada (um leve empurrão à bolinha). No primeiro caso, a bola se desloca (subindo a colina), mas, inevitavelmente, retorna ao ponto de equilíbrio inicial (repouso no fundo do vale), após um certo tempo. Já no segundo caso, quando a bola se encontra no alto da montanha, após a aplicação da força horizontal, a bola se desloca e cai pela ladeira e, portanto, sua posição vertical passa a variar ao longo do tempo e não volta mais ao ponto que estava.

Para o primeiro caso, no qual a bolinha retorna ao seu ponto inicial de repouso, definimos que aquele ponto de equilíbrio é do tipo estável. Já para o outro caso, dado que a bola se desloca e cai da montanha (com a posição não voltando ao ponto de partida), o ponto de equilíbrio é definido como instável.

Observamos, por meio deste pequeno exemplo intuitivo, que um dado processo pode ter mais de um ponto de equilíbrio e que a propriedade da estabilidade pode ser diferente para cada ponto de equilíbrio.

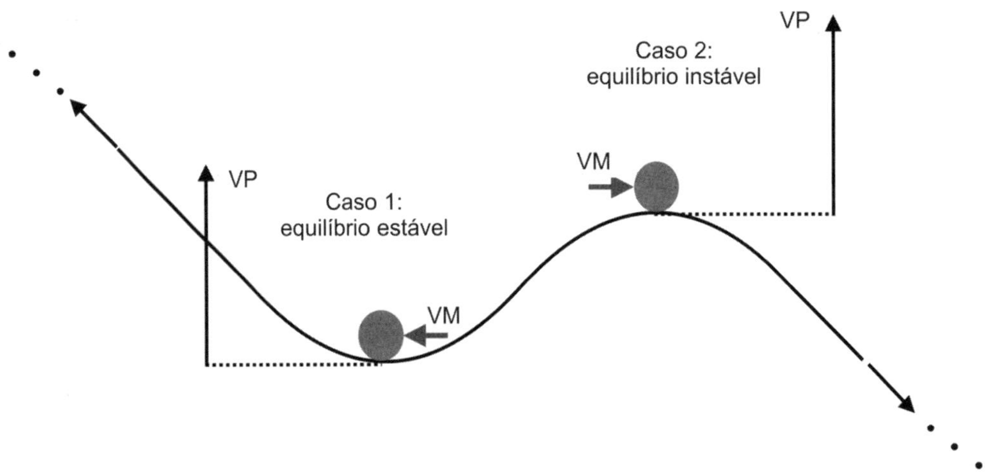

Figura 4.2 – Sistema: bolinha em um vale e em uma colina.

Apesar dos termos pontos de equilíbrio e de operação serem muito usados como sinônimos, vale aqui fazer uma distinção. Quando representamos um processo com um modelo e usamos este último para determinar os pontos de equilíbrio, podemos encontrar pontos de equilíbrio que não fazem sentido para o processo. Assim, os pontos de operação são aqueles pontos de equilíbrio do modelo que determinam uma condição de funcionamento do processo que é factível e de interesse prático. Assim, todo ponto de operação é um ponto de equilíbrio, mas nem todo ponto de equilíbrio do modelo é um ponto de operação do processo.

Exemplo 39 *Pêndulos*

O pêndulo simples ilustrado no diagrama à esquerda, na Figura 4.3, é um sistema que possui um ponto de equilíbrio estável, que é dado quando sua haste se encontra em posição vertical. Para este sistema, consideremos a posição do pêndulo como saída (variável de processo) e uma força horizontal aplicada na bola como entrada (variável manipulada). Vejamos que, ao aplicarmos uma força (em qualquer direção) sobre a massa posicionada na ponta da haste do pêndulo e depois retirá-la, o pêndulo sempre retorna ao ponto de equilíbrio inicial. Ressaltamos que esta força deve ser adequada para que o sistema não seja danificado, ou seja, que a haste se choque com o teto.

Já um pêndulo invertido, tal como ilustrado pelo diagrama à direita, na Figura 4.3, é um sistema que tem dois pontos de equilíbrio, mas o que interessa é o que corresponde com a haste alinhada à vertical, com a massa m posicionada para cima. Podemos considerar, neste caso, a mesma entrada e saída do pêndulo simples (força e posição, respectivamente). Entretanto, para este segundo caso, o ponto de equilíbrio é instável, pois, sob a ação de uma pequena força sobre a bola, a posição do pêndulo se afasta do equilíbrio e nunca mais retorna ao ponto original, mesmo depois de retirar a força que foi aplicada.

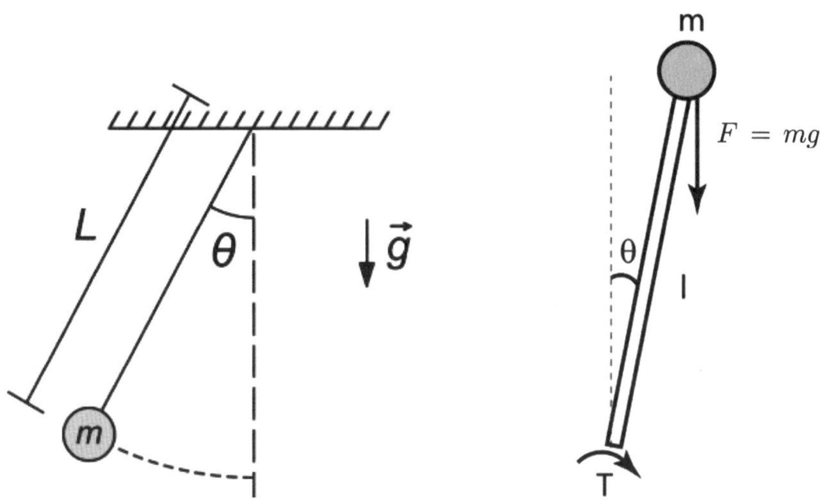

Figura 4.3 – Pêndulo simples (à esquerda) e pêndulo invertido (à direita).

A definição de estabilidade também pode ser compreendida de forma intuitiva no contexto de controle de processos.

Definição 14 *Estabilidade de um ponto de operação*
Consideremos um dado processo operando em um certo ponto de operação (ou seja, assumimos que a variável de processo está mantida em um valor constante). Consideremos, então, que se introduz uma perturbação de amplitude finita no sistema, durante um intervalo de tempo finito, após o qual a perturbação não atua mais no sistema. Notamos que, nos momentos em que a perturbação é aplicada ao processo, a variável de processo se modificará (sairá do regime constante). Se, após um tempo finito, a variável de processo retorna ao ponto de equilíbrio em que se encontrava, podemos dizer que este processo apresenta um comportamento estável naquele ponto de operação[1]*. Caso a variável de processo afaste-se do ponto de operação, e para que ele não retorne após a retirada da perturbação, então, dizemos que o sistema tem um comportamento instável naquele ponto de operação.*

Notemos que, para o controle de processos, a propriedade de estabilidade é fundamental, dado que os processos reais estarão sempre sujeitos ao efeito de perturbações e que especificações básicas de controle exigem que um processo controlado permaneça funcionando em um ponto de operação desejado (ou pelo menos nas suas vizinhanças), a despeito de possíveis perturbações. Os sistemas de controle têm, então, um papel fundamental neste tema, pois são eles os responsáveis, geralmente, por garantir a estabilidade do processo em um dado ponto de operação.

Matematicamente, a propriedade da estabilidade é definida de várias maneiras distintas. Neste livro, também usaremos o conceito da estabilidade entrada-saída, também denominada estabilidade tipo entrada limitada, saída limitada (BIBO, do inglês *Bounded Input, Bounded Output*).

[1]Na indústria, o termo autorregulável é usado para este tipo de comportamento.

Definição 15 *Estabilidade BIBO*

Um sistema é dito BIBO estável se para toda entrada u de amplitude limitada (finita) se obtém também uma saída y de amplitude limitada (finita). Caso esta propriedade não se verifique, dizemos que o sistema é BIBO instável.

Matematicamente, apresentamos este conceito da seguinte forma: consideremos que há um sistema cuja entrada u gera uma saída y. Se, para todo $||u||_\infty < k_x$, podemos verificar a desigualdade $||y||_\infty < k_y$, sendo k_x e k_y constantes finitas, este sistema é dito BIBO estável.

Notamos que a norma infinita de uma dada variável $u(t)$, dada por $||u||_\infty$, refere-se ao maior valor da imagem de u para todo valor t de seu domínio D, ou seja, $||u||_\infty = \sup_{t \in D} u(t)$.

Finalizaremos este capítulo com mais uns exemplos.

Exemplo 40 *Sistema de controle de nível em tanques*

Consideremos um processo simples que pode apresentar pontos de operação estáveis e instáveis dependendo da sua configuração construtiva: um tanque com formato cilíndrico com base de área A, para o qual se deseja controlar o nível $h(t)$. Neste tanque a vazão de entrada $V_i(t)$ será a variável manipulada e a vazão de saída do tanque $V_o(t)$ uma perturbação. Este é o caso típico de um tanque para uso de consumo de água, no qual o usuário retira água de forma variável e o sistema de controle ou operador deve acionar a vazão de entrada para manter o tanque no nível adequado.

Modelemos este sistema. A variação do volume deste tanque $V(t) = Ah(t)$ é dada pela diferença entre vazão de entrada $V_i(t)$ e a vazão de saída do tanque $V_o(t)$, ou seja:

$$\begin{cases} \frac{dV(t)}{dt} & = & V_i(t) - V_o(t) \,, \\ A\frac{dh(t)}{dt} & = & V_i(t) - V_o(t) \,. \end{cases}$$

Este modelo é geral e vale para qualquer tanque de formato cilíndrico, in-

dependentemente do tipo de sistema de atuação usado nas vazões: válvulas ou bombas. Assim, estudaremos duas situações, ilustradas na Figura 4.4:

1. *A vazão de entrada sendo regulada por uma bomba de água, cuja vazão é dada por* $V_i(t) = k_1 u_i(t)$, *sendo* $u_i(t)$ *o sinal que atua na bomba de entrada e a vazão de saída sendo dada pela dinâmica de um buraco aberto, por onde a água escoa livremente,*[2] *sob atuação da gravidade, no qual* $V_o(t) = k_2\sqrt{2gh(t)}$.

2. *Ambas as vazões são reguladas por bombas, ou seja,* $V_i(t) = k_1 u_i(t)$ *e* $V_o(t) = k_3 u_o(t)$, *sendo* $u_o(t)$ *o sinal que atua na bomba de saída.*

Nestes modelos se considera que as vazões nas bombas são impostas diretamente pelos sinais de controle das mesmas de forma proporcional.

Na primeira situação, a dinâmica do nível do tanque é dada pelo modelo:

$$A\frac{dh(t)}{dt} = k_1 u_i(t) - k_2\sqrt{2gh(t)}\,. \tag{4.17}$$

Consideremos que o tanque está em equilíbrio, em um dado nível inicial. Como o nível é constante $h(t) = \overline{h}$, *logo* $\frac{dh(t)}{dt} = 0$, *assim, usando o modelo tem-se que a atuação da bomba nesse ponto de operação deve ser dada por* $u_i(t) = \overline{u_i} = \frac{k_2}{k_1}\sqrt{2g\overline{h}}$.

Considere agora que se incrementa a vazão de entrada, fazendo $k_1 u_i(t) > k_2\sqrt{2g\overline{h}}$. *Isto resulta em um valor positivo da derivada do nível no modelo e o nível do tanque aumentará. Consequentemente, isto aumentará a pressão da coluna de água sob o orifício de vazão de saída, fazendo com que* $k_2\sqrt{2gh(t)}$ *também aumente. Desta forma, a taxa de variação do nível tenderá a diminuir, pois a vazão de entrada é constante e a de saída aumenta conforme o nível aumenta. Desta forma, depois de um tempo se atingirá novamente a condição* $u_i(t) = \frac{k_2}{k_1}\sqrt{2gh(t)}$, *obtendo-se um novo equilíbrio de nível* $h(t) = \tilde{h} \neq \overline{h}$. *Note que consideramos aqui variações de vazão e*

[2] Essa relação é obtida pela equação de Bernoulli ou por leis de conservação de energia.

nível que respeitem o modelo, ou seja, não podemos causar transbordamento do tanque nem esvaziamento.

Caso um novo experimento seja realizado reduzindo a vazão de entrada retornando ao valor anterior, usando $u_i = \overline{u_i}$*, após um certo tempo, o nível também retornará a* $\overline{h}$*. Assim, este sistema tem um comportamento estável em qualquer ponto de equilíbrio dentro da faixa de operação do tanque.*

Na segunda situação, a dinâmica do nível do tanque é dada por:

$$A\frac{dh(t)}{dt} = k_1 u_i(t) - k_2 u_o(t)\,. \tag{4.18}$$

Neste caso, quando o tanque está em equilíbrio (nível constante $h(t) = \overline{h}$*, e* $\frac{dh(t)}{dt} = 0$*), temos* $k_1 u_i(t) = k_2 u_o(t)$*. Entretanto, caso aumentemos a vazão de entrada manipulando* u_i *sem alterar a vazão de saída (mantendo* u_o *constante), o nível aumentará indefinidamente até que o tanque transborde, porque a derivada do nível no modelo será positiva independentemente do valor do nível. Caso a vazão de entrada volte ao valor de equilíbrio (isto é, iguale-se ao valor da vazão de saída) antes que o tanque transborde, o nível do tanque se estabilizará em outro ponto diferente de* $\overline{h}$*. Esta é uma condição de instabilidade de acordo com a definição 14 que apresentamos.*

Exemplo 41 *Analisaremos, neste exemplo, a estabilidade de um sistema discreto, o da aplicação financeira. O modelo que usamos para representar o saldo da aplicação nos exemplos anteriores é repetido aqui:*

$$S(k) = S(k-1) + S(k-1)t_j(k) + A(k)\,.$$

Consideremos que iniciamos com saldo nulo, $S(0) = 0$*, e aplicamos uma única vez cem reais a uma taxa de juros de* 1% *ao mês. Impondo estas condições na equação, temos:*

$$S(1) = S(0) + S(0)0,01 + 100 = 100\,,$$

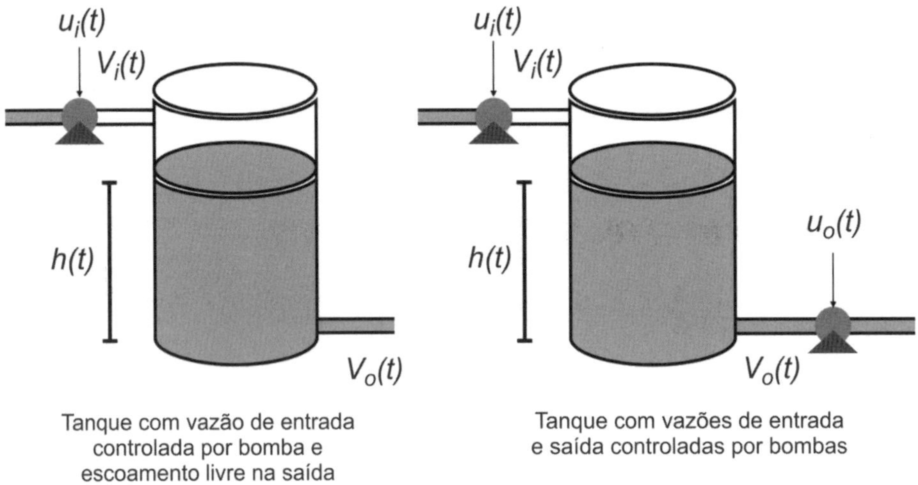

Figura 4.4 – Controle de nível de um tanque.

$$S(2) = S(1) + S(1)0,01 = 101\,,$$

$$S(3) = S(2) + S(2)0,01 = 102,01\,.$$

De forma geral, podemos observar que para todo $k > 0$ *é verificado que* $S(k) = 100(1,01)^{k-1}$*, ou seja, que o saldo aumenta infinitamente com* k*, mesmo que o sinal de entrada aplicado no instante inicial* $k = 0$ *seja de amplitude limitada. Isto caracteriza um sistema instável de acordo com a definição 15. É importante notar que a instabilidade é uma propriedade indesejada na maioria dos sistemas de controle, mas não neste caso, para o qual sempre buscamos um aumento no saldo da aplicação.*

4.7 Comentários finais

Este capítulo abordou diversos conceitos relacionados com os sistemas e seus modelos matemáticos. Propriedades como linearidade, causalidade, estabilidade foram apresentadas e ilustradas por meio de exemplos de processos simples. Modelos matemáticos de alguns sistemas também foram introduzidos para formalizar os conceitos e interpretar as ideias. Todos os conceitos desenvolvidos neste capítulo são de fundamental importância para os estudos que realizaremos na continuação, na qual nos aprofundaremos na análise do comportamento dinâmico e estático de processos a partir da solução das equações que os modelam.

4.8 Leitura complementar

A teoria de sistemas lineares, usando conceitos no domínio do tempo, é demonstrada por meio de formalidades matemáticas mais rigorosas e restritivas. Vários outros livros apresentam esses conceitos. No que se refere ao tratamento e processamento de sinais, sugerimos as seguintes referências complementares:

- KWAKERNAAK, Huibert; SIVAN, Raphael; STRIJBOS, Rens C. W. *Modern signals and systems.* Englewood Cliffs: Prentice Hall, 1991.
- LATHI, Bhagwandas Pannalal; GREEN, Roger A. *Linear systems and signals.* New York: Oxford University Press, 2018.
- OPPENHEIM, Alan V.; WILLSKY, Alan S.; NAWAB, Syed Hamid. *Signals and systems.* London: Prentice-Hall International, 1997.

Para uma visão de sistemas lineares com uma perspectiva pragmática para o controle de processos, sugerimos:

- GEROMEL, J. C. *Controle linear de sistemas dinâmicos: teoria, ensaios práticos e exercícios.* São Paulo: Blucher, 2011.

Ressaltamos que estas referências utilizam uma abordagem matemática mais avançada do que o que é apresentado neste livro.

Lista de exercícios

1. Considere o sistema de controle de nível de um tanque, descrito pela seguinte equação:

$$A\frac{dh(t)}{dt} = F_e(t) - F_s(t)\,,\ \text{sendo } F_s(t) = k\sqrt{h(t)}\,,$$

para a qual h é o nível do líquido dentro do tanque, F_e é a vazão de entrada, F_s é a vazão de saída, A é a área da base do tanque e k é uma constante do modelo que está relacionada com a válvula e tubulação de saída. Neste sistema, manipula-se F_e com o objetivo de controlar h. Considere que h está no intervalo $[0, h_{max}]$ e F_e está no intervalo $[0, F_{max}]$.

   (a) O sistema é linear? Por quê?

   (b) O sistema é causal? Por quê?

   (c) O sistema é invariante no tempo? Por quê?

   (d) Usando o modelo, encontre a equação que permite obter os pontos de equilíbrio do sistema. Em seguida determine os pontos de operação. Quais as diferenças entre os pontos de equilíbrio e de operação deste sistema?

2. Considere os seguintes modelos de sistemas contínuos, onde $y(t)$ é a variável de processo e $u(t)$ é a variável manipulada, $q(t)$ uma perturbação e t real positivo. Analise em cada caso a linearidade, invariância no tempo e causalidade.

   (a) $\frac{dy(t)}{dt} + y(t) = 0.5tu(t) - q(t)$

   (b) $5\frac{dy(t)}{dt} + y(t) = u(t)q(t) - q(t)$

   (c) $\frac{dy(t)}{dt} + 3y(t) = 0.85u(t-5) + q(t)$

3. Considere os seguintes modelos de sistemas discretos, onde $y(k)$ é a variável de processo e $u(k)$ é a variável manipulada e k natural. Analise em cada caso a linearidade, invariância no tempo e causalidade.

   (a) $y(k) = 0.8y(k-1) + 0.2u(k+1)$

   (b) $y(k) = 0.95y(k-1) + 0.3u(k-1)y(k-1)$

   (c) $y(k) = 0.85y(k-1) + 0.25ku(k-1)$

4. Uma caderneta de poupança tem a seguinte equação:

$$S(k) = S(k-1) + i(k)S(k-1) + A(k)\,,$$

   para a qual $S(k)$ é o saldo do mês n, $i(k)$ é a taxa de juros do mês k e $A(k)$ é a aplicação sendo realizada no mês k.

   Discuta se o sistema é ou não é linear, invariante no tempo e causal.

   Para uma taxa de juros fixa $i = 0.05$, esboce a forma como o saldo evolui com o tempo se aplicarmos mensalmente sempre a mesma quantia de R$ 100,00. Em quanto tempo teremos dinheiro para comprar um produto de R$ 500,00?

5. A figura a seguir mostra um esquema de braço robótico simplificado.

   Considera-se que a massa m do braço está concentrada no ponto extremo. O braço tem comprimento l e pode girar ao redor do ponto **O**. A entrada do sistema é o torque u aplicado pelo motor que se encontra no eixo de rotação. A saída do sistema é o ângulo φ que o braço faz com a vertical.

   Para obter o modelo do sistema que relaciona u e φ, utilizam-se as leis da física (Segunda Lei de Newton para Rotações):

$$J\frac{d^2\varphi(t)}{dt^2} = \text{Torque Total}$$

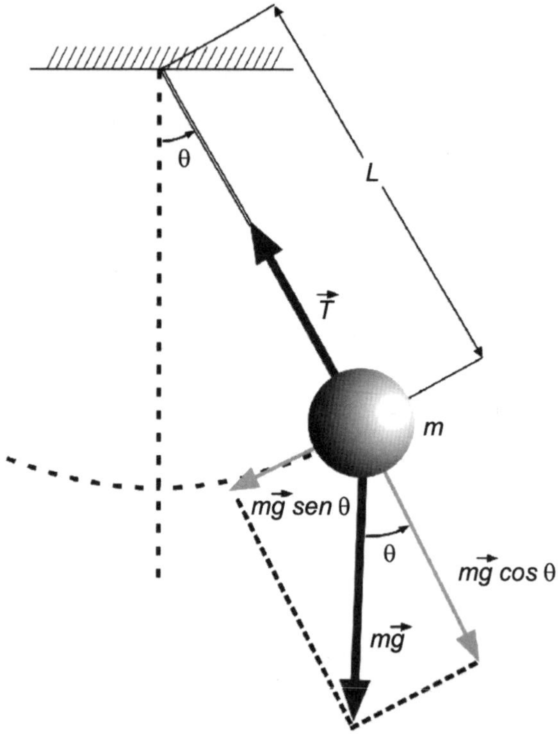

Figura 4.5 – Esquema de um braço robótico.

O momento de inércia deste sistema é dado por $J = ml^2$.

O torque produzido pelo motor é representado pelo sinal de entrada $u(t)$. O torque produzido pelo peso do braço é o produto entre o comprimento do braço e a força gravitacional $mg\sin(\varphi(t))$. Logo:

$$J\frac{d^2\varphi(t)}{dt^2} = u(t) - mgl\sin(\varphi(t))$$

$$J\frac{d^2\varphi(t)}{dt^2} + mgl\sin(\varphi(t)) = u$$

Para um determinado torque u_0, o robô entra em equilíbrio (relembre o conceito!) com o ângulo φ_0.

(a) Demonstre, matematicamente, que o ponto de equilíbrio (u_0, φ_0)

existe se e somente se $|u_0| \leq mgl$ (ou seja, o robô fica eventualmente parado apenas se a condição se cumpre). Dica: pense no domínio de $\arcsin(x)$. Reflita também sobre o que significaria, fisicamente, não existir o ponto de equilíbrio para este sistema.

(b) Demonstre também que, se a condição anterior for verificada, existem dois pontos de equilíbrio distintos para um determinado torque u_0. Avalie o que isso significa geometricamente. Dica: lembre-se que as equações nada mais são do que representações matemáticas de sistemas físicos reais. Procure sempre relacionar a realidade com as contas e vice-versa! Mais uma dica: o torque é proporcional à distância perpendicular à aceleração da gravidade. Pense para quais posições do eixo do robô o torque será o mesmo. Em termos matemáticos: quantas soluções a função $\arcsin(x)$ possui?

Parte II

Modelos e respostas no tempo

Capítulo 5

Modelagem

Conforme discutimos e ilustramos nos capítulos anteriores, a representação matemática dos processos é de fundamental importância para podermos realizar análises sobre o funcionamento destes processos e projetarmos sistemas de controle que possam adequá-los aos requisitos operacionais. Em vários exemplos já apresentados ao longo deste livro, realizamos a modelagem de alguns processos simples. Neste capítulo, entraremos em maiores detalhes sobre aspectos de modelagem de processos para que possamos realizar análises mais aprofundadas sobre seus comportamentos. Por meio de exemplos e estudos de casos reais, ilustraremos casos simples e outros mais complexos. Neste caso, veremos que é muitas vezes necessário aproximarmos os processos por meio de modelos mais simples, de forma que seja possível o projeto de sistemas de controle adequados para o uso industrial.

5.1 Princípios básicos da modelagem

O principal objetivo de um modelo é que ele seja de fato capaz de representar (matematicamente) o comportamento de um processo real. Um modelo é dito representativo se essa representação matemática é fidedigna ao processo. Um modelo, portanto, deve descrever como as variáveis manipuladas, as variáveis de processo e as perturbações se relacionam. Ao longo deste livro, usaremos modelos do tipo entrada-saída, para os quais as entradas representam as variáveis manipuladas e as perturbações, ao passo que as saídas representam as variáveis de processo.

Em outras palavras, um modelo relativo a um experimento deve ser tal que, ao utilizarmos como entradas do modelo sinais que representam as variáveis manipuladas e perturbações do processo real, as saídas do modelo devem ser sinais que representem bem as variáveis de processo de fato observadas no experimento. Justamente nesta propriedade encontra-se a importância dos modelos para a engenharia: com eles, podemos estudar o comportamento dos processos em diversos cenários sem a necessidade de realizarmos experimentos custosos ou complexos no processo real.

Exemplo 42 *Considere um processo de controle de temperatura de um ambiente, com um aquecedor elétrico de potência máxima* P_m*. A temperatura do ambiente* T *é a variável de processo, ao passo que a variável manipulada é a posição do botão que regula a potência do aquecedor.*

Em um experimento realizado com temperatura inicial T_0 *e temperatura externa* T_e *constante e igual a* T_0*, a potência foi alterada de* 0 *até seu valor máximo* P_m*, então, registrou-se a temperatura em um termômetro instalado na sala. A temperatura da sala aumentou ao longo do tempo e é descrita como um sinal de tempo contínuo* $T(t)$*. Consideremos que um modelo matemático desse ambiente foi construído para relacionar a saída* T *com as entradas: potência* P *e temperatura externa* T_e*. Esse modelo deve ser tal que, se suas entradas são definidas como as do processo, isto é, a temperatura* $T_e = T_0$ *e* $P(t)$ *como um degrau de valor* P_m*, a variação da saída do modelo deve ser muito próxima à variação de* $T(t)$ *observada no termômetro.*

Devemos ressaltar que, ao longo da História, foi este conceito de modelo representativo que guiou todos os célebres cientistas físicos e matemáticos a estabelecer as leis de comportamento do universo real, como as leis de Newton, equações de Maxwell, a lei de Faraday, etc. Todos esses cientistas desenvolveram modelos matemáticos representativos que podem descrever aproximadamente (e suficientemente bem) o comportamento de fenômenos reais do mundo que nos rodeia. No contexto das aplicações de controle de processos, usaremos este mesmo conceito de modelo representativo, no que diz respeito às relações de causa e efeito entre variáveis manipuladas, perturbações e variáveis controladas. Neste livro, focaremos tanto em aspectos estáticos como dinâmicos desses fenômenos.

A metodologia para realizar uma modelagem de um processo segue, basicamente, os seguintes passos:

1. Identificar no processo quais são as variáveis de interesse: as manipuladas, controladas e perturbações.

2. Por meio de princípios físico-químicos, encontrar as relações entre estas variáveis de forma estática ou dinâmica, dependendo da situação e do objetivo do modelo. Por exemplo, usamos relações e princípios de conservação de massa, energia e momento para sistemas térmicos, hidráulicos e mecânicos, e as leis de Kirchoff para sistemas elétricos.

3. Finalmente, organizar as relações de tal forma que se obtenha um conjunto de equações (modelo) que diretamente descreve as relações entre as variáveis manipuladas, controladas e perturbações do processo.

O modelo de um processo pode ser mais simples ou mais complexo, dependendo da situação e do objetivo da modelagem. Em muitos casos, alguns dos fenômenos intermediários que acontecem nos processos podem ser desconsiderados ou negligenciados para fins de modelagem, principalmente quando a supressão das dinâmicas desses fenômenos intermediários não compromete a representatividade do modelo resultante. Neste livro, apenas estudaremos processos e sistemas relativamente simples, de tal forma que possamos ilustrar os principais conceitos de controle de processos. As leitoras e os leitores com interesse em estudos mais aprofundados no tema podem consultar as referências indicadas no final deste capítulo.

5.2 Exemplos de modelagem de processos contínuos

Nesta seção, aplicaremos o procedimento metodológico descrito anteriormente para modelar alguns sistemas de diferentes áreas da engenharia, considerando, por ora, modelos em tempo contínuo.

Exemplo 43 *Modelo de um sistema de controle de velocidade de um elevador de cargas de uma obra.*

Consideremos um elevador de massa m e que se movimenta verticalmente a uma velocidade $v(t)$. A velocidade varia de acordo com uma força $F_m(t)$, proveniente do motor que movimenta o cabo que traciona o elevador. Neste sistema, $F_a(t)$ representa a força de atrito do elevador com o ar e com os trilhos aos quais o elevador é acoplado (usados para garantir que este não trepide ou balance).

Neste sistema, como nos interessa controlar a velocidade do elevador, $v(t)$ será a variável de processo. Sabemos que a força do motor é responsável por movimentar o elevador e que o atrito também afeta $v(t)$. Destas duas variáveis, apenas podemos manipular a força do motor e, portanto, em um primeiro modelo, ela será considerada a variável manipulada. A força do atrito não pode ser manipulada e será considerada como a perturbação deste processo.

Aplicar a segunda Lei de Newton às dinâmicas verticais desse sistema nos permite relacionar a velocidade com as forças aplicadas:

$$m\frac{dv(t)}{dt} = F_m(t) - F_a(t)\,.$$

Este modelo é uma equação diferencial de primeira ordem com duas variáveis de entrada $F_m(t), F_a(t)$ e uma de saída $v(t)$. Quando acharmos a solução desta equação, obteremos um sinal $v(t)$ como função das forças aplicadas no elevador. Assim, este modelo pode ser usado, por exemplo, para sabermos como a velocidade do elevador real se comportaria quando aplicamos uma dada força $F_m(t)$ e fazemos, então, o projeto do motor que vai movimentá-lo (sem a necessidade de experimentos ou construção de protótipos, pelo menos no estágio inicial do projeto).

O modelo obtido pode ser mais detalhado se consideramos que a variável manipulada do sistema é a posição de um potenciômetro $p(t)$ que aciona o motor que gera, por sua vez, a força que movimenta o elevador. Portanto, precisamos relacionar os sinais $p(t)$ e $F_m(t)$ para que tenhamos um modelo tipo entrada-saída que dite as relações de causa e efeito entre posição do potenciômetro $p(t)$ e a velocidade do elevador $v(t)$. Por simplicidade, consideramos que a relação entre a posição do potenciômetro e a força do motor é dada por $F_m(t) = K_m p(t)$, sendo K_m uma constante de proporcionalidade.

Ressaltamos que assumimos que a força do motor é instantaneamente modificada ao alterar $p(t)$, o que na realidade não é correto (ou seja, este modelo de proporcionalidade é uma simplificação do fenômeno real). Entretanto, como o tempo que este motor demora a reagir para variações do potenciômetro é muito menor que o tempo que o elevador leva a reagir para variações da força do motor (visto que o elevador é um sistema com muita mais inércia que o motor), essa desconsideração não comprometerá a representatividade do modelo final.

Ainda, temos uma consideração final a fazer. Sabemos que o atrito que afeta o movimento do elevador é maior quanto maior for sua velocidade vertical. Portanto, podemos usar a seguinte relação entre a força de atrito e a velocidade do elevador: $F_a(t) = K_a v(t)$, ou seja, consideramos que a força é proporcional à velocidade, sendo K_a uma constante de proporcionalidade.

Com base nessas hipóteses, o modelo entrada-saída para o processo, con-

siderando a posição do potenciômetro como entrada, é:

$$m\frac{dv(t)}{dt} = K_m p(t) - K_a v(t)\,,$$

que é reorganizado como:

$$m\frac{dv(t)}{dt} + K_a v(t) = K_m p(t)\,.$$

Novamente, temos uma equação diferencial de primeira ordem, mas agora apenas com uma variável de entrada $p(t)$ e uma de saída $v(t)$. Para cada sinal $p(t)$ definido, haverá uma solução $v(t)$ para este modelo. De acordo com o que fora apresentado no capítulo anterior, podemos classificar este modelo como linear e invariante no tempo, dado que é representado por uma equação diferencial linear a coeficientes constantes m, K_a e K_m.

Exemplo 44 *Modelo de um aquecedor térmico*
O aquecedor é um equipamento utilizado para aumentar a temperatura de algum fluido (por exemplo, água ou ar). A Figura 5.1 ilustra um aquecedor regulado com uma potência elétrica instantânea (P). Este equipamento converte esta potência elétrica em potência térmica e assim aquece o ambiente fechado, cuja temperatura interna T aumenta. Este ambiente fechado é separado do ambiente externo por uma parede de resistência térmica (R), que expressa a "dificuldade" para troca de calor entre o meio interno e o meio externo, cuja temperatura é dada por T_e. Façamos aqui uma analogia entre resistência térmica de um sistema fechado com a resistência elétrica de um resistor em um circuito elétrico. A resistência elétrica do resistor representa a "dificuldade" da corrente elétrica ao passar por este elemento, ao passo que a resistência térmica representa a "dificuldade" do fluxo de calor ao passar através da parede do ambiente fechado.

Neste sistema, queremos controlar a temperatura interior T que será a variável de processo ou controlada. Esta temperatura será claramente de-

pendente da potência do aquecedor P, mas também da temperatura externa, dado que o interior do ambiente não está perfeitamente isolado do exterior. Assim, como na prática não podemos manipular T_e, esta será a perturbação do processo e P será considerada a variável manipulada. Identificadas as variáveis, construiremos então um modelo que representa as dinâmicas deste processo.

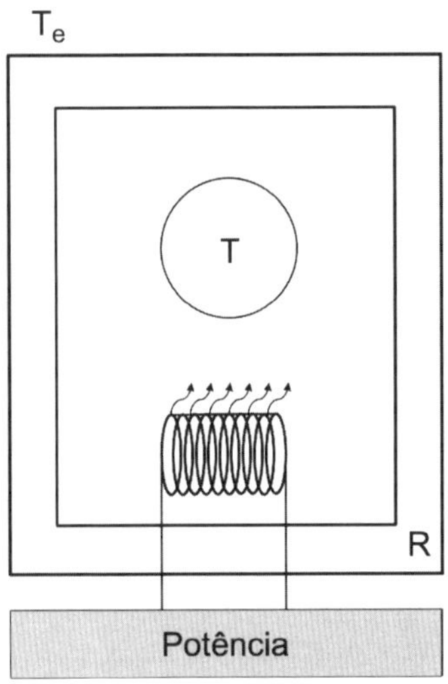

Figura 5.1 – Representação de aquecedor.

Para descrevermos matematicamente o fenômeno da troca de calor e, consequentemente, do aquecimento deste ambiente fechado pelo aquecedor, procedemos à realização do balanço energético deste sistema (conservação da energia). A equação de conservação de energia tem a seguinte forma:

$$\textit{Potência acumulada} = \frac{\textit{Entrada de energia}}{\textit{tempo}} - \frac{\textit{Saída de energia}}{\textit{tempo}},$$

ou seja, a potência acumulada pelo sistema é igual à diferença entre o fluxo energético de entrada (do meio ao sistema) e o fluxo de saída (do sistema ao meio), medidos em relação ao tempo.

A potência acumulada, em um sistema térmico, é calculada pela quanti-

dade de calor trocado pelo sistema em um intervalo de tempo. A quantidade de calor acumulada por um corpo depende de sua massa m*, de seu calor específico* C *e de sua variação de temperatura* $\frac{dT(t)}{dt}$.

No caso do sistema da Figura 5.1, o fluxo energético de entrada corresponde à potência térmica que é fornecida pelo aquecedor ao sistema P*, ao passo que o fluxo energético de saída é a potência térmica perdida do sistema ao meio externo, medida pela razão da diferença de temperatura entre os meios pela resistência térmica da parede, ou seja,* $\frac{1}{R}(T(t) - T_e(t))$.

Desta forma, podemos encontrar a seguinte equação que descreve o comportamento deste sistema térmico:

$$mC\frac{dT(t)}{dt} = P(t) - \frac{1}{R}(T(t) - T_e(t)) . \tag{5.1}$$

Esta equação é reorganizada da seguinte forma:

$$mC\frac{dT(t)}{dt} + \frac{1}{R}T(t) = P(t) + \frac{1}{R}T_e(t) , \tag{5.2}$$

para a qual observamos novamente que o processo é representado por uma equação diferencial de primeira ordem, com duas variáveis de entrada $P(t)$ *e* $T_e(t)$ *e uma saída* $T(t)$*. Para cada par de sinais* $P(t)$ *e* $T_e(t)$ *que definamos, haverá uma solução* $T(t)$ *para este modelo. Observe que podemos classificar este modelo como linear e invariante no tempo, dado que é representado por uma equação diferencial linear a coeficientes constantes,* m, C *e* R.

Exemplo 45 *Modelo de controle de velocidade de um carro em uma estrada de inclinação variável*

Como ilustrado na Figura 5.2, este carro tem uma massa m*, move-se a uma velocidade linear* $v(t)$ *e é acelerado por uma força* $F_m(t)$*, que depende da ação sobre o pedal do acelerador* $u(t)$*. Este automóvel é freado por uma força de atrito* $F_a(t)$*, devida à resistência do ar, que depende da velocidade.*

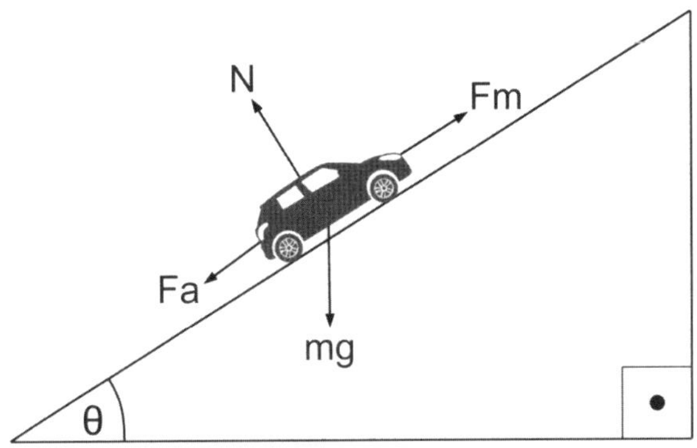

Figura 5.2 – Representação de um carro que trafega em uma estrada inclinada.

Este carro pode ser acelerado ou freado, independentemente da inclinação da estrada $\theta(t)$.

Note que este sistema é muito parecido ao sistema do elevador. Neste caso, a velocidade do carro $v(t)$ *é considerada a variável de processo (ou controlada). Usaremos a ação sobre o pedal do acelerador* $u(t)$ *como variável manipulada e a perturbação do processo será a inclinação da estrada, que, obviamente, não podemos manipular e afeta a velocidade do carro.*

A aceleração deste carro é dada por $\frac{dv(t)}{dt}$. *Usando a segunda lei de Newton no sistema e considerando as forças nos eixos paralelo e perpendicular à estrada, temos:*

- *No eixo perpendicular à estrada atuam a projeção do peso do carro e a força normal de reação do solo. Suponhamos que não há movimento nesta direção, ou seja, desprezaremos os movimentos de solavanco (devido a buracos), como também o balanço do chassi do carro. Assim:*

$$N(t) = mg\cos(\theta(t)) \,. \tag{5.3}$$

  sendo g *a aceleração da gravidade. Vemos que esta equação não afeta a velocidade do carro.*

- *No eixo paralelo à estrada atuam a força do motor, a força do atrito do vento e a projeção da força peso do veículo ao longo deste eixo:*

$$F_m(t) - F_a(t) - mg\sin(\theta(t)) = m\frac{dv(t)}{dt}. \quad (5.4)$$

Podemos aqui observar que, se $\theta(t)$ é positivo, significa que o carro está subindo a ladeira e o peso projetado vai atuar como freio, ao passo que, se $\theta(t)$ for negativo, essa força ajuda o carro a ter mais aceleração.

Assumimos, inicialmente, que a força de atrito $F_a(t)$ com o vento é dada aproximadamente por $F_a(t) = K_a v(t)$ e que a força do motor é proporcional a $u(t)$, $F_m(t) = K_m u(t)$. Dessa forma, podemos reescrever a equação anterior como:

$$m\frac{dv(t)}{dt} + K_a v(t) = K_m u(t) - mg\sin(\theta(t)), \quad (5.5)$$

para a qual m, K_a e K_m são considerados parâmetros constantes.

Observamos que este processo é representado por uma equação diferencial de primeira ordem, com duas variáveis de entrada $u(t)$ e $\theta(t)$ e uma saída $v(t)$. Se definimos uma variação de $u(t)$ e $\theta(t)$ ao longo do tempo, teremos uma solução $v(t)$ para este modelo, que é usada para descrevermos o comportamento do carro na estrada.

Ademais, podemos classificar este modelo como causal, não linear e invariante no tempo, dado que ele é representado por meio de uma equação diferencial não linear com coeficientes constantes. A não linearidade, neste caso, aparece devido à função seno da inclinação da estrada.

Vejamos que é simples mostrar que a propriedade da homogeneidade não se verifica neste sistema para o sinal $\theta(t)$: a força aplicada no carro em uma estrada de inclinação de angulo $2\tilde{\theta}$ não é igual a duas vezes a força gerada em uma estrada de angulo $\tilde{\theta}$.

Este modelo poderia ser melhorado estudando a relação entre a força do atrito e a velocidade. Realizando alguns experimentos com o automóvel, poderíamos verificar que $F_a(t)$ *aumenta mais que linearmente com a velocidade, e uma relação quadrática aproximaria melhor a realidade. Assim, usando* $F_a(t) = K_a v^2(t)$*, teríamos um modelo modificado da velocidade do carro, da seguinte forma:*

$$m\frac{dv(t)}{dt} + K_a v^2(t) = K_m u(t) - mg\sin(\theta(t)). \tag{5.6}$$

Este modelo apresenta não linearidades adicionais e, portanto, é mais complexo que o modelo anterior. Todavia, ele aproxima com menos erro o comportamento da velocidade real do carro.

5.3 Exemplos de modelagem de sistemas discretos

O procedimento de modelagem estudado também pode ser aplicado em processos que operam em tempo discreto, para a obtenção de modelos em tempo discreto.

Exemplo 46 *Sistema de controle de um armazém de uma fábrica.*

Neste tipo de sistema, o armazém contém um estoque de produtos a serem encaminhados para venda, sendo ideal que ele seja mantido com uma quantidade de produtos tal que permita atender os pedidos recebidos sem demora e, ao mesmo tempo, não mantenha em estoque uma quantidade muito grande de produto. Como atrasar a entrega para clientes causa um prejuízo para a empresa, pareceria ideal manter muitos produtos no armazém, mas isto, por outro lado, aumenta os custos de armazenagem e deixa um capital parado desnecessariamente. Assim, utilizam-se sistemas de controle para poder manter a quantidade de produtos no armazém dentro de certos limites calculados pelo setor de gestão operacional. Cada vez que uma venda $V(k)$ *é realizada no dia* k *o estoque* $E(k)$ *diminui em* $V(k)$ *produtos. Por outro lado,* $E(k)$ *aumenta com a chegada dos pedidos* $P(k)$ *solicitados à fábrica.*

Desta forma, consideramos um processo cuja variável a ser controlada é $E(k)$*, a manipulada é* $P(k)$ *e a perturbação é* $V(k)$*.*

Um modelo muito simples deste processo é dado pela seguinte EaD:

$$E(k) \; = \; E(k-1) + P(k) - V(k)\,,$$

para o qual observamos que o estoque de um dia é igual ao do dia anterior mais os pedidos que chegam no dia menos as vendas desse dia.

Este modelo é muito simples e considera que os pedidos realizados em um dia k *chegam no armazém no mesmo dia, o que na prática geralmente não é correto, pois o sistema de fabricação demora para produzir. Assim, se consideramos que há um atraso de* m *dias entre a solicitação do pedido e o momento em que este chega ao armazém, o modelo anterior, incluindo este atraso, é dado por:*

$$E(k) \; = \; E(k-1) + P(k-m) - V(k)\,.$$

Este modelo é do tipo equação às diferenças (neste caso linear e com coeficientes constantes). Conhecidas as entradas P *e* V*, podemos calcular a evolução do estoque* E *ao longo do tempo.*

Exemplo 47 *Neste exemplo, estudaremos o comportamento do crescimento de uma população de coelhos em uma fazenda. A cada dia* k *o número total de coelhos* $N_c(k)$ *é calculado em função dos nascimentos e mortes desse dia e do número de coelhos que tinha na fazenda no dia anterior.*

O número de nascimentos $N(k)$ *depende do número de coelhos na fazenda e de um fator de natalidade* $n(k)$*, que pode ser regulado pelo dono de acordo com o isolamento entre machos e fêmeas, que se define como* $I(k)$ *e que pode variar entre* 0 *e* 1 *(0 significa isolamento total e 1 nenhum isolamento). O número de mortes depende de dois fatores, das mortes por doenças* $M_d(k)$ *e por abate* $M_a(k)$*. Neste sistema,* $I(k)$ *e* $M_a(k)$ *podem ser* *manipuladas e consideradas como variáveis de controle, já* $M_d(k)$ *é uma perturbação para o sistema, mas todos estes sinais afetam a variável do processo* $N_c(k)$. *Assim, podemos escrever um primeiro modelo como:*

$$N_c(k) = N_c(k-1) + N(k) - M_a(k) - M_d(k)\,.$$

Se consideramos que $N(k) = n(k)N_c(k-1)$ *e que o isolamento afeta de forma proporcional o fator* $n(k)$, *podemos escrever* $n(k) = aI(k)$, *sendo a uma constante. Com estas considerações, o modelo anterior é reescrito da seguinte maneira:*

$$N_c(k) = N_c(k-1) + aI(k)N_c(k-1) - M_a(k) - M_d(k)\,,$$

Note que este é um modelo às diferenças não linear, causal e com coeficientes constantes.

Neste exemplo, temos um processo naturalmente definido em tempo discreto, porém, em muitas situações práticas (na indústria), os modelos discretos são obtidos a partir de dados amostrados de sistemas contínuos, ou seja, são obtidos modelos discretos amostrados. O próximo exemplo considera um sistema deste tipo.

Exemplo 48 *Em uma indústria petroquímica, um produto, usado em um processo de fabricação de fertilizantes, é armazenado em um tanque cilíndrico. Deseja-se controlar o nível* $h(k)$ *(variável de processo) manipulado* $a_e(k)$, *que é a abertura da válvula que regula a vazão de entrada. A demanda de produto usado (vazão de saída) é regulado pelo sinal* $a_s(k)$, *que representa a abertura da válvula de saída do tanque. Consideramos a abertura dessa válvula como uma perturbação para o sistema. A partir de experimentos realizados no tanque com medidas de* $h(k)$, $a_e(k)$ *e* $a_s(k)$, *observamos que a vazão de entrada ao tanque,* $V_e(k)$, *é proporcional à abertura* $a_e(k)$ *e a vazão de saída,* $V_s(k)$, *é proporcional à abertura* $a_s(k)$, *mas também proporcional* *à raiz quadrada do nível de água no tanque (Equação de Bernoulli). Temos as seguintes relações para as vazões:*

$$\left\{ V_e(k) = \alpha_1 a_e(k) \quad , \quad V_s(k) = \alpha_2 a_s(k)\sqrt{2gh(k)} \right. , \qquad (5.7)$$

sendo α_1 e α_2 constantes que dependem do tipo de válvula. Assim, como a variação do volume (e consequentemente do nível) entre amostras consecutivas depende da quantidade de produto que entra (e que sai) do tanque entre estes instantes, o comportamento do processo é modelado pela seguinte equação:

$$A\left(h(k+1) - h(k)\right) = \alpha_1 a_e(k) - \alpha_2 a_s(k)\sqrt{2gh(k)} ,$$

para a qual A é a área da base do tanque. Esta equação também é escrita na seguinte forma compacta, fazendo um deslocamento temporal de todas as variáveis para um passo atrás (ou seja $k+1 \to k$):

$$h(k) = h(k-1) + \frac{\alpha_1}{A} a_e(k-1) - \frac{\alpha_2}{A} a_s(k-1)\sqrt{2gh(k-1)} .$$

Este é um modelo discreto representado por uma equação às diferenças não linear com coeficientes constantes (portanto, este é um modelo invariante no tempo). Podemos também inferir a causalidade do sistema, uma vez que o sinal $h(k)$ depende apenas de valores atuais e passados das entradas do sistema.

5.4 Análise de processos: modelos estáticos e dinâmicos

Os modelos apresentados nos exemplos deste livro consideraram, em algumas situações, comportamentos dinâmicos do processo e, em outros casos, apenas relações estáticas. Por exemplo, no modelo do controle de nível do tanque, consideramos a relação entre nível h e vazões V_e, V_s de forma dinâmica, incluindo a derivada do nível no modelo:

$$A\frac{dh(t)}{dt} = V_e(t) - V_s(t)\,.$$

Entretanto, para as relações entre a abertura da válvula a_e e a vazão V_e, e para a relação entre V_s e h, usamos os seguintes modelos estáticos: $V_e(t) = \alpha a_e(t)$ e $V_s(t) = k_2\sqrt{2gh(t)}$. Quando optamos pelo uso deste tipo de modelo, nos interessamos pelo estudo do comportamento do nível do tanque de forma tal que seja possível observar como ele se comporta ao longo do tempo quando atuamos na válvula acoplada ao tanque. Então, para observarmos as variações do nível, precisamos incluir no modelo a sua derivada, que modela sua taxa de variação no tempo.

Por outro lado, o modelo da válvula é construído sem dinâmica, uma vez que consideremos que o tempo que ela demora para impor uma dada vazão depois de definida uma abertura é muito rápido se comparado ao tempo de variação do nível.

Assim, a escolha do modelo de representação de um processo depende fortemente do tipo de fenômeno que queremos representar e da escala de tempo que consideramos interessante para o estudo. Ressaltamos, de todas as formas, que todo modelo dinâmico estável pode ser convertido em um modelo estático, considerando que o sistema está operando em uma dada condição para a qual as variáveis de entrada e saída são constantes.

Voltando ao exemplo da válvula: ao construirmos um modelo, queremos representar as variações de vazão com o tempo como consequência da abertura da válvula. Na prática, observaremos que, após mexermos na abertura, por exemplo, abrindo a válvula, a vazão aumentará de forma gradual, até atingir o valor dado pelo modelo estático, geralmente com uma taxa de variação maior no início do experimento. Então, poderíamos considerar um modelo dinâmico do tipo:

$$\tau \frac{dV_e(t)}{dt} + V_e(t) = \alpha a_e(t) .$$

Neste caso, observamos a adição ao modelo estático anterior com um fator que leva em consideração o efeito da variação no tempo. A interpretação deste modelo é simples: esta equação diferencial afirma que, ao variarmos a_e em um dado instante, essa variação será "absorvida", em parte, por uma variação de $V_e(t)$ e, em outra parte, por sua derivada, de tal forma que V_e não assumirá instantaneamente seu valor final, de equilíbrio. Quanto maior for o fator da derivada no instante inicial, menor será a variação instantânea de V_e. À medida que a derivada se aproxima de zero, quando V_e atinge um valor constante, o modelo dinâmico se transforma no modelo estático usado no exemplo do tanque.

Observamos, também, que o parâmetro τ tem um papel importante no efeito da derivada na equação. Poderíamos dizer que, quanto maior for τ (em módulo), maior será o efeito da derivada no modelo, ou seja, menos instantâneo será o comportamento dinâmico. Por essa razão, chamamos o parâmetro τ de **constante de tempo** do modelo dinâmico. Essa constante indica quanto tempo a variável descrita pela equação diferencial leva até que uma condição de derivada zero seja estabelecida, depois de mudanças tipo degrau nos canais de entrada.

No exemplo da válvula, a constante de tempo τ é geralmente associada ao tipo e ao tamanho da válvula. Válvulas maiores apresentam maiores valores para τ. Teoricamente, a constante de tempo é formalmente definida para sistemas diferenciais lineares a coeficientes constantes, como veremos no próximo capítulo, mas, de um ponto de vista prático, é um termo bastante usado para descrevermos a velocidade de resposta de um sistema (mesmo que ele não seja linear ou invariante no tempo).

A modelagem completa e detalhada de um sistema real deve considerar modelos dinâmicos de cada uma de suas partes. Todavia, isso pode resultar em modelos muito complexos, que muitas vezes são desnecessários para o fenômeno que queremos representar. No caso do tanque e de sua válvula, teríamos duas equações para o modelo completo:

$$\left\{\begin{array}{rcl} A\frac{dh(t)}{dt} & = & V_e(t) - k_2\sqrt{2gh(t)}\,, \\ \tau\frac{dV_e(t)}{dt} & = & -V_e(t) + \alpha a_e(t)\,. \end{array}\right. \tag{5.8}$$

Dependendo do valor do parâmetro τ, a solução $h(t)$ deste modelo pode ter um comportamento muito parecido à solução obtida com um modelo puramente estático para a descrição do comportamento da válvula, do tipo $V_e(t) = \alpha a_e(t)$. Portanto, o uso deste modelo mais complexo não se justificaria.

Um exemplo deste caso é quando um tanque leva alguns segundos para uma mudança de nível, de uma condição para a outra, quando mudamos o valor de a_e, e uma a vazão V_e que converge para seu valor de equilíbrio em poucos milissegundos.

De um ponto de vista do processo em si, os modelos estáticos (instantâneos) são fundamentais para entendermos a operação do processo em condições de equilíbrio. Na indústria, a maioria dos processos são construídos para operar de forma estável em um dado ponto de operação por longos períodos de tempo. Esse tipo de comportamento é geralmente denominado "condição de operação em regime permanente", correspondendo a derivadas nulas nos modelo dinâmicos contínuos, ou consideramos que $x(k) = x(k-i)$ para todas as variáveis de um modelo dinâmico discreto, para todo $i \in \mathbb{N}$.

Portanto, um modelo estático pode ser transformado em um conjunto de equações que relacionam as principais variáveis de um processo. Com essas equações e a faixa de variação de cada uma dessas variáveis de interesse, podemos construir a "característica estática" deste processo.

Definição 16 *Característica estática de um processo*

Define-se como característica estática de um processo o conjunto de equações e intervalos das diferentes variáveis do processo que determinam seus pontos de operação.

Na prática, é muito útil descrevermos a característica estática de um processo por meio de um conjunto de gráficos, representando, ao longo do eixo das abscissas, os valores de uma das entradas do processo (manipulada ou perturbação) e, ao longo do eixo das ordenadas, a saída do processo (variável controlada), usando como parâmetro as outras entradas.

Por exemplo, em um sistema com uma variável manipulada u, uma perturbação q e uma controlada y, faríamos dois gráficos. O primeiro, $y = f_u(u)$ parametrizado por valores constantes de q, e o segundo, $y = f_q(q)$ parametrizado por valores constantes de u.

Para obtermos uma melhor visualização das propriedades estáticas de um sistema e como consequência da sua região de operação, estes gráficos devem ser desenhados usando os intervalos das variáveis $u \in [u_{min}, u_{max}]$, $q \in [q_{min}, q_{max}]$ e $y \in [y_{min}, y_{max}]$. Por exemplo, podemos desenhar $y = f_u(u)$ no intervalo $u \in [u_{min}, u_{max}]$ e $y \in [y_{min}, y_{max}]$ para q_1, q_2, q_3 definidos no intervalo $[q_{min}, q_{max}]$. Apresentaremos, na sequência, um exemplo concreto desse tipo de situação.

Exemplo 49 *Consideremos o sistema de controle de nível apresentado neste capítulo, considerando um tanque com escoamento livre:*

$$A\frac{dh(t)}{dt} = \alpha a_e - k_2\sqrt{2gh(t)}\,.$$

Para esse processo, consideramos $a_e \in [0, 1]$ *(0 para válvula fechada e 1 para toda aberta) e* $h \in [0, 5]$ *m, sendo* 5 *m o nível máximo do tanque. A condição de equilíbrio é dada quando o nível está constante* $h(t) = h_0$*, ou seja,* $\frac{dh(t)}{dt} = 0$*. Neste caso, a vazão de entrada é igual à vazão de saída, ou seja,* $\alpha a_e = k_2\sqrt{2gh_0}$*. Essa relação é válida para uma abertura de entrada*

$a_c(t) = a_{c_0}$. *Assim, a característica estática deste processo é descrita por:*

$$\left\{ h_0 = \frac{1}{2g}(\alpha a_{e_0}/k_2)^2 \, , a_{e_0} \in [0,1] \, , h \in [0,5] \, m \; . \right. \tag{5.9}$$

O gráfico da característica estática deste processo é apresentado na Figura 5.3, considerando um tanque com $\alpha = 2$, $k_2 = 0.2$, *e usamos, por simplicidade,* $g = 10$ m/s.

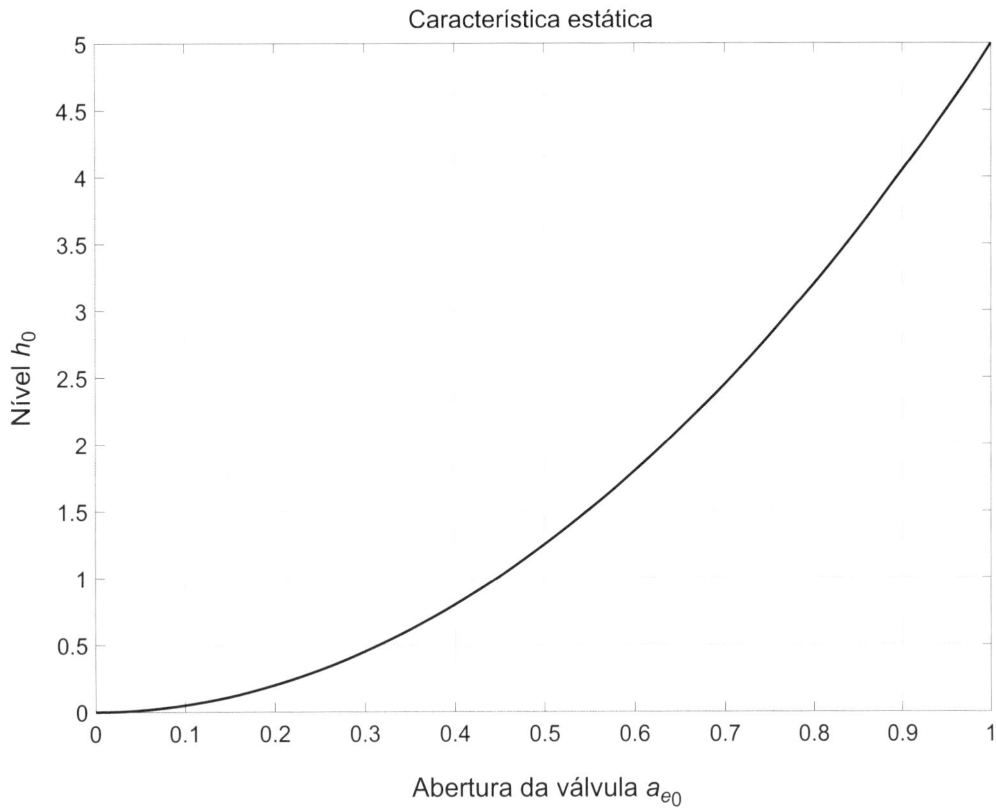

Figura 5.3 – Característica estática do sistema de controle de nível do tanque com escoamento livre.

Como podemos observar nessa figura, os pontos de operação são definidos ao longo da curva quadrática $h_0 = 5a_{e_0}^2$, *dentro do quadrante positivo. A derivada dessa curva é sempre positiva, indicando que aumentos de* a_e *acarretam aumentos no nível do tanque. Também observamos que a ca-*

racterística estática desse processo é não linear: para pontos de operação de pequenas aberturas tem-se uma taxa de aumento de nível menor que em pontos de operação de maiores aberturas. Ressaltamos que a derivada dessa curva é maior perto da abertura máxima.

Agora, apresentamos um segundo conceito muito importante em sistemas de controle, o **ganho estático de um processo**. Formalmente, este conceito é definido para sistemas lineares estáveis e invariantes no tempo, mas é comum usarmos a ideia para todo tipo de sistema, considerando o comportamento local.

O ganho estático de um processo relaciona a variação estática que se obtém no canal de saída de um sistema quando uma variação é produzida em um dos canais de entrada. Esta relação entre variações é, de fato, a derivada da característica estática do modelo do processo em um dado ponto de operação. Por essa razão, de forma geral, no caso de sistemas não lineares, não podemos associar o conceito de ganho estático ao sistema como um todo, mas apenas a cada ponto de operação. Dessa forma, para cada ponto de operação teremos um ganho estático: uma constante do modelo que nos diz, aproximadamente, por quanto devemos multiplicar uma variação na entrada do sistema para obtermos uma variação na saída.

O exemplo anterior não considerou perturbações no processo. Consideraremos, agora, um novo exemplo baseado no mesmo tanque para estudarmos um caso mais geral.

Exemplo 50 *Consideremos o tanque do exemplo anterior com uma válvula na saída do tanque. Essa válvula tem abertura $a_s \in [0,1]$. Essa abertura é alterada externamente e, portanto, é uma perturbação ao comportamento do nível do tanque. O modelo desse novo sistema é dado pela seguinte equação diferencial:*

$$A\frac{dh(t)}{dt} = \alpha a_e(t) - k_2 a_s(t)\sqrt{2gh(t)}\,.$$

Observe que, com abertura máxima da válvula de saída, $a_s = 1$, obtemos o modelo do caso anterior. A condição de equilíbrio, agora, é verificada para uma abertura de entrada $a_e = a_{e_0}$, uma abertura de saída $a_s = a_{s_0}$ e um nível h_0, de tal forma que a seguinte condição seja verificada:

$$\left\{ h_0 = \frac{1}{2g}\left(\frac{\alpha a_{e_0}}{k_2 a_{s_0}}\right)^2 \right. \quad , \qquad \forall\, a_{e_0}, a_{s_0} \in [0,1]\,,\ h \in [0,5]\,m\ .$$

Note que o nível de equilíbrio depende do valor de equilíbrio das aberturas das duas válvulas. Neste caso, temos que analisar duas situações: (i) a relação entre h_0 e a_{e_0}, para diferentes valores fixos de a_{s_0}; e (ii) a relação entre h_0 e a_{s_0}, para diferentes valores fixos de a_{e_0}. Essas análises nos permitem avaliar as características estáticas do processo, dos pontos de vista da variável manipulada a_e e da perturbação a_s.

O gráfico da característica (h_0, a_{e_0}), com a_{s_0} como parâmetro, é apresentado na Figura 5.4, para $\alpha = 2$ e $k_2 = 0.2$, e a aceleração da gravidade é aproximada por $g = 10m/s$. Consideram-se vários valores constantes diferentes de a_{s_0}.

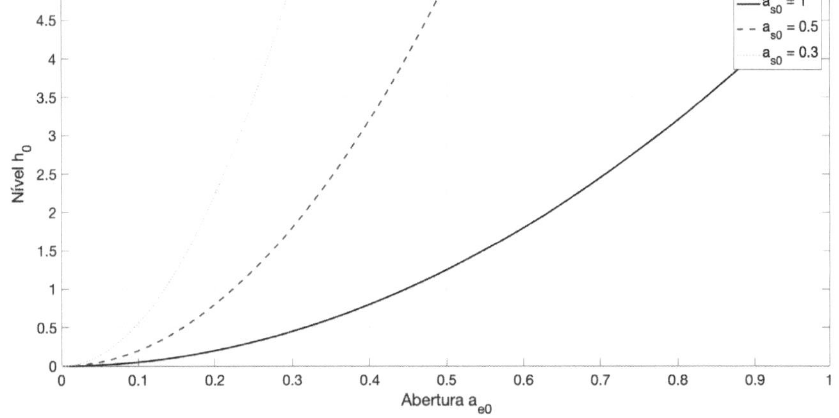

Figura 5.4 – Característica estática do sistema de controle de nível do tanque (h_0, a_{e_0}) para valores de a_{s_0} de 0.3, 0.5 e 1.

Nessa figura, observamos a mesma forma de variação que no caso anterior. Entretanto, agora, os valores de nível são maiores quanto mais fechada esteja a válvula de saída. A curva tem uma taxa de variação (derivada) que também á afetada pelo valor de a_{s_0}. *Quanto mais fechada a válvula de saída, maior é a inclinação da curva (isso para todos os valores de abertura de entrada). É importante notarmos que, para mantermos o tanque operando dentro dos níveis mínimo e máximo, temos diferentes faixas de* a_{e_0} *possíveis para cada valor fixo de* a_{s_0}. *Isso é muito importante para sabermos como operar o processo e como projetar controladores adequados para regular essa operação.*

O gráfico da característica (h_0, a_{s_0}), *com* a_{e_0} *como parâmetro, é ilustrado na Figura 5.5, para o mesmo tanque. Nessa figura, observamos, novamente, um comportamento não linear, mas uma situação diferente do caso anterior. A curva tem uma forma hiperbólica, indicando que aumentos na abertura da válvula de saída* a_s *causam diminuição de nível (derivada negativa). Ademais, notamos que os valores de nível são maiores quanto mais aberta esteja a válvula de entrada. Também observamos que a curva tem uma taxa de variação (derivada) afetada pela abertura da válvula de entrada. Quanto mais aberta a válvula de entrada, maior é a inclinação da curva, para qualquer abertura da válvula de saída.*

Por fim, ressaltamos que podemos usar esses gráficos para obtermos uma noção (muito boa!) de todos os pontos de operação do sistema e, também, dos efeitos causados pela variação das entradas e das perturbações. Ademais, podemos inferir, por meio dos gráficos, que o sistema apresenta para todos os pontos de operação ganho estático positivo para a relação entre h *e* a_{e_0} *e negativo para a relação entre* h *e* a_{s_0}.

Um aspecto muito importante da característica estática de um processo é que esta é fundamental para a fase de projeto da planta. Como os pontos de operação são dependentes dos parâmetros do modelo (que refletem características dos equipamentos usados), estes podem ser ajustados na fase

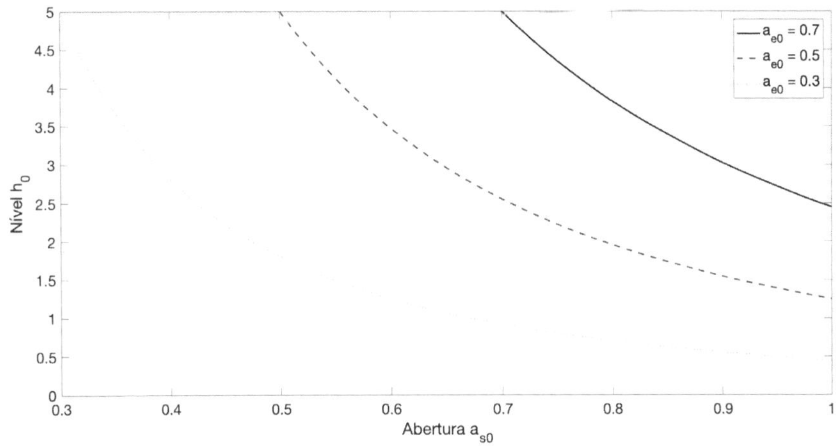

Figura 5.5 – Característica estática do sistema de controle de nível do tanque (h_0, a_{s_0}) para valores de a_{e_0} de 0.3, 0.5 e 0.7.

de projeto para ter um sistema que opere em determinada região do plano (u, y) ou (q, y).

Ao considerarmos o caso de estudo do tanque do exemplo anterior, fica evidente, por meio das curvas estáticas, que, ao modificarmos os parâmetros α e k_2, modificaremos os pontos de equilíbrio do sistema. Então, se desejamos que o tanque mantenha um ponto de operação dado por um nível e uma certa vazão de entrada e de saída, podemos escolher os valores de α e/ou k_2 para tal. Isso implica, na prática, na escolha de determinado tipo de tubo para a entrada e saída de líquido e determinado tipo de válvula.

Na prática, é muito importante que o ponto de operação mais usado do processo seja atingido com valores de atuação não muito próximos dos máximos ou mínimos de cada atuador. Note que, se o sistema é perturbado, a variável manipulada deve poder se movimentar em uma faixa grande para que o controle atue de forma efetiva, o que não acontecerá caso ele esteja em um ponto de operação muito próximo ao máximo ou mínimo. Usaremos um outro exemplo de processo para discutir esses aspectos de projeto.

Exemplo 51 *Sistema de aquecimento*

Retomemos o exemplo do sistema de aquecimento de um ambiente do Exemplo 44. O modelo deste processo é dado por:

$$mC\frac{dT(t)}{dt} = P(t) - \frac{1}{R}(T(t) - T_e(t)) \,. \tag{5.10}$$

No equilíbrio, temos a seguinte relação:

$$P_0 = \frac{1}{R}(T_0 - T_{e_0}) \,,$$

sendo P_0 *a potência constante aplicada no aquecedor,* T_{e_0} *a temperatura exterior constante e* T_0 *a temperatura interior de equilíbrio. A característica estática, neste caso, é colocada como:*

$$T_0 = RP_0 + T_{e_0} \,,\; T_0 \in [T_{min}, T_{max}] \,,\; P_0 \in [P_{min}, P_{max}] \,,$$

que permite determinar as relações entre as entradas e a saída, em regime permanente.

No projeto do sistema de aquecimento, fica evidente que a escolha do parâmetro térmico R *determina o aumento de temperatura possível acima da temperatura externa, para uma dada potência. Assim, a escolha de um* R *maior (um ambiente mais bem isolado termicamente) implicará no mesmo aumento de temperatura para uma potência menor. A eficiência térmica do sistema depende do parâmetro* R *e, na etapa de projeto, devemos escolher adequadamente o material para o isolamento térmico do sistema. Note que* R *é uma grandeza medida em* $^oC/kW$*, determinando quantos graus Celsius por kilowatt são obtidos.*

A análise da caraterística estática neste caso é bem simples, em ambas as situações: (i) para a relação entre P_0 *e* T_0*, considerando diferentes valores fixos de* T_{e_0}*, obtemos uma reta de inclinação* R*, que passa pelo ponto* $(P_0, T_0) = (0, T_{e_0})$*; (ii) já na relação entre* T_{e_0} *e* T_0*, para diferentes valores fixos de* P_0*, obtemos uma reta de coeficiente angular unitário e termo* *independente* RP_0. *Isso nos permite estudar as características estáticas do processo do ponto de vista da variável manipulada* P_0 *e da perturbação* T_{e_0}.

Como exercício complementar, recomendamos o esboço das curvas estáticas desse sistema. Para tal, considere, por exemplo, um ambiente com T_e *variando entre* $5\,^oC$ *e* $30\,^oC$*, uma potência entre* $0\,kW$ *e* $5\,kW$ *e* $R = 2\,^oC/kW$.

Exemplo 52 *Retomemos o Exemplo 47, que analisa o crescimento de uma população de coelhos em uma fazenda. O modelo que usamos para este sistema é dado pela seguinte equação às diferenças não linear, com coeficientes constantes:*

$$N_c(k) = N_c(k-1) + aI(k)N_c(k-1) - M_a(k) - M_d(k)\,.$$

O modelo estático deste sistema nos indica em qual situação a população se manteria constante, ou seja, que tipo de ação deve ser realizada no isolamento e no abate de coelhos para que o sinal N_c *seja mantido constante, supondo constante também o número de mortes por doença.*

Assim, colocando uma condição de equilíbrio para o sistema para todo k*, usamos* $N_c(k) = N_{c_0}$, $M_a(k) = M_{a_0}$, $M_d(k) = M_{d_0}$ *e* $I(k) = I_0$. *Com isso, obtemos a seguinte relação estática entre as variáveis:*

$$N_{c_0} = N_{c_0} + aI_0N_{c_0} - M_{a_0} - M_{d_0}\,,$$

que é simplificada por:

$$N_{c_0} = \frac{M_{a_0} + M_{d_0}}{aI_0}\,.$$

Essa equação indica que, para um fator de isolamento fixo e um número de mortes por doença conhecido, o equilíbrio é obtido com uma taxa de abate proporcional à população de coelhos. O mesmo acontece para a relação entre a perturbação M_d *e a população de coelhos, para um número de abates constante. Já o isolamento tem um efeito interessante: considerando constantes as mortes, aumentar o isolamento* ($I_0 \to 0$) *exige que a população de coe-*

lhos tenda ao infinito, o que é totalmente lógico, dado que seria necessária uma população teoricamente infinita para conseguirmos manter constante N_c *mesmo tendo mortes.*

De um ponto de vista prático, esta situação não faz sentido e, portanto, sempre devemos manter I *acima de um valor maior que zero, dado que, com isolamento total, a população nunca pode aumentar.*

Assim, mostraremos esta análise graficamente, para um sistema no qual $I_0 \in [0.2, 1]$, $M_{a_0} \in [0, 50]$, $M_{d_0} \in [0, 5]$ *e* $a = 0.5$. *A Figura 5.6 apresenta a característica estática do sistema de controle de população de coelhos* (N_{c_0}, M_{a_0}) *para diferentes valores constantes para* I_0 *e para dois valores distintos para* M_{d_0}.

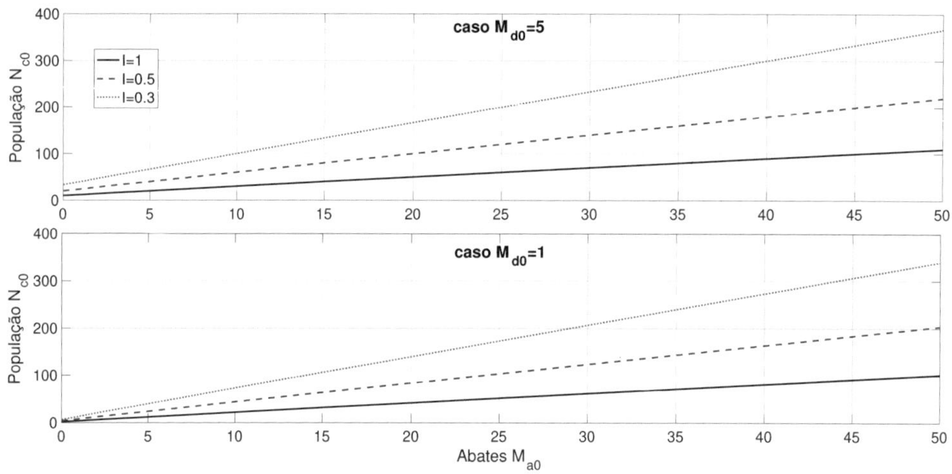

Figura 5.6 – Característica estática do sistema de controle de população de coelhos (N_{c_0}, M_{a_0}) para valores I_0 iguais a 0.3, 0.5 e 1 e para M_{d_0} igual a 1 e 5.

Podemos observar nesta figura que, para que possamos aumentar o número constante de abates diários, é necessário aumentarmos, proporcionalmente, o número de coelhos na população e, também, que o fator de proporcionalidade depende inversamente de I. *As mortes por doença têm um efeito menor no sistema, mas causam um aumento na população necessária para um dado número de abates.*

Deixamos como exercício para o leitor analisar o gráfico que relaciona a população com o isolamento, mantendo os abates constantes em diferentes valores.

5.4.1 Regime transitório e regime permanente

Quando observamos o comportamento dinâmico de um sistema estável, que transita de um ponto de equilíbrio inicial (u_0, y_0) para um ponto de equilíbrio terminal (u_f, y_f), quando ocorrem mudanças no sinal de entrada (u, que transita de u_0 para u_f), dividimos a "resposta" do sistema, retratada pela saída y, em dois regimes: transitório e permanente.

Considerando um processo estável, com $y(t)|_{t=0} = y_0$ e $\lim_{t\to+\infty} y(t) = y_f$ (e $y(k)|_{k=0} = y_0$ e $\lim_{k\to+\infty} y(k) = y_f$, no caso discreto), as definições para regime permanente e regime transitório de y são apresentadas na sequência.

Definição 17 *Regime permanente (aproximado)*
O regime permanente é definido como o período no qual a variável de processo apresenta um comportamento aproximadamente constante. No regime permanente, as relações entre as entradas e as saídas de um processo podem ser descritas pelas relações estáticas. Assim, para $\xi \approx 0$, temos:

$$\begin{cases} \text{Caso contínuo: } y(t) & \in & \mathcal{Y}_P \text{ se } \forall t^\star \geq t\,,\, y(t^\star) = y_f + \xi, \\ \text{Caso discreto: } y(k) & \in & \mathcal{Y}_P \text{ se } \forall k^\star \geq k\,,\, y(k^\star) = y_f + \xi\,. \end{cases}$$

Ressaltamos que, teoricamente, o regime permanente é dado quando o y converge a y_f. Em termos práticos, aceita-se uma pequena faixa em volta do valor final, definida pela banda $\pm\xi$.

Definição 18 *Regime transitório (aproximado)*
O regime transitório de uma variável de processo, que varia de um equilíbrio inicial y_0 para um segundo equilíbrio y_f, retrata os momentos de tempo para

os quais y ainda não chegou suficientemente perto de y_f. Matematicamente, esse período é dado para:

$$\begin{cases} \textit{Caso contínuo: } y(t) & \in & \mathcal{Y}_T \textit{ se } \forall t^\star \in [0,t]\,,\ y(t^\star) \neq \lim_{\xi\to 0}(1 \pm \xi)y_f\,, \\ \textit{Caso discreto: } y(k) & \in & \mathcal{Y}_T \textit{ se } \forall k^\star \in [0,k]\,,\ y(k^\star) \neq \lim_{\xi\to 0}(1 \pm \xi)y_f\,. \end{cases}$$

Ressaltamos que, teoricamente, o regime transitório demoraria um tempo infinito. Em termos práticos, aceita-se uma pequena faixa em volta do valor final de y, definida pela banda $\pm\xi$.

A Figura 5.7 ilustra qualitativamente os regimes transitórios e permanentes de diferentes processos, para uma mudança de equilíbrio partindo de $y_0 = 0$. Observamos nessa figura a faixa definida para considerar o sistema como operando em regime permanente e, também, vemos que alguns sistemas demoram mais que outros para chegar a essa faixa.

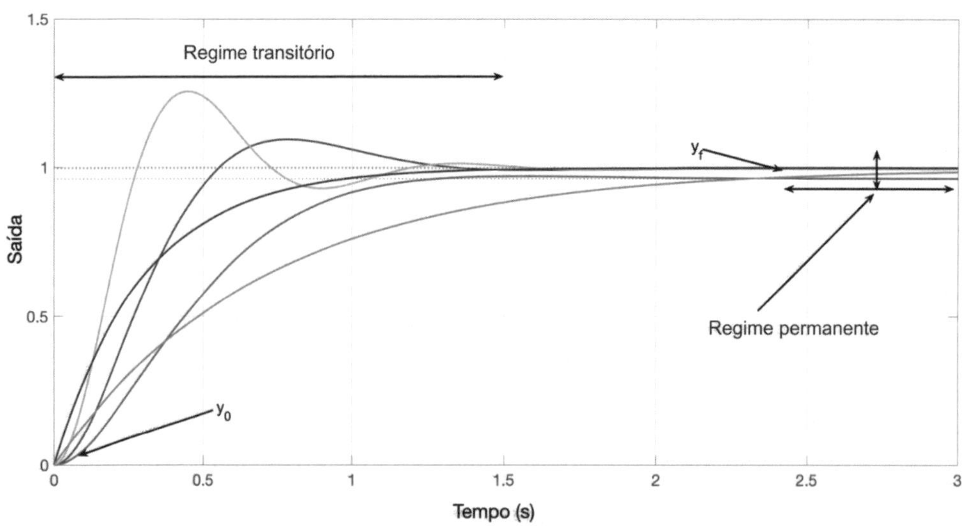

Figura 5.7 – Representação de diferentes respostas: regime transitório e permanente.

5.5 Simulação de processos

A simulação é uma ferramenta muito útil para o controle de processos, pois permite, a partir do modelo, analisar cenários de operação do processo, com ou sem controle. A simulação pode ser usada para estudarmos a influência de um parâmetro de projeto do processo ou para avaliarmos o desempenho de um dado algoritmo de controle.

No caso deste livro, o que nos interessa é o estudo do comportamento de um processo quando ele é afetado por perturbações ou por variações na ação de controle. Dessa forma, uma vez construído o modelo de um processo, basta encontrarmos a solução no tempo da equação (a diferenças ou diferencial) que descreve o sistema.

Para fins de validação das estratégias de controle discutidas ao longo deste livro, ressaltamos que o Apêndice C detalha duas ferramentas de simulação gratuitas, que podem ser usadas pelas leitoras e pelos leitores para testes de validação de sistemas de controle e das soluções no tempo de modelos para processos discretos e contínuos.

Iniciaremos a análise considerando um caso discreto. Para tal, suponhamos que a variável de processo de um modelo é chamada de $y(k)$, a variável manipulada é $u(k)$ e a perturbação é $q(k)$. Então, a equação às diferenças de primeira ordem é escrita, para o caso invariante no tempo, como:

$$y(k) = f(y(k-1), u(k-1), q(k-1))\,.$$

Caso o sistema seja variante no tempo, teríamos:

$$y(k) = f(y(k-1), u(k-1), q(k-1), \mathbf{p}(k))\,,$$

sendo $\mathbf{p}(k)$ o vetor com todos os parâmetros que variam com o tempo no sistema. Nesse caso, a expressão $f(y(k-1), u(k-1), q(k-1))$ indica que o sinal $y(k)$ é calculado como função dos valores anteriores de y, u e q, por meio de alguma relação matemática conhecida.

Portanto, podemos determinar a evolução no tempo de $y(k)$ a partir das entradas, do modelo e de seus parâmetros, apenas resolvendo, recursivamente, a equação $y(k) = f(y(k-1), u(k-1), q(k-1), \mathbf{p}(k))$.

O procedimento para realizar essa simulação é composto pelos seguintes passos:

- Definir um intervalo de tempo para a simulação com valor inicial e final de amostras para a simulação: $k = k_i....k_f$.
- Definir uma condição inicial para $y(k)$.
- Definir os valores a serem aplicados no sistema no cenário proposto (sinais $u(k), q(k)$ e $\mathbf{p}(k)$), no intervalo $k = k_i....k_f$. Caso os parâmetros sejam constantes, $\mathbf{p}$ será fixo.
- Escrever uma rotina que calcule $y(k) = f(y(k-1), u(k-1), q(k-1), \mathbf{p}(k))$ para uma dada amostrada k.
- Criar um laço de cálculo recursivo para calcular o sinal $y(k)$, para $k = k_i....k_f$.

Ressaltamos que este procedimento pode ser aplicado para sistemas lineares ou não lineares, sejam eles variantes ou invariantes no tempo.

Um código genérico para realizar esta simulação, considerando o tempo com $k_i = 1$, $k_f = 100$, os vetores de dados de entrada u_0, q_0 e parâmetros p_0, assim, como a condição inicial y_0, é mostrado no Algoritmo 1.

Exemplo 53 *Faremos um exemplo do código de simulação do sistema armazém anteriormente analisado, para cem dias de simulação, com vetores de pedidos e vendas com forma de degraus e dois dias de atraso para chegada dos pedidos. O Algoritmo 2 apresenta esse resultado.*

Algoritmo 1: Pseudocódigo para a simulação de um processo discreto

Parâmetros de Simulação: $k_i = 1$; $k_f = 100$;
Condições iniciais:
$y(1) = y0$;
$u(1) = u_0$;
$q(1) = q_0$; $p(1) = p_0$;
Loop: for $i = k_i : 1 : k_f$: $y(i+1) = \text{function}(y(i), u(i), q(i), p(i))$;
end

Algoritmo 2: Pseudocódigo para a simulação de um processo discreto

Parâmetros de Simulação: $k_i = 1$; $k_f = 100$; $m = 2$;
Condições iniciais:
$E(1) = 50$;
$P = \text{ones}(1, 100)$;
$V = [1.5 * \text{ones}(1, 50)\text{zeros}(1, 50)]$;
Loop: for $i = k_i : 1 : k_f$: $E(i+1) = E(i-1) + P(i-2) - V(i)$;
end

Este procedimento de simulação pode ser também aplicado a modelos contínuos, bastando, para tal, realizarmos uma aproximação da equação diferencial por uma equação às diferenças. Não é o objetivo deste livro fazer uma análise aprofundada deste tema, e recomendamos às leitoras e aos leitores com interesse algumas referências adicionais, no final deste capítulo, sobre métodos numéricos que podem ser usados para a obtenção da solução de equação diferenciais contínuas.

No contexto deste livro, realizaremos uma aproximação da derivada usando a sua definição e aplicaremos o método em equações diferenciais de primeira ordem.

Consideramos, para tal, que $\frac{dy(t)}{dt}$ é a derivada da saída do sistema e que o modelo do processo se escreve de forma geral como:

$$\frac{dy(t)}{dt} = f(y(t), u(t), q(t), \mathbf{p}(t)),$$

sendo $u(t)$ a variável manipulada, $q(t)$ a perturbação e $\mathbf{p}(t)$ o vetor de parâmetros do sistema. Aqui, a função $f(\cdot)$ tem a mesma conotação que no caso discreto.

A derivada é, por definição, dada por:

$$\frac{dy(t)}{dt} = \lim_{T_c \to 0} \frac{y(t+T_c) - y(t)}{T_c} \qquad , \qquad \forall T_c > 0 .$$

Esta operação pode ser aproximada, com um passo T_c suficientemente pequeno, por:

$$\frac{dy(t)}{dt} \approx \frac{y(t+T_c) - y(t)}{T_c} \qquad , \forall T_c > 0 .$$

Dessa forma, podemos observar que, caso o intervalo de tempo no qual queremos encontrar a solução da equação diferencial seja dividido em períodos de tempo T_c, podemos reescrever $t = kT_c$ com k inteiro positivo, o que nos leva a:

$$\frac{dy(t)}{dt} \approx \frac{y((k+1)T_c) - y(kT_c)}{T_c} \qquad , \qquad \forall T_c > 0 .$$

Com essa aproximação, o modelo do sistema é dado por:

$$\frac{y((k+1)T_c) - y(kT_c)}{T_c} = f\left(y(kT_c), u(kT_c), q(kT_c), \mathbf{p}(kT_c)\right) ,$$

ou, de forma equivalente, por:

$$y((k+1)T_c) = y(kT_c) + T_c f\left(y(kT_c), u(kT_c), q(kT_c), \mathbf{p}(kT_c)\right) .$$

Aplicando o deslocamento no tempo em um passo de cálculo, obtemos:

$$\begin{aligned} y(kT_c) &= y((k-1)T_c) \\ &+ T_c f\left(y((k-1)T_c), u((k-1)T_c), q((k-1)T_c), \mathbf{p}((k-1)T_c)\right) . \end{aligned}$$

Por fim, podemos escrever o modelo discreto equivalente agrupando os termos do lado direito da igualdade anterior como uma nova função g:

$$y(kT_c) = g\left(y((k-1)T_c), u((k-1)T_c), q((k-1)T_c), \mathbf{p}((k-1)T_c)\right) .$$

A solução deste modelo é calculada recursivamente, da mesma forma que vimos na seção anterior, considerando, de forma simplificada, que a variável k é dada em um intervalo fechado $[k_i, k_f]$:

$$y(k) = g\left(y(k-1), u(k-1), q(k-1), \mathbf{p}(k-1)\right) .$$

O resultado desta recursão é associado a instantes de tempo por meio da seguinte relação: $t = kT_c$ com k no intervalo definido.

O resultado desta simulação numérica será tão próximo à solução exata do modelo contínuo quanto menor for o passo de cálculo T_c. Entretanto, o algoritmo de recursão demorará mais tempo para processar todos os dados do intervalo $[k_i, k_f]$, uma vez que teremos um número maior de amostras k, com menores períodos de tempo T_c.

Apresentaremos, na sequência, um exemplo de aplicação deste método: simularemos a recursão, comparando-a com a solução analítica exata da equação diferencial, para diversos valores de T_c.

Exemplo 54 *Consideraremos o modelo do carro estudado neste capítulo no Exemplo 45:*

$$m\frac{dv(t)}{dt} + K_a v^2(t) \quad = \quad K_m u(t) - mg\sin(\theta(t)) . \tag{5.11}$$

Usando a aproximação da derivada e colocando todas as variáveis no tempo discreto, temos:

$$\begin{aligned} m\frac{v((k+1)T_c) - v(kT_c)}{T_c} + K_a v^2(kT_c) \quad &= \quad K_m u(kT_c) \\ &- \quad mg\sin(\theta(kT_c)) . \end{aligned} \tag{5.12}$$

Manipulando a equação, chegamos em:

$$\begin{aligned} v((k+1)T_c) &= v(kT_c) - \frac{T_c K_a}{m} v^2(kT_c) + \frac{T_c K_m}{m} u(kT_c) \\ &- \frac{T_c m g}{m} \sin(\theta(kT_c)) \,. \end{aligned} \tag{5.13}$$

Escrevendo de forma simplificada, chegamos à seguinte equação:

$$\begin{aligned} v(k) &= v(k-1) - \frac{T_c K_a}{m} v^2(k-1) + \frac{T_c K_m}{m} u(k-1) \\ &- T_c g \sin(\theta(k-1)) \,, \end{aligned} \tag{5.14}$$

que é usada para encontrar recursivamente $v(k)$ dada uma condição inicial e uma sequência de valores de posição do acelerador $u(k)$ e da inclinação da estrada $\theta(k)$ no intervalo de tempo definido por $[k_i\, k_f]$.

Para este exemplo, usaremos um carro com $m = 1000$ kg, que pode acelerar de 0 a 100 km/h em dez segundos. Aproximaremos a derivada por meio de diferentes passos de derivação $T_c = 0.01$, 0.1 e 0.4 s. Avaliaremos os diferentes resultados obtidos com estes valores para T_c. É importante pontuarmos que para menores passos T_c, a aproximação da derivada da velocidade do carro (aceleração) será mais fidedigna. As constantes do modelo deste carro são $K_a = 500$ kg/m, $K_m = 3000$ N/V; o ângulo da estrada varia entre -10 e $10\,^o$. O sinal de controle u está em volts e pode variar entre 0 e 5 V.

Na Figura 5.8, podemos observar o efeito dos diferentes valores de T_c. Para $T_c = 0.01$, temos uma solução discreta $v(k)$ que se aproxima muito bem da solução exata $v(t)$. Conforme aumentamos T_c, essa aproximação piora. Note que, para todas as aproximações, o valor da velocidade em equilíbrio é perfeitamente descrito pela recursão, uma vez que, no equilíbrio, temos $\frac{dv(t)}{dt} = 0$.

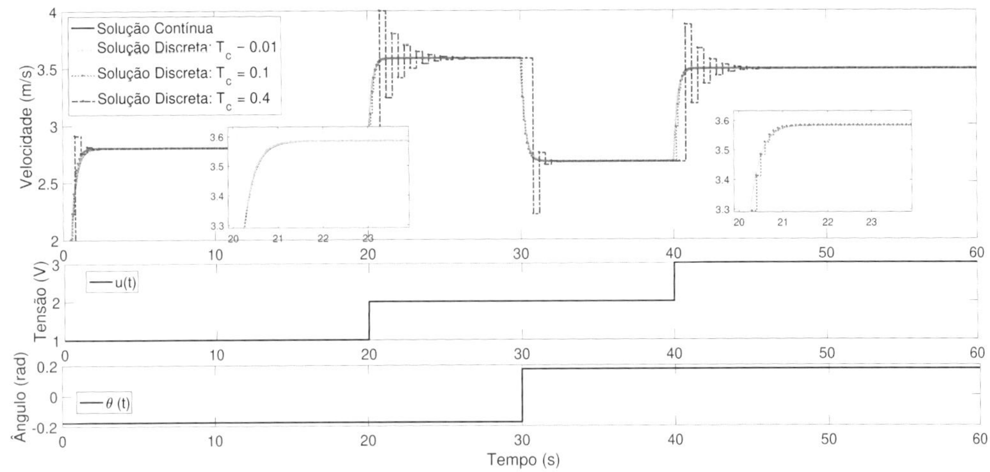

Figura 5.8 – Aceleração de um carro: solução discreta recursiva aproximada.

5.6 Ajuste de modelos a partir de dados experimentais

Um outro aspecto muito importante na modelagem de processos é a determinação dos parâmetros do modelo. Quando realizamos a modelagem de um sistema usando princípios da física ou química, usamos parâmetros ou constantes conhecidas para escrever o modelo.

Por exemplo, para o caso do carro estudado neste capítulo, consideramos conhecida a sua massa e as constantes de proporcionalidade que relacionam a posição do acelerador com a força do motor. Entretanto, na prática, esses parâmetros podem não ser conhecidos com precisão e, portanto, alguns experimentos sobre o processo são necessários para determiná-los.

Em outros casos, podemos não ter conhecimento de todas leis que regem os fenômenos dentro do processo, o que nos impede de escrever as equações que descrevem seu comportamento de forma detalhada. Nesses casos, podemos construir modelos que representem o processo de forma aproximada, por meio de equações diferenciais simples ou equações à diferença de poucas regressões, que possam expressar as relações de causa e efeito entre as entradas e saídas do processo.

Em ambos os casos, nos deparamos com um problema matemático que consiste em usar dados de ensaios realizados no processo para ajustar os parâmetros de um dado modelo, de tal forma a obtermos uma boa aproximação do comportamento do processo nas situações para as quais ele vai operar. Esse tipo de procedimento é denominado "identificação". Na literatura, existem muitos métodos e técnicas para a identificação de sistemas. Neste livro, apenas discutiremos a questão conceitual e trataremos de sistemas simples que possam ter seu comportamento representado por equações diferenciais ou às diferenças de primeira ordem e com coeficientes constantes, ou por simples modelos estáticos.

Apresentaremos, na sequência, alguns exemplos de processos contínuos e discretos, para os quais os parâmetros do modelo são determinados a partir de dados de ensaios que foram realizados no processo. Voltaremos a tratar do tema no próximo capítulo, depois de apresentar a forma analítica de cálculo das soluções das equações diferenciais e às diferenças.

Exemplo 55 *Considere uma aplicação financeira para a qual a taxa de juros é constante (prefixada), porém o valor dessa taxa não é conhecido de início. Sabemos que o comportamento do saldo $S(k)$ pode relacionar-se com as aplicações $A(k)$ pelo modelo matemático:*

$$S(k) = S(k-1)(1+t_a) + A(k)\,,$$

sendo t_a a taxa de juros da aplicação.

Para determinar t_a, podemos usar dados do extrato da aplicação, e neste caso, como apenas temos um parâmetro no modelo, basta termos dados de dois meses. Se, por exemplo, o extrato informa que o saldo no quarto mês era de duzentos reais e, com uma aplicação de trinta reais, aumentou para *duzentos e trinta e dois reais, no mês seguinte, temos:*

$$S(5) = S(4)(1 + t_a) + A(5)\,,$$

Podemos determinar a taxa de juros da aplicação diretamente:

$$t_a = \frac{S(5) - A(5)}{S(4)} - 1 = \frac{232 - 30}{200} - 1 = 0.01\,.$$

Portanto, a taxa de juros desta aplicação é de 1% ao mês.

Exemplo 56 *Consideremos o modelo do carro estudado no Exemplo 45, dado por:*

$$m\frac{dv(t)}{dt} + K_a v(t) \;=\; K_m u(t) - mg\sin(\theta(t))\,. \qquad (5.15)$$

Suponhamos que a massa do carro (parâmetro m) é conhecida e igual a 1000 kg. Entretanto, os valores das constantes K_a e K_m do modelo não são conhecidos e devem ser determinados experimentalmente. Para tal, o carro foi testado em uma pista para duas situações diferentes, com velocidade, inclinação de estrada e ação do acelerador constantes. No primeiro ensaio, mediu-se uma velocidade $v_1 = 30m/s$, com a ação do acelerador $u_1 = 4V$ e inclinação $\theta_1 = 5\,^o$. Já em um segundo teste, mediu-se a velocidade $v_2 = 35\,m/s$, com $u_2 = u_1 = 4\,V$ e inclinação $\theta_2 = 2\,^o$.

Com estes dados, podemos escrever as seguintes equações:

$$\left\{\begin{array}{lcl} K_a v_1 & = & K_m u_1 - mg\sin(\theta_1)\,, \\ K_a v_2 & = & K_m u_2 - mg\sin(\theta_2)\,. \end{array}\right. \qquad (5.16)$$

Aplicando os valores medidos, temos um problema com duas equações e duas *incógnitas (K_a e K_m):*

$$\begin{cases} 30K_a - 4K_m = -9800\sin(5)\,, \\ 35K_a - 4K_m = -9800\sin(2)\,. \end{cases} \tag{5.17}$$

Resolvendo esse sistema de equações, temos, aproximadamente, $K_a =$ 10.24 kg/s e $K_m = 290.33$ N/V. Com esses dados, podemos completar o modelo e usá-lo para estudar o comportamento do carro sem necessidade de realizar novos ensaios.

5.7 Modelos lineares aproximados de sistemas não lineares

Conforme discutido nas seções anteriores, o comportamento dinâmico de um sistema pode ser representado por um modelo matemático que relaciona a variável controlada ou de processo, a variável manipulada e as perturbações. Para a vasta maioria dos processos, esses modelos geralmente são não lineares, com não linearidades nas relações entre a variável manipulada e a variável controlada e/ou entre as perturbações e a variável controlada.

No caso de modelos contínuos, temos representações dadas por equações diferenciais não lineares; já no caso discreto, temos representações dadas por equações às diferenças não lineares.

De forma geral, o procedimento para encontrar a solução analítica de um modelo não linear (tanto no caso de uma equação diferencial quanto no caso de uma equação às diferenças) para dadas variações nos sinais da variável manipulada e da perturbação é complexo e não trivial. Além disso, em muitas aplicações práticas de controle, os processos controlados operam, em grande parte do tempo, em uma região de operação limitada. Isto é, os processos controlados operam considerando uma faixa restrita de variações nos sinais de entrada e de saída.

Para sistemas controlados em uma região de operação restrita, um modelo linear aproximado pode ser usado para representar suficientemente bem o comportamento do processo dentro da região de operação. De fato, como a solução analítica para modelos lineares é relativamente simples (detalhes serão desenvolvidos no Capítulo 6 para sistemas de primeira ordem, que são o foco deste livro), o procedimento da aproximação de um modelo não linear por um modelo linearizado para uma dada região de operação é extremamente útil na prática.

Ressaltamos que, para podermos aplicar o procedimento da "linearização", técnica de aproximar um modelo não linear por um modelo linear em uma dada região de operação, consideraremos, neste livro, que essas regiões são estáveis.

5.7.1 Um exemplo motivador

Para começarmos a introduzir algumas ideias a respeito do uso de modelos lineares aproximados de sistemas não lineares, consideremos o seguinte exemplo de um sistema de suspensão automotiva.

Considere o modelo de um sistema de controle da força de amortecimento de um sistema de suspensão veicular. Neste processo, deseja-se controlar a força entregue pelo sistema de suspensão visando minimizar a trepidação do automóvel em face das perturbações causadas pela estrada. O sistema de controle é projetado para regular a força de amortecimento, regulando a aceleração do chassis do carro por consequência. A Figura 5.9 ilustra este tipo de sistema: à esquerda, mostra-se o sistema de suspensão completo, composto por uma mola e um amortecedor; à direita, mostra-se um diagrama esquemático do amortecedor em si. O amortecedor entrega uma força que dissipa o movimento vertical causado pela trepidação imposta pela estrada. O sinal de controle usado para regular a força de amortecimento é uma tensão que aciona dois eletrodos dentro do amortecedor. Essa tensão varia a intensidade do campo elétrico dentro do amortecedor, fazendo a viscosidade do fluido de amortecimento variar, possibilitando um aumento (ou uma redução) da força vertical de amortecimento.

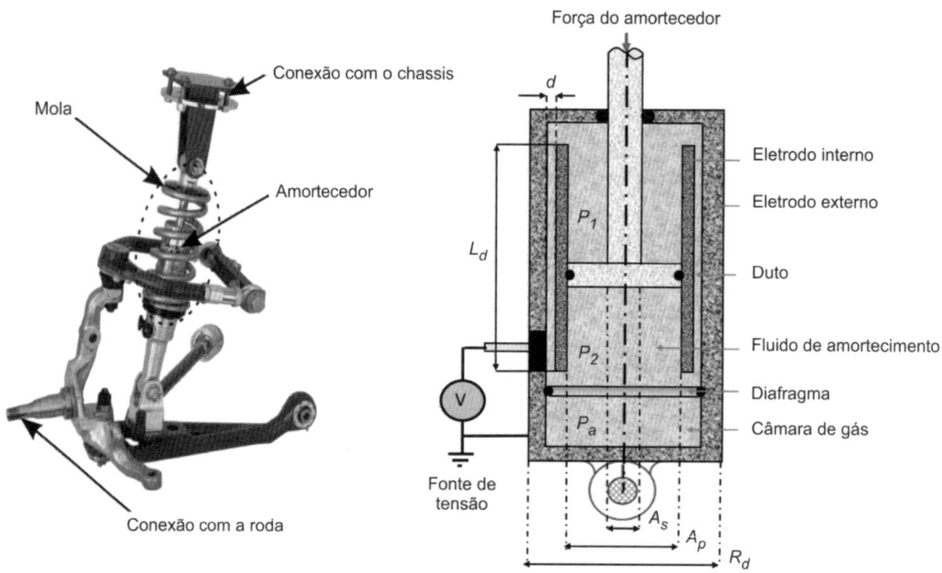

Figura 5.9 – Representação de um sistema de suspensão veicular.

O modelo que representa as dinâmicas deste processo de controle da força vertical de amortecimento é dado pela seguinte equação diferencial não linear:

$$40\frac{dy(t)}{dt} + y(t) = 12\,(u(t))^{0.4}\,\text{sinal}\{q(t)\} + 65q(t)\,, \tag{5.18}$$

para o qual $y(t) \in [-20\,,\,20]\,\text{N}$ representa a força entregue pelo amortecedor (variável de processo), $u(t) \in [0.1\,,\,0.3]$ representa um sinal de tensão normalizado, usado para controlar a força (variável manipulada), e $q(t) \in [-0.05\,,\,0.05]\,\text{m/s}$ é a velocidade da deflexão do amortecedor (perturbação ao sistema, imposta pela trepidação da estrada) que pode variar dentro do intervalo. Para este modelo, a variável t é real e denota o tempo medido em milissegundos. Ressaltamos que a função sinal$\{q(t)\}$ indica o sinal da variável $q(t)$. A definição formal dessa função é:

$$\text{sinal}\{q(t)\} := \begin{cases} 1, & \text{se} \quad q(t) \geq 0, \\ -1, & \text{se} \quad q(t) < 0. \end{cases} \tag{5.19}$$

A dinâmica deste mesmo sistema de controle de força é representada, em unidades discretas de tempo, por meio de uma equação às diferenças não linear, no caso em que todas as variáveis do sistema são medidas por sensores com amostras a cada $T_s = 5\,\text{ms}$. Para tal condição, considerando a variável de amostras discretas k, o modelo é dado por:

$$\begin{aligned} y(k) &= 0.99y(k-1) + 0.12\,(u(k-1))^{0.4}\,\text{sinal}\{q(k)\} \\ &+ 0.65q(k-1)\,. \end{aligned} \tag{5.20}$$

Em ambos os casos, ressaltamos que há uma relação não linear entre as variáveis de entrada (variável manipulada u e perturbação q) e a variável controlada y.

O problema e sua solução

Por meio deste exemplo do sistema de controle de força, buscaremos um modelo linear que represente aproximadamente o comportamento do sistema verdadeiro (modelo não linear) na sua região de operação.

Primeiramente, ressaltamos que o modelo estático deste sistema, que mostra as relações entre as variáveis do processo em pontos de equilíbrio (operação),[1] é dado por:

$$y_0 = 12u_0^{0.4}\text{sinal}\{q_0\} + 65q_0\,, \tag{5.21}$$

sendo y_0, u_0 e q_0 os valores das variáveis no ponto de equilíbrio, para as quais

[1]Ressaltamos que esta relação estática é encontrada em ambos os modelo não lineares (contínuo e discreto), fazendo $y(t)$ (ou $y(k)$) igual a y_0 e, portanto, $\frac{dy_0}{dt} = 0$, no caso contínuo, e $y(k-1) = y(k) = y_0$, no caso discreto.

a dependência no tempo (em t, no caso contínuo, e em k, no caso discreto) foi eliminada, uma vez que se supõe que, em um ponto de equilíbrio, essas variáveis são constantes.

A Figura 5.10 apresenta a característica estática desse sistema, obtida por meio da Eq. (5.21), para pontos (y_0, u_0), considerando q_0 como um parâmetro fixo e (y_0, q_0), considerando u_0 como um parâmetro fixo. Nestas curvas, observamos claramente a relação não linear entre a variável de processo e a variável manipulada. Note que, se tivéssemos uma relação linear entre essas variáveis, a curva estática seria uma reta passando pela origem $(y_0, u_0) = (0, 0)$.

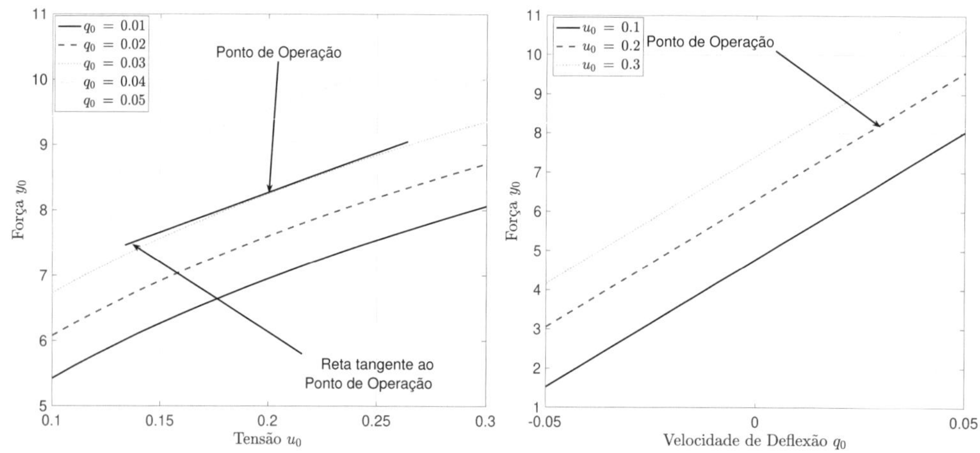

Figura 5.10 – Característica estática do sistema de controle de força em um sistema de suspensão veicular.

Consideremos, então, que este processo opera, em grande parte do tempo, com tensão de atuação igual a $u_0 = 0.2$ e velocidade de deflexão sempre positiva e com valores próximos a $q_0 = 0.03\,\text{m/s}$. Nessas situações, a força entregue pelo sistema de suspensão será sempre próxima a $y_0 = 8.25\,\text{N}$, que é calculada com base no modelo estático do sistema.

Nesse caso, podemos aproximar o comportamento do sistema real, nas vizinhanças desse ponto de operação, pelo comportamento de um sistema descrito pela reta tangente à curva estática, no ponto de operação $P_0 = (u_0, y_0, q_0) = (0.2, 8.25, 0.03)$. Essa aproximação pode ser compreendida por meio da figura anterior, na qual notamos que a curva e sua reta tangente são relativamente similares em regiões próximas desse ponto (por exemplo, para $u_0 = 0.21$).

Com base nessa hipótese, podemos construir um modelo aproximado para as dinâmicas do processo, na região considerada, usando a reta tangente ao ponto, e não a curva original.

Isso nos sugere o desenvolvimento de um modelo aproximado para o sistema, que descreva seu comportamento nas vizinhanças do ponto de equilíbrio escolhido. Para tal, podemos reescrever as variáveis do processo em função do ponto de equilíbrio escolhido, da seguinte forma:

$$P_0 \quad := \quad \begin{cases} u &= \quad u_0 + \Delta u\,, \\ q &= \quad q_0 + \Delta q\,, \\ y &= \quad y_0 + \Delta y\,. \end{cases} \tag{5.22}$$

Nesta representação, temos variáveis incrementais $\Delta u, \Delta q$ e Δy, que definem o deslocamento das variáveis absolutas (u, q e y, respectivamente) em relação ao ponto de equilíbrio P_0.

A Figura 5.11 mostra novamente a curva estática do processo nas proximidades do ponto de equilíbrio P_0, a reta tangente a esse ponto e um novo gráfico com eixos relacionados às variáveis incrementais. Esse novo sistema de coordenadas está centrado no ponto P_0. Ressaltamos que poderíamos apresentar um diagrama equivalente, considerando o plano (q, y), com $u = u_0$ constante.

Nesse novo gráfico, podemos observar que a reta tangente ao ponto de operação P_0 é uma reta que passa pela origem de um novo sistema de coordenadas ($\Delta u \times \Delta y$). Isso indica que a característica estática relativa ao novo sistema de coordenadas, que descreve a relação entre as variáveis incrementais, é linear, do tipo $\Delta y = K_e \Delta u + K_q \Delta q$, sendo K_e o coeficiente

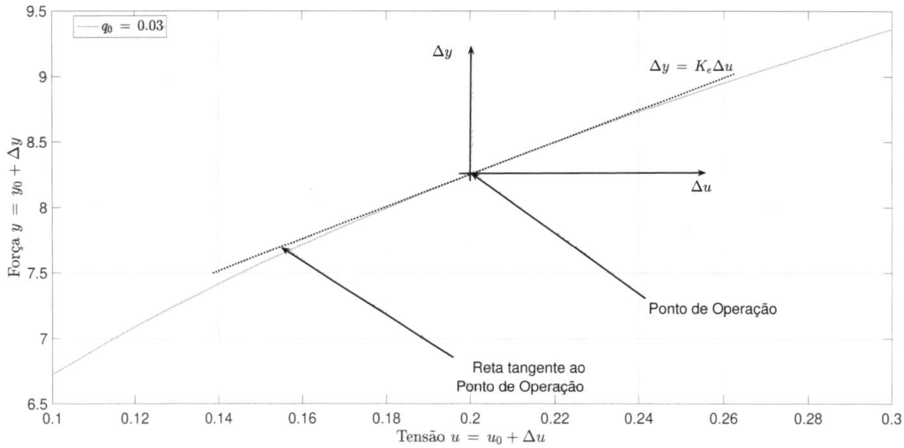

Figura 5.11 – Característica estática do sistema de controle de força em um sistema de suspensão veicular nas vizinhanças do ponto de operação P_0.

angular da reta tangente ao ponto P_0, no plano $u \times y$, e K_q o coeficiente angular da reta tangente a P_0 no plano $q \times y$.

É importante ressaltarmos que esse modelo aproximado somente é válido para o ponto de operação escolhido (P_0), uma vez que o coeficiente angular da reta tangente muda com o ponto de operação. Além disso, a aproximação será válida somente para pontos próximos a P_0. Caso contrário, o erro de aproximação (diferenças entre a solução do modelo aproximado e a solução do modelo real) pode ser muito grande.

Para analisar esse procedimento de aproximação com mais detalhes, consideraremos, de forma genérica, $y = f(u, q)$ como a função que descreve a característica estática do processo. Temos que $y_0 = f(u_0, q_0)$ e que, para qualquer ponto $P = (u, y, q)$, a seguinte construção é válida:

$$y = y_0 + \Delta y = f(u_0 + \Delta u, q_0 + \Delta q)\,. \tag{5.23}$$

Sempre que Δu e Δq forem pequenos (em magnitude), podemos escrever

$\Delta y \approx K_e \Delta u + K_q \Delta q$. Nesse caso, fazemos a seguinte aproximação:

$$y = y_0 + \Delta y \quad \approx \quad K_e \Delta u + K_q \Delta q\,. \tag{5.24}$$

Essa aproximação nos permite encontrar um valor para y como uma função linear dos incrementos Δu e Δq, nas vizinhanças do ponto P_0, com um erro pequeno, como ilustra a Figura 5.11 (neste caso, $\Delta q = 0$). Note que, como o plano $\Delta y = K_e \Delta u + K_q \Delta q$ é tangente à curva $y = f(u, q)$, no ponto de operação P_0, podemos calcular o valor dos coeficientes lineares da seguinte forma:

$$\begin{cases} K_e &= \left.\frac{\partial y}{\partial u}\right|_{P_0}\,, \\ K_q &= \left.\frac{\partial y}{\partial q}\right|_{P_0}\,. \end{cases} \tag{5.25}$$

Portanto, chegamos à seguinte aproximação:

$$y = y_0 + \Delta y \quad \approx \quad \left.\frac{\partial y}{\partial u}\right|_{P_0} \Delta u + \left.\frac{\partial y}{\partial q}\right|_{P_0} \Delta q\,. \tag{5.26}$$

Com relação à Eq. (5.26), devemos considerar dois aspectos muito importantes:

(A) o conceito físico associado ao comportamento estático do sistema nas proximidades do ponto de equilíbrio;

(B) o conceito matemático associado à aproximação de uma função não linear por uma reta.

Aproximação pela reta tangente: conceito físico (A)

A relação $\Delta y = K_e \Delta u + K_q \Delta q$ encontrada no modelo aproximado permite calcularmos qual é a variação, em regime permanente, da variável de processo, ante pequenas variações da variável manipulada e da perturbação. A relação entre Δy e Δu, dada por K_e, é definida como o **ganho estático**

do sistema em um ponto de equilíbrio. Como esse ganho K_e depende da derivada $\frac{\partial y}{\partial u}$, avaliada no ponto de equilíbrio, ele é uma propriedade local e varia com a mudança de ponto de equilíbrio. Note que K_q é um ganho ante a perturbação, também válido apenas localmente.

Definição 19 *Ganho estático diante da variável manipulada*
O ganho estático de um sistema que opera em um ponto de equilíbrio estável é definido como a razão entre a variação em regime permanente da variável de processo pela variação da variável manipulada, também em regime permanente.

O ganho diante da perturbação tem definição análoga, para a qual a perturbação substitui a variável manipulada.

Aproximação pela reta tangente: conceito matemático (B)

Do ponto de vista matemático, a aproximação da função $y = f(u, q)$ pelo plano $y = y_0 + \left.\frac{\partial y}{\partial u}\right|_{P_0} \Delta u + \left.\frac{\partial y}{\partial q}\right|_{P_0} \Delta q$ é nada mais nada menos que a expansão de Taylor de primeira ordem da função $y = f(u)$ no ponto P_0. Essa expansão permite calcularmos aproximadamente o valor de $y = f(u, q)$ para valores conhecidos da função $f(\cdot)$ e de suas derivadas, quando avaliadas em P_0.

Definição 20 *Expansão de Taylor*
Uma função analítica de classe[2] $\mathcal{C}^\infty$ *qualquer* $y = f(x_1, x_2, \ldots, x_n)$ *pode ser expandida em um dado ponto de operação* P_0, *definido por* $(x_{1_0}, x_{2_0}, \ldots x_{n_0}, y_0)$, *pela seguinte série de potências:*

$$f(\cdot) \ = \ f(\cdot)|_{P_0} + \sum_{i=1}^{n} \left(\sum_{j=1}^{+\infty} \frac{1}{j!} \left.\frac{\partial f(\cdot)}{\partial x_i}\right|_{P_0} (x_i - x_{i_0})^j \right) . \qquad (5.27)$$

[2] A classe de funções analíticas reais ou imaginárias $\mathcal{C}^\infty$ engloba todas as funções continuamente diferenciáveis.

Notamos que a série apresentada na Eq. (5.27) é composta por um somatório (em j) de infinitos termos, o que garante a igualdade entre a função não linear $f(\cdot)$ e sua expansão de Taylor.

Entretanto, para fins práticos, queremos aproximar $f(\cdot)$ por uma série finita e linear. Portanto, usamos como aproximação a série na Eq. (5.27) apenas com $j = 1$, ou seja:

$$\begin{aligned} f(\cdot) &\approx f(\cdot)|_{P_0} + \sum_{i=1}^{n} \left.\frac{\partial f(\cdot)}{\partial x_i}\right|_{P_0} (x_i - x_{i_0}) \qquad (5.28)\\ &\approx f(\cdot)|_{P_0} + \left.\frac{\partial f(\cdot)}{\partial x_1}\right|_{P_0} \underbrace{(x_1 - x_{1_0})}_{\Delta x_1} + \cdots + \left.\frac{\partial f(\cdot)}{\partial x_n}\right|_{P_0} \underbrace{(x_n - x_{n_0})}_{\Delta x_n} . \end{aligned}$$

Note que esta aproximação é válida quando os incrementos Δx_i são suficientemente pequenos para que os termos de maior ordem possam ser desprezados $(\Delta x_i)^n << \Delta x_i$ para todo $n > 1$.

Desta forma, avaliando as derivadas parciais de $f(\cdot)$ com relação a cada variável x_i no ponto P_0, temos uma aproximação de $f(\cdot)$ através de uma expansão de Taylor de primeira ordem.

Ressaltamos que podemos obter uma interpretação gráfica desta aproximação para funções de até duas variáveis, do tipo $y = f(x_1, x_2)$. Neste caso, a aproximação é dada pelo plano $y = y_0 + a_1(x_1 - x_{1_0}) + a_2(x_2 - x_{2_0})$ tangente à superfície $y = f(x_1, x_2)$, no ponto P_0. Já para casos com mais variáveis, temos hiperplanos tangentes a $f(\cdot)$, que não podem ser visualizados graficamente.

Exemplo 57 *Expansão de Taylor de primeira ordem*
Consideremos a seguinte função não linear:

$$y = f(x_1, x_2) = x_1 e^{-x_1^2 - x_2^2} .$$

Para obtermos um modelo aproximado para essa função, consideramos a região dada por $x_1 = x_{1_0} + \Delta x_1$ *e* $x_2 = x_{2_0} + \Delta x_2$, *sendo* $x_1 = -0.5$ *e* $x_2 = 0.5$. *Neste ponto, temos* $y_0 = -0.3033$, *ou seja,* $P_0 = (-0.5, 0.5, -0.3033)$.

Para tal, aproximamos a função $f(x_1, x_2)$ *por:*

$$f(x_1,x_2) \approx f(x_{1_0},x_{2_0}) + \underbrace{\left.\frac{\partial f(x_1,x_2)}{\partial x_1}\right|_{P_0}}_{a_1} \Delta x_1 + \underbrace{\left.\frac{\partial f(x_1,x_2)}{\partial x_2}\right|_{P_0}}_{a_2} \Delta x_2 \,.$$

Temos:

$$\begin{cases} a_1 = \left.\left(e^{-x_1^2-x_2^2} - 2x_1^2 e^{-x_1^2-x_2^2}\right)\right|_{P_0} = 0.3033\,, \\ a_2 = \left.\left(-2x_1x_2e^{-x_1^2-x_2^2}\right)\right|_{P_0} = 0.3033\,. \end{cases}$$

Neste caso, apresentamos na Figura 5.12 a superfície não linear $y = f(x_1, x_2)$ *e o plano tangente ao ponto* P_0. *Com cortes bidimensionais nessas superfícies, para* x_{1_0} *e* x_{2_0}, *obtemos as curvas apresentadas na Figura 5.13, na qual podemos notar como a expansão linear* $y = y_0 + a_1\Delta x_1 + a_2\Delta x_2$ *aproxima o comportamento da função não linear real apenas para pontos próximos a* P_0.

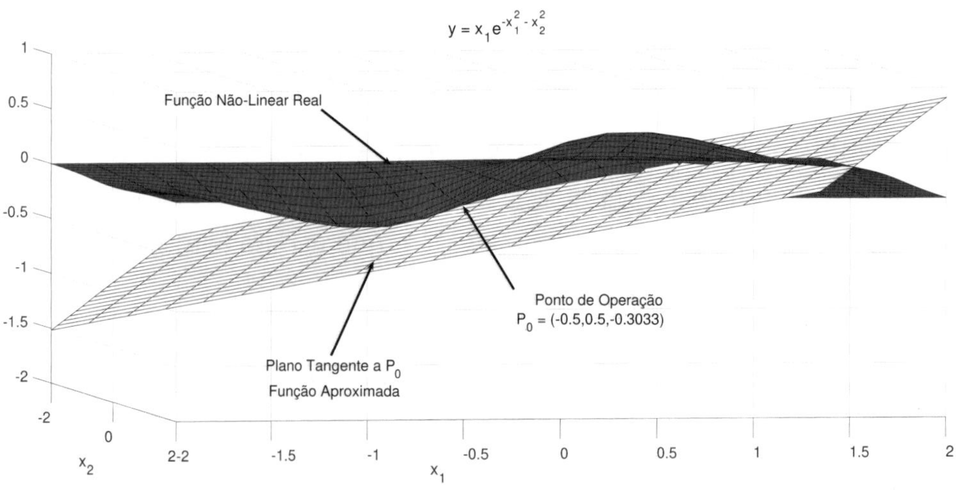

Figura 5.12 – Aproximação por Taylor, visão em três dimensões, hiper-plano $x_1 \times x_2 \times y$.

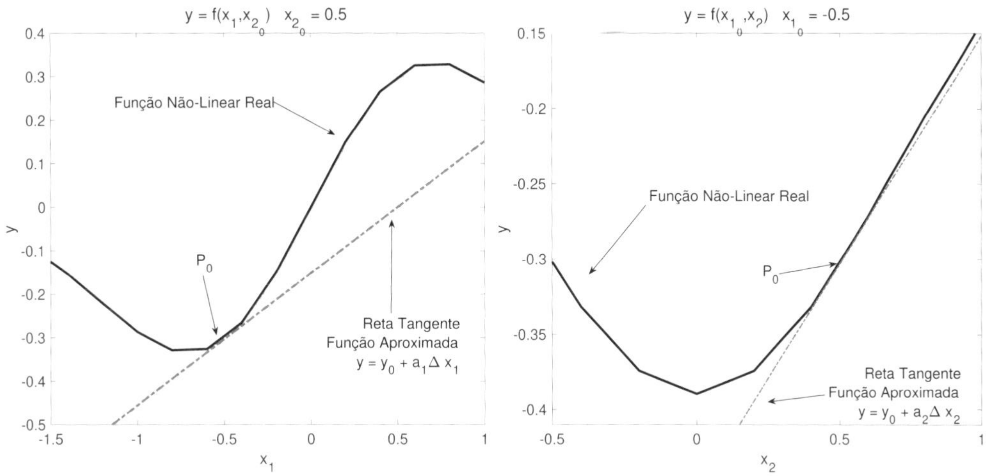

Figura 5.13 – Aproximação por Taylor, planos $x_1 \times y$ e $x_2 \times y$.

Retomemos o exemplo do sistema de controle de forças de um sistema de suspensão automotivo. Para esee sistema, tínhamos a seguinte relação estática: $y_0 = -12u_0^{0.4}\text{sinal}\{q_0\} + 65q_0$.

Para toda a sequência, consideramos, para simplicidade matemática, que $q_0 \geq 0$ e, portanto, podemos desconsiderar a função sinal$\{q\}$ do modelo desse processo.

Suponhamos, então, que queremos estudar o comportamento dinâmico deste processo nas vizinhanças do ponto de operação P_0, dado por $(u_0, y_0, q_0) = (0.2, 8.25, 0.03)$.

Assim, avaliando o termo $\frac{\partial y}{\partial u}\big|_{u=u_0}$, obtemos $4.8(u_0)^{-0.6}$. Portanto, podemos escrever a seguinte aproximação:

$$y \;=\; y_0 + \Delta y \;\;\approx\;\; y_0 + \left(4.8(u_0)^{-0.6}\right)\Delta u + K_q \Delta q\,. \tag{5.29}$$

De forma análoga, avaliando o termo $\frac{\partial y}{\partial q}\Big|_{q=q_0}$, obtemos $K_q \;=\; 65$.

Portanto, para o ponto $u_0 \;=\; 0.2$, $q_0 = 0.03\,\text{m/s}$ e $y_0 = 8.25\,\text{N}$, obtemos:

$$y \;\;\approx\;\; 8.25 + 12.6\Delta u + 65\Delta q\,. \tag{5.30}$$

Ressaltamos que essa aproximação representa a equação do plano tangente ao ponto de equilíbrio P_0, no espaço (u, q, y).

Conforme detalhado, o procedimento da aproximação, por meio de uma expansão de Taylor de primeira ordem, de uma função não linear por uma função linear nas variáveis incrementais, nos permite encontrar, de forma simples e direta, um modelo estático linear para pontos de operação próximos ao equilíbrio P_0. Precisamos, agora, expandir essa ideia para o caso de modelos dinâmicos.

5.7.2 Aproximação de Taylor de primeira ordem para modelos dinâmicos

Consideraremos novamente o exemplo do sistema de controle de forças de um amortecedor. Suponhamos, então, que queremos estudar o comportamento dinâmico deste processo nas vizinhanças do ponto de operação P_0, dado por $(u_0, y_0, q_0) = (0.2, 8.25, 0.03)$.

Definiremos, então, as seguintes variáveis incrementais dinâmicas:

$$y(t) = y_0 + \Delta y(t), \qquad u(t) = u_0 + \Delta u(t), \qquad q(t) = q_0 + \Delta q(t)\,.$$

Ao substituirmos essas relações no modelo não linear da Eq. (5.18), obtemos:

$$40\frac{d\,(y_0 + \Delta y(t))}{dt} + (y_0 + \Delta y(t)) \;=\; 12\,(u_0 + \Delta u(t))^{0.4} + 65\,(q_0 + \Delta q(t))\,.$$

Podemos manipular essa equação da seguinte forma:

$$\begin{aligned} 40\frac{dy_0}{dt} + 40\frac{d\Delta y(t)}{dt} + \Delta y(t) &= -y_0 + 12\,(u_0 + \Delta u(t))^{0.4} \\ &+ 65q_0 + 65\Delta q(t)\,. \end{aligned} \tag{5.31}$$

Ressaltamos, então, que $\frac{dy_0}{dt} = 0$, pois y_0 é constante. Portanto, para o ponto de equilíbrio P_0, cuja relação entre variáveis é dada pelo modelo estático da Eq. (5.21), podemos escrever:

$$40\frac{d\Delta y(t)}{dt} + \Delta y(t) \;=\; -12u_0^{0.4} + 12\left(u_0 + \Delta u(t)\right)^{0.4} + 65\Delta q(t)\,. \quad (5.32)$$

Agora, utilizando o conceito da aproximação de uma função não linear por meio de uma expansão de Taylor de primeira ordem, podemos encontrar um modelo linear aproximado do termo não linear da equação $12\left(u_0 + \Delta u(t)\right)^{0.4}$.

Denotemos, para fins práticos, o termo não linear como

$$f(u(t)) = 12\left(u(t)\right)^{0.4} = 12\left(u_0 + \Delta u(t)\right)^{0.4}\,.$$

Usando a expansão de Taylor, obtemos:

$$\begin{aligned} f(u(t)) &\approx f(u_0) + \left(\left.\frac{df(u)}{du}\right|_{u_0}\right)(u(t) - u_0) \\ &\approx 12u_0^{0.4} + \left(4.8(u_0)^{-0.6}\right)\Delta u(t)\,. \end{aligned} \quad (5.33)$$

Então, substituímos esta aproximação no modelo não linear completo. Com poucas manipulações, obtemos, de fato, um modelo linear que aproxima o comportamento dinâmico do processo regulatório da força do amortecedor:

$$40\frac{d\Delta y(t)}{dt} + \Delta y(t) \;=\; \left(4.8(u_0)^{-0.6}\right)\Delta u(t) + 65\Delta q(t)\,. \quad (5.34)$$

Portanto, ao calcularmos a solução analítica da equação diferencial linear (5.34), para uma dada entrada $\Delta u(t)$ e uma dada perturbação $\Delta q(t)$, obteremos uma expressão fechada para $\Delta y(t)$ tal que, quando somada a y_0, aproximar-se-á da solução $y(t)$ para o modelo não linear do processo real, dado pela Eq. (5.18), para entrada $u(t) = u_0 + \Delta u(t)$ e perturbação

$q(t) = q_0 + \Delta q(t) \geq 0$. Note que a perturbação deve ser positiva para que possamos suprimir a função sinal do modelo.

Ressaltamos, por fim, que o modelo linear aproximado dado na Eq. (5.38) engloba a relação de ganho estático entre a variação de u (dada por $\Delta u(t)$) e a variação de y (dada por $\Delta y(t)$), sendo $K_e = 4.8(u_0)^{-0.6}$. O ganho em face da variação da perturbação q (dada por $\Delta q(t)$) é dado por $K_q = 65$.

Nota 8 *O procedimento de linearização diz respeito à relação entre as variáveis do sistema e é independente do tempo, ou seja, a linearização se dá sobre uma função do tipo $y = f(u)$, a despeito de y e u serem variantes com o tempo. Assim, o procedimento é aplicado em sistemas discretos de forma análoga ao caso contínuo, apenas substituindo no modelo as variáveis absolutas pelo valor no ponto de equilíbrio somado à respectiva variação incremental. Por fim, por meio da expansão por Taylor de primeira ordem, encontra-se uma aproximação linear para os termos não lineares.*

5.7.3 Caso discreto

Aplicaremos, agora, o procedimento ao sistema de controle de forças de um sistema de suspensão no caso discreto. Considere, para isso, o modelo a seguir:

$$y(k) = 0.99y(k-1) + 0.12u(k-1)^{0.4} + 0.65q(k-1)\,.$$

Note que a função sinal foi removida desse modelo e, portanto, consideramos apenas perturbações positivas.

Primeiramente, conferiremos o ponto de equilíbrio, que neste sistema acontece quando todas as variáveis estão em valores constantes, independente da amostra, isto é, $y(k) = y(k-1) = y_0 = 8.25$, $u(k-1) = u_0 = 0.2$ e $q(k-1) = q_0 = 0.03$. Assim, temos:

$$y_0 = 0.99y_0 + 0.12u_0^{0.4} + 0.65q_0 \rightarrow 0.01y_0 = 0.12u_0^{0.4} + 0.65q_0\,,$$

que equivale a $y_0 = 12u_0^{0.4} + 65q_0$, como esperado (igual ao caso contínuo).

Agora, reescreveremos a equação às diferenças não linear usando as seguintes variáveis incrementais discretas:

$$y(k-i) = y_0+\Delta y(k-i), \quad u(k-i) = u_0+\Delta u(k-i), \quad q(k-i) = q_0+\Delta q(k-i),$$

obtendo:

$$\begin{aligned} y_0 + \Delta y(k) &= 0.99\left(y_0 + \Delta y(k-1)\right) + 0.12\left(u_0 + \Delta u(k-1)\right)^{0.4} \\ &+ 0.65\left(q_0 + \Delta q(k-1)\right). \end{aligned}$$

Por meio de algumas manipulações, chegamos na seguinte relação:

$$\begin{aligned} \Delta y(k) &= -0.01y_0 + 0.99\Delta y(k-1) + 0.12\left(u_0 + \Delta u(k-1)\right)^{0.4} \\ &+ 0.65\left(q_0 + \Delta q(k-1)\right). \end{aligned}$$

Impondo a relação entre as variáveis estáticas $-0.01y_0+0.65q_0 = 0.12u_0^{0.4}$, obtemos:

$$\begin{aligned} \Delta y(k) &= -0.12u_0^{0.4} + 0.99\Delta y(k-1) + 0.12\left(u_0 + \Delta u(k-1)\right)^{0.4} \\ &+ 0.65\Delta q(k-1). \end{aligned}$$

Nesta equação às diferenças, temos o seguinte termo não linear $f(u(k)) = 0.12\left(u_0 + \Delta u(k-1)\right)^{0.4}$, que é aproximado por uma expansão de Taylor de primeira ordem, dada por:

$$0.12\left(u_0 + \Delta u(k-1)\right)^{0.4} \approx 0.12u_0^{0.4} + \left(0.048(u_0)^{-0.6}\right)\Delta u(k-1).$$

Substituindo essa aproximação no modelo não linear, com $u_0 = 0.2$, obtemos:

$$\Delta y(k) = 0.99\Delta y(k-1) + 0.048\Delta u(k-1) + 0.65\Delta q(k-1)\,.$$

Notamos que essa equação às diferenças é um modelo linear discreto dado com relação às variáveis incrementais. Esse modelo aproxima o comportamento do sistema original nas vizinhanças do ponto de equilíbrio.

Nota 9 *O uso de expansões de Taylor para a aproximação da função não linear por uma função linear não é um procedimento obrigatório, mas uma formulação generalizada, direta e simples para encontrarmos uma aproximação linear. Em casos de não linearidades simples, podemos apenas desenvolver as expressões não lineares do modelo em função dos incrementos das variáveis e utilizar aproximações do comportamento dessas funções.*

Por exemplo[3]*, para o caso de um modelo com um termo não linear dado por* $y = f(u) = u^2$*, podemos calcular:*

$$y = f(u_0) + \Delta y \;=\; (u_0 + \Delta u)^2 = u_0^2 + 2u_0\Delta u + (\Delta u)^2\,.$$

Como consideramos que Δu *é um termo de magnitude pequena, então temos que* $(\Delta u)^2 << \Delta u$ *e , portanto, podemos considerar a seguinte aproximação:*

$$y = y_0 + \Delta y \approx u_0^2 + 2u_0\Delta u\,.$$

Em termos incrementais, temos $\Delta y \approx 2u_0\Delta u$*. Note que esta aproximação é a mesma obtida por uma expansão de Taylor de primeira ordem, visto que* $2u_0$ *é a derivada de* u^2 *com relação a* u*, no ponto* u_0*.*

Ilustraremos esse procedimento com um outro exemplo.

[3]Por simplicidade (e sem perda de generalidade), não colocamos a dependência no tempo nas variáveis deste exemplo.

Exemplo 58 *Considere o modelo de um carro movimentando-se na estrada:*

$$m\frac{dv(t)}{dt} = F(t) - Kv(t)^2 ,$$

para o qual $v(t)$ *representa a velocidade ou variável de processo,* m *é a massa do carro,* K *é uma constante e* $F(t)$ *a força do motor (variável manipulada). O tempo é uma variável real e se mede em segundos. Nesse modelo a força do vento é considerada proporcional ao quadrado da velocidade do carro, o que implica em uma caraterística não linear.*

Encontraremos um modelo de comportamento dinâmico desse carro nas vizinhanças de um ponto de funcionamento genérico dado por uma força F_0 *e uma velocidade* v_0*, que devem estar nos intervalos* $[0, F_{max}]$ *e* $[0, v_{max}]$.

O ponto de equilíbrio genérico se calcula considerando derivada zero no modelo, assim, $F_0 = Kv_0^2$ *define o modelo estático do sistema. A característica estática, neste caso, é dada por:*

$$v_0 = \sqrt{\frac{F_0}{K}} ,$$

que é uma relação não linear que permite encontrarmos a velocidade de operação do carro para cada força aplicada.

Sendo essa relação estática do tipo raiz quadrada, sabemos que a função $v_0 = f(F_0)$ *tem uma derivada maior para valores próximos de zero e menor para valores próximos de* F_{max}. *Isso implica que o ganho estático do processo é maior para velocidades menores, confirmando o que observamos na prática, que precisamos um incremento maior de força para aumentarmos a velocidade quando o carro está movendo-se mais rápido. Em uma bicicleta, este fenômeno é relativamente fácil de ser notado por ciclistas.*

Definimos as variáveis incrementais deste sistema como:

$$v(t) = v_0 + \Delta v(t), \qquad F(t) = F_0 + \Delta F(t) .$$

Substituímos estas variáveis, então, no modelo não linear, obtendo:

$$m\frac{d\left(v_0+\Delta v(t)\right)}{dt}=F_0+\Delta F(t)-K\left(v_0+\Delta v(t)\right)^2 .$$

Como v_0 *é constante e* $\left(v_0+\Delta v(t)\right)^2$ *aproxima-se por:*

$$\left(v_0+\Delta v(t)\right)^2\approx v_0^2+2v_0\Delta v(t)\,,$$

um modelo aproximado para este processo é dado por:

$$m\frac{d\Delta v(t)}{dt}=F_0+\Delta F(t)-K\left(v_0^2+2v_0\Delta v(t)\right) .$$

Como $F_0=Kv_0^2$, *o modelo incremental é dado por:*

$$m\frac{d\Delta v(t)}{dt}=\Delta F(t)-2Kv_0\Delta v(t)\,,$$

que é escrito na forma padrão como:

$$\frac{m}{2Kv_0}\frac{d\Delta v(t)}{dt}+\Delta v(t)=\frac{1}{2Kv_0}\Delta F(t)\,.$$

Notamos que a equação anterior tem a mesma forma do modelo aproximado para o sistema de controle de forças do amortecedor: é um modelo representado por meio de uma equação diferencial linear de primeira ordem.

Neste sistema, o ganho estático é dado por $K=\frac{1}{2Kv_0}$, *que é menor conforme a velocidade no ponto de operação aumenta. Isso confirma o fato de que as mesmas variações de força causam menores variações de velocidade para velocidades maiores, devido ao efeito da força de atrito, que é quadrático em* $v(t)$.

5.8 Comentários finais

Este capítulo teve como objetivo apresentar vários tópicos relacionados com a modelagem de processos, tanto no caso contínuo como discreto. Aspectos de modelagem fenomenológica e de obtenção e ajuste de modelos com dados de experimentos também foram apresentados, considerando alguns casos simples. Ilustramos as metodologias com exemplos de diversas áreas para mostrar a possibilidade de aplicar as ideias em diversos setores. Também mostramos como modelos não lineares podem ser aproximados por modelos lineares, sob determinadas condições de operação. O mais interessante desta última análise é que muitos sistemas de diferentes áreas podem ser aproximadamente representados por um modelo dado por uma simples equação diferencial ou às diferenças de primeira ordem linear. Assim, se encontramos a solução para esse tipo de equação, podemos encontrar uma forma de aproximar o comportamento dinâmico de muitos sistemas. Isso é muito importante para a análise e projeto de sistemas de controle. No próximo capítulo, o estudo das soluções analíticas para esses modelos será discutido, como também a análise de suas propriedades.

5.9 Leitura complementar

Para saber mais sobre o tema de identificação de modelos para processos reais, recomendamos as seguintes referências:

- AGUIRRE, L. A. *Introdução à identificação de sistemas–técnicas lineares e não lineares aplicadas a sistemas reais.* Belo Horizonte: Editora da UFMG, 2007.
- GARCIA, C. *Controle de processos industriais: estratégias convencionais.* São Paulo: Blucher, 2017.

Modelagem de processos básicos podem ser encontradas em muitos livros de controle de processos. Sugerimos:

- FRANKLIN, G.; POWELL, J.; WORKMAN, M. *Feedback control of dynamic systems.* 5. ed. Upper Saddle River, NJ: Prentice Hall, 2002.
- STEPHANOPOULOS, G. *Chemical process control.* Englewood Cliffs, NJ: Prentice Hall International, 1984.
- OLLERO, P.; CAMACHO, E. F. *Controle e instrumentação de processos químicos.* [S.l.]: Editora Sínteses, 2006.

Lista de exercícios

1. Um sistema de testes de amortecedores da indústria automotiva usa uma plataforma como a da Figura 5.14. A roda do carro fica apoiada

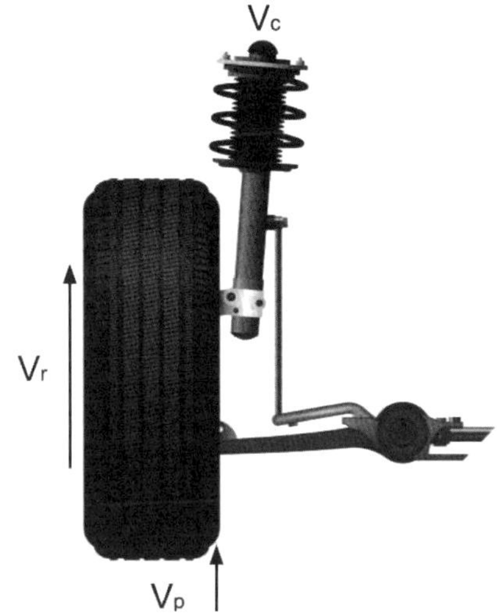

Figura 5.14 – Plataforma para testes de amortecedores.

na plataforma e assim é possível efetuar movimentos verticais e testar o amortecedor. Considere $V_r(t)$ a velocidade vertical do centro da roda, $V_c(t)$ a velocidade vertical do chassi do carro, m a massa equivalente do carro apoiada na plataforma (aproximadamente 1/4 da massa do carro).

Neste exercício, consideraremos dois tipos de amortecedor, um cuja força é proporcional à diferença de velocidade entre suas extremidades e outro cuja força é proporcional ao quadrado dessa diferença. Considere que a roda não se deforma e que a velocidade da plataforma $V_p(t)$ é transmitida perfeitamente para o centro da roda. Modele o sistema para estudar a velocidade vertical do chassi nos dois casos propostos, considerando v_p como manipulada e V_c como variável de processo. Dica: para obter o modelo, considere as dinâmicas referentes ao chassis do veículo.

2. Deseja-se obter o modelo da evolução no tempo de uma população de peixes em um açude. O açude é usado para criação de peixe para venda. O modelo se realiza em tempo discreto, pois as medições e mudanças de estratégia de pesca e alimentação são realizadas mensalmente, assim o tempo se mede em meses. Dessa forma, $x(k)$ representa a quantidade de peixes no açude em um dado mês. Considera-se no modelo que a quantidade de peixes aumenta proporcionalmente à quantidade média de comida colocada no mês $c(k)$ e também proporcionalmente à quantidade de peixes dentro do açude, sempre que se respeite a capacidade dele. Por outro lado, é lógico que a quantidade de peixes diminua diretamente pela quantidade de peixes pescados no mês $p(k)$. Escreva um modelo genérico para o comportamento dinâmico da quantidade de peixes no açude.

3. Um reator da indústria petroquímica utiliza dois fluidos X e Y para produzir um produto Z. A vazão de saída de Z é dependente das vazões de entrada de X e Y com o modelo:

$$5\frac{dz(t)}{dt} + z(t) = e^{x(t)}\sqrt{y(t)} + x(t)$$

onde x é a vazão de X, y a de Y, e z a de Z. Todas as vazões estão dadas em L/min e o tempo é mensurado em minutos.

Nesse sistema, a vazão de X é usada como variável manipulada, sendo a vazão de Z a variável de processo e a vazão de Y uma perturbação.

- Desenhe a(s) característica(s) estática(s) do sistema considerando que x e y variam, respectivamente, nos intervalos $[0,\ 1]\frac{\text{L}}{\text{min}}$ e $[0,\ 1]\frac{\text{L}}{\text{min}}$.
- Encontre um modelo linearizado para o sistema operando nas vizinhanças do ponto de equilíbrio dado por $x = 0.5\frac{\text{L}}{\text{min}}, y = 0.5\frac{\text{L}}{\text{min}}$.

- Usando simulação, compare o comportamento do sistema não linear e do modelo linearizado operando nas vizinhanças do ponto de operação definido.
- O modelo linearizado apresenta um comportamento estável ou instável no ponto de operação?

4. Um tanque industrial utiliza dois fluidos X e Y para produzir um produto Z. A concentração de saída de Z é dependente das concentrações de entrada de X e Y. O modelo:

$$2\frac{dz(t)}{dt}x(t) + z(t) = (1 - e^{-x(t)})y(t)$$

descreve o comportamento do processo, sendo x a concentração de X, y a de Y, e z a de Z. Todas as concentrações estão dadas em porcentagem e o tempo é medido em minutos.

Neste sistema x é usada como variável manipulada, z é a variável de processo e y a perturbação.

- O modelo do processo é linear? Ele é invariante no tempo?
- Desenhe a(s) característica(s) estática(s) do sistema considerando que x e y variam, respectivamente, nos intervalos $[0,\ 5]\%$ e $[0,\ 4]\%$.
- Encontre um modelo linearizado para o sistema operando nas vizinhanças do ponto de equilíbrio dado por $x = 1\%, y = 2\%$.
- Analise por simulação as respostas do sistema linearizado para degraus em x e y. Compare com o sistema não linear e analise o erro da aproximação. Observe o comportamento do sistema e discuta sobre sua estabilidade.

5. O modelo discreto que descreve a velocidade de um trem elétrico cir-

culando em uma ferrovia é dado por:

$$v(k) = v(k-1) - 0.003v^2(k-1) + 0.1u(k-1) - 16\sin(\theta(k-1)),$$

sendo $v(k)$ a velocidade do trem que se deseja controlar, $u(k)$ a ação sobre o acelerador ou freio que é a variável manipulada do processo e $\theta(k)$ a inclinação do trilho com relação ao plano horizontal que é uma perturbação. No modelo, k representa o tempo em minutos.

- O modelo do processo é linear? Ele é invariante no tempo?
- Desenhe a(s) característica(s) estática(s) do sistema considerando que v varia dentro do intervalo $[0,\ 60]\,\text{m/s}$, que u varia dentro do intervalo $[-100,\ 100]\,\%$ e que θ varia dentro do conjunto $[-10,\ 10]\,^{\text{o}}$.
- Encontre um modelo linearizado para o sistema operando nas vizinhanças do ponto de equilíbrio dado pela velocidade nominal de operação do trem $v = 50\,\text{m/s}$ em um plano horizontal.
- Analise por simulação as respostas do sistema não linear e do linearizado para degraus em u e θ nas vizinhanças do ponto de operação. Observe o comportamento do sistema e compare as respostas do sistema linearizado e não linear.
- Faça vários ensaios de resposta e opine sobre a estabilidade deste sistema.

6. O modelo de um trocador de calor é dado por:

$$\tau\frac{dT(t)}{dt} + T(t) = K_e U(t),$$

com $T(t)$ a temperatura de saída do fluido a ser aquecido e U a vazão do fluido quente. Para determinar os parâmetros do modelo o seguinte ensaio foi realizado: inicialmente, o sistema estava operando em equilíbrio com $T = 25\,^{\circ}\mathrm{C}$ e $U = 10\,\mathrm{L/s}$. Aplicou-se um degrau em $U(t)$ de amplitude $5\,\mathrm{L/s}$ e, consequentemente, a temperatura variou conforme a seguinte função: $T(t) = 25 + 12.5(1 - e^{-0.1t})$. Com base nos dados do ensaio, determine os valores dos parâmetros τ e K_e do modelo desse processo.

7. O modelo discreto da umidade de um ambiente é dado por:

$$U(k) = aU(k-1) + bP(k-1) + 0.1Q(k-1),$$

com $U(k)$ a umidade do ambiente, que é a variável de processo, $Q(k)$ a temperatura externa ao ambiente, que é a perturbação e $P(k)$ a potência do umidificador, que é a variável manipulada. Para determinar os parâmetros do modelo se fez o seguinte ensaio. Inicialmente o sistema estava operando em equilíbrio com $P = 50\%$, $U = 50\%$ e $Q = 50\%$. Aplicou-se um degrau em U passando seu valor para 60%, mantendo Q constante, e se observou a evolução da umidade ao longo do tempo, que foi modelada pela função $U(k) = 50 + 20(1 - 0.8^k)$. Com os dados dos ensaios, determine os valores das constantes a e b do modelo. Determine o ganho estático face à perturbação Q.

8. Para o problema de controle de um sistema de amortecimento (vide a Seção 5.7.1), desenvolva dois modelos de simulação: um usando a equação diferencial não linear e outro usando a equação diferencial linear (modelo linearizado). Realize as seguintes simulações.

   - Simule o modelo não linear variando a manipulada e a perturbação dentro dos valores permitidos e observe o comportamento do amortecedor. Analise a não linearidade.

   - Ainda para o modelo não linear, observe que o ponto de equilíbrio $(u_0, y_0, q_0) = (0.2, 8.25, 0.03)$ é atingido. Repita o procedimento para outros pontos de equilíbrio.

- Use $(u_0, y_0, q_0) = (0.2, 8.25, 0.03)$ como condição inicial para a simulação do sistema não linear e introduza pequenas variações em u (Δu) e q (Δq). Observe o comportamento resultante do sistema.

- Usando as mesmas variações de Δu e Δq do item anterior, simule o modelo linearizado, observando $\Delta y(t)$. Calcule $y(t) = y_0 + \Delta y(t)$ e compare com a saída obtida com o modelo não linear. Observe as diferenças. Aumente o valor das variações das entradas e observe.

Atividade prática: kit experimental motor-gerador

O objetivo desta atividade é discutir propriedades do sistema motor-gerador, kit experimental usado para validação, ao longo deste livro, de estratégias de controle para a velocidade de giro do motor CC. Para fins de notação, consideramos que o sinal de atuação é $u \in [0\,,5]\,\mathrm{V}$, ao passo que o sinal de medição é $y \in [0\,,5]\,\mathrm{V}$. Tal como explicado no tutorial de montagem, a velocidade de giro do motor é medida em V.

Neste capítulo, propõem-se as seguintes atividades práticas:

- Monte o kit experimental com base no tutorial apresentado no Apêndice B.

- Analise o funcionamento deste sistema. Para tal, crie um código que envie, por meio do microcontrolador Arduino, um sinal de controle u e meça um sinal referente à variável controlada y. Esse código também deve garantir que o sinal enviado ao motor esteja limitado ao intervalo factível $[0\,,5]\,\mathrm{V}$, evitando que o motor e a porta do Arduino sejam danificados. Use o sinal u como uma sequência de degraus, subindo de $u = 0\,\mathrm{V}$ até $u = 5\,\mathrm{V}$, com incrementos de $0.1\,\mathrm{V}$. Os incrementos no sinal u devem acontecer somente quando o sinal medido y atinge o regime permanente. Para tal, considere que o regime permanente é estabelecido quando a variável de processo varia menos que $\pm\,2\,\%$ ao redor de um valor constante.

- Use a interface gráfica do Arduino para exibir o sinal medido y, além do sinal de atuação u. Discuta estes sinais e analise a presença de ruído nas medições.

- Adapte este código para realizar diversos ensaios experimentais diferentes, usando sinais de atuação u do tipo degrau com maiores ou menores amplitudes. As respostas obtidas na variável de processo são sempre iguais, para todos os pontos de operação? O tempo que a variável de processo leva para estabilizar-se é igual, para qualquer incremento tipo degrau no sinal de atuação?

- Observe se há uma "zona morta", região para a qual o eixo do motor não gira (e, portanto, mede-se $y = 0\,\mathrm{V}$) devido ao atrito estático, a despeito de uma atuação $u > 0\,\mathrm{V}$. Qual é a faixa de valores na qual y varia?

- Em termos estáticos, quando se aplica um degrau de atuação u de amplitude constante, o sinal medido y estabiliza-se também em um valor constante. Realize diversos ensaios com degraus de amplitudes diferentes e desenhe a caraterística estática do processo.

- Com base nestes diversos ensaios experimentais realizados e a caraterística estática encontrada, analise as propriedades deste sistema motor-gerador: se ele é linear, invariante no tempo, estável e causal.

Problema resolvido

Considere o modelo de um sistema de controle de PH de uma indústria. Neste processo, deseja-se controlar o PH do produto que é produzido a partir da mistura de um reagente com um ácido. O sistema de controle é projetado para regular a vazão do ácido que é adicionado na mistura e, portanto, regular o PH. A vazão de reagente pode variar conforme a produção da fábrica.

O modelo que define este processo de controle de PH é representado pela seguinte equação diferencial não linear:

$$2\frac{dy(t)}{dt} + y(t) = -0.9u(t)^3 + 1.4q(t)\,, \tag{5.35}$$

para o qual $y(t) \in [0\,,\,14]$ representa o PH do produto (variável de processo), $u(t) \in [0, 2]\text{m}^3/\text{min}$ é a vazão de ácido usada para controlar o PH (variável manipulada) e $q(t)$ é a vazão do produto (perturbação) que pode variar dentro do intervalo $[6, 10]\text{m}^3/\text{min}$. Para este modelo, a variável t é real e denota o tempo medido em minutos.

1. Desenhe um diagrama de blocos do sistema.

2. Encontre e desenhe as características estáticas do sistema, considerando todas as relações entre variáveis que julgue importantes.

3. Encontre um modelo linearizado para o sistema operando nas vizinhanças do ponto de equilíbrio dado por $u_0 = 1, q_0 = 8$.

4. Desenhe o diagrama de blocos do sistema linearizado. Qual a constante de tempo e ganho estático da relação entre a variável de controle e a variável de processo do sistema encontrado?

Resolução

Item 1: Para desenhar o diagrama de blocos que representa este sistema, usaremos um bloco integrador que terá como entrada $\frac{dy(t)}{dt}$ e como saída $y(t)$ e blocos matemáticos de ganho, soma e potência. A equação do modelo pode ser escrita como:

$$\frac{dy(t)}{dt} = 1/2[-y(t) - 0.9u(t)^3 + 1.4q(t)]\,,$$

que mostra que a entrada do integrador se calcula como uma soma ponderada das variáveis y, q e u^3. Assim podemos desenhar o diagrama de blocos que representa o sistema como na Figura 5.15, sendo que as variáveis são definidas como:

$$u = \text{manipulada} \quad q = \text{perturbação} \quad y = \text{controlada}$$

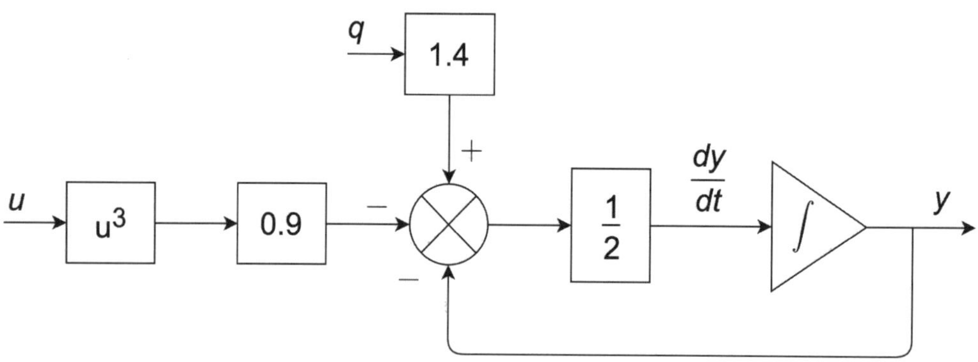

Figura 5.15 – Diagrama de blocos do sistema.

Item 2: Para obter o modelo estático deste sistema, que mostra as relações entre as variáveis do processo em pontos de equilíbrio, fazemos $\frac{dy_0}{dt} = 0$ no modelo e obtemos:

$$y_0 \;=\; -0.9u_0^3 + 1.4q_0\,,$$

sendo y_0, u_0 e q_0 os valores das variáveis no ponto de equilíbrio. Para conseguir agora a característica estática do sistema, analisaremos essa equação nos intervalos definidos para as variáveis, obtendo assim o pontos de operação do processo.

A Figura 5.16 apresenta a característica estática do sistema, obtida através da Eq. (5.20), para pontos (y_0, u_0), considerando q_0 como um parâmetro fixo (neste caso, a curva é obtida com $q_0 = 6$, $q_0 = 8$ e $q_0 = 10$). Nestas curvas, observamos claramente a relação não linear entre a variável de processo e a variável manipulada. Note que, se tivéssemos uma relação linear entre essas variáveis, a curva estática seria uma reta passando pela origem $(y_0, u_0) = (0, 0)$. De forma complementar, a Figura 5.17 apresenta a caraterística estática em face da perturbação. Mostram-se os pontos (y_0, q_0), considerando u_0 como um parâmetro fixo (neste caso, a curva é obtida com $u_0 = 0$, $u_0 = 1$ e $u_0 = 2$). Ressaltamos que a relação entre y_0 e q_0 é uma reta, mas o modelo é apenas linear para o caso $u_0 = 0$.

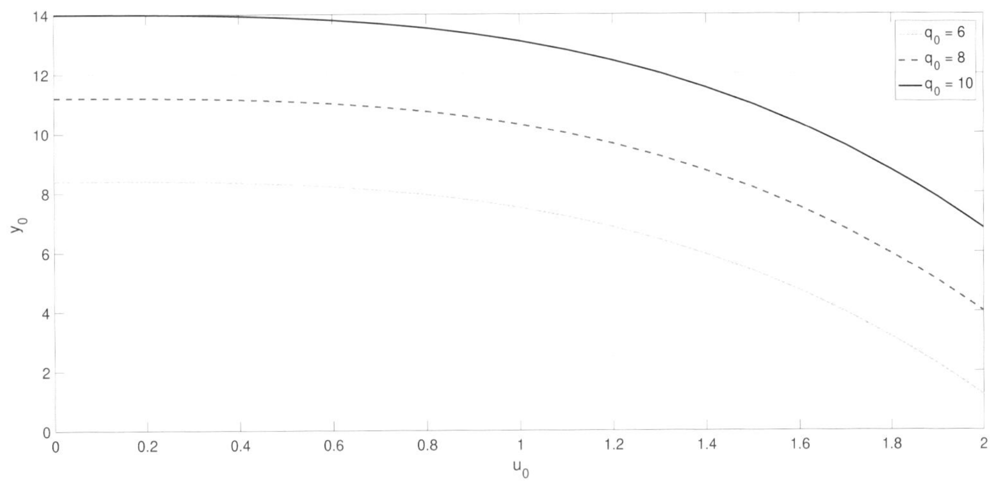

Figura 5.16 – Característica estática do sistema de controle de PH. Relação entre u_0 e y_0.

Item 3: Procedemos agora com o cálculo do modelo linearizado nas vizinhanças do ponto definido por uma vazão de ácido igual a $u_0 = 1\,\mathrm{m}^3/\mathrm{min}$ e vazão de produto igual a $q_0 = 8\,\mathrm{m}^3/\mathrm{min}$, que resulta em um PH do produto de $y_0 = 10.3$, que é calculado com base no modelo estático do sistema. Lem-

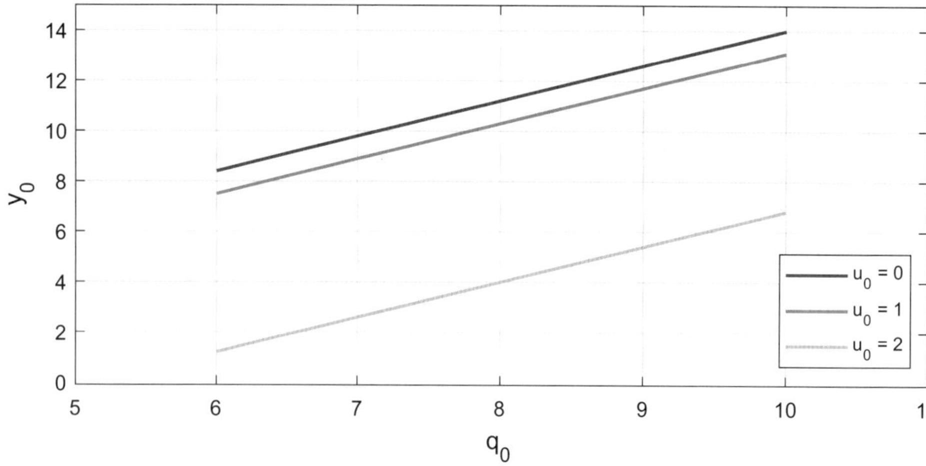

Figura 5.17 – Característica estática do sistema de controle de PH. Relação entre q_0 e y_0.

bremos que estamos considerando que este processo opera, em grande parte do tempo, com valores das variáveis próximos aos do ponto de operação.

Isso sugere a criação de um modelo aproximado para o sistema que descreva o comportamento nas vizinhanças do ponto de operação definido. Para tal, podemos reescrever as variáveis do processo como:

$$u = u_0 + \Delta u\,, \qquad y = y_0 + \Delta y\,, \qquad q = q_0 + \Delta q\,,$$

para as quais temos novas variáveis incrementais $\Delta u, \Delta y, \Delta q$, que definem o deslocamento das variáveis absolutas com relação ao ponto de equilíbrio.

A modo ilustrativo, a Figura 5.18 mostra novamente a curva estática do processo para o plano (u, y) nas proximidades do ponto de equilíbrio P_0, a reta tangente a este ponto e um novo gráfico com eixos relacionados às variáveis incrementais. Este novo sistema de coordenadas está centrado no ponto P_0. Ressaltamos que poderíamos apresentar um diagrama equivalente, considerando o plano (q, y), com $u = u_0$ (constante).

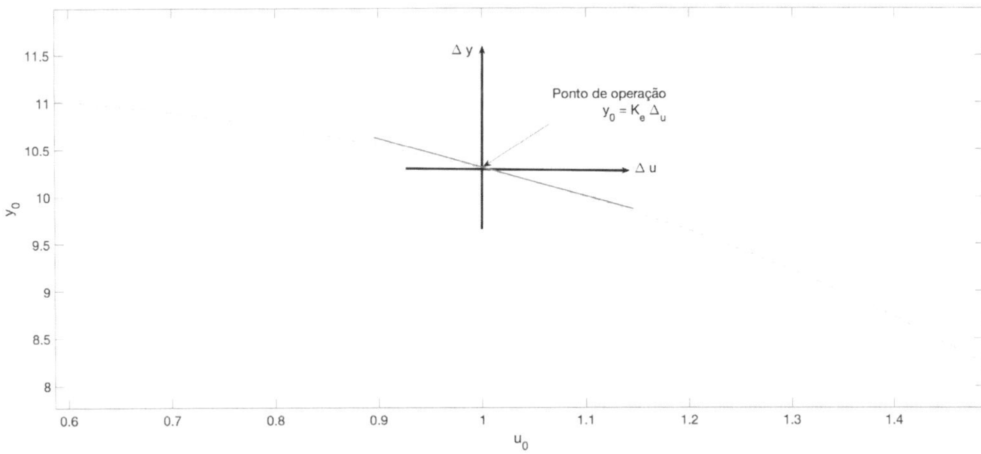

Figura 5.18 – Característica estática do sistema de controle de PH nas vizinhanças do ponto de operação e modelo linear estático aproximado.

Deste novo gráfico, podemos observar que a reta tangente à característica estática é uma reta que passa pela origem do novo sistema de coordenadas. Isso indica que a característica estática relativa ao novo sistema de coordenadas, que descreve a relação entre as variáveis incrementais, é linear, do tipo $\Delta y = K_e \Delta u + K_q \Delta q$, sendo K_e o coeficiente angular da reta tangente a P_0 no plano $u \times y$ e K_q o coeficiente angular da reta tangente a P_0 no plano $q \times y$. Pela definição de ganho estático de um processo em um ponto, sabemos que K_e é o ganho estático entre u e y e K_q é o ganho estático entre q e y, ambos calculados no ponto de operação P_0.

Encontraremos, agora, o modelo linear incremental substituindo as relações entre variáveis absolutas e incrementais no modelo não linear da Eq. (5.35):

$$2\frac{d\left(y_0 + \Delta y(t)\right)}{dt} + \left(y_0 + \Delta y(t)\right) = -0.9\left(u_0 + \Delta u(t)\right)^3 + 1.4\left(q_0 + \Delta q(t)\right) .$$

Podemos manipular essa equação da seguinte forma:

$$2\frac{dy_0}{dt} + 2\frac{d\Delta y(t)}{dt} = -y_0 - \Delta y(t) - 0.9\left(u_0 + \Delta u(t)\right)^3 + 1.4q_0 + 1.4\Delta q(t)\,.$$

Ressaltamos, então, que $\frac{dy_0}{dt} = 0$, pois y_0 é constante. Ainda, dado que no ponto de equilíbrio P_0, a relação entre variáveis é dada pelo modelo estático $-y_0 + 1.4q_0 = 0.9u_0^3$, podemos escrever:

$$2\frac{d\Delta y(t)}{dt} = -\Delta y(t) + 0.9u_0^3 - 0.9\left(u_0 + \Delta u(t)\right)^3 + 1.4\Delta q(t)\,.$$

Agora, utilizando o conceito da aproximação de uma função não linear por meio de uma expansão de Taylor de primeira ordem, podemos encontrar um modelo linear aproximado do termo não linear da equação $-0.9\left(u_0 + \Delta u(t)\right)^3$.

Denotemos, para fins práticos, o termo não linear como $f(u(t)) = -0.9u(t)^3 = -0.9\left(u_0 + \Delta u(t)\right)^3$. Usando a expansão de Taylor, temos:

$$\begin{aligned} f(u(t)) &\approx f(u_0) + \left(\left.\frac{df(u)}{du}\right|_{u_0}\right)(u(t) - u_0) \\ &\approx -0.9u_0^3 - (2.7u_0^2)\Delta u(t)\,. \end{aligned} \tag{5.36}$$

Ao substituir essa aproximação no modelo não linear completo, obtemos:

$$2\frac{d\Delta y(t)}{dt} + \Delta y(t) = 0.9u_0^3 - 0.9u_0^3 - 2.7u_0^2\Delta u(t) + 1.4\Delta q(t)\,. \tag{5.37}$$

Com poucas manipulações, obtemos, de fato, um modelo linear que aproxima o comportamento dinâmico do processo regulatório do PH do produto químico gerado:

$$2\frac{d\Delta y(t)}{dt} + \Delta y(t) = -\left(2.7u_0^2\right)\Delta u(t) + 1.4\Delta q(t)\,. \tag{5.38}$$

É importante ressaltar que este modelo aproximado somente é válido para o ponto de operação escolhido (que chamamos de P_0), dado que os coeficientes obtidos com a linearização mudam com o ponto de operação. Além disso, a aproximação será válida somente para pontos próximos a P_0. Caso contrário, o erro de aproximação (diferenças entre a solução do modelo aproximado e a solução do modelo real) pode ser muito grande.

Item 4: Aplicando o mesmo procedimento do item 1, podemos isolar o termo $\frac{d\Delta y(t)}{dt}$ da equação e obter:

$$\frac{d\Delta y(t)}{dt} = 1/2[-\Delta y(t) - \left(2.7u_0^2\right)\Delta u(t) + 1.4\Delta q(t)]\,.$$

Assim, usando um bloco integrador, um somador e ganhos, obtemos o novo diagrama de blocos com o modelo linearizado, como mostrado na Figura 5.19.

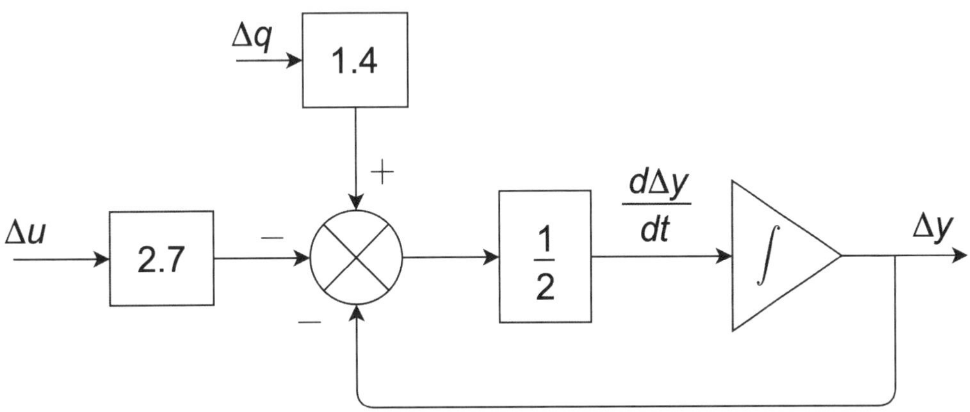

Figura 5.19 – Diagrama de blocos do sistema.

O modelo linearizado é do tipo:

$$\tau\frac{\Delta y(t)}{dt} + \Delta y(t) = K_e\Delta u(t) + K_q\Delta q(t)\,.$$

Logo, a constante de tempo do sistema é dada por $\tau = 2$ minutos.

Finalmente, a partir do modelo linearizado anterior podemos encontrar o ganho estático entre a variação de u ($\Delta u(t)$) e a variação de y ($\Delta y(t)$) como $K_e = -2.7u_0^2$ e o ganho estático entre a variação de q ($\Delta q(t)$) e a variação de y ($\Delta y(t)$) como $K_q = 1.4$.

Capítulo 6

Resposta no tempo de sistemas lineares de primeira ordem

Neste capítulo, apresentaremos as ferramentas matemáticas necessárias para desenvolvermos as respostas no tempo de sistemas lineares de primeira ordem, tanto no caso contínuo como no caso discreto.

Como mencionado nos capítulos anteriores, muitos processos podem ser representados por modelos lineares (contínuos ou discretos) em diversas situações bastante comuns na prática. Ademais, processos com modelos não lineares podem ser aproximados por modelos lineares em certos pontos de operação, por meio de ferramentas de linearização, como a expansão de Taylor.

Consideraremos, neste livro, apenas modelos de primeira ordem, tanto discretos quanto contínuos. Limitaremo-nos a esses casos porque, de um ponto de vista conceitual, podemos, por meio deles, discutir vários dos problemas da teoria de controle de processos, sem necessidade de matemática avançada.

6.1 Abordagem intuitiva

Antes do desenvolvimento formal da resposta no tempo de sistemas lineares de primeira ordem, elaboraremos, de forma intuitiva, a solução de dois sistemas, um contínuo e um discreto, ambos estáveis.

Como vimos nos capítulos anteriores, muitos sistemas reais podem ter seu comportamento bem aproximado em uma região de operação por esses modelos de primeira ordem estáveis (nível de água em um tanque, temperatura de um ambiente, velocidade de um carro etc.).

Começaremos pelo caso contínuo. Para tal, consideramos o processo de aceleração de um carro apresentado no Exemplo 45, no qual vimos como, usando as leis de Newton, podemos representar a dinâmica da velocidade do veículo pela seguinte equação:

$$\frac{m}{K_a}\frac{dv(t)}{dt} + v(t) \;=\; \frac{K_m}{K_a}u(t)\,, \tag{6.1}$$

supondo que a força do atrito do carro com o ar é linear e proporcional à velocidade do veículo e que a estrada é plana. Esse modelo descreve a variação do sinal de velocidade $v(t)$ conforme a atuação do motorista do carro, descrita pelo sinal $u(t)$, que representa a posição do pedal que acelera o carro (acelerador), dado entre 0 e 1 (pedal liberado, pedal totalmente pressionado). Ainda, m é a massa do carro, K_a uma constante relacionada ao atrito e K_m uma constante que define a força que acelera o veículo, dada por $F(t) = K_m u(t)$.

Consideremos, em um primeiro ensaio, que o carro está progredindo em uma estrada reta, a velocidade constante $v(t) = \overline{v}$. Nesse caso, o acelerador está também em posição fixa, ou seja, $u(t) = \overline{u}$ é constante. Assim, substituindo esses sinais no modelo do processo, da Eq. (6.1), temos (dado que a derivada de $v(t) = \overline{v}$ é nula):

$$\overline{v} \;=\; \frac{K_m}{K_a}\overline{u}\,. \tag{6.2}$$

A Eq. (6.2) nos afirma uma propriedade muito interessante dos sistemas com modelos do tipo da Eq. (6.1) (que é estável). Quando aplicamos uma entrada constante ou com limite constante $\lim_{t\to+\infty} u(t) = \overline{u}$ (como o sinal tipo degrau), observamos uma relação proporcional entre o valor de regime permanente da saída do processo e o valor de regime da entrada, que definimos no capítulo anterior como ganho estático.

Como exemplo, para $\frac{K_m}{K_a} = 120\,\text{km/h}$, temos que, quando o pedal do acelerador está parado na metade, com $\overline{u} = 0.5$, a velocidade do carro atingirá, eventualmente, o valor de $60\,\text{km/h}$ com o passar do tempo.

Ressaltamos que essa propriedade é válida para todos os sistemas representados por uma equação diferencial de primeira ordem estável, como a do carro. Retomaremos essa discussão na sequência.

Como um segundo ensaio, supomos que o carro está a velocidade constante $\overline{v}$, com o acelerador em posição constante $\overline{u}$. Então, supomos que o carro, repentinamente, para de acelerar, tomando $u(t) = 0$. Para esta situação, por conservação da energia, sabemos que a força de atrito eventualmente fará com que o carro pare, ou seja, a velocidade decairá do valor inicial $\overline{v}$ até chegar ao valor de repouso. Também sabemos, da experiência prática, que, durante todo esse movimento, a aceleração é negativa e seu módulo diminui ao longo do tempo, ou seja, a velocidade diminuirá mais rapidamente no início e mais lentamente no final. Usando o modelo, podemos afirmar que a velocidade e sua derivada verificam a equação:

$$\frac{dv(t)}{dt} = -\frac{K_a}{m}v(t)\,. \tag{6.3}$$

Como visto no Capítulo 3, existe um sinal que representa aproximadamente este tipo de fenômeno e que é solução da Eq. (6.3): o sinal exponencial, cuja derivada é proporcional ao sinal. Assim, a resposta dita “natural” deste sistema contínuo, com entrada nula, é dada por:

$$v(t) \;=\; \overline{v}e^{-\frac{K_a t}{m}}\,, \tag{6.4}$$

cuja constante exponencial é dada por $\frac{K_a}{m} > 0$, parâmetros que dependem do modelo do processo.

Verificaremos que o sinal de velocidade calculado $v(t)$ verifica a equação do modelo para entrada nula, $\frac{m}{K_a}\frac{dv(t)}{dt} + v(t) = 0$, pois:

$$\frac{m}{K_a}\frac{dv(t)}{dt} + v(t) = \frac{m\overline{v}}{K_a}\frac{d(e^{-\frac{K_a.t}{m}})(t)}{dt} + \overline{v}e^{-\frac{K_a.t}{m}} = -\overline{v}e^{-\frac{K_a.t}{m}} + \overline{v}e^{-\frac{K_a.t}{m}} = 0\,.$$

Portanto, esse sinal $v(t)$ é, de fato, a solução que buscávamos para o modelo considerado. Faremos, na próxima seção, uma demonstração matemática formal dessa solução.

Podemos fazer algumas análises adicionais da solução. A constante $\frac{m}{K_a}$ determina quanto tempo o sistema leva para atingir o estado de repouso e, por isso, é denominada constante de tempo do sistema. Por exemplo, se $\frac{m}{K_a}$ for grande, precisamos de um período de tempo mais longo para que o termo exponencial torne-se nulo. O inverso acontece para um termo $\frac{m}{K_a}$ pequeno, para o qual será necessário um período de tempo mais curto para que o termo exponencial se nulifique.

Note, por exemplo, que se a constante do atrito tiver um valor elevado (automóvel transitando em uma estrada de chão rugoso) o carro vai parar mais rápido, o que implica em uma constante de tempo m/K_a menor.

Observe que a derivada da função exponencial que representa a velocidade é a aceleração do veículo:

$$a(t) = \frac{dv(t)}{dt} \;=\; \frac{-K_a}{m}\overline{v}e^{-\frac{K_a t}{m}} = \frac{-K_a}{m}v(t)\,, \tag{6.5}$$

ou seja, $a(t)$ é proporcional à velocidade. Essa dinâmica, então, representa bem o comportamento esperado da velocidade, desacelerando mais nos momentos iniciais. Observe também que se trata de uma aproximação, dado que, na prática, o carro sempre atinge velocidade nula em um tempo finito, mas a solução encontrada (equação exponencial) leva um tempo infinito para convergir a zero (apenas no limite de t tendendo a $+\infty$).

Por fim, consideramos um terceiro ensaio: o carro parte do repouso e aciona-se o acelerador com $u(t) = \overline{u}.\mathbf{1}(t)$, ou seja, com um degrau de amplitude $\overline{u}$. Nesse caso, sabemos que a velocidade aumentará até atingir um equilíbrio (valor de regime permanente) dado por $\lim_{t\to+\infty} v(t) = \overline{v} = \frac{K_m}{K_a}\overline{u}$, condição estudada no primeiro ensaio deste exemplo.

Novamente a experiência nos indica que o carro acelera mais nos primeiros instantes do ensaio e que a sua aceleração vai diminuindo lentamente, até chegar a zero no final do ensaio. Uma função com decaimento exponencial pode, mais uma vez, descrever esse tipo de comportamento.

No Capítulo 3, vimos que o sinal $s(t) = s_f(1 - e^{-\alpha t})$, com $\alpha > 0$, tem este tipo de característica: parte de $s(0) = 0$ e converge para $\lim_{t\to+\infty} s(t) = s_f$. Dessa forma, temos que a resposta para essa terceira situação no carro é descrita por:

$$v(t) = \frac{K_m}{K_a}(1 - e^{\frac{-K_a t}{m}})\overline{u}\,. \tag{6.6}$$

Novamente, essa seria a solução da equação diferencial para este caso, o que é comprovado derivando e substituindo o sinal $v(t)$ na equação do modelo original. Note que:

$$\begin{aligned}
\frac{m}{K_a}\frac{dv(t)}{dt} + v(t) &= \frac{m}{K_a}\frac{K_m\overline{u}}{K_a}\frac{d(1 - e^{\frac{-K_a t}{m}})}{dt} + \frac{K_m}{K_a}(1 - e^{\frac{-K_a t}{m}})\overline{u} \\
&= \frac{K_m}{K_a}\overline{u}e^{\frac{-K_a t}{m}} + \frac{K_m}{K_a}\overline{u} - \frac{K_m}{K_a}\overline{u}e^{\frac{-K_a t}{m}} \\
&= \frac{K_m}{K_a}\overline{u}\,,
\end{aligned}$$

é, de fato, a solução buscada. Voltaremos a estudar essa solução na próxima seção, de forma mais detalhada.

Finalizaremos este estudo com uma análise gráfica das duas soluções apresentadas. A Figura 6.1 ilustra, para um carro com $m = 500\,\text{kg}$, $K_a = 1$ kg/h e $K_m = 120\,\text{kg km/h}^2$, dois experimentos diferentes:

- (a) um carro que está a velocidade constante e o motorista para de pisar no acelerador, fazendo com que o carro atinja o repouso;
- (b) um carro que parte do repouso e aumenta sua velocidade até o equilíbrio com velocidade constante, considerando $\overline{u} = 0.5$.

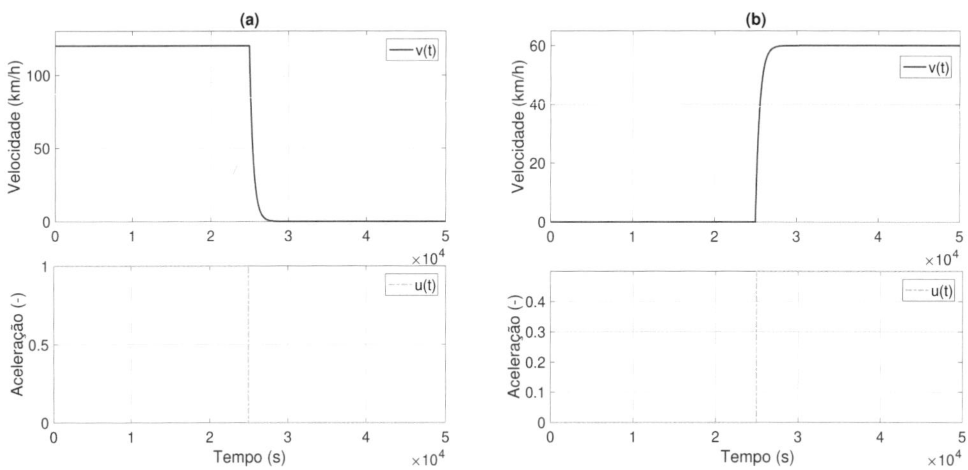

Figura 6.1 – Sistema contínuo: controle de velocidade de um carro.

Como pode ser observado nesta figura, em ambos os casos, o resultado gerado pela solução da equação diferencial obtida de forma intuitiva representa bem o comportamento esperado do carro. Assim, o modelo e a solução deste podem ser usados para representar aproximadamente este sistema. A solução completa para uma resposta com condição inicial não nula a uma entrada degrau é obtida somando as duas respostas anteriores, visto que o princípio de superposição é válido (o sistema é linear!).

Devemos observar que o comportamento deste sistema sempre acaba convergindo para um valor limitado em amplitude quando aplicamos uma entrada limitada em amplitude, cumprindo com a propriedade da estabilidade. Essa caraterística se deve ao fato de que a solução exponencial encontrada possui limite nulo, conforme t tende ao infinito, e isso é consequência do valor positivo do termo $\frac{K_a}{m}$.

Considere um outro processo com modelo similar ao do carro:

$$A\frac{dx(t)}{dt} + x(t) \;=\; Ku(t)\,. \tag{6.7}$$

Todavia, para este processo, consideramos uma constante $A < 0$. Dessa forma, a solução é atrelada a um termo exponencial $x(t) = e^{-\frac{t}{A}}$, que tende ao infinito conforme o tempo aumenta. Esse modelo, portando, representa um comportamento instável. Veja que, mesmo com entrada nula, a derivada $\frac{dx(t)}{dt} = -\frac{x(t)}{A}$ será positiva sempre que $x(t)$ seja positivo, fazendo com que a variável $x(t)$ aumente indefinidamente (e aumente indefinidamente sempre que $x(t)$ for negativo). Discutiremos essa ideia nas próximas seções deste capítulo, com maior formalidade matemática.

Como um segundo exemplo de análise intuitiva, consideremos um processo discreto: a carga/descarga de uma bateria de um veículo elétrico, feita em amostras horárias. Essa bateria tem um modelo discreto dado por:

$$y(k) \;=\; 0.95y(k-1) + 0.025u(k-1)\,, \tag{6.8}$$

no qual $y(k)$ representa o nível de carga da bateria, dado entre 0 e 100 %, e $u(k)$ representa a potência elétrica de carregamento em um dado instante k. O modelo mostra que a carga da bateria em um instante k depende da carga que tinha no instante anterior multiplicada por um fator menor que a unidade (neste exemplo, $0,95$) e da potência de carregamento multiplicada por outro fator que depende das caraterísticas de bateria e da fonte usada para a carga. Note que este modelo diz que, se não aplicamos potência de carga ($u = 0$), a bateria se descarrega naturalmente com o tempo (5% a cada hora, dado que o nível de carga no instante de tempo k é dado por 95% do nível de carga no instante de tempo anterior, $k-1$).

Em um primeiro ensaio, consideramos que a bateria está com nível de carga nulo e é carregada, a partir do instante $k = 1$, com uma potência de carga constante e igual a 50 kW. Neste caso, temos $u(k) = \overline{u} = 50$ para todo $k \geq 1$ e $y(0) = 0$ %. Espera-se que, após um certo número de amostras $k^\star$, teremos a bateria carregada a um certo nível constante, ou seja, com $y(k^\star + 1) = y(k^\star)$.

Sabemos que, na prática, devido ao processo físico-químico de baterias, depois de um certo tempo de carga, a energia consumida é equivalente ao montante necessário para compensar as perdas. Isso pode ser visto no modelo a seguir:

$$y(k) = y(k-1) - 0.05y(k-1) + 0.025u(k-1)\,, \tag{6.9}$$

no qual separamos todas as perdas em um termo $0.05y(k-1)$. Quando $0.025u(k-1)$ for igual às perdas de energia, o nível de carregamento da bateria será constante.

De uma outra forma podemos colocar que, para toda amostra discreta $k \geq k^\star$, atingimos o nível de carga constante $y(k^\star)$ para:

$$\begin{aligned} y(k^\star) &= 0.95y(k^\star) + 0.025\overline{u} \\ (1-0.95)y(k^\star) &= 0.025\overline{u} \\ y(k^\star) &= 0.5\overline{u}\,. \end{aligned} \tag{6.10}$$

Esta é a relação estática entre a potência aplicada $\overline{u}$ e o nível de carga $y(k^\star)$. Nesse caso, essa relação é dada por uma constante de proporcionalidade de 0.5, que é o ganho estático desse modelo.

Tal como no caso contínuo, observamos na Eq. (6.10) uma relação de proporcionalidade entre o valor de regime permanente da variável de processo y e o valor de regime permanente da variável manipulada u. Ademais, sabemos que para esse ensaio $y(0) = 0$, logo $y(k)$ deve ser um sinal $y(k)$ que parta do ponto 0 e convirja, com o passar das amostras, ao valor $y(k^\star) = 0.5\overline{u}$. Essa convergência tem uma característica similar ao caso do carro, no qual a carga tem uma taxa de variação maior no início e menor no final do experimento.

Assim, de forma análoga ao caso contínuo, usaremos um sinal discreto exponencial para representar esse comportamento. Sabemos que o sinal discreto $s(k) = 0.5(1 - \alpha^k)\overline{u}$ tem uma forma como desejada. Note que esse sinal, de fato, parte do repouso, $s(0) = 0$, dado que $\alpha^0 = 1$, e converge para $\lim_{k\to+\infty} s(k) = 0.5\overline{u}$, uma vez que $\lim_{k\to+\infty} \alpha^k = 0$ para $0 < \alpha < 1$. Falta então apenas determinar o valor de α, para que esse sinal seja, de fato, a solução do modelo. Isso é verificado por meio de $y(k) = s(k)$, calculando $y(k-1)$ e substituindo na Eq. (6.8):

$$0.5(1 - \alpha^k)\overline{u} = 0.95(0.5(1 - \alpha^{k-1})\overline{u}) + 0.025\overline{u}\,,$$

que leva a:

$$1 - \alpha^k = 0.95 - 0.95\alpha^{k-1} + 0.05 = 1 - 0.95\alpha^{k-1}\,,$$

obtendo:

$$\alpha^k = 0.95\alpha^{k-1} \rightarrow \alpha = 0.95\,.$$

Assim, $s(k)$ com $\alpha = 0.95$ é a solução desse modelo para a entrada de tipo degrau.

Em um segundo ensaio, supomos que a bateria está com um nível de carga constante e igual a y_0 e, instantemente, a potência de carga u é levada a 0. Isso faz com que a bateria progressivamente se descarregue. O sinal que pode representar esse fenômeno, dito resposta natural (à entrada nula) do sistema, é o sinal de potencialização, ou seja, $y(k) = y_0\alpha^k$. Notamos que $y(0) = y_0$ (condição inicial do estado de carga da bateria) e que $\lim_{k\to+\infty} y(k) = 0$ (descarga completa). Novamente, é simples encontrar o valor de α para verificar que $y(k) = y_0\alpha^k$ é a solução para a equação com entrada nula. Substituindo $y(k)$ no modelo, obtemos:

$$\alpha^k y_0 = 0.95\alpha^{k-1} y_0 \rightarrow \alpha^k = 0.95\alpha^{k-1},$$

implicando em $\alpha = 0.95$.

A Figura 6.2 ilustra as situações anteriormente analisadas, considerando a referida bateria:

- (a) carga a potência constante, partindo do repouso (ou seja, de carga nula);
- (b) descarga completa após a anulação do sinal de entrada u.

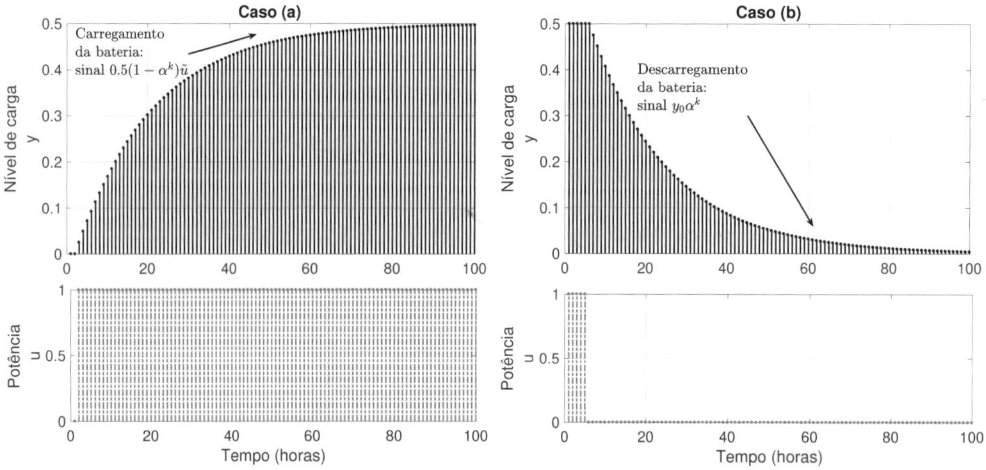

Figura 6.2 – Sistema discreto: carga/descarga de bateria elétrica.

Podemos observar que a solução encontrada tem a forma esperada, visto que o modelo e sua solução podem ser usados como uma boa aproximação do comportamento dinâmico de sistema real. Observamos que o tempo de carga e descarga está associado ao valor de $\alpha = 0.95$ no modelo, que tem o mesmo papel da constante de tempo em um sistema contínuo. Se, por exemplo, a bateria tivesse um parâmetro maior, digamos $\alpha = 0.99$, então, ela levaria mais tempo para se descarregar. Neste caso, poderíamos dizer que ela teria uma constante de tempo maior.

O parâmetro α em uma equação às diferenças de primeira ordem genérica, do tipo $y(k) = \alpha y(k-1) + \beta u(k-1)$, determina a velocidade da resposta transitória do sistema, assim, quanto mais próximo de 1 esteja α, mais lenta será a resposta, e, ao passo que α se aproxima de 0, observamos respostas mais rápidas. Para fins de notação, ressaltamos que, na literatura de controle, o parâmetro α não é denominado de constante de tempo, mas podemos usá-lo para entender o comportamento transitório do sistema. Finalmente, o ganho estático do sistema é obtido usando os valores de u_0 e y_0 na equação genérica: $K_e = \frac{\beta}{(1-\alpha)}$.

Assim como fizemos no caso contínuo, podemos afirmar que o comportamento estável da bateria é bem representado pelo sinal α^k, que converge a zero conforme k tende ao infinito, desde que $|\alpha| < 1$. Se consideramos um modelo de um sistema com $|\alpha| > 1$, teríamos um comportamento instável, com a variável de processo tendendo a infinito mesmo com uma entrada aplicada limitada. Um caso típico que já estudamos neste livro é o de uma poupança com taxa de juros fixa, por exemplo, de 5% ao mês, que tem um saldo determinado pelo modelo $s(k) = 1.05s(k-1)$. Note que, se $s(0)$ for não nulo, $s(k)$ tende ao infinito para k infinito, configurando uma dinâmica instável.

Reforçaremos, agora, toda a análise aqui realizada fundamentando-a teoricamente, começando pelos sistemas contínuos e considerando todos os casos de modelos lineares estáveis e instáveis de primeira ordem.

6.2 Sistemas contínuos

A partir desta seção, estudaremos de forma analítica e demonstrativa as respostas no tempo de sistemas representados por modelos contínuos, lineares e de primeira ordem, além de apresentar vários exemplos. Ressaltamos que todos os exemplos apresentados seguem a metodologia de modelagem descrita no capítulo anterior.

6.2.1 Equação diferencial ordinária

Como vimos no capítulo anterior, podemos modelar muitos processos contínuos por meio de equações diferenciais de primeira ordem, que possuem apenas derivadas de primeira ordem, em relação ao tempo t.

Como forma geral, podemos usar a Eq. (6.11) para representar os sistemas contínuos, para a qual $y(t)$ é a saída do sistema, $u(t)$ a entrada e $q(t)$ a perturbação.

$$\tau\,\frac{dy(t)}{dt} + y(t) \;=\; K_e\,u(t) + K_q\,q(t)\,. \tag{6.11}$$

Notamos que esta equação diferencial ordinária (EDO) possui uma solução $y(t)$, ou seja, existe uma função $y(t) = f_y(u(t), q(t))$ tal que a Eq. (6.11) seja verificada. Detalharemos como encontrar a solução dessa EDO na sequência.

Ressaltamos que a EDO anterior é usada como modelo matemático para a descrição do comportamento de muitos sistemas contínuos. Por exemplo, o sistema de um aquecedor térmico do Exemplo 44, cujo modelo é dado (5.1), pode ser diretamente reescrito na forma da EDO (6.11):

$$\overbrace{mCR}^{\tau}\,\overbrace{\frac{dT(t)}{dt}}^{\frac{dy(t)}{dt}} + \overbrace{T(t)}^{y(t)} \;=\; \overbrace{RP(t)}^{K_e u(t)}\overbrace{-T_e(t)}^{K_q q(t)}\,. \tag{6.12}$$

Nesse caso, $y = T$ representa a variável de processo (saída), $u = P$ representa a variável de controle (entrada) e $q = T_e$ representa a perturbação do sistema.

Com relação às propriedades de sistemas previamente discutidas (Capítulo 4), ressaltamos que a Eq. (6.11) pode representar sistemas do tipo:

1. Estáveis, com $\tau > 0$.

2. Instáveis, com $\tau < 0$.

3. Integradores,[1] para os quais o termo $+y(t)$ desaparece, sendo modelos do tipo $\frac{dy(t)}{dt} = K_e u(t) + K_q q(t)$.[2]

A Figura 6.3 mostra as respostas $y(t)$ no tempo para esses três tipos de sistemas, para uma entrada $u(t)$ tipo degrau unitário e considerando $K_e = 1$ (e $q(t)$ nulo). Note que a curva $y(t)$ representa a função que valida a EDO (6.11). Observamos que sistemas estáveis apresentam respostas que, para uma entrada degrau e com o passar do tempo, estabilizam em um dado ponto, ao passo que, para sistema instáveis e integradores, observamos respostam que crescem indefinidamente ao longo do tempo.

6.2.2 Solução da EDO: casos estável e instável

Como visto nos exemplos do Capítulo 5, a EDO (6.11) serve como modelo entrada-saída para muitos processos contínuos. Essa EDO possui uma solução dinâmica $y(t)$, que é detalhada a seguir. Por ora, retiramos $q(t)$ da EDO, uma vez que a resposta $y(t)$ para $u(t)$ tem equação análoga à resposta $y(t)$ para $q(t)$ e podemos calcular as respostas separadamente e,

[1]Por vezes, processos integradores são chamados de marginalmente (ou meramente) estáveis.

[2]Estes sistemas são classificados como instáveis de acordo com as definições de estabilidade apresentadas neste livro, mas tratamos eles de forma separada por sua importância prática.

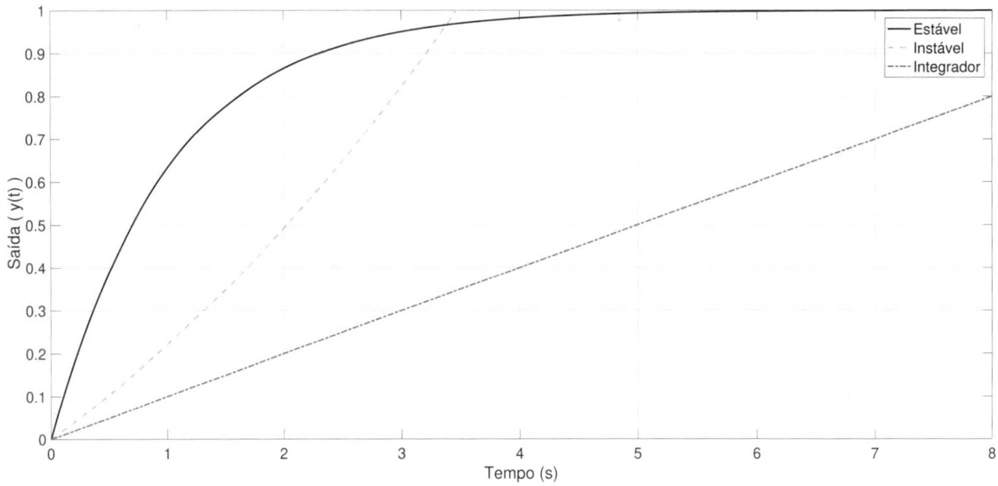

Figura 6.3 – Respostas de sistemas contínuos (EDO).

depois, somá-las, vista a linearidade do sistema. Ainda, por praticidade, definimos $y(t)$ dentro do domínio $[0\,,\,+\infty)$, ou seja, o sistema apresenta uma resposta a partir do instante $t = 0$.

Para demonstrarmos como encontrar esta solução, separaremos a EDO (6.11) em duas partes: uma solução (resposta) natural e uma solução (resposta) particular. A resposta natural de um dado sistema é a resposta na ausência de entradas (ou seja com $u = 0$) e para uma dada condição inicial $y(0) = y_0$. A particular é a resposta devida a uma entrada particular $u(t)$ e com condição inicial nula $y(0) = 0$.

Dado que a EDO (6.11) é linear, é válido que a solução $y(t)$ possa ser escrita como a soma das partes, ou seja:

$$y(t) \;=\; y_{\text{natural}}(t) + y_{\text{particular}}(t)\,. \tag{6.13}$$

Calcularemos primeiro a solução natural da EDO, escrevendo a equação do sistema com entrada nula:

$$\tau\frac{dy_{\text{natural}}(t)}{dt} + y_{\text{natural}} \;=\; 0\,. \tag{6.14}$$

Reorganizando, chegamos a:

$$\begin{aligned} \frac{dy_{\text{natural}}(t)}{dt} &= \frac{-1}{\tau} y_{\text{natural}}(t) \,, \\ \frac{dy_{\text{natural}}(t)}{y_{\text{natural}}(t)} &= \frac{-1}{\tau} dt \,. \end{aligned} \tag{6.15}$$

Integrando ambos os lados da equação entre 0 e t, temos:

$$\begin{aligned} \ln(y_{\text{natural}}(t)) - \ln(y_{\text{natural}}(0)) &= \frac{-1}{\tau} t \,, \\ y_{\text{natural}}(t) &= y_{\text{natural}}(0) e^{\frac{-t}{\tau}} \,. \end{aligned} \tag{6.16}$$

Isso implica em:

$$y_{\text{natural}}(t) = y_0 e^{-\frac{t}{\tau}} \,. \tag{6.17}$$

Observamos, portanto, que este sistema possui uma resposta natural que parte de y_0 e, caso $\tau > 0$, converge para a origem conforme o tempo tende ao infinito. A resposta é divergente caso $\tau < 0$. Portanto, podemos concluir que sistemas descritos por modelos com $\tau > 0$ são estáveis, ao passo que sistemas representados modelos com $\tau < 0$ são instáveis. Esse fato confirma a análise intuitiva previamente elaborada.

Para ilustrar esse resultado a Figura 6.4 apresenta a resposta natural de dois sistemas (um com $\tau = 1$ s e outro com $\tau = 2$ s). Ambos partem da mesma condição inicial $y_0 = 1$. Note que a resposta natural $y_{\text{natural}}(t)$ converge para $\lim_{t \to +\infty} y(t) \to 0$ (repouso), à medida que o tempo passa.

Visto que já conhecemos a função que descreve a solução natural da EDO (6.11), consideramos agora a parte particular da solução $y(t)$. A solução particular representa a resposta do sistema para condições iniciais nulas $y_0 = 0$ e entradas não nulas, ou seja, a resposta que representa o sistema partindo do repouso.

Para desenvolvermos essa resposta, consideramos que $u(t)$ é uma entrada

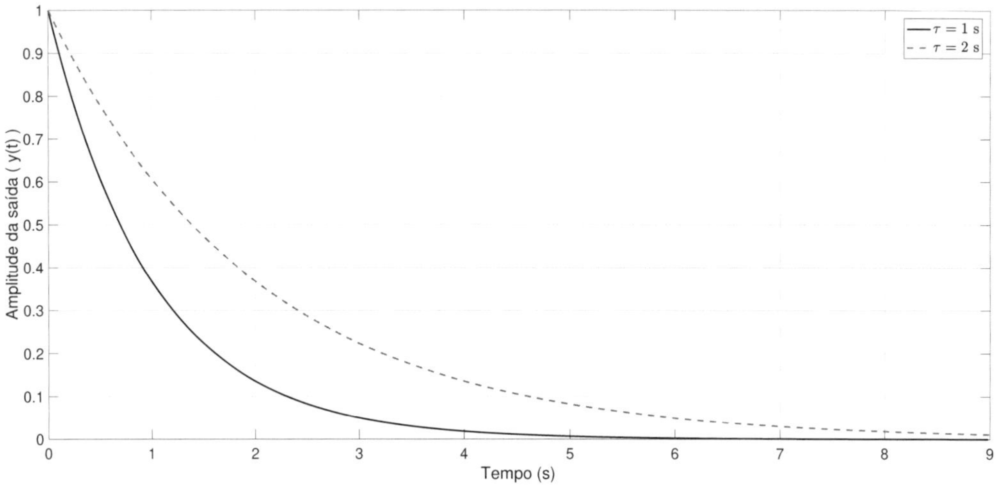

Figura 6.4 – Sistema contínuo estável: resposta à condição inicial.

tipo degrau de amplitude U, sendo que $\lim_{t\to+\infty} u(t) = U$.

No caso particular, temos:

$$\tau\frac{dy_{\text{particular}}(t)}{dt} + y_{\text{particular}}(t) = K_e u(t)\,. \tag{6.18}$$

Se consideramos esta equação para $t > 0$, temos que $u(t) = U$, assim:

$$\tau\frac{dy_{\text{particular}}(t)}{dt} + y_{\text{particular}}(t) = K_e U\,. \tag{6.19}$$

Reorganizando, temos:

$$\tau\frac{dy_{\text{particular}}(t)}{dt} = -(y_{\text{particular}}(t) - K_e U)\,. \tag{6.20}$$

Fazendo uma troca de variável, definimos $x(t) = y_{\text{particular}}(t) - K_e U$ e, como $K_e U$ é constante, $\frac{dx(t)}{dt} = \frac{dy_{\text{particular}}(t)}{dt}$, e podemos escrever:

$$\tau\frac{dx(t)}{dt} = -x(t)\,. \tag{6.21}$$

Note que a solução dessa equação é análogo ao caso da solução natural.

Portanto, temos:

$$x(t) \;=\; x(0)e^{-\frac{t}{\tau}} = -K_eUe^{-\frac{t}{\tau}}\,, \tag{6.22}$$

dado que $x(0) = y(0) - K_eU = -K_eU$. Desfazendo a mudança de variável, obtemos:

$$y_{\text{particular}}(t) \;=\; K_eU - K_eUe^{-\frac{t}{\tau}} = K_eU(1 - e^{-\frac{t}{\tau}})\,, \tag{6.23}$$

que é a mesma solução encontrada na análise intuitiva.

Como $u(t)$ é uma função tipo degrau, podemos reescrever a solução particular da seguinte forma, válida para todo $t \geq 0$:

$$y_{\text{particular}}(t) \;=\; K_e\left(1 - e^{-\frac{t}{\tau}}\right)u(t)\,. \tag{6.24}$$

Portanto, $y_{\text{particular}}(t)$ é uma função que parte do repouso (dessa forma, temos, por construção, que $y_{\text{particular}}(t)|_{t=0} = 0$) e converge em K_eU, conforme $\lim t \to +\infty$ no caso estável, ou seja, se $\tau > 0$. No caso instável, se $\tau < 0$, a resposta é divergente.

A solução completa $y(t)$ para a EDO (6.11), é dada pela Eq. (6.13). Substituindo as Eqs. (6.17) e (6.24) na Eq. (6.13), obtemos a seguinte solução geral do caso estável ou instável:

$$y(t) \;=\; y_0e^{-\frac{t}{\tau}} + K_e\left(1 - e^{-\frac{t}{\tau}}\right)u(t)\,, \tag{6.25}$$

que permite de forma geral encontrar a solução para uma dada condição inicial e uma entrada tipo degrau.

Completaremos essa análise considerando também o sinal de perturbação. Observe que a inclusão de $q(t)$ à EDO apenas inclui uma nova entrada particular. Considerando $q(t)$ do tipo degrau $q(t) = Q\,\mathbf{1}(t)$, para todo $t \geq 0$, temos:

$$y(t) = y_0 e^{-\frac{t}{\tau}} + K_e \left(1 - e^{-\frac{t}{\tau}}\right) u(t) + K_q \left(1 - e^{-\frac{t}{\tau}}\right) q(t) . \qquad (6.26)$$

Analisaremos essa solução no caso estável, para constantes $\tau > 0$. Como já comentamos na parte de análise intuitiva, na resposta $y(t)$, como dada na Eq. (6.26), o parâmetro τ é conhecido como a "constante de tempo" do sistema. Esse parâmetro indica o tempo de resposta da exponencial $y(t)$ para uma entrada $u(t)$ (ou $q(t)$) tipo degrau assim como o tempo de resposta a partir da condição inicial. Para constantes τ maiores, mais tempo leva-se até o equilíbrio y_f ser atingido. É importante notar a relação linear entre τ e o tempo que o sistema leva para atingir o equilíbrio, ou seja, se um sistema tem uma constante de tempo τ_1 e um segundo sistema tem uma constante de tempo τ_2, a relação $\tau_1 = n\tau_2$ implica que o primeiro sistema seja n vezes mais lento que o segundo.

Já o termo K_e representa o "ganho estático" do processo. Esse parâmetro indica quanto varia a saída do sistema com relação a uma variação em sua entrada em regime permanente. Observe que o equilíbrio atingido é dado por $y_f = K_e U$, ou seja, para uma variação de entrada de amplitude U, a saída varia $K_e U$.

O termo K_q representa o ganho estático em face de perturbações. Para um sinal de perturbação $q(t)$ tipo degrau de amplitude Q, temos que o equilíbrio atingido pela saída é dado por $y_f = K_e Q$. Para uma variação da perturbação de amplitude Q, a saída varia $K_q Q$.

É importante ressaltarmos, também, a relação linear entre o ganho estático e a amplitude da variação causada na saída ao aplicar uma variação na sua entrada. Assim, se um sistema tem um ganho estático K_1 e um segundo sistema tem um ganho estático K_2, a relação $K_1 = nK_2$ implica que o primeiro sistema amplifique n vezes mais o efeito da variação na sua entrada que o segundo sistema.

Para o caso instável, apenas podemos comentar que, quanto menor for o módulo de τ (que é negativo), mais rápido $y(t)$ irá para o infinito a partir de uma condição inicial não nula ou da aplicação de uma entrada não nula em $u(t)$ ou $q(t)$.

Exemplo 59 *A Figura 6.5 ilustra a resposta de sistema do tipo* $\tau\frac{dy(t)}{dt}+y(t) = K_e u(t)$, *com* $u(t)$ *sendo um degrau unitário (*$U = 1$*), para diferentes valores da constante de tempo (neste caso, não temos perturbações). Esse sistema parte do repouso* $y_0 = 0$ *e atinge o equilíbrio* $y_f = 10$, *portanto* $K_e = 10$. *Como pode ser observado, para constantes de tempo menores (como* $\tau = 1$*), o tempo que a saída leva até estabilizar-se em* y_f *é menor. Observe como a relação linear entre* τ *e tempo de resposta se verifica.*

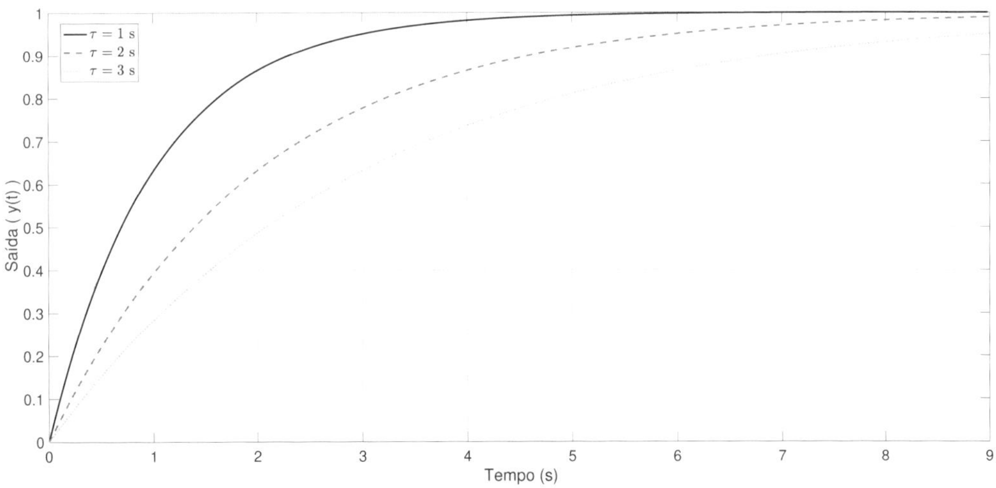

Figura 6.5 – Sistema contínuo estável: resposta a entradas não nulas com parâmetros $\tau = 1\,\text{s}$, $\tau = 2\,\text{s}$ e $\tau = 3\,\text{s}$.

Já a Figura 6.6 ilustra a resposta do mesmo sistema, sujeito à mesma entrada, para diferentes valores de K_e. *Esse sistema parte do repouso* $y_0 = 0$ *e atinge o equilíbrio sempre no mesmo tempo, pois* $\tau = 1$ *para todos os casos. Como pode ser observado, para menores constantes* K_e, *o valor final* y_f *é menor. Note que há uma relação linear entre* y_f *e* K_e.

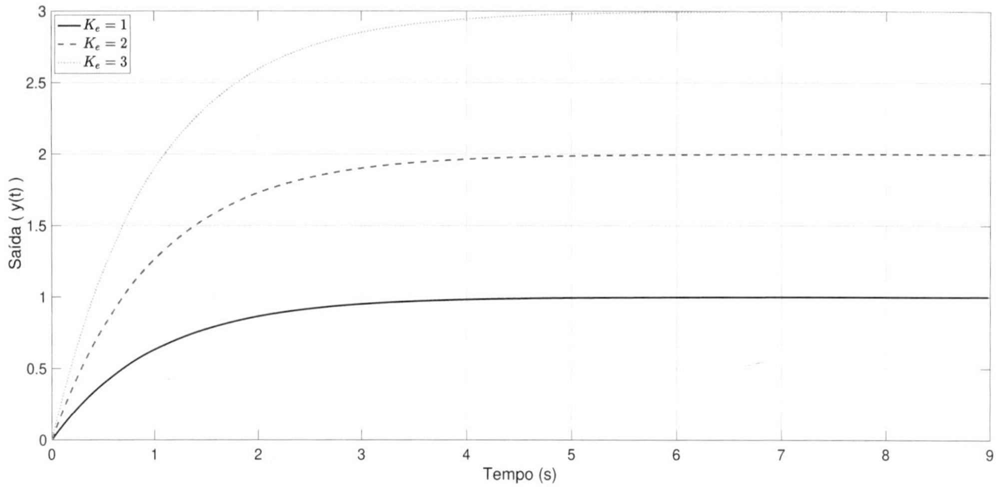

Figura 6.6 – Sistema contínuo estável: resposta a entradas não nulas com parâmetros $K_e = 1$, $K_e = 2$ e $K_e = 3$.

É importante ressaltarmos que a constante de tempo τ tem um papel importante para quantificarmos o comportamento da solução $y(t)$. Consideremos um caso como $y_0 = 0$, com a aplicação de um degrau em $t = 0$ de amplitude U. Sabemos que a resposta $y(t) = K_e(1-e^{-\frac{t}{\tau}})U$ converge para um equilíbrio dado por $y_f = K_eU$, em regime permanente, conforme t tende ao infinito. Entretanto, quando τ segundos passam, temos $t_1 = \tau$ e, portanto, $y(t_1) = K_e(1-e^{-\frac{\tau}{\tau}})U \approx 0.63K_eU$, ou seja, a saída passa pelo ponto correspondente a 63% do valor de regime permanente. Já para quando 3τ segundos passam, temos $t_2 = 3\tau$ e, portanto, $y(t_2) = K_e(1-e^{-\frac{3\tau}{\tau}})U \approx 0.95K_eU$, ou seja, a saída passa pelo ponto correspondente a 95% do valor de regime permanente. Por fim, quando passam-se 5τ segundos, temos $t_3 = 5\tau$ e, portanto, $y(t_3) = K_e(1 - e^{-\frac{5\tau}{\tau}})U \approx 0.99K_eU$, ou seja, a saída passa pelo ponto correspondente a 99% do valor de regime permanente.

Ressaltamos também que a resposta geral obtida para a EDO, no caso estável, pode ser generalizada para o caso em que aplicamos degraus na variável manipulada e perturbação em instantes de tempo diferentes. Supondo que $u(t) = \mathbf{1}(t - t_u)U$ e $q(t) = \mathbf{1}(t - t_q)Q$, ou seja, que as entradas são degraus de amplitudes U e Q, com subida em $t = t_u$ e $t = t_q$, respectivamente, podemos montar a resposta completa da saída pela aplicação das propriedades de linearidade do modelo e da invariância no tempo. Para tal, aplicamos um deslocamento temporal no sinal de saída, conhecido o deslocamento temporal atrelado ao sinal de entrada:

$$\begin{aligned} y(t) &= y_0 e^{-t/\tau} + K_e(1 - e^{-\frac{(t-t_u)}{\tau}})\,\mathbf{1}(t - t_u)U \\ &+ K_q(1 - e^{-\frac{(t-t_q)}{\tau}})\,\mathbf{1}(t - t_q)Q\,. \end{aligned}$$

Ilustraremos agora as respostas de um sistema instável com modelo dado pela EDO de primeira ordem para um degrau unitário em $u(t)$, com condições iniciais nulas $y_0 = 0$ e sem perturbações $q = 0$. A Figura 6.7 ilustra as respostas e mostra-se que a resposta diverge mais rapidamente para valores menores do módulo do parâmetro τ.

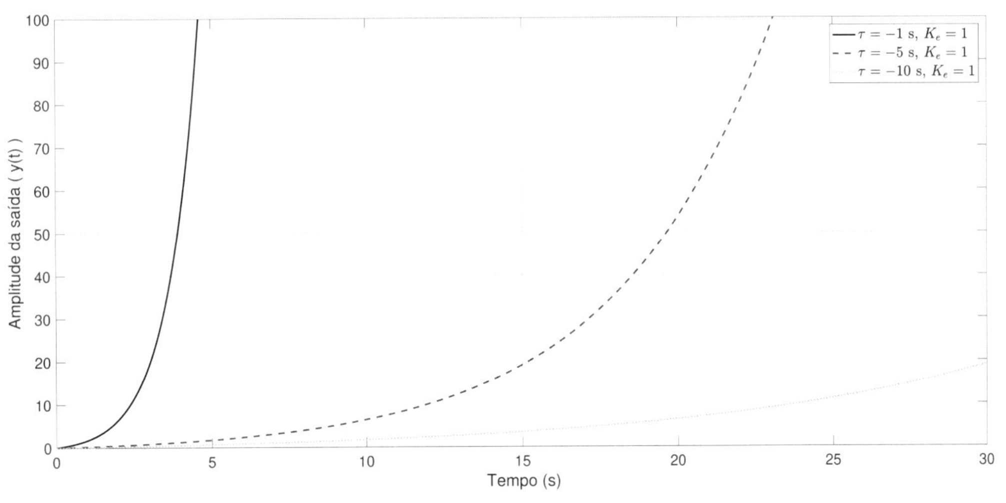

Figura 6.7 – Sistema contínuo instável: resposta a entradas não nulas.

6.2.3 Solução da EDO: caso integrador

Nesta seção, consideraremos sistemas do tipo integrador. Para esses sistemas, a EDO que os representa é dada por:

$$\frac{dy(t)}{dt} = K_q u(t) + K_q q(t)\,, \tag{6.27}$$

cuja solução é trivial, dada por:

$$y(t) = y_0 + \int_0^t (K_e u(\mu) + K_q q(\mu))\, d\mu\,, \tag{6.28}$$

sendo $y_0 = y(0)$ a condição inicial para a saída y.

Notamos que, partindo do repouso $y_0 = 0$, quando aplicamos entradas tipo degrau $u(t) = U$ e $q(t) = Q$ para $t > 0$, observamos um sinal de saída tipo rampa, com inclinação $\alpha_y = K_e U + K_q Q$:

$$\begin{aligned} y(t) &= y_0 + \int_0^t (K_e u(\mu) + K_q q(\mu))\, d\mu \\ &= 0 + \int_0^t (K_e U + K_q Q)\, d\mu \\ &= (K_e U + K_q Q) \int_0^t d\mu \\ &= \alpha_y \int_0^t d\mu \\ &= \alpha_y t \\ &= \alpha_y \mathrm{ramp}(t)\,. \end{aligned} \tag{6.29}$$

Nessa resposta, α_y é a inclinação da rampa observada na saída do processo. Se consideramos cada entrada por separado, temos uma rampa devida ao sinal $u(t)$ dada por $K_e U\mathrm{ramp}(t)$, de inclinação $K_e U$, e outra rampa devida ao sinal $q(t)$ dada por $K_q Q\mathrm{ramp}(t)$, de inclinação $K_q Q$.

Claramente, a inclinação da rampa de saída da resposta de sistemas tipo integrador depende da amplitude do degrau de entrada e dos ganhos K_e e

K_q. Assim, o ganho K_e, neste caso, é chamado de "**ganho de velocidade do sistema**", pois ele implica na velocidade com a qual a rampa na saída varia, para uma entrada degrau unitário. Isso é válido também para a perturbação e o ganho K_q é chamado de "**ganho de velocidade do sistema para a perturbação**".

Na Figura 6.8, vemos o exemplo de diferentes respostas de um sistema cujo modelo é dado por $\frac{dy(t)}{dt} = K_e u(t)$, sujeito a uma entrada u tipo degrau, partindo do repouso $y(0) = 0$, para diferentes valores de K_e.

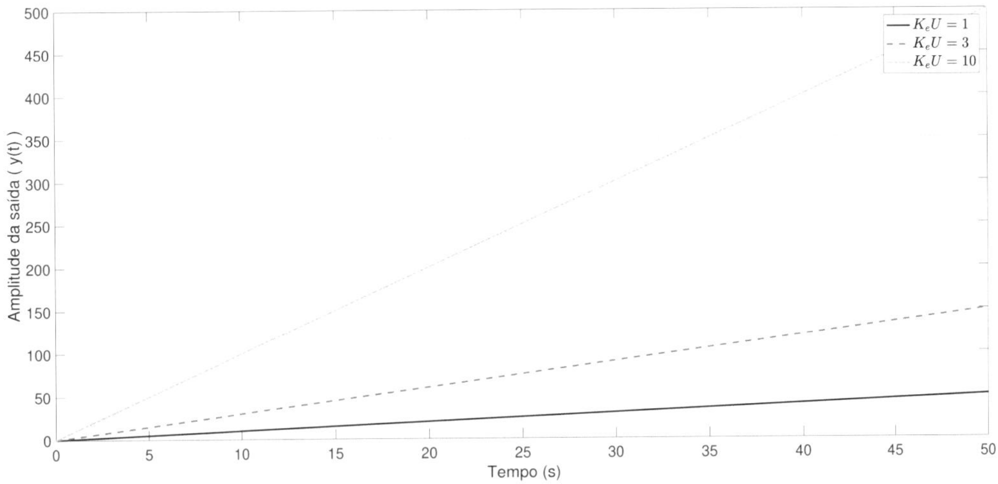

Figura 6.8 – Sistema contínuo integrador: resposta a entradas não nulas.

Devemos notar que há uma particularidade essencial dos sistemas tipo integradores. Após a aplicação de entradas tipo degrau, estes divergem da condição inicial, mas, ao contrário do caso instável, podem estabilizar em outro ponto de equilíbrio, uma vez que as entradas voltem a ser nulas. Por essa razão, esses sistemas são denominados, por vezes, como meramente (marginalmente) convergentes. Demonstremos esse fato: considere que um sistema integrador está no repouso, ao passo que é aplicada uma entrada u tipo degrau unitário de $t = 0$ até $t = t_1$ (neste momento, o degrau cessa).

Temos que, para $0 \leq t < t_1$:

$$\begin{aligned} y(t) &= y_0 + \int_0^t K_e u(\mu) d\mu \,, \\ y(t) &= 0 + K_e \int_0^t d\mu \,, \\ y(t) &= K_e t \,, \\ y(t_1) &= K_e t_1 \,. \end{aligned}$$

Para $t \geq t_1$, temos:

$$\begin{aligned} y(t) &= y(t_1) + \int_{t_1}^t K_e u(\mu) d\mu \,, \\ y(t) &= K_e t_1 + \int_{t_1}^t 0 \,, \\ y(t) &= K_e t_1 \;=\; y(t_1) \,. \end{aligned}$$

O sistema tem um comportamento de rampa até atingir o ponto $y(t_1) = K_e t_1$. Após o instante de tempo $t = t_1$, as entradas cessam e o sistema mantém-se em $y(t_1)\,, \forall t \geq t_1$.

Note que, para o caso instável, esse tipo de comportamento não é possível, uma vez que quando uma entrada degrau é aplicada a um sistema instável, este diverge do repouso inicial e, mesmo que o degrau de entrada cesse (volte a zero), o sistema não voltará ao repouso. Note também que, para o caso instável, as respostas às condições iniciais não nulas também são divergentes, visto que essas são representadas por um sinal exponencial $y_0 e^{-\frac{t}{\tau}}$ que é, por definição, divergente, uma vez que $-\frac{1}{\tau} > 0$.

6.3 Sistemas discretos

Como visto anteriormente, sabemos que, além do caso contínuo, devemos saber lidar com processos discretos. Para esta classe de sistemas, consideraremos modelos do seguinte tipo:

$$y(k+1) = \alpha y(k) + \beta_u u(k) + \beta_q q(k)\,. \tag{6.30}$$

Este modelo é uma equação às diferenças (EaD) de primeira ordem, análoga à EDO de primeira ordem do caso contínuo, vista na Eq. (6.11).

Esta EaD pode representar tanto dinâmicas estáveis, para as quais $y(k)$ converge a um equilíbrio y_f quando temos entradas tipo degrau em u e q, quanto dinâmicas instáveis, para as quais y diverge e não retorna ao repouso para qualquer entrada não nula, ou dinâmicas integradoras, para as quais y apresenta um comportamento meramente estável, estabilizando-se quando temos entradas que convergem a zero e divergindo (com comportamento tipo rampa) quando temos entradas tipo degrau.

A seguir, detalharemos a solução $y(k)$ de forma genérica e, em seguida, nos debruçaremos sobre cada um desses casos.

6.3.1 Solução da EaD

Começamos, então, por observar a resposta de um sistema discreto cujo modelo é dado pela EaD (6.30). Para analisar essa resposta, faremos a recursão da solução, partindo de $k = 0$. Supomos que o sistema, neste instante inicial, está em um dado ponto y_0.

No primeiro instante discreto seguinte, $k = 1$, temos:

$$\begin{aligned} y(1) &= \alpha y(0) + \beta_u u(0) + \beta_q q(0) \\ &= \alpha y_0 + \beta_u u(0) + \beta_q q(0)\,. \end{aligned} \tag{6.31}$$

Para o segundo instante, $k = 2$, temos:

$$\begin{aligned} y(2) &= \alpha y(1) + \beta_u u(1) + \beta_q q(1) \\ &= \alpha \underbrace{\left(\alpha y_0 + \beta_u u(0) + \beta_q q(0)\right)}_{y(1)} + \beta_u u(1) + \beta_q q(1) \\ &= \alpha^2 y_0 + \alpha\beta_u u(0) + \alpha\beta_q q(0) + \beta_u u(1) + \beta_q q(1)\,. \end{aligned} \tag{6.32}$$

Para o terceiro instante, $k = 3$, temos:

$$\begin{aligned} y(3) &= \alpha y(2) + \beta_u u(2) + \beta_q q(2) \\ &= \alpha \underbrace{\left(\alpha^2 y_0 + \alpha\beta_u u(0) + \alpha\beta_q q(0) + \beta_u u(1) + \beta_q q(1)\right)}_{y(2)} \\ &+ \beta_u u(2) + \beta_q q(2) \\ &= \alpha^3 y_0 + \alpha^2\beta_u u(0) + \alpha^2\beta_q q(0) + \alpha\beta_u u(1) + \alpha\beta_q q(1) \\ &+ \beta_u u(2) + \beta_q q(2)\,. \end{aligned} \tag{6.33}$$

Dessas equações, podemos claramente ver a repetição de um padrão.[3] Logo, podemos tentar escrever a saída $y(k)$ em função das entradas u e q (entre os instantes 0 e $k-1$) e da condição inicial $y(0) = y_0$. Tal como fizemos para o caso contínuo, reescreveremos a resposta $y(k)$ como uma soma de dois termos:

$$y(k) = y_{\text{natural}}(k) + y_{\text{particular}}(k)\,, \tag{6.34}$$

sendo $y_{\text{natural}}(k)$ a parcela referente à condição inicial e $y_{\text{particular}}(k)$ a parcela referente às entradas não nulas.

No caso de $y_{\text{natural}}(k)$, observemos as Eqs. (6.31), (6.32) e (6.33) tomando $u(k) = q(k) = 0$ para todo k. Notamos que a resposta natural do sistema

[3]Podemos demonstrar formalmente o padrão usando indução completa.

depende apenas de y_0 e da constante α, ou seja:

$$y_{\text{natural}}(k) = \alpha^k y_0 \,. \tag{6.35}$$

Considerando a solução particular, às entradas não nulas, podemos escrever $y_{\text{particular}}(k)$ como função dos sinais $q(k)$ e $u(k)$:

$$y_{\text{particular}}(k) = \sum_{i=1}^{k} \alpha^{i-1}\beta_u u(k-i) + \sum_{i=1}^{k} \alpha^{i-1}\beta_q q(k-i) \,. \tag{6.36}$$

Consideremos, então, tal qual no caso contínuo, que se aplica um degrau de amplitude U em $u(k)$ e um degrau de amplitude Q em $q(k)$, ambos com subida em $k = 0$. Assim, podemos reescrever a Eq. (6.36) da seguinte forma, considerando $k > 0$:

$$y_{\text{particular}}(k) = \beta_u \left(\sum_{i=1}^{k} \alpha^{i-1} \right) U + \beta_q \left(\sum_{i=1}^{k} \alpha^{i-1} \right) Q \,. \tag{6.37}$$

Neste ponto, ressaltamos que o termo $S(k) = \left(\sum_{i=1}^{k} \alpha^{i-1} \right)$ tem uma solução fechada, dada por: $S(k) = \frac{(1-\alpha^k)}{1-\alpha}$. Mostraremos esse resultado considerando que $S(k)$ pode ser rescrito como o somatório de termos da seguinte progressão geométrica, com razão α:

$$\text{PG} := \left\{ \alpha^0 \quad \alpha^1 \quad \ldots \quad \alpha^{k-2} \quad \alpha^{k-1} \right\} . \tag{6.38}$$

Temos que:

$$S(k) = \left(\alpha^0 + \alpha^1 + \cdots + \alpha^{k-2} + \alpha^{k-1} \right) . \tag{6.39}$$

Podemos, então, multiplicar ambos os lados dessa equação pela razão geométrica α:

$$\alpha S(k) = \alpha\left(\alpha^0 + \alpha^1 + \cdots + \alpha^{k-2} + \alpha^{k-1}\right), \tag{6.40}$$

$$\alpha S(k) = \left(\alpha^1 + \cdots + \alpha^{k-1} + \alpha^k\right). \tag{6.41}$$

Subtraindo a Eq. (6.39) pela Eq. (6.41), temos, para o caso $\alpha \neq 1$:

$$S(k) - \alpha S(k) = \alpha^0 - \alpha^k, \tag{6.42}$$

$$(1-\alpha)\,S(k) = 1 - \alpha^k$$

$$S(k) = \frac{\left(1-\alpha^k\right)}{1-\alpha}. \tag{6.43}$$

Como possuímos, agora, uma solução fechada para $S(k)$, podemos substituir a Eq. (6.43) na Eq. (6.37), o que nos leva, considerando $\alpha \neq 1$, a:

$$y_{\text{particular}}(k) = \frac{\beta_u}{1-\alpha}\left(1-\alpha^k\right)U + \frac{\beta_q}{1-\alpha}\left(1-\alpha^k\right)Q. \tag{6.44}$$

A solução total, por fim, é dada, para $\alpha \neq 1$, por:

$$y(k) = \alpha^k y_0 + \frac{\beta_u}{1-\alpha}\left(1-\alpha^k\right)U + \frac{\beta_q}{1-\alpha}\left(1-\alpha^k\right)Q. \tag{6.45}$$

Para o caso de $\alpha = 1$, temos $S(k) = k$ e a solução é:

$$y(k) = y_0 + \beta_u U k + \beta_q Q k. \tag{6.46}$$

Analisaremos detalhadamente essas respostas na sequência.

6.3.2 Casos para a solução da EaD: estável, instável e integrador

Na seção anterior, demonstramos que a resposta $y(k)$ para uma EaD do tipo (6.30), considerando entradas tipo degrau, é dada pela Eq. (6.45) para $\alpha \neq 1$, e pela Eq. (6.46) para $\alpha = 1$.

Observamos que, na Eq. (6.45), o único termo variante com k é o termo α^k. Todos os outros termos são parâmetros constantes. Logo, a característica estável ou instável do sistema deve ser imposta pela forma de α^k. Esse termo é um sinal discreto de potenciação (vide Capítulo 3), cuja resposta é limitada para $|\alpha| < 1$ e ilimitada (cresce exponencialmente) para $|\alpha| > 1$.

Já para o caso $\alpha = 1$, a solução mostra, tal qual no caso contínuo integrador, um sinal tipo rampa em $y(k)$ para entradas tipo degrau em $u(k)$ e $q(k)$. Note que $y(k)$ na Eq. (6.46) é composto por um valor constante y_0 e duas rampas discretas de inclinação $\beta_u U$ e $\beta_q Q$.

Devemos observar que para os casos com $\alpha < 0$ as respostas do sistema têm um comportamento oscilatório, dado que o termo α^k será positivo para k par e negativo para k ímpar. Esse tipo de sistema não é de interesse deste livro e focaremos na sequência em sistemas com $\alpha \geq 0$. Note que, para sistemas com $\alpha = 0$, a saída é igual à entrada no instante anterior:

$$y(k) = \beta_u u(k-1) + \beta_q q(k-1)\,. \tag{6.47}$$

Resumindo, a EaD que representa sistemas discretos lineares de primeira ordem com $\alpha \geq 0$ pode ser do tipo:

1. Estável, com $\alpha < 1$ e resposta

$$y(k) = \alpha^k y_0 + \frac{\beta_u}{1-\alpha}\left(1-\alpha^k\right)U + \frac{\beta_q}{1-\alpha}\left(1-\alpha^k\right)Q\,.$$

2. Instável, com $\alpha > 1$ e resposta

$$y(k) = \alpha^k y_0 + \frac{\beta_u}{\alpha - 1}\left(\alpha^k - 1\right) U + \frac{\beta_q}{\alpha - 1}\left(\alpha^k - 1\right) Q.$$

3. Integradora, para $\alpha = 1$ e resposta

$$y(k) = y_0 + (\beta_u U + \beta_q Q)k.$$

De forma análoga ao caso contínuo, devemos ressaltar que, para o caso estável, a solução para a aplicação de degraus nas entradas (variável manipulada e perturbação) em amostras de tempos diferentes é dada diretamente pela soma das respostas deslocadas. Considerando $u(k) = U\,\mathbf{1}(k - k_u)$ e $q(k) = Q\,\mathbf{1}(k - k_q)$, temos a seguinte resposta:

$$\begin{aligned} y(k) &= \alpha^k y_0 + \frac{\beta_u}{1-\alpha}(1 - \alpha^{k-k_u})U\,\mathbf{1}(k - k_u) \\ &+ \frac{\beta_q}{1-\alpha}(1 - \alpha^{k-k_q})Q\mathbf{1}(k - k_q). \end{aligned}$$

Na Figura 6.9, mostramos essas três possíveis respostas de um sistema discreto com $\alpha > 0$, $\beta_u = 1$, $y_0 = 0$ (partindo do repouso), $q(k) = 0$ e $u(k)$ como um degrau unitário com subida em $k = 0$.

Nessa figura, podemos ver claramente que, no caso estável, com $\alpha = 0.8$, há uma convergência para um ponto de equilíbrio dado com $y_f = 5$. Se aplicarmos o limite de k tendendo ao infinito na resposta discreta tipo estável, temos:

$$\begin{aligned} \lim_{k\to\infty} y(k) &= \lim_{k\to\infty}\left(\alpha^k y_0 + \frac{\beta_u}{1-\alpha}\left(1 - \alpha^k\right) U + \frac{\beta_q}{1-\alpha}\left(1 - \alpha^k\right) Q\right), \\ y_f &= \frac{\beta_u}{1-\alpha}U + \frac{\beta_q}{1-\alpha}Q, \end{aligned}$$

ou seja, para o caso da figura, temos $y_f = \frac{\beta_u}{1-\alpha}$. Notamos que, como o sistema é estável, o termo $\left(\frac{\beta_u}{1-\alpha}\right)$ representa o ganho estático do caso discreto, análogo ao parâmetro K_e do caso contínuo. Consequentemente, $\left(\frac{\beta_q}{1-\alpha}\right)$ representa o ganho estático em face da perturbação q, análogo ao parâmetro K_q do caso contínuo. Ressaltamos que esses valores não têm nenhuma interpretação física no caso instável.

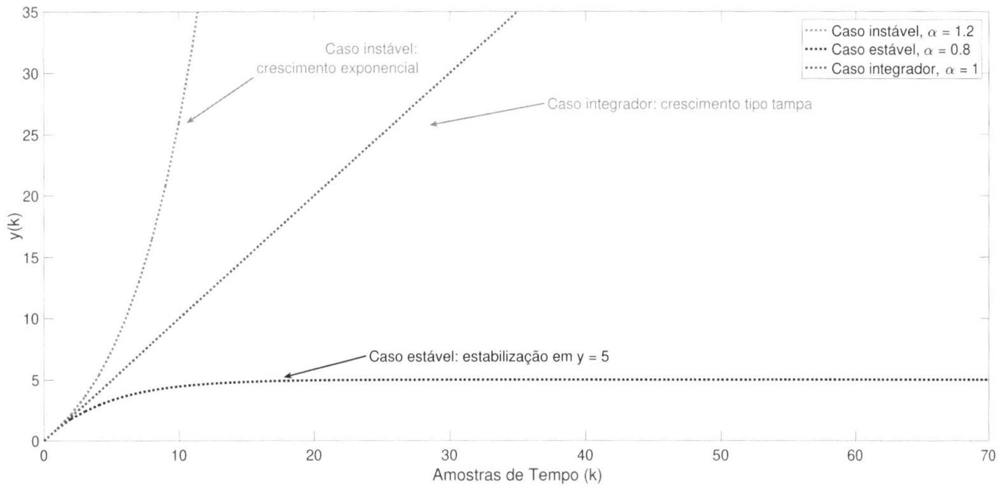

Figura 6.9 – Respostas de sistemas discretos.

Como já comentamos na parte de análise intuitiva, na resposta $y(k)$ do sistema estável, o parâmetro α está associado ao tempo de resposta da exponencial presente em $y(k)$.

Consideraremos $0 < \alpha < 1$, caso de interesse prático. Para valores maiores de α, leva-se mais tempo para a resposta $y(k)$ progredir de um ponto inicial y_i até o equilíbrio final y_f.

É importante notarmos que a relação entre α e o tempo que o sistema leva para atingir o equilíbrio não é linear como no caso da EDO, ou seja, se um sistema for por uma curva com parâmetro α_1 e um segundo sistema for descrito por uma curva com parâmetro α_2, a relação $\alpha_1 = n\alpha_2$ **não implica** em o primeiro sistema ser n vezes mais lento que o segundo. Analisaremos essa situação e mostraremos a relação correta, usando a resposta natural para sistemas discretos descritos por EaDs.

Considere um sistema cuja resposta natural é dada por $y_1(k) = y_i\alpha_1^k$ e um ao segundo sistema cuja resposta natural é $y_2(k) = y_i\alpha_2^k$. Suponhamos que ambos esses sistemas partam do mesmo ponto de operação, dado por y_i. Por construção, supomos que o primeiro sistema é n vezes mais lento que o segundo. Nesse caso, ele chegaria a um dado ponto de operação y_n em um tempo n vezes maior que o segundo sistema, ou seja, $y_i\alpha_1^{nk} = y_i\alpha_2^k$. Isso nos leva a $\alpha_1^{nk} = \alpha_2^k \rightarrow \alpha_1^n = \alpha_2$. Evidentemente, a relação entre os valores de α é não linear.

Por exemplo, considere um sistema que tem como parâmetro $\alpha = 0.9$. Para acharmos um sistema duas vezes mais rápido, precisamos de um modelo com parâmetro $\alpha = 0.9^2 = 0.81$.

Por outro lado, na solução discreta estável, assim como na contínua estável, existe uma relação linear entre o ganho estático e a amplitude da variação causada na saída ao aplicar uma variação na sua entrada. Dessa forma, se um sistema tem um ganho estático K_1 e um segundo sistema tem um ganho estático K_2, a relação $K_1 = nK_2$ impõe que o primeiro sistema amplifique o efeito da variação na sua entrada n vezes mais que o segundo sistema. Finalizaremos esta seção com um último exemplo.

Exemplo 60 *A Figura 6.10 ilustra a resposta do sistema representado por uma EaD de primeira ordem, com $u(k)$ sendo um degrau unitário, para diferentes valores de α (neste caso, não temos perturbações). Esse sistema parte do repouso $y_0 = 0$ e atinge o equilíbrio $y_f = 1$, portanto com $K_e = 1$. Como pode ser observado, o tempo que a saída leva até estabilizar-se em y_f é menor para valores menores do parâmetro α. Note que há uma relação não linear de potenciação entre o parâmetro α e o tempo de resposta do sistema, tal como previamente demonstrado.*

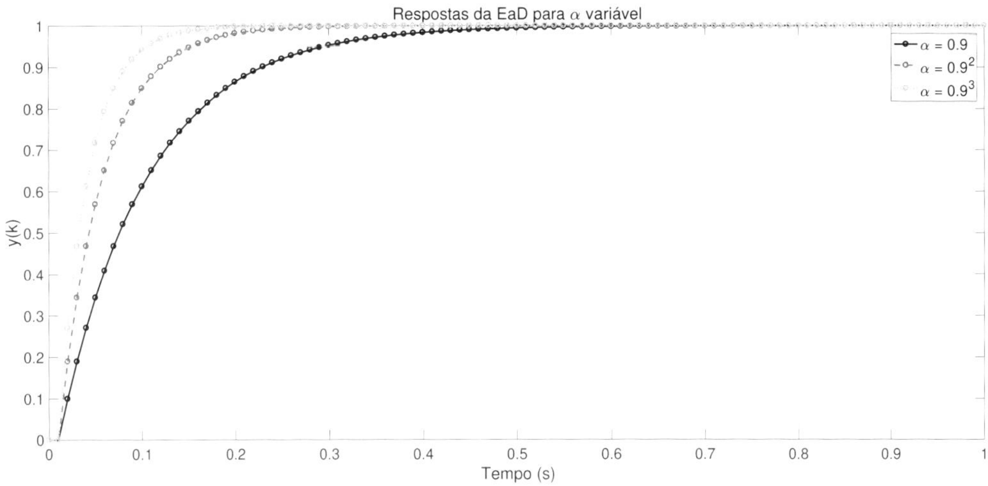

Figura 6.10 – Sistema estável discreto: resposta a entradas não nulas com parâmetros $\alpha = 0.9$, $\alpha = 0.9^2$ e $\alpha = 0.9^3$.

6.4 Resposta de sistemas amostrados

Agora que as soluções dos modelos que representam os sistemas lineares contínuos e discretos foram formalmente discutidas, podemos fazer uma analogia entre essas respostas, o que é bastante útil para entendermos a resposta de sistemas amostrados, o uso de modelos discretos para simular modelos contínuos e a importância da escolha do período de amostragem ou do passo de cálculo em uma simulação discreta. Usaremos o caso estável para esta análise, mas ela pode ser generalizada para os outros casos (instável e integrador).

Como demonstramos, a resposta de um sistema contínuo de primeira ordem estável, sem perturbação e com entrada u tipo degrau de amplitude U, é dada por:

$$y(t) \;=\; y_0 e^{-\frac{t}{\tau}} + K_e\left(1 - e^{-\frac{t}{\tau}}\right)U\,, \qquad (6.48)$$

ao passo que a resposta de um sistema discreto de primeira ordem estável, também com entrada tipo degrau de amplitude U e perturbação nula, é dada por:

$$y(k) = y_0\alpha^k + \frac{\beta_u}{1-\alpha}\left(1-\alpha^k\right)U\,. \tag{6.49}$$

Consideraremos, agora, que a resposta do sistema contínuo é amostrada, usando $t = kT_s$. Para tal, temos que:

$$y(kT_s) = y_0 e^{-\frac{kT_s}{\tau}} + K_e\left(1 - e^{-\frac{kT_s}{\tau}}\right)U \tag{6.50}$$

que é reescrita da seguinte forma:

$$y(kT_s) = y_0\left(e^{-\frac{T_s}{\tau}}\right)^k + K_e\left(1 - \left(e^{-\frac{T_s}{\tau}}\right)^k\right)U\,. \tag{6.51}$$

Comparando termo a termo essa resposta com a resposta da EaD de primeira ordem, observamos que:

- (i) esta nova resposta vale apenas para os instantes das amostras;
- (ii) há uma equivalência entre as respostas da EaD do caso discreto com a amostragem da resposta da EDO do caso contínuo, com $\alpha = e^{-\frac{T_s}{\tau}}$.

Essas propriedades nos afirmam que a resposta de um sistema contínuo, cujo modelo é a uma EDO de primeira ordem, tem uma equivalência, ponto a ponto (amostra a amostra), sendo cada amostra dada por $k = \frac{t}{T_s} \in \mathbb{N}$, com a solução de uma EaD de primeira ordem. Observamos que, como esperado, os dois modelos têm o mesmo ganho estático e a mesma constante de tempo, se vale que $\alpha = e^{-\frac{T_s}{\tau}}$ e $K_e = \frac{\beta_u}{(1-\alpha)}$.

Portanto, podemos usar um modelo do tipo EaD de primeira ordem para representar o comportamento de um sistema EDO de primeira ordem, se escolhemos adequadamente os parâmetros do sistema modelado por uma EaD.

Os dois sistemas terão uma resposta com a mesma forma coincidindo nos instantes de amostragem. Do ponto de vista matemático, esse resultado é independente do período de amostragem T_s. Entretanto, na prática, quando recuperamos um sinal contínuo a partir de amostras, precisamos interpolá-los, e um sinal interpolado nunca será igual ao sinal contínuo que deu origem às amostras. Todavia, como vimos no Capítulo 2, na prática, com um período de amostragem T_s bem escolhido, podemos usar o sinal interpolado como uma boa representação do sinal contínuo original.

Um outro assunto que está relacionado com esta análise diz respeito ao cálculo da solução da EDO de forma numérica. Em capítulos anteriores, elaboramos a equivalência entre os modelos contínuos (EDO) e discretos (EaD), usando a aproximação da derivada $\frac{dy(t)}{dt}$ por $\frac{y(k+1)-y(k)}{T_c}$, na Eq. (6.52), quando buscávamos realizar uma simulação numérica para obter aproximadamente a solução da equação.

Note que, ao aproximarmos o termo derivativo do sistema contínuo de primeira ordem com $\frac{dy(t)}{dt} \approx \frac{y(k+1)-y(k)}{T_c}$, sendo T_c o tempo de cálculo e k um natural, temos que:

$$
\begin{aligned}
\tau\frac{dy(t)}{dt} + y(t) &= K_e u(t) + K_q q(t)\,, \\
\tau\left(\frac{y(k+1)-y(k)}{T_c}\right) &\approx -y(k) + K_e u(k) + K_q q(k)\,, \\
y(k+1) - y(k) &\approx -\frac{T_c}{\tau}y(k) + \frac{T_c}{\tau}K_e u(k) + \frac{T_c}{\tau}K_q q(k)\,, \\
y(k+1) &\approx \underbrace{\left(\frac{\tau - T_c}{\tau}\right)}_{\alpha} y(k) + \underbrace{\left(\frac{T_c K_e}{\tau}\right)}_{\beta_u} u(k) \qquad (6.52) \\
&+ \underbrace{\left(\frac{T_c K_q}{\tau}\right)}_{\beta_q} q(k)\,.
\end{aligned}
$$

Isso quer dizer que a EaD (6.30) pode representar as mesmas dinâmicas que a EDO da Eq. (6.11), de forma aproximada. Nessa aproximação de

Euler, T_c é o tempo de cálculo que usaremos no microcontrolador para resolvermos a equação.

Ao aproximarmos o modelo, obtemos uma EaD de primeira ordem com $\alpha = 1 - \frac{T_c}{\tau}$ e $\beta_u = \frac{T_c K_e}{\tau}$. Com essa aproximação, notamos que o ganho estático $\frac{\beta_u}{1-\alpha}$ é coerente com o do caso contínuo, pois $\frac{\beta_u}{1-\alpha} = K_e$, e que o parâmetro α pode ser obtido por meio de uma expansão de Taylor de primeira ordem do termo exponencial da resposta contínua. Veja que a fórmula de Euler que usamos é apenas uma aproximação linear[4] de primeira ordem de $e^{-\frac{T_c}{\tau}}$, dada por: $e^{-\frac{T_c}{\tau}} \approx 1 - \frac{T_c}{\tau}$.

Dessa forma, caso $\frac{T_c}{\tau}$ seja suficientemente pequeno, as respostas do sistema amostrado e do sistema discretizado por Euler serão muito similares, se $T_c = T_s$.

Usaremos um exemplo numérico e um exemplo em simulação para podermos ilustrar essa discussão a respeito da equivalência entre as respostas obtidas com um modelo contínuo e um modelo discreto.

Exemplo 61 *Consideremos o exemplo do seguinte sistema contínuo:*

$$50\frac{dy(t)}{dt} + y(t) = 6u(t)\,, \tag{6.53}$$

cuja resposta para um degrau unitário, partindo de condições iniciais $y(0)$ nulas, é:

$$y(t) = 6\left(1 - e^{-\frac{t}{50}}\right)\,. \tag{6.54}$$

A amostragem dessa resposta a cada $k = \frac{t}{T_s}$ amostras com $T_s = 1$ s é dada por:

$$y(t)|_{t=kT_s} = 6\left(1 - (e^{-\frac{T_s}{50}})^k\right)\,. \tag{6.55}$$

A Figura 6.11 ilustra as diferenças entre a resposta deste sistema con-

[4]Usando a expansão de Taylor, temos: $e^x \approx 1 + x$, para x suficientemente pequeno.

tínuo ($y(t)$, curva contínua) e amostragem dessa resposta ponto a ponto ($y(t)|_{t=kT_s}$, curvas coloridas com estrelas). Nessa figura, podemos observar a diferença entre a resposta do sistema contínuo real e do sistema amostrado, mas que há uma equivalência entre ambas as respostas em todos os instantes de amostragem. Se a resposta amostrada fosse interpolada por degraus, usando um interpolador de ordem zero, obteríamos sinais tipo "escada", para todos os intervalos de tempo de tamanho T_s. No caso de $T_s = 1$, que é cinquenta vezes menor que a constante de tempo do sistema, as respostas deste sistema interpolado (por um interpolador tipo ZOH) são bem próximas às respostas do caso contínuo, mesmo nos pontos entre as amostras. Já nos outros casos, a diferença entre os pontos torna-se mais notável.

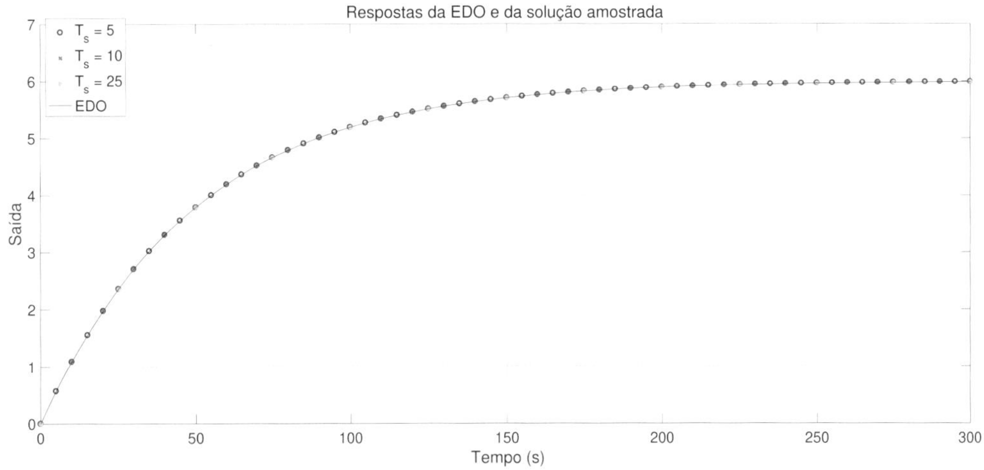

Figura 6.11 – Equivalência das soluções da EDO e da EaD considerando amostragem.

Esse resultado é bem importante e exige que, na prática, usemos o período de amostragem T_s como pelo menos vinte vezes menor que o tempo esperado para que a resposta do sistema contínuo passe pela maior parte do seu regime transitório. Como sabemos que um sistema representado por uma EDO de primeira ordem chega a 95% de seu valor final em aproximadamente 3τ, uma escolha adequada para este caso é $T_s \leq \frac{3\tau}{20}$.

Consideremos agora a aproximação do modelo em EDO deste sistema por uma EaD, que é obtida com $\frac{dy(t)}{dt} \approx \frac{y(k+1)-y(k)}{T_c}$, *considerando* $T_c = T_s$. *Esta EaD é resultante da aproximação*[5] *é dada por:*

$$y(k+1) \;=\; (1-\frac{T_c}{50})y(k)+\frac{6T_c}{50}u(k)\,. \qquad (6.56)$$

A Figura 6.12 mostra, novamente, a solução sistema contínuo ($y(t)$, curva linha cheia) e diferentes aproximações tal qual a Eq. (6.56), para valores diferentes de $T_c = T_s$ (curvas com estrelas coloridas).

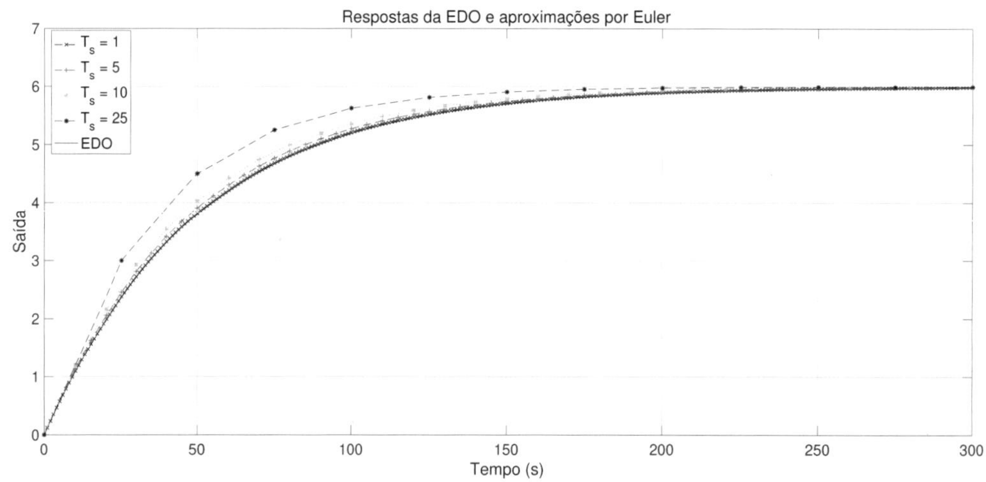

Figura 6.12 – Aproximação da solução da EDO usando discretização por Euler.

Podemos observar, como esperado, que a solução para tempos de cálculo menores é muito próxima da resposta contínua e, à medida que usamos tempos de cálculo maiores, obtemos mais erros de aproximação durante o regime transitório.

Ressaltamos que, neste caso, não há coincidência nos instantes de cálculo múltiplos de T_c, mas com T_c pequeno o resultado é satisfatório. Isso ressalta a importância de escolher um passo de cálculo suficientemente pequeno quando simulamos um sistema contínuo por meio de uma aproxima-

[5]Para simplificar a notação, não usamos T_c na equação seguinte.

ção discreta.

Finalizaremos este capítulo com alguns exemplos de cálculo de resposta de sistemas (representados por modelos tipo EaD ou EDO) para situações particulares. Também apresentaremos exemplos para os quais, a partir de uma dada resposta, calculamos os parâmetros do modelo.

Como mostramos ao longo deste capítulo, as respostas analisadas podem ser totalmente determinadas a partir do conhecimento da condição inicial do sistema, do seu ganho estático e da sua constante de tempo (ou parâmetro α, no caso discreto). O problema inverso também é verdadeiro: se conhecemos a resposta de um sistema real e assumimos que ele é modelado por uma EDO ou EaD de primeira ordem, podemos, igualando os dados da resposta com a solução analítica do modelo, encontrar os valores de K_e, K_q e τ (ou α, β_u e β_q, no caso discreto).

Por exemplo, considere que em um sistema real foi realizado um ensaio com aplicação de um degrau de amplitude U_0 na manipulada, sem perturbações e com condições iniciais nulas $y(0) = 0$. Nesse ensaio, observamos uma resposta que, depois de um tempo, atinge um valor de equilíbrio y_f e que, para chegar a 99% desse valor, levou T_0 segundos. Assumiremos que a resposta tem uma forma similar à de uma EDO de primeira ordem. Podemos, então, encontrar o ganho estático K_e desse sistema pelo quociente entre a variação da variável controlada $(y_f - 0)$ e da variável manipulada $(U_0 - 0)$, como $K_e = \frac{y_f}{U_0}$. Tal como um sistema representado por uma EDO de primeira ordem, observamos que a resposta leva, aproximadamente, 5τ até chegar em 99% do seu valor final (em regime permanente). Portanto, podemos determinar $\tau = \frac{T_0}{5}$.

Este mesmo tipo de procedimento pode ser usado no caso de modelos EaD, e é realizado também para a relação entre a perturbação e a variável de processo. Os próximos exemplos ilustram esses conceitos.

Exemplo 62 *Considere o sistema de controle de nível $h(t)$ de um tanque, sobre o qual atuamos por meio da abertura da válvula de saída de água*

$a(t)$, e consideramos a vazão de entrada $V_e(t)$ como uma perturbação para o sistema. O modelo EDO que descreve as dinâmicas do nível desse tanque é:

$$5\frac{dh(t)}{dt} + h(t) = -3a(t) + 2V_e(t)\,.$$

Queremos calcular a resposta do sistema para o seguinte ensaio: o tanque se encontra em $t = 0$ com nível $h(0) = 0.5\,m$ para uma abertura de $a(0) = 0.5$ e uma vazão unitária. No instante de tempo $t = 0$, aplica-se um degrau de amplitude 0.2 em $V_e(t)$, com o sinal de abertura a constante. Na sequência, no instante de tempo $t = 20\,s$, aplica-se um degrau incremental de amplitude 0.1 no sinal $a(t)$, mantendo V_e constante. Queremos saber qual será o valor final de h no final do ensaio.

Sabemos que o sistema tem parâmetros $\tau = 5\,s$, $K_e = -3$ e $K_q = 2$ e que a resposta do sistema é composta por três parcelas, uma devido à condição inicial, uma devido à abertura a e outra devido à perturbação V_e. Consideraremos a resposta em duas partes, entre os instantes de tempo $t = 0$ e $t = 20\,s$ e deste instante em diante. Para o primeiro intervalo, temos:

$$h(t) = h(0)e^{-t/5} - 3(1 - e^{-t/5})a_0 + 2(1 - e^{-t/5})V_0\,,$$

sendo a_0 o valor constante aplicado em a e V_0 o valor final aplicado em V_e.

Assim, neste caso, temos:

$$h(t) = 0.5e^{-t/5} - 3(1 - e^{-t/5})0.5 + 2(1 - e^{-t/5})1.2 = 0.9 - 0.4e^{-t/5}\,.$$

A partir do instante de tempo $t = 20\,s$, podemos usar a seguinte expressão:

$$h(t) = h(20)e^{-(t-20)/5} - 3(1 - e^{-(t-20)/5})a_1 + 2(1 - e^{-(t-20)/5})V_1\,,$$

usando os novos valores finais das entradas $a_1 = 0.6$ e $V_1 = 1.2$.

Precisamos determinar o valor de $h(20)$ *(da primeira parte da solução). Logo, temos* $h(20) = 0.9 - 0.4e^{-20/5} = 0.8927$*. Então, para* $t \geq 20$*:*

$$h(t) = 0.8927e^{-(t-20)/5} - 3(1 - e^{-(t-20)/5})0.6 + 2(1 - e^{-(t-20)/5})1.2\,,$$

$$h(t) = 0.6 + 0.2927e^{-(t-20)/5}\,.$$

A partir dessa solução, podemos determinar que o nível convergirá ao regime permanente $h = 0.6$*, ao final do ensaio, pois o limite de* $e^{-(t-20)/5}$ *é nulo, conforme* $t \to +\infty$*. Observe que esse valor final poderia ser calculado sem necessidade de toda a resposta analítica transitória, assumindo que o ponto de equilíbrio existe e que o ensaio não causa esvaziamento nem transbordamento do tanque, dado que o modelo estático do tanque indica que:*

$$h = -3a + 2V_e\,,$$

para todos os pontos de operação. Assim, para $a = 0.6$ *e* $V_e = 1.2$*, condição final do ensaio, obtemos* $h = 0.6$*. Ressaltamos que poderíamos também resolver essa equação em um único passo, usando a formulação da resposta completa para uma entrada descrita por um sinal de combinação de degraus aplicados em instantes distintos.*

Exemplo 63 *Considere que o sistema de controle de temperatura de uma sala é modelado por uma EDO de primeira ordem com entrada* P *(potência do aquecedor) e saída* T *(a temperatura da sala medida com relação à temperatura ambiente, considerada constante):*

$$\tau\frac{dT(t)}{dt} + T(t) = K_eP(t)\,.$$

Realizamos um ensaio nesse sistema para o qual, partindo de $T(0) = 0$ *e* $P(0) = 0$*, aplica-se um degrau de potência* $5\,kW$ *e se observa que* T *varia em forma exponencial como esperado, passando aproximadamente por*

$T = 12.6\,^oC$ em $t = 10\,s$ e por $T = 19\,^oC$ em $t = 30\,s$. Com esses dados, deseja-se determinar os valores de τ e K_e.

Sabemos que, visto que o sistema parte do repouso, a resposta analítica desse processo é dada por:

$$T(t) = K_e(1 - e^{-t/\tau})5\,.$$

Temos dois pontos dessa função: $T(10) = 12.6$ e $T(30) = 19$, ou seja:

$$12.6 = K_e(1 - e^{-10/\tau})5 \qquad e \qquad 19 = K_e(1 - e^{-30/\tau})5\,.$$

Dividindo uma expressão pela outra, obtemos:

$$12.6/19 = \frac{(1 - e^{-10/\tau})}{(1 - e^{-30/\tau})} \rightarrow 12.6 - 12.6e^{-30/\tau} = 19 - 19e^{-10/\tau}\,.$$

Essa relação nos leva a:

$$6.4 - 19e^{-10/\tau} + 12.6e^{-30/\tau} = 0\,.$$

Usando $x = e^{-10/\tau}$, temos $e^{-30/\tau} = x^3$. Assim, resolvendo a equação $12.6x^3 - 19x + 6.4 = 0$, encontramos o valor admissível $x = 0.37$ e, consequentemente, $\tau = 9.94\,s$. Usando esse parâmetro, encontramos um ganho estático do sistema dado, aproximadamente, por $K_e = 20$.

Exemplo 64 *Para controlar a velocidade de giro de um sistema turbina-gerador, usado para gerar energia elétrica a frequência constante em uma indústria de cana-de-açúcar, atua-se com uma válvula que injeta vapor na turbina. A carga elétrica no sistema de geração atua como freio do gerador, sendo uma perturbação para a velocidade.*

Para descrever o comportamento deste processo, o seguinte modelo dis-

creto é usado:

$$y(k) = 0.85y(k-1) + 0.45u(k-1) - 0.3q(k-1)\,,$$

sendo $y(k)$ *a velocidade,* $u(k)$ *a vazão de vapor injetada e* $q(k)$ *a carga elétrica no sistema. As variáveis* u *e* q *estão normalizadas no intervalo* $[0,1]$ *e* y *está no intervalo* $[0,3]$*. As amostras* k *são medidas a cada segundo.*

Consideremos que este sistema está, inicialmente, no ponto de equilíbrio dado por $u_i = 0.5, q_i = 0.5, y_i = 0.5$*. Então, aplica-se um degrau incremental de amplitude* 0.3 *de vazão de vapor (a perturbação* q *é mantida constante). Encontremos, então, a expressão da resposta do sistema para este caso. Para tal, também calcularemos o valor final* y_f *que é atingido pelo sinal de velocidade, no novo equilíbrio. De forma complementar, calcularemos o tempo que o sinal de velocidade leva para atingir aproximadamente* 95% *da variação* $(y_f - y_i)$*.*

Neste sistema, sabemos que a expressão geral da resposta, para $k \geq 0$*, é:*

$$y(k) = 0.85^k y_i + \frac{0.45}{1-0.85}(1-0.85^k)u_f - \frac{0.3}{1-0.85}(1-0.85^k)q_f\,,$$

sendo u_f, q_f *os valores finais dos degraus aplicados no sistema, respectivamente, na variável manipulada e na perturbação. Assim, temos:*

$$y(k) = 0.5(0.85)^k + \frac{0.45}{1-0.85}(1-0.85^k)0.8 - \frac{0.3}{1-0.85}(1-0.85^k)0.5\,,$$

$$y(k) = 0.5(0.85)^k + 2.4(1-0.85^k) - (1-0.85^k) = 1.4 - 0.9(0.85)^k\,.$$

Uma vez obtida essa solução, podemos calcular o valor final y_f *usando o limite da expressão anterior para* $k \to \infty$*, obtendo* $y_f = 1.4$*. Esse valor pode ser calculado também diretamente, por meio do modelo estático do processo,* *que, neste caso, é:*

$$y_f = 0.85y_f + 0.45u_f - 0.3q_f \rightarrow y_f = 3u_f - 2q_f\,.$$

Dessa forma, para $u_f = 0.8$ *e* $q_f = 0.5$*, temos* $y_f = 3(0.8) - 2(0.5) = 1.4$.

Para calcularmos o tempo que a velocidade leva para atingir aproximadamente 95% *da variação* $(y_f - y_i)$*, que, neste caso é* $0.95(1.4-0.5) = 0.855$*, usaremos, novamente, a solução* $y(k) = 1.4 - 0.9(0.85)^k$*. Para tal, precisamos descobrir para qual amostra* k *temos* $y(k) \geq 0.5 + 0.855 = 1.355$*. Assim, resolvemos:*

$$1.355 = 1.4 - 0.9(0.85)^x \rightarrow (0.85)^x = 0.05 \rightarrow x = \frac{log(0.05)}{log(0.85)} = 18.43\,.$$

Essa expressão nos leva a considerar que, na amostra $k = 19$*, o sistema chega à condição exigida.*

Encontraremos, por fim, a resposta deste sistema de uma forma diferente, usando, agora, a ideia de modelo incremental. As variáveis deste sistema podem ser descritas em função do ponto de equilíbrio inicial:

$$y(k) = y_i + \Delta y(k)\,, \tag{6.57}$$

$$u(k) = u_i + \Delta u(k)\,, \tag{6.58}$$

$$q(k) = q_i + \Delta q(k)\,. \tag{6.59}$$

Se encontramos a solução para $\Delta y(k)$*, que tem condição inicial nula, e a somamos a* y_i*, teremos a solução completa. Como, neste caso de estudo, não ocorrem variação de* $q(k)$*, isto é,* $\Delta q(k) = 0$*, podemos escrever a solução de* $\Delta y(k)$ *apenas devido à variação de* $\Delta u = u_f - u_i$*, da seguinte forma:*

$$\Delta y(k) = 3(1 - 0.85^k)(u_f - u_i) = 0.9(1 - 0.85^k)\,.$$

Somando essa expressão com y_i, obtemos:

$$y(k) = 0.5 + 0.9(1 - 0.85^k) = 1.4 - 0.9(0.85)^k\,,$$

que é a mesma solução obtida anteriormente.

Exemplo 65 *Em um segundo sistema turbina-gerador, da mesma indústria de cana-de-açúcar, o seguinte modelo discreto é usado:*

$$y(k) = 0.85y(k-1) + \beta_u u(k-1) - \beta_q q(k-1)\,,$$

considerando com as mesmas variáveis e intervalos que no caso anterior. As amostras discretas também são medidas a cada segundo.

Neste caso, precisamos determinar os valores de β_u e β_q do modelo usando as medidas das condições de operação em dois pontos de equilíbrio:

- *Com $u_1 = 0.5$ e $q_1 = 0.5$, mede-se $y_1 = 0.5$;*
- *Com $u_2 = 0.8$ e $q_2 = 0.2$, mede-se $y_2 = 2.0$.*

Também temos que determinar o ganho estático do modelo do sistema para a relação entre u e y e para a relação entre q e y.

A condição de equilíbrio do sistema implica em $y(k) = y(k-1) = y, u(k) = u, q(k) = q$, para toda amostra k. Assim, o modelo estático é dado por:

$$y = 0.85y + \beta_u u - \beta_q q\,.$$

Usando as duas condições impostas, temos:

$$0.5\,(1 - 0.85) = \beta_u 0.5 - \beta_q 0.5\,,$$

$$2\,(1 - 0.85) = \beta_u 0.8 - \beta_q 0.2\,,$$

o que leva a duas equações em β_u e β_q:

$$0.15 = \beta_u - \beta_q \quad e \quad 0.3 = 0.8\beta_u - 0.2\beta_q \,.$$

Resolvendo esse sistema de equações, obtemos $\beta_u = 0.45$ e $\beta_q = 0.3$. Para determinarmos o ganho estático, podemos considerar, novamente, a equação estática do sistema com $\beta_u = 0.45$ e $\beta_q = 0.3$. Portanto, $0.15y = 0.45u - 0.3q$ ou $y = 3u - 2q$. Notamos que os ganhos estáticos são dados por $K_e = 3$ e $K_q = -2$.

Nos exemplos anteriores, consideramos casos de sistemas estáveis, que representam a maioria dos casos práticos. Para completarmos o estudo, consideraremos um caso instável.

Exemplo 66 *Estudaremos, neste exemplo, um sistema de aplicação financeira de taxa de juros prefixada e aplicação mensal constante.*

Suponhamos, para fins de ilustração, que queremos poupar para comprar uma casa que custa 500000 reais e, para tal, investiremos, mensalmente, mil reais em uma aplicação com rendimento de 5% ao mês.

Queremos saber em quantos meses devemos poupar para conseguirmos comprar a casa, partindo de um saldo inicial nulo e considerando que a primeira aplicação é feita no início do mês $k = 1$ (suponhamos que conhecemos o saldo no mesmo dia que aplicamos, por exemplo, no quinto dia de cada mês).

O modelo da aplicação, com $k > 0$, é dado por:

$$s(k) = 1.05s(k-1) + A\,,$$

sendo $s(k)$ o saldo e $A = 1000$ a aplicação mensal constante.

Lembrando que $s(0) = 0$, a resposta deste sistema, para $k > 0$, é dada por:

$$s(k) = 1000(1.05)^{k-1}\,.$$

Esta é uma resposta divergente, pois $(1.05)^{k-1}$ *tende ao infinito conforme* k *aumenta. Neste caso, queremos encontrar a amostra mensal* k *tal que:*

$$1000(1.05)^{k-1} \geq 500000 \to (1.05)^{k-1} \geq 500\,.$$

Calculamos, então, um valor k *de tal forma que* $(1.05)^{k-1} = 500$. *Assim, temos:*

$$k - 1 = \frac{log(500)}{log(1.05)} = 127.37\,.$$

Portanto $k = 128.37$ *e, como* k *deve ser dado por um número inteiro, precisamos de* 129 *meses (amostras) para poupar o valor necessário.*

Ressaltamos, neste exemplo, que a aplicação mensal tem um rendimento de juros compostos, equivalente ao crescimento de uma curva exponencial.

6.5 Comentários finais

Neste capítulo, estudamos e discutimos os procedimentos para cálculo das respostas no tempo de sistemas modelados por EDOs e EaDs de primeira ordem, que representam a operação de sistemas dinâmicos contínuos e discretos, em muitas situações práticas.

Neste estudo, consideramos o efeito na resposta das condições iniciais e das entradas do sistema. Limitamos as análises aos sinais de entrada tipo degrau, devido à utilidade prática desses sinais e por estes serem suficientes para explorarmos os aspectos conceituais mais importantes do controle de processos.

Como veremos nos próximos capítulos, com base nesses modelos, poderemos realizar a análise e projeto de sistemas de controle básicos, porém de grande utilidade prática.

Nos exemplos apresentados, estudamos tanto a análise da caraterística da resposta para observar os efeitos dos parâmetros do modelo, como ganho estático e constante de tempo, quanto a determinação desses parâmetros a partir de conhecimento de ensaios realizados no processo. Esses procedimentos, embora simples, são muito usados na prática industrial. Estudaremos mais sobre eles nos próximos capítulos.

Na sequência deste livro, iniciaremos o estudo dos sistemas em malha fechada e diversas estratégias de controle.

6.6 Leitura complementar

Para saber mais sobre o tema de resposta de sistemas lineares contínuos e discretos, recomendamos as seguintes referências complementares, que em geral abordam os temas com o uso de matemática mais avançada e tratam também de sistemas mais complexos.

- KWAKERNAAK, Huibert; SIVAN, Raphael; STRIJBOS, Rens C. W. *Modern signals and systems.* Englewood Cliffs: Prentice Hall, 1991.
- LATHI, Bhagwandas Pannalal; GREEN, Roger A. *Linear systems and signals.* New York: Oxford University Press, 2018,
- OPPENHEIM, Alan V.; WILLSKY, Alan S.; NAWAB, Syed Hamid. *Signals and systems.* London: Prentice-Hall International, 1997.

Lista de exercícios

1. O seguinte sistema dinâmico discreto

$$y(k) = 0.8y(k-1) + 0.4u(k-1) - 0.2q(k-1)\,, \tag{6.60}$$

representa o modelo simplificado de um motor de corrente contínua acionado pela tensão de armadura, para o qual y representa a velocidade de giro deste motor e é a variável de processo, u é a tensão aplicada a armadura deste motor (sinal de controle) e q é o torque de carga sobre o eixo do motor (um sinal de perturbação). Este modelo foi obtido através de uma amostragem feita a cada $T_s = 1\,\mathrm{s}$, sendo $t = kT_s$.

Usando o modelo dado pela Eq. (6.60), elabore um código que simule o comportamento deste motor. Para os testes do simulador, considere cem segundos de simulação e o sinal de controle (variável manipulada) como um tipo degrau unitário, com subida em $t = 10\,\mathrm{s}$, e um o sinal de perturbação também do tipo degrau unitário, com subida em $t = 50\,\mathrm{s}$.

Calcule, analiticamente, o valor final que y atingirá com esses sinais de controle e perturbação. Além disso, estime quantas amostras são necessárias para que se atinja 95% desse valor. Compare graficamente os resultados da sua simulação com os obtidos no procedimento analítico.

2. Este mesmo motor do Problema 1 agora é modelado usando equações diferenciais. A equação a seguir representa o comportamento deste sistema dinâmico contínuo:

$$5\frac{dy(t)}{dt} + y(t) = 2u(t) - q(t)\,, \tag{6.61}$$

para a qual y representa a velocidade de giro do motor (variável de processo), u representa a tensão de alimentação do motor (sinal de controle) e q representa o torque sobre o eixo do motor (sinal de perturbação).

Simule a EDO. Considere 100 segundos de simulação e a variável manipulada como do tipo degrau unitário, com subida em $t = 10\,\text{s}$, tal como o sinal de perturbação, com subida em $t = 50\,\text{s}$.

Calcule analiticamente o valor final que y atingirá com esses sinais de controle e perturbação. Além disso, estime o tempo necessário para que se atinja 95% desse valor. Demonstre que o tempo para se atingir 95% do valor de y em regime permanente independe da amplitude do degrau em u ou em q.

Por fim, apresente os sinais y, u e q usados na simulação e compare os sinais com a previsão analítica. Meça o tempo de assentamento para 95% do valor final de y em regime permanente.

3. A partir da resposta do modelo contínuo do Problema 2, amostre o resultado com $t = kT_s$, usando $T_s = 1\,\text{s}$. Compare esse sinal amostrado com o sinal discreto do Problema 1. Observe a relação entre as duas respostas e demonstre que a amostragem da solução do Problema 2 é equivalente à solução do Problema 1.

4. O modelo discreto de um sistema de controle de velocidade de um foguete é dado pela seguinte equação:

$$v(k) = 0.9v(k-1) + 0.3u(k-1)\,,$$

com amostras medidas a cada minuto.

Considerando o seguinte cenário:

- O foguete está inicialmente em repouso $v(0) = 0$.
- Aplica-se um controle constante na forma $u(k) = u_0$, para todo $k \geq 0$.

Calcule o valor final da velocidade do foguete e o tempo que ele leva para atingir aproximadamente 99% do valor final. Qual é o ganho estático do modelo do foguete?

O modelo de um segundo foguete é dado por:

$$v(k) = 0.81v(k-1) + 0.57u(k-1)\,,$$

também com amostras medidas a cada minutos.

Sem calcular a solução completa da resposta no tempo, mostre que este segundo foguete tem o mesmo ganho estático do anterior e demora aproximadamente a metade do tempo que o anterior para chegar a 99% do valor final, para o mesmo sinal de entrada.

5. Um compressor é um equipamento usado para elevar a pressão de um gás (este entra no compressor a uma pressão dada e sai em uma pressão maior). Em condições de temperatura e pressão de entrada constantes, a pressão de saída p é relacionada com a vazão que o compressor está processando $f(t)$ por meio de um modelo simplificado dado por:

$$\tau\frac{dp(t)}{dt} + p(t) = K_e f(t)\,,$$

no qual todas as variáveis estão normalizadas e podem variar no intervalo $[0, 100]$ %.

Nesse compressor, realizou-se o seguinte experimento: variando $f(t)$ de 50% para 70%, observou-se um comportamento em $p(t)$, variando de 55% a 77%, levando aproximadamente 20 s para chegar ao equilíbrio (considere que ao chegar a 99% do valor final da variação esperada, o sistema já está em equilíbrio). Determine os valores de K_e e τ do modelo e escreva a equação da resposta completa, partindo da condição inicial e chegando na condição final.

Quanto demoraria, aproximadamente, este sistema para que sua saída transitasse de um valor de equilíbrio de pressão de $27,5\%$ para outro, dado por 38.5%? Por quê?

Considere agora que o modelo é modificado considerando uma perturbação $q(t)$ no processo, mantendo os valores achados de K_e e τ:

$$\tau\frac{dp(t)}{dt} + p(t) = K_e f(t) - 0.5q(t)\,.$$

Encontre a resposta completa do sistema para um ensaio no qual, partindo de um equilíbrio com $f = 50\%$, $q = 0\%$, aplica-se primeiro um degrau em q de valor 10%, no instante de tempo $t = 0\,\mathrm{s}$ e, depois de quinze segundos, aplica-se um segundo degrau em f, que passa de 50% para 65%.

Atividade prática: kit experimental motor-gerador

O objetivo desta atividade é desenvolver um modelo aproximado que descreva as relações entre a entrada de tensão u e a medição de velocidade de giro em tensão y do sistema motor-gerador, kit experimental usado neste livro.

Neste capítulo, propomos as seguintes atividades práticas:

- Adapte o código elaborado nas atividades práticas do capítulo anterior para realizar o seguinte ensaio: use um sinal de atuação u tipo degrau, com maiores ou menores amplitudes, e meça os valores da variável de processo y, em regime permanente. Considere que o regime permanente é estabelecido quando a variável de processo varia menos que $\pm 2\,\%$ ao redor de um valor constante.

- Escolha um ponto de operação arbitrário, descrito por um par $(u\,,\,y)$. Por exemplo, supondo que o motor cuja atuação $u = 3\,\text{V}$ leva, no regime permanente, a uma variável de processo medida $y = 2.1\,\text{V}$, o ponto de operação é descrito por $(3\,,\,2.1)\,\text{V}$.

- Adapte o código elaborado para levar o sistema motor-gerador até este ponto de equilíbrio e, a partir dele, incremente o sinal de atuação u com uma série de degraus de pequena amplitude, $\pm 0.1\,\text{V}$. A rotina deve esperar que a variável de processo se estabilize para variar o sinal de atuação. Salve os valores enviados por meio do sinal de controle u e os valores medidos na variável de processo y na memória do microcontrolador Arduino.

- Com base nos valores salvos, e usando as metodologias estudadas, faça um gráfico que descreva o comportamento estático deste sistema nas vizinhanças do ponto de operação definido (tome cuidado para respeitar sempre as faixas de operação para o sinal de controle, de

0 a 5 V) e para o sinal medido da variável de processo (definida nas atividades práticas do capítulo anterior).

- Analise a curva que descreve o comportamento estático do processo nas vizinhanças do ponto de operação. O modelo das variações de y (Δy) em função das variações de u (Δu) pode ser considerado linear?
- Graficamente, trace uma reta que melhor represente a curva estática obtida para aquele ponto de operação. Qual a validade do modelo linear dado pela reta determinada? A inclinação desta reta é próxima da relação estática absoluta $\frac{y}{u}$? Discuta. Que resultado obteria se mudasse o ponto de operação?

Problema resolvido

O controle de temperatura de uma ducha eletrônica é realizado mudando a potência aplicada na resistência elétrica ou variando a vazão de água. Em uma fábrica de duchas, o comportamento do incremento de temperatura conseguido por uma ducha de alta potência para regiões muito frias foi estudado. Os ensaios foram realizados com vazão constante de 5 L/min, valor típico de vazão de uma residência.

O seguinte modelo discreto descreve o comportamento deste sistema:

$$y(k) = ay(k-1) + bu(k-1)\,,$$

sendo $y(k)$ o incremento de temperatura da água, isto é, a diferença entre a temperatura de saída e de entrada da água na ducha e $u(k)$ a potência aplicada na resistência elétrica. a e b reais são parâmetros do sistema. A potência pode variar no intervalo $[0, 100\%]$, e o incremento de temperatura de 0 a 60 °C. As amostras k são medidas a cada segundo.

- (a) Determine os valores de a e b usando as informações obtidas no seguinte ensaio: estando o sistema em $y = 0\,°\mathrm{C}$ com a potência nula $u = 0\ \%$, aumentou-se em forma de degrau a potência para $u = 50\%$ e observou-se que $y(k)$ aumentou lentamente, atingindo um valor de 28.5 °C após 20 segundos e um valor final de 30 °C no novo equilibrio.

- (b) Considere agora a relação $y(k) = T(k) - T_e(k)$, sendo T e T_e, respectivamente, as temperaturas de saída e de entrada da água na ducha. Escreva o modelo completo do sistema considerando T como variável de processo, T_e como perturbação e u como variável manipulada. Qual é o ganho estático do modelo do sistema para a relação entre u e T e para a relação entre T_e e T?

Resolução

(a) A partir do modelo $y = ay(k-1) + bu(k-1)$, podemos calcular a forma geral da resposta como:

$$y(k) \;=\; a^k y(0) + \frac{b}{1-a}(1-a^k)u_0\,. \tag{6.62}$$

sendo $y(0) = 0$ a condição inicial e u_0 o valor do degrau de potência de 50% aplicado.

Assim, podemos rearranjar a Eq. (6.62) da seguinte maneira:

$$y(k) = 50\frac{b}{1-a}(1-a^k)\,. \tag{6.63}$$

Considerando que a temperatura estabiliza em $y(\infty) = 30$, temos que a^k tende a zero para k indo ao infinito, e assim:

$$\frac{b}{1-a} = \frac{3}{5}\,, \tag{6.64}$$

que nos fornece uma primeira relação entre a e b e diretamente o ganho estático do sistema:

$$K_e = \frac{b}{1-a} = \frac{3}{5}.$$

Sabemos ainda que a saída alcança 95% de 30 °C em $k = 20$, ou seja, $y(20) = 28.5\,^\circ$C. Usando novamente a equação geral da solução e que $\frac{b}{1-a} = \frac{3}{5}$ temos:

$$y(20) = \frac{b}{1-a}(1-a^{20})50 = \frac{3}{5}(1-a^{20})50 = 28.5\,. \tag{6.65}$$

Assim:

$$30(1-a^{20}) = 28.5 \;\rightarrow\; 1-a^{20} = 0.95 \;\rightarrow\; a^{20} = 0.05\,. \tag{6.66}$$

Aplicando o logaritmo e simplificando a equação anterior, obtemos:

$$\log(a^{20}) = \log(0.05) \rightarrow 20\log(a) = \log(0.05) \rightarrow \log(a) = \frac{\log(0.05)}{20} \tag{6.67}$$

$$\log a = -0.065 \,\text{logo}\, a = 0.86\,. \tag{6.68}$$

Agora que sabemos o valor de a, podemos descobrir o valor de b:

$$b = \frac{3}{5}(1 - 0.86) = \frac{0.42}{5} = 0.084\,.$$

b) Partindo do modelo do processo, podemos calcular $y(k-1)$ como:

$$y(k-1) = T(k-1) - T_e(k-1)\,. \tag{6.69}$$

Substituiremos esta equação no modelo do processo, obtendo:

$$T(k) - T_e(k) \;=\; aT(k-1) - aT_e(k-1) + bu(k-1)\,.$$

$$T(k) = aT(k-1) - aT_e(k-1) + bu(k-1) + T_e(k)\,, \tag{6.70}$$

que é o novo modelo EaD do sistema, relacionando T com T_e e u.

Para calcular os ganhos estáticos, colocamos o sistema em um ponto de operação genérico:

$$T_0 = aT_0 + bu_0 + T_{e_0} - aT_{e_0}\,. \tag{6.71}$$

Organizando a equação, obtemos:

$$T_0 = \frac{b}{1-a}u_0 + T_{e_0} = 0.6u_0 + T_{e_0}\,. \tag{6.72}$$

Portanto, podemos concluir que o ganho estático de T_e para T é 1 e o de u para T é 0.6.

Capítulo 7

Fechando a malha: controle por realimentação de saída

Neste capítulo, iniciaremos a formalização de alguns dos conceitos básicos sobre estratégias de realimentação de saída e de sistemas de controle em malha fechada, que foram intuitivamente apresentados no Capítulo 2, usando as formulações matemáticas apresentadas ao longo dos Capítulos 3 a 6. Também discutiremos, aqui, alguns aspectos práticos sobre a implementação de sistemas de controle e apresentaremos as estratégias de controle que serão discutidas com detalhe nos próximos capítulos.

7.1 Os objetivos do controle de processos

Como visto no Capítulo 2, os sistemas de controle servem para atuar nos processos, de tal forma que os comportamentos desses processos atendam aos requisitos de projeto. Estudamos, de foram intuitiva, vários exemplos naquele capítulo, para os quais mostramos que, ao modificarmos a variável manipulada de um processo, podemos alterar o comportamento de sua variável controlada, de forma que essa cumpra alguma especificação: controlar a temperatura de um ambiente, a velocidade de um carro etc. Aprofundaremos, neste capítulo e nos próximos, este estudo. Para tal, começamos pela análise geral do funcionamento dos sistemas de controle.

Os requisitos de funcionamento (metas) de um processo podem dizer respeito a objetivos em escalas de tempo diferentes e de complexidades variadas. Portanto, é interessante distribuirmos e alocarmos essas diretrizes em diferentes níveis de controle, correspondentes às diferentes escalas de tempo e complexidades dos processos.

A Figura 7.1 apresenta uma representação esquemática da "Pirâmide da Automatização". Essa pirâmide compreende os diferentes níveis de controle para sistemas industriais, considerando a escala de tempo da operação (tempo de execução da tarefa, objetivo ou requisito operacional) e o número de unidades de controle (complexidade do objetivo de controle). Essa representação é bastante usada na prática e é muito útil para entendermos melhor as diferentes ações e funções dos diferentes sistemas de controles em um processo complexo, dado que ele é normalmente composto por vários subsistemas mais simples que interagem.

Como podemos observar nesta figura, no nível de controle mais baixo (nível 0), temos os sistemas de sensoriamento, atuação e hardware atrelados ao processo; esses componentes operam em escalas de tempo rápidas (na ordem de segundos ou milissegundos). Já no primeiro nível de controle (nível primário), temos os controladores locais,[1] também chamados de controladores de baixo-nível, que regulam os processos em termos de objetivos da ordem de tempo de alguns segundos ou minutos. Eles são denominados locais porque se ocupam localmente (em uma parte da planta ou subsistema) de resolver um problema de controle, sem se preocupar com outros subsistemas.

Esses controladores recebem da camada superior (nível secundário) os valores de referência e condições a serem usados para manter as variáveis

[1] Temos, nesta figura, a indicação de que o nível primário é constituído, principalmente, por controladores lógico programáveis (PLCs) e controladores tipo PID (estudados no Capítulo 12 deste livro).

de processo deste nível dentro de determinados requisitos. O foco deste livro é exatamente o estudo desses controladores de nível primário. No nível secundário, observamos os controladores avançados, que se ocupam de controlar de forma conjunta várias variáveis do processo, levando em conta acoplamentos entre os diferentes subsistemas. Esses controladores consideram geralmente dinâmicas da ordem de minutos ou de horas; estes podem ser controladores preditivos, ótimos, robustos (fora do contexto deste livro). Estes controladores recebem do nível terciário os valores desejados para as variáveis de processo do nível secundário.

No nível terciário de controle, temos os controladores (ou otimizadores) da produção do sistema industrial, que geralmente trabalha na escala de dias, levando em conta requisitos econômicos associados aos custos das matérias-primas, energia usada no processo e valor de venda dos produtos. Finalmente, no topo da pirâmide se encontra a etapa de planejamento de produção, onde se definem os planos mensais ou anuais de produção.

A forma da pirâmide usada nesta figura se justifica, uma vez que nas camadas mais baixas (perto da planta) temos mais unidades de controle, ou seja, mais sistemas de controle operando do que nas camadas mais altas. Por exemplo, em uma indústria petroquímica, existem centenas (ou até milhares) de atuadores sensores e controladores de baixo nível, algumas unidades de controle avançado e otimização e, normalmente, um único sistema de planejamento que coordena a planta como um todo.

A pirâmide apresentada é bem geral e tem cinco níveis, mas na prática os processo podem usar mais ou menos camadas de controle, dependendo da complexidade do processo e do nível de automatização.

Para exemplificarmos o uso dos diferentes níveis hierárquicos desta pirâmide para o projeto de sistemas de controle, apresentaremos um caso da indústria de etanol e outro da automobilística. Para ambos estes exemplos, elencaremos e discutiremos as tarefas e os requisitos de cada nível de controle.

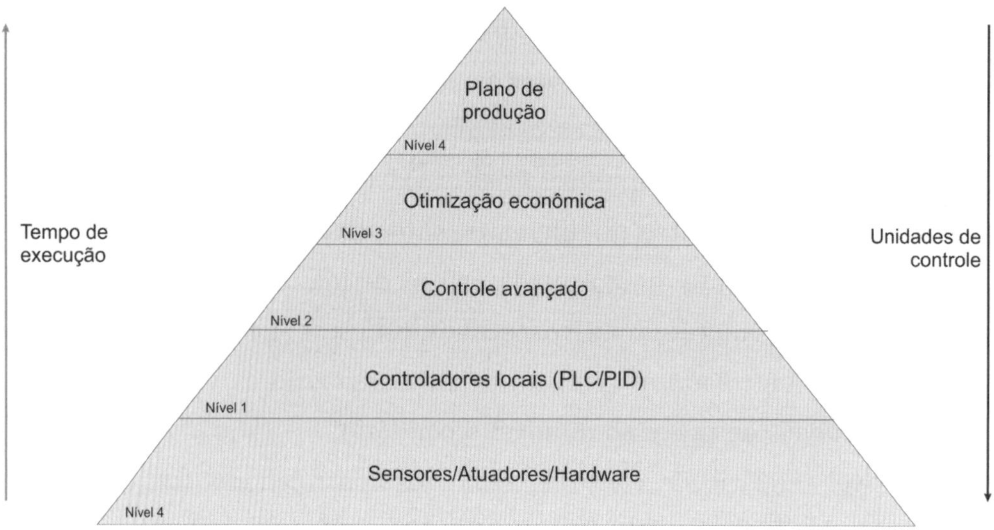

Figura 7.1 – Pirâmide da automatização e os níveis de controle.

Exemplo 67 *Consideremos uma unidade de fermentação que é parte de uma planta industrial de produção de etanol. Neste processo, fermenta-se o caldo concentrado de cana-de-açúcar que chega da unidade de evaporação, produzindo um vinho que depois é destilado em uma outra unidade para a produção de etanol. A fábrica possui vários fermentadores operando simultaneamente; o esquema de um fermentador se mostra na Figura 7.2. O caldo é misturado na entrada com um ácido com o objetivo de controlar seu PH, formando o mosto. A bomba que controla a vazão de caldo se usa para regular o perfil de enchimento do fermentador, que funciona no regime de batelada (cada fermentação dura oito horas em média). Para manter a temperatura de fermentação sob controle, o vinho é recirculado continuamente, passando por um trocador de calor que usa água fria para refrigerar o vinho. Este processo possui um sistema de controle de quatro níveis, com a otimização econômica e plano de produção em uma única camada, como se descreve na sequência:*

- *No nível terciário de controle (plano de produção), são considerados requisitos relativos à quantidade de litros de etanol e, consequente-*

mente, de vinho, que devem ser produzidas em uma dada safra de cana (período de aproximadamente duzentos dias). Neste nível, também consideram-se requisitos econômicos, como qual deve ser o valor médio de venda por litro, visto o preço dos ingredientes para a produção do etanol (ácido, energia etc). Essas quantidades de produto a ser processado e as qualidades requeridas são passadas por meio de sinais de referências para o nível 2, que está diretamente acoplado ao controle de cada fermentador. Note que este controle de produção envia sinais de referência também aos controles de nível 2 de outras unidades além dos fermentadores.

- *No segundo nível de controle, consideram-se as dinâmicas complexas e não lineares de cada fermentador. Neste nível, os requisitos operacionais dos subsistemas (trocador de calor, válvula que regula o fluxo de caldo, bomba de água etc.) são levados em conta, como regiões de operação e objetivos de produção a cada hora. Aqui, usamos uma função matemática que relaciona o PH, temperatura e volume dentro do reator com a produção e qualidade de vinho exigidas no seguinte processo (a destilação que produz o etanol a partir do vinho) e que foram impostas pela camada superior. Os valores de nível, temperatura e PH desejados são as saídas ou resultado deste processo de otimização; estes valores são enviados por meio de sinais de referência para o nível primário. Veja que temos um otimizador para cada fermentador.*

- *No nível primário de controle, regulam-se todos os sistemas de baixo nível individualmente, como o controle de vazão de água que alimenta o trocador de calor, o controle do fluxo de ácido e caldo que entram no reator, o controle de temperatura dentro do reator e o controle de nível dentro da unidade de fermentação etc. Cada um desses sistemas de controle local tem seus objetivos, especificações operacionais e requisitos, que são definidos pelas referências enviadas do nível superior e pelas exigências de operação de cada variável (por exemplo, o nível do fermentador deve subir com uma dada velocidade durante o tempo que dure a fermentação). Notavelmente, temos muito mais unidades de controle locais do que de controle secundário e terciário no processo de produção de etanol.*

- *No nível zero deste processo podemos considerar todos os instrumentos usados no fermentador, como os sensores de nível, vazão e PH, assim como os atuadores, compostos principalmente por válvulas e bombas e os sistemas de hardware encarregados da comunicação dos instrumentos e atuadores com os dispositivos de controle.*

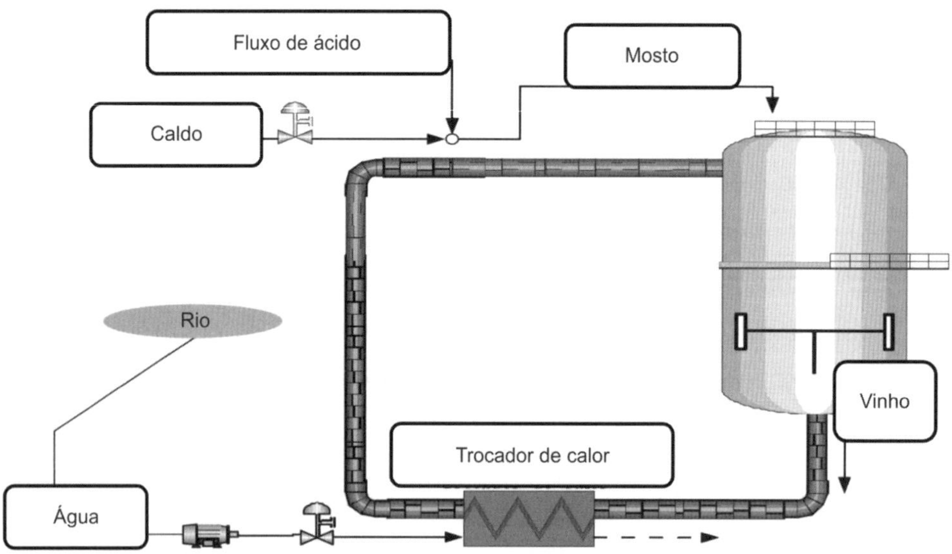

Figura 7.2 – Sistema de fermentação de caldo concentrado para produção de etanol.

Exemplo 68 *Consideremos, como um segundo exemplo, o sistema de pilotagem automática de um veículo autônomo, ilustrado na Figura 7.3.*

Nesse sistema, temos um veículo que deve realizar uma rota determinada de forma autônoma, considerando vários aspectos de performance, como o

Figura 7.3 – Veículo autônomo.

tempo necessário para a realização do percurso, o consumo de combustível, o desvio de obstáculos etc. Assim, o sistema de controle em camadas da pirâmide para este caso estaria composto pelos seguintes níveis.

- *No nível terciário de controle, são considerados requisitos relativos ao tempo da viagem, consumo em litros de combustível, possíveis rotas alternativas etc. (plano de viagem). A partir de uma etapa de otimização, define-se então uma rota, com dados de velocidade, posição e tempo ao longo do trajeto, dados que deverão ser passados como referência para o segundo nível.*

- *No segundo nível de controle, consideram-se as dinâmicas de trajetória e direção do veículo e a redefinição de rotas em caso de obstáculos. Aqui normalmente temos modelos não lineares do comportamento do veículo para serem considerados, assim como processamento de imagem das câmeras instaladas no carro etc. Neste nível, os requisitos operacionais dos subsistemas (potência dos motores, ângulo de giro, tamanho do veículo, entre outros) são levados em conta, de tal forma a determinar as trajetórias no âmbito local que devem ser executadas.*

Os valores definidos para as referidas variáveis (velocidade, ângulo de giro do volante etc.) são as saídas ou resultado dos sistemas de controle deste nível; esses valores são enviados ao nível primário por meio de sinais de referência.

- *No nível primário de controle, regulam-se todos os sistemas de baixo nível, individualmente, como o controle do motor que aciona as rodas para impor a velocidade, o motor que aciona o volante etc. Cada um desses sistemas de controle local tem seus próprios objetivos, requisitos que são definidos pelas referências enviadas do nível superior para baixo e pelas exigências de operação de cada variável. Por exemplo, as variações de velocidade e ângulo devem ser suaves para que os passageiros se sintam confortáveis.*

- *Por fim, no nível zero estão todos os sensores, como os que medem a posição e velocidade do veículo e o ângulo de giro do volante e os atuadores, como o motor elétrico que posiciona o volante e o sistema de aceleração e freio.*

A Figura 7.4 mostra um esquema dos elementos usados para implementar este sistema de controle.

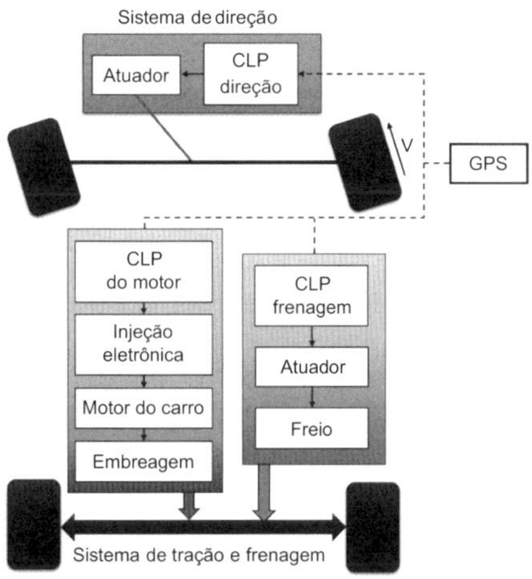

Figura 7.4 – Sistema de controle de um veículo autônomo.

7.2 Os sistemas de controle (do nível 1)

Neste livro, estudaremos os sistemas de controle referentes ao nível primário da pirâmide da automatização. Os principais requisitos referentes a essa camada dizem respeito à regulação dos processos e subprocessos de baixo nível. Regulação refere-se ao controle da saída dos processos de acordo com objetivos de desempenho especificados no projeto do sistema de controle.

Consideremos o exemplo do processo de fermentação da indústria da cana-de-açúcar para ilustrar os requisitos ou especificações de controle. Neste sistema, o PH do líquido fermentado (garapa) deve ser mantido em um dado valor constante durante todo o processo da fermentação.

Ademais, devemos controlar a bomba de água de tal forma que a vazão de entrada no trocador de calor siga uma determinada referência, proveniente do controle de temperatura. Também precisamos controlar a temperatura da câmara interna do fermentador; para que esta seja mantida dentro de uma faixa próxima a um dado valor de operação, precisamos garantir que o fluxo de ácido que é misturado ao caldo seja suficiente, entre outros objetivos. Todos estes requisitos devem ser atendidos a despeito da presença de perturbações, ou seja, o sistema de controle deve ser capaz de eliminar ou atenuar os efeitos das perturbações na variável de processo.

Entretanto, como podemos atuar nos processos de tal forma que esses objetivos e requisitos de desempenho possam ser de fato garantidos? Para tal, tipicamente utilizamos a técnica da realimentação dinâmica de saída (retroalimentação ou *feedback*), como apresentado no Capítulo 2. Na realimentação, atuamos no processo, por meio da variável manipulada, com base nas medições da variável de processo. Dessa forma, o sinal de controle (entrada do processo) passa a ser calculado a partir de uma operação sobre o sinal que deseja ser controlado (saída, variável de processo) para que os objetivos de desempenho sejam atendidos. Ressaltamos que, quando a variável de processo é afetada por uma perturbação, sua operação é modificada e, portanto, o controle perceberá variações e, por meio da realimentação da saída, executará uma ação de controle com o intuito de corrigir o desvio de comportamento da variável de processo.

Agora que já discutimos diversos elementos matemáticos para estudarmos esses problemas de controle, poderemos entender qual é a forma da resposta $y(t)$ de um processo referente a uma dada manipulação $u(t)$. Como já discutido, essa resposta $y(t)$ é dependente do modelo do processo (da sua EDO ou EaD) e do tipo de sinal $u(t)$ que é aplicado (da forma do sinal no tempo). Portanto, ao projetarmos uma certa lei de controle por realimentação $u(t) = f(y(t))$, estaremos criando sinais de controle que vão variar ao longo do tempo, dependendo das variações da saída do processo, e que devem ser tais que $y(t)$ cumpra as especificações desejadas. Apresentemos um exemplo.

Exemplo 69 *Considere um aparelho que resfria o ar de um ambiente fechado (ar condicionado). Neste sistema, o equipamento deve resfriar o ambiente até que se atinja um objetivo pré-especificado (referência de temperatura do ambiente, escolhida pelo usuário via controle remoto, por exemplo). De fato, como o aparelho escolhe com qual valor de potência ele deve ser ligado para que este objetivo seja satisfeito? O sistema de controle presente neste aparelho (ar-condicionado) toma uma decisão, a cada instante, de qual deve ser a potência instantânea com a qual o aparelho é acionado, conforme mede a temperatura do ambiente (variável de processo). Consideraremos que, neste sistema de controle, a decisão de atuação é feita por meio de uma lógica muito simples: caso a temperatura esteja acima de um valor de referência máximo, o controlador "percebe" que ele deve atuar para que se resfrie ainda mais o ambiente e, dessa forma, eleva a potência do aparelho; caso a temperatura medida seja menor que um valor de referência mínimo, o controlador "percebe" que ele deve parar de resfriar o ambiente e, dessa forma, diminui a potência ou desliga o equipamento. Finalmente, se a temperatura estiver dentro de um intervalo próximo ao valor de referência, mantém-se a atuação (em termos de potência instantânea). Este sistema de controle atua, portanto, por meio de uma realimentação de saída, tomando as decisões de controle, em termos da variável manipulada, com base na medição do sinal controlado, a variável de processo.*

A partir da análise deste exemplo, podemos entender que, apesar de este ser um sistema com lógica de controle simples, ainda há varias perguntas a serem respondidas:

- Qual potência elétrica instantânea deve ser aplicada em cada situação?
- Qual deve ser a variação de potência?
- Qual o efeito dessas variações no tempo que o sistema leva para voltar à condição de operação requerida, após o aparecimento de uma

nova perturbação (por exemplo, a queda da temperatura externa ou a abertura de uma janela)?

Para podermos responder a essas e outras questões importantes, precisamos modelar matematicamente o sistema, incluindo a lei de controle. Faremos isso nos próximos capítulos. Por enquanto, formalizaremos alguns dos conceitos importantes de sistemas de controle em malha fechada, que discutimos de forma intuitiva no Capítulo 2.

7.3 Controle em malha aberta e malha fechada

Nesta seção, apresentaremos algumas definições e conceitos relacionados à estrutura dos sistemas de controle, às especificações de operação e a alguns aspectos práticos.

No que diz respeito aos sistemas de controle baseados em realimentação dinâmica de saída, definimos duas condições de operação:

Definição 21 *Operação em malha aberta*
Um sistema é dito operante em malha aberta quando as variáveis manipuladas são independentes das variáveis controladas.

Definição 22 *Operação em malha fechada*
Um sistema é dito operante em malha fechada quando as variáveis manipuladas são calculadas a partir de uma operação sobre as variáveis controladas.

Processos que operam sob a ação de um controlador que utiliza dados da saída do processo para definir sua ação de controle (controle realimentado) são classificados como processos operando em malha fechada. Por outro lado, processos sem sistemas de controle ou operando com controles que não usam a saída do processo para definir sua ação de controle (controle antecipativo) são ditos processos em malha aberta.

A Figura 7.5 ilustra duas possíveis situações por meio de um diagrama de blocos: um dado processo é controlado por um sistema de controle; a relação entre a variável manipulada e a variável de processo é dada pelas dinâmicas de malha aberta do processo, ao passo que a representação em malha fechada diz respeito ao comportamento da variável de processo sob a ação de uma variável manipulada calculada via realimentação.

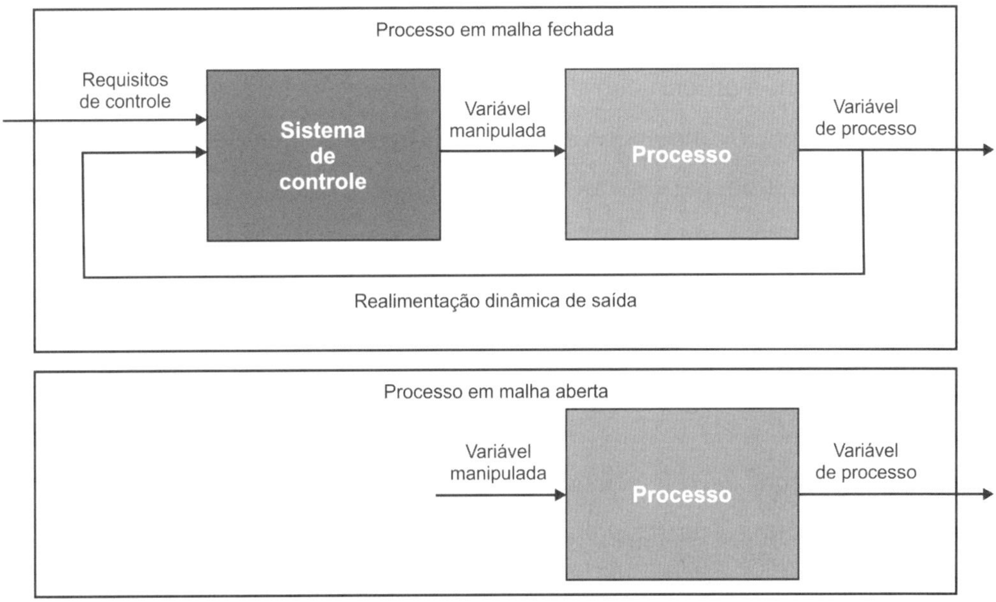

Figura 7.5 – Realimentação dinâmica de saída: processo em malha aberta e em malha fechada.

Definição 23 *Controle por realimentação*
Um controlador é classificado como realimentado quando o sinal da ação de controle (variável manipulada, entrada do processo) é calculado com base em informações provenientes da medição da variável controlada do processo sobre o qual ele está atuando.

Definição 24 *Controle antecipativo ou por pré-alimentação*
Um controlador é classificado como antecipativo (ou pré-alimentado) quando

o sinal da ação de controle (variável manipulada, entrada do processo) é calculado de forma independente do valor da medição da variável controlada do processo sobre o qual ele está atuando.

Dessa forma, para fins de implementação, os sistemas de controle realimentados (com realimentação/*feedback* da variável de processo) necessitam medições da saída do processo, que são fornecidas por meio de sensores ou transdutores. Os sistemas de controle, então, calculam a ação de controle com base em uma comparação da medição de variável de processo com um sinal de referência (também chamado de *set-point*), que descreve os requisitos de desempenho para a operação malha fechada. Ressaltamos que os sistemas de controle sempre atuam por meio da variável manipulada para corrigir ou regular a variável de processo de tal forma que esta atenda aos requisitos de controle, tanto em abordagens antecipativas como realimentadas.

Definição 25 *Sinal de referência*
O sinal de referência (ou set-point) é um sinal usado pelo sistema de controle para sintetizar os requisitos de desempenho para a variável de processo.

Este sinal é sempre usado em estratégias realimentadas, mas também é usado em implementações de sistemas de controle antecipativos. Na sequência, apresentamos um exemplo do uso da "referência".

Exemplo 70 *Em um sistema de resfriamento térmico de um ambiente fechado, regulado por um equipamento de ar condicionado, o sinal de referência é, de fato, o valor de temperatura desejado para o ambiente (e pré-especificado pelo usuário). Chamamos, por ora, este sinal de T_d (temperatura desejada).*

Para fins de ilustração do uso da referência em uma operação de controle pré-alimentado, consideraremos que o ganho estático do modelo que *relaciona a potência P (variável manipulada) com a temperatura T (variável de processo) é conhecido e dado por K_e (que, neste caso, é negativo, pois o aumento na potência do aparelho causa uma queda na temperatura do ambiente). Com base neste ganho estático, o controlador pré-alimentado é descrito por uma lei estática, com um ganho $K_a = \frac{1}{K_e}$, de forma tal que, quando o controlador recebe um sinal de referência T_d, ele aplica ao processo a seguinte lei de controle: $P = K_a T_d = \frac{T_d}{K_e}$. Quando este sinal de variável manipulada é aplicado, o equilíbrio atingido pela variável de processo é dado por $T = K_e P = K_e \frac{T_d}{K_e} = T_d$, ou seja, o sinal de controle fará com que a saída do processo atinja a temperatura desejada (referência) sem que seja medida a temperatura T instantaneamente.*

Ressaltamos que este resultado é meramente teórico, uma vez que o equilíbrio para a variável de processo pode variar caso haja perturbações atuando no processo (tais como variações na temperatura do ambiente externo) ou caso o modelo de ganho estático K_e não seja representativo com relação ao processo real.

Quando usamos um controle realimentado, o sinal de referência é usado para comparar o valor instantâneo da temperatura da sala para definir qual deve ser a potência aplicada a cada instante. A variável manipulada (potência) dependerá, então, da lei de controle projetada para a malha fechada, uma função do tipo $P = f(T, T_d)$.

A definição desta função, que pode ser estática ou dinâmica, será tema de estudo dos próximos capítulos. Para motivarmos esta análise, consideramos, por ora, que o sistema de controle é projetado por meio da seguinte lei: $P = K_p(T - T_d)$, com $K_p > 0$. Este projeto de controle parece adequado, uma vez que para $(T - T_d) > 0$ (sala mais quente que o desejado) haverá um aumento da potência do aparelho e, quando $(T - T_d) < 0$ (sala mais fria que o desejado), a potência será reduzida. Sem nos importarmos, por ora, com o valor da constante K_p, podemos analisar o comportamento do sistema em malha fechada, no equilíbrio, considerando um modelo estático *para o processo, dado por $T = K_eP$. Neste caso, valor de equilíbrio de T é determinado:*

$$T = K_eP = K_eK_p(T - T_d) \rightarrow T = \frac{-K_eK_p}{1 - K_eK_p} = K_{MF}T_d\,.$$

Nessa equação, K_{MF} representa o ganho estático de malha fechada, ou seja, nos dá a relação estática entre T_d e T. Logicamente gostaríamos que esse ganho fosse unitário, para termos $T = T_d$. Isso não é possível de ser alcançado neste exemplo, mas, se $|K_eK_p| >> 1$, K_{MF} será próximo de 1.

Este é um resultado muito interessante, pois indica que o sistema, regulado por uma estratégia de realimentação da saída, é menos sensível ao erro entre o modelo estático do processo $T = K_eP$ e o processo real conforme aumenta-se K_p. Essa solução, quando comparada à abordagem antecipativa $P = \frac{1}{K_e}T_d$, mostra-se menos sensível a erros de modelagem. Discutimos esse fato.

Consideremos, para fins de análise, que o valor do ganho estático K_e é subestimado por um erro de 10% dado em relação ao ganho estático real do processo. Nesse caso, na abordagem de controle antecipativa, observaremos um erro de 10% entre a variável de processo e o valor de referência T_d. Já para a abordagem realimentada, observaremos um erro muito menor que 10% caso $K_p >> 1$, visto que que $\frac{-K_eK_p}{1-K_eK_p} \approx 1$ para qualquer valor de K_e.

Como exemplo numérico, considere que $K_e = -2$ e $K_p = 20$. No caso ideal (sem erro de modelagem), temos $K_{MF} = \frac{40}{41} = 0.975$. Já com um erro de 10% na modelagem do ganho estático do processo, temos $K_e = -2.2$ e, portanto, $K_{MF} = \frac{44}{45} = 0.977$. A variação no ganho estático em malha fechada K_{MF} (e, portanto, do erro entre T e T_d) é da ordem de 0.1%. A baixa sensibilidade do ganho de malha fechada aos erros na determinação do ganho do processo é uma das principais vantagens de estratégias de controle baseadas na realimentação da variável de processo.

7.3.1 Requisitos de operação

Uma vez apresentados os conceitos associados às variáveis envolvidas e às estruturas de controle, precisamos analisar, com mais detalhes, os requisitos de controle.

Nos sistemas de controle em malha fechada estudados neste livro, medições da variável de processo são utilizadas pelo controlador para que o sinal de controle seja determinado e dois objetivos de desempenho bastante importantes possam ser estabelecidos na variável controlada. Esses objetivos são:

1. O rastreamento (ou seguimento) da referência em regime permanente.

2. A rejeição de perturbações em regime permanente.

Consideramos, aqui, que os sistemas em malha fechada serão estáveis, ou seja, que o regime permanente (descrito por um ponto de equilíbrio) é atingido. Ademais, consideraremos apenas sinais de referência e perturbação do tipo degrau.

Definição 26 *Rastreamento de referência em regime permanente*
Considerando um sinal de referência r, o objetivo de rastreamento de referência em regime permanente diz respeito à concretização da seguinte propriedade:

$$\begin{cases} \textit{Caso contínuo: } \lim_{t\to+\infty} y(t) & \to & \lim_{t\to+\infty} r(t)\,, \\ \textit{Caso discreto: } \lim_{k\to+\infty} y(k) & \to & \lim_{k\to+\infty} r(k)\,. \end{cases}$$

Definição 27 *Rejeição de perturbação em regime permanente*
Considere que a variável de processo y está estabilizada em um dado ponto y_f. Em um dado momento (para $t > t_0$, ou $k > k_0$), o processo é perturbado por um sinal q tipo degrau não nulo. O objetivo de rejeição de perturbação em regime permanente diz respeito ao retorno de y ao ponto y_f, a despeito

da presença de q, ou seja:

$$\begin{cases} \textit{Caso contínuo: } \lim_{t\to+\infty} y(t) & \to & y_f \, , \\ \textit{Caso discreto: } \lim_{k\to+\infty} y(k) & \to & y_f \, . \end{cases}$$

Exemplificaremos esses dois objetivos de desempenho por meio de um caso de estudo de um sistema de resfriamento térmico de um ambiente fechado.

Exemplo 71 *Consideraremos um objetivo por vez no sistema de controle de temperatura:*

- *O objetivo do rastreamento de referência é estabelecido quando a variável controlada (temperatura do ambiente fechado) estabiliza-se no valor de referência desejado, estabelecido pelo usuário. Um sinal do tipo degrau r é usado, na prática, para representar as alterações instantâneas no valor de temperatura desejada, requisitadas pelo usuário por meio do controle remoto do equipamento. Assim que ocorre uma mudança no valor de referência, o sistema de controle do aparelho define a potência com a qual ele deve ser acionado (variável manipulada) com base no* **erro de seguimento** $e = r - y$ *(comparação entre a medição da variável controlada com o valor de set-point). Por exemplo, para o caso de uma referência de temperatura constante e igual a $20\,^oC$ e um ambiente a $30\,^oC$, calcula-se um sinal de erro igual a $-10\,^oC$ e, portanto, é imposto pela lei de controle que a potência de atuação deve ser aumentada, de tal forma que y convirja para r.*

- *Suponhamos que o objetivo de rastreamento de referência é estabelecido com a temperatura do ambiente dada por $y_f = 20\,^oC$, valor de set-point. Então, abre-se a porta da sala e, através dela, entra um fluxo de ar quente, proveniente do ambiente externo. Neste caso, observamos uma perturbação que faz com que a variável de processo y*

saia do ponto de equilíbrio dado por y_f. *Então, o sistema de controle deve atuar para que a saída* y *retorne ao ponto* y_f, *a despeito do ar quente que entrou na sala. Quando esse retorno ao ponto* y_f *é estabelecido, dizemos que a perturbação é rejeitada por meio da atuação do sistema de controle em malha fechada.*

Quando o sistema de controle mantém a estabilidade em malha fechada mas não consegue seguir a referência ou rejeitar a perturbação, o processo apresentará um erro de seguimento ou um erro de rejeição. Esses conceitos são definidos na sequência.

Definição 28 *Erro de rastreamento de referência em regime permanente*
Considerando um sinal de referência r *tipo degrau, o erro de rastreamento de referência em regime é definido como:*

$$\begin{cases} \textit{Caso contínuo: } \lim_{t\to+\infty}(r(t)-y(t)) & = & e_r\,, \\ \textit{Caso discreto: } \lim_{k\to+\infty}(r(k)-y(k)) & = & e_r\,. \end{cases}$$

Definição 29 *Erro de rejeição de perturbação em regime permanente*
Considere que a variável de processo está estabilizada em um dado ponto y_0. *Em um dado momento (para* $t > t_0$, *ou* $k > k_0$*), o processo é perturbado por um sinal* q *tipo degrau não nulo. O erro de rejeição de perturbação em regime permanente é definido como:*

$$\begin{cases} \textit{Caso Contínuo: } \lim_{t\to+\infty}(y(t)-y_0) & = & e_q\,, \\ \textit{Caso Discreto: } \lim_{k\to+\infty}(y(k)-y_0) & \to & e_q\,. \end{cases}$$

Na prática, esses valores de erro de seguimento de referência e_r e erro de rejeição e_q são definidos de forma percentual. No primeiro caso, e_r é dado como porcentagem da amplitude do sinal de referência (tipo degrau). Já e_q é dado como uma razão entre o desvio da saída em relação ao valor do equilíbrio anterior à aplicação da perturbação tipo degrau e a amplitude da perturbação.

É importante ressaltarmos aqui que, apesar de essas especificações serem definidas considerando um limite (com t tendendo ao infinito), na prática, elas são sempre atingidas em tempo finito, uma vez que, quando uma variável chega muito próximo de um valor estacionário esperado (quando $y(t)$ é muito próxima de $r(t)$, por exemplo), já podemos considerar que o sistema está, de fato, em regime permanente.

Exemplo 72 *Novamente tomamos o sistema de controle de temperatura de um ambiente fechado como exemplo. Suponhamos, preliminarmente, que este sistema está operando em regime permanente com* $T = T_d = 23\,^oC$. *Em um dado momento, o usuário define uma nova temperatura desejada via controle remoto e o sinal de referência muda para* $T_d = 20\,^oC$. *Observa-se, com relação à variável de processo, depois de um regime transitório, que* T *atinge um equilíbrio dado por* $T = 20.6\,^oC$. *Para este caso, temos um erro de seguimento de referência de* $0.6\,^oC$. *Como o degrau aplicado em* T_d *é de amplitude* $3\,^oC$, *temos um erro de seguimento em regime permanente de* $e_r = 20\%$. *Suponhamos, de forma complementar, um segundo ensaio, para o qual* $T = 20\,^oC$. *Nesse ensaio, a temperatura do ambiente externo (perturbação) varia instantaneamente de* $T_a = 20\,^oC$ *para* $30\,^oC$. *A temperatura do interior do ambiente é influenciada pelo aumento da temperatura externa, e converge, após um certo período de tempo, para* $T = 23\,^oC$. *Nesse caso, o erro de rejeição de perturbação em regime permanente é dado por* $e_q = 3\,^oC$; *em forma percentual, este erro é dado por* $3\,^oC/10\,^oC = 30\,\%$.

Outras especificações típicas nos sistemas de controle em malha fechada são relativas ao comportamento transitório desses sistemas, que, como vimos nos capítulos anteriores, está associado ao conceito de constante de tempo. Uma medida bastante usada, na prática, é o tempo de assentamento ou o tempo de rejeição da variável de processo. Essas propriedades nos informam o tempo que o processo demora, sob a ação do controle, para atingir um ponto bem próximo ao seu valor final, de equilíbrio, quando é imposta uma mudança de referência (tipo degrau) ou quando há uma nova perturbação no sistema (tipo degrau).

Definição 30 *Tempo de assentamento de 5%*
Considere um sistema operando em um ponto de equilíbrio y_0. Para esse sistema, um sinal de referência r do tipo degrau é aplicado ao processo no instante tempo $t = t_0$ (ou na amostra $k = k_0$, no caso discreto), que leva o sistema até um novo equilíbrio de valor y_f, conforme $t \to +\infty$ ($k \to +\infty$).

Neste caso, o tempo de assentamento de 5% da variável de processo é definido como o tempo que essa variável leva para passar do ponto inicial (t_0, y_0) até o ponto (t_{as}, y_{as}) (do ponto (k_0, y_0) ao ponto (k_{as}, y_{as}), no caso discreto), considerando que:[2]

$$\begin{cases} \textit{Caso contínuo:} & & & & \\ t_{5\%} & = & t_{as} - t_0\,, & & \\ 0.95(y_f - y_0) & \leq & y(t_{as}) - y(t_0) & \leq & 1.05(y_f - y_0)\,, \\ \textit{Caso discreto:} & & & & \\ k_{5\%} & = & k_{as} - k_0\,, & & \\ 0.95(y_f - y_0) & \leq & y(k_{as}) - y(k_0) & \leq & 1.05(y_f - y_0)\,. \end{cases}$$

Nessas expressões se consideram os casos em que a variável de processo se aproxima da referência tanto por valores maiores como menores, dado que, de fato, apenas interessa quando ela chega numa banda centrada em y_f de amplitude de 5% da amplitude do sinal de referência (tipo degrau).

Definição 31 *Tempo de rejeição de 5%*
Considere um processo operando em um ponto de equilíbrio y_0. Nesse sistema, um sinal de perturbação q do tipo degrau é aplicado no instante de

[2] Note que no caso discreto sempre teremos que aproximar o resultado pelo inteiro mais próximo, dado que dificilmente o sistema atinge o valor desejado exatamente na amostra $k = k_{as}$.

tempo $t = t_0$ ($k = k_0$, no caso discreto). Considere que o sistema atinge um novo equilíbrio, depois de um regime transitório, de valor y_f, conforme $t \to +\infty$ ($k \to +\infty$).

Nesse caso, o tempo de rejeição de 5% da variável de processo é definido como o tempo que o sistema leva para passar do ponto (t_m, y_m) até o ponto (t_{rj}, y_{rj}) (do ponto (k_m, y_m) ao ponto (k_{rj}, y_{rj}), no caso discreto), considerando que:

$$\begin{cases} \textit{Caso contínuo:} & & \\ \qquad t_{5\%} & = & t_{rj} - t_m\,, \\ |y(t_0) - y(t_{rj})| & = & 0.05|y_0 - y_m|\,, \\ \textit{Caso discreto:} & & \\ \qquad k_{5\%} & = & k_{rj} - k_m\,, \\ |y(t_0) - y(t_{rj})| & = & 0.05|y_0 - y_m|\,, \end{cases}$$

sendo y_m o valor de y que tem maior afastamento em relação ao equilíbrio inicial y_0. O instante de tempo no qual a variável de processo passa por y_m é dado por t_m (k_m, no caso discreto).

Nesse caso o módulo usado nas expressões permite considerar os casos em que a variável de processo se aproxima da referência tanto por valores maiores como menores.

Exemplo 73 *Considere, novamente, o sistema de controle de temperatura de um ambiente fechado. Neste exemplo, mostraremos graficamente quatro cenários plausíveis para aplicações de sinais de referência e perturbação do tipo degrau. Para tal, consideramos que o processo tem um comportamento linear e, portanto, que podemos analisar cada um dos quatro casos separadamente. Ressaltamos que a resposta para casos comutantes é equivalente à soma das respostas dos casos separados.*

Como um primeiro caso, consideraremos que a planta está em regime permanente no dado ponto de operação $y = 1$ *e que aplicamos uma mudança de referência para levá-la a um outro ponto de operação, dado por* $y = 2$*, com erro nulo. Medimos, neste ensaio, o* $t_{5\%}$ *da resposta, por meio das ilustrações na Figura 7.6. Note que* $t_{5\%}$ *representa o tempo que* y *leva para chegar a* 95% *da variação do ponto inicial até seu novo valor de regime.*

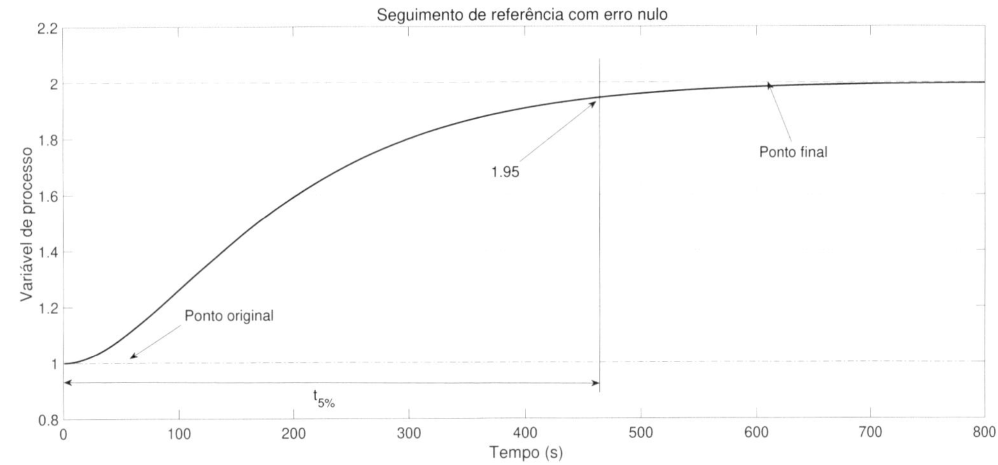

Figura 7.6 – Resposta de seguimento de referência com erro nulo.

No segundo caso, consideremos que a planta está no ponto de operação $y = 1$ *e que aplicamos uma mudança de referência para levá-la a um outro ponto de operação, dado por* $y = 2$*, mas o sistema de controle não garante um erro de seguimento nulo. Medimos, neste ensaio, o* $t_{5\%}$ *da resposta e o erro de seguimento* e_r*, por meio das ilustrações da Figura 7.7. Note que* $t_{5\%}$ *é dado com relação ao tempo que* y *leva para chegar a* $95\ \%$ *da variação até seu novo valor de regime, dado por* $y = 1.9$*. O erro de seguimento* e_r *é dado com relação a esse ponto final, ou seja,* $e_r = 10\%$*.*

Como um terceiro caso de estudo, consideramos que a planta está no ponto de operação $y = 1$ *e que aplicamos uma perturbação do tipo degrau ao processo. Após um certo tempo, a variável de processo retorna ao mesmo ponto de operação anterior, isto é, com erro de rejeição nulo. Pela Figura*

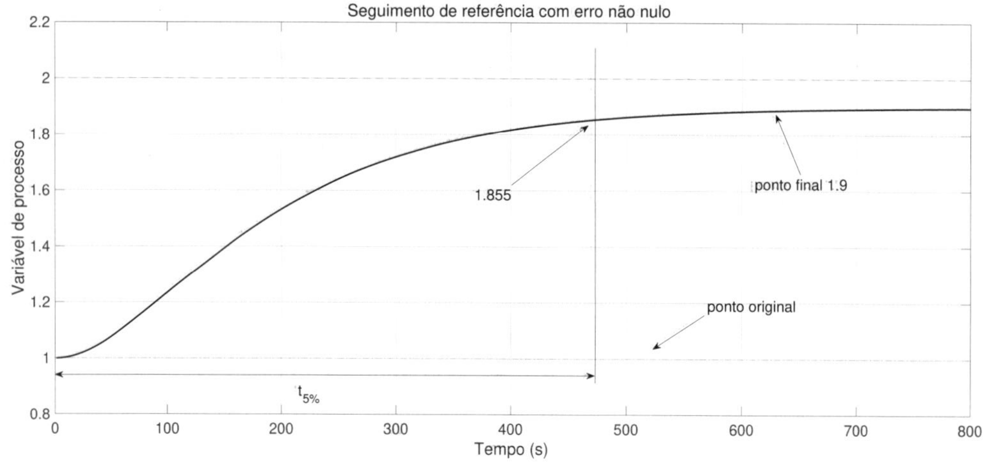

Figura 7.7 – Resposta de seguimento de referência com erro não nulo.

7.8, ilustramos a medida para o tempo de rejeição de 5%. Note que $t_{5\%}$ é medido com relação ao tempo que a resposta passa pelo ponto mais afastado, dado por $y = y_m$.

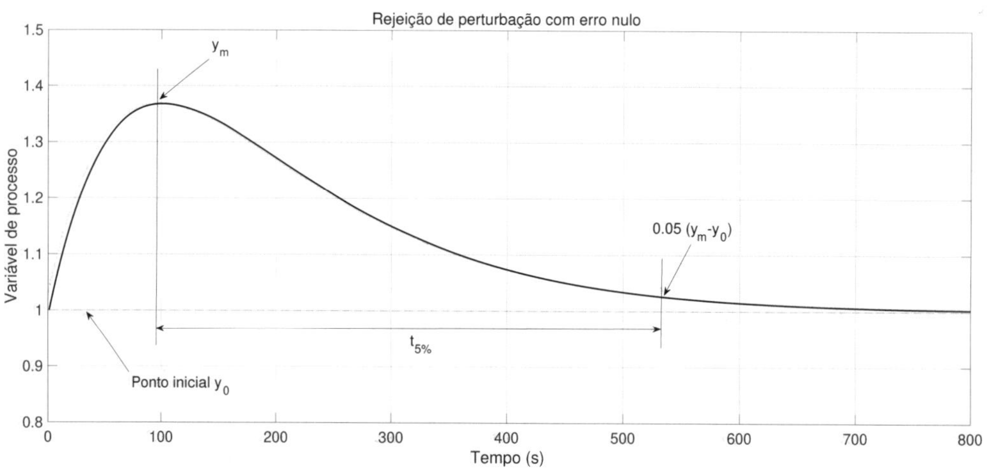

Figura 7.8 – Resposta de rejeição de perturbação com erro zero.

Em um último caso, consideramos que o sistema está, novamente, em equilíbrio no ponto $y = 1$, quando aplicamos uma perturbação do tipo degrau. O sistema de controle não garante erro nulo de rejeição desta pertur-

bação e, portanto, a variável de processo estabiliza-se em um novo ponto de equilíbrio, dado por $y = y_f$. *Para este caso, a Figura 7.9 ilustra o tempo de rejeição* $t_{5\%}$ *e o erro de rejeição* e_q.

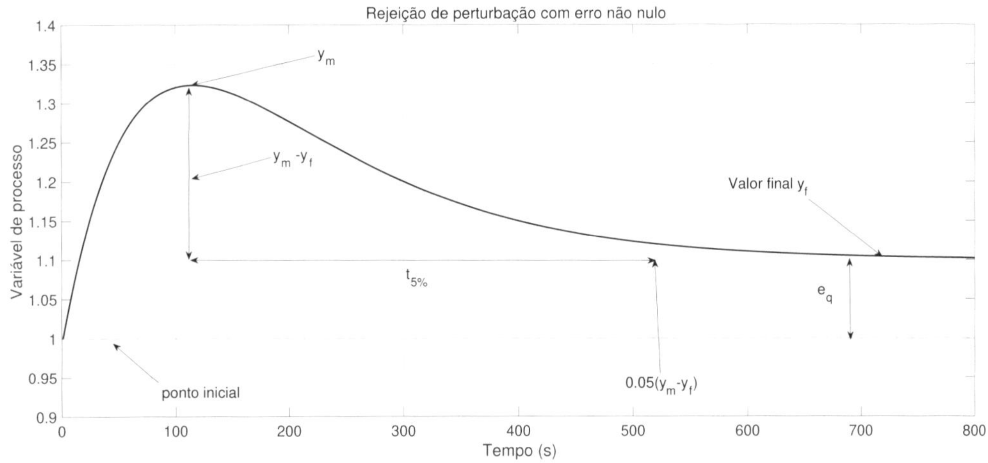

Figura 7.9 – Resposta de rejeição de perturbação com erro não nulo.

Uma outra especificação comum em aplicações práticas é requerermos que a variável de processo seja mantida dentro de uma banda (faixa) de operação admissível. Essa especificação é mais leve do que exigir o seguimento de referência (que a variável de processo convirja para o valor do set-point) e, portanto, costuma ser usada para processos cujas variáveis de processo toleram pequenas variações ao redor de um valor ótimo, ou para a regulação de variáveis de processo não tão importantes para o processo como um todo.

Definição 32 *Operação por bandas*
Considerando uma banda de operação admissível dada por $[y_{min}, y_{max}]$, *o objetivo da operação por banda refere-se à concretização da seguinte propriedade:*

$$\begin{cases} \textit{Caso contínuo: } y(t) & \in & [y_{min}, y_{max}], \forall t, \\ \textit{Caso discreto: } y(k) & \in & [y_{min}, y_{max}], \forall k. \end{cases}$$

Exemplo 74 *Em câmaras frigoríficas, no setor industrial do alimentos, são usados sistemas de controle que regulam a temperatura do interior das câmaras. Neste tipo de aplicação, existe uma exigência de temperatura máxima, que não deve ser atingida para que os alimentos se preservem e, geralmente, uma temperatura mínima para evitar gastos energéticos desnecessários com a refrigeração das câmaras. Portanto, para esses sistemas, é comum estabelecermos faixas de admissíveis para a temperatura interior das câmaras como uma especificação de controle. Por exemplo, essas faixas podem ser dadas por* $T_{max} = -15\,^oC$ *e* $T_{min} = -20^oC$*, de tal forma que os sistemas de controle que regulam essas máquinas refrigeradoras admitam oscilações de suas variáveis de processo (sinais de temperatura) dentro da faixa de operação dada por* $[T_{min}\,,\,T_{max}]$.

7.3.2 Modelos aproximados com atraso de transporte

Anteriormente, no Capítulo 4, apresentamos o conceito de atraso de transporte, fenômeno observado em processos para os quais se observam saídas cujas respostas são atrasadas em face das entradas, ou seja, sistemas para os quais, ao aplicarmos uma entrada não nula, a saída não varia instantaneamente, levando um tempo para exibir um sinal não nulo.

Em muitos casos industrias práticos, as dinâmicas dos processos reais são descritas por meio de modelos dinâmicos aproximados, representativos para as vizinhanças do ponto de operação para o qual se realiza o ensaio de identificação.

Já discutimos, brevemente, o ajuste de modelos com base em dados experimentais nos Capítulos 5 e 6, mas retomaremos a discussão de alguns pontos essenciais para o desenvolvimento subsequente de estratégias de controle.

O ajuste de controladores e a sintonia dos parâmetros de controle, muitas vezes, são feitos com base nestes modelos aproximados que descrevem o processo, obtidos a partir de ensaios de identificação e, em muitos casos, esses modelos incluem o fenômeno do atraso de transporte.

O fenômeno do atraso é extremamente comum em processos industriais, especialmente quando algum sinal é carregado (fisicamente) de um processo a outro.

Como exemplo, podemos mencionar processos de aquecimento de fluidos em painéis solares, cuja temperatura é medida no final de um tubo pelo qual circula o fluido e que se encontra posicionado logo abaixo da superfície quente dos coletores. Neste caso, há um atraso de transporte relativo ao tempo que o fluido demora para circular pelos coletores, pois esse período depende da vazão do fluido. Note que esse atraso pode ser variável, uma vez que o sinal de atuação que controla a vazão de entrada do líquido nos painéis pode variar com o tempo. O mesmo acontece em chuveiros residenciais, nos quais observamos um atraso de transporte entre o momento de atuação (abertura do registro do chuveiro) e o aquecimento da água que chega até a pessoa que está tomando banho.

O modelo a seguir serve como base para a representação de um processo com comportamento linear e estável perto de um ponto de operação, com um atraso de transporte da entrada u para a saída y em L unidades de tempo:

$$\tau \frac{dy(t)}{dt} + y(t) = K_e u(t-L)\,. \tag{7.1}$$

No caso de dinâmicas integradoras no ponto de operação, o modelo anterior pode ser substituído por:

$$\frac{dy(t)}{dt} = K_v u(t-L)\,. \tag{7.2}$$

Em ambos esses modelos, o parâmetro L representa o período de tempo de atraso entre a aplicação de um sinal de entrada u e o efeito correspondente na saída y.

Na indústria de processos, é muito comum que ensaios de resposta ao degrau sejam realizados nas vizinhanças de um ponto de operação para que um modelo representativo possa ser obtido, com base nos dados dos ensaios realizados, tal como discutimos no Capítulo 6. Neste caso, considerando os modelos apresentados nas Eqs. (7.1) e (7.2), podemos fazer ensaios para obtermos os valores dos parâmetros L, τ e K_e (ou L e K_v).

Ressaltamos que, caso o modelo da Eq. (7.1) represente perfeitamente o processo, o atraso de transporte L é diretamente obtido como o tempo transcorrido entre a aplicação do degrau de entrada u e o momento que a saída y sai do ponto de equilíbrio em que se encontrava. Neste caso, K_e é inferido desde que se espere que o regime permanente seja atingido, calculado como o quociente entre a variação da variável de processo e pela variação da variável manipulada. Finalmente, a constante de tempo é medida, por exemplo, usando τ como o tempo que a variável de processo leva depois de passado o atraso para variar em 63 % da variação total observada em regime permanente.

Entretanto, na prática, devido aos problemas associados a ruídos de medição e ao fato que todos processos reais não são realmente sistemas lineares, métodos gráficos podem ser utilizados para que os parâmetros dos modelos representativos possam ser encontrados.

Um desses métodos é descrito na sequência. Este método baseia-se na análise das respostas típicas de um processo a entradas tipo degrau, tal como apresentados na Figura 7.10.

Na Figura 7.10, observamos um processo com um comportamento estável no ponto de operação do ensaio de identificação, cuja variável de processo varia de um ponto de equilíbrio inicial y_0 até um regime permanente descrito por y_∞. Neste ensaio, a variação da variável manipulada é de amplitude $u_\infty - u_0$. Assim, determina-se $K_e = \frac{(y_\infty - y_0)}{(u_\infty - u_0)}$. Ao justapormos a curva da variável de processo a uma reta rangente ao seu ponto de maior inclinação (ponto de inflexão, para um sistema de segunda ordem), definida entre os pontos y_0 e y_∞, de inclinação $\frac{K_e}{\tau}$, podemos determinar os valores

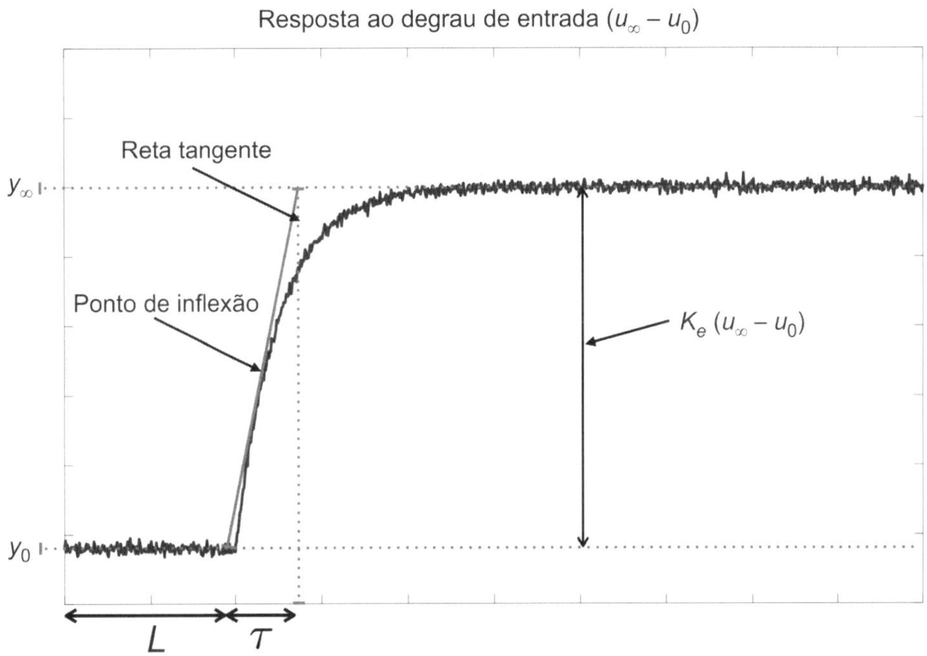

Figura 7.10 – Resposta ao degrau de um processo contínuo e metodologia para a determinação dos parâmetros do modelo.

dos parâmetros L e τ. Esta metodologia é ilustrada pela Figura 7.10. Na Figura 7.11, apresentamos os dados de um ensaio experimental de um processo contínuo e a resposta do modelo obtido através desta metodologia de identificação.

Ressaltamos que mesmo quando o processo apresenta uma resposta integradora (no ponto de operação do ensaio de identificação), este método também pode ser usado.

Neste caso, o experimento deve ser interrompido uma vez que $y(t)$ exiba um comportamento tipo rampa. O atraso de transporte L é determinado da mesma forma que no caso anterior e $K_v\ (u_\infty - u_0)$ indica a inclinação da rampa.

Um aspecto interessante que deve ser observado nesses modelos é que o caso integrador pode ser usado de forma aproximada para representar processos muito lentos. Note que o modelo linear $\tau \frac{dy(t)}{dt} + y(t) = K_e u(t-L)$

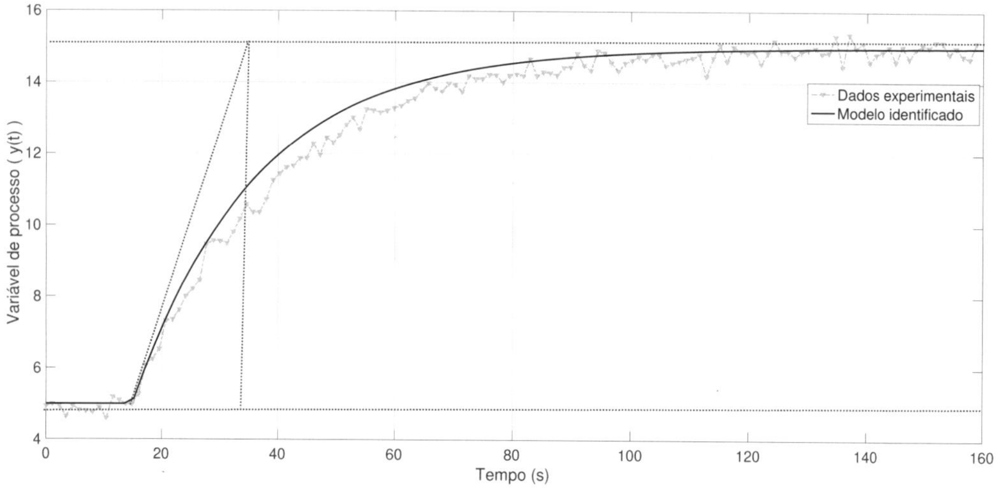

Figura 7.11 – Saída do modelo obtido por meio da metodologia de identificação e resposta ao degrau experimental.

pode ser reescrito como $\frac{dy(t)}{dt}+\frac{1}{\tau}y(t) = \frac{K_e}{\tau}u(t-L)$. Neste caso, se o processo é lento, τ é uma constante de tempo muito grande e, portanto, pode-se tomar $\frac{1}{\tau} \approx 0$. Dessa forma, obtemos uma aproximação do modelo dada por: $\frac{dy(t)}{dt} = \frac{K_e}{\tau}u(t-L) = K_v u(t-L)$.

Neste caso, apenas por meio do conhecimento do atraso de transporte L e da inclinação da resposta K_v podemos descrever as dinâmicas do processo, independente dos valores reais K_e e τ, mas sim com a relação entre esses parâmetros.

Essa metodologia foi desenvolvida considerando modelos de processos contínuos, mas ressaltamos que ela também pode ser aplicado para sistemas discretos, com modelos aproximados do tipo $y(k) = \alpha y(k-1) + \beta_u u(k-1-d)$. Para tal, basta utilizarmos as relações entre as soluções das EDOs e EaDs apresentadas no Capítulo 6 desde livro. O exemplo a seguir ilustra tal procedimento de identificação.

Exemplo 75 *Considere um processo real discreto real, com período de amostragem $T_s = 0.5\,s$. Neste processo, realizou-se um experimento de identificação, fazendo a variável manipulada variar de $u_0 = 0$ a $u_\infty = 1$. Os* *sinais discretos resultantes, medidos no processo real (com ruídos de medição), são apresentados na Figura 7.12.*

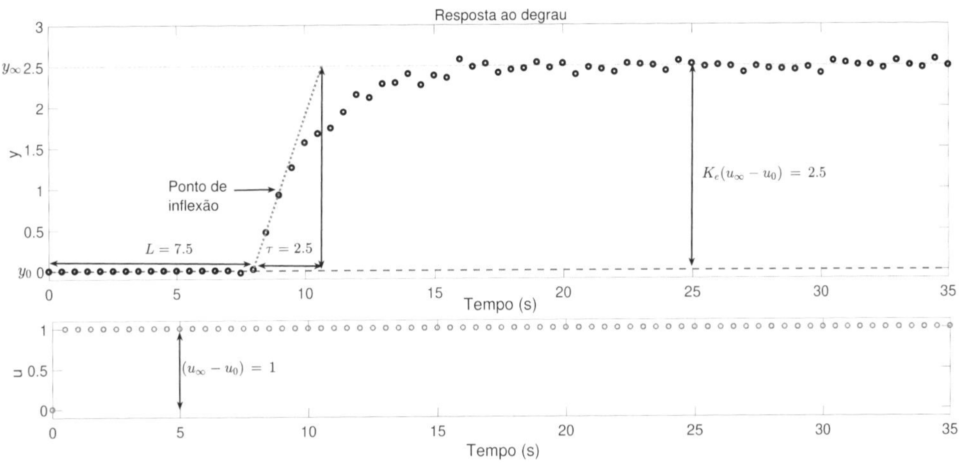

Figura 7.12 – Resposta ao degrau de um processo discreto real.

Nessa figura, podemos observar que a variável de processo varia de $y_0 = 0$ *até* $y_\infty \approx 2.5$ *devido ao degrau de amplitude* $(u_\infty - u_0) = 1$ *aplicado no canal de entrada do processo. Portanto, podemos concluir com essas informações que o ganho estático do processo é dado por* $K_e = 2.5$.

Seguindo a metodologia de identificação supracitada, traçamos uma reta tangente ao ponto de maior inclinação do sinal medido referente à variável de processo. Com base nessa reta, estima-se $L = 7.5\,s$ *e* $\tau = 3\,s$*. Ressaltamos que esses parâmetros são referentes a um modelo contínuo, tipo EDO, tal qual posto na Eq.* (7.1).

Com base na analogia entre as respostas de uma EDO deste tipo e de uma EaD descrita pela Eq. (7.4)*, como discutido no capítulo anterior, podemos tomar os parâmetros desta EaD como:*

$$\begin{cases} \alpha &= e^{-\frac{T_s}{\tau}}\,, \\ \beta_u &= K_e(1-\alpha)\,, \\ d &= int\left\{\frac{L}{T_s}\right\}\,, \end{cases} \tag{7.3}$$

sendo int{·} o operador que define a divisão inteira.

$$y(k) \;=\; \alpha y(k-1) + \beta_u u(k-1-d)\,. \tag{7.4}$$

Desta forma, obtemos os parâmetros $\alpha = 0.8187$, $\beta_u = 0.4532$ *e* $d = 15$ *amostras referentes a Eq. (7.4). Para fins de ilustração, a Figura 7.13 compara o sinal resultante da simulação da Eq. (7.4) em face de uma entrada* $u(k) = \mathbf{1}(k)$ *com o sinal real da variável de processo. Evidentemente, a metodologia permite que encontremos um modelo tipo EaD representativo para o processo real, válido para dinâmicas nas vizinhanças da região do ensaio de identificação, ou seja, para* $(u\,,\,y) \in ([0,1]\,,\,[0,2.5])$.

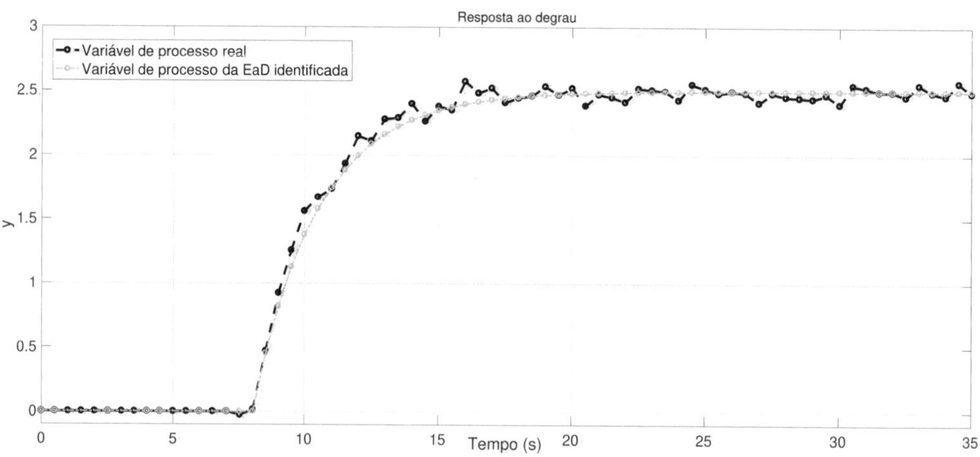

Figura 7.13 – Modelo EaD identificado comparado a sinal real da variável de processo.

7.3.3 Aspectos práticos

Um aspecto prático a ser considerado em relação aos sistemas de controle em geral (mas que aplicaremos, aqui, apenas nos controladores de baixo nível) é relacionado à forma de apresentação das variáveis envolvidas nos processos. Na maioria das aplicações industrias, todas as variáveis envolvidas (tanto variáveis de processo quanto variáveis de controle) são especificadas em termos percentuais. Para fins de notação, quando variáveis são expressadas em unidades específicas (por exemplo, graus Celsius para uma temperatura, ou metros para um deslocamento), dizemos que elas estão dadas em *unidades de engenharia.*

Por outro lado, mesmo que consideremos modelos lineares para estudar o comportamento dos sistemas, devemos considerar que as variáveis do processo real podem apenas transitar dentro de intervalos definidos. Portanto, as variáveis podem ser expressadas, de forma análoga, em porcentagens relativos às suas faixas de operação (em unidades de engenharia). Desta forma, é importante conhecermos as faixas de operação de todas as variáveis de processo para podermos construir modelos em termos percentuais. A maneira mais simples para obtermos modelos percentuais é o procedimento da normalização de variáveis, dado pela divisão de cada variáveis por seu valor absoluto máximo.

Considere um processo com uma variável genérica χ, dado em unidades us. A variável χ, na prática, pode apenas variar dentro do intervalo $[\underline{\chi}\,,\,\overline{\chi}]\,us$, e o valor máximo de χ é dado por $\chi_M = \max\{|\underline{\chi}|\,,\,|\overline{\chi}|\}\,us$. Logo, em termos percentuais, podemos denotar $\chi_p = 100\frac{\chi}{\chi_M}$ como uma variável percentual que representa χ. Note que χ_p é, naturalmente, definida dentro do intervalo $[-100\,,\,100]\,\%$. Esta formulação é simples, entretanto sabemos que a variável normalizada χ_p não variará dentro de todo seu intervalo $[-100\,,\,100]\,\%$, a menos que $\chi_M = |\underline{\chi}| = |\overline{\chi}|$. A vantagem dessa formulação é que a linearidade do modelo resultante de χ_p é mantida em relação ao modelo original, uma vez que a relação de χ_p com χ é linear.

Uma forma mais elaborada de realizar a normalização, para que a variável percentual resultante use o todo seu espectro de variação, é tomarmos $\chi_p = 100\frac{\chi-\underline{\chi}}{\overline{\chi}-\underline{\chi}}\%$. Neste caso, χ_p será igual a 0 % quando $\chi = \underline{\chi}\,us$ e igual a 100 % quando $\chi = \overline{\chi}\,us$. A desvantagem desta formulação é que não é mantida a linearidade no modelo resultante, uma vez que a relação entre χ_p e χ é afim.

Na prática, estas normalizações são muito realizadas para calibrarmos equipamentos e instrumentos do processo, mas também podem ser realizadas no modelo que representa o processo, para fins de simulações. Para tanto, podemos definir cada entrada do processo em valores percentuais, usar um modelo, de fato, percentual e, para fins de ajuste, introduzirmos blocos de conversão, que traduzem variáveis em unidades de engenharia em variáveis percentuais, e vice-versa. Ilustraremos esta ideia com o exemplo de controle de nível de um tanque.

Exemplo 76 *Considere o sistema de controle de nível de um tanque, para o qual a variável de processo é o nível* $h(t)$, *medido em metros, e a variável manipulada é a vazão de água que entra no tanque* $V_e(t)$, *medida em* m^3/s. *A vazão de saída* V_s *também é dada em* m^3/s.

Consideramos que este tanque tem suas variáveis definidas dentro das seguintes bandas de operação: $h \in [0, 10]$ m, $V_e \in [0, 5]$ m^3/s *e* $V_s \in [0, 5]$ m^3/s. *As variáveis percentuais, neste caso, são:* $h_p(t) = 100\frac{h(t)}{10} \in [0, 100]$ $\%$, $V_{e_p} = 100\frac{V_e(t)}{5} \in [0, 100]$ $\%$ *e* $V_{s_p} = 100\frac{V_s(t)}{5} \in [0, 100]$ $\%$.

Para obtermos um modelo percentual para esse processo, fazemos o seguinte procedimento. Partimos do modelo em variáveis de engenharia:

$$A\frac{dh(t)}{dt} = V_e(t) - V_s(t),$$

sendo A *a área da base do tanque, dada em* m^2. *Substituindo por variáveis incrementais, obtemos:*

$$\begin{cases} 0.1A\frac{dh_p(t)}{dt} & = & 0.05\left(V_{e_p}(t) - V_{s_p}(t)\right), \\ 2A\frac{dh_p(t)}{dt} & = & \left(V_{e_p}(t) - V_{s_p}(t)\right). \end{cases}$$

Para montarmos um diagrama de blocos com base neste modelo percen-

tual, adicionamos um ganho estático de magnitude 10 *para convertermos a saída real do processo* $h(t)$ *(proveniente do modelo real) em* $h_p(t)$ *(saída em percentual) e um ganho estático de magnitude* 0.05 *tanto na entrada do processo real como na perturbação, convertendo a entrada percentual* $V_{e_p}(t)$ *na entrada real* $V_e(t)$ *e a perturbação percentual* $V_{s_p}(t)$ *na perturbação real* $V_s(t)$. *Dessa forma, temos um modelo entrada-saída em variáveis percentuais, construído com base em um modelo em variáveis de engenharia.*

7.4 Estratégias de controle em malha fechada clássicas

Com relação às estratégias de controle, ressaltamos que, nos próximos capítulos deste livro, estudaremos quatro estratégias clássicas de controle em malha fechada, para processos modelados por sistemas lineares tipo SISO, com uma entrada de controle u e uma saída controlada y e uma perturbação q. Essas estratégias são:

- controle *on-off*, apresentado no Capítulo 8;
- controle proporcional, apresentado no Capítulo 9;
- controle proporcional-integral, apresentado nos Capítulos 10 e 11;
- controle proporcional-integral-derivativo, apresentado no Capítulo 12.

7.5 Comentários finais

Neste capítulo, dedicamo-nos, principalmente, à apresentação dos conceitos básicos relacionados aos sistemas realimentados, assim como os requisitos normalmente exigidos para o projeto de sistemas de controle simples. Os principais conceitos relacionados a seguimento de referências, rejeição de perturbações e erros estáticos foram apresentados para dar sustentação aos temas que discutiremos nos próximos capítulos, dedicados ao projeto de controladores. Algumas questões práticas importantes referentes a aplicações reais também foram introduzidas, tais como métodos simples para a obtenção de modelos de primeira ordem a partir de resultados experimentais e como realizar a normalização das variáveis de um processo.

7.6 Leitura complementar

Para saber mais sobre o tema de controle de processos e sobre as diferentes estratégias de controle em malha fechada, recomendamos as seguintes referências complementares, que em geral abordam os temas com o uso de matemática mais avançada e tratam também de sistemas mais complexos.

- FRANKLIN, G. F.; POWELL, J. D.; EMAMI-NAEINI, A. *Sistemas de controle para engenharia.* Porto Alegre: Bookman, 2013.
- DORF, R. C. et al. *Sistemas de control moderno.* Madrid: Pearson Educación,2005.
- GEROMEL, J. C.; PALHARES, A. G. *Análise linear de sistemas dinâmicos: teoria, ensaios práticos e exercícios.* São Paulo: Blucher, 2019.
- COLANERI, P.; GEROMEL, J. C.; LOCATELLI, A. *Control theory and design: an $R\mathcal{H}_2$ and $R\mathcal{H}_\infty$ Viewpoint.* [S.l.]: Elsevier, 1997.
- AGUIRRE, L. A. *Sistemas realimentados: uma abordagem histórica.* São Paulo: Blucher, 2020.

Lista de exercícios

1. A Figura 7.14 apresenta os dados medidos de um processo contínuo real, e um modelo tipo EDO de primeira ordem com atraso ajustado para aproximadamente descrever as dinâmicas deste processo. Usando as metodologias detalhadas neste capítulo, estime esta EDO.

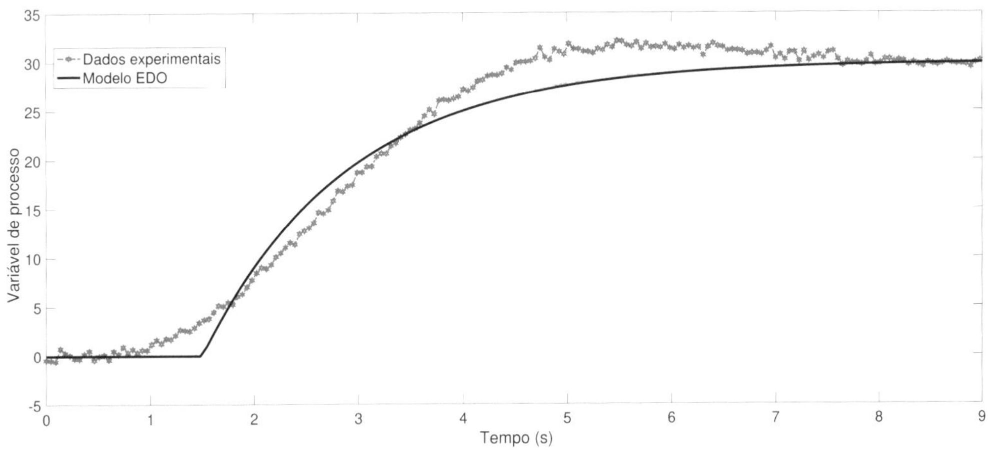

Figura 7.14 – Resposta ao degrau de um processo contínuo real.

2. Considere um processo discreto, descrito por uma EaD do tipo $y(k) = \alpha y(k-1) + \beta_u u(k-1)$. Proponha especificações para a síntese de um controlador para esse processo.

3. Considere um processo descrito pela seguinte EaD:

$$y(k) = 0.7y(k-1) + 0.9u(k-1)\,. \tag{7.5}$$

Este processo deverá ser controlado da malha fechada. Proponha especificações para a síntese de um controlador para este processo, considerando que a resposta em malha fechada deverá ser mais rápida que em malha aberta.

4. Proponha um sistema de controle em cascata para a regulação do processo do item anterior, composto por um otimizador de nível 2 e um controlador local (nível 1). Detalhe as especificações e as funções de cada nível de controle.

5. Um dado processo opera em malha fechada. A variação da variável de processo referente a um sinal de referência $r(t) = 40\,\mathbf{1}(t)$ é apresentada na Figura 7.15. As especificações para o projeto do controlador eram: $t_{5\,\%} < 5.6\,\mathrm{s}$ e erro de seguimento menor que $5\,\%$ da amplitude do degrau de referência. Este sistema de controle garante estas duas especificações?

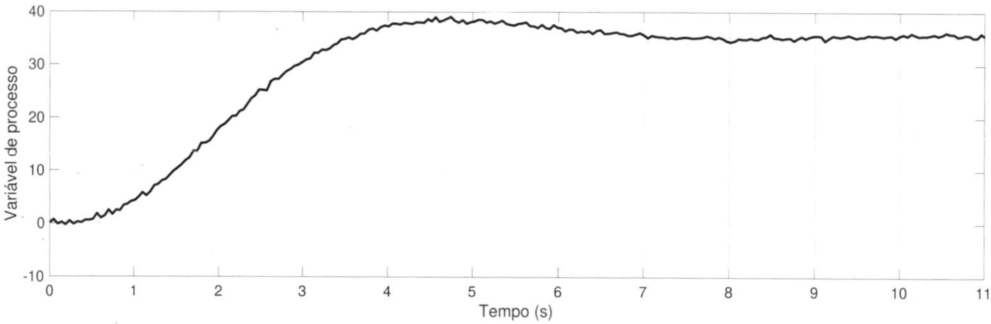

Figura 7.15 – Resposta ao degrau de referência de um processo contínuo operando em malha fechada.

6. Um processo contínuo é descrito pelo seguinte modelo: $3\frac{dy(t)}{dt} + y(t) = 2u(t) + 0.3q(t)$. Dois sistemas de controle são projetados: a) um sistema de controle em malha aberta, com lei de controle $u(t) = 0.5r(t)$, e b) um sistema de controle em malha fechada, com lei de controle $u(t) = 4.5\,(r(t) - y(t))$. Este processo deve ser controlado de tal forma que, sob ação do controlador, o erro de seguimento a sinais de referência tipo degrau seja menor que $20\,\%$ e que o efeito das perturbações $q(t)$ (tipo degrau) seja reduzido. Discuta as respostas obtidas com ambas estas estratégias de controle e se elas garantem ou não o atendimento às especificações. Ademais, discuta qual o efeito de erros

no modelo do processo no resultado obtido. Qual estratégia é mais sensível ao erro no modelo?

7. Um sistema de controle é usado para controlar o nível de água em um tanque, e suas dinâmicas são descritas pelo seguinte modelo:

$$20\frac{dh(t)}{dt} = 5a_e(t) - 2\sqrt{20h(t)}a_s(t)\,, \tag{7.6}$$

para o qual $a_s(t)$ representa a abertura da válvula de saída do tanque, $a_e(t)$ a abertura da válvula de entrada e $h(t)$ o nível de água no tanque. O tempo é medido em minutos, as aberturas são dadas no intervalo $[0, 1]$ e o nível é medido no intervalo $[0, 10]$ m. Encontre um modelo normalizado do processo com todas as variáveis dadas em porcentagens.

Atividade prática: kit experimental motor-gerador

O objetivo desta atividade é desenvolver um modelo linear dinâmico que descreva, nas vizinhanças de um ponto de operação, as relações dinâmicas entre a entrada de tensão u e a medição de velocidade de giro em tensão y do sistema motor-gerador, kit experimental usado neste livro.

Neste capítulo, propõem-se as seguintes atividades práticas:

- Considere o seguinte ensaio: leve o sistema a um ponto de operação predefinido e, nesse ponto, aplique uma série de degraus de diferentes amplitudes no canal de entrada u. Observe graficamente o comportamento da variável de processo. Distinga as não linearidades observadas nesta resposta. O sistema tem o mesmo tempo de assentamento para todos os pontos de equilíbrio testados?

- Com base nas metodologias de identificação descritas neste capítulo e nos anteriores, proponha um modelo tipo EDO de primeira ordem que represente, aproximadamente, o comportamento do motor nas regiões próximas ao ponto de operação predefinido. Busque o modelo linear que permita representar a faixa mais ampla de funcionamento deste sistema. Discuta profundamente o conceito de modelo absoluto, modelo incremental e as diferenças entre ambos.

- Qual é a constante de tempo estimada no modelo EDO proposto? Essa constante de tempo é representativa para toda a faixa de operação do sistema motor-gerador?

- Qual é o ganho estático estimado no modelo EDO proposto? Esse ganho é representativo para toda a faixa de operação do sistema motor-gerador? Faça uma comparação do ganho estático da EDO proposta com a inclinação da reta que melhor aproxima a curva estática deste sistema, proposta no capítulo anterior. Esse ganho e a inclinação da curva são similares? Por quê?

- Pode-se concluir que o modelo EDO proposto representa as dinâmicas do sistema motor-gerador suficientemente bem para todos os pontos de operação? Pode-se concluir que esse modelo é representativo?

Problema resolvido

Um reator da indústria farmacêutica utiliza dois fluidos X e Y para produzir um produto Z. A vazão de saída de Z é dependente das vazões de entrada de X e Y. O seguinte modelo descreve as dinâmicas desse processo:

$$3\frac{dz(t)}{dt} + 2(z(t))^2 y(t) = \beta x(t)\,,$$

para o qual x é a vazão de X, y a de Y, e z a de Z. Todas as vazões são positivas e são descritas em litros por minuto, ao passo que a escala de tempo é dada em minutos.

Nesse sistema a vazão de X é usada como variável manipulada, sendo a vazão de Z a variável de processo e a vazão de Y uma perturbação.

- (a) Determine o valor de β, sabendo que o sistema tem um ponto de equilíbrio dado por $x = 10$, $y = 5$ e $z = \sqrt{2}$.

- (b) Analise o comportamento estático do reator e desenhe a característica estática do sistema considerando as variáveis que julgue importantes. Considere $\beta = 2$, y no intervalo $[1, 5]$ e x no intervalo $[0, 20]$. Determine o intervalo de variação de z.

- (c) Desenhe um diagrama de blocos do sistema identificando a variável de processo, a variável manipulada e a perturbação, assim como a operação de integração das variáveis.

- (d) Encontre um modelo linearizado para o sistema operando nas vizinhanças do ponto de equilíbrio dado por $x = 10, y = 2$ e com $\beta = 2$.

- (e) Usando o modelo linearizado de (d), calcule a constante de tempo do sistema e os ganhos estáticos do sistema para as relações entre a manipulada e a variável de processo e a perturbação e a variável de processo. Calcule o tempo que a variável de processo levaria para chegar do ponto de equilíbrio dado por $x = 10, y = 2$ para o ponto de equilíbrio dado por $x = 12, y = 2$ (considere que na prática, chegando a 99 % do valor o sistema já está no equilíbrio).

- (f) Para o caso não linear, encontre um modelo normalizado, para o qual todas as variáveis são normalizadas entre 0 e 100%.

Resolução

a) Substituindo os dados do ponto de equilíbrio ($x = 10$, $y = 5$ e $z = \sqrt{2}$), no modelo do processo, com $\frac{dz}{dt} = 0$, obtemos:

$$2(\sqrt{2})^2 5 = \beta 10\,. \tag{7.7}$$

Agora, isolamos o parâmetro β:

$$\beta = \frac{20}{10} = 2\,. \tag{7.8}$$

b) O comportamento estático do processo é dado para $\frac{dz}{dt} = 0$, ou seja, para $2z_0^2 y_0 = \beta x_0$. Desta forma o modelo estático é:

$$z_0 = \sqrt{\frac{\beta x_0}{2y_0}}.$$

As curvas estáticas que descrevem o comportamento estático deste sistema são apresentadas nas Figuras 7.16 e 7.17. Traçamos duas curvas $z_0 = \sqrt{\frac{\beta x_0}{2y_0}}$, a primeira mostra z como função de x com y como parâmetro e a segunda z como função de y com x como parâmetro. Observamos que z varia de 0 a $\sqrt{20}$, apresentando relações não lineares, crescente em face de x e decrescente em face de y.

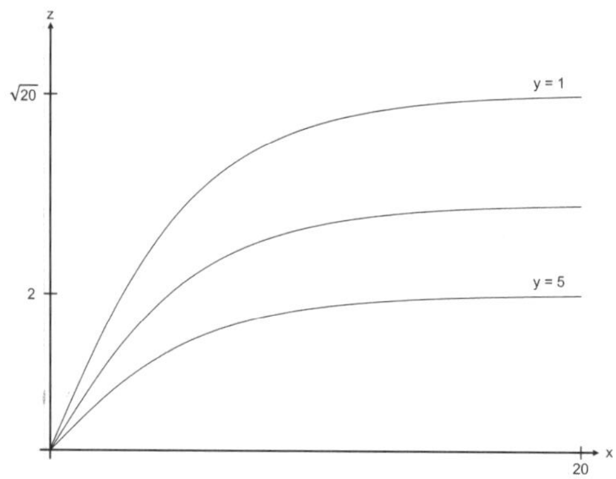

Figura 7.16 – Característica estática do processo ($z_0 \times x_0$).

c) Para obter o diagrama de blocos, reescrevemos o modelo como:

$$\frac{dz(t)}{dt} = 1/3[-2(z(t))^2 y(t) + \beta x(t)]\,,$$

e usamos um bloco integrador, um somador, ganhos e um bloco que calcula o quadrado de uma variável. O diagrama de blocos que descreve esse processo é apresentado na Figura 7.18.

d) Para linearizarmos o modelo deste processo, usamos variáveis incrementais descritas na vizinhança do ponto de operação P_0 (dado por $x_0 = 10$, $y_0 = 0.2$ e $z_0 = \sqrt{5}$):

$$x(t) = x_0 + \Delta x(t)\,, \tag{7.9}$$

$$y(t) = y_0 + \Delta y(t)\,, \tag{7.10}$$

$$z(t) = z_0 + \Delta z(t)\,. \tag{7.11}$$

Substituindo essas variáveis no modelo do processo, obtemos:

$$3\frac{d(z_0 + \Delta z(t))}{dt} + 2(z_0 + \Delta z(t))^2(y_0 + \Delta y(t)) = 2(x_0 + \Delta x(t))\,.$$

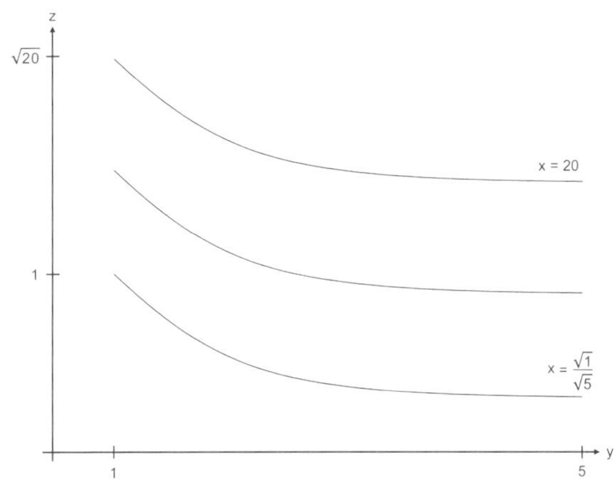

Figura 7.17 – Característica estática do processo ($z_0 \times y_0$).

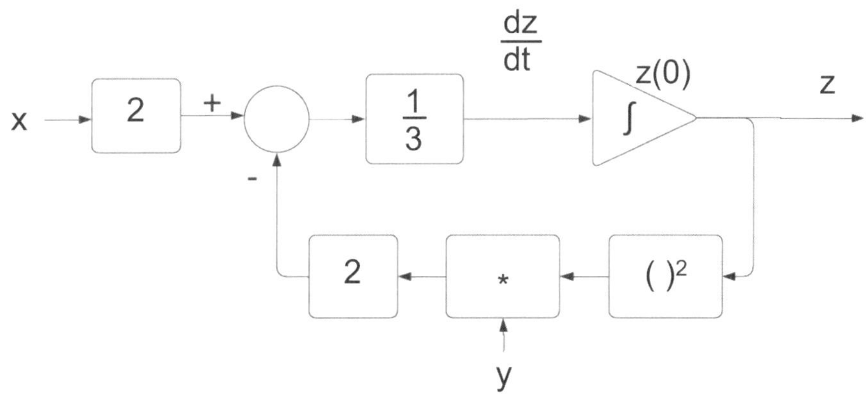

Figura 7.18 – Diagrama de blocos do processo.

Manipulando o termo $2(z_0 + \Delta z(t))^2(y_0 + \Delta y(t))$ temos:

$$2z_0^2y_0+4z_0y_0\Delta z(t)+2y_0(\Delta z(t))^2+2z_0^2\Delta y(t)+4z_0\Delta z(t)\Delta y(t)+2(\Delta z(t))^2\Delta y(t),$$

e desprezando os termos de segunda e terceira ordem:

$$2z_0^2y_0 + 4z_0y_0\Delta z(t) + 2z_0^2\Delta y(t).$$

Usando esse resultado e que a derivada de z_0 é nula, temos:

$$3\frac{d(\Delta z(t))}{dt} + 2z_0^2 y_0 + 4y_0 z_0 \Delta z(t) + 2z_0^2 \Delta y(t) \;=\; 2(x_0 + \Delta x(t)),$$

Como $2z_0^2 y_0 = 2x_0$ encontramos:

$$\begin{aligned} 3\frac{d(\Delta z(t))}{dt} + 2z_0^2 \Delta y(t) + 4y_0 z_0 \Delta z(t) &= 2\Delta x(t), \\ 3\frac{d(\Delta z(t))}{dt} + 4y_0 z_0 \Delta z(t) &= 2\Delta x(t) - 2z_0^2 \Delta y(t). \end{aligned}$$

Agora, só nos resta substituir os valores das variáveis no ponto de equilíbrio para obtermos o modelo linearizado:

$$3\frac{d(\Delta z(t))}{dt} + 8\sqrt{5}\Delta z(t) \;=\; 2\Delta x(t) - 10\Delta y(t). \tag{7.12}$$

e) Queremos calcular o valor dos parâmetros τ, K_e e K_{eq}. Colocando o modelo linearizado da Eq. (7.12) na forma de uma EDO "padrão", obtemos:

$$\left(\frac{3}{8\sqrt{5}}\right)\frac{d(\Delta z(t))}{dt} + \Delta z(t) \;=\; \left(\frac{2}{8\sqrt{5}}\right)\Delta x(t) - \left(\frac{10}{8\sqrt{5}}\right)\Delta y(t).$$

Portanto, temos:

$$\begin{cases} \tau = \frac{3}{8\sqrt{5}}\,\mathrm{s}, \\ K_{eu} = \frac{2}{8\sqrt{5}}, \\ K_{eq} = \frac{-10}{8\sqrt{5}}. \end{cases} \tag{7.13}$$

Para descobrirmos o tempo necessário para que a saída z chegue a 99% do regime permanente, basta multiplicarmos a constante de tempo por cinco: $t_{1\%} = \frac{15}{8\sqrt{5}}$.

f) Sabemos que o sinal y está no intervalo $[1,5]$, x no intervalo $[0,20]$ e z no intervalo $[0,\sqrt{20}]$. Assim, podemos definir as variáveis normalizadas da seguinte forma, multiplicando por 100 e dividindo pelo máximo valor do intervalo:

$$\left\{ \begin{array}{rcl} y_n(t) & = & \frac{100}{5}y(t)\,, \\ x_n(t) & = & \frac{100}{20}x(t)\,, \\ z_n(t) & = & \frac{100}{\sqrt{20}}z(t)\,. \end{array} \right. \tag{7.14}$$

Substituindo essas variáveis novas no modelo original do processo, obtemos o seguinte modelo normalizado:

$$0.13\frac{dz_n(t)}{dt} + 0.0002(z_n(t))^2y_n(t) \;=\; 0.4x_n(t)\,.$$

Parte III

Controle de processos

Capítulo 8

Controle *on-off*

Neste capítulo, apresentamos a primeira estratégia de controle realimentado deste livro, o sistema de controle tipo *on-off*. Este é o método mais simples de todos os que serão discutidos neste livro, como também uma das estratégias mais simples implementadas na indústria. Analisaremos as possíveis respostas dos sistemas controlados por este método, além de discutirmos as propriedades, vantagens e desvantagens desta estratégia.

8.1 Ideia básica

O controle tipo *on-off* (também chamado de liga-desliga ou tudo-ou-nada) é principalmente utilizado quando as especificações de projeto permitem oscilações da variável controlada em torno de um valor de referência. Essa propriedade foi definida no capítulo anterior como operação por bandas. Portanto, o controle tudo-ou-nada serve para processos cuja variável controlada pode ser mantida dentro de uma banda de operação sem que se prejudique sua operação, a despeito da forma das variações dessa variável de processo quando regulada dentro da banda.

A ideia básica de sistemas de controle *on-off* é a seguinte: apenas ligar ou desligar o atuador conforme a variável de processo esteja dentro ou fora de uma banda de atuação predefinida.

Para esta estratégia de controle, o sinal de controle pode assumir apenas os estados ligado e desligado, dependendo se a variável de processo ultrapasse algum dos limites que definem a banda de atuação. Desta forma, o elemento atuador é muito simples, já que precisa assumir somente duas condições possíveis: aberto ou fechado (ligado ou desligado), como um relé ou uma válvula solenoide.

Processos térmicos são comumente regulados com estratégias do tipo on-pff. Por exemplo, podemos ilustrar o controle de temperatura em refrigeradores domésticos e industriais ou de ambientes com aparelhos de ar condicionado, para os quais o acionamento é geralmente feito da seguinte forma: quando a temperatura do ambiente resfriado ultrapassa um valor máximo aceitável, o equipamento é ligado, ao passo que, quando a temperatura é mais fria que um valor mínimo aceitável, o equipamento é desligado. A região de operação desta estratégia é definida pelos limites (superior e inferior) predefinidos para a variável de processo. A Figura 8.1 representa a variação, ao longo do tempo, da temperatura de um ambiente controlada com um aparelho de refrigeração que utiliza uma estratégia de controle tipo *on-off*. Neste gráfico, podemos observar que a temperatura do ambiente é, inicialmente, igual a 25 °C, quando passa a ser regulada por um sistema de controle *on-off*, para uma banda de 15 $\pm$ 2°C. Neste caso, o limite inferior da banda é dado por 13 °C e o superior por 17 °C.

Observamos como o sistema de controle mantém ligado o aparelho de refrigeração até que a temperatura atinja os 13 °C, aproximadamente após 45 minutos do início do ensaio. Depois, como o aparelho é desligado, a temperatura aumenta naturalmente e, aproximadamente no instante de tempo igual a 65, atinge os 17 °C, quando o aparelho é ligado novamente. Este ciclo se repete indefinidamente. Ressaltamos que esta operação de liga-desliga acontece, também, em geladeiras e fornos elétricos domésticos.

Esta estratégia de controle é mais comum para a regulação de processos

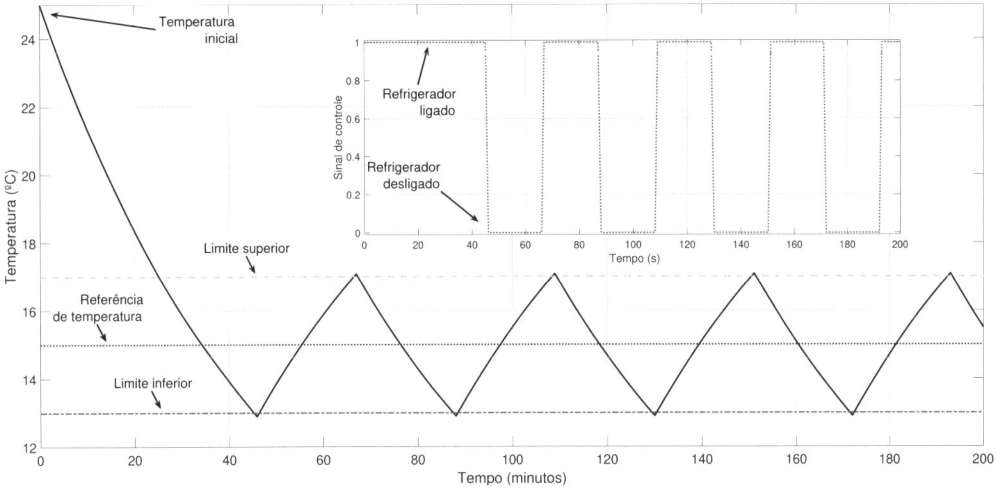

Figura 8.1 – Sistema térmico: controle *on-off*.

lentos (com constantes de tempo na ordem de minutos ou maiores) e que aceitam faixas de operação largas, para as quais a troca no sinal de controle entre os estados ligado e desligado não se torna tão frequente. Ressaltamos que:

(i) O processo vai evoluir sempre com uma dinâmica dada pela sua constante de tempo (tanto para o caso de entrada nula ou para entradas constantes).

(ii) O tempo que ele permanecerá em um estado (ligado ou desligado) será dependente da constante de tempo, do ganho e da largura da faixa (analisaremos esta propriedade com detalhes nas próximas seções).

(iii) Para processos nos quais a frequência de comutação do sinal de controle de ligado para desligado é elevada, o elemento atuador do sistema deve ser especialmente projetado. Se este for eletromecânico, sofrerá desgaste e será danificado. Existem sistemas de atuação puramente eletrônicos para algumas aplicações, com base em semicondutores (chaves eletrônicas) que podem chavear de ligado a desligado (e vice-versa) muito rapidamente e repetidamente sem serem danificados.

Antes de discutirmos em maiores detalhes as dinâmicas e as soluções de sistema regulados por estratégias tipo liga-desliga, apresentaremos outro exemplo ilustrativo desta abordagem de controle.

Exemplo 77 *Considere o sistema de controle de abastecimento de água de um prédio que possui uma cisterna, que é abastecida por água da distribuidora, e uma caixa de água instalada no último andar, que recebe água da cisterna através de uma bomba. O sistema de controle instalado na caixa de água tem por objetivo apenas regular o nível de água* h *de tal forma que a caixa não transborde e que os moradores nunca fiquem sem água. Assim, para este sistema, basta definirmos duas condições de operação: ligar a bomba quando o nível chega a um patamar mínimo, e desligar quando chega a um patamar máximo. Considere que os valores para estes patamares são definidos, respectivamente, como* $\underline{h}$ *e* $\overline{h}$*. Desta forma, a implementação da estratégia de controle será a seguinte: mantém-se a ação de controle inalterada, caso* $\underline{h} < h < \overline{h}$*, liga-se a bomba de água, caso* $h < \underline{h}$*, e desliga-se a bomba de água, caso* $h > \overline{h}$*.*

Esta operação, na prática, pode ser diretamente realizada com uma boia elétrica, que funciona, ao mesmo tempo, como sensor e controlador do processo. Uma boia elétrica é colocada em flutuação dentro da água da caixa, mas, ao mesmo tempo, é amarrada por uma corda de comprimento adequado ao topo da caixa. A boia possuí, em seu interior, um acoplamento a uma chave que abre ou fecha um circuito elétrico, dependendo da inclinação da boia dentro da água. Quando a boia está em uma posição quase horizontal (com a corda solta e o nível de água alto), o circuito é aberto. Já quando a boia está em uma posição muito inclinada (com a corda tensionada e o nível de água baixo), a chave fecha e o circuito é acionado. Quando o circuito é acionado, uma bomba de água é ativada. Assim, a boia garante que se realize a operação de ligar e desligar a bomba de água segundo uma estratégia de controle tipo on-off. A regulagem do sistema para definir os valores de nível para os quais se deve ligar ou desligar a bomba de água pode ser feita por meio do ajuste do comprimento da corda amarrada à boia.

8.2 Implementação

Para que a estratégia de controle *on-off* possa ser, de fato, implementada, devemos levar em conta diversos aspectos, tal como o sinal do ganho direto do processo.

Por exemplo, suponhamos que queremos regular a temperatura de uma sala com um aquecedor, que deve manter a temperatura em uma faixa próxima do valor T_{ref}, dada pela banda $[T_{\text{min}}, T_{\text{max}}]$. Esse é um caso de um processo com ganho direto positivo: um aumento da variável manipulada (potência do aquecedor) leva a um aumento da variável de processo (temperatura da sala) depois de passado o transitório da resposta. Neste caso, o aquecedor deve ser ligado quando a temperatura esteja abaixo de T_{min} e desligado quando a temperatura ultrapassa o limite superior T_{max}.

Considere, agora, que esta sala deve ter sua temperatura resfriada por meio de um equipamento de ar condicionado, e se deseja manter a temperatura em uma faixa próxima do valor T_{ref}, dada por $[T_{\text{min}}, T_{\text{max}}]$. Este segundo exemplo representa um processo com ganho direto negativo, visto que um aumento da variável manipulada (potência do ar condicionado) leva a uma redução na variável de processo (temperatura da sala) depois de passado o transitório da resposta. Para este segundo caso, o aparelho deve ser ligado quando a temperatura da sala for maior que T_{max} e desligado quando for menor que T_{min}.

Portanto, para processos com ganho positivo, a estratégia de controle *on-off* deve ser projetada para que a comutação do estado ligado para desligado do atuador ocorra quando a variável de processo ultrapasse um limite superior e, para que a comutação inversa (desligado para ligado) ocorra quando a variável de processo for menor que um limite inferior. Já para processos com ganho negativo, o projeto deve ser inverso: o controlador deve ser projetado para que a comutação do estado ligado para desligado do atuador ocorra quando a variável de processo for menor que um limite inferior e, para que a comutação inversa (desligado para ligado) ocorra quando a variável de processo for maior que um limite superior. Na sequência, apresentamos detalhes matemáticos sobre essas implementações.

8.2.1 Processos com ganho positivo

De acordo com a discussão precedente, para processos com ganho positivo, a implementação do sistema de controle *on-off* é feita de acordo com a seguinte lei:

$$\text{Contínuo: } u(t) := \begin{cases} u_{\text{On}}, & \text{se} \quad y(t) < y_{\text{inf}}, \\ u_{\text{Off}}, & \text{se} \quad y(t) > y_{\text{sup}}, \\ \text{Mantém-se}, & \text{caso contrário.} \end{cases} \quad (8.1)$$

$$\text{Discreto: } u(k) = \begin{cases} u_{\text{On}}, & \text{se} \quad y(k) < y_{\text{inf}}, , \\ u_{\text{Off}} & \text{se} \quad y(k) > y_{\text{sup}}, \\ u(k-1), & \text{caso contrário.} \end{cases} \quad .(8.2)$$

Ressaltamos que u_{On} define o valor para a variável manipulada no caso ligado e, analogamente, u_{Off} define seu valor para o caso desligado. Os limites inferior e superior para a variável de processo são dados, respectivamente, por y_{inf} e y_{sup}. A região de operação predefinida para a variável de processo é dada por $y \in [y_{\text{inf}}, y_{\text{sup}}]$. Normalmente, a referência é definida como o valor médio deste intervalo, ou seja, $\left(\frac{y_{\text{sup}}+y_{\text{inf}}}{2}\right)$.

8.2.2 Processos com ganho negativo

No caso de processos com ganho negativo, a lei de implementação de uma estratégia de controle tudo-ou-nada é dada por:

$$\text{Contínuo: } u(t) := \begin{cases} u_{\text{On}}, & \text{se} \quad y(t) > y_{\text{sup}}, \\ u_{\text{Off}}, & \text{se} \quad y(t) < y_{\text{inf}}, \\ \text{Mantém-se}, & \text{caso contrário.} \end{cases} \quad (8.3)$$

$$\text{Discreto: } u(k) = \begin{cases} u_{\text{On}}, & \text{se} \quad y(k) > y_{\text{sup}}, \\ u_{\text{Off}}, & \text{se} \quad y(k) < y_{\text{inf}} \\ u(k-1), & \text{caso contrário.} \end{cases} . \quad (8.4)$$

Podemos observar que, no caso em que utilizamos um dispositivo digital (microcontrolador, computador etc.) para implementar a lei de controle *on-off*, simplesmente teríamos que redigir um código de poucas linhas, de forma que este definisse o valor de $u(k)$ de acordo com a saída do processo. O sinal de baixa potência definido pela estratégia de controle embarcada no dispositivo digital deve, então, acionar algum atuador capaz de ligar ou desligar o equipamento usado (por exemplo, uma chave eletrônica). Por outro lado, dispositivos analógicos muito simples são usados na indústria em equipamentos domésticos para executar os controle tipo *on-off*, de tal forma a permitir o acionamento de alta potência com sinais de entrada de baixa potência.

8.2.3 Implementação prática com relés

Na prática industrial, os sistemas de controle *on-off* são muitas vezes implementados por meio de relés. Relés são dispositivos que permitem executar uma comutação entre os estados ligados e desligado de um sinal (no caso, da variável manipulada) em função de um sinal recebido externamente (no caso, da variável de processo ou do erro de seguimento). Os relés mais comuns são os eletromecânicos, que utilizam normalmente um circuito primário contendo um eletroímã acoplado a uma alavanca que fecha ou abre uma chave de um circuito secundário. Quando o eletroímã é acionado (por corrente ou tensão elétrica), ele induz a abertura ou o fechamento de uma alavanca ligada a um circuito secundário (dependendo se sua posição normal é aberta ou fechada), mudando, então, o estado do equipamento ao qual o relé está conectado.

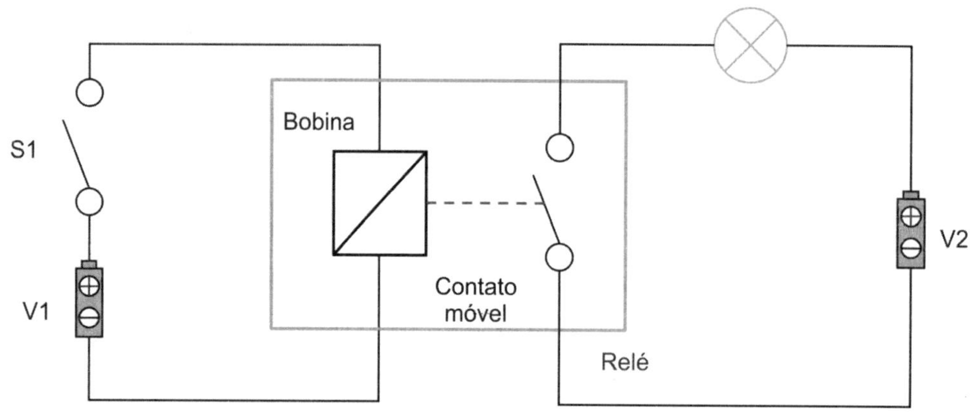

Figura 8.2 – Esquema de funcionamento do relé eletromecânico.

A Figura 8.2 mostra o funcionamento de um relé eletromecânico usado para ligar uma lâmpada no circuito de alta potência alimentado por uma bateria V2. Quando o controle aciona a chave S1 no circuito de baixa potência alimentado pela bateria V1, a bobina é excitada e, portanto, seu campo eletromagnético aciona o contato móvel que fecha ou abre o circuito. Uma mola normalmente é usada para manter o contato móvel em uma posição de repouso, quando a bobina não está acionada. Se a mola mantém a chave fechada, se diz que o relé é do tipo normalmente fechado. Caso contrário, ele é denominado normalmente aberto.

Os relés de estado sólido, construídos com semicondutores, substituem a parte eletromecânica por uma chave eletrônica, como um transistor de potência ou triac, elementos que também são acionados por meio de um circuito de baixa potência para permitir (ou não) a passagem de corrente em um circuito secundário, de alta potência.

Ressaltamos que a construção do relé também pode permitir que ele tenha um comportamento de histerese, ou seja, que comute entre o estado ligado ao desligado sob uma condição diferente da definida para a mudança do estado desligado para o ligado. Detalharemos, na sequência, o funcionamento do sistema de controle *on-off* implementado com relés com histerese.

8.2.4 Controle *on-off* com relés

Para analisarmos matematicamente o funcionamento de sistemas de controle tipo *on-off*, implementados por relés, definiremos o intervalo de operação da variável de processo por meio de um sinal de erro de seguimento de referência.

Consideramos a seguinte especificação de controle: a variável de processo y deve ser regulada para o seguimento de uma referência y_r, cujo projeto admite oscilações em torno de y_r, dentro de um intervalo admissível $y \in [y_{\text{inf}}\,,\, y_{\text{sup}}]$. Portanto, o erro de seguimento da variável de processo é definido como a discrepância entre y e y_r. Ressaltamos, entretanto, que o cálculo deste sinal de erro é diferente para processos com ganho positivo e negativo, de tal forma que o sinal de controle possa ser calculado corretamente.

Para um processo com ganho positivo, definimos o sinal de erro de seguimento da seguinte forma: $e = (y_r - y)$, cuja região de operação é dada por:

$$e \in \left[(y_r - y_{\text{sup}})\,,\,(y_r - y_{\text{inf}})\right].$$

Para processos com ganho negativo, o sinal de erro é definido por $e = (y - y_r)$, cuja região de operação é dada por:

$$e \in \left[(y_{\text{inf}} - y_r)\,,\,(y_{\text{sup}} - y_r)\right].$$

Com base neste sinal de erro $e \in [e_{\text{inf}}\,,\, e_{\text{sup}}]$, o sistema de controle *on-off*, implementado por meio de um relé com histerese, tem a variável manipulada definida conforme o diagrama apresentado na Figura 8.3, chamado de curva de histerese. Esta é a caraterística estática do relé, que relaciona as variáveis e e u.

Ressaltamos que esta curva de histerese implica que o sinal de controle esteja ligado, com $u = u_{\text{On}}$, para todo sinal de erro $e > e_{\text{sup}}$ e desligado, com $u = u_{\text{Off}}$, para todo sinal de erro $e < e_{\text{inf}}$. Para qualquer condição intermediária, $e_{\text{inf}} \leq e \leq e_{\text{sup}}$, o sinal de controle não sofre alterações (se mantém). As setas desenhadas na curva da figura indicam que, quando o sinal de erro é inicialmente negativo e, progressivamente, aumenta, somente causará uma mudança de estado do sinal de controle u quando for maior que e_{sup}. Já no caso em que tenhamos, inicialmente, um erro positivo que diminua progressivamente, a mudança de estado do sinal de controle u somente acontecerá quando o erro for menor que e_{inf}.

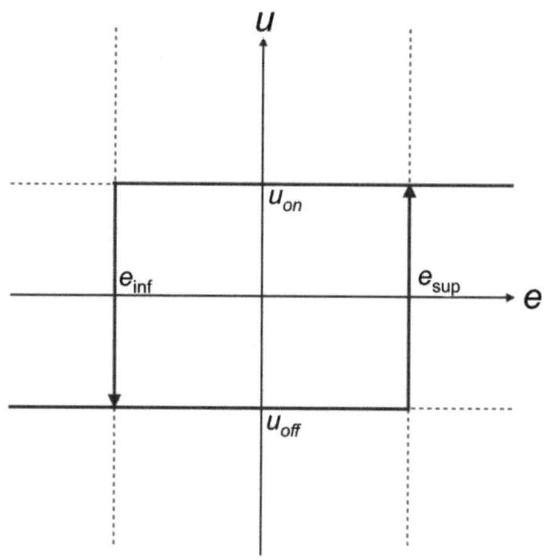

Figura 8.3 – Curva de histerese.

A Figura 8.4 apresenta uma estrutura de implementação de controle tipo *on-off*, em diagrama de blocos, para um processo de aquecimento de um ambiente. O acionamento é feito por meio de um termostato (que é, de fato, uma estrutura baseada em um relé). Notamos que o termostato define o sinal de controle $u(t)$ com base no sinal de erro $e(t)$, atuando no processo de tal forma que a variável de processo $y(t)$ fique dentro das bandas de atuação predefinidas no ajuste do termostato.

O sinal de erro é calculado usando a medida da temperatura do ambiente e um valor de referência (que, normalmente, é dado por um botão ou por meio de uma interface de comunicação com operadores e operadoras).

As faixas de temperatura podem ser fixas ou ajustáveis, dependendo da sofisticação do dispositivo. Por exemplo, nos aquecedores elétricos comuns, apenas podemos ajustar o valor de referência por meio da posição de um botão, sem podermos alterar a banda, que é fixada pela empresa fabricante do aquecedor. Ainda neste caso, a referência é regulada de forma qualitativa (mais quente ou mais frio), sem conhecermos o valor exato que determinamos como referência para o sinal de temperatura.

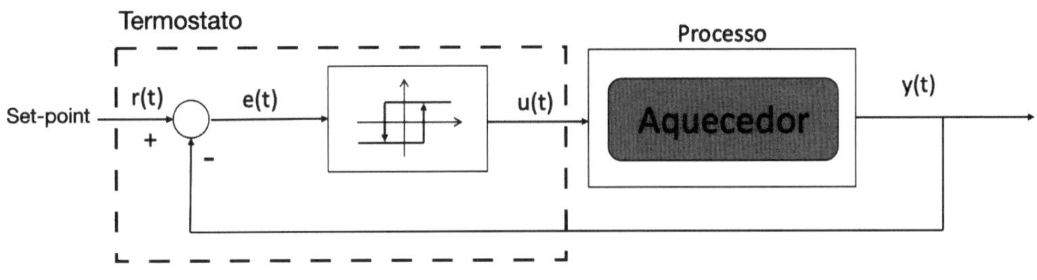

Figura 8.4 – Diagrama de blocos: controle *on-off* de sistema de aquecimento térmico com atuação por termostato.

Em uma implementação de controle *on-off* por meio de um relé, para processos com ganho negativo, com relação à estrutura de implementação da Figura 8.4, podemos, de forma prática, simplesmente inverter o cálculo do sinal do erro, tomando-o como $e(t) = y(t) - r(t)$, sem que haja necessidade de reajustarmos o projeto do termostato (o quarto exercício da lista ao final deste capítulo discute este caso). Na prática, isso é realizado com um seletor do modo de operação, que altera as operações de aquecimento e refrigeração apenas invertendo, internamente, o cálculo do sinal de erro $e(t)$. Termostatos possuem uma regulagem da temperatura de referência. É importante notar que termostatos mais sofisticados podem oferecer a capacidade de se regular também a amplitude da banda de operação.

8.3 Resposta da regulação *on-off*

Uma vez apresentada a ideia principal da estratégia de controle *on-off* e suas possíveis implementações, discutiremos, agora, como se dá a resposta de sistemas regulados com controladores pautados neste conceito.

Para tal, consideraremos que os processos controlados são lineares, invariantes e de primeira ordem, como feito na precedência deste livro. Portanto, os modelos referentes a estes processos são do tipo EDO, como na Eq. (6.11), para o caso contínuo, ou do tipo EaD, como na Eq. (6.30), para o caso discreto. Primeiramente, consideraremos o caso contínuo.

8.3.1 Caso contínuo

Para o caso de processos com ganho positivo, a dinâmica da regulação da variável de processo por meio de uma estratégia *on-off* apresenta três etapas diferentes, duas das quais se repetem de forma alternada ao longo do tempo. Consideraremos que o sistema parte de uma condição inicial $y(0)$ fora da faixa desejada para a variável de processo, com um valor $y(0) < y_{\text{inf}}$ (um procedimento similar poderia ser realizado para o caso $y(0) > y_{\text{sup}}$).

(A) Etapa A: primeiro, o processo está em equilíbrio na sua condição inicial $y(0)$, quando se aciona o controle automático *on-off*. Como o erro inicial é maior que e_{sup}, a variável manipulada $u(t)$ passa a ser não nula (estado On), o que faz com que $y(t)$ aumente progressivamente ao longo do tempo, até o momento em que $y(t) = y_{\text{sup}}$.

(B) Etapa B: essa etapa se inicia quando a variável de processo atinge o valor superior y_{sup} do limite predefinido para a banda e o sinal de controle é desligado. Uma vez desligada a ação de controle, a saída $y(t)$ começa a progressivamente diminuir, já que o sistema está naturalmente dissipando energia, até atingir o valor $y(t) = y_{\text{inf}}$.

(C) Etapa C: a última etapa começa quando a variável de processo atinge o valor inferior y_{inf} do limite predefinido para a banda e o sinal de controle é novamente ligado. Assim, a variável de processo volta a inciar uma dinâmica progressiva de crescimento, que finaliza quando y atinge, novamente, o limite superior da banda.

Observe que as etapas B e C vão se repetir de forma alternada indefinidamente se nenhum evento externo alterar o funcionamento do processo, dado que o estado final da etapa B é o inicial da C e vice-versa.

Ademais, perceba que, para processos com ganho negativo partindo de uma condição inicial fora da faixa de operação $y(0) > y_{\text{sup}}$, também observamos três etapas de operação: uma primeira, na qual o sistema se movimenta da condição inicial até entrar na faixa desejada, e outras duas que se repetem de forma alternada, mantendo a variável de processo dentro da faixa sob condições análogas às condições do caso com ganho positivo.

Para descrever analiticamente a resposta da variável de processo para estes três casos, utilizaremos as propriedades da solução da EDO. Descreveremos, portanto, a primeira etapa (A) dada entre os instantes $t = 0$ e $t = t_1$, a segunda etapa (B) entre os instantes $t = t_1$ e $t = t_2$ e, por fim, a terceira etapa (C) entre os instantes $t = t_2$ e $t = t_3$.

Para tal, consideremos que o sistema de controle é projetado para a condição ligado com $u(t) = u_{\text{On}}$ e para a condição desligado com $u(t) = u_{\text{Off}} = 0$. Consideramos também que com o controle ligado o sistema é capaz de atingir um valor de regime permanente y_∞ tal que $y_\infty > y_{\text{sup}}$. As mudanças entre as condições da variável manipulada são instantâneas, ou seja, podem ser modeladas com funções tipo degrau.

Para fins de demonstração, consideraremos, por ora, que as perturbações q são nulas. Consideraremos, também, que a medição da variável de processo pelo sensor é instantânea, de tal forma que o sistema de controle sempre toma a decisão de troca de estados (de *on* para *off*, e vice-versa) no momento exato em que a variável de processo atinge um dos limites (y_{inf} ou y_{sup}).

Finalmente, consideraremos a condição inicial $y(0) = 0$. Esta suposição não é para nada restritiva, uma vez que se $y(0) = y_0 \neq 0$ poderíamos simplesmente analisar o modelo com a variável incremental $\Delta y(t) = y(t) - y_0$, que tem condição inicial nula.

Etapa (A): Subida até y_{sup}

Nesta etapa (A), acontece a subida de $y(t)$, partindo do repouso, com $u(t) = u_{\text{On}}$, até que $y(t_1) = y_{\text{sup}}$, ou seja, até que o limite superior predefinido para a variável de processo seja atingido.

Como detalhado no Capítulo 6, sabemos que a resposta de um sistema linear contínuo, de primeira ordem, modelado pela EDO da Eq. (6.11), a uma entrada tipo degrau é dada por:

$$y(t) = K_e\left(1 - e^{-\frac{t}{\tau}}\right)u_{\text{On}}\,. \tag{8.5}$$

Sabemos, também, que $y_\infty = K_e u_{\text{On}} > y_{\text{sup}}$. Assim, o sinal $y(t)$ atinge o limite superior y_{sup} em um tempo finito $t = t_1$. Portanto, temos que:

$$\begin{aligned}
y(t_1) &= K_e\left(1 - e^{-\frac{t_1}{\tau}}\right)u_{\text{On}} = y_{\text{sup}}\,, && (8.6)\\
-K_e u_{\text{On}} e^{-\frac{t_1}{\tau}} &= y_{\text{sup}} - K_e u_{\text{On}}\,, && (8.7)\\
e^{-\frac{t_1}{\tau}} &= 1 - \frac{y_{\text{sup}}}{K_e u_{\text{On}}}\,, && (8.8)\\
-\frac{t_1}{\tau} &= \ln\left(1 - \frac{y_{\text{sup}}}{K_e u_{\text{On}}}\right), && (8.9)\\
t_1 &= -\tau \ln\left(1 - \frac{y_{\text{sup}}}{K_e u_{\text{On}}}\right). && (8.10)
\end{aligned}$$

Para fins de ilustração, representamos a resposta $y(t)$ da Eq. (8.5) na

Figura 8.5, válida para $0 < t \leq t_1$.

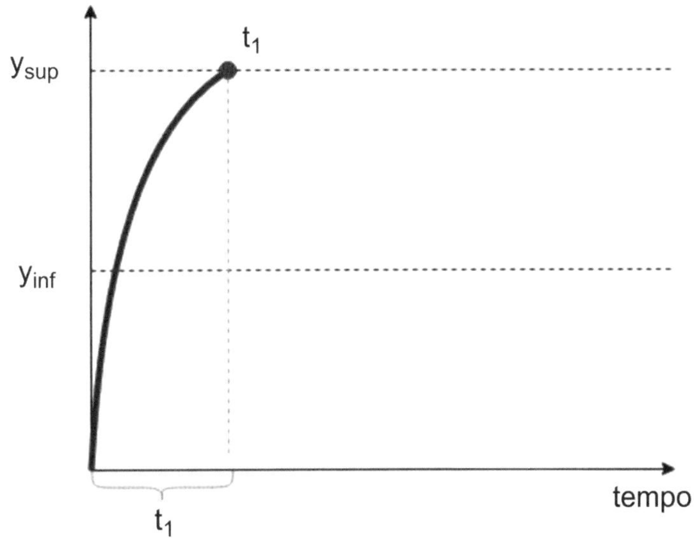

Figura 8.5 – Resposta da regulação *on-off*: Etapa (A).

Etapa (B): Descida de y_{sup} até y_{inf}

Uma vez que a variável de processo $y(t)$ atinge y_{sup}, no instante $t = t_1$, cuja duração é dada analiticamente pela Eq. (8.10), entramos na segunda etapa da regulação (B).

Neste segundo caso, a variável manipulada é instantaneamente desligada. Portanto, observamos na variável de processo uma característica de resposta à condições iniciais não nulas, com $u(t) = 0$.

De acordo com a discussão do Capítulo 6, sabemos, portanto, que a saída $y(t)$, para $t_1 < t \leq t_2$, é dada por:

$$y(t) = y_{\text{sup}} e^{-\frac{t-t_1}{\tau}}. \tag{8.11}$$

Note que há uma deslocação temporal explícita na Eq. (8.11), visto que esta resposta é valida apenas para $t > t_1$. Notamos também que, se esse estado fosse mantido, o sistema chegaria em tempo infinito à condição de repouso $y(0) = 0$.

Tal como na etapa (A), temos uma condição de contorno que nos permite calcular o tamanho do intervalo de tempo $t_{\text{Off}} = (t_2 - t_1)$, que representa o tempo que a variável manipulada permanece no estado desligado, com $u = u_{\text{Off}} = 0$. Visto que, no instante $t = t_2$, a saída $y(t)$ atinge o limite inferior predefinido para o controle, temos:

$$y(t_2) = y_{\text{sup}} e^{-\frac{t_2 - t_1}{\tau}} = y_{\text{inf}}, \tag{8.12}$$

$$y_{\text{sup}} e^{-\frac{t_{\text{Off}}}{\tau}} = y_{\text{inf}}, \tag{8.13}$$

$$e^{-\frac{t_{\text{Off}}}{\tau}} = \frac{y_{\text{inf}}}{y_{\text{sup}}}, \tag{8.14}$$

$$t_{\text{Off}} = \tau \ln\left(\frac{y_{\text{sup}}}{y_{\text{inf}}}\right). \tag{8.15}$$

Em construção em cima da Figura 8.5, mostramos, agora, a Figura 8.6, que ilustra as etapas (A) e (B) da regulação *on-off*, válida para $0 < t \leq t_2$, sendo t_1 o tempo para a subida na etapa (A), dado pela Eq. (8.10), e $t_{\text{Off}} = (t_2 - t_1)$ o tempo para a descida da etapa (B), dado pela Eq. (8.15).

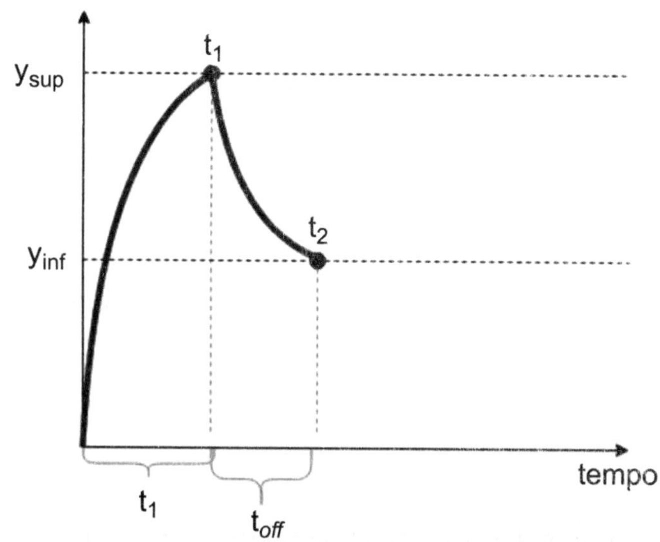

Figura 8.6 – Resposta da regulação *on-off*: Etapas (A) e (B).

Etapa (C): Subida de y_{inf} até y_{sup}

A etapa (C) refere-se à regulação novamente de subida, quando $u(t)$ muda, instantaneamente em $t = t_2$, de u_{Off} para u_{On}.

Conforme discutido no Capítulo 6, temos, para a etapa (C), uma subida da variável de processo para uma entrada tipo degrau de amplitude u_{On}. Note, entretanto, que temos uma condição inicial não nula, neste caso igual a y_{inf}, diferentemente do caso estudado na etapa (A).

Desta forma, a resposta para $t_2 < t \leq t_3$ é dada por:

$$y(t) = y_{\text{inf}} e^{-\frac{t-t_2}{\tau}} + K_e \left(1 - e^{-\frac{t-t_2}{\tau}}\right) u_{\text{On}} \,. \tag{8.16}$$

Novamente, usamos uma condição de contorno para determinarmos o período de tempo que o sistema fica no estado ligado, sendo este dado por $t_{\text{On}} = (t_3 - t_2)$. Sabemos que, no instante de tempo $t = t_3$, temos $y(t) = y_{\text{sup}}$. Logo, é imposto que:

$$\begin{aligned}
y(t_3) &= y_{\text{inf}} e^{-\frac{t_3-t_2}{\tau}} + K_e \left(1 - e^{-\frac{t_3-t_2}{\tau}}\right) u_{\text{On}} = y_{\text{sup}} \,, \\
y_{\text{sup}} &= y_{\text{inf}} e^{-\frac{t_{\text{On}}}{\tau}} + K_e \left(1 - e^{-\frac{t_{\text{On}}}{\tau}}\right) u_{\text{On}} \,, \\
\left(y_{\text{inf}} - K_e u_{\text{On}}\right) e^{-\frac{t_{\text{On}}}{\tau}} &= y_{\text{sup}} - K_e u_{\text{On}} \,, \\
t_{\text{On}} &= \tau \ln \left(\frac{y_{\text{inf}} - K_e u_{\text{On}}}{y_{\text{sup}} - K_e u_{\text{On}}} \right) \\
&= \tau \ln \left(\frac{K_e u_{\text{On}} - y_{\text{inf}}}{K_e u_{\text{On}} - y_{\text{sup}}} \right) .
\end{aligned} \tag{8.17}$$

Em construção em cima das Figuras 8.5 e 8.6, mostramos, agora, a Figura 8.7, que ilustra as etapas (A), (B) e (C) da regulação *on-off*, válida para $0 < t \leq t_3$, sendo t_1 o tempo para a subida da etapa (A), dado pela Eq. (8.10), $t_{\text{Off}} = (t_2 - t_1)$ o tempo para a descida da etapa (B), dado pela Eq. (8.15) e, por fim, $t_{\text{On}} = (t_3 - t_2)$ o tempo para a subida da etapa (C), dado pela Eq. (8.17).

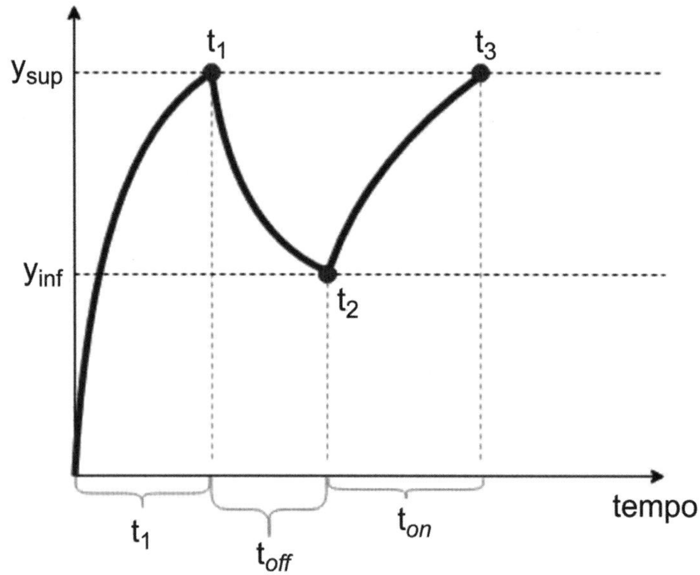

Figura 8.7 – Resposta da regulação *on-off*: Etapas (A), (B) e (C).

Como já comentado, sem perturbações, o sistema entraria em uma resposta periódica depois de t_3.

Períodos de tempo em *on* e em *off*

As Eqs. (8.15) e (8.17), referentes, relativamente, aos períodos da variável manipulada em *on*, t_{On} e em *off*, t_{Off}, quando a variável de processo é regulada por um sistema de controle liga-desliga, nos informam algumas propriedades relevantes:

- Ambos esses períodos são diretamente proporcionais ao valor de τ, o que é esperado, dado que sistemas mais rápidos conseguem transitar pela banda mais rapidamente que sistemas lentos.

- O período de tempo em que o sistema permanece desligado, t_{Off}, não depende da amplitude do sinal de controle u_{On}, sendo dado apenas pelas características do processo (τ) e da banda de atuação, dada pelos limites predefinidos (y_{inf} e y_{sup}). Para bandas com amplitude

$|y_{\text{sup}} - y_{\text{inf}}|$ maiores, observamos períodos mais longos na condição desligado, uma vez que o termo $\ln(\frac{y_{\text{sup}}}{y_{\text{inf}}})$ aumenta. Bandas estreitas, ao contrário, levam esse termo a zero, fazendo diminuir o período de tempo em *off*.

- Já o período de tempo em que o sistema fica ligado, t_{On}, depende tanto das propriedades do processo controlado (implícitas nos parâmetros τ e K_e), quanto da amplitude de controle u_{On} e da banda de atuação. Note que, tanto para um sinal de controle u_{On} de maior amplitude quanto para um ganho estático K_e maior, observaremos valores $K_e u_{\text{On}}$ maiores, tornando o termo $\ln\left(\frac{K_e u_{\text{On}} - y_{\text{inf}}}{K_e u_{\text{On}} - y_{\text{sup}}}\right)$ menor. Ressaltamos que se $K_e u_{\text{On}}$ aumenta e a banda é estreita, então, este termo tende a zero, fazendo com que o sistema comute muito rapidamente.

Como conclusão importante desta análise podemos ressaltar que, para um projeto adequado de um controle liga-desliga de um processo, devemos considerar as relações entre o modelo dinâmico e as bandas requeridas para a operação, para obtermos uma ação de controle que comute entre os limites de operação sem causar danos ao atuador ou que leve muito tempo para passar de um estado ao outro. Caso consideremos o projeto do controle e do processo simultaneamente, essas relações ainda são mais importantes, pois os valores de K_e e τ serão parâmetros do projeto, e não apenas valores dados a priori.

Processos de ganho negativo

Para processos com ganho direto negativo, os conceitos do desenvolvimento anterior mantêm-se. Entretanto, consideraremos o processo partindo de uma condição inicial de repouso $y(0) > y_{\text{sup}}$.

Além disso, devemos considerar que $K_e u_{\text{On}} = y_\infty < y_{\text{inf}}$, ou seja, que, com o atuador ligado, o sistema consegue atingir um valor da variável de processo menor que o predefinido para a banda de operação.

Como modelamos os processos com sistemas lineares, podemos considerar, sem perda de generalidade, que a condição inicial é $y(0) = 0$ e que, como consequência, os valores de y_{sup} e y_{inf} são negativos.

Por exemplo, considere um sistema de controle de temperatura de uma sala que queremos manter entre 20 e 22 °C, supondo que a temperatura do ambiente com o aparelho de ar condicionado desligado é 27 °C. Usando um modelo relativo aos 27 °C, teríamos $y(0) = 0$, $y_{\text{sup}} = -5\,°\text{C}$ e $y_{\text{inf}} = -7\,°\text{C}$.

Neste caso, a etapa (A) refere-se à descida até y_{inf}, a etapa (B) à subida de y_{inf} até y_{sup} e, por fim, a etapa (C) à descida de y_{sup} para y_{inf}. Isso faz com que os períodos de tempo t_{Off} e t_{On} sejam dados por:

$$\begin{cases} t_{\text{Off}} = \tau \ln\left(\frac{y_{\text{inf}}}{y_{\text{sup}}}\right), \\ t_{\text{On}} = \tau \ln\left(\frac{y_{\text{sup}} - K_e u_{\text{On}}}{y_{\text{inf}} - K_e u_{\text{On}}}\right). \end{cases} \tag{8.18}$$

Observe, novamente, que o parâmetro τ afeta diretamente esses períodos tempos e que o ganho estático K_e e a atuação máxima u_{On} afetam apenas o período de tempo em que o sistema fica ligado, dado por t_{On}.

Regime oscilatório repetitivo

Conforme podemos observar na regulação do sistema térmico com controle *on-off*, apresentada na Figura 8.1, as etapas (B) e (C) repetem-se indefinidamente se o sistema não é perturbado. O sinal de controle, por sua vez, é representado por uma sucessão de subidas e descidas do tipo degrau, com períodos de tempos t_{On} na condição $u = u_{\text{On}}$ e t_{Off} na condição $u = u_{\text{Off}}$.

Assim, a operação no "regime permanente" deste sistema controlado pela técnica liga-desliga é uma resposta de y periódica tipo dente de serra, composta por curvas exponenciais crescentes e decrescentes e uma onda quadrada periódica em u. O período desses sinais é dado por $(t_{\text{On}} + t_{\text{Off}})$, vide Figura 8.1.

8.3.2 Caso discreto

O desenvolvimento da resposta de um sistema discreto controlado por uma estratégia de controle tipo *on-off* é análogo ao desenvolvimento relativo ao caso contínuo.

Observaremos, portanto, as mesmas três etapas de operação (A), (B) e (C), considerando um processo com ganho positivo, partindo de $y(0) = 0$ e considerando que $K_e u_{\text{On}} > y_{\text{sup}}$. Detalhemos os cálculos dos tempos.

(A) Na etapa inicial, entre as amostras $0 < k \leq k_1$, temos uma subida do repouso até o limite superior y_{sup}, cuja resposta é dada por:

$$y(k) = \frac{\beta_u}{1-\alpha}\left(1-\alpha^k\right) u_{\text{On}} \,. \tag{8.19}$$

Sendo que k_1 é dado pelo número de amostras que o sistema demora para chegar em y_{sup}, dado por:

$$k_1 = \text{int}\left(\frac{\log\left(1-\frac{y_{\text{sup}}(1-\alpha)}{\beta_u u_{\text{On}}}\right)}{\log\alpha}\right) . \tag{8.20}$$

com $\text{int}\{x\} : \mathbb{R} \to \mathbb{Z}$ sendo a função que calcula o inteiro seguinte do número real x, usada pois o número de amostras k_1 sempre deve ser inteiro.

(B) Na segunda etapa, entre as amostras $k_1 < k \leq k_2$, temos uma descida do limite superior até o limite inferior y_{inf}, por um número de amostras $k_{\text{Off}} = (k_2 - k_1)$, cuja resposta é dada por:

$$y(k) = y_{\text{sup}}\alpha^{k-k_1} \,, \tag{8.21}$$

e, fazendo $y_{\text{inf}} = y_{\text{sup}}\alpha^{k_{\text{Off}}}$, obtemos:

$$k_{\text{Off}} = \text{int}\left(\frac{\log\left(\frac{y_{\text{inf}}}{y_{\text{sup}}}\right)}{\log\alpha}\right). \tag{8.22}$$

(C) Na terceira etapa, entre as amostras $k_2 < k \leq k_3$, temos uma subida do limite inferior até o limite superior da variável de processo, por um número de amostras $k_{\text{On}} = (k_3 - k_2)$, cuja resposta é dada por:

$$y(k) = y_{\text{inf}}\alpha^{k-k_2} + \frac{\beta_u}{1-\alpha}(1 - \alpha^{k-k_2})u_{\text{On}}, \tag{8.23}$$

e fazendo $y_{\text{sup}} = y_{\text{inf}}\alpha^{k_{\text{On}}} + \frac{\beta_u}{1-\alpha}(1 - \alpha^{k_{\text{On}}})u_{\text{On}}$ temos:

$$k_{\text{On}} = \text{int}\left(\frac{\log\left(\frac{y_{\text{sup}} - \frac{\beta_u}{1-\alpha}u_{\text{On}}}{y_{\text{inf}} - \frac{\beta_u}{1-\alpha}u_{\text{On}}}\right)}{\log\alpha}\right). \tag{8.24}$$

Para processos com ganho negativo podemos aplicar o mesmo procedimento, considerando as mesmas ideias do caso contínuo.

8.4 Análise do caso com perturbações

Agora que já analisamos e discutimos as respostas no tempo de sistemas controlados por estratégias liga-desliga, devemos discutir os efeitos da perturbação nestas respostas.

Dado que consideramos neste livro apenas processos que podem ser modelados por sistemas lineares tipo EDO, Eq. (6.11), no caso contínuo, ou tipo EaD, Eq. (6.30), no caso discreto, sabemos que a influência de perturbações (tipo degrau de amplitude Q) na saída do processo, em regime permanente, é dada por K_qQ, no caso contínuo, e $K_qQ = \frac{\beta_q}{1-\alpha}Q$, no caso discreto. Assim, quando o sistema está em modo ligado permanentemente e é afetado pela pertubação, o valor da variável de processo em regime permanente será $y_\infty = K_e u_{\text{On}} + K_qQ$.

Assim, para que o sistema de controle liga-desliga consiga controlar o processo dentro da banda é necessário analisar algumas condições nos valores de y_{inf}, y_{sup} e y_∞. Detalhemos estas condições de operação:

- **Condição 1**: Para que a variável de processo entre na banda.

  - Para o caso de processo com ganho positivo, deve-se verificar $y_\infty > y_{\text{inf}}$.
  - No caso de um sistema com ganho negativo, deve-se verificar $y_\infty < y_{\text{sup}}$.

  Veja que o sistema não é capaz de chegar na banda mesmo deixando o atuador ligado permanentemente se a Condição 1 não for verificada. Neste caso, o problema de controle não tem solução.

- **Condição 2** Para que o controle entre em modo de comutação periódica.

  - Para o caso de processo com ganho positivo, deve-se verificar que $y_\infty > y_{\text{sup}}$.
  - No caso de um sistema com ganho negativo, deve-se verificar que $y_\infty < y_{\text{inf}}$.

  Caso a Condição 2 não aconteça, mas a Condição 1 seja válida, então, o sistema ficará operando dentro da banda sem comutar e com uma ação de controle sempre em modo ligado.

Ilustraremos, através de mais um exemplo simples, as diversas situações possíveis.

Exemplo 78 *Considere um sistema de aquecimento de um ambiente de uma casa, na qual se instala um aquecedor elétrico com termostato. O aparelho tem um controle tipo liga-desliga e sua banda é definida por* $[T_d - 2, T_d + 2]\,^oC$*, sendo* T_d *a temperatura de referência. Quando ligamos o aquecedor, considerando* $T_d = 20\,^oC$*, observamos, depois de algumas horas, que a temperatura da sala é mantida entre* $T_{inf} = 18\,^oC$ *e* $T_{sup} = 22\,^oC$ *e que o aquecedor liga e desliga de forma periódica. Ademais, medimos a temperatura externa, que é a principal perturbação a este processo, e observamos um valor constante de* $16\,^oC$*.*

Decidimos, então, repetir o experimento em um outro dia, quando a temperatura externa é constante e igual a $15\,^oC$*. Observamos que o aquecedor permanece sempre ligado. Desta forma, não sabemos qual é a temperatura da sala, pois o sistema de controle não está comutando. Medimos a temperatura da sala e observamos que é, aproximadamente, igual a* $19\,^oC$*. Neste caso, portanto, observamos uma situação na qual o controle consegue manter a temperatura na banda, mas para isso deve ficar na condição on permanentemente. A condição impõe que:* $T_\infty > T_{inf} = 18\,^oC$*, mas* $T_\infty < T_{sup} = 22\,^oC$ *e, por isso, o sistema de controle não comuta.*

Finalmente, em um terceiro dia, realizamos outro experimento: observamos que o aquecedor continua ligado sem comutar, mas, neste caso, a temperatura da sala é aproximadamente constante e igual a $16\,^oC$*, ao passo que a temperatura externa é igual a* $12\,^oC$*. Neste caso, observamos uma situação na qual o controle não consegue manter a temperatura na banda, nem ficando na condição on permanentemente. Observamos uma condição tal que* $T_\infty < T_{inf} = 18\,^oC$*, ou seja, o sistema não está preparado para atender às especificações de controle para temperaturas externas abaixo de* $14\,^oC$*.*

Por meio deste exemplo, podemos notar que as perturbações podem causar efeitos distintos na solução do problema de controle *on-off*, que dependem, basicamente, das características estáticas do processo.

Ao realizarmos uma análise das caraterística estáticas do processo, podemos obter as faixas de valores para a variável manipulada e para perturbação de tal forma que a variável de processo se mantenha dentro de uma faixa. Com esta análise, podemos deduzir se o controle liga-desliga funcionará como especificado para uma dada perturbação de amplitude conhecida.

Consideraremos, agora, o caso em que um sistema de controle foi bem projetado, ou seja o sinal de atuação comuta corretamente e consegue, portanto, manter a variável de processo dentro da banda de operação predefinida. Nos interessa, então, compreender os efeitos que a perturbação causa nas dinâmicas do processo e nos períodos de tempos nos estados ligado e desligado.

Portanto, considerando esta hipótese, com relação às três etapas (A), (B) e (C) da resposta de sistemas de controle *on-off*, discutidas anteriormente, podemos observar que as perturbações podem apenas acelerar ou desacelerar as respostas nos intervalos de tempo nos quais a variável de processo permanece em cada uma dessas etapas.

Para exemplificarmos esse fato, consideremos o caso de um processo com ganho positivo, com ganho estático face à perturbação K_q positivo (lembramos: no caso discreto, temos $K_q = \frac{\beta_q}{1-\alpha}$).

Caso uma perturbação seja um sinal não nulo (esteja ativa) durante a primeira etapa (A), temos uma resposta nova no lugar da Eq. (8.5), dada por:

$$y(t) \;=\; K_e(1 - e^{-\frac{t}{\tau}})u_{\mathrm{On}} + K_q(1 - e^{-\frac{t}{\tau}})Q\,, \tag{8.25}$$

cujo período de tempo t_1 para chegar a y_{sup} é dado por:

$$\begin{aligned} y(t_1) &= K_e(1 - e^{-\frac{t_1}{\tau}})u_{\text{On}} && (8.26) \\ &+ K_q(1 - e^{-\frac{t_1}{\tau}})Q = y_{\text{sup}}\,, \\ t_1 &= -\tau \ln\left(1 - \frac{y_{\text{sup}}}{K_e u_{\text{On}} + K_q Q}\right) && (8.27) \\ &= \tau \ln\left(\frac{K_e u_{\text{On}} + K_q Q}{K_e u_{\text{On}} + K_q Q - y_{\text{sup}}}\right). \end{aligned}$$

Ressaltamos que este resultado só é válido para $K_e u_{\text{On}} + K_q Q - y_{\text{sup}} > 0$. Note, também, que o período t_1, neste caso, é mais curto que no caso sem perturbação, vide Eq. (8.10), pois $K_e u_{\text{On}} + K_q Q > K_e u_{\text{On}}$. Ademais, ressaltamos que, caso o ganho estático face à perturbação K_q seja negativo, o período t_1 será mais longo.

Demonstrações equivalentes procedem para as etapas (B) e (C):

- Para a etapa (B), observamos uma resposta à condição inicial não nula y_{sup}. Se a perturbação "for ativada" neste momento, teremos um período de resposta t_{Off} mais longo para $K_q Q > 0$ e mais curto para $K_q Q < 0$.

- Na etapa (C), observamos uma resposta à condição inicial não nula y_{inf} e a uma entrada degrau u_{On}. Portanto, se a perturbação "aparece" neste momento, teremos um período de resposta t_{On} mais curto para $K_q Q > 0$ e mais longo para $K_q Q < 0$.

Ressaltamos que consideramos processos com ganho positivo. Para o caso com ganho negativo, a relação da influência da perturbação nos períodos de tempo é invertida.

Exemplo 79 *Para fins ilustrativos, consideraremos o processo contínuo de aquecimento de uma caldeira industrial, cuja temperatura é regulada por uma estratégia on-off. Essa caldeira é encontrada em uma produtora de* *cana-de-açúcar e tem como função queimar bagaço para gerar vapor. Para que, de fato, seja gerado vapor suficiente, a temperatura do interior da caldeira $y(t)$ deve ser regulada dentro da banda dada por $[1300\,,\,1600]\,^oC$.*

O modelo que descreve a temperatura no interior dessa caldeira é aproximado pela seguinte EDO:

$$\tau\frac{dy(t)}{dt} + y(t) \;=\; K_e u(t) + K_q q(t)\,, \tag{8.28}$$

para a qual $u(t)\in[0\,,\,1]$ representa um sinal de controle que regula a potência de acionamento para o aquecimento da caldeira e $q\in[-1\,,\,1]$ representa a perturbação referente a uma variação (em ± 100 %) do fluxo de entrada de bagaço na caldeira (as variáveis u e q estão normalizadas. Em condições nominais, temos $q = 0$. Os parâmetros desse modelo são: $\tau = 0.66$ hora, $K_e = 2000\,^oC$ e $K_q = 300\,^oC$. Ademais, consideramos que a caldeira pode operar de 0 a $2000\,^oC$.

Antes de analisar o funcionamento do controle, verificaremos se as condições de operação são válidas. O modelo estático do processo é dado por:

$$y_\infty \;=\; 2000u_\infty + 300q_\infty\,. \tag{8.29}$$

A Figura 8.8 mostra a caraterística estática para os casos de $q = -1$ (linha cheia), $q = 0$ (linha tracejada) e $q = 1$ (linha pontilhada) e a banda de operação desejada. Assim, para a operação mais desfavorável, que se dá com controle $u = 1$ e perturbação $q = -1$, temos $T_\infty = 1700 > 1600\,^oC$ e, portanto, as duas condições de operação são verificadas e o sistema conseguirá operar no modo comutado de tal forma a manter a temperatura do ambiente dentro da banda predefinida.

O sinal de controle é implementado conforme dá a Eq. (8.1), sendo $u_{On} = 1$, $u_{Off} = 0$, $y_{inf} = 1300\,^oC$ e $y_{sup} = 1600\,^oC$.

Para o caso com $q = 0$, podemos calcular analiticamente os períodos de

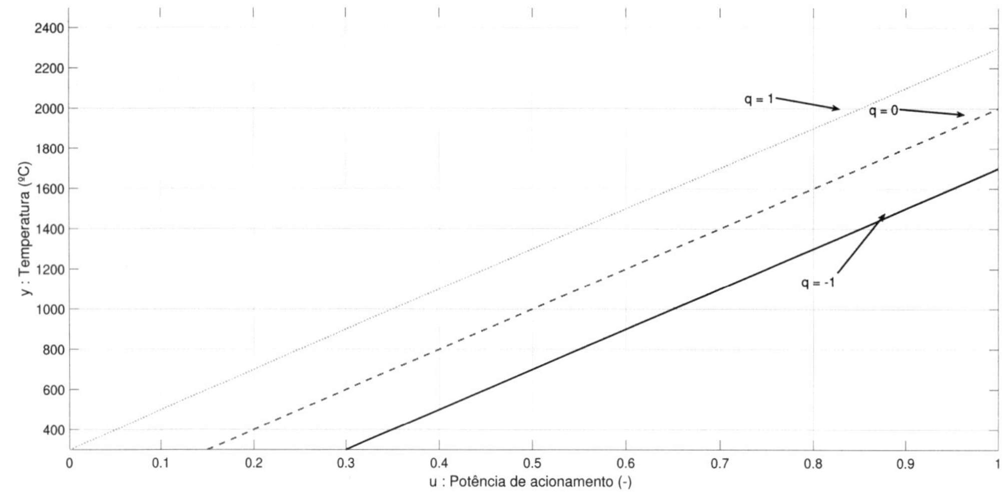

Figura 8.8 – Caraterística estática da caldeira a vapor.

tempo t_1, t_{Off} *e* t_{On}, *sendo dados por:*

$$t_1 = -\tau \ln\left(1 - \frac{y_{sup}}{K_e u_{On}}\right) = 1.06\, horas, \tag{8.30}$$

$$t_{Off} = -\tau \ln\left(\frac{y_{inf}}{y_{sup}}\right) = 0.137\, hora, \tag{8.31}$$

$$t_{On} = -\tau \ln\left(\frac{y_{sup} - K_e u_{On}}{y_{inf} - K_e u_{On}}\right) = 0.3693\, hora. \tag{8.32}$$

Com base em uma simulação deste processo, sob a ação do controlador on-off, podemos discutir os fenômenos observados. O processo é simulado livre de perturbações, partindo do repouso, de $t = 0$ *até* $t = 3$ *horas. Na sequência,* $q = -1$ *até* $t = 7$ *horas e, por fim,* $q = 1$ *até* $t = 10$ *horas. A Figura 8.9 mostra a resposta de temperatura da caldeira* $y(t)$ *ao longo do tempo.*

Nessa figura, podemos verificar, primeiramente, que os períodos de tempo analiticamente calculados se verificam (para o caso sem perturbações, com $t \leq 3$ *horas). Note que o sinal de controle é uma sequência de subidas e descidas tipo degrau, como fora discutido ao longo deste capítulo.*

Nos períodos de tempo para os quais há uma perturbação que contribui com uma variação negativa, em regime permanente, ou seja, com $K_qQ < 0$*, observamos uma desaceleração dos períodos* t_{On} *e uma aceleração dos períodos* t_{Off}*, fato coerente com as discussões anteriores. De forma análoga, nos períodos nos quais há uma perturbação que contribui com uma variação positiva, regime permanente, ou seja, com* $K_qQ > 0$*, observamos uma aceleração dos períodos* t_{On} *e uma desaceleração dos períodos* t_{Off}*.*

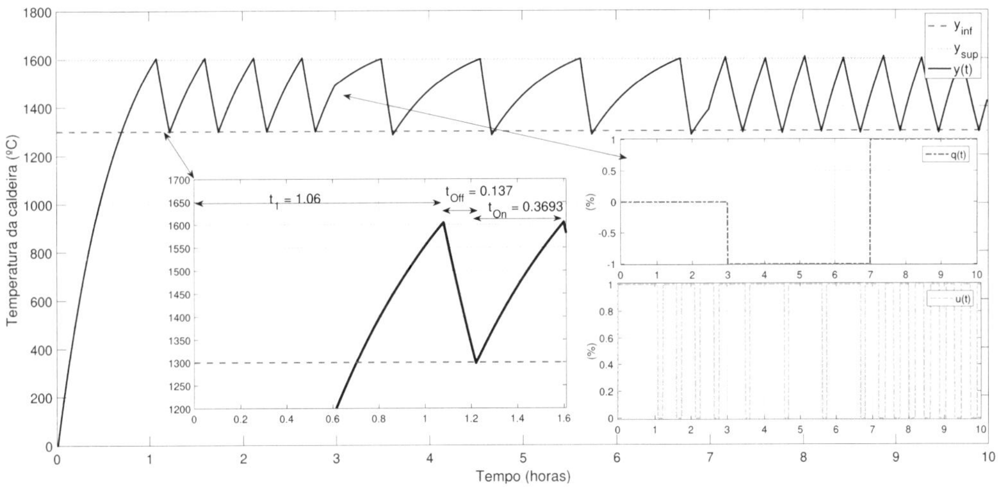

Figura 8.9 – Caldeira a vapor: controle *on-off*.

8.5 Comentários finais

Terminamos este capítulo com uma discussão qualitativa sobre a estratégia *on-off*, elencando vantagens, desvantagens e algumas das propriedades de sistemas de controle desse tipo.

De fato, como pode ser observado por meio dos exemplos e discussões precedentes, a estratégia *on-off* não garante o seguimento de referência, apenas o mantenimento da variável de processo dentro de uma banda de regulação. Entretanto, essa regulação consegue ser garantida a despeito da presença de perturbações dentro de certos limites. Não podemos caracterizar as respostas *on-off* como respostas de rejeição à perturbação, tal qual dado na Definição 27; entretanto, é válido afirmarmos que a regulação é insensível à perturbações, no que diz respeito ao mantenimento da variável de processo dentro da banda, desde que a variável manipulada consiga fazer com que a variável de processo supere o efeito das perturbação, ou seja, atenda como mínimo à Condição 1 aqui discutida (que para o caso de ganho positivo é $K_e u_{\text{On}} + K_q Q > y_{\text{inf}}$).

A resposta da variável de processo desses sistemas varia entre momentos para os quais a variável manipulada é dada por $u = u_{\text{On}}$ ou $u = u_{\text{Off}}$. Na condição *off*, ressaltamos que o tempo da resposta é dado apenas por características do processo e pela banda predefinida para a variável de processo, vide Eq. (8.15). Já na condição *on*, notamos uma dependência do tempo da resposta tanto em características do processo e na banda predefinida para a variável de processo como também na amplitude de atuação u_{On}, vide Eq. (8.17).

Estratégias tipo *on-off* são interessantes para regulação de processos cujas especificações de controle permitem oscilações na variável de processo e não necessitam garantias rígidas de um tempo de resposta predefinido. Note que o projeto do sistema de controle *on-off* não conta com graus de liberdade adicionais que possam alterar os períodos de tempo t_{On} e t_{Off}, uma vez que a banda de oscilação da variável de processo é uma especificação de projeto e geralmente a variável manipulada assume apenas os valores fixos $u_{\text{Off}} = 0$ e u_{On} como o valor máximo que a variável manipulada pode assumir.

As grandes vantagens do controle *on-off* são sua simplicidade de implementação e o fato de que o atuador usado é simples e barato. A principal desvantagem é a oscilação da variável de processo dentro da banda de operação. Para diminuir a variação da variável de processo nas proximidades da referência, poderíamos usar valores da banda bem estreitos, mas isso acarretaria períodos de liga-desliga muito curtos, que não podem ser aplicados na maioria dos sistemas reais porque danificariam o atuador.

Finalmente, caso a oscilação na variável de processo causada pela operação liga-desliga seja um problema para o processo estudado, a estratégia liga-desliga não pode ser usada e precisamos pensar em uma forma mais inteligente de atuar no sistema. Uma alternativa seria, por exemplo, a aplicação de um sinal de controle de maior intensidade quando a variável de processo está longe do ponto de operação desejado, de tal forma a forçá-la mais rapidamente na direção da referência, complementada pelo uso de ações de controle menos intensas conforme a variável de processo se aproxima desse ponto de operação, de tal forma que o sistema aproxime-se de forma mais suave à referência e possa ser mantido nas suas proximidades. Esse conceito está associado a uma ação de controle proporcional ao erro de seguimento, a qual discutiremos no capítulo seguinte.

Lista de exercícios

1. O modelo simplificado de um motor de corrente contínua é dado pela seguinte EDO:

$$\tau \frac{d\omega(t)}{dt} + \omega(t) = k_m U(t) - k_T T(t)\,,$$

sendo ω a velocidade de giro do motor (variável controlada), U a tensão aplicada (variável manipulada) e T o torque de carga realizado sobre a haste do motor (perturbação).

Os parâmetros deste modelo são $\tau = 1\,\mathrm{s}$ e $k_T = 52.3\,\mathrm{radN^{-1}m^{-1}s^{-1}}$. O parâmetro k_m deve ser calculado.

Por meio de testes verificou-se que, para a tensão máxima de 5V e sem carga, o motor atingiu uma velocidade constante de $\omega = 100\,\mathrm{rpm} = 10.46\,\mathrm{rad/s}$. Utilizando seus conhecimentos sobre sistemas dinâmicos lineares de primeira ordem (relembre os conceitos de ganho estático, constante de tempo, equilíbrio etc.), responda:

(a) Qual é o valor do parâmetro k_m?

(b) Qual é a velocidade de equilíbrio para o motor com $U = 5$V e torque de carga $T = 0.1$ Nm?

(c) Pergunta conceitual: qual a diferença entre uma equação algébrica, por exemplo, $f(x) = x^2 + 3x - 1$, e uma equação diferencial, como o modelo adotado para o motor?

(d) Pergunta conceitual: o que significam fisicamente o ganho estático e a constante de tempo de um sistema? Como podemos obtê-los usando experimentos com a planta? Exemplifique com o caso do motor.

(e) Suponha que $T = 0$ Nm e que $\omega(0) = 0$ rad/s. Calcule $\omega(t)$ para uma entrada degrau de $U(t) = 2$V. Lembre-se da diferença entre uma equação diferencial e uma equação algébrica!

(f) Encontre o tempo para que a resposta do item anterior atinja o valor de 95% do valor final. Compare este tempo com 3τ.

(g) Considere que se aplica um controle liga-desliga no motor, partindo do repouso, sem carga e com uma banda de velocidade de 70 a 90 rpm. Calcule a resposta no tempo do motor e os tempos de *on* e *off* da resposta periódica obtida. Qual o valor de torque de carga máximo para que o sistema de controle consiga manter a velocidade na banda?

2. Considere o sistema de controle de estoque de uma fábrica modelado por:

$$S(k) = S(k-1) + E(k) - V(k)\,,$$

sendo S o estoque (variável controlada), E o número de encomendas (variável de controle) e V o número de produtos vendidos (perturbação). Lembre-se que k representa a unidade de tempo discreto. Para este sistema, k é o tempo em dias.

(a) Suponha que as vendas sejam nulas ($V(k) = 0\ \forall\, k \geq 0$) e que $S(0) = 0$. Desenvolva alguns passos da solução $S(k)$ para $E(k) = 2\ \forall\, k \geq 0$ (constante) e analise seu comportamento. Encontre a forma geral (também chamada de forma fechada) de $S(k)$ para $E(k) = E_0$ e $S(0) = S_0$ constantes dadas.

(b) Mantendo $E(k) = 2$, repita o procedimento de análise para $V(k) = 4$, depois para $V(k) = 2$ e, por fim, para $V(k) = 1$. Comente sobre as diferenças e tente concluir por que isso acontece (fisicamente). Considere para os cálculos $S(0) = 100$. Por último, encontre a expressão fechada de $S(k)$ para $E(k) = E_0$, $S(0) = S_0$ e $V(k) = V_0$.

(c) Escreva o código de uma lei de controle liga-desliga para esse sistema para manter o estoque S entre 40 e 60 peças. Considere a condição liga com $E = 5$ e desliga $E = 0$. Supondo vendas constantes ao longo do tempo de valor $V(k) = 2$, o controle consegue seu objetivo?

3. O modelo que descreve as dinâmicas horizontais de um carro é dado pela seguinte equação diferencial:

$$m\frac{dv(t)}{dt} = F_m(t) - \alpha v(t)$$

sendo m a massa do carro e α um coeficiente que relaciona a força de atrito com a velocidade do carro. Nesse modelo, m e α são constantes que **não são** conhecidas. Para determiná-las, foram realizados dois testes:

No primeiro teste, aplicou-se uma força constante $F_m = 50$ N e mediu-se a velocidade final do carro quando esta atingiu um valor constante. O carro, que estava inicialmente parado, teve uma velocidade final $v_f = 10\,\text{m/s}$.

No segundo teste, o carro é acelerado até uma velocidade constante $v_0 = 10\,\text{m/s}$. Neste momento, a força que mantinha o carro em movimento foi removida e, a partir de então, cronometrou-se o tempo que o carro levou para atingir a velocidade de $v_f = 0.05\,\text{m/s}$. O valor medido foi $t_f = 60\,\text{s}$.

Utilizando essas informações e seus conhecimentos sobre sistemas lineares de primeira ordem, calcule os valores de m e α.

Considere que se aplica um controle liga-desliga no carro, sendo que na situação *on* $F_m = 100$N e na situação *off* $F_m = 0$N. O carro tem uma velocidade inicial de 18m/s, e a banda de velocidade desejada é de 14 a 16m/s. Calcule a resposta no tempo do carro e implemente um modelo de simulação para comprovar os resultados analíticos.

4. O sistema de ar condicionado de uma sala tem um controle *on-off* esquematizado no diagrama da Figura 8.10.

   A potência pode assumir apenas os valores $P_{max} = 1$ kW ou $P_{min} = 0$ kW. A temperatura de referência para a sala é $T_r = 20\,^{\circ}\mathrm{C}$. O controlador está configurado para ligar e desligar com um erro de temperatura de $2\,^{\circ}\mathrm{C}$ e $-2\,^{\circ}\mathrm{C}$, respectivamente.

   O modelo de primeira ordem obtido para o ambiente é do tipo **incremental** na temperatura, de forma que $\Delta T = T - T_a$, com uma constante de tempo $\tau = 20$ minutos. O ganho do sistema é, aproximadamente, dado por $K_e = -15\,^{\circ}\mathrm{C/kW}$. Assumimos que temperatura no exterior da sala é constante e tem valor dado por $T_a = 30\,^{\circ}\mathrm{C}$.

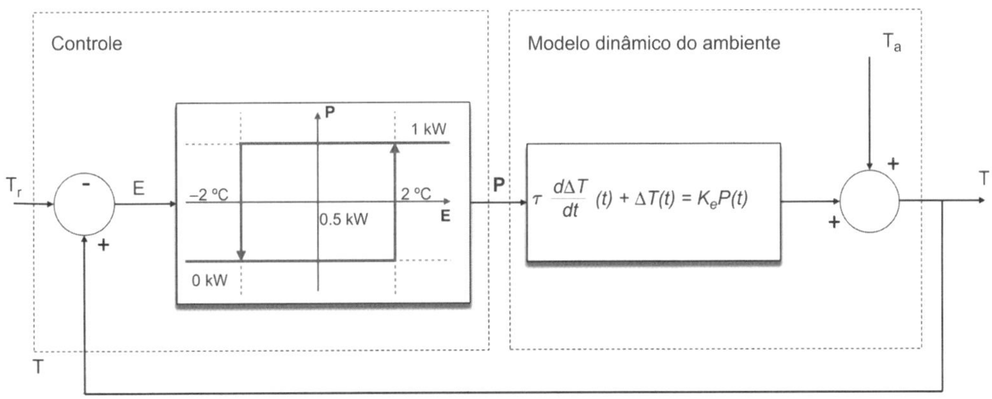

Figura 8.10 – Sistema de ar condicionado.

Atenção: Analise o que significa um modelo incremental e como ele se relaciona com as variáveis físicas do processo.

(a) Considerando que, no momento em que o sistema é ativado, $T(0) = T_a = 30\,^{\circ}\mathrm{C}$, calcule o tempo durante o qual o aparelho permanece ligado até a atingir a condição de "desliga".

(b) Calcule os períodos tempos de *on* e *off*, ou seja, os tempos em que o aparelho permanecerá desligado até atingir a condição de ligar e o tempo que ele então permanecerá ligado até atingir novamente a condição desligar.

(c) Faça um gráfico da temperatura da sala em função do tempo, desde o momento de partida ($t = 0$) até o fim do primeiro ciclo. Deixe claro a duração dos intervalos de tempo e os pontos importantes.

(d) O que aconteceria com os tempos de *on* e *off* caso a temperatura do ambiente subisse para $T_a = 40\,^{\circ}\text{C}$?

5. A figura a seguir mostra um sistema básico de aquecimento de água com coletor solar:

Figura 8.11 – Coletor solar.

Neste sistema, a vazão de água é usada para realizar o controle da temperatura de saída, dado que não é possível controlar a fonte de calor, que é a irradiação solar.

Considere que o modelo não linear completo do sistema da temperatura do coletor solar em função das variáveis que afetam a temperatura é dado por:

$$\begin{aligned}\rho C_p A_a \frac{dT_o}{dt} &= \beta_I I(t) - \frac{H}{L_{eq}}\left[0.5T_o(t) + 0.5T_i(t) - T_a(t)\right] \\ &- \frac{C_p}{mL_{eq}} V(t)\left[T_o(t) - T_i(t)\right],\end{aligned}$$

sendo que:

- $T_o \in (20\,,\,90)\,^{o}$C é a temperatura de saída da água do coletor,
- $T_i \in (20\,,\,60)\,^{o}$C é a temperatura de entrada da água do coletor,
- $T_a \in (20\,,\,25)\,^{o}$C é a temperatura do ambiente,
- $V \in (2\,,\,5)$ L/s é a vazão de água,
- $I \in (0\,,\,1000)$ W/m^2 é a irradiação solar.

Os parâmetros deste modelo estão na Tabela 8.1 e $m = 588$ é um fator de ajuste relacionado com o número de tubos e setores nos coletores.

Tabela 8.1 – Parâmetros do processo

Parâmetro	Descrição	Valor	Unidade
A_a	Área da seção lateral do coletor	$1.753\,10^{-4}$	m^2
C_p	Calor específico do coletor	4190	J kg^{-1} ^{o}C^{-1}
H	Coeficiente de perdas térmicas	4	Js^{-1}K^{-1}
L_{eq}	Comprimento do coletor	5.67	m
β_I	Eficiência térmica da irradiação	0.1024	m
ρ	Densidade da água	975	kg m^{-3}

(a) Analise o funcionamento do sistema em equilíbrio desenhando as características estáticas dentro da faixa de variação das diferentes variáveis envolvidas.

(b) O modelo do sistema do coletor solar foi linearizado no ponto de equilíbrio dado por $T_i = 60°C, T_a = 20°C, V = 3L/s, I = 800W/m^2$. Usando o modelo linearizado apresentado a seguir, monte um diagrama para a simulação desse sistema em malha aberta usando o pacote Simulink, do Matlab. Simule o comportamento do sistema para diferentes variações nas temperaturas de entrada, do ambiente, na vazão e na irradiação.

$$\begin{aligned} \rho C_p A_a \frac{d\Delta T_o}{dt} &= \beta_I \Delta I - \frac{H}{L_{eq}} (0.5\Delta T_o + 0.5\Delta T_i - \Delta T_a) \\ &- \frac{C_p}{mL_{eq}} \left(\bar{V}(\Delta T_o - \Delta T_i) + \Delta V(\bar{T}_o - \bar{T}_i) \right) . \end{aligned}$$

(c) Estude e discuta, por meio de ensaios por simulação, o comportamento desse sistema e compare o comportamento com o do sistema não linear nas proximidades do ponto de equilíbrio.

(d) Estude o comportamento do sistema com o uso de um controle tudo-ou-nada atuando na vazão V para manter a temperatura de operação da saída do campo entre 75 e 90 °C, supondo duas situações: (a) com irradiação constante de 800W/m^2 e (b) com irradiação constante de 900W/m^2. Em ambos os casos considere T_i = 60 °C, T_a = 20 °C e que a vazão máxima é de 5 L/s.

Atividade prática: kit experimental motor-gerador

O objetivo desta atividade é implementar e analisar uma estratégia de controle liga-desliga, com base nos modelos desenvolvidos para o sistema de controle de velocidade nos últimos capítulos. Para isso, propõem-se as seguintes etapas:

- Defina uma faixa para a operação da velocidade de giro do motor, isto é, os valores mínimos e máximos a serem usados na comutação do controle liga-desliga.
- Implemente o código do controle liga-desliga no aplicativo. Defina para isso um tempo de experimento que permita observar alguns ciclos de liga e desliga do motor.
- Execute o controle e observe o resultado. Analise os gráficos das variáveis de controle e de processo e discuta. Compare qualitativamente os resultados experimentais com o que esperava obter de acordo com a análise teórica realizada neste capítulo.
- Realize diversos testes mudando os valores mínimos e máximos para a comutação do controle. Observe o efeito na resposta do sistema e veja se o resultado está de acordo com a análise teórica. Por exemplo, aumentando a faixa (diferença entre valores para ligar e desligar), qual é o efeito nos tempos de *on* e *off*?
- Para um dos casos anteriores, use uma tração manual constante contra o sentido de giro do motor para "emular" uma perturbação de carga. Analise as repostas e discuta. O controle rejeita a perturbação? Que acontece com os tempos de *on* e *off*? O resultado é o esperado?
- Usando o modelo linear aproximado do processo encontrado na atividade anterior, calcule os períodos de tempos em *on* e *off* que teoricamente se esperaria observar no sistema e compare-os com os obtidos

nos experimentos. Faça isso para uma das faixas de variação estudadas nos itens anteriores.

Problema resolvido

Uma pessoa pede um empréstimo de R$ 1000,00 com taxa de juros de 2 % ao mês. Como o seu trabalho é sazonal, só pode pagar R$ 50,00 durante quatro meses ao ano, ficando oito meses sem pagar, a cada ano. Pagando a dívida dessa forma, a pessoa implementa, de fato, uma estratégia de pagamento tipo liga-desliga. Analise o comportamento dinâmico do sistema, desenhe um gráfico da dívida ao longo do tempo, detalhando ao menos alguns meses do primeiro ano. Será possível pagar a dívida por completo usando essa estratégia de pagamento?

Use $D(k)$ e $P(k)$ para representar, respectivamente, o montante da dívida e de seu pagamento no mês k.

Resolução

Sendo o modelo dinâmico da dívida representado pela equação

$$D(k) = 1.02D(k-1) - P(k) \; ,$$

k é o tempo dado em meses, $D(k)$ o valor da dívida e $P(k)$ o pagamento do mês k, é possível realizar algumas iterações para analisar o comportamento do sistema.

Consideramos o valor inicial da dívida, no mês "zero", como $D(0) = 1000$. O valor a ser pago é determinado pelo seguinte vetor:

$$P(k) = \{50, 50, 50, 50, 0, 0, 0, 0, 0, 0, 0, 0\} \; ,$$

que considera os primeiros 4 meses a serem pagos, e o restante do ano sem pagamentos, repetindo a cada ano. Para o primeiro mês do primeiro ano, teremos:

$$D(1) \;\; = \;\; 1.02(1000) - 50 = 970 \, .$$

Substituindo pelo valor da primeira iteração, o procedimento se repete da seguinte forma:

$$\begin{aligned} D(2) &= 1.02(970) - 50 = 939.40\,, \\ D(3) &= 1.02(939.40) - 50 = 909.188\,, \\ D(4) &= 1.02(909.188) - 50 = 876.35\,. \end{aligned}$$

Essa iteração é representada, de forma geral, como

$$\begin{aligned} D(1) &= 1.02D(0) - P(1)\,, \\ D(2) &= 1.02D(1) - P(2) = (1.02)^2 D(0) - 1.02P(1) - P(2)\,, \\ &\vdots \\ D(k) &= D(0)(1.02)^n - \sum_{i=0}^{k-1} (1.02)^i P(k-i)\,. \end{aligned}$$

Temos, para caso de estudo:

$$\begin{cases} P(i) = 50 & \text{se} \quad i = 1 \ldots 4 \\ P(i) = 0 & \text{se} \quad i = 5 \ldots 12 \end{cases}.$$

Dividiremos o problema em duas partes, primeiro analisando os meses de 1 a 4 e depois de 5 a 12. Aplicando a forma geral da solução para os primeiros quatro meses, temos:

$$D(4) = 1000(1.02)^4 - 50 \sum_{i=0}^{3} (1.02)^i\,.$$

Como demonstrado no Capítulo 6, a expressão de somatório das iterações é dada por:

$$\sum_{i=0}^{k-1} a^i = \frac{1-a^n}{1-a}\,.$$

Usando essa expressão, temos:

$$D(4) = 1000(1.02)^4 - \frac{50(1-1.02^4)}{(1-1.02)} = 876.35\,.$$

Para os meses subsequentes, podemos considerar novamente a solução geral, mas considerando o quinto mês como o primeiro mês e com a dívida do quarto mês como condição inicial. Assim, temos:

$$D(12) = D(4)(1.02)^8 - 0\sum_{i=0}^{7}(1.02)^i = D(4)(1.02)^8 = 1026.78\,.$$

Portanto, para o segundo ano, $D(12)$ será o novo $D(0)$, para $i = 1 \ldots 4$ e assim sucessivamente, sendo que:

$$\begin{cases} 1^{\underline{o}} \text{ ano} \rightarrow D(4) = 876.35\,,\ D(12) = 1026.78\,, \\ 2^{\underline{o}} \text{ ano} \rightarrow D(4) = 905.34\,,\ D(12) = 1060.75\,. \end{cases}$$

Portanto, é possível notarmos que a dívida só aumenta com o passar do tempo e nunca será paga, uma vez que valor final da dívida em um ano é sempre maior que o valor inicial.

A seguir, representamos de forma gráfica a dinâmica da dívida ao longo do tempo. Na Figura 8.12, a dinâmica é representada ao longo de um ano e, na Figura 8.13, ao longo três anos.

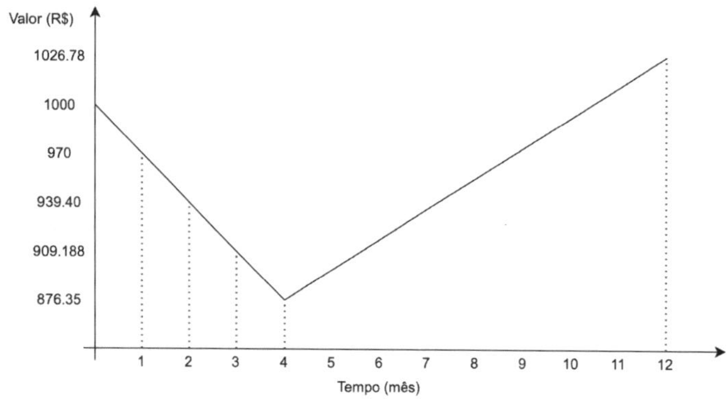

Figura 8.12 – Representação da dívida nos primeiros meses.

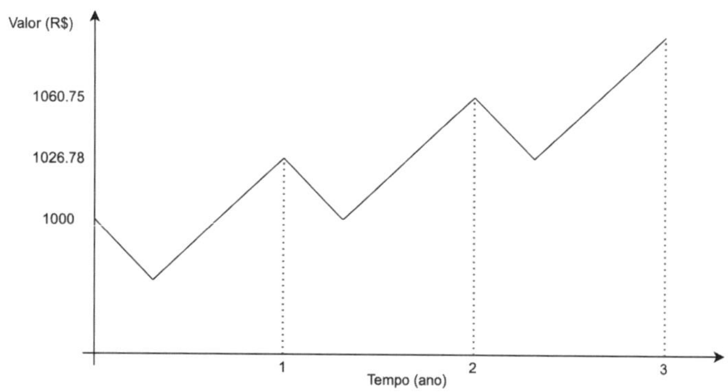

Figura 8.13 – Representação da dívida ao longo dos anos.

Capítulo 9

Controle proporcional (P)

Neste capítulo, discutiremos a segunda estratégia de controle realimentado deste livro, o controle tipo proporcional (P). Mostraremos como este método pode garantir seguimento de uma referência constante com erro limitado e possivelmente nulo, sob certas condições específicas. Dessa forma, essa estratégia de controle permite resolver o problema da oscilação da variável de processo apresentado pelo controle liga-desliga. Analisaremos, ao longo deste capítulo, as respostas no tempo dos processos de primeira ordem, lineares e invariantes no tempo, quando controlados sob a ação de sistemas de controle proporcionais. Discutiremos, por fim, as vantagens e as desvantagens dessa estratégia.

9.1 Ideia básica

O sistema de controle proporcional se baseia na seguinte ideia: diminui-se a intensidade da ação de controle conforme a variável de processo aproxima-se do sinal referência, ao passo que se aumenta sua intensidade conforme a variável de processo afasta-se do sinal referência. A relação do aumento/diminuição da variável manipulada, portanto, é descrita por uma proporção em face do erro de seguimento de referência. O principal objetivo desta estratégia é garantir que a variável de processo se mantenha, em regime permanente, próximo ou igual ao valor (constante) de referência desejado.

A estratégia proporcional é, portanto, dada por meio da seguinte lei de controle, para processos contínuos:

$$u(t) = K_p e(t) = K_p \left(r(t) - y(t) \right) , \tag{9.1}$$

sendo $e(t)$ o erro de seguimento da saída $y(t)$ em face da referência $r(t)$. O ganho estático K_p é chamado de "ganho proporcional". A Figura 9.1 ilustra a implementação desta estratégia de controle realimentado. Ressaltamos que o bloco entre $e(t)$ e $u(t)$ representa o ganho proporcional K_p, cuja relação entrada-saída é descrita pela Eq. (9.1). Este controlador atua por meio da variável manipulada $u(t)$ de tal forma a garantir um objetivo de rastreamento da referência $r(t)$ na variável de processo $y(t)$. Observe que a amplitude da ação de controle é maior para maiores sinais de erro.

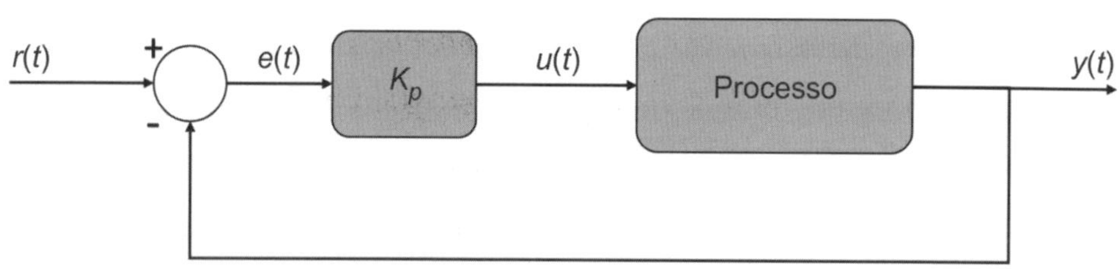

Figura 9.1 – Sistema de controle proporcional.

9.2 Implementação do controle proporcional

Na vasta maioria das discussões presentes na literatura acadêmia, define-se apenas o bloco K_p como sendo o controlador P. Entretanto, ressaltamos que, na prática, o sistema de controle é composto pelo bloco K_p e também pelo bloco somador, que calcula o erro de seguimento e. Dessa forma, os sinais de entrada de um sistema de controle proporcional são: a referência e a medida da variável de processo. A saída do controlador é a variável manipulada. A Figura 9.2 ilustra um sistema de controle proporcional, no qual SP indica o sinal de referência, VP o sinal da variável de processo e VM o sinal da variável manipulada.

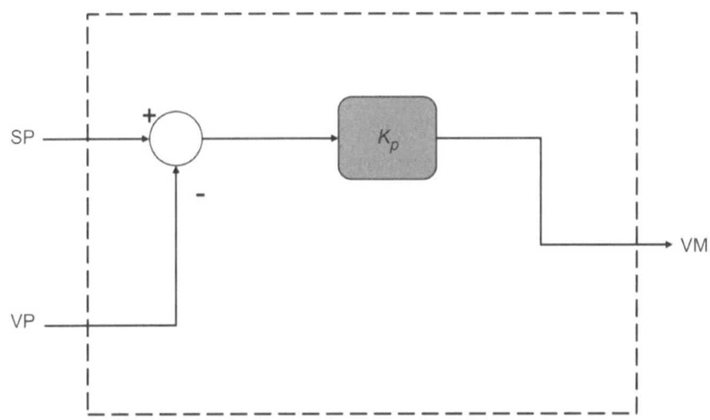

Figura 9.2 – Bloco de implementação de um controlador proporcional.

No caso de processos com ganho estático positivo, devemos usar um ganho proporcional positivo, $K_p > 0$, de tal forma que $u(t)$ seja positiva para valores de $e(t)$ positivos. Note que quando $y(t)$ é menor que $r(t)$ ($e(t) > 0$) precisamos aumentar $y(t)$ para que a variável de processo se aproxime de $r(t)$, e isso é feito por meio de um sinal de controle $u(t)$ positivo, para este tipo de processo. Por exemplo, se aquecemos um ambiente com um aquecedor elétrico, devemos usar uma potência elétrica instantânea positiva ($u > 0$) quando a temperatura do ambiente for menor que a desejada ($e > 0$), ou seja, usar um ganho proporcional K_p positivo.

Chamamos o processo de realimentação com erro de seguimento dado por $e(t) = r(t) - y(t)$ de **realimentação negativa**, dado que, neste caso, um sinal $-K_p y(t)$ é usado para o cálculo do controle, uma vez que $u(t) = K_p r(t) - K_p y(t)$, com $K_p > 0$. Como já comentamos, a realimentação negativa tenta sempre diminuir o erro entre a variável de processo e a referência. Se a lei de controle fosse do tipo $u(t) = K_p y(t) - K_p r(t)$, com $K_p > 0$, observamos uma **realimentação positiva**. Realimentações positivas, na grande maioria dos casos, levam à instabilidade dos processos. Elas podem ser usadas em algumas aplicações específicas que não serão consideradas no contexto deste livro.

Nos casos de processos com ganho direto negativo, usamos um ganho proporcional negativo, $K_p < 0$, de tal forma que $u(t)$ seja negativo quando o erro é positivo. Neste caso, continuamos com uma lei de controle com realimentação negativa. Note que, quando $y(t)$ é menor que $r(t)$ ($e(t) > 0$), também precisamos aumentar $y(t)$ para que a variável de processo se aproxime de $r(t)$, mas, neste caso, isso somente pode ser obtido por meio de um sinal de controle $u(t)$ negativo, dado que, neste tipo de processo, um aumento em $u(t)$ causa uma diminuição em $y(t)$ (e vice-versa). Por exemplo, se refrigeramos um ambiente com um ar condicionado, devemos usar potência positiva ($u > 0$) quando a temperatura do ambiente for maior do que a desejada ($e < 0$), ou seja, usar um ganho proporcional K_p negativo. Caso usássemos, neste problema, um ganho proporcional K_p positivo, a variável de processo se afastaria da referência devido à ação de controle.

Também devemos ressaltar que, na prática, a Eq. (9.1) é válida apenas para sinais u que não ultrapassem os limites máximos e mínimos da região operacional do atuador. Em processos reais, sempre há um limite físico factível para a atuação. Por exemplo, no caso do sistema de resfriamento com um aparelho de ar condicionado, teremos limites físicos para a potência de atuação máxima do ar-condicionado. Por outro lado, a potência não pode ser menor que zero. Matematicamente, esses limites físicos da variável manipulada são traduzidos como limites superiores e inferiores para o sinal de controle u.

Como sempre teremos valores finitos para os limites de operação de um atuador, a estratégia de controle proporcional se comporta como um controle tipo liga-desliga, para sinais de erro muito grandes ou muito pequenos. Ao considerarmos que a região factível para a atuação é dada por $u_{\min} \leq u \leq u_{\max}$, podemos obter os valores limites para o sinal de erro como $e_{\min} \leq e \leq e_{\max}$, sendo que:

$$\begin{aligned} (u_{\max} - u_{\min}) &= K_p \left(e_{\max} - e_{\min} \right) , \\ (e_{\max} - e_{\min}) &= \frac{1}{K_p} \left(u_{\max} - u_{\min} \right) . \end{aligned} \tag{9.2}$$

Como pode ser visto na Eq. (9.2), existe uma banda proporcional BP $= (e_{\max} - e_{\min})$ na qual o funcionamento do controlador é, de fato, do tipo proporcional. Fora dessa banda, o controle se comporta como uma estratégia liga-desliga, com atuação saturada em $u_{\min}$ ou $u_{\max}$. Note que a BP é sempre inversamente proporcional ao K_p.

No caso de processos com ganho direto positivo, por exemplo, para um valor $e > e_{\max}$, temos um sinal de controle (teórico) dado por $K_p e$, mas o sinal de fato implementável é dado por $u_{\max}$, visto que $K_p e > u_{\max}$.

A Figura 9.3 ilustra este caso com um controle proporcional com $K_p > 0$, considerando os limites de atuação dados de forma normalizada, entre 0% e 100%.

O gráfico da figura ilustra como, ao aumentarmos o valor do ganho proporcional K_p, estaremos diminuindo a banda proporcional, dada neste caso por:

$$\text{BP} = \frac{100\,\%}{K_p} . \tag{9.3}$$

Note que, para valores muito grandes de K_p com relação à zona factível para atuação, teremos BP ≈ 0 e a estratégia controle proporcional será praticamente equivalente a uma abordagem tipo *on-off*, pois o sinal de atuação real, de fato, oscilará entre dois estados, dados por $u = u_{\min}$ e $u = u_{\max}$. Portanto, para evitarmos as oscilações caraterísticas de variáveis de processo

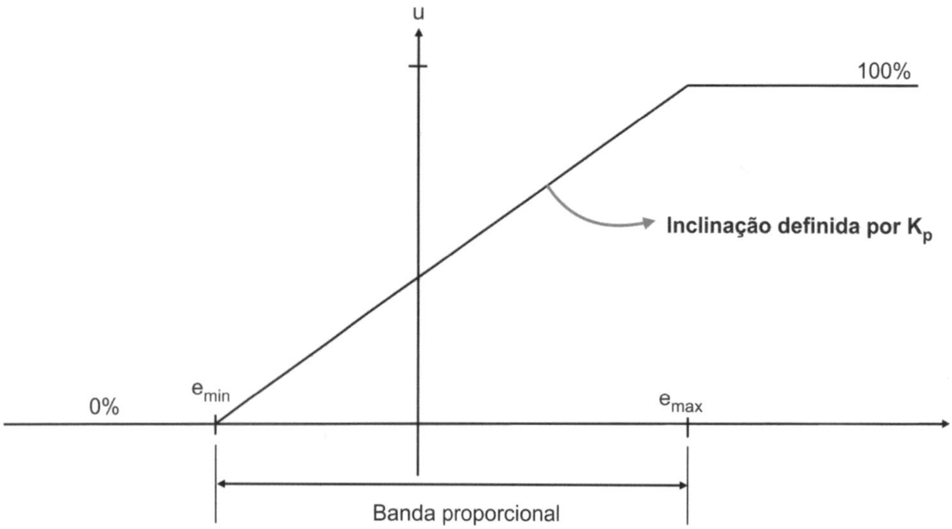

Figura 9.3 – Controle P: banda proporcional.

controladas por estratégias *on-off*, devemos ajustar o ganho proporcional de forma adequada, coerente com a zona factível para a atuação. Na sequência, discutiremos este ponto com mais detalhes.

A Figura 9.3 é interessante para também analisarmos as diferenças práticas entre o controle proporcional e o controle liga-desliga. Ressaltamos que a transição brusca da região de histerese do controle liga-desliga em função do erro (vide Figura 8.3) converte-se, no caso do controle P, em uma rampa de inclinação K_p. A Figura 9.4 mostra as características dessas duas estratégias de controle colocadas sob um foco de comparação, na qual podemos notar claramente as diferenças dentro da banda proporcional. Observe como o valor de controle transita suavemente entre os valores mínimos e máximos dentro da banda.

Como mostraremos ainda neste capítulo, esta caraterística do controlador P permite que o sistema seja estabilizado em um ponto de operação fixo, desse que haja um erro de seguimento admissível dentro da banda proporcional.

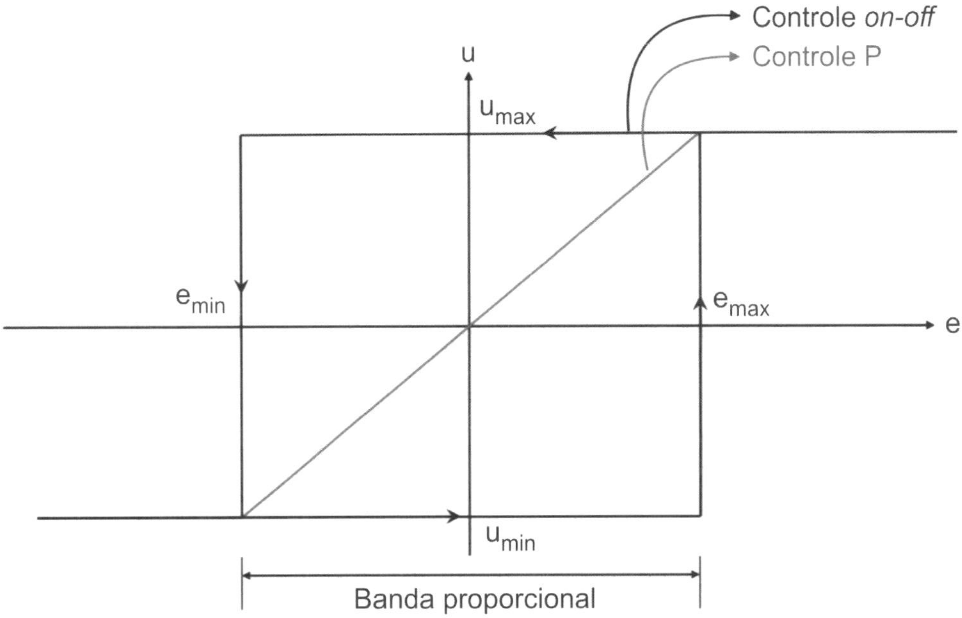

Figura 9.4 – Curvas estáticas: controle P e controle *on-off*.

Uma última observação que deve ser feita nesta análise inicial é a seguinte: na prática, os controladores industriais apenas usam valores de ganho proporcional positivo $K_p > 0$ em suas configurações de implementação.

Portanto, da mesma forma que fora discutido no caso do controle liga-desliga, no capítulo anterior, quando o processo tem ganho direto negativo, realiza-se a inversão do sinal no cômputo do erro, alterando a soma $e = r-y$ para $e = y - r$. A Figura 9.5 mostra essas duas situações, processo de ganho positivo, $e = r - y$, e processo de ganho negativo, $e = y - r$, em uma implementação de controle proporcional, com uma chave seletora para escolha do tipo de processo.

Nessa figura, observamos como a escolha da posição do seletor altera a implementação de um controle do tipo $u = K_p(r - y)$ para $u = K_p(y - r)$. Essa estrutura com chave seletora (geralmente denominada na prática industrial de modo de operação direto ou reverso) do controle proporcional pode ser usada de forma equivalente em estratégias PI e PID, que estuda-

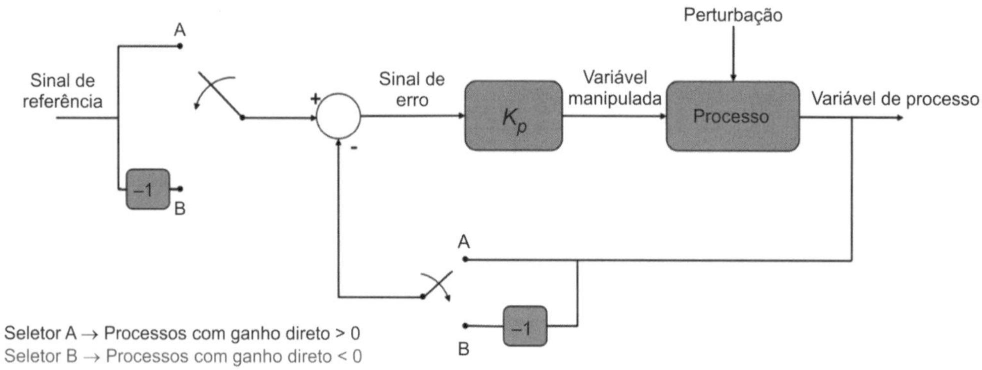

Figura 9.5 – Implementação do controle proporcional para processos com ganho positivo e negativo. Nesta implementação, K_p é positivo.

remos nos próximos capítulos.

9.2.1 Implementação eletrônica analógica e digital

Para a implementação de um sistema de controle proporcional, considerando as tensões de entrada do circuito como os sinais r e y e a tensão de saída como u, é necessário usar dois amplificadores operacionais, como mostrado na Figura 9.6, para o caso de um processo com ganho direto positivo e, portanto, com controle proporcional implementado com ganho proporcional $K_p > 0$. Assim, neste esquema de implementação, tanto o sinal proveniente do sensor de medição da variável de processo y, tal como o sinal de referência r, e o sinal da atuação u são dados em termos de tensão elétrica. Neste esquema os amplificadores estão configurados no modo inversor. Em cada amplificador se aproxima por zero a tensão entre os bornes positivo e negativo, assim a corrente que chega ao borne negativo de entrada do primeiro amplificador é $r/R1$ e esta corrente também passa pela resistência de realimentação do amplificador, de forma tal que a tensão na sua saída é $-r$. Usando o mesmo princípio no segundo amplificador, a corrente que chega no borne negativo é $(y-r)/R1$ e a tensão na saída do circuito $(y-r)(-R2/R1)$ ou $(R2/R1)(r-y)$, configurando a lei de controle P.

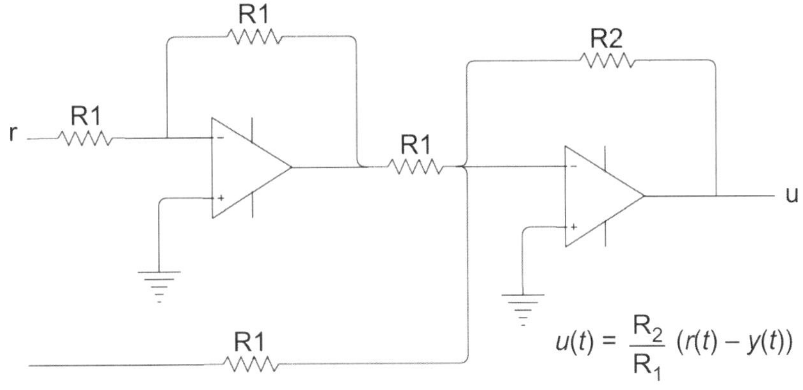

Figura 9.6 – Controle proporcional implementado com amplificadores operacionais.

Na prática, se o resistor $R2$ da figura é uma resistência elétrica variável (potenciômetro), esta implementação permite um ajuste analógico do ganho proporcional do controle $K_p = R2/R1$. Para implementar um controle P para uma planta com ganho negativo, basta inverter os sinais na entrada (r no lugar de y).

A implementação digital deste tipo de controle em um computador ou processador é simples, bastando implementar uma única linha de código no controle dada por:

$$u(k) = K_p r(k) - K_p y(k) ,$$

considerando as medidas em cada amostra k da referência e da variável de processo. Neste caso, o ajuste do controle se realiza apenas mudando o valor do parâmetro K_p no código, e, para usar o controle em plantas com ganho negativo, basta mudar o sinal de K_p. Veja que também é possível usar a equação na forma $u(k) = K_p y(k) - K_p r(k)$, com K_p positivo para plantas de ganho negativo.

9.3 Alguns exemplos intuitivos

Antes de apresentarmos a solução para a resposta da variável de processo obtida quando uma planta de primeira ordem é controlada através de uma estratégia de controle proporcional, apresentaremos dois exemplos intuitivos, para fins de observação das diferenças entre as relações estáticas e dinâmicas em malha aberta e em malha fechada com um controlador proporcional.

Exemplo 80 *Consideraremos o controle de nível de uma caixa de água com uma boia mecânica, que já apresentamos anteriormente neste livro. A boia tem por objetivo manter a caixa com o nível próximo de um valor máximo ajustado com o desenho mecânico da boia. Isto é, o valor de referência de nível r e constante e fixo.*

O modelo do nível da água no tanque, para uma dada região de operação, pode ser aproximado, para o caso de consumo não nulo, pela seguinte EDO:

$$10\frac{dy(t)}{dt} + y(t) = 2u(t) - q(t)\,, \tag{9.4}$$

considerando $u(t)$ a vazão de entrada, $q(t)$ a abertura da válvula de consumo de água e $y(t)$ o nível de água na caixa. A boia mecânica tem uma ação aproximadamente proporcional, dado que a vazão de água que entra depende proporcionalmente do erro entre o nível máximo r e o atual $y(t)$.

Podemos observar que, se o nível está muito baixo, entra uma quantidade de água bem maior que quando o nível está próximo do máximo desejado. Ademais, inferimos, naturalmente, que com consumo menor que a máxima vazão de entrada, um dado nível de equilíbrio sempre é atingido. Isto é, o sistema de controle ajustará a posição da válvula de entrada de tal forma que a vazão de entrada seja igual à vazão de saída, dado que a vazão de saída é relacionada à pressão da coluna de água e, portanto, ao nível de água na caixa.

Entretanto, este ponto de operação é atingido com um erro não nulo, isto é, com um valor abaixo daquele desejado nas especificações de projeto. Note que, se o erro convergisse, de fato, a zero, em regime permanente, não teríamos uma vazão de entrada de água à caixa, e, como há uma vazão de consumo não nula, o nível da caixa não seria constante, contradizendo a hipótese da convergência a zero.

Desta forma, podemos observar que o sistema de controle proporcional consegue garantir que, em regime permanente, o nível é estabilizado em um equilíbrio de amplitude não nula, mas se faz necessário que o sinal de erro seja não nulo, para que se possa manter o atuador em uma posição diferente de "válvula fechada", de forma que haja, de fato, uma vazão de entrada de água à caixa.

Neste exemplo, se consideramos a atuação da boia como $u(t) = 5(r - y(t))$, *com* r *constante e um consumo de água constante* q, *temos:*

$$10\frac{dy(t)}{dt} + y(t) = 10(r - y(t)) - q\,. \tag{9.5}$$

Esta EDO implica, no equilíbrio ($\lim_{t\to+\infty} y(t) \to y_\infty$), *em:*

$$y_\infty = 10(r - y_\infty) - q\,, \tag{9.6}$$

$$y_\infty = \frac{10}{11}r - \frac{1}{11}q = 0.909r - 0.0909q\,. \tag{9.7}$$

Ressaltamos que esta condição de equilíbrio demonstra, de fato, que $y_\infty \neq r$. *Entretanto, podemos observar que o valor da variável de processo, em regime permanente, é próximo ao desejado* (r), *uma vez que o efeito do consumo de água* q *é reduzido em* 11 *vezes em face da do sistema em malha aberta e que a relação entre* y_∞ *e* r *é muito próxima de* 1.

Outro aspecto importante do controle realimentado P é que esta estratégia permite que se obtenham dinâmicas em malha fechada pouco sensíveis às variações no ganho estático do processo. Demonstramos essa propriedade.

Consideraremos que a válvula contida na boia se deteriorou com o passar do tempo e que o modelo seguinte representa as dinâmicas da caixa de água, nesta condição deteriorada:

$$10\frac{dy(t)}{dt} + y(t) = 2.2u(t) - q(t)\,. \tag{9.8}$$

Ao calcularmos uma nova condição de equilíbrio para a variável de processo com a mesma lei de controle $u(t) = 5\,(r - y(t))$*, obtemos:*

$$y_\infty = 11(r - y_\infty) - q\,, \tag{9.9}$$

$$y_\infty = \frac{11}{12}r - \frac{1}{12}1 = 0.917r - 0.083q\,. \tag{9.10}$$

Ressaltamos, portanto, que a variação de 10% no ganho estático da planta (entre a EDO (9.4), modelo original, e a EDO (9.8), modelo deteriorado) implica em uma variação de menos de 1% no ganho estático em malha fechada de y_∞ *em face de* r.

No próximo exemplo, detalharemos o efeito da estratégia de controle proporcional no comportamento dinâmico do processo controlado.

Exemplo 81 *Consideremos um sistema de controle de temperatura de um forno, cuja variável manipulada* $u(t)$ *aciona a potência elétrica do forno, alterando sua temperatura interna* $T(t)$.

Desconsiderando possíveis variações na temperatura externa ao forno, podemos obter o seguinte modelo simplificado:

$$50\frac{dT(t)}{dt} + T(t) = 5u(t)\,. \tag{9.11}$$

Neste modelo, o tempo é mensurado em minutos.

Se quisermos fazer com que a temperatura do forno atinga $200\,^oC$ *manualmente (sem controle automático), partindo de um estado de repouso dado por* $T(0) = 0\,^oC$*, podemos simplesmente usar o modelo estático* $T_\infty = 5u_\infty$

e, consequentemente, aplicarmos um sinal de atuação de tipo degrau de amplitude 40 *W, ou seja,* $u(t) = 40\,\mathbf{1}(t)$.

Sabemos, devido as análises das soluções de EDO do Capítulo 6, que o modelo deste forno tem uma constante de tempo de 50 *minutos e, portanto, levará aproximadamente* 250 *minutos para que a temperatura chegue a um valor muito próximo a* $200\,^oC$.

Discutiremos, agora, os efeitos de uma lei de controle automático tipo P da seguinte forma: $u(t) = 4(200 - T(t))$. *Neste caso, a atuação ao forno será dinâmica, variante no tempo.*

No instante inicial, partindo do estado de repouso dado por $T(0) = 0\,^oC$, *obtemos um sinal de atuação instantaneamente dado por* $u(0) = 800$ *W, ou seja, a atuação através de uma estratégia P implica em uma potência de acionamento inicialmente muito alta, fazendo com que a temperatura do forno aumente muito rapidamente.*

Ressaltamos que as dinâmicas do forno em si não são alteradas, pois se o sinal de controle fosse mantido em $u = 800$ *W (potência muito alta), por tempo suficiente, a temperatura do forno alcançaria* $T_\infty = 4000\,^oC$ *seguindo uma dinâmica dada pela constante de tempo de* 50 *minutos.*

Entretanto, conforme $T(t)$ *aumenta e se aproxima de* $200\,^oC$, *a potência de acionamento do forno é gradativamente reduzida, segundo a lei proporcional, até o momento em que o equilíbrio térmico é atingido. Como o aumento (e redução) da temperatura do forno é realizado de forma dinâmica, a estratégia de controle P consegue garantir que o regime permanente* T_∞ *seja dado por um valor próximo ao valor de referência (*$200\,^oC$*), levando aproximadamente* 250 *minutos para estabilização, ou seja, de forma mais rápida que as dinâmicas de malha aberta do processo.*

Para demonstrarmos o efeito da estratégia P nas dinâmicas do processo, substituímos a lei de controle no modelo do processo, obtendo a seguinte

EDO, que representa as dinâmicas em malha fechada:

$$50\frac{dT(t)}{dt} + T(t) \;=\; 20(200 - T(t))\,. \tag{9.12}$$

Este modelo é reescrito como:

$$2.4\frac{dT(t)}{dt} + T(t) \;=\; 190\,. \tag{9.13}$$

Ressaltamos que a EDO (9.13) *mostra que o processo, em malha fechada, tem uma constante de tempo de aproximadamente* 2.4 *minutos. Além disso, o valor final de equilíbrio de temperatura é de* $190\,^oC$*. Portanto, em malha fechada, partindo de um estado de repouso dado por* $T(0) = 0\,^oC$*, a temperatura do forno é levada a* $T_\infty = 190\,^oC$ *em aproximadamente* 12 *minutos.*

Concluímos, portanto, que, para este exemplo, o sistema de controle proporcional possibilitou uma resposta em malha fechada mais veloz que a resposta em malha aberta, de forma que a variável de processo atingisse um ponto de equilíbrio próximo ao desejado (especificado por meio do sinal de referência). Notamos, entretanto, que, para que isso seja possível, o atuador do processo deve ser capaz de atingir instantaneamente o valor de atuação $K_p(r - y(0))$*. Note que, no caso deste processo de aquecimento da temperatura de um forno elétrico, a potência instantânea* $u(0) = 800$ *W é bem mais elevada que a potência de* 200 *W usada para a atuação em malha aberta.*

Os exemplos anteriores ilustraram de forma intuitiva as propriedades do controle proporcional. Na sequência, faremos uma análise mais formal da solução em malha fechada de processos de primeira ordem regulados com controladores tipo P.

9.4 A solução em malha fechada: caso estável

Nos exemplos que apresentamos na antecedência, pudemos observar que a ação de controle proporcional permite modificarmos a resposta da variável de processo, por meio do canal de realimentação. Nos casos analisados, as dinâmicas de malha fechada foram aceleradas em relação às dinâmicas de malha aberta. Também observamos que é possível obtermos sistemas com ganho estático de malha fechada quase unitário e com baixa sensibilidade às variações do modelo da planta.

Agora, analisaremos como de fato comportam-se os processos **estáveis** quando regulados por controladores proporcionais. Para tal, desenvolveremos modelos dinâmicos relativos às dinâmicas em malha fechada, no caso contínuo e discreto para plantas modeladas por sistemas de primeira ordem.

Nas demonstrações da sequência, desconsideramos a possibilidade de saturação da ação controle, visto que já discutimos o tipo de resposta obtida neste caso, dado que o controle proporcional de comporta como um liga-desliga.

9.4.1 Caso contínuo

Para o caso contínuo, consideraremos processos de primeira ordem, lineares e invariantes no tempo e estáveis, cujos modelos são do tipo EDO, tal como na Eq. (6.11) com $\tau > 0$.

Consideramos que esses processos contínuos são regulados, em malha fechada, por estratégias de controle proporcionais, como o diagrama de blocos apresentado na Figura 9.1. O ganho proporcional K_p é coerente ao ganho direto do processo. Consideramos, portanto, que K_p é positivo para processos com $K_e > 0$ e, analogamente, que K_p é negativo para processos com $K_e < 0$. Desta forma, o produto $K_e K_p$ será sempre positivo.

Para desenvolvermos um modelo em malha fechada, que descreve as dinâmicas da saída do processo $y(t)$ em função do sinal de referência $r(t)$, substituímos a lei de controle $u(t) = K_p\left(r(t) - y(t)\right)$ na EDO original do processo, que relaciona $y(t)$ com $u(t)$. Assim, obtemos:

$$
\begin{aligned}
\tau\frac{dy(t)}{dt} + y(t) &= K_e u(t) + K_q q(t) \\
&= K_e\left(K_p\left(r(t) - y(t)\right)\right) + K_q q(t)\,, \quad (9.14) \\
\tau\frac{dy(t)}{dt} + y(t) + K_e K_p y(t) &= K_e K_p r(t) + K_q q(t)\,, \quad (9.15) \\
\tau\frac{dy(t)}{dt} + \left(1 + K_e K_p\right) y(t) &= K_e K_p r(t) + K_q q(t)\,, \quad (9.16) \\
\overbrace{\left(\frac{\tau}{1 + K_e K_p}\right)}^{\tau_{\text{MF}}}\frac{dy(t)}{dt} + y(t) &= \overbrace{\left(\frac{K_e K_p}{1 + K_e K_p}\right)}^{K_{\text{MF}}} r(t) \quad (9.17) \\
&+ \underbrace{\left(\frac{K_q}{1 + K_e K_p}\right)}_{K_{q_{\text{MF}}}} q(t)\,.
\end{aligned}
$$

Notamos que a Eq. (9.17) é uma EDO nos mesmos moldes do modelo original do processo, mas com novos parâmetros.

A EDO (9.17), que descreve as dinâmicas em malha fechada, apresenta uma constante de tempo "em malha fechada" τ_{MF}, que é positiva, dado que $K_e K_p > 0$. Portanto, o sistema em malha fechada é estável e podemos calcular o ganho estático em face da referência K_{MF} e o ganho estático em face das perturbações $K_{q_{\text{MF}}}$. Esses três parâmetros influenciam diretamente na resposta dinâmica do processo em malha fechada e dependem do valor do ganho proporcional. Relembramos que a solução da EDO (9.17), para sinais $r(t)$ e $q(t)$ do tipo degrau aplicados em $t = 0$, de amplitudes R e Q, respectivamente, é dada por:

$$
\begin{aligned}
y(t) &= y_0 e^{-\frac{t}{\tau_{\text{MF}}}} + K_{\text{MF}}\left(1 - e^{-\frac{t}{\tau_{\text{MF}}}}\right) R \quad (9.18) \\
&+ K_{q_{\text{MF}}}\left(1 - e^{-\frac{t}{\tau_{\text{MF}}}}\right) Q\,.
\end{aligned}
$$

sendo $y_0 = y(0)$ a condição inicial.

Sabemos, devido à solução da dinâmica do processo em malha fechada, dada pela Eq. (9.18), e pelo modelo da Eq. (9.17), que este processo atinge um equilíbrio, em regime permanente, dado por $K_{\text{MF}}R + K_{q_{\text{MF}}}Q$.

Ressaltamos que o ganho proporcional K_p tem um papel importante na Eq. (9.17), visto que esse ganho altera os três parâmetros da solução analítica da variável de processo, dada pela Eq. (9.18). Notamos que:

- Conforme aumentamos o ganho proporcional K_p (em módulo), a constante de tempo do sistema em malha fechada τ_{MF} é reduzida. Desta forma, com maiores valores para $|K_p|$, observamos respostas mais rápidas em malha fechada.

- A relação de regime permanente entre a variável de processo e uma referência tipo degrau de amplitude R é dada por $y_\infty = K_{\text{MF}}R$. Visto que $K_{\text{MF}} = \frac{K_e K_p}{1+K_e K_p}$, podemos obter valores de K_{MF} muito próximos de 1 para $K_e K_p >> 1$. Também, podemos inferir que a propriedade de seguimento de referência sem erro é somente atingida para $|K_p| \to +\infty$, uma vez que $\lim_{|K_p|\to+\infty} \frac{K_e K_p}{1+K_e K_p} = 1$. Entretanto, esta é uma condição factualmente inatingível, uma vez que K_p deve ser limitado devido à saturação do atuador, inerente a qualquer processo físico real.

- A relação de regime permanente entre a variável de processo e perturbações tipo degrau de amplitude Q é dada por $y_\infty = K_{q_{\text{MF}}}Q$. Portanto, conforme o ganho proporcional aumenta (em módulo), o sistema de controle em malha fechada induzirá um comportamento de melhor rejeição de perturbações, uma vez que $K_{q_{\text{MF}}} = \frac{K_q}{1+K_e K_p}$ torna-se pequeno caso $K_e K_p >> 1$. Por outro lado, somente há rejeição perfeita da perturbação quando $|K_p| \to +\infty$, uma vez que $\lim_{|K_p|\to+\infty} \frac{K_q}{1+K_e K_p} = 0$ (condição praticamente inatingível pelas razões supracitadas).

- Podemos observar que os ganhos K_{MF} e $K_{q_{\text{MF}}}$ são pouco afetados pelas possíveis variações dos ganhos K_e e K_q do modelo (ou erros na determinação desses ganhos) caso o produto $K_e K_p >> 1$. Isso pode ser calculado analiticamente, usando a derivada dos ganhos de malha fechada com relação a K_e e K_q, determinando, respectivamente, as sensibilidades S_{K_e} e S_{K_q}:

$$S_{K_e} = \frac{\partial K_{\text{MF}}}{\partial K_e} = \frac{K_p}{(1+K_e K_p)^2} << 1, \text{ se } K_e K_p >> 1\,, \tag{9.19}$$

$$S_{K_q} = \frac{\partial K_{q_{\text{MF}}}}{\partial K_q} = \frac{1}{1+K_e K_p} << 1, \text{ se } K_e K_p >> 1\,. \tag{9.20}$$

9.4.2 Caso discreto

Para o caso discreto, faremos uma demonstração análoga. Logicamente, esperamos obter as mesmas conclusões que no caso contínuo.

Considere um processo discreto, linear e invariante no tempo e estável $0 < \alpha < 1$, cuja dinâmica é dada pela EaD (6.30), que repetiremos aqui para simplificar a análise:

$$y(k+1) = \alpha y(k) + \beta_u u(k) + \beta_q q(k)\,. \tag{9.21}$$

Esse processo é de primeira ordem e o ganho estático é dado por $K_e = \frac{\beta_u}{1-\alpha}$.

Assumimos que esse processo é controlado em malha fechada pela seguinte lei de controle: $u(k) = K_p\,(r(k) - y(k))$, sendo o sinal de K_p igual ao sinal do ganho estático do processo K_e.

Nesse caso, as dinâmicas de malha fechada são dadas por:

$$y(k+1) = \alpha y(k) + \beta_u \left(K_p \left(r(k) - y(k)\right)\right) + \beta_q q(k)\,. \tag{9.22}$$

$$y(k+1) = \underbrace{\left(\alpha - \beta_u K_p\right)}_{\alpha_{\mathrm{MF}}} y(k) + \beta_u K_p r(k) + \beta_q q(k)\,. \tag{9.23}$$

Obtemos então uma EaD que tem a mesma forma da Eq. (9.21). Para que este novo sistema tenha um comportamento estável e sem oscilações, devemos restringir $\alpha_{\mathrm{MF}} = \alpha - \beta_u K_p$ dentro do intervalo $[0, 1)$, conforme discutido no Capítulo 6.

Ressaltamos que a solução analítica para a EaD (9.23), considerando sinais de referência e de perturbação do tipo degrau, de amplitudes R e Q, respectivamente, é dada por:

$$\begin{aligned} y(k) &= y_0 \alpha_{\mathrm{MF}}^k + \frac{\beta_u K_p}{1-\alpha_{\mathrm{MF}}}\left(1 - \alpha_{\mathrm{MF}}^k\right) R \\ &+ \frac{\beta_q}{1-\alpha_{\mathrm{MF}}}\left(1 - \alpha_{\mathrm{MF}}^k\right) Q\,. \end{aligned} \tag{9.24}$$

Discutiremos a solução analítica apresentada na Eq. (9.24) em maiores detalhes:

- A dinâmica do processo é acelerada conforme $|K_p|$ aumenta, uma vez que o parâmetro α_{MF} aproxima-se de 0. Ressaltamos que o termo α_{MF}^k, com constante $\alpha_{\mathrm{MF}} \in [0\,,\,1)$, leva mais amostras k para convergir a zero para constantes mais próximas de 1.

- O ganho estático em malha fechada entre o sinal de referência $r(k) =$

$R\mathbf{1}(k)$ e a variável de processo é dado por:

$$\begin{aligned} K_{\text{MF}} &= \frac{\beta_u K_p}{1-\alpha_{\text{MF}}} = \frac{\beta_u K_p}{1-\alpha+\beta_u K_p} \\ &= \frac{\frac{\beta_u K_p}{1-\alpha}}{1+\frac{\beta_u K_p}{1-\alpha}} = \frac{K_e K_p}{1+K_e K_p}. \end{aligned} \tag{9.25}$$

Esse ganho é logicamente o mesmo obtido para o caso contínuo, usando $K_e = \frac{\beta_u}{1-\alpha}$. Ressaltamos que, tal qual no caso contínuo, um aumento (em módulo) do ganho proporcional K_p (dentro dos limites estabelecidos para ter um sistema estável) leva a um ganho estático em malha fechada mais próximo de 1.

- Sendo $K_q = \frac{\beta_q}{1-\alpha}$ o ganho estático do processo em face das perturbações (em malha aberta), observamos o seguinte ganho em malha fechada:

$$\begin{aligned} K_{q_{\text{MF}}} &= \frac{\beta_q}{1-\alpha_{\text{MF}}} = \frac{\beta_q}{1-\alpha+\beta_u K_p} \\ &= \frac{\frac{\beta_q}{1-\alpha}}{1+\frac{\beta_u K_p}{1-\alpha}} = \frac{K_q}{1+K_e K_p}. \end{aligned} \tag{9.26}$$

Obtemos, novamente, o mesmo resultado que no caso contínuo, assim, um aumento (em módulo) do ganho proporcional K_p leva a um ganho estático em face das perturbações, em malha fechada, mais próximo de 0 (novamente, dentro dos limites estabelecidos para ter um sistema estável).

- Dado que as expressões dos ganhos estáticos de malha fechada são iguais que no caso contínuo, valem as mesmas expressões de sensibilidade ora calculadas.

Resumindo esta análise, ressaltamos que, tanto para sistemas contínuos como discretos:

- A ação de controle em estratégias P é proporcional ao erro de seguimento de referência.
- Para sistemas de primeira ordem, este método consegue garantir que a variável de processo (e também a variável manipulada) seja mantida em condições de equilíbrio, em regime permanente, para sinais de perturbações e referência constantes, diferindo da estratégia *on-off*, para a qual observávamos oscilações na variável de processo, dentro de uma faixa de operação predefinida.
- Para a operação adequada de controladores proporcionais, fazem-se necessários atuadores que permitam sinais de controle variáveis dentro de uma faixa de operação, como válvulas proporcionais, motores elétricos, amplificadores lineares, atuadores hidráulicos proporcionais, entre outros.
- O controle proporcional permite uma aceleração da resposta do processo, em malha fechada, além de reduzir a sensibilidade da resposta do processo à variações dos parâmetros do modelo, diminuir o efeito das perturbações e atingir um ponto de equilíbrio em malha fechada com um erro de seguimento não nulo.

Apresentaremos alguns exemplos adicionais para ilustrar o uso do controle proporcional e analisar as suas propriedades.

Exemplo 82 *Consideremos, primeiramente, o seguinte processo discreto, cuja dinâmica da variável de processo y é dada pela seguinte EaD, na qual u representa o sinal de controle:*

$$y(k) = 0.8y(k-1) + 0.4u(k-1)\,. \tag{9.27}$$

Desta EaD, podemos diretamente obter a relação estática entre um sinal de controle constante u_∞ e o ponto de operação consequente para a variável *de processo, dado por y_∞:*

$$y_\infty = 2u_\infty .$$

Além disso, este sistema demora aproximadamente 23 *amostras para alcançar o regime permanente (*99*% do valor final), quando aplicamos um degrau no canal de entrada u.*

Para a regulação deste processo, consideramos o uso de uma estratégia proporcional, implementada conforme descrito pelo diagrama de blocos da Figura 9.1, para a qual temos:

$$\begin{cases} r(k) &= \mathbf{1}(k) . \\ e(k) &= r(k) - y(k) . \\ u(k) &= 1.8e(k) . \end{cases}$$

Note que este é um sinal de referência tipo degrau unitário, com subida em $k = 0$, e um ganho proporcional $K_p = 1.8$. As condições iniciais para este problema são dadas por $y(0) = 0$, $r(0) = 1$ e, portanto, $e(0) = 1$.

Substituindo a lei de controle proporcional da Eq. (9.28) *na EaD* (9.27)*, referente ao modelo do processo, obtemos a seguinte dinâmica:*

$$y(k) = 0.8y(k-1) + 0.72e(k-1) . \tag{9.28}$$

Para analisar o comportamento deste processo em malha fechada, usaremos a sequência de recursões obtidas através da Eq. (9.28)*, observando os sinais de erro e controle. Em um primeiro instante, temos:*

$$\begin{cases} y(1) &= 0.8y(0) + 0.72e(0) . \\ &= 0.72 . \\ e(1) &= 1 - 0.72 = 0.28 . \\ u(1) &= 1.8(0.28) = 0.504 . \end{cases} \tag{9.29}$$

A sequência de amostras é dada a seguir. Para $k = 2$, temos:

$$\begin{cases} y(2) &= \quad 0.8y(1) + 0.72e(1)\,. \\ &= \quad 0.5760 + 0.2016 \;=\; 0.7776\,. \\ e(2) &= \quad 0.2224\,. \\ u(2) &= \quad 1.8(0.2224) \;=\; 0.4\,. \end{cases} \tag{9.30}$$

Para $k = 3$, observamos:

$$\begin{cases} y(3) &= \quad 0.8y(2) + 0.72e(2)\,. \\ &= \quad 0.7822\,. \\ e(3) &= \quad 0.2178\,. \\ u(3) &= \quad 1.8(0.2178) \;=\; 0.39\,. \end{cases} \tag{9.31}$$

Para $k = 4$, temos:

$$\begin{cases} y(4) &= \quad 0.8y(3) + 0.72e(3)\,. \\ &= \quad 0.7826\,. \\ e(4) &= \quad 0.2174. \\ u(4) &= \quad 1.8(0.2174) \;=\; 0.391\,. \end{cases} \tag{9.32}$$

Por fim, para $k = 5$, obtemos uma condição de estabilidade, uma vez que para todo $k > 5$ temos $y(k) \approx y(5)$:

$$\begin{cases} y(5) &= \quad 0.8y(4) + 0.72e(4)\,. \\ &= \quad 0.7826\,. \\ e(5) &= \quad 0.2174 \\ u(5) &= \quad 0.3913. \end{cases} \tag{9.33}$$

Podemos constatar, então, que o processo, quando controlado com um controlador P com $K_p = 1.8$, tem as seguintes propriedades:

- *(1) a variável de processo chega aproximadamente em 5 amostras discretas ao novo equilíbrio (mais de quatro vezes mais rápido que em malha aberta);*

- *(2) para conseguir isto, o controle apresenta, inicialmente, um valor maior que o de regime permanente e converge, progressivamente, ao valor final nestes cinco passos;*
- *(3) não garantimos o seguimento da referência tipo degrau unitário, pois chega-se a um equilíbrio dado por aproximadamente 78 % desse sinal de referência.*

Podemos concluir, portanto, que a abordagem de controle proporcional, neste exemplo, permite uma aceleração do tempo de assentamento do processo, para uma dada referência, e permite, por meio de uma atuação $u = K_p e$ *dentro da banda proporcional, uma estabilização da variável de processo, muitas vezes em um ponto de equilíbrio próximo ao especificado pela referência* r. *Note que há uma clara vantagem neste método com relação à abordagem on-off, pois não observamos mais oscilações nas vizinhanças do valor de equilíbrio desejado.*

Exemplo 83 *Como um segundo exemplo, consideramos agora um processo contínuo cujas dinâmicas são representadas pelo seguinte modelo:*

$$3\frac{dy(t)}{dt} + y(t) = -3u(t)\,. \tag{9.34}$$

Este é um modelo de tipo EDO que apresenta uma constante de tempo de $\tau = 3$ *segundos e um ganho estático* $K_e = -3$. *Sabemos, com base na solução analítica desta EDO para uma entrada* u *tipo degrau de amplitude* u_∞, *que o sinal de saída* $y(t)$ *leva, aproximadamente, nove segundos para chegar a 95 % do valor de regime permanente, este dado por* $K_e u_\infty$.

Para regular este processo, consideramos uma estratégia de controle proporcional, cuja variável manipulada é definida pela seguinte lei:

$$u(t) = -\frac{1}{3}\left(r(t) - y(t)\right)\,. \tag{9.35}$$

Note que o ganho proporcional $K_p = -\frac{1}{3}$ *desta lei de controle é negativo, visto que o processo controlado tem ganho direto negativo.*

Ao substituirmos a Eq. (9.35) *no modelo do processo, dado pela Eq.* (9.34)*, obtemos o seguinte modelo do processo em malha fechada:*

$$3\frac{dy(t)}{dt} + y(t) = (r(t) - y(t)) . \tag{9.36}$$

A EDO (9.36) *é reescrita nos mesmos moldes da Eq.* (9.34)*:*

$$1.5\frac{dy(t)}{dt} + y(t) = 0.5r(t) . \tag{9.37}$$

Portanto, podemos concluir que a resposta deste processo, quando controlado em malha fechada pela ação de controle proporcional dada pela Eq. (9.35)*, a um sinal de referência* $r(t)$ *tipo degrau será duas vezes mais rápida que a resposta em malha aberta, visto que a constante de tempo da EDO* (9.37) *é a metade da constante de tempo da EDO* (9.34).

A ação proporcional em malha fechada permite uma aceleração da resposta dinâmica do processo. Em termos estáticos, podemos calcular o ganho em malha fechada como $K_{MF} = \frac{K_e K_p}{1+K_e K_p} = 0.5$. *Note que este ganho corresponde à relação estática* $y_\infty = \frac{1}{2}r$*, dada pelo modelo apresentado na EDO* (9.37).

Para finalizarmos esta discussão, consideraremos que desejamos projetar uma lei de controle proporcional para que o sistema seja em malha fechada cinco vezes mais rápido que em malha aberta. Visto que $\tau_{MF} = \frac{\tau}{1+K_e K_p}$*, precisamos ajustar o valor do ganho proporcional* K_p *para que tenhamos a relação* $K_e K_p = 4$*, ou seja, tomando* $K_p = -\frac{4}{3}$*. Neste caso, o ganho estático em malha fechada é dado por* $K_{MF} = \frac{4}{1+4} = 0.8$ *e, portanto, o erro de seguimento ao degrau é de* 20%.

Na Figura 9.7, apresentamos o sinal de controle, a variável de processo e o sinal de erro para o seguinte ensaio: partindo do repouso, aplicamos um sinal de referência de tipo degrau de amplitude $r_\infty = 2$ *para o processo*

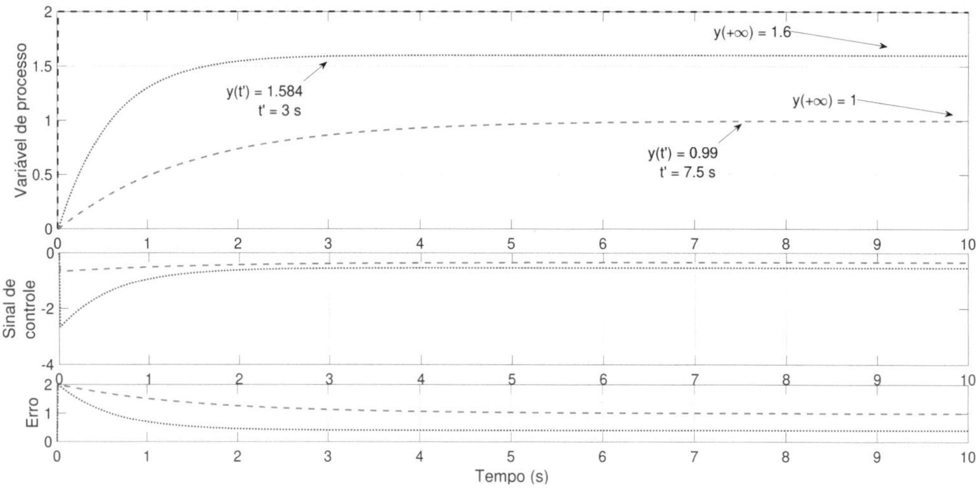

Figura 9.7 – Respostas de um sistema de primeira ordem controlado com um controle proporcional. Em linhas tracejadas, apresentam-se os resultados para o primeiro ajuste, com $K_p = -\frac{1}{3}$. Em linhas pontilhadas, apresentam-se os resultados para o segundo ajuste, com $K_p = -\frac{4}{3}$.

em malha fechada. Para tal, consideramos os dois ajustes discutidos na precedência: (1) controle proporcional com ganho proporcional $K_p = -\frac{1}{3}$, *e (2) controle proporcional com ganho proporcional* $K_p = -\frac{4}{3}$.

Nesta figura podemos observar, tal como esperado devido às análises teóricas, que, para o primeiro ajuste, obtemos um erro estático de 50% e um período de tempo para o qual o sistema chega a 99% do valor final próximo de 7.5 segundos. Já para o segundo ajuste, observamos um erro estático de 20% e um período de tempo de 3 segundos. Ademais, podemos observar como a ação de controle do segundo ajuste é mais rápida e de maior amplitude que a do primeiro. Note, ainda, que ambos os sinais de controle, em módulo, são decrescentes com o tempo.

Exemplo 84 *Como um terceiro exemplo, consideramos um processo discreto descrito pelo seguinte modelo EaD:*

$$y(k) = 0.8y(k-1) + 0.8u(k-1)\,. \tag{9.38}$$

Esta EaD apresenta uma constante $\alpha = \beta_u = 0.8$. *Portanto, o ganho estático deste processo é dado por* $K_e = \frac{\beta_u}{(1-\alpha)} = 4$. *Ademais, sabemos que o processo leva aproximadamente* $int\{-\frac{3}{ln(\alpha)}\} = 14$ *amostras para que o sinal da saída* y *passe por* 0.95 *do valor de regime permanente, dado por* $K_e u_\infty$, *sendo* u_∞ *a amplitude do degrau aplicado no sinal de entrada* u.

Para regular este processo, consideramos duas leis de controle proporcional. A primeira lei considera um ganho proporcional $K_p = 0.2$, *implicando no seguinte ganho estático em malha fechada* $K_{e_{MF}} = \frac{KeK_p}{1+K_eK_p} \approx 0.44$. *Já a segunda lei considera* $K_p = 0.4$, *implicando no seguinte ganho estático em malha fechada* $K_{e_{MF}} = \frac{KeK_p}{1+K_eK_p} \approx 0.615$. *Note que* $\alpha_{MF} = 0.64$, *no primeiro caso, e* $\alpha_{MF} = 0.48$, *no segundo caso. Estes parâmetros do sistema em malha fechada implicam em* $int\{-\frac{3}{ln(\alpha_{MF})}\} = 7$ *amostras (primeiro ajuste, duas vezes mais rápido que a malha aberta) e* $int\{-\frac{3}{ln(\alpha_{MF})}\} = 5$ *amostras (segundo ajuste, aproximadamente* 3.5 *vezes mais rápido que a malha aberta).*

Na Figura 9.8, apresentamos o sinal de controle, a variável de processo e o sinal de erro para o seguinte ensaio: partindo do repouso, aplicamos um sinal de referência de tipo degrau de amplitude $r_\infty = 3$ *para o processo em malha fechada. Para tal, consideramos os dois ajustes discutidos na precedência: (1) controle proporcional com ganho proporcional* $K_p = 0.2$, *e (2) controle proporcional com ganho proporcional* $K_p = 0.4$.

Nesta figura podemos observar, tal como esperado devido às análises teóricas, que, para o primeiro ajuste, obtemos um erro estático de 56%, *levando sete amostras para que a saída chegue a* 95% *do valor final. Já para o segundo ajuste, observamos um erro estático de* 39% *e cinco amostras. Ademais, tal como no exemplo anterior, podemos observar como a ação de controle do segundo ajuste é mais rápida e de maior amplitude que a do primeiro.*

Destacamos que os procedimentos aplicados no estudo do controle proporcional em plantas estáveis pode ser usado para processos integradores ou com dinâmica instável. Em ambos os casos podem ser determinadas

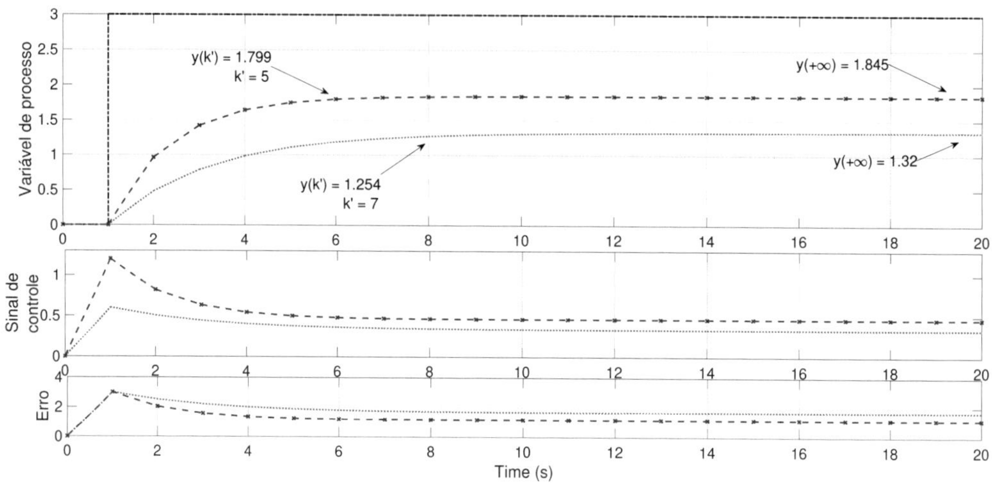

Figura 9.8 – Respostas de um sistema de primeira ordem controlado com um controle proporcional. Por meio da linha tracejada e pontilhada, apresentam-se os resultados para o primeiro ajuste, com $K_p = 0.2$. Com uma linha tracejada marcada por $\times$, apresentam-se os resultados para o segundo ajuste, com $K_p = 0.4$.

condições para o K_p para obter em malha fechada um sistema estável. O sistema resultante terá um comportamento dinâmico dependente do ganho proporcional. Discutiremos brevemente esse ponto.

9.5 Processos instáveis e integradores

Nesta seção, discutimos brevemente como estratégias de controle proporcional podem ser aplicada aos processos nominalmente instáveis e integradores. Separamos a discussão em processos contínuos e discretos.

9.5.1 Processos contínuos instáveis

O desenvolvimento da análise de controladores proporcionais para o caso de processos contínuos instáveis pode ser realizado usando as mesmas passagens e demonstrações do caso estável. A principal diferença se dá no parâmetro τ do processo que, no caso instável, é negativo. Ressaltamos também que os parâmetros K_e e K_q não representam ganhos estáticos no caso de processos nominalmente instáveis.

De acordo com o visto no Capítulo 6, a resposta a um degrau unitário da EDO instável tende a ∞ caso $K_e < 0$. Assim, neste caso, o ganho direto da planta é positivo e K_p deve ser positivo. Por outro lado, K_p deve ser negativo se K_e for positivo, o que implica que sempre teremos $K_e K_p < 0$ para esses sistemas.

Analisando o sistema em malha fechada usando as equações desenvolvidas para o caso estável, vide Eq. (9.17), observamos que a constante de tempo de malha fechada τ_{MF} será positiva se $1 + K_e K_p < 0$, ou seja, sempre que $K_e K_p < -1$. Assim, com $K_p < -\frac{1}{K_e}$, obtemos um sistema estável em malha fechada, impondo uma restrição para a escolha do ganho proporcional K_p. Note que é necessário que a ação de controle seja suficientemente potente para estabilizar o sistema em malha fechada. Em termos intuitivos: a ação de controle deve reagir rapidamente para compensar a dinâmica natural da planta (que é instável e tende a $+\infty$).

Neste caso, graças à estabilidade obtida para a malha fechada, os ganhos estáticos do sistema em malha fechada podem ser calculados tal como no caso estável. Ressaltamos que, caso $|K_e K_p| >> 1$, obteremos um sistema rápido e com ganho estático quase unitário. Portanto, a estratégia de controle proporcional permite não somente a estabilização de processos nominalmente instáveis, como também o ajuste do tempo de resposta e/ou dos ganhos estáticos em malha fechada.

No sexto exercício da lista ao final deste capítulo, apresentamos um caso de estudo de uma planta instável em malha aberta.

9.5.2 Processos contínuos integradores

No caso de plantas integradoras, as dinâmicas em malha fechada são dadas por:

$$\begin{aligned}\frac{dy(t)}{dt} &= K_v u(t) + K_q q(t) \\ &= K_v \left(K_p \left(r(t) - y(t)\right)\right) + K_q q(t)\,, \qquad (9.39)\\ \frac{dy(t)}{dt} + K_v K_p y(t) &= K_v K_p r(t) + K_q q(t)\,, \qquad (9.40)\\ \underbrace{\left(\frac{1}{K_v K_p}\right)}_{\tau_{\text{MF}}} \frac{dy(t)}{dt} + y(t) &= \underbrace{1}_{K_{\text{MF}}} r(t) + \underbrace{\left(\frac{K_q}{K_v K_p}\right)}_{K_{q_{\text{MF}}}} q(t)\,. \qquad (9.41)\end{aligned}$$

Como K_p terá o mesmo sinal de K_v (ganho de velocidade), $\tau_{\text{MF}} > 0$ e, portanto, obteremos um sistema estável em malha fechada. Neste caso, o ganho estático $K_{\text{MF}} = 1$ garante uma resposta com erro nulo ao degrau de referência.

Intuitivamente, podemos entender esse resultado da seguinte forma: como a variável de processo é dada pela integral[1] do sinal da variável manipulada e o sistema integrador somente pode ter uma saída constante com entrada nula, o equilíbrio somente pode ser alcançado com $u = 0$ (erro nulo para o controle proporcional).

Observe que um sistema integrador poderia ser considerado como um caso especial do sistema estável, quando τ e K_e tendem ao infinito. O processo demoraria um período de tempo infinito para chegar ao valor final (infinito) em face de uma entrada degrau. Assim, podemos entender que $K_{\text{MF}} = \frac{K_e K_p}{1+K_e K_p} \to 1$, quando $K_e \to \infty$ para todo K_p que mantenha o sistema estável em malha fechada.

Finalmente, note que, no sistema integrador, se $|K_v K_p| >> 1$, obtemos um sistema em malha fechada estável e rápido, com K_p como parâmetro

[1] Discutiremos com mais detalhes o efeito da integração em um sistema em malha fechada no próximo capítulo.

para ajustar o tempo de resposta e/ou o ganho estático $K_{q_{\text{MF}}}$.

Após a análise do caso discreto, apresentaremos um exemplo de controle proporcional em uma planta integradora.

9.5.3 Processos discretos

O procedimento de cálculo apresentado para modelos discretos estáveis pode ser diretamente usado para o caso de modelos de processo com $\alpha = 1$ (integradores) ou $\alpha > 1$ (instáveis).[2]

Para obtermos um sistema em malha fechada estável precisamos calcular K_p para obter $0 \leq \alpha_{\text{MF}} = \alpha - \beta_u K_p < 1$, o que implica em $\frac{\alpha-1}{\beta_u} < K_p \leq \frac{\alpha}{\beta_u}$. Valendo essa condição, podemos usar os cálculos dos ganhos estáticos de malha fechada como no caso estável. Ainda temos as mesmas conclusões relativas à velocidade da resposta do sistema em malha fechada.

Para finalizar este tópico, apresentamos na sequência um caso de estudo de uma planta integradora: o controle de nível de um tanque operado com bombas. Neste estudo também realizaremos algumas simulações.

Exemplo 85 *Simulação: tanque de água acionado por bombas*

Agora, mostraremos um ensaio de simulação que representa as dinâmicas de um tanque de água, cujo nível varia no tempo de acordo com as vazões de entrada e saída de água. Essas dinâmicas são dadas pela seguinte EDO:

$$A\frac{dh(t)}{dt} = V_e(t) - V_s(t)\,, \tag{9.42}$$

sendo este tanque cilíndrico, com uma base de área $A = 50\,m^2$. A variável manipulada deste processo é a vazão de saída de água do tanque $V_s(t)$, ao passo que $V_e(t)$ atua como uma perturbação.

Observe que este é um sistema integrador, e, se aplicamos um degrau em uma das entradas (variável manipulada ou perturbação), o nível do tanque

[2]Nos limitamos aqui ao estudo de sistemas com respostas não oscilatórias, ou seja, para os quais $0 \leq \alpha \leq 1$.

vai decrescer ou crescer indefinidamente. Além do mais, note que se trata de um sistema com ganho negativo, pois um aumento no sinal V_s causa uma diminuição do sinal de nível h.

Consideraremos que a vazão de saída deste tanque é dada pelo acionamento de uma bomba de água, cuja dinâmica é dada por $V_s(t) = u(t)$, sendo $u(t)$ o sinal de acionamento da bomba.

O sinal de acionamento, por sua vez, é descrito por uma lei de controle proporcional, de tal forma que o nível do tanque $h(t)$, a variável de processo, rastreie um sinal de referência $r(t)$, tipo degrau, de amplitude $h_r = 0.8\ m$. A vazão de saída é dada, portanto, por $V_s(t) = K_p\,(h(t) - r(t))$.

Observe que, neste tanque, implementamos uma lei de controle com K_p positivo, mas invertemos os sinais para o cálculo do erro seguimento. Ao substituirmos esta lei proporcional na EDO (9.42), obtemos as dinâmicas de malha fechada deste processo, dadas pelo seguinte modelo:

$$\frac{A}{K_p}\frac{dh(t)}{dt} + h(t) \;=\; r(t) + \frac{1}{K_p}V_e(t)\,. \tag{9.43}$$

Dessa EDO, observamos que este processo apresenta constante de tempo em malha fechada dada por $\tau_{MF} = \frac{A}{K_p}$. Note que, neste caso, obtemos um ganho estático em malha fechada unitário em face da referência, ou seja, sem perturbação a condição de equilíbrio é $h = r$. Como já comentamos, isso acontece pois o modelo do processo em malha aberta é do tipo integrador.

Neste processo, portanto, apenas com uma lei de controle proporcional é possível garantirmos a propriedade de seguimento de referência em malha fechada. Entretanto, a rejeição de perturbação não é garantida, visto que o ganho estático em malha fechada, em face das perturbações, é dado por $K_{q_{MF}} = \frac{1}{K_p}$.

Em um primeiro ensaio, apresentamos resultados de simulações referentes às dinâmicas de malha fechada desse sistema, dadas pela EDO (9.43), partindo de uma condição inicial $h(0) = 0.8$ e considerando um ganho pro-

porcional $K_p = 4$, uma referência fixa em 0.8 e uma perturbação dada por um vazão de entrada tipo degrau, que varia de 0.8 *para* 0.4 m^3/s *no instante 60. Os sinais referentes a este ensaio são apresentados na Figura 9.9. Notamos que, de fato, não há rejeição de perturbações, uma vez que $K_{q_{MF}} \neq 0$, e que, portanto, o nível do tanque não estabiliza no valor desejado de referência, e sim em valores de equilíbrio dados por $h_\infty = h_r + K_{q_{MF}} q_\infty$, sendo q_∞ os valores de regime permanente para a perturbação. Notamos que o tempo de resposta deste processo, para a estabilização em* 95 % *de h_∞, é de aproximadamente* 40 *s, coerente com o cálculo analítico da constante de tempo de malha fechada, dada por $\tau_{MF} = 12.5$ s. Relembramos que o tempo de estabilização em* 95 % *do valor de regime permanente é dada por $3\tau_{MF}$.*

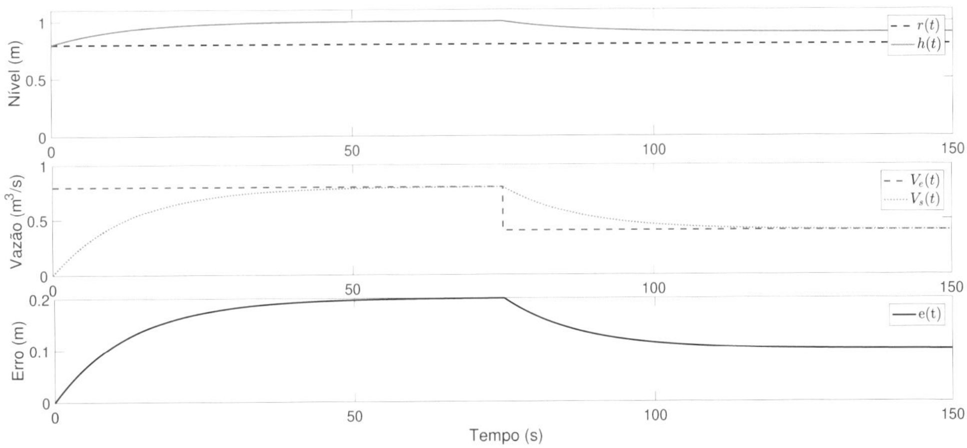

Figura 9.9 – Tanque de água controlado por válvula de saída. Controle proporcional com $K_p = 4$.

Em um segundo ensaio, com os mesmos sinais de referência e perturbação, aumentamos o ganho proporcional para $K_p = 10$. Os sinais respectivos a esse ensaio são apresentados na Figura 9.10. Notamos claramente que o erro em regime permanente é reduzido, visto que o ganho estático em face das perturbações é inversamente proporcional a K_p, dado por $K_{q_{MF}} = \frac{1}{K_p}$. Além disso, notamos que o tempo de assentamento do processo é, neste caso, *de aproximadamente* 16 *s,* 2.5 *mais rápido que o assentamento do primeiro ensaio.*

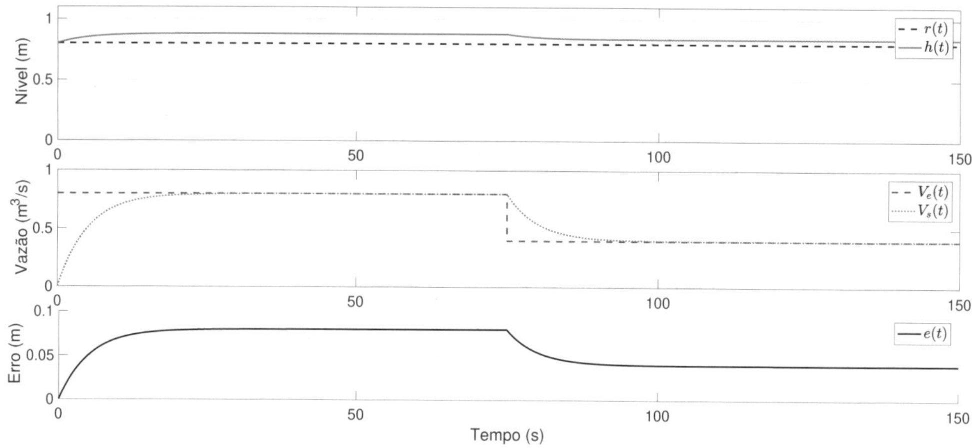

Figura 9.10 – Tanque de água controlado por válvula de saída. Controle proporcional com $K_p = 10$.

Podemos observar que o sinal de controle não é, neste caso, muito violento (ou seja, sem picos), mas, certamente, é mais rápido que o sinal de controle do caso anterior. Portanto, a estratégia de controle proporcional gera uma solução muito simples e adequada para este sistema, se não temos exigência de erro de seguimento nulo.

Podemos observar por meio dessas respostas que, à medida que aumentamos o ganho do controle, a vazão de saída tende a seguir mais rapidamente à vazão de entrada e, dessa forma, o nível se mantém mais próximo do equilíbrio. Esta é uma característica física simples de entender, pois, caso se consiga que as vazões sejam iguais, o nível permanece constante. É claro que, de um ponto de vista prático, esse seguimento perfeito não é possível, dado que precisaríamos, para tal, de um ganho proporcional infinito. Por outro lado, se o ganho é pequeno, a vazão de saída segue a da entrada lentamente e o nível do tanque varia acompanhando as variações da vazão de entrada.

Nos problemas de controle nos quais precisamos de erros de seguimento nulos, o controle proporcional pode ser aprimorado com uma ação denominada BIAS, que estudaremos na sequência.

9.6 O sinal de BIAS

De fato, como pudemos observar no desenvolvimento precedente, o ganho estático em malha fechada entre a variável de processo e o sinal de referência, no caso de um processo regulado por uma estratégia proporcional, é dado por $K_{\text{MF}} \neq 1$. Apenas podemos obter $K_{\text{MF}} = 1$ no caso de $|K_p| \to +\infty$, situação esta que não pode ser alcançada na prática, devido ao problema da saturação na variável manipulada. Somente no caso particular de plantas integradoras, consegue-se $K_{\text{MF}} = 1$.

Isso se deve ao fato de que um sistema de controle proporcional, cuja lei de controle é dada por $u(t) = K_p e(t)$, gera um sinal de controle nulo para valores nulos de erro. Assim, a menos que o processo controlado seja do tipo integrador, não é possível manter a variável de processo em um valor fixo diferente de zero. Isto é, não se garante a propriedade do seguimento de referência (tipo degrau) em regime permanente, visto que, em malha fechada, $\lim_{t \to +\infty} y(t) \neq \lim_{t \to +\infty} r(t)$ (o mesmo vale no caso discreto).

Entretanto, há uma abordagem prática, muito usada na indústria, que permite solucionar essa deficiência do controle P, permitindo o rastreamento de referências tipo degrau com erro nulo: o uso de um sinal de "BIAS".

A palavra BIAS provém do termo inglês para a palavra tendência. Este sinal, portanto, é relacionado à tendência desejada para a variável manipulada tal que a variável de processo siga uma referência constante com erro nulo em regime permanente. Detalharemos esse conceito na sequência.

Para fins de ilustração, consideramos um processo contínuo, cuja relação estática entre a variável de processo e a variável manipulada é dada por: $y_\infty = K_e u_\infty$. Para esse processo, projeta-se um sistema de controle que deve levar a variável de processo até uma referência tipo degrau, cuja amplitude é dada por R. Sabemos, portanto, que no regime permanente y_∞ deve ser igual a R e, logo, que a variável manipulada deve estabilizar-se em um ponto de equilíbrio dado por $u_\infty = \frac{1}{K_e}R$. Ressaltamos que este valor de equilíbrio para a variável manipulada não depende da estratégia do sistema de controle (P, PI, PID, etc), mas indica apenas a "tendência" do sinal u em regime permanente.

Para que essa tendência do sinal de controle seja incluída na lei de controle P, a estratégia é adaptada de acordo com a seguinte equação, para o caso contínuo:[3]

$$u(t) \;=\; K_p e(t) + \text{BIAS}(t)\,. \tag{9.44}$$

O diagrama de blocos apresentado na Figura 9.11 detalha esta estratégia de controle.

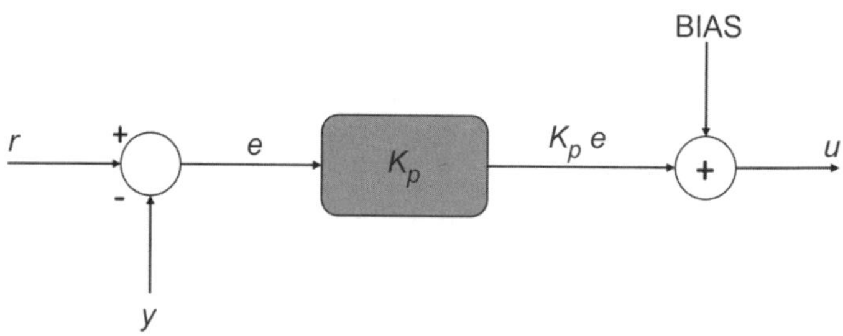

Figura 9.11 – Sistema de controle proporcional com BIAS.

Podemos notar, diretamente, que, caso o processo esteja em equilíbrio, o sinal de controle u será constante. Como buscamos um equilíbrio dado por $y = R$, teremos $e = 0$ e, portanto, $u = \text{BIAS}$, sendo este um sinal constante. O BIAS, por sua vez, contribui no canal de entrada com a energia necessária para manter y constante no ponto de equilíbrio definido por r,

[3]Para o caso discreto, temos uma equação análoga, dada por $u(k) = K_p e(k) + \text{BIAS}(k)$.

ou seja, este sinal é dado por BIAS$= \frac{r}{K_e}$.

Também podemos descobrir o valor deste sinal de BIAS por meio de uma prova matemática por indução:[4] queremos que a ação de controle dada na Eq. (9.44) garanta que um processo contínuo, invariante no tempo, modelado por uma EDO de primeira ordem do tipo $\tau\frac{dy(t)}{dt} + y(t) = K_e u(t) + K_q q(t)$, apresente a propriedade de seguimento de referências $r(t)$ tipo degrau de amplitude R, na ausência de perturbações. Para tal, partimos do pressuposto de que essa propriedade se verifica e, portanto:

$$\begin{cases} \lim_{t\to+\infty} y(t) & = & R\,, \\ \lim_{t\to+\infty} y(t) & = & K_e u_\infty = R\,, \end{cases} \tag{9.45}$$

sendo u_∞ o valor de regime permanente do sinal de controle, que é obtido por meio do seguinte limite:

$$\begin{cases} u_\infty & = & \lim_{t\to+\infty} u(t)\,, \\ u_\infty & = & \lim_{t\to+\infty} K_p e(t) + \text{BIAS}(t)\,. \end{cases} \tag{9.46}$$

Para resolvermos esse limite, consideramos que o sinal BIAS(t) é constante e que, de fato, $\lim_{t\to+\infty} e(t) = 0$ (há seguimento de referência em regime permanente). Logo:

$$\begin{cases} u_\infty & = & \text{BIAS}\,, \\ K_e u_\infty & = & R\,, \\ \text{BIAS} & = & \frac{1}{K_e}R\,. \end{cases} \tag{9.47}$$

Portanto, para o caso de referências tipo degrau de amplitude R, o sinal de BIAS deve ser constante e igual a $\frac{1}{K_e}R$ a fim de garantir o seguimento de referência.

Podemos demonstrar que esse sinal de fato garante essa propriedade

[4]Esta demonstração é feita para o caso contínuo, mas todos as hipóteses, pressupostos e resultados são válidos também para o caso discreto.

por meio do uso da EDO que descreve as dinâmicas em malha fechada do sistema:

$$\begin{aligned}
\tau\frac{dy(t)}{dt} + y(t) &= K_e u(t)\,, & (9.48)\\
\tau\frac{dy(t)}{dt} + y(t) &= K_e\left(K_p\left(r(t) - y(t)\right) + \text{BIAS}\right)\,, & (9.49)\\
\frac{\tau}{1 + K_eK_p}\frac{dy(t)}{dt} + y(t) &= \frac{K_eK_p}{1 + K_eK_p}r(t) + \frac{K_e}{1 + K_eK_p}\text{BIAS}\,. & (9.50)
\end{aligned}$$

Ao substituirmos $r(t) = R\,\mathbf{1}(t)$ e $\text{BIAS} = \frac{R}{K_e}$ na EDO (9.50), obtemos:

$$\begin{aligned}
\frac{\tau}{1 + K_eK_p}\frac{dy(t)}{dt} + y(t) &= \frac{K_eK_p}{1 + K_eK_p}\left(R\,\mathbf{1}(t)\right) & (9.51)\\
&+ \frac{K_e}{1 + K_eK_p}\left(\frac{1}{K_e}R\right)\,, &\\
\frac{\tau}{1 + K_eK_p}\frac{dy(t)}{dt} + y(t) &= \frac{K_eK_p}{1 + K_eK_p}\left(R\,\mathbf{1}(t)\right) + \frac{1}{1 + K_eK_p}\left(R\right)\,, &\\
\frac{\tau}{1 + K_eK_p}\frac{dy(t)}{dt} + y(t) &= \left(\frac{K_eK_p}{1 + K_eK_p}\mathbf{1}(t) + \frac{1}{1 + K_eK_p}\right)R\,. & (9.52)
\end{aligned}$$

Ao aplicarmos o limite em ambos os lados da EDO (9.52), verificamos, de fato, a propriedade de seguimento em regime permanente:

$$\begin{aligned}
\lim_{t\to+\infty}\left(\frac{\tau}{1 + K_eK_p}\frac{dy(t)}{dt} + y(t)\right) &= \lim_{t\to+\infty}\left(\frac{K_eK_p}{1 + K_eK_p}\mathbf{1}(t)\right)R\\
&+ \lim_{t\to+\infty}\left(\frac{1}{1 + K_eK_p}\right)R\,,\\
y_\infty &= \left(\frac{K_eK_p}{1 + K_eK_p} + \frac{1}{1 + K_eK_p}\right)R = R\,.
\end{aligned}$$

Ressaltamos que o sinal de BIAS é equivalente a um ajuste manual do controlador, que deve ser sintonizado para manter o processo em um dado ponto de operação. Assim, se a amplitude do sinal de referência, R, é alterada ou o sistema é afetado por uma perturbação constante, o BIAS deve ser ajustado manualmente para essa nova situação.

Note que com uma perturbação constante Q o valor em regime permanente da planta verifica $y_\infty = K_e u_\infty + K_q Q$ e, como desejamos $y_\infty = R$, temos u_∞ =BIAS e obtemos $BIAS = (R - K_q Q)/K_e$.

Apesar de simples e de definição manual (note que este sinal é independente do valor dinâmico da variável de processo), o sinal de BIAS é muito importante na prática industrial de estratégias proporcionais, uma vez que apenas o modelo estático do processo é necessário para ajustá-lo.

Outra propriedade importante do sinal de BIAS é que ele também pode ser aplicado para casos de sistemas não lineares, sempre que a estratégia P garanta que o processo seja mantido em um ponto de operação. Considere um processo não linear cuja característica estática é dada pela relação $y_\infty = f(u_\infty, q_\infty)$, sendo u_∞ e q_∞ os valores de regime permanente para a variável manipulada e para a perturbação, respectivamente. Esse processo opera sob a ação de um controlador proporcional e $P_0 = (u_\infty, q_\infty, y_\infty)$ define um ponto de operação estável para o processo. Note que, usando uma lei de controle $u(t) = K_p\,(y_\infty - y(t)) + \text{BIAS}$, com BIAS $= u_\infty$, é possível garantir que o processo seja levado ao ponto de operação P_0, a despeito das não linearidades.

Apresentaremos um exemplo dessa propriedade em dois sistemas distintos de aquecimento.

Exemplo 86 *Considere dois sistemas de aquecimento de ambientes com diferentes sistemas de atuação. Um deles utiliza um sistema elétrico, regulando a potência dissipada na resistência do aquecedor, e o outro um sistema a gás, regulando a válvula que alimenta o gás para o queimador.*

Os modelos desses dois sistemas são, respectivamente, dados por:

$$\tau\frac{dT_1(t)}{dt} + T_1(t) = K_1 u_1(t) + T_e(t)\,, \tag{9.53}$$

$$\tau\frac{dT_2(t)}{dt} + T_2(t) = K_2\sqrt{u_2(t)} + T_e(t)\,, \tag{9.54}$$

sendo que T_i *é a temperatura do ambiente i (a ser controlada) e* T_e *é a temperatura externa a esses ambientes (perturbação).*

Como pode ser observado nesses modelos, o primeiro sistema, cujo modelo é dado pela Eq. (9.53)*, apresenta um relação linear entre a variável manipulada* $u_1(t)$ *a a variável de processo. Já para o segundo sistema, cujo modelo é dado pela Eq.* (9.54)*, observaremos uma relação não linear entre* u_2 *e* T_2*.*

Para ambos os sistemas, as temperaturas são reguladas por meio de abordagens proporcionais com BIAS, para que se possa garantir o rastreamento de uma referência de temperatura constante dada por T_r*:*

$$u_1(t) = K_{p_1}(T_r - T_1(t)) + BIAS_1\,, \tag{9.55}$$

$$u_2(t) = K_{p_2}(T_r - T_2(t)) + BIAS_2\,. \tag{9.56}$$

Para o primeiro sistema, assumindo que o ganho proporcional é bem ajustado e que a temperatura externa é constante e dada por T_{e_∞}*, para que o processo se estabilize no ponto de equilíbrio definido pela referência, temos:*

$$\begin{cases} T_r = K_1 u_1(+\infty) + T_{e_\infty}\,, \\ u_1(+\infty) = \frac{1}{K_1}(T_r - T_{e_\infty})\,. \end{cases} \tag{9.57}$$

Portanto, tomando $BIAS_1 = u_1(+\infty)$*, garantimos que o primeiro sistema opere no ponto de equilíbrio desejado.*

Já para o segundo sistema, assumindo novamente que o ganho proporcional é bem ajustado e que a temperatura externa é constante e dada por T_{e_∞}*, para que o processo estabilize-se no valor de referência desejado, temos:*

$$\begin{cases} T_r = K_2\sqrt{u_2(+\infty)} + T_{e_\infty}\,, \\ u_2(+\infty) = \left(\frac{1}{K_2}(T_r - T_{e_\infty})\right)^2\,. \end{cases} \tag{9.58}$$

Novamente, tomando $BIAS_2 = u_2(+\infty)$*, garantimos que esse segundo* *sistema também opere no equilíbrio desejado, a despeito das dinâmicas do processo serem não lineares. A Figura 9.12 mostra os diagramas de blocos referentes a estes sistemas de controle usando apenas modelos estáticos. Observe que não há outra possibilidade de equilíbrio para os sistemas nesta configuração para valores constantes T_r e T_{e_∞}.*

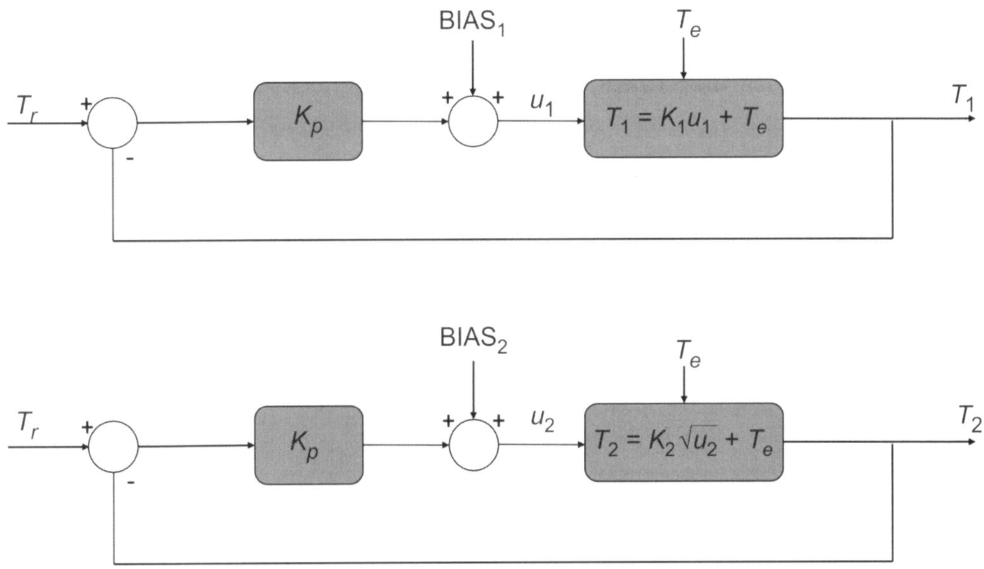

Figura 9.12 – Sistema de aquecimento: controle proporcional com BIAS. Modelos estáticos.

Um aspecto importante que deve ser mencionado é que o ajuste do BIAS é fortemente dependente do modelo estático do processo, assim, erros na determinação do ganho do processo acarretam em erros no seguimento de referências tipo degrau. Ao contrário da ação proporcional por realimentação, a sensibilidade do BIAS a essas variações dos parâmetros é alta. De todas as formas, como se trata de um ajuste tipicamente manual, ele ajuda a compensar o sistema de controle mesmo não conseguindo atingir o erro nulo.

Apresentaremos, na sequência, um caso de estudo importante para a indústria de processos, em que os controladores tipo P com BIAS são bastante usados e demonstram obter bons resultados.

9.6.1 Controle de tanque pulmão

Tanques são usados na indústria muitas vezes para isolar as dinâmicas de diferentes partes do processo. Por exemplo, quando um material que é produzido de um forma intermitente em processos de tipo batelada deve ser usado para uma etapa seguinte em um processo contínuo, coloca-se um tanque que recolhe o produto da primeira etapa e abastece a segunda etapa do processo. O tanque atua como um acumulador do material produzido, de tal forma que a segunda etapa possa ser mantida ativa mesmo com uma parada da primeira etapa. Costumeiramente, esses tanques "acumuladores" são denominados de tanques pulmões. A Figura 9.13 mostra um esquema simples do uso desse tipo de tanque. Esses tanques são descritos por modelos integradores, do seguinte tipo:

$$A\frac{dh(t)}{dt} = V_e(t) - V_s(t)\,, \tag{9.59}$$

sendo $h(t)$ o nível do tanque pulmão de formato cilíndrico, com base de área A e vazões de entrada e saída $V_e(t)$ e $V_s(t)$, respectivamente.

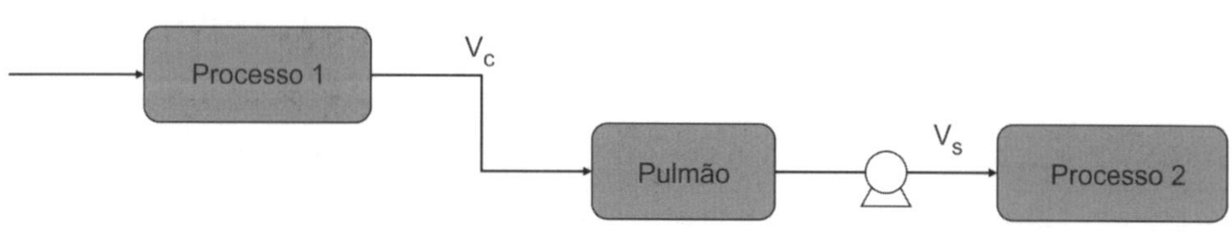

Figura 9.13 – Processo com duas etapas e um tanque pulmão.

Um exemplo prático desse tipo de sistema é encontrado na indústria da produção açúcar, na qual reatores em batelada produzem uma massa açucarada que deve ser, posteriormente, esfriada em cristalizadores, que operam de forma contínua. Portanto, para evitar que as oscilações na produção da massa açucarada afetem as dinâmicas do processo de cristalização, um tanque pulmão é instalado entre as duas etapas. O tanque pulmão é acionado pela sua vazão de saída (variável manipulada). Já a vazão de entrada é uma perturbação para o processo do tanque, que depende da disponibilidade de massa açucarada proveniente do processo anterior. A Figura 9.14 ilustra o tanque pulmão recebendo a massa proveniente dos reatores e alimentando o cristalizador.

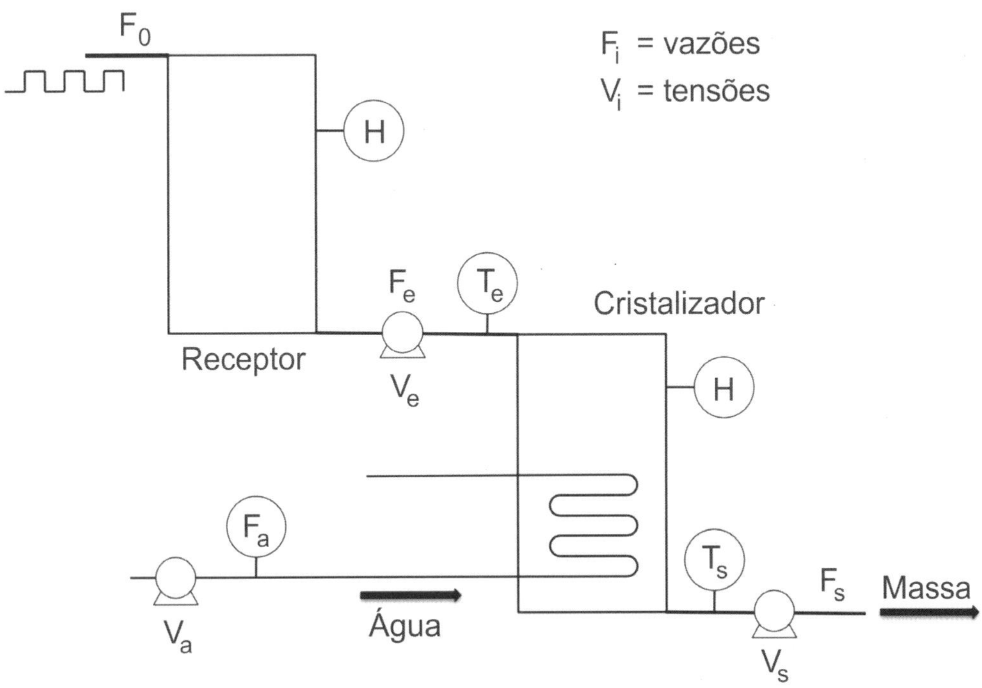

Figura 9.14 – Processo de cristalização por resfriamento com tanque pulmão.

Neste processo, é importante que sempre haja massa disponível no tanque receptor para o processo de cristalização, que, por sua vez, usa o bombeamento de água fria. Para a regulação do nível de massa no tanque receptor (pulmão), usa-se uma estratégia de controle proporcional com BIAS.

Quando trabalhamos com um tanque pulmão, o objetivo é atenuar oscilações entre a vazão de entrada (perturbação) e a vazão de saída (variável manipulada). Assim, não precisamos de um controlador que garanta que o nível do tanque pulmão seja constante, visto que isso levaria justamente ao objetivo contrário, uma vez que todas as oscilações de entrada seriam transmitidas para a saída. Busca-se, portanto, que o nível do tanque pulmão oscile dentro de uma banda predefinida de tal forma a permitir que a vazão de saída tenha poucas oscilações, para que o processo de cristalização não seja afetado.

Dessa forma, o controlador proporcional é ajustado de tal forma que as dinâmicas em malha fechada sejam lentas. A lei de controle é dada por:

$$u(t) = K_p (h(t) - r(t)) , \tag{9.60}$$

sendo $h(t)$ o nível do tanque pulmão, $r(t)$ um sinal de referência, e K_p um ganho proporcional positivo. Ressaltamos que essa lei garante uma atuação proporcional apenas dentro da banda proporcional, e fora dessa banda observamos uma regulação tipo liga-desliga. Neste estudo, consideramos que todas as variáveis estão normalizadas.

Na sequência, analisamos o ajuste do sinal de referência, do ganho proporcional K_p e do BIAS para que o objetivo de regulação do tanque pulmão seja garantido. Neste caso, buscamos maximizar o uso da capacidade do tanque pulmão, reduzindo ao máximo as oscilações na sua saída devido às oscilações da entrada. Para tal, analisaremos os casos extremos de operação do sistema, observando os limites físicos para as vazão de entrada e saída.

Para fins de análise, consideramos que 90% da capacidade do tanque será utilizada. Desta forma, ajustaremos a estratégia de controle para que o nível do tanque varie entre 5 e 95 %, evitando situações de transbordamento ou esvaziamento.

Primeiramente, queremos que o nível não seja inferior a 5 % e, portanto o sinal de controle deve ser nulo nesta situação. Ressaltamos que a variável manipulada do tanque pulmão é a vazão de saída e, portanto, que, para situações de nível a 5 %, a vazão deve ser nula, de tal forma a evitar a diminuição de nível para aquém desse valor. Temos que garantir que, se $h(t) = 5\,\%$, tenhamos $u(t) = 0\,\%$.

Para outra extremidade da operação, delimitamos que, para nível superior a 95 %, a vazão de saída deve ser máxima, de tal forma a evitar que o tanque transborde. Portanto, temos que garantir que, se $h(t) = 95\,\%$, tenhamos $u(t) = 100\,\%$.

Visto que predefinimos uma faixa de $90 = 95\% - 5\%$ para as variações do nível $h(t)$, tomamos o valor médio desta faixa como set-point, ou seja, $r(t) = 50\,\%$. Ressaltamos que a referência é escolhida neste ponto para que, quando não ocorrem grandes perturbações ao sistema, ou seja, vazões de entrada de grande magnitude ou espaços de tempo grandes com vazão nula, o nível deve se manter a igual distância entre os valores máximos e mínimos de operação. Dessa forma, o erro de seguimento de referência é definido na faixa de $-45\,\%$ a $+45\,\%$, definindo uma banda proporcional dada por BP$=90\,\%$. Conhecido o valor da banda proporcional, o ganho proporcional é relacionado à banda segundo a Eq. (9.3), ou seja, $K_p = \frac{100\,\%}{\text{BP}} = \frac{100\,\%}{90\,\%} = \frac{10}{9}$.

Por fim, escolhemos o valor do BIAS para que, em ambas as situações extremas, sejam garantidas as restrições de operação do processo:

$$
\begin{aligned}
h(t) = 5\,\% \Longleftrightarrow u(t) &= K_p\,(h(t) - 50\,\%) + \text{BIAS} &\quad (9.61)\\
&= -0.45K_p + \text{BIAS} = 0\,\%\,, \\
h(t) = 95\,\% \Longleftrightarrow u(t) &= K_p\,(h(t) - 50\,\%) + \text{BIAS} &\quad (9.62)\\
&= 0.45K_p + \text{BIAS} = 100\,\%\,, \\
\text{BIAS} &= 50\,\%\,. &\quad (9.63)
\end{aligned}
$$

A Figura 9.15 apresenta dois diagramas de blocos, considerando ambos os casos de análise. Ressaltamos que:

- Para $h(t) = 50\%$, temos $e(t) = 0\%$ e $u(t) = \text{BIAS} = 50\,\%$, conforme projetado. O sistema controle proporcional para o tanque pulmão, neste caso, mantém o nível no valor de set-point predefinido, no meio da faixa de operação.

- Para valores de nível entre os limites da faixa de operação (5 e 95 %), a lei de controle é, de fato, proporcional ao erro de seguimento. Fora dessa faixa, a ação de controle é saturada.

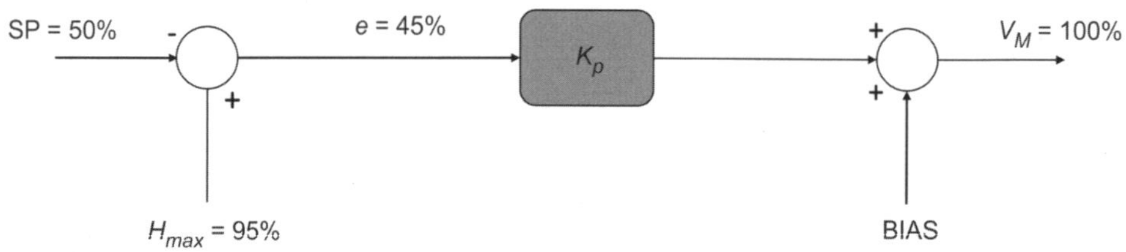

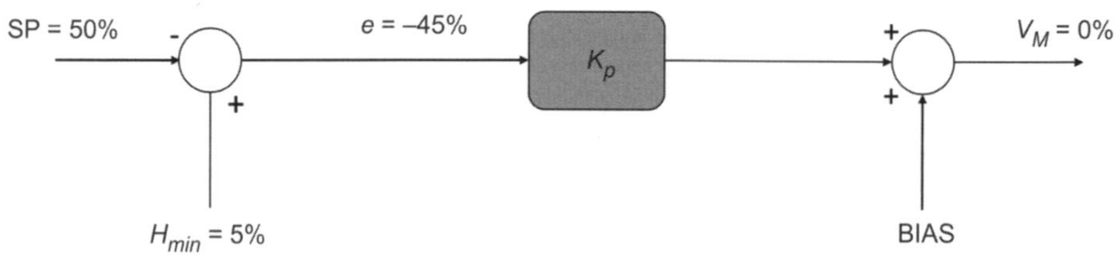

Figura 9.15 – Controle proporcional com BIAS no tanque pulmão, análise de casos extremos. Nesta figura, "V_M" representa a variável manipulada (u), "SP" representa o sinal de referência (r), "e" representa o sinal de erro e $H_{\min}$, $H_{\max}$ representam a variável de processo (nível) nas condições de mínimo e máximo, respectivamente.

Para finalizarmos este caso de estudo, apresentamos o projeto do sistema de controle proporcional para um tanque pulmão de forma geral, considerando que a faixa de operação para o nível do tanque é dada por $[h_{\min}, h_{\max}]$, considerando valores normalizados. Para tal, devemos resolver o seguinte conjunto de equações, para processos com $K_p > 0$:

$$\begin{cases} \text{BP} &= (h_{\text{max}} - h_{\text{min}})\,, \\ r &= \frac{(h_{\text{max}} - h_{\text{min}})}{2}\,, \\ K_p &= \frac{u_{\text{max}} - u_{\text{min}}}{\text{BP}}\,, \\ \text{BIAS} &= K_p(r - h_{\text{min}})\,. \end{cases} \tag{9.64}$$

É importante observarmos que toda esta análise precedente é feita a partir da hipótese de que a vazão de entrada é uma perturbação e que a vazão de saída é uma variável manipulada, ou seja, desprezam-se as dinâmicas das bombas que regulam essas vazões. Ressaltamos que essa hipótese é razoável na prática, uma vez que as dinâmicas das bombas que regulam as vazões são costumeiramente muito mais rápidas que as dinâmicas das variações de nível do tanque pulmão. Considera-se como suposição subjacente que existe um sistema de controle para as variáveis de vazão (controlando as bombas) com dinâmicas rápidas e ganhos estáticos unitários.

Por fim, apresentamos um comentário final relacionado à efetividade do tanque pulmão: a operação deste tipo de sistema não está somente atrelada ao sistema de controle. Observe que a melhor estratégia de controle proporcional possível, que aproveita ao máximo a capacidade do tanque, é dada por uma banda proporcional de 100 % (ou ganho proporcional $K_p = 1$), fazendo com que o nível do tanque oscile entre 0 e 100 %. Entretanto, como o objetivo do sistema de controle é atenuar o efeito das oscilações da vazão de entrada na vazão de saída, a dimensão do tanque tem um papel fundamental nas dinâmicas em malha fechada. Caso o tanque pulmão tenha um um volume pequeno (parâmetro A pequeno na Eq. (9.59)) em relação à vazão de entrada, as oscilações de vazão praticamente não serão atenuadas. Portanto, faz-se necessário um tanque cujo volume permite que as situações de transborde ou esvaziamento não ocorram, ao passo que a vazão de saída seja quase constante para vazões de entrada com grandes oscilações. Na indústria, o projeto do tanque sempre tem o compromisso entre o desempenho do sistema e o custo do tanque, que aumenta com seu tamanho.

9.6.2 BIAS automático

Por fim, vale ressaltarmos que o sinal de BIAS também pode ser usado para garantirmos o seguimento de sinais de referência tipo degrau com amplitudes variantes no tempo e a rejeição de perturbações conhecidas.

Exemplo 87 *Para exemplificarmos esta segunda propriedade, retomemos o exemplo 85, referente ao tanque de água, cujo nível é controlado pela vazão de saída. Para este processo, já demonstramos que uma estratégia proporcional sem BIAS era suficiente para garantir o seguimento de referências tipo degrau na ausência de perturbações, visto que o processo é do tipo integrador em malha aberta. Infelizmente, a rejeição de perturbações não se fazia possível, visto o ganho estático* $K_{q_{MF}} \neq 0$.

Entretanto, consideremos que o sinal de perturbação deste processo (vazão de entrada de água ao tanque) é conhecido e mensurável em um instante inicial. Neste caso, então, podemos usar o sinal de BIAS para contrapor os efeitos de $V_e(t)$. *Tomando a lei de controle como* $u(t) = K_p e(t) + BIAS$ *e substituindo-na na EDO do processo em malha aberta, obtemos:*

$$\frac{A}{K_p}\frac{dh(t)}{dt} + h(t) = r(t) + \frac{1}{K_p}V_e(t) + BIAS. \tag{9.65}$$

Naturalmente, se conhecemos a vazão inicial $V_e(0)$, *podemos tomar o sinal de BIAS como* $-\frac{1}{K_p}V_e(0)$ *para contrapor o efeito desta vazão nas variações do nível do tanque.*

Então, considerando $K_p = 10$ *e os mesmos sinais do exemplo anterior, apresentamos os resultados em simulações com este BIAS compensador de perturbações na Figura 9.16. Notamos que o nível do tanque segue a referência desejada sem influência da perturbação inicial (que é rejeitada). Entretanto, quando há uma mudança tipo degrau no sinal* $V_e(t)$, *novamente* *observamos um erro de seguimento $e(t)$ não nulo.*

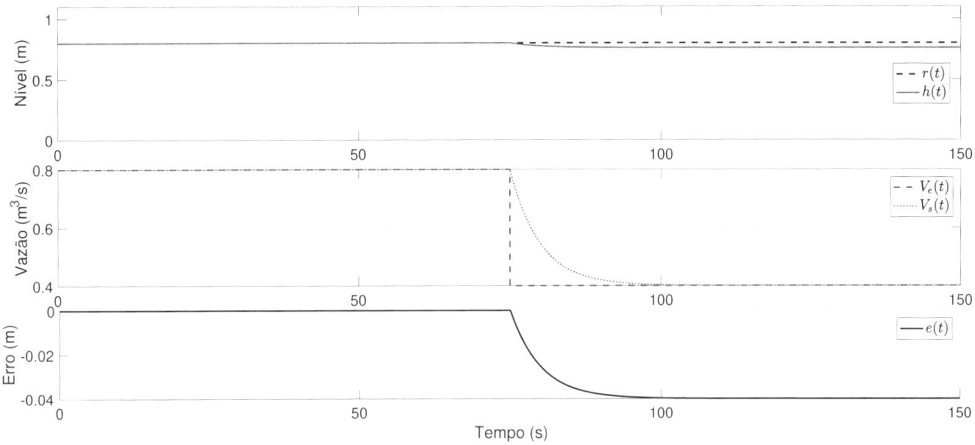

Figura 9.16 – Tanque de água controlado por válvula de saída. Controle proporcional com $K_p = 10$ e BIAS compensador de perturbações.

Para o caso de perturbações mensuráveis e de sinais de referência variantes no tempo, podemos usar um sinal de BIAS também variante no tempo para que se garanta as propriedades de seguimento e rejeição. Este sinal de BIAS variante no tempo é dito BIAS automático, tomado como uma função dos sinais $r(t)$ e $q(t)$.

Com base nas demonstrações precedentes, podemos diretamente inferir que o sinal de BIAS automático deve ser dado pela seguinte lei:

$$\text{BIAS}(t) = \frac{1}{K_e} r(t) - K_{q_{\text{MF}}} q(t) . \tag{9.66}$$

Ao substituirmos a Eq. (9.66) na EDO de um processo contínuo em malha aberta controlado por uma lei proporcional com BIAS:

$$\tau \frac{dy(t)}{dt} + y(t) = K_e \left(K_p \left(r(t) - y(t) \right) + \text{BIAS}(t) \right) + K_q q(t) , \tag{9.67}$$

obtemos:

$$\left(\frac{\tau}{1+K_eK_p}\right)\frac{dy(t)}{dt}+y(t) \;=\; r(t)\,. \tag{9.68}$$

A EDO (9.68) possui, evidentemente, ganho estático unitário em face do sinal de referência e nulo em face das perturbações, tal como desejado.

Este BIAS automático pode ser também interpretado como uma ação de controle antecipativa estática, também denominada de pré-alimentação estática. O que, de fato, implementamos é um sistema de controle com duas ações que se somam. Uma de realimentação (ação em malha fechada), dada pelo controle $u_r(t) = K_pe(t)$, e outra de pré-alimentação (ação em malha aberta), dada por $u_p(t) = \frac{1}{K_e}r(t) - K_{q_{\text{MF}}}q(t)$. A soma desses dois termos é o lei de controle proporcional com BIAS:

$$u(t) = u_r(t) + u_p(t).$$

É muito importante ressaltarmos aqui que, ao contrário do controle realimentado, a estratégia de tipo pré-alimentado é muito sensível às variações do processo e fortemente dependente do modelo. Assim, se os ganhos usados na lei de controle u_p não são exatamente iguais aos do processo, teremos um sistema que não atende exatamente às condições desejadas. De todas as formas, essa solução é útil na prática, porque pode diminuir o erro, mesmo quando este não for zerado por completo. Observe que a implementação deste controle exige a medição da perturbação, que pode não ser possível em muitos processos.

9.7 Comentários finais

Tal como no capítulo anterior, terminamos este com uma discussão qualitativa sobre a estratégia de controle proporcional, elencando vantagens, desvantagens e propriedades de sistemas de controle deste tipo.

No caso em que não se faz o uso do sinal de BIAS, controladores proporcionais não garantem rejeição de perturbações nem seguimento de referências tipo degrau. Como pudemos observar, o efeito da ação proporcional garante um rastreamento tão próximo da referência conforme se aumenta (em módulo) o ganho proporcional K_p. Em malha fechada, os processos apresentam constante de tempo e ganhos estáticos dependentes de K_p. Desta forma, este parâmetro é usado para que se possa ajustar as dinâmicas de malha fechada segundo especificações de projeto, tal como a velocidade da resposta.

No caso de processos integradores, observamos que as dinâmicas de malha fechada de fato apresentam ganho estático unitário em face da referência, propriedade que é garantida devido à ação integral da própria planta, que é carregada pela ação proporcional ao erro de seguimento. Discutiremos este aspecto em maiores detalhes na sequência deste livro.

No caso de processos instáveis, o controle proporcional, se bem ajustado, pode garantir um funcionamento estável do sistema em malha fechada.

Há mais um aspecto a ser considerado nos controladores proporcionais: a saturação do sinal de controle. O ganho proporcional deve ser projetado de tal forma que a banda proporcional seja coerente aos limites físicos admissíveis para a atuação. Se um projeto é feito com um ganho K_p muito alto, de tal forma que ocorra $K_p e > u_{\max}$ ou $K_p e < u_{\min}$ frequentemente (no caso de ganho direto positivo), observamos respostas oscilatórias, tal qual as respostas observadas no caso de controladores Ttdo-ou-nada.

No caso de estratégias com o uso do BIAS, podemos induzir o seguimento de referências (conhecidas, constantes) por meio de uma adição ao sinal de controle $K_p e$ com um termo constante que é relacionado ao valor de equilíbrio da variável manipulada de tal forma que a variável de processo esteja em um equilíbrio definido pela referência. Note que, dessa forma, garante-se uma ação de controle não nula para erro nulo.

Neste capítulo, também discutimos e demonstramos como uma estratégia P com BIAS automático pode garantir seguimento de referências e rejeição de perturbações mensuráveis variantes no tempo. Entretanto, seria este o melhor método para desenvolvermos um controlador com erro nulo em regime permanente? Esse questionamento será respondido por meio das demonstrações do capítulo seguinte, no qual apresentamos a estratégia de controle proporcional-integral.

Lista de exercícios

1. Um sistema de controle de temperatura de um ambiente com ar condicionado é modelado, nas vizinhanças de um ponto de operação, pela seguinte EDO:

$$\tau \frac{dT(t)}{dt} + T(t) \;=\; K_e u(t)\,. \tag{9.69}$$

Os parâmetros deste modelo são $\tau = 5$ minutos e $K_e = -3\ ^o\text{C/V}$. O sinal $T(t)$ representa a diferença entre a temperatura do ambiente e a temperatura externa e o sinal $u(t)$ representa o acionamento do ar condicionado, $u(t) \in [0\,,\,5]$ V. Para o controle da temperatura deste ambiente, utiliza-se uma estratégia de controle proporcional. Deseja-se manter a temperatura do ambiente em $10\,^\circ$C abaixo da temperatura externa, ou seja, o sinal $T(t)$ deve seguir uma referência de $-10\,^\circ$C.

   (a) Desenhe o diagrama de blocos do sistema de controle definindo a forma de atuação, o sinal de BIAS e ganho. Lembre-se da relação entre variáveis incrementais e absolutas.

   (b) Ajuste a estratégia de controle proporcional (determine o BIAS e o ganho proporcional K_p), considerando uma constante de tempo para a resposta em malha fechada de 1 minuto. Qual é a banda proporcional?

   (c) Quando a temperatura do ambiente entra em regime permanente, com equilíbrio dado por $T = -10\,^\circ$C (caso o ajuste anterior esteja correto!), o usuário decide mudar o sinal de referência para $-5\,^\circ$C. Se a sintonia do controlador for mantida como está (mesmo K_p e BIAS), o sistema atingirá este novo equilíbrio? Caso contrário, explique o por quê, determine qual será a nova temperatura de equilíbrio e o que deveria ser feito para que o processo, de fato, possa atingir este novo equilíbrio.

2. Considere o seguinte modelo de comportamento dinâmico de um tanque nas vizinhanças do equilíbrio:

$$A\frac{dh(t)}{dt} = -K_h(h) + K_1a_1(t) + K_2a_2(t)\,. \tag{9.70}$$

Neste modelo, $a_1(t)$ representa o sinal referente à variação da abertura da válvula que alimenta o tanque (variável manipulada), $a_2(t)$ representa o sinal referente à variação da abertura da válvula que regula a saída de líquido do tanque (perturbação) e $h(t)$ representa as variações do nível do tanque (variável de processo/controlada). Os parâmetros do modelo são constantes e dados por $K_1 = 3$, $K_2 = -1.5$, $K_h = 1$ e $A = 2$.

(a) Suponha que seja aplicado um controle proporcional simples do tipo $a_1(t) = K_p\,(h_r(t) - h(t))$, sendo $h_r(t)$ um sinal de referência para a variação de nível. Ajuste esse sistema de controle de modo que o ganho estático de malha fechada em face da referência seja igual a 0.95. Demonstre qual é a EDO que modela o sistema em malha fechada.

(b) O que significa obter um "ganho estático em malha fechada" de 0.95, em relação a referência? Seria possível obter um ganho estático unitário? O que isso implica em termos de eficiência do controlador proporcional para este sistema?

(c) Com o valor de K_p calculado nos itens anteriores, qual é o ganho estático de malha fechada para as variações da perturbação? O que isso significa em termos de rejeição de perturbação? Seria possível obter um ganho estático nulo em relação a perturbação?

(d) Qual é a constante de tempo do sistema em malha fechada? Compare o tempo de resposta do sistema em malha aberta (sem controle) e com controle. O sistema foi acelerado?

(e) Com o controlador proporcional escolhido, que possui como parâmetro de sintonia o ganho proporcional K_p, é possível escolher **ao mesmo tempo** o ganho estático em relação à referência, o ganho em relação à perturbação e a constante de tempo, para o modelo em malha fechada? Caso não seja possível fazê-lo, quais (e quantos) desses indicadores conseguimos definir e quais são as consequências no projeto do sistema de controle?

3. As dinâmica de um tanque tipo "pulmão" é dada por:

$$A\frac{dy(t)}{dt} = -k_1 u(t) + k_2 q(t)\,, \tag{9.71}$$

sendo $y(t)$ o nível de líquido no tanque, $u(t)$ o sinal de atuação da bomba de saída de líquido na base do tanque e $q(t)$ uma perturbação de vazão de líquido que entra no tanque pelo topo. Um sistema de controle para a regulação deste processo é dado pela seguinte lei:

$$u(t) = K_p e(t) + \text{BIAS}\,, \tag{9.72}$$

$$e(t) = y(t) - y_r(t)\,, \tag{9.73}$$

sendo $y_r(t)$ um sinal de set-point tipo degrau. Deseja-se manter o nível do tanque sempre entre 20% e 70% de sua capacidade, de tal forma que a bomba de saída opere entre 0% e 100% para conseguir essa condição.

(a) Explique por que o erro $e(t)$ é calculado como $y(t) - y_r(t)$ ao invés do usual (inverso). O que poderia ser feito se quiséssemos calcular o erro da forma habitual e ainda assim obter o mesmo comportamento? Pesquise sobre ação direta e ação reversa em controladores industriais.

(b) Defina os valores da referência (ou "set-point") e dos parâmetros do controlador para este sistema de modo que o desempenho especificado seja atingido.

(c) Qual é a banda proporcional?

(d) Faça um gráfico estático que relaciona o sinal de erro com o sinal de controle. Identifique nele os valores do BIAS, K_p e da banda proporcional. Reflita e discuta sobre a relação entre o sinal de BIAS e o ganho estático do sistema em malha aberta.

4. Um sistema de controle de posição constituído por um motor de corrente contínua tem seu modelo esquematicamente ilustrado na Figura 9.17. Neste diagrama de blocos, $V(t)$ representa a tensão de alimentação do motor, $T_c(t)$ representa um torque de carga feito sobre o eixo de giro do motor, $\omega(t)$ representa a velocidade de giro do motor e $\theta(t)$ sua posição.

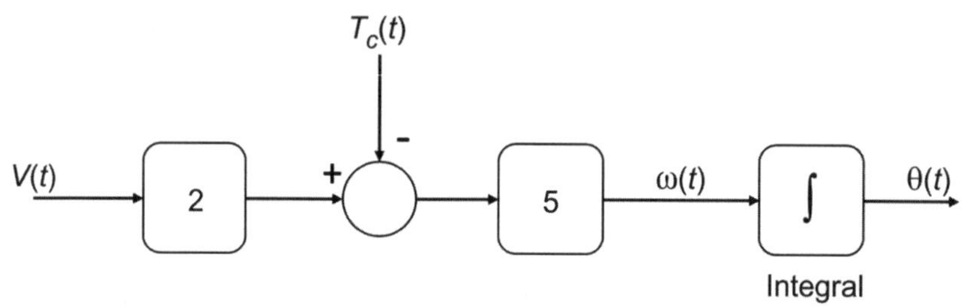

Figura 9.17 – Diagrama de blocos: motor corrente contínua.

(a) Encontre a equação diferencial que representa a dinâmica do sistema a partir do diagrama. Identifique as variáveis de processo, manipulada e perturbação.

(b) Considere um controle proporcional dado por $V(t) = K_p\theta_r(t) - K_p\theta(t)$, sendo $\theta_r(t)$ um sinal que representa a referência desejada para a posição do eixo do motor. Encontre a equação diferencial do sistema em malha fechada e demonstre que o sistema pode atingir, com erro nulo, a referência de posição quando não há torque de carga ($T_c = 0$).

(c) Considere $T_c(t) = T_{c0}$ e $\theta_r(t) = \theta_{r0}$ como sinais constantes. Qual é a posição de equilíbrio do sistema em malha fechada?

(d) Ajuste o ganho do controle para que a perturbação de torque $T_c(t) = T_{c0}$ constante tenha um efeito na saída em equilíbrio de θ em, no máximo, 10% do valor de T_{c0}. Reflita sobre o valor desejado para a relação θ/T_c, em regime permanente. Para o valor de K_p projetado, qual é a constante de tempo do sistema em malha fechada? Qual o tempo para que o sistema atinja 95% do valor de equilíbrio atingido para uma referência θ_r?

(e) Faça um novo ajuste de K_p, porém tendo como objetivo uma constante de tempo de malha fechada de 0.01 s. Neste caso, qual o efeito de um degrau de torque de carga $T_c = 1$ Nm na posição de equilíbrio do sistema?

(f) Considere que agora se pode introduzir a adição de um sinal de BIAS na ação de controle. É possível ajustar o valor de BIAS (mantendo K_p do ajuste anterior) de tal forma que a posição do eixo do motor seja mantida no valor θ_r desejado? Caso positivo, explique como é o procedimento de ajuste do sinal de BIAS e, posteriormente, ajuste-o.

5. O modelo de aumento populacional de uma bactéria em um reator industrial foi calculado a partir de amostras horárias pela seguinte EaD:

$$P(k) = 0.8P(k-1) + 0.4a(k) - 0.2T(k)\,. \tag{9.74}$$

Neste modelo, $P(k)$ representa a população de bactérias (variável de processo), $a(k)$ representa a quantidade de alimento disponível (variável manipulada) e $T(k)$ representa a temperatura do sistema (perturbação). Por inspeção, percebe-se que o aumento na quantidade de alimento faz aumentar a população, enquanto o aumento de temperatura reduz o crescimento das bactérias. Para este sistema, deseja-se utilizar um controle proporcional dado por $a(k) = K_p\,(P_r(k) - P(k))$, sendo $P_r(k)$ um sinal de referência tipo degrau para a população de bactérias.

(a) Encontre a forma fechada da solução no tempo de $P(k)$ para um degrau aplicado em $a(k)$ e considerando $T(k) = 0$. Dica: desenvolva alguns passos da iteração com a constante e $T = 0$ visando encontrar um padrão. Extrapole o padrão para um instante arbitrário k e utilize a identidade $\sum_{i=0}^{k-1} a^i = \frac{a^k-1}{a-1}$ para determinar a forma fechada.

(b) Sabendo a solução analítica $P(k)$, aproximadamente quanto tempo, em horas, o sistema leva para atingir 95% do valor final de equilíbrio para uma entrada degrau de $a(k)$?

(c) Repita o procedimento do item anterior para um degrau de $T(k)$, considerando agora $a(k) = 0$. Compare e tire conclusões sobre o tempo de resposta e os ganhos estáticos.

(d) Considere agora o controle proporcional proposto. Encontre a equação a diferenças do sistema em malha fechada. Calcule o valor de K_p que deve ser utilizado para reduzir o tempo de resposta do sistema a 1/3 do tempo em malha aberta.

(e) Para o ganho projetado, qual é o ganho estático em malha fechada para a relação entre P_r e P?

(f) Para o ganho projetado, qual é o efeito de uma perturbação $T = 2$ na população, no equilíbrio?

6. O modelo da temperatura de um reator químico, onde ocorre uma reação exotérmica, é dado pela equação:

$$-5\frac{dT(t)}{dt} + T(t) \quad = \quad 3U(t) - 0.5Q(t)\,. \tag{9.75}$$

Neste modelo, $T(t)$ representa a temperatura do reator (variável de processo), $U(t)$ representa a vazão de refrigerante na camisa do reator (variável manipulada) e $Q(t)$ representa a vazão de alimentação (perturbação).

(a) Analise a resposta em malha aberta do reator, tanto para degraus da variável manipulada como da perturbação. Analise e discuta a estabilidade do processo.

(b) Considere um controle proporcional para esta planta. A partir das respostas analisadas no item anterior, decida o sinal do ganho do controle.

(c) Calcule a equação (EDO) do sistema em malha fechada e identifique as condições que deve cumprir o controlador para obter um sistema em malha fechada estável.

(d) Ajuste o controle K_p para dois valores distintos dentre os determinados no item anterior e analise as respostas do sistema em malha fechada em ambos os casos. Calcule os ganhos estáticos e as constantes de tempo em malha fechada para ambos os casos. Discuta as diferenças nas dinâmicas de malha fechada com as duas sintonias do ganho proporcional.

Atividade prática: kit experimental motor-gerador

O objetivo desta atividade é implementar e analisar uma estratégia de controle proporcional, com base nos modelos desenvolvidos para o sistema de controle de velocidade nos últimos capítulos. Para isso, propõem-se as seguintes etapas:

- Implemente o código do controle proporcional no aplicativo. Lembre que neste controle você precisa definir a amplitude do set-point de velocidade a ser seguido pelo motor, o valor do ganho K_p do controle e o valor do BIAS. Pense em uma forma de implementação que facilite a mudança dos valores do SP, K_p e BIAS.

- Planeje bem seu experimento. Escolha como vai modificar os valores do set-point de forma a poder explorar a modelagem linear aproximada realizada nos capítulos anteriores. Também defina um tempo de experimento que permita observar a resposta transitória da velocidade do motor até ele atingir o novo ponto de equilíbrio.

- Projeto de um controlador proporcional sem BIAS. Com base no modelo linear aproximado desenvolvido para o processo, ajuste o ganho K_p para que o erro em regime permanente de seguimento de sinais de referência de velocidade do tipo degrau seja de, no máximo, 20 % (lembre que isso significa, por exemplo, que para um degrau incremental de 0.5 V no set-point, o sistema deverá estabilizar-se com um incremento mínimo de 0.4 V na saída medida).

- Execute o controle e observe o resultado. Analise os gráficos das variáveis de controle e de processo e discuta. Compare os resultados experimentais com o que esperava obter de acordo com a análise teórica realizada neste capítulo sobre o controle P. O sistema tem o transitório esperado? O valor de equilíbrio atingido é o esperado?

- Realize diversos testes mudando os valores dos set-points aplicados. Observe o efeito na resposta do sistema e veja se o resultado está de acordo com a análise teórica. O erro se mantém como especificado? O tempo de resposta de malha fechada se mantém?

- Para um dos casos anteriores use uma tração manual constante contra o sentido de giro do motor para "emular" uma perturbação de carga. Analise as repostas e discuta. O controle rejeita a perturbação? O que acontece com o tempo de resposta e o valor final de velocidade quando a perturbação é aplicada? O resultado é o esperado? Compare o ganho estático do sistema em malha fechada para a pertubação com o mesmo ganho para o caso de malha aberta. O que observa?

- Ajuste, agora, o controlador proporcional para o erro de seguimento de referências seja reduzido para, no máximo, 5 %, em regime permanente. Discuta, através de ensaios experimentais e análises teóricas com o modelo EDO proposto, sobre o tempo de assentamento e o ganho estático do sistema em malha fechada, comparando-os com os valores obtidos para ganho usado no ajuste anterior. Os resultados experimentais são os esperados? Observa alguma particularidade nestas respostas?

- Utilize agora um BIAS não nulo na lei de controle proporcional. Ajuste o valor do BIAS visando garantir erro nulo para o seguimento de referências tipo degrau, em regime permanente. Use o modelo linear aproximado para o cálculo deste BIAS e realize ajustes manuais se necessário para conseguir o objetivo. Mude o ponto de operação de velocidade (trocando o set-point) e observe os resultados. O ponto de operação é alcançado com erro zero? Discuta os resultados observados experimentalmente à luz da teoria. Aplique agora uma perturbação manual no eixo do motor e observe? O motor consegue manter a velocidade? O BIAS mantém o sistema com erro zero? Justifique as observações práticas com demonstrações teóricas.

- Implemente um estratégia do tipo BIAS "automático", para a qual o ajuste do sinal de BIAS é definido com base no ponto de operação definido pelo sinal de set-point. Teste experimentalmente essa solução. Discuta as vantagens e desvantagens deste método. Poderia aplicar o método mesmo com perturbações? O que precisaria conhecer?

Problema resolvido

O modelo discreto de um sistema de controle de velocidade de um foguete é dado pela seguinte EaD com amostras a cada minuto:

$$v(k) = 0.9v(k-1) + 0.3u(k-1)\,.$$

Para regular a velocidade $v(k)$, um sistema de controle proporcional é usado:

$$u(k) = K_p(v_r(k) - v(k)) + \text{BIAS}\,,$$

sendo v_r um sinal de referência para a velocidade.

- (a) Considere apenas o modelo do foguete (sem controle) no seguinte cenário:

  - O foguete está inicialmente em repouso $v(0) = 0$.
  - Aplica-se um sinal controle da forma $u(k) = \mathbf{1}(k)$, para todo $k \geq 0$.

  Calcule o valor final da velocidade do foguete e o tempo que ele leva para atingir aproximadamente 99% do valor final. Qual é o ganho estático do modelo do foguete?

- (b) Considere que o controle proporcional se utiliza com BIAS=0 e se realiza um segundo ensaio com o foguete controlado em malha fechada no seguinte cenário:

  - O foguete está inicialmente em repouso $v(0) = 0$.
  - Define-se uma referência de velocidade constante na forma $v_r(k) = v_{r0}\mathbf{1}(k)$ para todo $k \geq 0$.

  Calcule o valor do ganho do controle K_p para que o tempo que ele leva para atingir aproximadamente 99% do valor final seja cinco vezes menor que no caso anterior (item (a)). Qual é o valor final de velocidade atingida?

- (c) Se mantivermos o K_p calculado anteriormente e usamos um BIAS diferente de zero, é possível calcular o BIAS para que o foguete atinga o valor final igual a v_{r_0}? Por quê? Qual é o valor do BIAS?

Resolução

a) O valor final e o ganho estático do foguete podem ser calculados de forma direta a partir do modelo estático. Para o equilíbrio $v = v_0$ e $u = v_0$, obtemos:

$$v_0 = 0.9v_0 + 0.3u_0\,,$$
$$v_0 = 3u_0\,.$$

Assim, o ganho estático é $K_e = 3$ e o valor final de v para $u_0 = 1$ é 3 m/s.

Para o ensaio proposto, a resposta do sistema é calculada como segue

$$\begin{cases} v(k) &= av(k-1) + bu_0\,, \\ v(0) &= 0\,, \\ v(1) &= 0 + bu_0\,, \\ v(2) &= a(bu_0) + bu_0\,, \\ v(3) &= a(abu_0 + bu_0) + bu_0\,, \\ v(3) &= a^2(bu_0) + abu_0 + bu_0\,, \\ &\vdots \quad , \\ v(k) &= \displaystyle\sum_{n=0}^{k-1} a^n bu_0\,. \end{cases}$$

Para obtermos o tempo para atingir 99% do valor final da velocidade partindo de $v = 0$, precisamos antes calcular 99% de 3, que é igual a 2.97.

Usando a formula geral da resposta do sistema, temos:

$$\begin{cases} 2.97 &= 0.3\sum_{n=0}^{k-1} 0.9^n\,, \\ 2.97 &= 0.3\left(\frac{0.9^k-1}{0.9-1}\right)\,, \\ -0.99 &= 0.9^k - 1\,, \\ 0.01 &= 0.9^k\,, \\ \left(\frac{\ln 0.01}{\ln 0.9}\right) &= k\,, \\ k &= 43.7 \approx 44\,. \end{cases}$$

O foguete leva 44 segundos para alcançar 99

b) Utilizando o modelo do processo $v(k) = av(k-1) + bu(k-1)$, incluímos a realimentação com o ganho K_p, obtendo:

$$\begin{cases} v(k) &= av(k-1) + b(K_p(v_{r0} - v(k-1)))\,, \\ v(k) &= av(k-1) + bK_p v_{r0} - bK_p v(k-1)\,, \\ v(k) &= (a - bK_p)v(k-1) + bK_p v_{r0}\,. \end{cases}$$

Para a solução do problema, baseado no modelo anterior, é possível reescrevermos:

$$v(k) = \alpha v(k-1) + \beta u_0\,,$$

com

$$\begin{cases} \alpha &= a - bK_p\,, \\ \beta &= bK_p\,. \end{cases}$$

Usando a mesma forma de calcular a reposta no tempo, considerando v_{r0} como entrada e v como saída, temos:

$$v(k) = \sum_{n=0}^{k-1}(a - bK_p)^n(bK_p)v_{r0}\,.$$

Observamos que a resposta deste sistema será mais rápida quanto menor for o parâmetro a $(0 < a < 1)$.

Para que o tempo necessário para que a resposta atinja 99% do valor final seja cinco vezes menor que sem controle, impomos:

$$\begin{cases} 0.9^5 &= 0.9 - 0.3K_p\,, \\ 0.59 &= 0.9 - 0.3K_p\,, \\ 0.31 &= 0.3K_p\,, \\ K_p &= 1.03\,. \end{cases}$$

Por fim, substituindo o valor do ganho proporcional no modelo do sistema em malha fechada, o valor final atingido pela velocidade é calculado da seguinte forma:

$$v_\infty = K_{e_{\mathrm{MF}}} v_{r0}\,,$$

sendo $K_{e_{\mathrm{MF}}}$ o ganho em malha fechada do processo, dado por $\frac{\beta}{(1-\alpha)} = 0.755$. Com $v_{r_0} = 3$ m/s, temos, portanto, $v_\infty = 0.755 v_{r_0} = 2.265$.

c) Sabemos que o sinal de BIAS é usado para manter a variável de processo, em regime permanente, no valor de referência.

Então, temos:

$$\begin{cases} u(k) &= K_p(v_r(k) - v(k)) + \mathrm{BIAS}\,, \\ u_\infty &= K_p(v_{r0} - v_{r0}) + \mathrm{BIAS}\,, \\ u_\infty &= \mathrm{BIAS}\,. \end{cases}$$

Dessa forma, tomamos $u_\infty = \mathrm{BIAS}$ como condição de equilíbrio.

Usando agora a relação estática do processo, temos:

$$\begin{cases} \mathrm{BIAS} &= \frac{v_{r0}}{K_e}\,, \\ \mathrm{BIAS} &= \frac{1}{3} v_{r0}\,. \end{cases}$$

Ou seja, quando o erro é nulo, o BIAS mantém a variável manipulada no valor necessário para que a variável de processo esteja no ponto desejado.

Capítulo 10

Controle proporcional-integral (PI)

Neste capítulo e no seguinte, apresentaremos a terceira estratégia de controle estudada neste livro: controle realimentado tipo proporcional-integral (PI). Na sequência, discutiremos o conceito básico associado à ação integral, as vantagens do uso deste tipo de ação em conjunto com parcelas proporcionais, a implementação desta estratégia de controle (em circuitos analógicos e microcontroladores digitais) e alguns possíveis ajustes de sintonia para sistemas de controle PI. No capítulo seguinte, alguns detalhes práticos relacionados com a utilização do controle PI serão apresentados.

Começamos este capítulo com uma demonstração intuitiva a respeito da ação integral (I) e de como ele pode garantir o seguimento de referências tipo degrau com erro nulo, tal como a rejeição de perturbações constantes, para processos de primeira ordem.

10.1 Ideia básica

O conceito associado ao controle proporcional-integral é o seguinte: a ação de controle PI é composta por duas parcelas, uma delas proporcional ao erro de seguimento e a outra à integral do erro de seguimento. Tal como em sistemas de controle proporcionais, o principal objetivo desta estratégia é garantir que a variável de processo se mantenha, em regime permanente, em um valor de referência desejado, especificado por um sinal $r(t)$.

Começamos o debate deste tema apresentando a lei de controle referente à estratégia proporcional-integral, para processos contínuos:

$$u(t) = \overbrace{K_p e(t)}^{u_p(t)} + \overbrace{K_i \left(\int_{-\infty}^{t} e(\mu) d\mu \right)}^{u_i(t)}, \tag{10.1}$$

sendo $e(t) = (r(t) - y(t))$ o erro de seguimento da saída $y(t)$ em face da referência $r(t)$. O ganho estático K_p é chamado de "ganho proporcional", ao passo que K_i é chamado de "ganho integral".

Notavelmente, a principal diferença entre a lei de controle PI, apresentada na Eq. (10.1), e a lei de controle P, apresentada na Eq. (9.1), é a parcela integradora, dada por $u_i(t) = K_i \left(\int_{-\infty}^{t} e(\mu) \right)$.

Dessa forma, antes de discutirmos em maiores detalhes esta estratégia de controle como um todo, em termos de implementação e ajustes, entenderemos por que é interessante o uso da ação integral $u_i(t)$ em um laço realimentado. Para isso, nos debruçaremos sobre o estudo intuitivo de um exemplo ilustrativo e motivador a respeito do efeito da ação integral em sistemas de controle.

10.2 A ação integral: um exemplo motivador

No capítulo anterior, estudamos o controle de nível de um tanque de água, cuja variável manipulada era a abertura da válvula de entrada de vazão de água ao tanque, considerando a vazão de saída como uma perturbação. Neste sistema, concluímos que os diversos pontos de operação do tanque são obtidos em situações com vazões de entrada e saída iguais, garantindo uma operação com nível constante.

Quando usamos uma estratégia de controle realimentado tipo P (sem BIAS) para este sistema, mostramos que o nível não poderia ser estabilizado no valor da referência, pois isso implicaria em um sinal erro nulo e, por consequência, o controlador fecharia a válvula de entrada, fato que, por sua vez, contradiz a hipótese original de que as vazões de entrada e saída seriam iguais e que, como consequência, o nível estaria constante.

Com base nas discussões referentes a este processo, analisaremos, agora, um tanque cujo acionamento é realizado por meio de um motor posicional de corrente contínua (CC), que regula a abertura da válvula de entrada de vazão de água ao tanque.

Exemplo 88 *Tanque com válvula motorizada*
Consideremos as dinâmicas de um tanque cilíndrico, cujo nível varia de acordo com a seguinte EDO:

$$A\frac{dh(t)}{dt} = V_e(t) - V_s(t)\,, \tag{10.2}$$

sendo A a área da base deste tanque, $h(t)$ o sinal que indica o nível (variável de processo), e $V_e(t)$ e $V_s(t)$ as vazões de entrada e saída de água ao tanque, respectivamente.

Neste tanque, a vazão de saída de água $V_s(t)$ não é controlada, sendo, portanto, um sinal de perturbação para a regulação do nível $h(t)$. Por outro lado, a vazão de entrada de água $V_e(t)$ é regulada por uma válvula posicional motorizada, ilustrada na Figura 10.1.

O funcionamento desta válvula é o seguinte: dado um sinal de acionamento $u(t)$, o motor CC gira seu eixo a uma certa velocidade angular $\omega(t)$. Conforme o motor gira, uma engrenagem em torno de seu eixo é colocada a uma posição angular $p(t)$. A outra engrenagem, associada à primeira, regula a abertura da válvula $a(t)$.

Tal como elaborado no capítulo anterior, o sinal de atuação ao motor

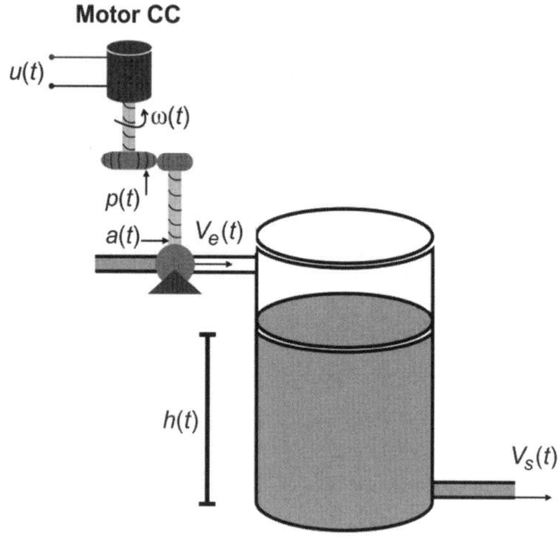

Figura 10.1 – Sistema de engrenagens e motor DC usado na válvula posicional motorizada.

CC é definido a partir de uma lei proporcional ao erro de seguimento da referência de nível $r(t)$*, ou seja:*

$$u(t) = K_p e(t) = K_p (r(t) - h(t)) . \quad (10.3)$$

A Figura 10.2 apresenta um diagrama de blocos referente a esse sistema de controle: o tanque é controlado por meio da vazão de entrada $V_e(t)$*, cujas dinâmicas são dadas por um sinal* $a(t)$*, proporcional a um sinal de posição* $p(t)$ *referente ao eixo de giro de um motor CC que, por sua vez, é controlado por meio de um sinal de controle* $u(t)$*, proporcional ao erro de seguimento de nível* $e(t)$*.*

Analisaremos, portanto, o funcionamento deste sistema em malha fechada para um dado nível de referência h_r*.*

Como hipótese inicial desta análise, suponhamos que o controle é ajustado para que o sistema mantenha o nível do tanque no ponto de equilíbrio h_∞*, considerando uma vazão de saída constante* V_∞*. Note que esta hipótese implica, por construção, que a vazão de entrada ao tanque também seja igual a* V_∞*.*

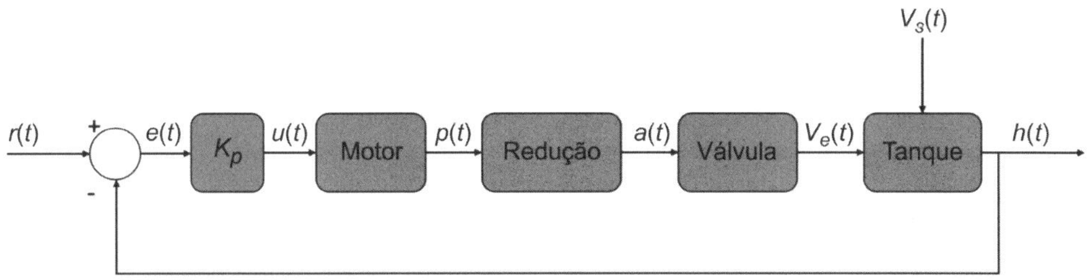

Figura 10.2 – Diagrama de blocos: sistema de controle de tanque com válvula motorizada.

Mostraremos que, neste sistema, o equilíbrio é, de fato, definido por $h_\infty = h_r$. *Para tal, suponhamos que esta condição não seja verdadeira, ou seja, que exista uma condição de equilíbrio tal que* $e_\infty = (h_r - h_\infty) \neq 0$. *Neste caso, no equilíbrio, o motor CC seria acionado com uma tensão* $u_\infty \neq 0$, *visto que* $u(t) = K_p e(t)$ *com* $K_p > 0$. *Com* $u_\infty \neq 0$, *o motor giraria, fazendo com que a posição de seu eixo variasse e, por consequência, que a posição da engrenagem redutora também variasse, movimentando a válvula que regula a vazão de entrada de água ao tanque. Neste caso, a vazão de entrada não seria igual a* V_∞ *e, portanto, não observaríamos mais uma condição de equilíbrio, o que faria o tanque sair do ponto de operação definido por* h_∞.

Por outro lado, ao supormos que a condição preestabelecida é, de fato, verdadeira e que $h_\infty = h_r$, *teríamos uma tensão de acionamento do motor nula, visto que* $u_\infty = K_p e_\infty$ *e que, nesse caso* $e_\infty = (h_r - h_\infty) = 0$. *Neste caso, com o motor parado, as engrenagens não girariam e a válvula ficaria com sua abertura fixa. Se a válvula tem a abertura constante e o nível é constante e igual a* h_r, *sendo a perturbação constante e igual a* V_∞, *é condição necessária que a abertura da válvula implique em uma vazão de entrada* V_∞.

Dessa forma, podemos observar que este sistema de controle, cujo controlador principal é baseado em uma ação proporcional, quando complemen-

tado com a atuação realizada por meio de uma válvula motorizada, consegue manter o nível de água no tanque em um ponto de operação dado por h_r.

Observe que, caso mudássemos a referência para um outro ponto de equilíbrio alcançável, o sistema de controle atuaria de forma a "buscar" uma vazão de entrada que estabilizasse o nível do tanque neste novo ponto de operação, uma vez que somente com erro nulo o motor para de girar e consegue manter o sistema em equilíbrio.

Com um pouco de notação e construção matemática, podemos, agora, elaborar uma análise mais detalhada sobre este sistema de controle, de forma que possamos entender por que conseguimos garantir que o nível do tanque estabilize em um valor de referência mesmo em face de perturbações constantes não nulas. Ressaltamos que tal fenômeno não era observado quando aplicávamos uma estratégia de controle proporcional para este tanque sem o uso da válvula motorizada.

Para tal, apresentaremos modelos mais detalhados de cada elemento deste sistema de controle. Primeiramente, ressaltamos que as dinâmicas da vazão de entrada são descritas por meio da seguinte lei:

$$V_e(t) = K_v a(t)\,, \tag{10.4}$$

sendo $a(t) \in [0,1]$ *um sinal que descreve a abertura da válvula, de totalmente fechada, em zero, a totalmente aberta, em 1.* K_v *é um ganho estático proporcional que relaciona a abertura da válvula com a vazão de água. Estamos supondo aqui, como fizemos em exemplos anteriores, que a dinâmica da válvula é rápida e pode ser desconsiderada no modelo.*

A abertura desta válvula $a(t)$*, por sua vez, é descrita pela redução de um sinal de posição feita por meio da junção de engrenagens de diferentes tamanhos, tal como ilustra a Figura 10.1. Assim, a abertura da válvula é calculada de acordo com:*

$$a(t) = K_r p(t)\,, \tag{10.5}$$

sendo $p(t)$ o sinal que descreve a posição angular da primeira engrenagem, fisicamente conectada ao motor CC, e K_r um ganho estático proporcional que relaciona a abertura da válvula com a posição angular da primeira engrenagem.

Sabendo que a velocidade angular do motor é dada por $\omega(t) = \frac{dp(t)}{dt}$, é válido afirmarmos que o sinal de posição angular é descrito por:

$$p(t) \;=\; p_0 + \int_0^t \omega(\mu)d\mu\,, \tag{10.6}$$

sendo que consideramos toda a análise a partir de $t = 0$, supondo que a posição inicial é nula, ou seja, $p(0) = p_0 = 0$.

Por fim, ressaltamos que a relação entre a tensão de acionamento e a velocidade angular do motor CC é descrita, aproximadamente, por:

$$\omega(t) \;=\; K_m u(t)\,, \tag{10.7}$$

sendo K_m o ganho estático que relaciona a tensão de acionamento $u(t)$, descrita dentro do intervalo $[0, 5]$ V, e a velocidade de giro. Ressaltamos que as dinâmicas do motor são muito mais rápidas que as dinâmicas do sistema de vazão e de nível e, portanto, podemos considerar uma relação estática entre u e ω.

Uma vez apresentados todos os modelos dos elementos usados no sistema de controle sob análise, podemos uni-los para encontrarmos a lei de controle resultante, que descreve a operação em cascata do controlador proporcional, do motor CC, da redução posicional e da válvula proporcional. Esta lei é dada por:

$$\begin{aligned} V_e(t) &= K_v K_r K_m K_p \int_0^t e(\mu)d\mu \\ &= K_i \int_0^t \left((r(\mu) - h(\mu))\, d\mu\right)\,, \end{aligned} \tag{10.8}$$

sendo $K_i = (K_v K_r K_m K_p)$. *Note que a Eq.* (10.8) *descreve uma lei de controle integral para o sinal de vazão de entrada. Dessa forma, considerando o controle de nível com a vazão de entrada de água como variável manipulada, temos uma ação de controle proporcional ao valor da integral do erro de seguimento. Chamaremos, por simplicidade, esse tipo de lei de controle tipo I.*

Por meio desse exemplo, pudemos inferir que uma ação de controle integral do tipo $u(t) = K_i \int_0^t e(\mu)d\mu$ é muito útil em sistemas de controle em malha fechada, pois, de fato, possibilita o seguimento de referências tipo degrau em regime permanente, a despeito de perturbações constantes (ou do tipo degrau), sempre que o sistema em malha fechada seja estável. Em outras palavras, se o ponto de operação, pré-especificado por meio do sinal de referência, for factível, não implicando na saturação do atuador, ele será alcançado com erro nulo.

A característica mais interessante de controladores em malha fechada tipo I é que a propriedade anterior é valida independentemente da linearidade do processo controlado, podendo este ser tanto linear como não linear.

Resumindo: a ação integral implica em um sinal de controle u que somente estabilizará em algum ponto de equilíbrio constante não nulo u_∞ se a entrada do integrador, sinal $e(t)$, for nula. Isso garante, por consequência, que a variável de processo se estabilize no ponto de equilíbrio descrito pelo sinal de referência.

Notamos que tal fenômeno é possível, pois o sinal de controle integral é dependente dos valores integrados do sinal do erro de seguimento, e não do valor instantâneo do erro (tal como em uma estratégia P). Assim, a integral do erro é "carregada" conforme o erro varia e converge para zero, de tal forma que o sinal de controle I convirja para um valor constante que garanta o seguimento da referência.

No caso de estudo do sistema de controle do tanque com válvula motorizada, a ação integral garante que a vazão de entrada "compense" a perturbação dada pela vazão de saída, de tal forma que $\lim_{t\to+\infty} \frac{dh(t)}{dt} \to 0$ e, portanto, que $\lim_{t\to+\infty} h(t) \to h_\infty$, uma vez que $\lim_{t\to+\infty} V_e(t) \to V_\infty$ implica que $\lim_{t\to+\infty} e(t) \to 0$ e, portanto, que $\lim_{t\to+\infty} h(t) = \lim_{t\to+\infty} r(t) = h_\infty$.

No exemplo estudado, o controle do tipo I foi construído mecanicamente usando um motor CC e um sistema de engrenagens redutoras, dado que a relação de tensão de entrada do motor para sua posição é integradora. Controladores mecânicos ou eletromecânicos eram muito usados quando os sistemas de controle automático foram introduzidos na indústria. Hoje em dia, esses controladores são implementados de forma digital, como estudaremos mais adiante neste capítulo.

Assim como o motor CC, outros processos físicos também apresentam dinâmicas naturalmente integradoras, tal como a relação entre o nível de um tanque e as vazões acionadas por bombas (vide Exemplo 85, no Capítulo 9, no qual o nível de água no tanque é proporcional à integral da diferença entre a vazão de entrada e a vazão de saída) e como um braço robótico, cuja posição angular é dada pela integral da velocidade de giro do eixo do braço, que é, por sua vez, proporcional a um sinal de acionamento.

Aprofundaremos, na sequência, o estudo do controle I e motivaremos o uso do controle PI, que é a estratégia de controle mais usada na indústria de processos.

10.3 Controle integral

Conforme discutido na seção anterior, um sistema de controle em malha fechada com ação I permite que a variável de processo seja mantida em um ponto de operação factível, com erro de seguimento nulo. Para isso, o sistema deve ser estável em malha fechada, ou seja, o regime permanente especificado pelo sinal de referência deve ser atingível e, de fato, ser atingido conforme $\lim_{t\to+\infty} \frac{dy(t)}{dt} \to 0$.

Entretanto, ainda não elaboramos o comportamento transitório do sistema: de que forma a variável de processo transita entre um ponto de operação e outro. Então, analisaremos, agora, os aspectos principais dos regimes permanentes e transitórios em sistemas de controle com ação I.

10.3.1 Controle integral e regime permanente

Primeiramente, consideraremos o seguinte problema: uma dada planta com variável controlada $y(t)$, variável manipulada $u(t)$ e perturbação $q(t)$, é regulada em malha fechada por um controle do tipo I, tal como mostra o diagrama de blocos da Figura 10.3, na qual VR representa o sinal de referência e VP a variável de processo.

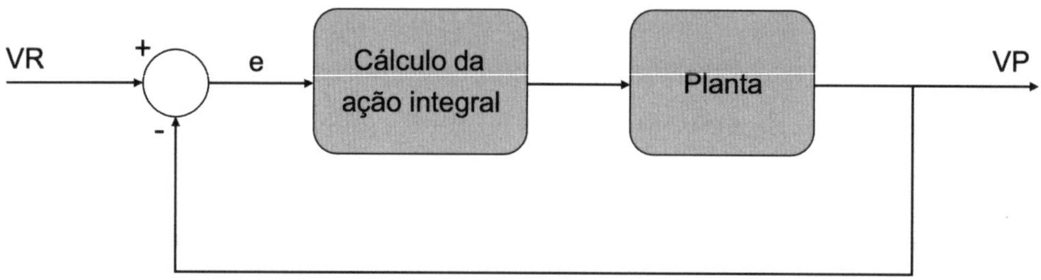

Figura 10.3 – Diagrama de blocos: processo realimentado com controlador integral.

Em equilíbrio, este processo é descrito pela seguinte relação estática: $y_\infty = f(u_\infty, q_\infty)$. Consideramos dois pontos de equilíbrio arbitrários: P_0 e P_1, definidos, respectivamente, por $y_0 = f(u_0, q_0)$ e $y_1 = f(u_1, q_0)$. Esses pontos estão definidos dentro da região de operação admissível para a planta.

Consideremos que o processo está em equilíbrio, em um momento inicial, no ponto P_0. Então, define-se uma variável de referência que indique ao controle I que a variável de processo deve ser levada ao ponto P_1, ou seja, o sinal de referência tem amplitude y_1. Supondo que a perturbação é constante e igual a q_0 e que o sistema em malha fechada é estável, depois de um regime transitório, poderemos observar os sinais $y(t)$ e $u(t)$ convergindo para valores constantes. Agora, demonstraremos que este novo ponto de operação é, de fato, P_1 (o ponto de equilíbrio desejado!).

Ao assumirmos que o sistema chega a um novo ponto de operação, é imposto, como pressuposto, que o sinal $u(t)$ converge para um ponto de equilíbrio constante. Quando a variável manipulada apresenta uma característica constante, isso garante que o sinal de erro e convergiu para a origem ($\lim_{t\to+\infty} e(t) \to 0$), pois, caso contrário, a integral do erro não seria nula e a variável manipulada não teria estabilizado em um valor constante. Assim, se o erro é nulo, isso implica que o sinal $y(t)$ converge para y_1. Por sua vez, o sinal de controle deve verificar $\lim_{t\to+\infty} u(t) \to u_1$, dado que, em equilíbrio, o modelo estático da planta $y_1 = f(u_1, q_0)$ deve ser satisfeito, por construção.

A Figura 10.4 apresenta o gráfico do erro em função do tempo em um sistema de controle com ação integral. Observe que o sinal de controle $u_i(t) = K_i \left(\int_0^t e(\mu)d\mu\right)$ é proporcional à área do gráfico $e(t) \times t$. Logo, se a área do gráfico aumenta ao longo do tempo, o erro não pode ser nulo. Quando o erro for nulo, a partir de um instante de tempo t', $e(t) = 0$, $\forall t \geq t'$, a integral deste sinal, avaliada de $t = 0$ até t', será constante e, a partir deste instante t', não ocorrerão mais mudanças no valor da integral, uma vez que o sistema já estará estabilizado no ponto de equilíbrio desejado.

Como pudemos observar, a ação integral permite que um sistema seja levado a um ponto de operação desejado com erro nulo, se a estabilidade em malha fechada for garantida. Ressaltamos que esta análise é válida, de forma geral, para qualquer tipo de processo.

Esta propriedade também pode ser demonstrada para casos nos quais a perturbação muda de valor. Neste caso, o processo é levado a um novo ponto de operação P_2, descrito pela relação estática $y_2 = f(u_2, q_2)$. Sistemas de controle com ação I podem, de fato, garantir que este ponto P_2 seja alcançado, se ele é factível e se o sistema em malha fechada for estável. Ilustraremos esta propriedade por meio de um exemplo.

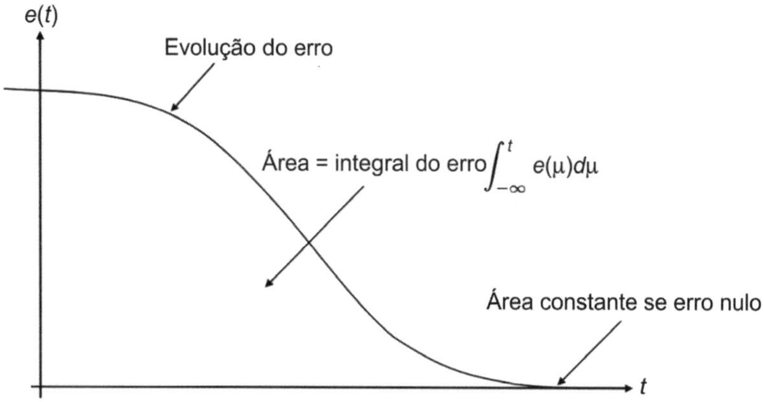

Figura 10.4 – Ação integral: evolução do sinal de erro ao longo do tempo.

Exemplo 89 *Considere o controle de velocidade $v(t)$ (sinal medido em m/s) de um carro discutido em capítulos anteriores, representado por uma equação diferencial não linear:*

$$5\frac{dv(t)}{dt} + v^2(t) = 5u(t)\,, \tag{10.9}$$

sendo $u(t)$ o sinal que aciona o acelerador, expresso em valores percentuais.

Considere que se utiliza uma lei de controle do tipo integral para controlar a velocidade do carro, da forma:

$$u(t) = K_i\left(\int_0^t (r(\mu) - v(\mu))d\mu\right)\,, \tag{10.10}$$

sendo K_i o ganho do controlador e $r(t)$ um sinal de referência para a velocidade do carro. Este carro parte do repouso e deseja-se atingir uma velocidade de 20 m/s.

Detalharemos as dinâmicas deste sistema em malha fechada por meio de um software de simulação. Discutiremos a forma como o sistema atinge o valor desejado de velocidade e quanto tempo ele demora para tal. Avaliaremos as dinâmicas resultantes com dois valores distintos para o ganho K_i. *A Figura 10.5 mostra o diagrama de blocos referente a esse sistema de controle.*

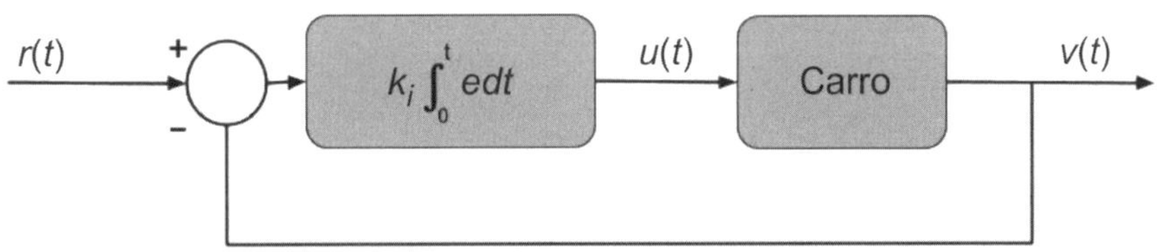

Figura 10.5 – Diagrama de blocos: sistema de controle de velocidade do carro com controle integral.

Devemos ajustar o valor do ganho K_i *de tal forma que a resposta* $v(t)$, *em malha fechada, seja estável, pois nesse caso a condição estática* $v_\infty^2 = 5u_\infty$ *deve ser verificada, por imposição do modelo estático em malha aberta do processo.*

Em um primeiro ensaio, consideramos o seguinte sinal de referência: $r(t) = 20\,\mathbf{1}(t)$. *Para que o seguimento de referência seja, de fato, observado, temos que garantir que* $u(t) \to u_\infty$ *de tal forma que a integral* $\int_0^t e(\mu)d\mu$ *seja constante conforme* $t \to \infty$. *Dessa forma, garantiremos que* $v(t) \to v_\infty = 20$ *m/s e, consequentemente, que* $u_\infty = \frac{v_\infty^2}{5} = 80\%$.

A Figura 10.6 mostra as respostas no tempo da velocidade e da posição do acelerador, obtidas através de simulação, para dois ajustes diferentes do ganho no sistema de controle proposto ($K_i = 1$ *e* $K_i = 3$*).*

Como podemos observar nesta figura, as respostas resultantes em malha fechada são, de fato, estáveis e, portanto, atingem, em ambos os casos, o valor desejado de velocidade de 20 *m/s. Notamos que, conforme aumentamos o parâmetro* K_i *(em módulo), a velocidade converge para o ponto de operação desejado mais rapidamente e, consequentemente, usa-se um sinal*

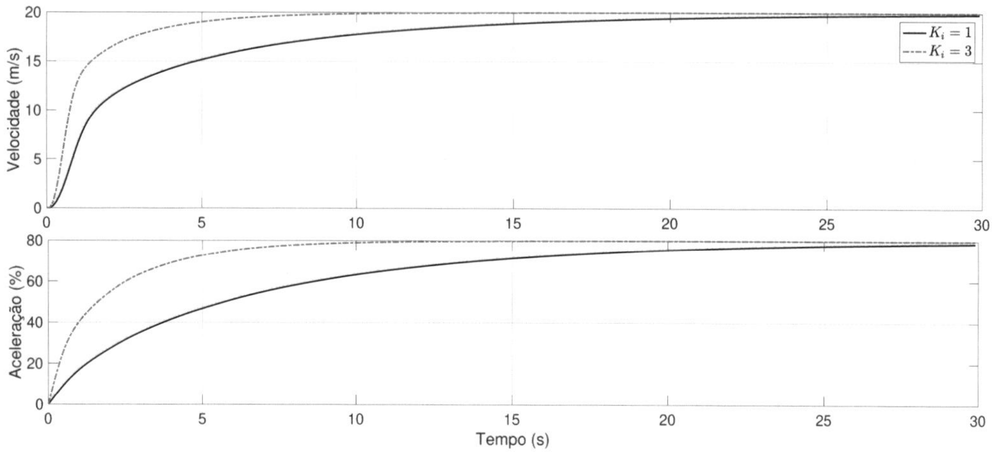

Figura 10.6 – Respostas do sistema de controle de velocidade do carro com controle integral. Linhas contínuas representam o ajuste com $K_i = 1$, ao passo que linhas tracejadas representam o ajuste com $K_i = 3$.

de aceleração com variações mais bruscas para tal.

Devemos ressaltar que caso o ajuste de K_i não mantenha a estabilidade em malha fechada do sistema, a condição de regime permanente não é atingida, e não teremos erro nulo.

10.3.2 Ajuste do controle integral e regime transitório

O segundo ponto que devemos analisar refere-se às características de regime transitório dos sistemas regulados em malha fechada com controles com ação integral.

Considerando uma lei de controle do tipo $u_i(t) = K_i \left(\int_0^t e(\mu) d\mu \right)$, ressaltamos que o ganho K_i é um parâmetro que é ajustado de tal forma a aumentar ou diminuir o efeito da integral do erro na ação de controle, como ilustrado no Exemplo 89.

Portanto, tal como fizemos no Capítulo 9 para a análise da estratégia de controle proporcional, podemos entender intuitivamente que ganhos K_i maiores tendem a acelerar a resposta em malha fechada do processo, uma vez que um sinal de controle de maior magnitude é aplicado. Entretanto, a resposta no tempo de sistemas controlados com ação de controle I é bem distinta das respostas observadas para o controle P, no que diz respeito ao regime transitório.

Para analisarmos este fato, suponhamos como caso de estudo um sistema contínuo linear com ganho estático K_e (em face da variável manipulada), controlado por um controle do tipo I, cuja lei é $u(t) = K_i\left(\int_0^t e(\mu)d\mu\right)$. Suponhamos que este sistema parte do repouso e, em um momento inicial, aplica-se um sinal de referência tipo degrau de amplitude R. Ademais, consideremos que o sistema em malha fechada é estável e que o sinal de controle não sai da faixa de atuação $[u_{\text{min}}, u_{\text{max}}]$. De acordo com as análises precedentes, sabemos que o regime permanente será atingido para $\lim_{t\to+\infty} u(t) \to u_\infty = \frac{R}{K_e}$ e que este valor corresponde à integral do sinal de erro, avaliada de $t = 0$ até $t = +\infty$, multiplicada por K_i.

No instante $t = 0$, o sinal do erro é dado por $e(0) = r(0) - y(0) = R$. O sinal de controle aplicado em um instante subsequente, dado por $t = t_\epsilon$ com $t_\epsilon \to 0^+$, dado, aproximadamente[1], por $u(t_\epsilon) = K_i\,(e(0)t_\epsilon) = K_iRt_\epsilon$. Esta demonstração indica que o sinal de controle integral parte de zero em $t = 0$ para qualquer valor do parâmetro de ajuste K_i.

Já nos instantes seguintes, mesmo com o erro diminuindo devido ao efeito do controle, que forçará a variável de processo a aproximar-se do valor de referência, o valor de $u(t)$ aumentará progressivamente,[2] pois a integral $\int_0^t e(\mu)d\mu$ sempre crescerá ao longo do tempo enquanto o sinal do erro for positivo, isto é, se $y(t) < R$.

Caso queiramos aumentar a intensidade da ação de controle nos instantes iniciais da resposta, teremos que usar um valor de K_i maior, de tal forma a aumentar o valor instantâneo $u(t_\epsilon) = K_iRt_\epsilon$. Entretanto, o aumento do

[1] Note que, nesta demonstração, aproximamos a integral $\int_0^t e(\mu)d\mu$ pela área do retângulo $e(t_\epsilon)t_\epsilon$, assumindo que o erro é praticamente constante durante este pequeno intervalo de tempo.

[2] Note que, aqui, consideramos um processo com ganho direto positivo.

parâmetro K_i tem como consequência um aumento do valor da integral ao longo do tempo, o que pode causar $u(t') > \frac{R}{K_e}$ para algum instante de tempo t' durante o regime transiente. Caso isso ocorra, observe que a saída poderá ser instantaneamente maior que R e, portanto, o erro poderá ser negativo, de tal forma que sua integral diminua para que se possa garantir o equilíbrio em regime permanente. Note que um sinal de erro negativo em um tempo t'' implica em $y(t'') > R$ e, neste caso, o sistema apresentaria uma resposta com uma oscilação (ou oscilações) ao redor do valor desejado, antes de chegar à condição de equilíbrio.

Utilizaremos um exemplo para ilustrar o ajuste do K_i e seu efeito na resposta transitória em um processo simples.

Exemplo 90 *Considere um sistema de aquecimento, cujo modelo é dado pela seguinte EDO:*

$$\tau \frac{dy}{dt} + y(t) = K_e u(t) , \tag{10.11}$$

sendo $y(t)$ a temperatura do ambiente aquecido e $u(t)$ a potência do aparelho de aquecimento.

Para regular este processo, consideraremos a seguinte lei de controle realimentado: $u(t) = K_i \left(\int_0^t e(\mu) d\mu \right)$, com o sinal do erro de seguimento definido por $e(t) = (r(t) - y(t))$. O sinal de referência é do tipo degrau unitário, com subida no instante $t = 0$. Neste processo, os parâmetros do modelo são $\tau = 1$ e $K_e = 2$. Na sequência, ilustraremos as respostas $y(t)$ obtidas para diferentes ajustes do parâmetro K_i, para que possamos discutir os efeitos das variações em K_i no regime transitório do sistema. Para fins práticos, supomos que o sistema parte do repouso.

A Figura 10.7 mostra a resposta obtida para $K_i = 0.1$ e $K_i = 1$. Em ambos os casos, o sinal de controle parte de $u(0) = 0$ e estabiliza-se, em regime permanente, no valor final $\lim_{t \to +\infty} u(t) = \frac{R}{K_e} = 0.5$. Com o ajuste $K_i = 0.1$, o sinal de controle varia mais lentamente e, como consequên-

cia, o resultado da integral $K_i\left(\int_0^t e(\mu)d\mu\right)$ *nunca supera o valor de regime permanente* $u_\infty = 0.5$.

Observamos, neste caso, uma resposta transitória lenta, que leva aproximadamente 20 s para convergir ao seu valor final (de regime permanente). Já na resposta obtida com o ajuste $K_i = 1$, *podemos notar que o sinal de integral cresce rapidamente, fazendo com que o sinal* $y(t)$ *estabilize-se no valor de referência em menos de 2 s. Entretanto, esta resposta rápida implica em oscilações no sinal resultante da variável de processo, pois a integral passa do regime permanente* $u_\infty = 0.5$ *em alguns instantes, fazendo com que o erro fique negativo para que a integral seja "descarregada", diminuindo o valor do sinal* $u(t)$.

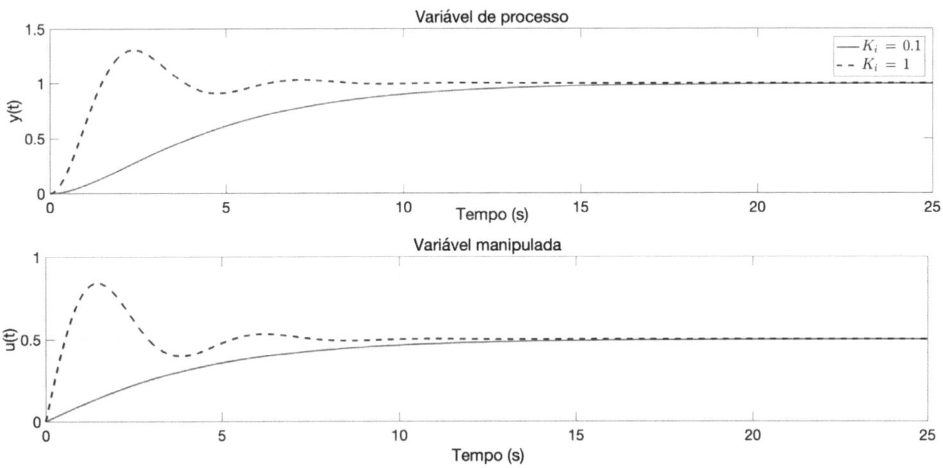

Figura 10.7 – Resposta do sistema em malha fechada. Efeito da ação integral no regime transitório considerando diferentes valores de K_i (0.1 e 1).

Com base neste exemplo, podemos concluir que o ajuste da ação I deve ser realizado com cuidado, buscando um compromisso entre tempo da resposta obtida em malha fechada e o nível de oscilações observadas tanto na variável de processo quanto na variável de controle.

A Figura 10.8 mostra a resposta obtida usando um ajuste $K_i = 0.2$, *que permite que a variável de processo convirja para valor de referência em aproximadamente* 8 *s, quase sem oscilações.*

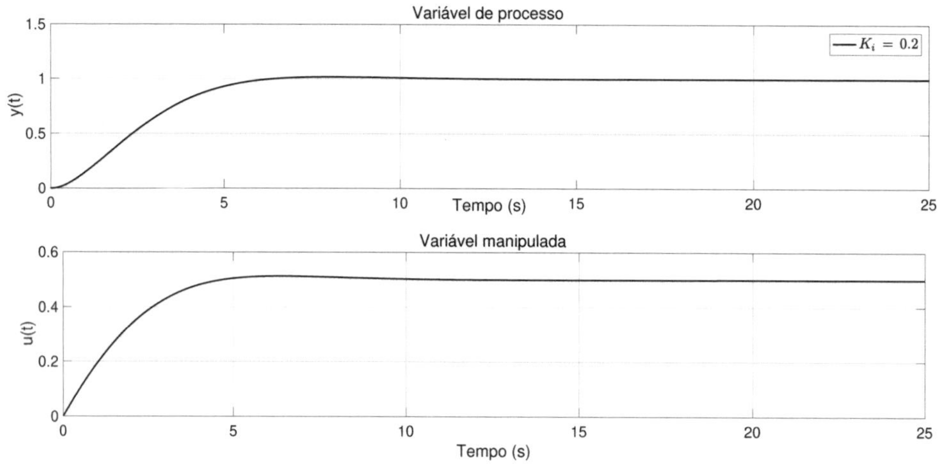

Figura 10.8 – Resposta do sistema em malha fechada. Ação integral ajustada para um compromisso entre velocidade e oscilações no regime transitório.

10.3.3 Controle proporcional-integral: soma ponderada de ações

Ao compararmos a ação de controle I com a ação de controle P, apresentada e discutida no Capítulo 9, podemos observar que elas atuam de forma complementar. Notamos que, para referências do tipo degrau de amplitude R, com a variável de processo partindo do repouso, a ação proporcional implica em um valor inicial grande, dado por $u_P(0) = K_p e(0) = K_p R$. Posteriormente, conforme o tempo passa, o erro de seguimento diminui e o sinal proporcional também diminui, convergindo em $\lim_{t \to +\infty} u_p(t) \to K_p e(+\infty)$. Uma lei de controle P que garante que a variável de processo se estabilize em um ponto próximo ao especificado pelo sinal de referência implica em um $e(+\infty) < e(0)$ e, portanto, em um sinal de controle em regime permanente sempre menor que $u_P(0)$. Se buscamos diminuir o erro $e(+\infty)$, precisamos aumentar K_p, que pode acarretar em problemas no transitório, como a saturação da ação de controle.

Já com uma ação integral, observamos um sinal com valor inicial nulo, que converge, com o passar do tempo, para o valor de regime permanente necessário u_∞ para que a variável de processo se estabilize no ponto especificado pelo sinal de referência. De forma análoga ao controle P, se quisermos uma resposta mais rápida, devemos aumentar o parâmetro de ajuste (neste caso, K_i). Entretanto, esse aumento causará a elevação dos valores do controle nos instantes iniciais do transitório, o que pode ter como consequência, em alguns sistemas, oscilações no regime transitório da variável de processo e da variável manipulada.

Então, temos dois tipos de ações de controle (P e I) que apresentam qualidades complementares: a ação proporcional atua durante o regime transitório de maneira mais efetiva que a ação I, podendo acelerar a resposta sem causar oscilações; já a ação I, por sua vez, permite que o sistema seja levado ao ponto de operação desejado sem erro (em regime permanente), independente do valor do parâmetro K_i, desde que a estabilidade em malha fechada seja mantida.

A partir desta análise, torna-se evidente que as ações e proporcional e integral podem ser usadas em uma lei de controle conjunta, denomina de controle proporcional-integral (PI). Um controlador PI é implementado por meio da soma ponderada destas duas ações de controle:

$$u(t) \;=\; K_p e(t) + K_i \left(\int_{-\infty}^{t} e(\mu) d\mu \right), \tag{10.12}$$

sendo $e(t) = (r(t) - y(t))$ o erro de seguimento da saída $y(t)$ face à referência $r(t)$. Os ganhos K_i e K_p deste controle são então os seus parâmetros de ajuste, usados para ponderar cada um das ações (P e I) de forma a compor um compromisso entre os objetivos de projeto.

Para fins de ilustração desta discussão, retomaremos o caso de estudo do sistema de aquecimento para apresentarmos como uma lei de controle PI pode ser mais efetiva que leis puramente proporcionais ou integrais.

Exemplo 91 *Usando o mesmo modelo do exemplo anterior, cuja EDO é apresentada na Eq.* (10.11), *a Figura 10.9 compara os sinais obtidos com um controlador tipo I, com o ajuste* $K_i = 0.2$, *àqueles obtidos com um controle tipo PI, ajustado com os seguintes parâmetros:* $K_p = 1.5$ *e* $K_i = 1$.

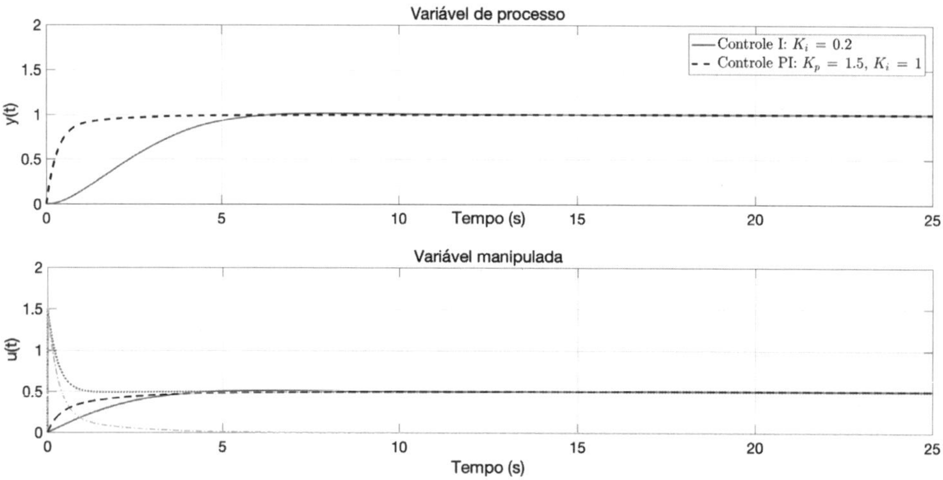

Figura 10.9 – Sistema controlado por estratégia PI. Efeito das ações proporcional e integral nos regimes transitório e permanente. Linhas cheias representam a estratégia I, ao passo que linhas tracejadas representam a estratégia PI (parcela proporcional pontilhada, parcela integral pontilhada e tracejada).

Nesta figura, podemos observar os resultados obtidos com controle I (linha cheia) e PI (linha tracejada). Notamos, claramente, que as respostas obtidas com a estratégia PI são significativamente melhores: a resposta transitória é mais rápida, sem que apareçam oscilações nos sinais envolvidos; é possível aumentar o valor do parâmetro de ajuste K_i *sem que a resposta da variável de processo seja prejudicada. Observamos, também, que a ação de controle do PI (linha tracejada) apresenta um sinal de controle mais intenso que o sinal obtido com a estratégia I (linha cheia), no início do regime transitório. A Figura 10.9 também mostra as ações P e I da estratégia PI separadamente (linhas pontilhada e tracejada-pontilhada, respectivamente), mostrando o efeito complementar destas ações: no início, a parcela P "faz a maior parte do trabalho", enquanto a parcela I é um sinal de menor intensidade; conforme o erro de seguimento diminui, a parcela proporcional converge para zero, enquanto a parcela I passa a ser preponderante, convergindo para o valor de regime permanente* u_∞. *Observe que, a partir do instante de tempo* $t' \approx 2\,s$, *toda ação de controle PI é determinada pela parcela I, uma vez sendo esta a parcela responsável por manter o processo no ponto de operação desejado e visto que a parcela proporcional é nula no regime permanente, conforme o erro converge para zero.*

Ressaltamos, entretanto, que o ajuste das ações do controle PI deve ser realizado de forma cuidadosa, pois escolhas inadequadas dos parâmetros K_p *e* K_i *podem levar a respostas não desejadas: com muitas oscilações ou até mesmo instáveis.*

Como exemplo dessa discussão, a Figura 10.10 apresenta as respostas obtidas com um controlador PI ajustado com $K_p = 1$ *e* $K_i = 10$. *Nesse exemplo, na busca de uma resposta em malha fechada mais rápida, acabamos obtendo respostas com grandes oscilações na variável de processo e na variável manipulada. Note que o sistema alcança a referência pela primeira vez em menos de* $0.5\,s$, *ou seja, em quatro vezes menos tempo que no caso anterior. Entretanto, observe que as duas parcelas (P e I) do sinal de controle (linhas pontilhada e tracejada, respectivamente) apresentam características oscilatórias no regime transitório, fenômeno que pode ser indesejado, dependendo do processo controlado.*

Como pudemos analisar por meio deste exemplo, o ajuste correto dos parâmetros dos controladores tipo PI é um tema importante para a sintonia correta das aplicações deste tipo de controle. Estudaremos este assunto nas próximas seções deste capítulo. Antes, realizaremos uma análise da ação I com base no conceito do sinal de BIAS, discutido no capítulo anterior.

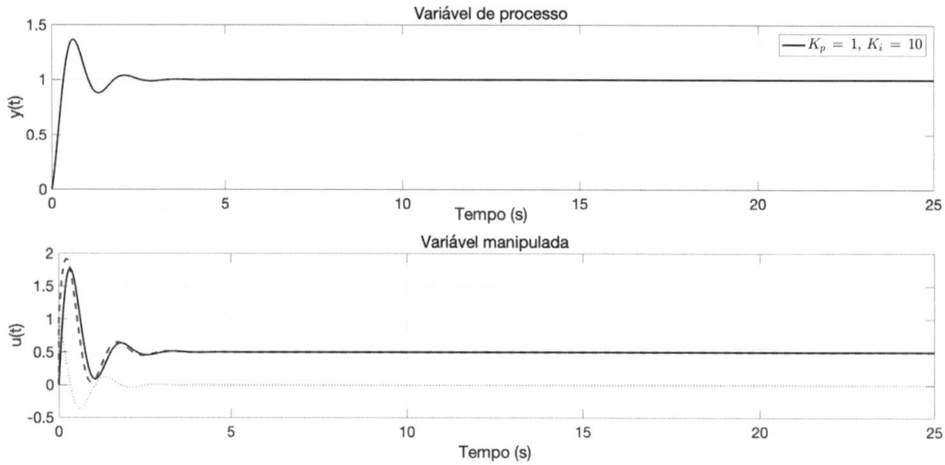

Figura 10.10 – Sistema controlado pelo PI. Ajuste inadequado das ações proporcional e integral causando oscilações no regime transitório. Sinal de controle completo em linha cheia, parcela integral em linha tracejada, parcela proporcional em linha pontilhada.

10.3.4 Ação I: um BIAS automático?

No capítulo anterior, mostramos como o controle proporcional podia ser complementado com o uso do sinal de BIAS, que era somado à ação proporcional para que pudéssemos obter um sinal de controle não nulo quando $e(t) \to 0$.

Em aplicações práticas, na indústria de processos, o sinal de BIAS é normalmente ajustado de forma manual ou, como anteriormente discutido, é descrito em termos do sinal de referência de forma "automática", quando o ganho estático do processo é conhecido.

Ao compararmos o controle PI com um controle proporcional com BIAS automático, podemos interpretar que a parcela do BIAS é correspondente à parcela da ação integral do erro. Note que a ação integral $K_i \left(\int_0^t e(\mu)d\mu\right)$ é "carregada" à medida que o erro varia e converge para a origem. Esta parcela, portanto, funciona como uma "memória" da lei de controle, que não precisa ser ajustada manualmente. A grande vantagem da ação integral é sua insensibilidade aos erros de modelo, propriedade que não é observada no uso do sinal de BIAS, que depende do conhecimento exato do ganho estático do processo para poder levar a variável de processo exatamente ao ponto de operação desejado. No caso da ação integral, mesmo sem termos exatamente o valor dos ganhos do processo, o sistema será levado ao ponto desejado com erro nulo, desde que o sistema seja estável em malha fechada.

Na sequência, apresentaremos um último exemplo para que possamos ilustrar o efeito do controle I em processos lineares sujeitos a perturbações constantes em regime permanente.

Como já foi discutido, quando um processo está operando em um ponto de operação descrito por $y_\infty = R$ e $u_\infty = \frac{R}{K_e}$ e é afetado por uma perturbação constante, ele será afastado do ponto de operação desejado. Neste caso, o sinal de erro $e(t)$ implicará em variações no regime transitório do sinal de controle. A parcela integral variará até que o processo seja estabilizado novamente, de tal forma que a variável manipulada estabilize em um novo valor constante que mantenha o erro nulo a despeito da nova perturbação constante. Portanto, controladores realimentados com ação I permitem que os processos sejam levados ao ponto desejado mesmo com pertubações não nulas atuando no sistema.

Exemplo 92 *Deseja-se que um motor elétrico opere com velocidade de giro constante, cujo comportamento é especificado por meio de um sinal de referência tipo degrau. Esta operação deve ser satisfeita ao mesmo tempo que perturbações de carga constantes sejam rejeitadas. O modelo contínuo que representa o comportamento da velocidade de giro $\omega(t)$ em relação a entradas de tensão $V(t)$ e a torques de carga $T_c(t)$ (perturbações) é:*

$$5\frac{d\omega(t)}{dt} + \omega(t) = 1.5\,V(t) - T_c\,. \tag{10.13}$$

Para este processo, o sinal $V(t)$ é considerado como variável manipulada e, neste caso, varia dentro da faixa de operação de 0 a 5 V.

Para que a variável de processo deste sistema possa ser levada a um determinado ponto de equilíbrio, especificado por meio de um sinal de referência $r(t)$, utilizaremos, inicialmente, um controlador tipo P, cuja lei é dada por: $V(t) = 1.33\,(r(t) - \omega(t))$. A Figura 10.11 apresenta a resposta deste sistema controlado pela estratégia P. Nessa figura, é possível verificarmos que a velocidade de giro não se mantém na referência de 2 rad/s, isto é, o erro de seguimento, em regime permanente, é não nulo. Ademais, quando uma perturbação de carga é aplicada ao processo (no instante de tempo $t' = 30$ s), o sistema não consegue rejeitá-la, ou seja, o motor perde velocidade devido ao torque no sentido contrário ao seu giro.

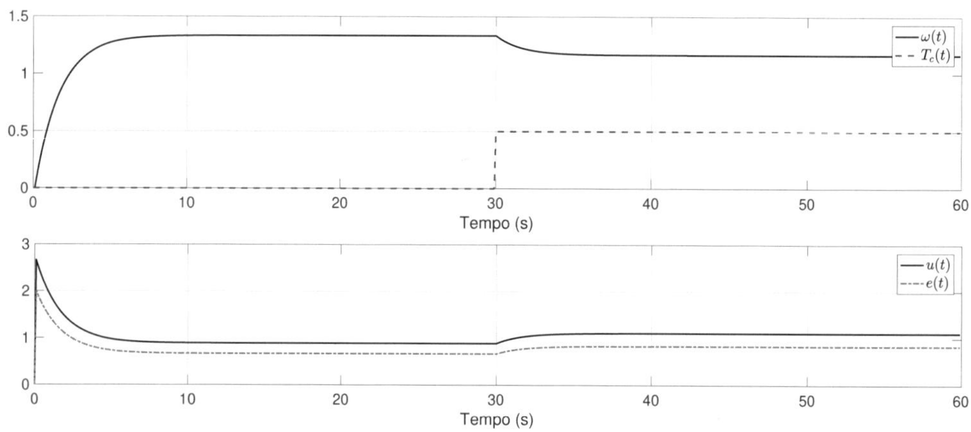

Figura 10.11 – Resposta de um motor controlado em malha fechada com um controlador proporcional.

Em um segundo experimento, utilizaremos um controlador proporcional integral, visando que o erro de seguimento seja nulo em regime permanente, mesmo no caso da aplicação do torque de carga. O controle PI é dado pela seguinte lei: $u(t) = 1.33e(t) + 0.26\left(\int_0^t e(\mu)d\mu\right)$.

A Figura 10.12 apresenta as curvas resultantes da operação do motor com esta estratégia de controle. Como podemos observar, o controlador PI consegue garantir que a variável de processo siga o sinal de referência e rejeite as perturbações, com erro nulo em regime permanente. Também podemos notar que o regime transitório é similar ao obtido com o controle P, em termos do tempo necessário para o seguimento da referência e para a rejeição da perturbação.

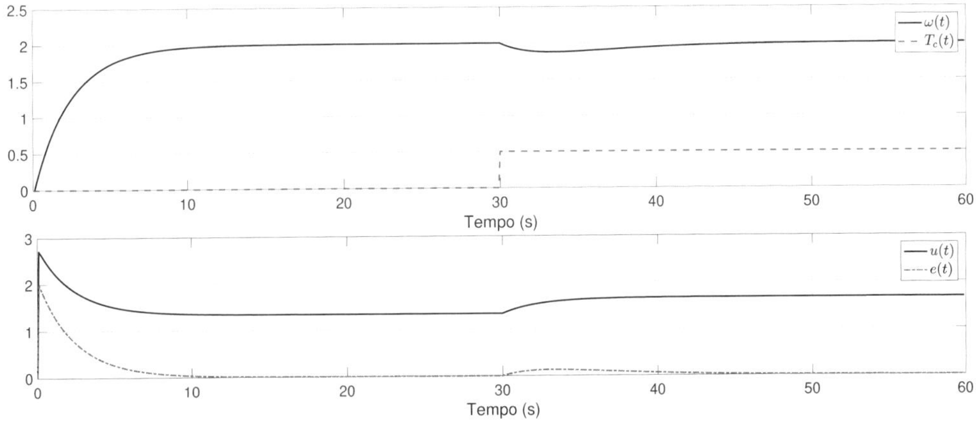

Figura 10.12 – Resposta de um motor controlado em malha fechada com um controlador PI ($K_p = 1.33$ e $K_i = 0.26$).

Para aumentarmos a velocidade de rejeição da perturbação de carga, aplicaremos uma terceira estratégia de controle também do tipo PI, mas com um ganho integral maior. Esta nova lei de controle é dada por: $u(t) = 1.33e(t) + 0.5\left(\int_0^t e(\mu)d\mu\right)$. *Os sinais resultantes são apresentados na Figura 10.13. Conforme esperado, o aumento da ponderação da ação integral acelera a resposta em malha fechada, mas também causa algumas pequenas oscilações durante o regime transitório.*

Até aqui, motivamos, por meio de exemplos e análises intuitivas, o uso do controlador PI. Nas próximas seções discutiremos em maiores detalhes as possíveis formas de implementação e os ajustes dos parâmetros de estratégias tipo I e PI.

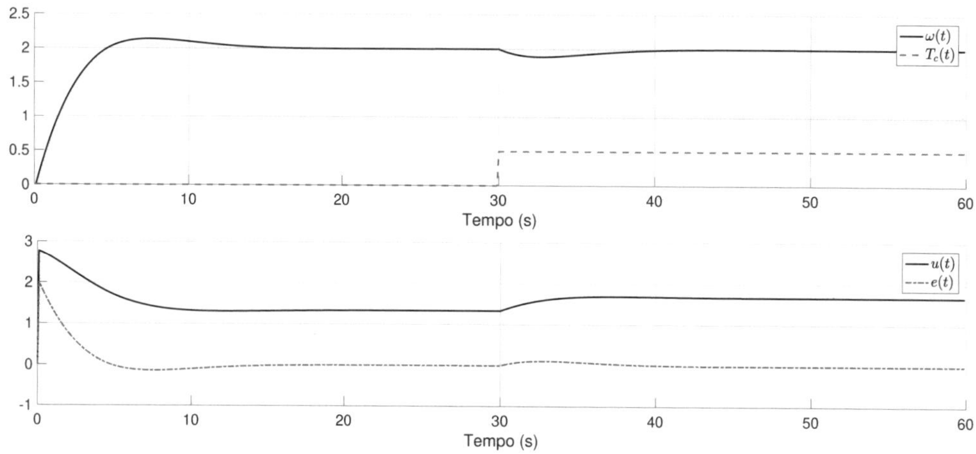

Figura 10.13 – Resposta em malha fechada de um motor controlado com controlador PI ($K_p = 1.33$ e $K_i = 0.5$).

10.4 Implementação do controle PI

Os controladores tipo PI representam a estratégia de controle mais usada na prática industrial, pois, como vimos, eles oferecem a possibilidade de seguimento de referências constantes a despeito da presença de perturbações constantes, com erro nulo em regime permanente, desde que a malha fechada seja estável. Ainda, por possuírem dois parâmetros de ajuste (K_p e K_i), temos possibilidade de ajustar um transitório adequado para o sistema de controle em malha fechada. Discutiremos, na sequência, como implementar esta estratégia de controle nas formas analógica e digital.

10.4.1 Implementação analógica

Os primeiros controladores PI da indústria foram implementados por meio de componentes hidráulicos e pneumáticos. Entretanto, a implementação que permitiu a popularização e disseminação dos controladores PI é feita por meio de circuitos eletrônicos.

A Figura 10.14 apresenta um controlador eletrônico tipo I, implementado por meio de amplificadores operacionais. Neste circuito, a tensão de saída u é proporcional à integral da diferença das tensões de entrada r e y.

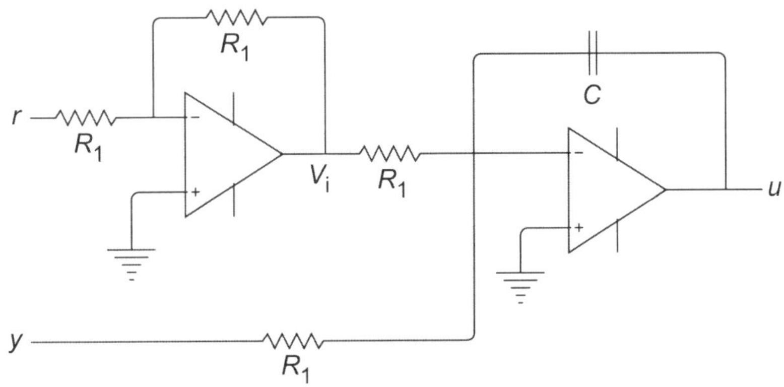

Figura 10.14 – Controlador integral analógico, implementado com amplificadores operacionais.

Esta estrutura apresentada na Figura 10.14 representa uma leve modificação da estrutura apresentada para a implementação eletrônica de controladores tipo P, apresentada no Capítulo 9. A única diferença é o capacitor no ramo superior (de realimentação) do amplificador operacional à direita, que substituiu uma resistência elétrica do caso do controle proporcional. Assim como no caso do P, usamos que a impedância de entrada dos amplificadores operacionais é, de um ponto de vista prático, infinita, e que a diferença de potencial entre suas entradas é quase nula. Com isso, o amplificador operacional à esquerda apenas atua como um bloco inversor, de tal forma que a tensão em sua saída seja dada por $V_i = -r$. Na entrada do segundo amplificador operacional, à direita, podemos aplicar a Lei de Ohm e obter, diretamente:

$$i(t) = \frac{(V_i(t) + y(t))}{R_1} = \frac{(y(t) - r(t))}{R_1}. \qquad (10.14)$$

Assim, temos:

$$i(t) = -C\frac{du(t)}{dt}. \quad (10.15)$$

Por fim, tomando $\frac{(y(t)-r(t))}{R_1} = -C\frac{du(t)}{dt}$, temos:

$$u(t) = \frac{1}{R_1 C}\left(\int_0^t (r(\mu) - y(\mu))\, d\mu\right). \quad (10.16)$$

Note que esta é uma lei de controle integral com base no erro entre o sinal de tensão $r(t)$ e $y(t)$. Ressaltamos que o ganho desta ação integral é dado por $K_i = \frac{1}{R_1 C}$. Dessa forma, na prática, a resistência elétrica R_1 é normalmente variável, permitindo o ajuste do controlador.

Com base no circuito eletrônico que implementa a ação I, podemos construir um controlador tipo PI simplesmente ao modificarmos o componente elétrico do ramo superior (de realimentação) do segundo amplificador operacional, à direita. Ao substituirmos o capacitor por um ramo resistivo-capacitivo, obtemos um controlador tipo PI. A Figura 10.15 mostra esta estrutura de implementação. As equações que modelam este circuito eletrônico são similares às anteriores:

$$u(t) = \frac{1}{R_1 C}\left(\int_0^t (r(\mu) - y(\mu))\, d\mu\right) + \frac{R_2}{R_1}(r(t) - y(t)). \quad (10.17)$$

Note que a relação $\frac{R_2}{R_1}$ define a ponderação da ação proporcional. Novamente, em termos práticos, as resistências elétricas $R1$ e R_2 costumam ser resistências variáveis (potenciômetro), de tal forma que o ajuste do controlador PI possa ser feito.

Devemos ressaltar um ponto importante sobre a implementação de controladores por meio de circuitos eletrônicos: da mesma forma que no caso do controle tipo P, o controle PI deve apresentar ganhos positivos para o controle de um processo com ganho direto positivo e, analogamente, ganhos

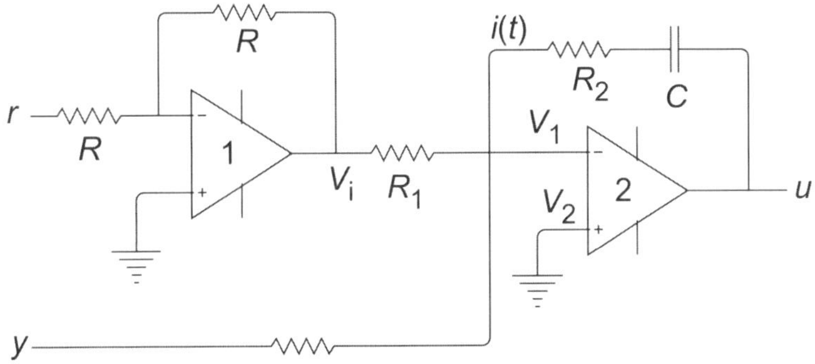

Figura 10.15 – Controlador PI analógico, implementado com amplificadores operacionais.

negativos para processos com ganho direto negativo.

Para evitarmos que a implementação requeira ganhos negativos de controle, um seletor pode ser adicionado, tal qual na implementação do controle proporcional, para definir se o erro de seguimento é calculado com base em $(r(t) - y(t))$ (no caso de processos com ganho direto positivo) ou em $(y(t) - r(t))$ (no caso de processos com ganho direto negativo). Observe que, neste caso, assim como no caso do controle P, não se fazem necessárias alterações no circuito analógico de implementação, apenas uma troca nos sinais de entrada $r(t)$ e $y(t)$ é suficiente.

10.4.2 Implementação digital

Controle I

Para que um controle com ação integral possa ser implementado de forma digital, embarcado em microcontroladores ou em computadores que realizam o controle do processo em questão, são utilizadas aproximações discretas do sinal contínuo referente à integral do erro de seguimento.

Note que a integral $\int_0^t e(\mu)d\mu$ pode ser compreendida como a soma das parcelas infinitesimais da área abaixo da curva $e(t) \times t$. Portanto, usando amostras discretas do sinal de erro, dadas por $e(kT_s)$, sendo T_s o período de amostragem, podemos aproximar o cálculo desta área pela soma dos retângulos de base T_s e altura $e(kT_s)$.

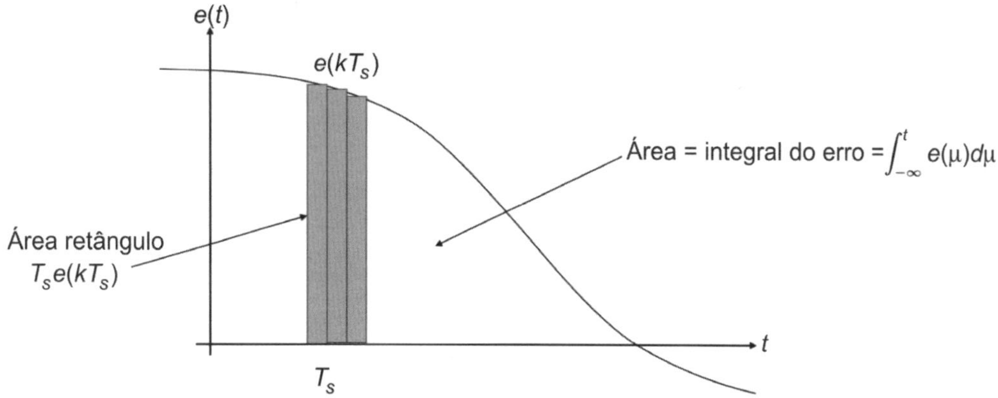

Figura 10.16 – Integral do sinal de erro e aproximação pela soma discreta.

Esta aproximação de $\int_0^t e(\mu)d\mu$ por $\left(\sum_{i=0}^{k} e(iT_s)T_s\right)$ com $k = \frac{t}{T_s}$ é ilustrada na Figura 10.16. Note que a área formada pela soma dos retângulos é aproximadamente equivalente à área sob o gráfico.

Ressaltamos que, conforme o período de amostragem T_s é reduzido, a aproximação é mais fidedigna. No limite, temos a equivalência dada por $\int_0^t e(\mu)d\mu := \lim_{T_s \to 0}\left(\sum_{i=0}^{i=\frac{t}{T_s}} e(iT_s)T_s\right)$.

Considerando $I(t)$ como o sinal integral do erro $I(t) = \int_0^t e(\mu)d\mu$, usamos a seguinte aproximação:

$$I(t) \approx T_s \sum_{0}^{i=\frac{t}{T_s}} e(iT_s). \tag{10.18}$$

A aproximação dada pela Eq. (10.18) é conhecida como aproximação de Euler. Para evitarmos que para toda nova amostra o sinal $I(k)$ tenha que ser recalculado com base em todos os valores antecedentes (desde $i = 0$), uma lei recursiva pode ser utilizada. Usando $t = kT_s$ na Eq. (10.18), obtemos a seguinte recursão:

$$I(kT_s) \;=\; I((k-1)T_s) + T_s e(kT_s)\,. \tag{10.19}$$

Em termos de custo numérico (computacional), os algoritmos que implementam a aproximação da Eq. (10.18) são muito mais custosos do que os algoritmos que implementam a aproximação recursiva da Eq. (10.19), uma vez que apenas o valor $I(kT_s)$ deve ser "guardado na memória" do processador, além da amostra atual do erro $e(kT_s)$.

Então, adaptando a Eq. (10.19), podemos escrever a parcela I da lei de controle PI, ponderada por um ganho K_i, por meio da seguinte lei recursiva:

$$u_i(kT_s) \;=\; u_i((k-1)T_s) + K_i T_s e(kT_s)\,. \tag{10.20}$$

Note que a Eq. (10.20) aproxima o sinal de integral de forma equivalente à aproximação do sinal de derivada pelo quociente incremental. Note também que:

$$e(kT_s) \;=\; \frac{I(kT_s) - I((k-1)T_s)}{T_s}$$

é uma aproximação de Euler para $e(t) = \frac{dI(t)}{dt}$.

Para a aproximação da área abaixo da curva $e(t) \times t$, também podem ser utilizadas outras formas geométricas para as amostras incrementais, como trapézios, em vez de retângulos, para o cálculo da integral. Neste livros, usaremos apenas a aproximação retangular.

Discutiremos, agora, como esta implementação aproximada da ação integral mantém as propriedades de controle que foram discutidas para o caso contínuo.

Para tal, podemos observar na Eq. (10.20) que a ação de controle u_i converge para um equilíbrio quando $u_i(kT_s) = u_i((k-1)T_s)$, que acontece apenas quando $e(kT_s) = 0$, tal como no caso contínuo.

Podemos generalizar esta propriedade para o caso de sistemas discretos (e não somente sistemas contínuos amostrados). Portanto, consideremos o seguinte processo discreto linear:

$$y(k) \;=\; \alpha y(k-1) + \beta_u u(k-1) + \beta_q q(k-1)\,. \qquad (10.21)$$

Consideremos que este processo é controlado com um controlador I, cuja lei é dada por:

$$u(k) \;=\; u(k-1) + K_i\,(r(k) - y(k))\,, \qquad (10.22)$$

sendo $r(k) = R\,\mathbf{1}(k)$ um sinal de referência tipo degrau e $q(k) = Q\,\mathbf{1}(k)$ uma perturbação tipo degrau. Consideremos que este processo atinge o regime permanente y_∞ para $k \to \infty$. Note que este equilíbrio verifica a seguinte condição necessária: $u_\infty = \frac{(y_\infty - K_q Q)}{K_e}$, com $K_e = \frac{\beta_u}{(1-\alpha)}$ e $K_q = \frac{\beta_q}{(1-\alpha)}$. Neste caso, a condição de equilíbrio para o sinal controle é dada por: $u_\infty = u_\infty + K_i\,(R - y_\infty)$, implicando em $y_\infty = R$. Note, portanto, que o sistema em malha fechada atinge o valor de referencia desejado, com erro nulo em regime permanente, mesmo na presença de perturbações constantes.

Controle PI

Uma vez que a implementação discreta e digital de controles tipo I foi desenvolvida, podemos, agora, estender as análises ao caso do controle tipo PI. Note que o controle proporcional digital já tinha sido apresentado, no capítulo anterior, cuja lei de implementação é dada por $u_p(kT_s) = K_p e(kT_s)$. Dessa forma, a implementação digital de um controlador PI é feita por meio das seguintes equações:

$$\begin{aligned} e(kT_s) &= (r(kT_s) - y(kT_s)) \,, & (10.23)\\ u_p(kT_s) &= K_p e(kT_s) \,, & (10.24)\\ u_i(kT_s) &= u_i(kT_s - T_s) + K_i T_s e(kT_s) \,, & (10.25)\\ u(kT_s) &= u_p(kT_s) + u_i(kT_s) \,. & (10.26) \end{aligned}$$

Um aspecto importante que deve ser mencionado é que a lei de controle I, ao ser implementada na forma recursiva, precisa de uma etapa de inicialização, uma vez que o sinal u_i, a cada amostra k, depende de valores de amostras anteriores. Portanto, a Eq. (10.25) deve ser inicializada corretamente, com o valor que a variável manipulada do processo tinha antes da aplicação do controle PI. Como, em geral, os controladores automáticos apresentam a opção[3] de transição entre modo de operação manual para automático (e vice-versa) usando um comando de passagem de manual para automático, o valor de $u_i((k-1)T_s)$ deve ser inicializado com o valor u_{manual}, extraído da operação do processo no primeiro instante discreto antes da aplicação do sinal de controle PI.

Portanto, o código de controle completo com inicialização e possibilidade de modificar os ganhos a qualquer instante de amostragem é realizado por meio da seguinte lógica:

- Passo 1: Leia u_{manual} e salve o valor lido em u_{ia}.
- Passo 2: Leia $r(k)$, $y(k)$ e os valores de K_p e K_i.
- Passo 3: Calcule $e = r(k) - y(k)$.
- Passo 4: Calcule $u_p = K_p e$ e $u_i = u_{ia} + K_i T_s e$.
- Passo 5: Calcule $u = u_p + u_i$ e aplique este sinal de controle ao processo.

[3]Discutiremos em maiores detalhes a transição manual-automático no Capítulo 12.

- Passo 6: Atualize $u_{ia} = u_i$.

- Passo 7: Retorne ao Passo 2.

Este código é escrito de forma mais compacta ao utilizarmos a recursividade diretamente na lei de controle completa $u(k) = u_i(k) + u_p(k)$. Ao substituirmos a aproximação da integral explicitamente no sinal de controle, temos:

$$u(kT_s) = K_p e(kT_s) + K_i T_s \sum_{i=0}^{i=k} e(iT_s) \,. \tag{10.27}$$

Ao atrasarmos a Eq. (10.27) em uma amostra, temos:

$$u((k-1)T_s) = K_p e((k-1)T_s) + K_i T_s \sum_{i=0}^{i=(k-1)} e(iT_s) \,. \tag{10.28}$$

Fazendo a diferença entre essas equações, obtemos:

$$\begin{aligned} u(kT_s) - u((k-1)T_s) &= K_p e(kT_s) - K_p e((k-1)T_s) \\ &+ K_i T_s e(kT_s) \,. \end{aligned} \tag{10.29}$$

Assim, obtemos a seguinte lei de controle PI recursiva:

$$\begin{aligned} u(kT_s) &= u((k-1)T_s) \\ &+ (K_p + K_i T_s) e(kT_s) - K_p e((k-1)T_s) \,. \end{aligned} \tag{10.30}$$

O algoritmo para implementação desta lei de controle PI da forma recursiva é:

- Passo 1: Leia u_{manual} e salve o valor lido em u_a. Inicialize $e_a = 0$.

- Passo 2: Leia $r(k)$, $y(k)$ e os valores de K_p e K_i.

- Passo 3: Calcule $e = r(k) - y(k)$.

- Passo 4: Calcule o sinal de controle $u = u_a + (K_p + K_i T_s)e - K_p e_a$ e aplique-o ao processo.
- Passo 5: Atualize as variáveis: $u_a = u$ e $e_a = e$.
- Passo 6: Retorne ao Passo 2.

De forma análoga à implementação do controle PI analógico, se queremos usar ganhos K_p e K_i sempre positivos, um seletor pode ser adicionado ao código anterior para que a ação de controle seja feita com base no erro $(r(k) - y(k))$ (no caso de processos com ganho direto positivo) ou $(y(k) - r(k))$ (no caso de processos com ganho negativo). Observe que, desta forma, não se faz necessária uma mudança completa no algoritmo de controle, mas apenas uma troca nos sinais de $r(k)$ e $y(k)$ no Passo 3:

- Passo 1: Leia u_{manual} e salve o valor lido em u_a. Inicialize $e_a = 0$. Defina o ganho direto do processo: em caso positivo, inicialize $p = 1$ e, em caso negativo, inicialize $p = -1$.
- Passo 2: Leia $r(k)$, $y(k)$ e os valores de K_p e K_i.
- Passo 3: Calcule $e = p\,(r(k) - y(k))$.
- Passo 4: Calcule o sinal de controle $u = u_a + (K_p + K_i T_s)e - K_p e_a$ e aplique-o ao processo.
- Passo 5: Atualize as variáveis: $u_a = u$ e $e_a = e$.
- Passo 6: Retorne ao Passo 2.

Como já comentamos em capítulos anteriores, tipicamente o valor de p é configurado pelo usuário ao escolher o modo direto ou reverso para o uso do controlador.

10.5 Ajuste do controlador proporcional-integral

O desenvolvimento e as discussões realizadas até agora permitiram a formalização geral da ação integral, a importância do controle PI e como podemos realizar a implementação deste tipo de lei de controle, de forma analógica ou digital. Para finalizarmos este capítulo, abordaremos algumas metodologias para a sintonia dos parâmetros de ajuste do controle.

Tal como ilustrado por meio dos exemplos anteriores, ressaltamos que o ajuste dos parâmetros do controle PI podem alterar significativamente a forma da resposta transitória dos sinais do sistema em malha fechada.

Em muitas aplicações, a sintonia dos parâmetros deste tipo de controlador é desenvolvida empiricamente, por meio de ensaios por simulação, ou manualmente, por meio de ensaios, tentativas e erros experimentais, diretamente na planta real.

De fato, um dos motivos do sucesso abismal dos controladores PI é que o procedimento de sintonia dos parâmetros pode ser feito de forma relativamente simples para muitos processos industriais. Desta forma, é possível projetarmos controladores tipo PI com parâmetros adequados sem a necessidade de cálculos muito complexos.

Entretanto, ressaltamos que, em algumas situações com processos mais complexos, existe a possibilidade de instabilização do sistema em malha fechada com escolhas inadequadas dos parâmetros do controlador. Em outros casos o ajuste manual pode manter a estabilidade, mas deixar o processo longe de uma condição de operação adequada. Por essa razão, muitos pesquisadores, pesquisadoras, engenheiros e e engenheiras debruçaram-se sobre a investigação e a busca por métodos simples para a sintonia de controladores PI para processos cujos comportamentos podem ser descritos, de forma aproximada, por modelos lineares, de primeira ordem, com (ou sem) atraso de transporte.

O conceito de atraso de transporte foi introduzido no Capítulo 4 para que pudéssemos explicar, matematicamente, a relação entre o instante de aplicação de uma entrada em um sistema e o tempo que o sistema leva a exibir uma resposta não nula, correspondente à aplicação da entrada. Ressaltamos que no Capítulo 7, Seção 7.3.2, apresentamos uma metodologia para que modelos aproximados, do tipo estável ou integrador, com atraso de transporte, fossem obtidos a partir de dados de ensaios de processo reais, muito possivelmente não lineares. Desta forma, para que possamos prosseguir com as diferentes metodologias de sintonia para os parâmetros de controladores tipo PI, consideraremos processos cujas dinâmicas ao redor de pontos de operação preestabelecidos possam ser descritas, aproximadamente, por:

- Modelos tipo estáveis: $\tau\frac{dy(t)}{dt} + y(t) = K_e u(t-L)$.
- Modelos tipo integrador: $\frac{dy(t)}{dt} = K_v u(t-L)$.

Nas próximas seções, apresentaremos três métodos distintos para a sintonia de controladores PI que usam como base os parâmetros desses modelos apresentados (os valores para K_e, L e τ, no primeiro caso, ou L e K_v, no segundo).[4]

Nos métodos de sintonia apresentados a seguir, usamos a seguinte lei de controle PI:

$$u(t) = K_c\left(e(t) + \frac{1}{T_i}\left(\int_0^t e(\mu)d\mu\right)\right). \tag{10.31}$$

Note que esta representação é equivalente à lei de controle PI apresentada na precedência deste capítulo, considerando $K_c = K_p$ e $K_i = \frac{K_c}{T_i}$. Nesta formulação de controle PI, da Eq. (10.31), o parâmetro T_i é chamado de constante de tempo integral e K_c de ganho proporcional. Esta representação é a mais usada na prática e, por isso, adotada neste livro.

[4]Existem muitas metodologias para ajuste dos controladores PI. Neste livro apenas apresentaremos métodos simples, que não requerem o uso de matemática mais avançada.

Ressaltamos que um aumento da ação integral é obtido com uma redução do valor da constante de tempo integral T_i. Desta forma, controladores ajustados com parâmetros T_i menores geram ações de controle mais violentas. A vantagem de usar a constante tempo integral como um parâmetro de ajuste é que podemos relacioná-la com a constante de tempo do processo. Assim, em geral, quando temos uma sintonia com $T_i < \tau$, fazemos um ajuste que visa respostas em malha fechada mais rápidas que as respostas de malha aberta, ao passo que, quando $T_i > \tau$, esperamos obter respostas em malha fechada mais lentas.

Na prática, quando usamos um controlador industrial, devemos estar atentos a sua configuração, ou seja, se a implementação é dada segundo a Eq. (10.12) (implementação paralela) ou segundo a Eq. (10.31) (implementação acadêmica).

De acordo com o tipo de implementação, sintonizamos os respectivos parâmetros de ajuste (K_p e K_i ou K_c e T_i). Note que o parâmetro T_i é dado em unidades de tempo (segundos, minutos etc.), ao passo que o parâmetro K_i é dado em unidades de frequência (Hz, 1/minuto etc.).

10.5.1 Ajustes básicos para processos sem atraso

Para os casos de processos modelados por meio de EDOs de primeira ordem estável, sem atraso de transporte ($L = 0$), os controladores PI podem ser sintonizados de forma simples, utilizando as seguintes regras:

$$K_c = \frac{n}{K_e} \quad , \quad T_i = \tau \, . \tag{10.32}$$

Este ajuste visa que o processo, quando regulado em malha fechada pela estratégia PI, apresente com respostas aos degraus de referência n vezes mais rápida que as respostas originais do processo, em malha aberta e sem controle, em face de degraus de entrada u.

Neste caso, o sistema apresentará respostas em malha fechada para as perturbações com períodos de tempo em regime transitório muito similares aos apresentados pela planta em malha aberta. A Figura 10.17 apresenta as respostas de um processo cujo modelo é dado com $K_e = 1$ e $\tau = 1$, usando um controlador PI com o ajuste anterior com $n = 5$. Notamos que a variável de processo, em malha fechada, atinge 95 % de seu valor de regime permanente em aproximadamente 0.6 s, que é, de fato, $\frac{1}{5}$ do tempo da resposta da planta em malha aberta (note que $3\tau = 3\,\text{s}$).

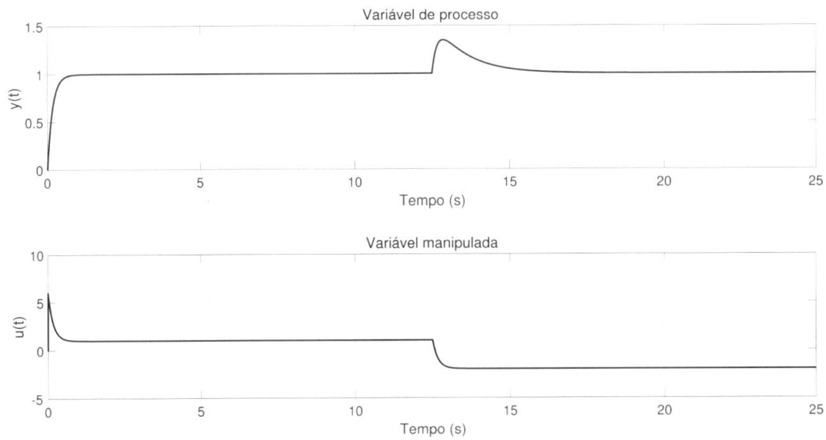

Figura 10.17 – Resposta ao degrau do processo em malha fechada com o PI ajustado com $K_c = \frac{5}{K_e}$ e $T_i = \tau$.

Observe, entretanto, que a resposta ao degrau de perturbação demora mais de 3 s para que haja, de fato, rejeição. Este fato confirma que o ajuste deixa a resposta do processo às perturbações lentas.

Se desejamos respostas mais rápidas em face das perturbações, podemos usar outra forma de ajuste, dada pelas seguintes regras:

$$K_c = \frac{6}{K_e} \quad , \quad T_i = 0.5\tau\,. \tag{10.33}$$

Este segundo ajuste permite que o sistema apresente uma resposta em face das perturbações em aproximadamente metade do tempo da resposta da planta em malha aberta.

A Figura 10.18 apresenta a variável de processo e variável manipulada do mesmo processo do exemplo anterior, usando agora este novo ajuste. Podemos mostrar que a variável de processo do sistema atinge 95% de seu valor de regime permanecente em aproximadamente 1.5 s (que é, de fato, metade do tempo da resposta da planta em malha aberta). Note que, neste caso, o tempo de resposta para o degrau de referência também é de 1.5 s, mas agora observamos um pequeno pico no transitório da resposta, também chamado de sobressinal.

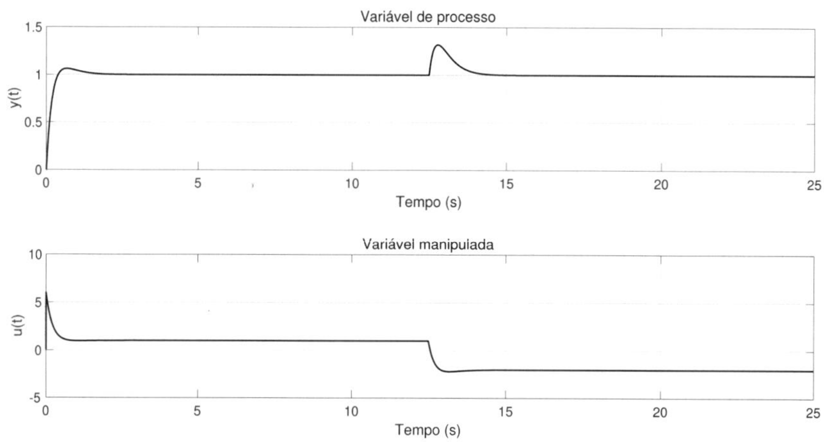

Figura 10.18 – Resposta ao degrau do processo em malha fechada com o PI ajustado com $K_c = \frac{6}{K_e}$ e $T_i = 0.5\tau$.

Para plantas integradoras (ou muito lentas, com τ muito grande), representadas por modelos aproximados do tipo $\frac{dy(t)}{dt} = K_v u(t)$,[5] podemos usar:

$$K_c = \frac{2}{K_v \tau_{\text{MF}}} \quad , \quad T_i = 2\tau_{\text{MF}} \,. \tag{10.34}$$

Nesse ajuste, τ_{MF} define a constante de tempo desejada para o sistema de malha fechada. Este parâmetro serve como ajuste para a escolha da

[5]Recordemos que podemos aproximar o sistema estável pelo sistema integrador considerando $1/\tau \approx 0$ e $K_v = K_e/\tau$.

velocidade da resposta em malha fechada.

10.5.2 Método de ajuste de Ziegler-Nichols

No ano 1942, dois engenheiros (John G. Ziegler e Nathaniel B. Nichols) apresentaram o primeiro método de ajuste de controladores PI simples para uso industrial, válido para processos estáveis e integradores com atraso $L \neq 0$.

O ajuste de controladores PI segundo o método de Ziegler-Nichols serve para processos com $L < \tau$, ou seja, para processos para os quais o atraso de transporte não é dominante em relação ao tempo da resposta do sistema.

Por este motivo, o ensaio de resposta ao degrau é usado para que se possa obter um modelo com apenas dois parâmetros, L e $K_v = \frac{K_e}{\tau}$. Assim, a regra de sintonia deste método original é dada por:

$$K_c = \frac{0.9}{K_v L} \quad , \quad T_i = 3L . \tag{10.35}$$

Esta sintonia permite que obtenhamos resposta em malha fechada em face das perturbações com características oscilatórias e relativamente rápidas, sendo que a amplitude da oscilação do segundo pico será menor que $\frac{1}{4}$ da amplitude do primeiro pico de oscilação.

A Figura 10.19 mostra a variável de processo e a variável manipulada de um sistema com parâmetros $K_e = 1$, $L = 1$ s e $\tau = 5$ s, considerando a resposta ao degrau de perturbação aplicado aproximadamente em $t = 10\,\text{s}$. Este ajuste resulta na seguinte sintonia: $K_c = 4.5$ e $T_i = 3\,\text{s}$.

Como podemos observar na Figura 10.19, a resposta oscilatória tem uma relação entre o primeiro e o segundo pico menor que $\frac{1}{4}$, tal como imposto pelo método de sintonia.

Ressaltamos que este método de sintonia não é adequado para especificações de projeto que requerem respostas sem oscilações. Além disso, as respostas obtidas para as mudanças de referência não são, em geral, boas,

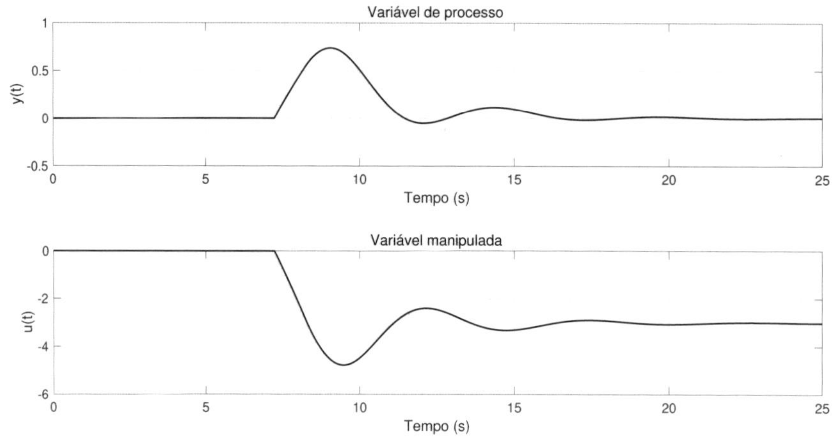

Figura 10.19 – Resposta ao degrau do processo em malha fechada com o PI ajustado com método de Ziegler-Nichols com $K_c = 4.5$ e $T_i = 3$ s.

uma vez que o método não tem como objetivo a regulação dessas respostas.

10.5.3 Método de ajuste de Skogestad

O método de Skogestad foi desenvolvido pelo professor Sigurd Skogestad. Seu método de sintonia pretende obter uma resposta balanceada entre rejeição de perturbações e seguimento de referências, sem oscilações.

Para tal, o método é sintonizado a partir do parâmetro τ_{MF}, que expressa a constante de tempo desejada para as respostas em malha fechada. O método, portanto, permite ajustes de controladores PI buscando respostas em malha fechada mais rápidas (com τ_{MF} menores) ou mais lentas (com τ_{MF} maiores). As regras de ajustes são as seguintes para o caso estável:

$$K_c = \frac{\tau}{K_e}\frac{1}{(L+\tau_{\text{MF}})} \quad , \quad T_i = \min\{\tau\,,\, 1.5(\tau_{\text{MF}}+L)\}\,. \tag{10.36}$$

Para plantas com dinâmicas integradoras, as regras são:

$$K_c = \frac{1}{K_v}\frac{1}{(L+\tau_{\text{MF}})} \quad , \quad T_i = 1.5(\tau_{\text{MF}}+L)\,. \tag{10.37}$$

Se comparamos estas regras de sintonia com as do caso estável, observamos que mantém a relação entre K_c e a inclinação da resposta e substitui-se a regra de T_i por $1.5(\tau_{\text{MF}} + L)$, uma vez que, no caso integrador, o modelo poderia ser considerado como estável com constante de tempo τ infinita.

A Figura 10.20 mostra a variável de processo e a variável manipulada de um processo cujo modelo é descrito com os parâmetros $K_e = 1$, $L = 1\,\text{s}$ e $\tau = 5\,\text{s}$, considerando uma referência tipo degrau com subida em $t = 0\,\text{s}$ e uma perturbação tipo degrau com subida aproximadamente em $t = 25\,\text{s}$.

Nesta figura, apresentamos os sinais correspondentes ao ajuste de Skogestad para diferentes valores de τ_{MF}. Para $\tau_{\text{MF}} = 1\,\text{s}$, obtemos um controlador PI sintonizado $K_c = 2.5$ e $T_i = 3\,\text{s}$, cujas respostas são apresentadas em linhas cheias. Já para a sintonia referente a $\tau_{\text{MF}} = 3\,\text{s}$, obtemos um controlador PI com parâmetros $K_c = 1.25$ e $T_i = 5\,\text{s}$, cujas respostas são apresentadas em linhas tracejadas. Podemos observar que as respostas a perturbação respeitam o limite de tempo especificado por τ_{MF}, com tempos de assentamento $t_{5\%}$ próximos de 3 e 9 s após o atraso, respectivamente.

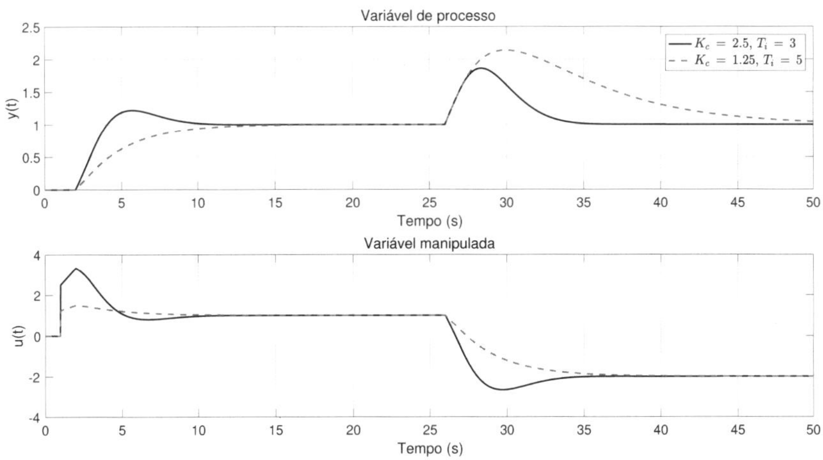

Figura 10.20 – Resposta ao degrau do processo em malha fechada com o PI ajustado com método de Skogestad com $\tau_{\text{MF}} = 1$ s e $\tau_{\text{MF}} = 3$ s (linhas tracejadas).

Ao compararmos essas respostas com as respostas obtidas por meio do método de ajuste de Ziegler-Nichols, notamos que o método de Skogestad implica em respostas sem oscilações e, para o caso de $\tau_{\text{MF}} = 3\,\text{s}$, os métodos apresentam respostas com tempos em regime transitório ($t_{5\%}$) equivalentes entre si.

Observamos, também, que a resposta em face das referências tipo degrau, para $\tau_{\text{MF}} = 3\,\text{s}$, tem o tempo $t_{5\%}$ esperado e não tem pico, mas para $\tau_{\text{MF}} = 1\,\text{s}$ apresenta um pico, ultrapassando o ponto de equilíbrio durante o regime transitório.

Isso é melhorado com o ajuste de um parâmetro adicional no controle PI, a ponderação do sinal de referência, que analisaremos no próximo capítulo. Para fins de ilustração da ponderação da referência e para motivar seu estudo, a Figura 10.21 compara as respostas do PI do exemplo anterior ajustado com $\tau_{\text{MF}} = 1\,\text{s}$ (linhas cheias) com o mesmo PI usando uma ponderação da referência (linhas tracejadas). Observe que com a ponderação da referência não alteramos a resposta a perturbação, mas reduzimos (ou eliminamos) o pico observado na resposta a referência e obtemos um $t_{5\%}$ próximo ao pré-especificado.

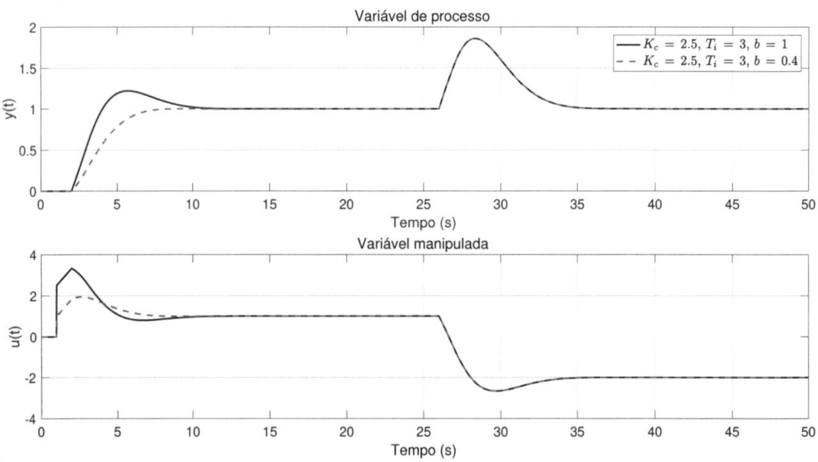

Figura 10.21 – Resposta ao degrau do processo em malha fechada com o PI ajustado com método de Skogestad com $\tau_{\text{MF}} = 1$, com e sem ponderação da referência.

10.6 Comentários finais

Neste capítulo, estudamos as propriedades do controle integral (I) e mostramos como este tipo de controlador possibilita uma especificação muito importante para os sistemas de controle em malha fechada: a variável de processo pode seguir sinais de referências tipo degrau tal como rejeitar perturbações tipo degrau, com erro nulo em regime permanente.

Mostramos como o controle I tem uma ação complementar ao controle proporcional e, dessa forma, o controle PI apresenta-se como uma excelente solução para atender especificações de regime transitório e permanente. Ressaltamos que os parâmetros de ponderação das parcelas P e I devem ser sintonizados para que possamos obter um compromisso entre a velocidade de resposta (regime transitório) e quantidade de oscilações que apresentam a variável de processo e a variável manipulada.

Ademais, estudamos a implementação analógica e digital do controle PI. Apresentamos alguns métodos para realizar a sintonia do controle PI e ilustramos os resultados com vários exemplos.

Como elaboramos brevemente no último exemplo, o controle PI básico pode ter dificuldades em obter boas repostas para rejeição de perturbações e seguimento de referências simultaneamente e, portanto, no próximo capítulo estudaremos uma solução para esse problema, baseada no fator de ponderação da referência.

Neste capítulo, usamos o controle PI como se ele pudesse usar uma ação de controle ilimitada, porém, sabemos, como no caso do controle P, que a variável manipulada sempre estará limitada em um intervalo finito. Assim, no próximo capítulo, também estudaremos os efeitos dessa limitação (ou saturação) da ação de controle nos transitórios da variável manipulada e da variável de processo. Também trataremos de outros aspectos práticos na utilização de controle PI em aplicações.

Lista de exercícios

1. Um controle integrador é definido como: $u(t) = \int_0^t e(\mu)d\mu$, com $e(t) = r(t) - y(t)$, sendo $r(t)$ um sinal de referência ao sistema de controle, $y(t)$ a variável de processo e $u(t)$ a variável manipulada.

   Explique por que o controle integral permite manter uma ação de controle $u_0 \neq 0$ mesmo com $e_0 = 0$. Quais as vantagens deste tipo de controle? Compare com o controle proporcional.

2. Um controlador PI é formado por duas ações de controle em paralelo: $u(t) = u_i(t) + u_p(t)$, sendo:

$$u_p(t) = K_p e(t)\,, \tag{10.38}$$

$$u_i(t) = \int_0^t e(\mu)d\mu\,, \tag{10.39}$$

$$e(t) = r(t) - y(t)\,. \tag{10.40}$$

   Para esse controlador, $u_p(t)$ representa a parcela proporcional da ação de controle e $u_i(t)$ a parcela integral.

   Para implementar uma ação de controle deste tipo em um computador ou em um microcontrolador, por exemplo, é necessário aproximar a função contínua por uma equação à diferenças que possibilite o cálculo da ação de controle em forma discreta. Uma destas aproximações é a aproximação retangular (Euler) da integral:

$$\int_0^t e(\mu)d\mu \approx \sum_{i=1}^{k} T_s e(iT_s)\,, \tag{10.41}$$

   para a qual T_s é o período de amostragem e i é o instante de amostra (a unidade de tempo discreto).

   Realizada a aproximação, é possível utilizar as propriedades do somatório para calcular $u_i(k)$ recursivamente, ou seja, em função de

$u_i(k-1)$. Desta forma, basta armazenar na memória apenas o valor de $u_i(k-1)$ e, a cada iteração, calcular o novo valor.

Outra forma de aproximar a integral é utilizando trapézios, e não retângulos, de acordo com a Figura 10.22.

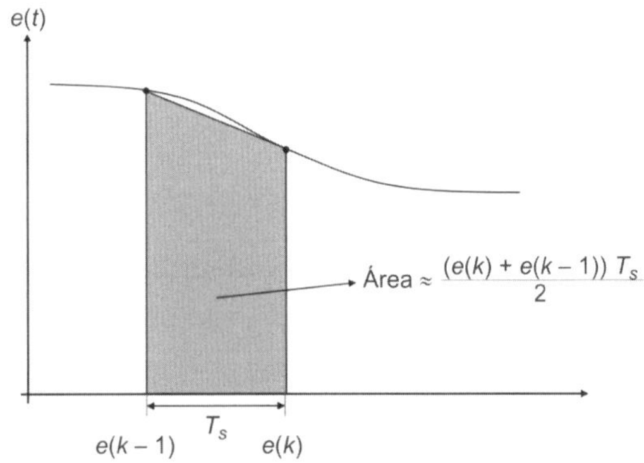

Figura 10.22 – Aproximação trapezoidal da integral do sinal de erro.

Utilizando a aproximação trapezoidal, encontre a lei de controle PI (recursiva), escrevendo as equações a diferenças que devem ser implementadas em um microcontrolador.

3. Um chuveiro elétrico aquece a água através de uma resistência percorrida por uma corrente elétrica. Para realizarmos o controle da temperatura da água, realizou-se um ensaio para analisar a resposta dinâmica do sistema e obter um modelo para o projeto do controlador. Com a temperatura da água em 22 °C (ponto de operação), foi aplicado um degrau de potência e observado o comportamento da temperatura da água. Os resultados deste ensaio são mostrados na Figura 10.23.

   (a) Analisando os gráficos, determine um modelo linear de primeira ordem com atraso para o sistema, determinando os parâmetros K_e (ganho estático), τ (constante de tempo) e L (atraso).

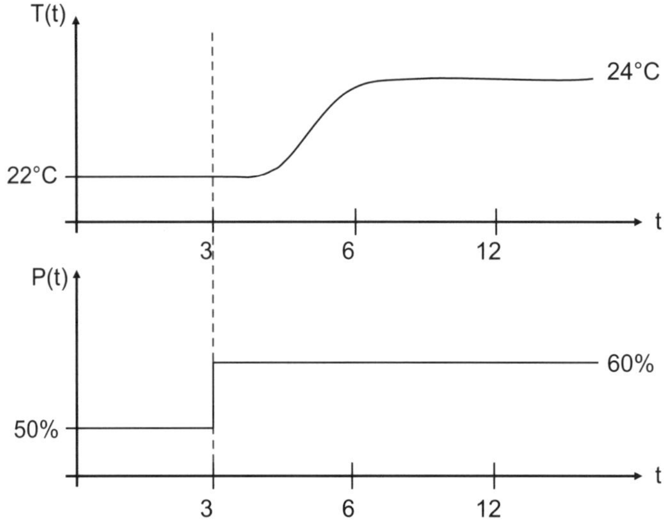

Figura 10.23 – Chuveiro elétrico: resposta do sinal de temperatura $T(t)$ em face do degrau de potência $P(t)$.

(b) Sintonize dois controladores PI para este sistema, utilizando as técnicas de sintonia de Ziegler-Nichols e de Skogestad.

(c) Simule o comportamento desse sistema com os controladores do item anterior, utilizando as ferramentas de simulação apresentadas no Apêndice C.

4. Considere o sistema de controle de nível de um tanque controlado pela válvula de saída. As dinâmicas do nível de água nesse tanque são representadas pela seguinte EDO:

$$10\frac{dh(t)}{dt} + h(t) = 2q(t) - 3u(t)\,,$$

sendo h o sinal que representa o nível de água, q o sinal que representa a vazão de entrada de água no tanque (perturbação) e u o sinal que representa a abertura da válvula de saída, usado como variável manipulada.

Um controlador proporcional-integral deve ser usado para controlar esse processo, objetivando manter o nível h igual a um sinal de referência $r(t)$ tipo degrau, mesmo na presença de perturbações não nulas do tipo degrau.

(a) O controlador PI é configurado por meio da seguinte lei de implementação $u(t) = K_c e(t) + \frac{K_c}{T_i}\int_0^t e(\mu)d\mu$. Os parâmetros de ajuste devem ser positivos, isto é, $K_c > 0$ e $T_i > 0$. O sinal de erro $e(t)$ pode ser calculado como $e(t) = r(t) - h(t)$ ou como $e(t) = h(t) - r(t)$. Determine qual das opções de cálculo deve ser usada e justifique a sua escolha.

(b) Usando a opção de cálculo do sinal de erro do item anterior, ajuste o controlador PI com parâmetros de sintonia $T_i = 10$ s e com $K_c = \frac{1}{3}$, $K_c = 1$ e $K_c = 3$. Compare, por meio de ensaios por simulação, como as diferentes escolhas do parâmetro K_c alteram as respostas desse sistema de controle para sinais r e q do tipo degrau. Conclua sobre o efeito do ajuste de K_c levando em conta a intensidade da ação de controle resultante e a resposta da variável de processo.

(c) Repita o estudo do item anterior usando $K_c = 1$ e, agora, variando o ajuste para T_i, usando-o como 5, 10 e 20 s. Discuta, agora, os efeitos do ajuste de T_i nas repostas.

(d) Encontre a lei de controle PI discreta a ser implementada (usando uma aproximação de Euler) e escreva um pseudocódigo.

5. Para o processo do item anterior, ajuste um controlador PI usando a sintonia básica apresentada na Seção 10.5.1. Compare as respostas

com os ajustes do item anterior, observando a variável de processo e a ação de controle. Discuta as diferenças entre as respostas e as vantagens e desvantagens dessa sintonia básica em relação às anteriores.

6. Considere o modelo discreto de controle da velocidade de um foguete, cujas dinâmicas em malha aberta são dadas pela seguinte EaD:

$$v(k) = 0.8v(k-1) + 0.3u(k-1) - 0.2q(k-1)\,,$$

sendo v a velocidade do foguete, u a ação de controle do propulsor e q a perturbação causada pelo atrito quando o foguete entra na atmosfera.

Para esse processo, propõe-se um controlador PI do tipo $u(k) = u(k-1) + k_1e(k) + k_2e(k-1)$, com $e(k) = r(k) - v(k)$, sendo $r(k)$ um sinal de referência de velocidades do tipo degrau.

(a) Demonstre que, em malha fechada, se com a ação PI a velocidade do foguete atinge um equilíbrio dado por $\lim_{k\to+\infty} v(k) = v_e$, então se verifica que $v_e = \lim_{k\to+\infty} r(k)$. Para tal, considere $k_1 + k_2 \neq 0$.

(b) Escreva um código para a simulação desse sistema de controle, permitindo a análise do comportamento do sistema em malha fechada para variações nos sinais r e q.

(c) Estude o ajuste dos parâmetros k_1 e k_2 usando o simulador desenvolvido no item anterior. Observe as respostas para o sinal de velocidade v e a ação de controle correspondente, considerando sinais r e q do tipo degrau. Use as seguintes opções de ajuste: (i) $k_1 = 5$ e $k_2 = -4$, (ii) $k_1 = 2$ e $k_2 = -4$, (iii) $k_1 = 5$ e $k_2 = -3$ e (iv) $k_1 = 3$ e $k_2 = -3$. Observe e discuta as diferenças entre as respostas obtidas, no que diz respeito aos seus regimes transitórios, para todas essas possibilidades de sintonia.

Atividade prática: kit experimental motor-gerador

O objetivo desta atividade é implementar e analisar uma estratégia de controle proporcional-integral, com base nos modelos desenvolvidos para o sistema de controle de velocidade nos últimos capítulos. Para isso, propõem-se as seguintes etapas:

- Adapte o código de implementação da estratégia de controle proporcional aplicada ao kit experimental, realizada no capítulo anterior, incluindo uma ação integral. Neste caso, implemente uma estratégia de controle proporcional-integral, ajuste os parâmetros da lei de controle K_c e T_i por meio da metodologia básica de sintonia, considerando $L = 0$. Realize ensaios de mudança de set-point e aplique leves pertubações manuais no eixo do motor. Observe as respostas. O sistema segue o set-point com erro zero no permanente? Ele rejeita a pertubação? Os resultados são condizentes com os analisados na teoria? Como são as respostas transitórias observadas?

- Teste, por meio de ensaios experimentais, variações nos parâmetros de ajuste do PI e discuta os efeitos observados nas respostas. Observe se os resultados são os esperados do ponto de vista teórico.

- Na sequência, sintonize o controlador PI para respostas mais rápidas em malha fechada do que as respostas observadas com o primeiro ajuste. Compare os sinais de controle resultantes e as diferenças entre os sinais da variável de processo. Quais são as desvantagens deste tipo de estratégia mais agressiva?

- Para um dos ajustes anteriores, realize diversos testes mudando os valores dos set-points aplicados. Observe o efeito na resposta do sistema e veja se o resultado está de acordo com a análise teórica. O erro se mantém como especificado? O tempo de resposta de malha fechada se mantém? Use também uma perturbação de carga nestes ensaio, analise as respostas e discuta.

- Compare os resultados experimentais anteriores com os que obteve com controle proporcional com BIAS. Quais as vantagens e desvantagens? Justifique teoricamente os resultados.

- Realize mais ensaios com um controle bem agressivo e com perturbações de carga mais fortes. Observe se as respostas do sistema se deterioram. Que acontece com o sinal de controle nos transitórios? Discuta.

Problema resolvido

Um compressor é um equipamento usado para elevar a pressão de um gás (ele entra no compressor a uma pressão dada e sai a uma pressão maior). Em condições de temperatura e pressão de entrada constantes, a pressão de saída p é relacionada com a vazão que o compressor está processando $f(t)$ por um modelo simplificado dado por:

$$\alpha \frac{dp(t)}{dt} + p(t) = a(f(t))^2 + b$$

para o qual todas as variáveis estão normalizadas, podendo variar no intervalo $[0, 100]$ %.

Na Figura 10.24, os sinais referentes a um ensaio realizado com o sistema são apresentados.

Para o projeto de um sistema de controle, os dados deste ensaio devem ser usados para a determinação dos parâmetros do modelo do processo e o estudo seu comportamento.

- (a) Desenhe um diagrama de blocos do sistema.

- (b) Usando os dados do ensaio, encontre os parâmetros a e b do modelo do compressor e desenhe a característica estática do sistema.

- (c) Se, partindo do mesmo ponto de operação $f_0 = 30\%, p_0 = 50\%$, fosse aplicado um degrau de vazão de $+5\%$, qual seria o valor de pressão que o compressor atingiria no regime permanente?

- (d) Encontre um modelo linearizado para o sistema operando nas vizinhanças do ponto de equilíbrio dado por $f_0 = 30\%, p_0 = 50$ %. Usando os dados do ensaio, estime a constante de tempo τ e o ganho estático K_e do modelo

- (e) Usando o modelo linearizado, calcule o tempo que a pressão levaria para chegar no novo equilíbrio do ensaio do item (c). (Considere que,

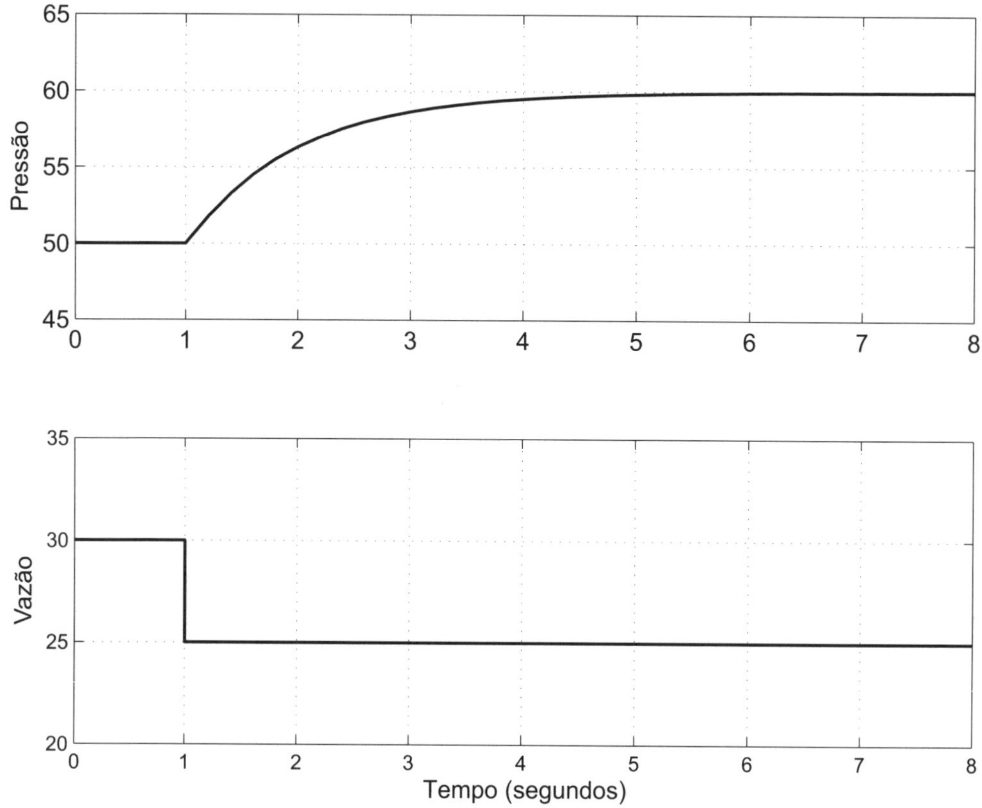

Figura 10.24 – Compressor: resposta do sinal de pressão em face de um sinal de vazão tipo degrau.

na prática, chegando a 99% do valor o sistema já está no equilíbrio).

- (f) Ajusta-se um controlador PI com $K_c = 3/K_e$ e $T_i = 0.75\tau$ para o controle da pressão, atuando na vazão do compressor. Caso o set-point de pressão seja de 50%, qual será o valor da pressão e da vazão no equilíbrio do sistema em malha fechada? Por quê?

Resolução

a) O diagrama de blocos do sistema mostra é apresentado na Figura 10.25.

b) Em regime permanente, substituímos os valores do ponto de operação

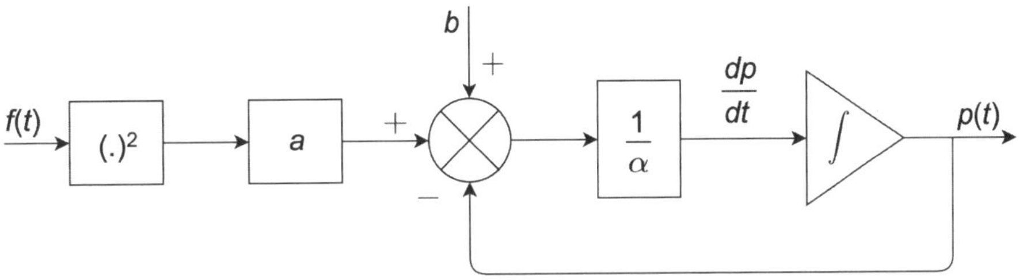

Figura 10.25 – Diagrama de blocos: compressor.

inicial, obtendo

$$\begin{aligned} p(t) &= a[f(t)]^2 + b \\ 50 &= a(30)^2 + b \\ 50 &= 900a + b \\ b &= 50 - 900a \ , \end{aligned}$$

da mesma forma para com o outro ponto de operação após o degrau de −5%:

$$\begin{aligned} 60 &= a(25)^2 + b \\ 60 &= 625a + b \\ b &= 60 - 625a \ . \end{aligned}$$

Assim, relacionando os termos encontrados em b, temos

$$\begin{aligned} 60 - 625a &= 50 - 900a \\ a &= -0.0364 \ , \end{aligned}$$

e substituindo o valor de a

$$\begin{aligned} b &= 60 - 625(-0.0364) \\ b &= 82.75 \ . \end{aligned}$$

Assim, substituindo os parâmetros do modelo encontrados, a característica estática do sistema é

$$p = -0.036[f]^2 + 82.75\ ,$$

que é apresentada no gráfico da Figura 10.26.

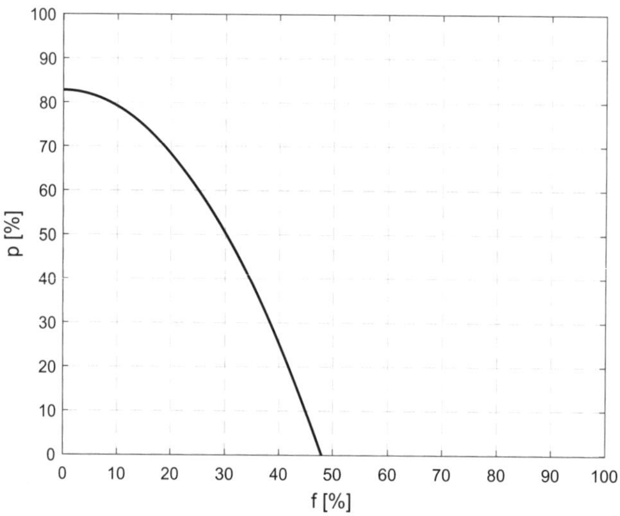

Figura 10.26 – Característica estática do compressor.

Ressaltamos que, para $f = 0$, temos $p = 82.75$ e, para $p = 0$, temos $f = 47.95$.

c) Em regime permanente, o valor da vazão após o degrau de 5% aplicado na variável manipulada será 35% e a pressão correspondente é dada por:

$$\begin{aligned} p &= a(f)^2 + b\,, \\ p &= -0.036(35)^2 + 82.75\,, \\ p &= 38.62\,\%\,. \end{aligned}$$

Nota-se aqui a característica não linear do sistema: a aplicação um degrau de +5,% causou um decréscimo de pressão de aproximadamente 12%, ao passo que degrau de −5% causou um aumento de 10% de pressão.

d) Para a linearização do modelo, considerando que a variação em torno do ponto de operação é suficientemente pequena, reescrevemos as variáveis como:

$$\begin{aligned} p(t) &= p_0 + \Delta p(t) , \\ f(t) &= f_0 + \Delta f(t) . \end{aligned}$$

Utilizando a aproximação por Taylor da função não linear $a(f(t))^2$, obtemos:

$$a(f(t))^2 \approx a(f_0)^2 + 2af_0\Delta f(t) .$$

Assim, substituindo os termos no modelo, obtemos

$$\alpha \frac{d(p_0 + \Delta p(t))}{dt} = -(p_0 + \Delta p(t)) + (a(f_0)^2 + 2af_0\Delta f(t)) + b .$$

Agrupando os termos e observando que $\frac{dp_0}{dt} = 0$ e $-p_0 + a(f_0)^2 + b = 0$, obtemos:

$$\alpha \frac{d\Delta p(t)}{dt} + \Delta p(t) = 2af_0\Delta f(t) .$$

Substituindo os valores de a e f_0, o modelo linearizado é dado por:

$$\alpha \frac{d\Delta p(t)}{dt} + \Delta p(t) = -2.16\Delta f(t) .$$

Observando a resposta do sistema na Figura 10.25 notamos que a variável de processo chega a 95% da amplitude da variação em regime permanente, isto é, a $p = 59.5\%$, em um tempo de aproximadamente 3 s. Logo, temos $3\tau = 3$ e, portanto, $\alpha = \tau = 1\,\text{s}$.

Por fim, o ganho estático do sistema linearizado pode ser obtido diretamente no modelo estático linear, para o qual $\Delta p = -2.16\Delta f$, logo $K_e = -2.16$.

e) Considerando que em 99% do valor final o sistema já está em equilíbrio, temos:

$$
\begin{aligned}
0.99 &= (1 - \exp^{-\frac{t}{\tau}})\,, \\
\ln 0.01 &= -\frac{t}{\tau}\,, \\
t &\approx 5\tau\,, \\
5\tau &= 5\,.
\end{aligned}
$$

Logo, o tempo que a pressão levará para chegar no novo ponto de equilíbrio do ensaio do item (c) é 5 s.

f) Sendo os valores ajustados $K_c = \frac{3}{K_e}$ e $T_i = 0.75\tau$, obtemos, para um set-point de 50%;

$$
\begin{aligned}
K_c &= \frac{3}{-2.16} = -1.38\,, \\
T_i &= 0.75(3) = 9/4\,.
\end{aligned}
$$

Assumindo estabilidade, no equilíbrio, o valor da pressão será igual ao set-point $p = 50\%$, pois à ação integral do controlador assegura que em regime permanente $e = 0$. Como estamos em regime permanente, usando o modelo estático, temos

$$
\begin{aligned}
50 &= -0.036(f)^2 + 82.75\,, \\
f &= 30\%\,.
\end{aligned}
$$

Portanto, o valor da pressão será de 30%.

Capítulo 11

Controle PI: aspectos práticos

Neste capítulo, abordaremos vários aspectos práticos relacionados à aplicação de controladores PI em situações reais. Esses aspectos práticos dizem respeito ao uso dos sistemas de controle proporcionais-integrais em condições não ideais, para as quais alguns problemas adicionais devem ser levados em conta. Discutiremos também algumas questões sobre as funcionalidades adicionais de controladores PI e elaboraremos sobre métodos para a melhora do desempenho dos sistemas controlados por este tipo de estratégia de controle.

Iniciaremos este capítulo com a discussão sobre a aplicação de controladores PI a dois casos de estudos concretos, para os quais poderemos ilustrar algumas das questões mencionadas e motivar o estudo subsequente.

11.1 Caso de estudo: piloto automático de um carro para controle de velocidade

Consideremos o projeto de um controle PI para manter a velocidade de um carro de forma automática. Este sistema de controle tem como objetivo regular a velocidade do carro para que ele trafegue próximo a uma velocidade desejada, referente à autopista pela qual trafega.

Normalmente, estes sistemas de controle são ativados quando o motorista deseja que o carro trafegue por um trecho mais longo a velocidade constante, sem ter que se preocupar com a pressão que deve colocar sobre o acelerador. Assim, mediante um botão no painel acionado pelo usuário, o veículo é colocado em piloto automático, e o comando da aceleração do motor é determinado pelo sistema de controle. Por questões de segurança, o controle do veículo retorna ao modo manual (regulado pelo motorista) caso o pedal do freio ou do acelerador sejam pressionados, ou quando o botão do painel é acionado.

Neste modo de piloto automático, o carro trafega a uma velocidade próxima de $v = 18\,\mathrm{m/s}$. Portanto, podemos usar o seguinte modelo linear para descrever o comportamento da velocidade do veículo $v(t)$:

$$m\frac{dv(t)}{dt} = K_m u(t) - K_a v(t) - F_e(t)\,. \qquad (11.1)$$

Neste modelo, $m = 1000\,\mathrm{kg}$ representa a massa do carro, $K_m = 3000\,\mathrm{N/V}$ é uma constante de acionamento do motor, que relaciona a força do motor com o sinal elétrico de acionamento $u(t)$ dado dentro do conjunto $[0\,,\,5]\,\mathrm{V}$, e $K_a = 500\,\mathrm{kg/s}$ é uma constante que relaciona a velocidade do carro com a força do atrito causada pelo ar. Ademais, o sinal $F_e(t)$ representa uma força externa ao sistema de controle, referente ao efeito da inclinação da estrada; essa força varia entre 0 e 1500 N. Ressaltamos, além disso, que o sensor de velocidade do carro traduz a velocidade medida em um sinal de tensão entre 0 e 5 V, de tal forma que a velocidade medida $v_m(t) = K_s v(t)$ possa ser usada no circuito eletrônico que implementa a lei de controle. Neste caso, usamos $K_s = \frac{1}{6}\,\mathrm{Vs/m}$, considerando velocidades medidas em m/s.

Substituindo os valores numéricos das constantes, temos o seguinte modelo para a velocidade do carro:

$$2\frac{dv(t)}{dt} + v(t) = 6u(t) - 0.002F_e(t)\,, \qquad (11.2)$$

Ressaltamos que esse modelo tem uma constante de tempo de 2 segundos. Utilizaremos o ajuste do controle PI básico que vimos no Capítulo 10, cujo ajuste é dado por:

$$\begin{cases} K_c = \frac{6}{K_e} = 1\,, \\ T_i = 0.5\tau = 1\,\mathrm{s}\,. \end{cases} \tag{11.3}$$

Ressaltamos que este ajuste busca uma resposta em malha fechada com uma constante de tempo próxima a um segundo. A Figura 11.1 mostra as respostas de fato obtidas para este caso de estudo.

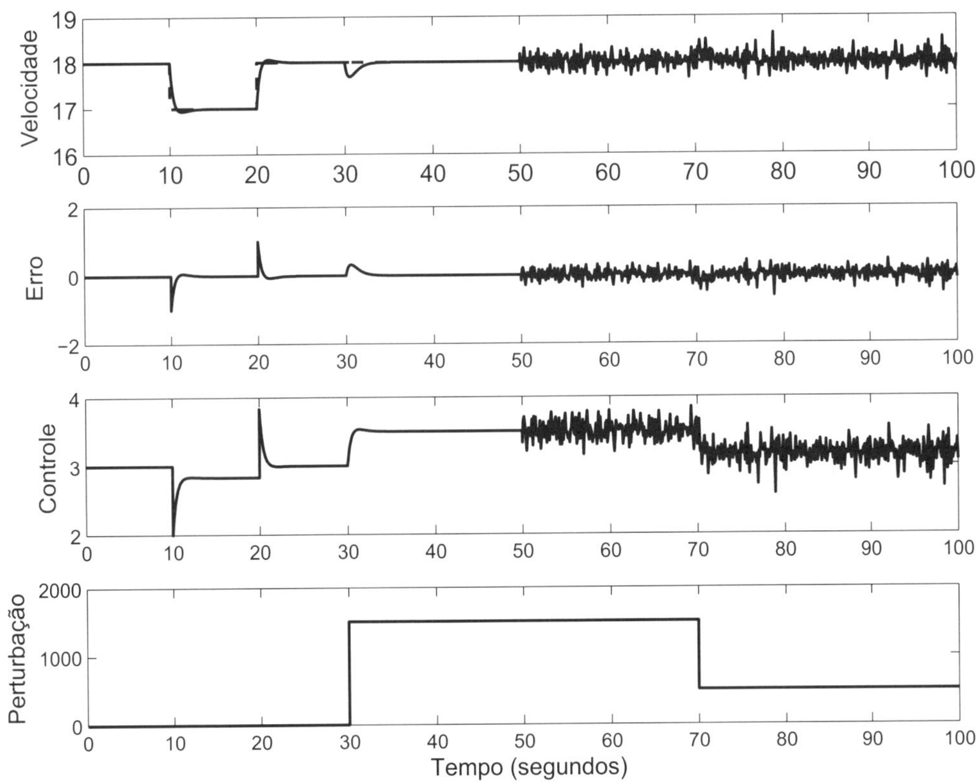

Figura 11.1 – Resposta do sistema de controle PI para o controle (piloto) automático de um carro. Primeiro ajuste.

O piloto automático é ligado no instante de tempo $t = 0\,\mathrm{s}$, quando o carro está percorrendo a estrada a $18\,\mathrm{m/s}$. Após dez segundos, o set-point de velocidade é mudado para 17 m/s e, no instante de tempo $t = 20\,\text{s}$, ele passa a valer novamente 18 m/s. Aos 30 segundos de simulação, a estrada pela qual o carro trafega apresenta uma subida, representada por meio de uma perturbação $F_e(t)$ tipo degrau, de amplitude 1500 N. No instante de tempo $t = 70\,\text{s}$, esta perturbação passa a valer 500 N, com descida tipo degrau.

Para complementar a fidedignidade desta simulação, um ruído de medição da velocidade do carro é adicionado a partir do instante de tempo $t = 50\,\text{s}$. Ressaltamos que na prática todos os equipamentos de medição (sensores) são suscetíveis a sinais de ruído, que corrompem seus desempenhos.

Dessa figura, podemos observar que:

1. o sistema de controle atua de tal forma a conseguir que as respostas em malha fechada sejam rápidas, levando o processo ao ponto de equilíbrio descrito pelo sinal de referência, mesmo no caso de perturbações tipo degrau;

2. as respostas apresentam um pequeno sobressinal para mudanças tipo degrau no sinal de referência;

3. o sistema tem uma passagem suave entre os modos de operação manual e automático, pois o algoritmo de controle automático foi corretamente inicializado, o valor inicial do controle é de 3 V para manter a velocidade de 18 m/s;

4. quando o ruído de medição é incluído na simulação, podemos notar que há uma variação do sinal de controle que atua no motor, que pode ser prejudicial ao sistema de injeção.

Para fins de comparação, sintonizamos um segundo controlador PI, cujo ajuste é dado por:

$$\begin{cases} K_c &= \frac{5}{K_e} = 0.833\,, \\ T_i &= \quad \tau = 2\,\mathrm{s}\,. \end{cases} \tag{11.4}$$

Este segundo ajuste busca uma resposta rápida, mas sem ultrapassagem do sinal de referência (sobressinal). A Figura 11.2 mostra as respostas obtidas para o comportamento em malha fechada do veículo, considerando o mesmo cenário de simulação.

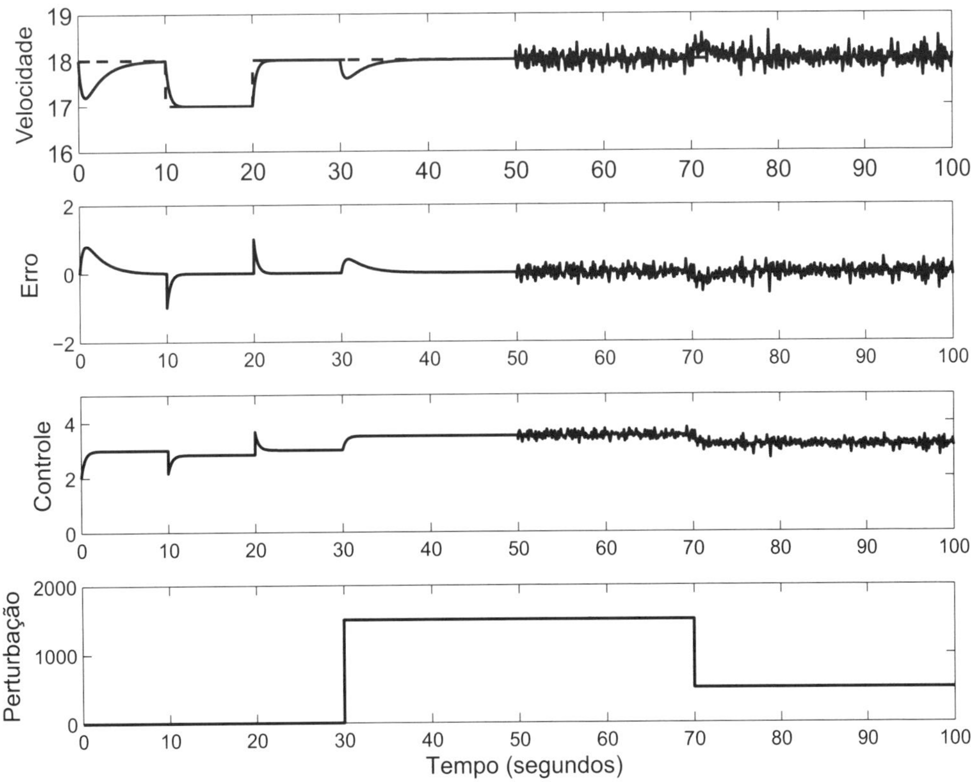

Figura 11.2 – Resposta do sistema de controle PI para o controle (piloto) automático de um carro. Segundo ajuste.

Notamos, neste caso, que:

1. o controle age para conseguir tempos de resposta rápidos para mudanças de set-point, porém é mais lento com relação ao primeiro ajuste

quando aparecem perturbações. O sobressinal nas respostas não está mais presente;

2. a passagem de manual para automático não é suave, pois o controle não foi corretamente inicializado. Note que, no instante inicial $t = 0\,\text{s}$, o veículo desacelera para depois acelerar novamente e estabilizar-se em $v = 18\,\text{m/s}$. Observe que o valor inicial do controle não é o mesmo que mantém o carro no regime permanente com velocidade de $18\,\text{m/s}$ e, por isso, apresenta um regime transitório de alguns segundos até que a velocidade se estabilize no valor inicial de equilíbrio;

3. como o ganho do controlador K_c é menor com este ajuste, observamos que o efeito do ruído de medição no sinal de controle é reduzido.

Com esses ensaios de simulação, pudemos observar alguns aspectos importantes a respeito de controladores PI e sobre como podemos obter um ajuste adequado tanto para mudanças de set-point quanto para perturbações. Também pudemos observar que o efeito no ruído de medição deve ser levado em conta na análise e no projeto do sistema de controle, tal como aspectos de implementação em termos de mudança entre os modos de operação manual e automático. Estudaremos vários destes pontos nas próximas seções e alguns deles no próximo capítulo. Entretanto, antes de formalizarmos estes conceitos e aprofundarmos o debate, apresentaremos mais um caso de estudo para motivar as análises de situações práticas comuns de sistemas de controle PI.

11.2 Caso de estudo: controle de um fermentador de etanol

Na indústria da cana-de-açúcar, um dos produtos fabricados é o etanol. Para sua fabricação, fermentadores são utilizados, responsáveis por fermentar o caldo extraído da cana (a garapa) para a produção da vinho, líquido fermentado que é, posteriormente, destilado e, então, converte-se em etanol.

Os fermentadores são basicamente grandes tanques que operam em regime de batelada. Eles são carregados com o mosto da garapa (garapa misturada com ácido) e leveduras biodigestoras para que naturalmente ocorra o processo de fermentação, que transforma o açúcar presente no mosto em álcool. Este processo demora aproximadamente oito horas e, para que a fermentação aconteça de forma adequada, o nível e a temperatura da mistura (mosto com leveduras) armazenada nestes tanques, tal como o PH da vazão do mosto que carrega o tanque, devem ser controlados.

Figura 11.3 – Tanque fermentador em usina de geração de etanol a partir da cana-de-açúcar.

A Figura 11.3 apresenta uma fotografia de um conjunto de fermentadores de uma usina de grande porte, com tanques de 500 mil litros de capacidade. Normalmente, cada usina produtora de etanol tem vários desses, que são carregados e descarregados três vezes ao dia (a cada oito horas).

Para controlar o PH do mosto, regula-se a vazão do ácido que é injetado na tubulação que escoa a corrente de garapa, que, por sua vez, enche o tanque do fermentador. Para controlar o nível do tanque, regula-se a vazão deste mosto, de tal forma que o nível do tanque apresente um certo perfil, definido pelo operador, segundo as instruções de fermentação para a produção do vinho (mosto fermentado que depois é destilado gerando etanol). O controle da temperatura do mosto dentro do tanque, por sua vez, é feito através da recirculação do vinho por meio de um trocador de calor, que usa água fria (de um rio ou lago próximo) como fluido refrigerante.

No Capítulo 7, Figura 7.2, apresentamos um esquema que representa todo o processo de fermentação com o tanque, trocador de calor, a bomba que injeta água fria e válvulas de controle. Note que uma válvula regula a vazão de ácido para o controle do PH do mosto, outra válvula regula a vazão do caldo da cana alcalinizado, usado para o controle de nível no tanque, e, por fim, uma terceira válvula controla a vazão de água que entra no trocador de calor, visando o controle da temperatura do vinho.

Para o controle dessas variáveis, normalmente utiliza-se um conjunto de três controladores tipo PI, um para cada uma das variáveis de processo: temperatura, nível e PH do mosto, atuando nas três válvulas instaladas no processo separadamente. A Figura 11.4 apresenta três diagramas de blocos que ilustram o funcionamento dessas três malhas de controle realimentado.

É importante observarmos que, em duas dessas malhas de controle (controle de PH e de temperatura), o sinal de erro é definido com $e = y - r$, uma vez que as dinâmicas controladas têm ganho direto negativo e os controles PI industriais usam apenas ganhos positivos. Note que um aumento na vazão do ácido e de vazão de água fria causam, respectivamente, diminuições do PH e da temperatura do mosto. Já na malha referente ao nível, o sinal de erro é calculado como $e = r - y$, uma vez que este processo apresenta ganho positivo, visto que um aumento na vazão de garapa causa um aumento no nível de mosto dentro do tanque.

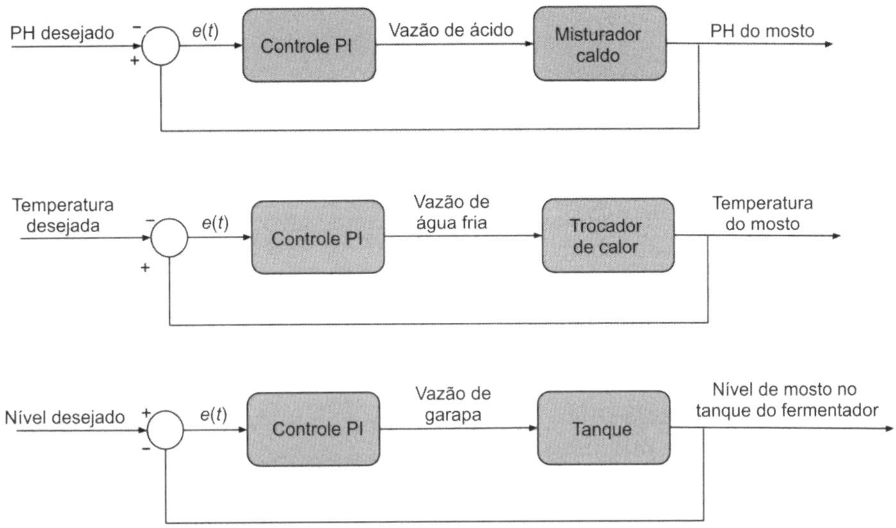

Figura 11.4 – Conjunto de malhas de controle PI do fermentador de uma usina de cana-de-açúcar.

Analisaremos, aqui, o ajuste do controle de nível do fermentador comparando os resultados de simulação para duas técnicas distintas de ajuste. Nos exercícios ao final deste capítulo, propomos atividades de análise para as outras duas malhas de controle deste processo.

Consideramos um tanque de fermentação com base de área $A = 50\,\mathrm{m}^2$, cujo nível máximo é de $10\,\mathrm{m}$ e cuja vazão máxima de entrada é de $100\,\mathrm{m}^3/\mathrm{h}$. Sabemos que durante o processo de enchimento do tanque, a válvula de saída está fechada e a recirculação do mosto não altera o nível $H(t)$. Portanto, podemos usar o seguinte modelo para descrever as dinâmicas da regulação de nível:

$$A\frac{dH(t)}{dt} = V_e(t)\,, \tag{11.5}$$

sendo $V_e(t)$ o sinal que representa vazão de entrada.

Esse modelo pode ser normalizado considerando $h(t) = \frac{H(t)}{10}$ e $v_e(t) =$

$\frac{V_e(t)}{100}$. Neste caso, a equação $10A\frac{dh(t)}{dt} = 100v_e(t)$ converte-se em $\frac{dh(t)}{dt} = 0.2v_e(t)$, com os sinais $h(t)$ e $v_e(t)$ definidos no intervalo $[0, 1]$. Neste caso, o tempo é medido em horas.

Para o controle do nível, a abertura da válvula de entrada $a(t) \in [0, 1]$ é usada como variável manipulada. Consideraremos que as dinâmicas desta válvula são muito rápidas em face das dinâmicas do enchimento do tanque e, que, portanto, a relação $a(t) = v_e(t)$ é válida (modelo já normalizado). Ressaltamos que o modelo $\frac{dh(t)}{dt} = 0.2a(t)$ é do tipo integrador, com ganho de velocidade $K_v = 0.2$.

Para regular este processo, utilizaremos um controlador PI, cujo ajuste básico é descrito no Capítulo 10, dado por:

$$K_c = \frac{2}{K_v \tau_{\text{MF}}} = \frac{10}{\tau_{\text{MF}}} \quad , \quad T_i = 2\tau_{\text{MF}} \, , \tag{11.6}$$

sendo $\tau_{\text{MF}} = 2$ horas a constante de tempo desejada para as respostas em malha fechada. Neste caso, obtemos os parâmetros $K_c = 5$ e $T_i = 4$ horas.

A Figura 11.5 apresenta as respostas da variável de processo e da variável de controle obtidas por meio de um ensaio em simulação com o modelo deste sistema (linhas cheias), considerando um cenário de enchimento até 60% do nível máximo do tanque, com o ajuste proposto.

Nessa figura, podemos observar que: (i) o nível atinge o valor desejado mas tem um comportamento transitório que apresenta um pico, com valores maiores que 60%, (ii) o sinal de controle aplicado não atende as restrições do problema, uma vez que a ação de controle ultrapassa o valor máximo permitido para a válvula e também atinge um valor negativo em parte do transitório.

Para considerarmos os efeitos da saturação do sinal de controle, apresentamos os sinais resultantes (linhas tracejadas) obtidos com um elemento limitador (saturador), que impede que a ação de controle saia da banda $[0, 1]$. Como podemos observar, com esta modificação no modelo, o controle

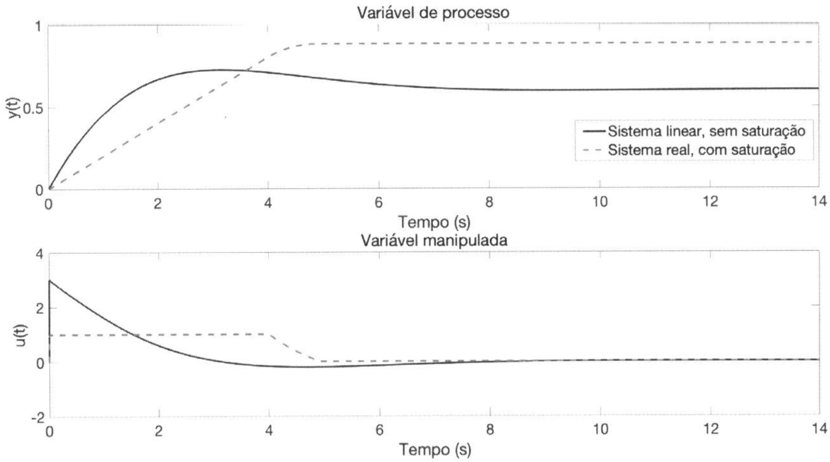

Figura 11.5 – Respostas do controle nível do fermentador de uma usina de cana-de-açúcar.

respeita os limites de atuação, mas, como consequência, a resposta da regulação de nível fica bastante deteriorada, mais lenta e com um valor final que ultrapassa muito o valor desejado de nível (60%).

Fica evidente, portanto, que se faz necessário o estudo de alternativas para este problema causado pela saturação da ação de controle em um processo controlado por um PI.

Na sequência, discutiremos os problemas observados nas simulações desses dois exemplos anteriores. Iniciaremos pela discussão da estratégia de ponderação do set-point.

11.3 Controle PI com ponderação da referência

Como no exemplo do controle de velocidade do carro, quando o ajuste de controladores PI almeja respostas rápidas na rejeição de perturbações, surgem picos de ultrapassagem (sobressinais) na resposta às mudanças de referência. Nos ajustes clássicos, sempre há um compromisso implícito entre a aceleração das respostas às perturbações e os picos resultantes nas respostas às referências.

Na Figura 11.6, apresentamos um exemplo em simulação referente a um sistema de primeira ordem controlado com dois controladores tipo PI com ajustes diferentes. O sistema é descrito por uma EDO de primeira ordem, com parâmetros $\tau = 5$ s, $K_e = 1$ e $K_q = 1$. Consideramos uma perturbação tipo degrau de amplitude 1.5 no instante de tempo $t = 15$ s.

No primeiro caso (linhas cheias), o ajuste do PI prioriza a resposta rápida em face das perturbações e, consequentemente, obtém-se um pico na resposta à mudança de set-point. Já no segundo ajuste (linhas tracejadas), os parâmetros do controlador são ajustados visando a eliminação do pico da resposta ao set-point, mantendo o tempo de assentamento em malha fechada próximo ao do primeiro ajuste, mas deixando a resposta às perturbações mais lentas.

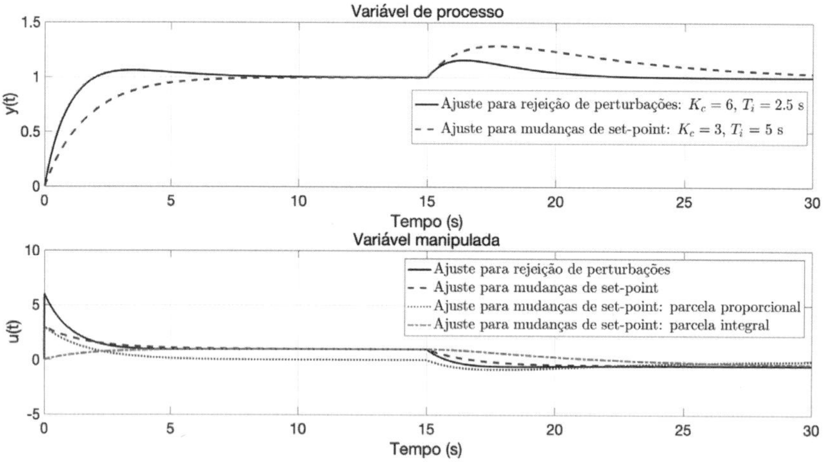

Figura 11.6 – Resposta do sistema de controle PI com ajuste para mudanças de set-point e para perturbações.

No ajuste representado por meio das curvas em linha cheia, observamos uma ação de controle mais agressiva nos instantes em que são aplicadas mudanças tipo degrau no sinal de referência. Tal como discutido no capítulo anterior, observamos que a parcela proporcional é responsável pela ação de controle na parte inicial do regime transitório (linha pontilhada), uma vez que a ação integral (linha tracejada-pontilhada) tem condição inicial nula. Fica evidente, portanto, que a responsabilidade da subida rápida da variável de processo e de sua ultrapassagem do valor de referência provém da parcela proporcional da ação de controle.

Para efeitos da rejeição de perturbações, ressaltamos que a ação de controle altera-se unicamente devido às variações da variável de processo, uma vez que o sinal $r(t)$ mantém-se constante a despeito das perturbações. Note que, para estas situações, a variável de processo movimenta-se de forma suave sob o efeito da perturbação e, portanto, as variações nas parcelas P e I da ação de controle são suaves com ambos ajustes, sem que sobressinais apareçam.

Ressaltamos que a ação de controle PI pode ser reescrita da seguinte forma:

$$u(t) = K_p r(t) - K_p y(t) + K_i \left(\int_0^t e(\mu) d\mu \right) . \qquad (11.7)$$

Conforme discutimos, destes três termos, apenas o primeiro pode causar mudanças rápidas (bruscas) na variável de processo diante de variações instantâneas no sinal $r(t)$ e, por consequência, esse termo é certamente responsável pelo pico que a resposta em malha fechada pode apresentar.

Uma ideia intuitiva para resolver o problema do pico nas respostas é reduzir o ganho K_p (em módulo) de tal forma que $|K_p r(t)|$ seja reduzido. Todavia, essa não é uma boa solução, visto que a redução de $|K_p|$ prejudica a resposta do sistema à perturbação, dado que também reduz o termo $|K_p y(t)|$.

Devemos, então, adicionar um grau de liberdade à lei de controle PI, de tal forma que possamos diminuir o primeiro termo sem alterar o segundo, mantendo-o como $-K_p y(t)$ para que a rejeição das perturbações seja possível.

Uma forma simples de fazermos isso é por meio da inclusão de um termo de ponderação da parcela proporcional do controle, multiplicando somente o sinal $r(t)$. Definimos, então, um fator de ponderação de referência $b \in [0\,,\,1]$. Esse fator é incluído na lei de controle PI, da seguinte forma:

$$u(t) \;=\; K_p\,(br(t) - y(t)) + K_i \int_0^t (e(\mu)d\mu)\,. \qquad (11.8)$$

Por meio do parâmetro b, a lei de controle PI com ponderação de referência, dada na Eq. (11.8), apresenta um parâmetro de ajuste adicional, que é escolhido para mantermos a resposta em malha fechada rápida em face das perturbações e, concomitantemente, eliminarmos o pico da resposta ao set-point, mantendo um tempo de resposta aproximadamente igual.

A Figura 11.7 mostra um ajuste de controlador PI sintonizado para respostas em malha fechada rápidas com (linha cheias) e sem (linhas tracejadas) o uso do fator de ponderação de referência b. Neste caso, este fator é tomado como $b = 0.5$. Nessa figura, podemos observar que a inclusão do fator de ponderação b apenas altera a resposta do sinal de controle nos instantes iniciais. No caso com o fator de ponderação b, o valor da ação de controle, no instante $t = 0$, apresenta metade do valor instantâneo da ação de controle sem o uso do fator $b = 0.5$. Observamos como o pico na resposta ao set-point foi reduzido; ele poderia ser ainda menor com um valor de $b < 0.5$.

Essa metodologia permite que um ajuste com $T_i < \tau$ e ganho K_c elevado (em módulo) possa ser usado, buscando uma aceleração das respostas em malha fechada em face das pertubações e, em um segundo passo, a correção das respostas às mudanças de referências por meio do fator de ponderação b, usado para reduzir o pico da resposta aos set-points tipo degrau.

Para exemplificarmos o uso desta metodologia de ponderação da referência, apresentaremos mais um exemplo de um sistema de controle PI para a regulação da temperatura de um forno.

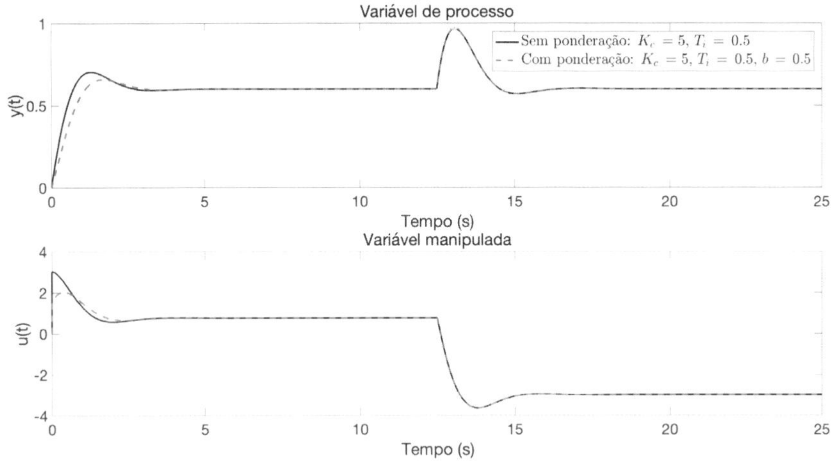

Figura 11.7 – Resposta do sistema de controle PI com ajuste rápido e uso do b para evitar o pico da resposta ao set-point.

Exemplo 93 *Considere um forno de aquecimento da indústria cerâmica, cuja fonte de energia é gás natural. O modelo que representa o comportamento das variações de temperatura do forno $y(t)$ com relação às variações da abertura da válvula de gás $u(t)$ e às variações da temperatura de entrada das peças $q(t)$ (perturbação do sistema) é dada por:*

$$20\frac{dy(t)}{dt} + y(t) = 5u(t-1) + q(t-1)\,, \tag{11.9}$$

para o qual o tempo é dado em minutos. Ressaltamos que este modelo apresenta um atraso de um minuto entre a aplicação da entrada u e da perturbação q e os efeitos observados na variável de processo y.

Para este sistema, deseja-se projetar um controle PI que garanta resposta em malha fechada para a rejeição das perturbações de temperatura de entrada de tipo degrau com um tempo de assentamento próximo a $\frac{1}{4}$ do tempo de assentamento da planta em malha aberta. Além disso, a resposta não deve ser oscilatória e o pico na resposta às perturbações tipo degrau deve ser menor que 5%.

Dadas as especificações, o ajuste dos parâmetros do sistema de controle

PI é realizado seguindo o método de sintonia de Skogestad, pois este fornece respostas sem oscilação, para as quais podemos ajustar o tempo esperado para a malha fechada.

Neste caso, o tempo de assentamento em malha aberta é de aproximadamente $t_{5\%} = 3\tau + L = 3(20) + 1 = 61$ *minutos. Desejamos um tempo de assentamento em malha fechada de aproximadamente* 15 *minutos. Usando, então, o método de sintonia de Skogestad para* $\tau_{MF} = 5$ *minutos, obtemos os seguintes parâmetros para o controlador PI:*

$$\begin{cases} K_c &= \frac{20}{5}\frac{1}{1+5} = 0.67\,, \\ T_i &= \min(20\,,\, 1.5(5+1)) = 9\,. \end{cases} \tag{11.10}$$

Por meio de ensaios em simulação, apresentamos os sinais de controle resultantes na Figura 11.8 (linhas cheias). Nesta figura, podemos observar que, de fato, as respostas não apresentam oscilações e possuem um tempo de assentamento adequado. Entretanto, o pico da resposta ao degrau de set-point é maior que o desejado.

Para resolvermos o problema do pico da resposta à referência, ajustamos o controlador através da ponderação da referência, com a inclusão de um fator b *para baixar o pico nas respostas em face das mudanças de referência e manter a mesma resposta em face das perturbações.*

Assim, a Figura 11.8 também mostra o resultado obtido usando um fator de ponderação $b = 0.6$ *(curvas tracejadas). De fato, como podemos observar, as respostas obtidas atendem todas as especificações solicitadas. Note como o uso do* b *suaviza a ação de controle nos instantes iniciais depois de aplicação de uma referência tipo degrau. O sinal de controle instantemente aplicado pelo controlador PI é dado por* $u(0) = K_p e(0) = 0.66$*, no caso do controlador com* $b = 1$*, e* $u(0) = K_p\,(br(0) - y(0)) = 0.41$*, no caso do PI com ponderação* $b = 0.6$*. Esta redução do valor inicial do sinal de controle implica na redução do sobressinal na variável de processo.*

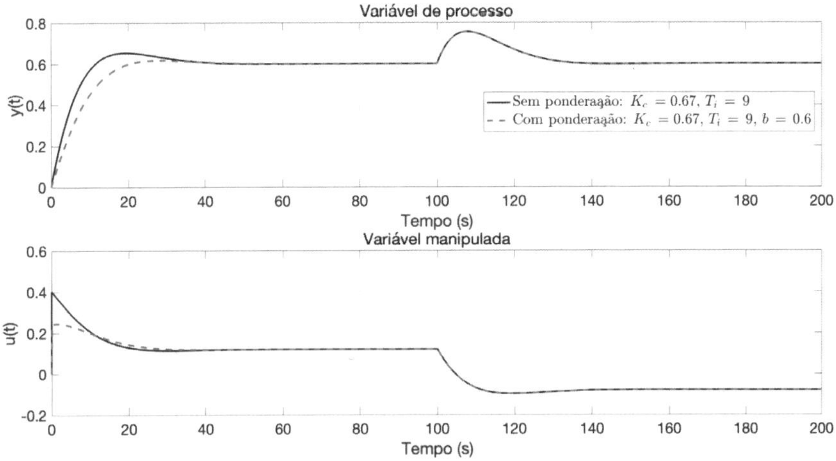

Figura 11.8 – Resposta do sistema de controle PI no forno de cerâmica com ajuste rápido e uso do fator de ponderação b para evitar o pico na resposta ao set-point.

Para finalizar esta seção, apresentamos uma breve discussão sobre a implementação discreta de uma lei de controle PI com ponderação de set-point. Para tanto, podemos simplesmente modificar a formulação (código) do sistema de controle discreto apresentado no capítulo anterior.

Podemos, primeiramente, reescrever a lei de controle PI (sem a ponderação de referência), para o caso discreto:

$$u(kT_s) = K_p e(kT_s) + K_i T_s \sum_{i=0}^{i=k} e(iT_s) . \tag{11.11}$$

Incluindo a ponderação do set-point no primeiro termo, obtemos:

$$u(kT_s) = K_p \left(b r(kT_s) - y(kT_s) \right) + K_i T_s \sum_{i=0}^{i=k} e(iT_s) . \tag{11.12}$$

Atrasando a equação em uma amostra, obtemos:

$$\begin{aligned} u((k-1)T_s) &= K_p\,(br((k-1)T_s) - y((k-1)T_s)) && (11.13)\\ &+ K_iT_s \sum_{i=0}^{i=(k-1)} e(iT_s)\,. \end{aligned}$$

Subtraindo essas equações e organizando, obtemos:

$$\begin{aligned} u(kT_s) &= u((k-1)T_s) + K_pb\,(r(kT_s) - r((k-1)T_s)) && (11.14)\\ &- K_p\,(y(kT_s) - y((k-1)T_s)) + K_iT_se(kT_s)\,. \end{aligned}$$

Por fim, podemos restruturar a lei de controle da seguinte forma, em notação compacta:

$$\begin{aligned} u(k) &= u(k-1) + (K_pb + K_iT_s)\,r(k) && (11.15)\\ &- (K_pb)\,r(k-1) - (K_p + K_iT_s)\,y(k) + K_py(k-1)\,. \end{aligned}$$

Observe que essa equação vale também para o caso sem ponderação de referência, usando $b = 1$.

11.4 Modos de operação: manual e automático

Como vimos no problema do piloto automático, a configuração de um controlador PI deve ser tal que a passagem entre os modos de operação manual para automático (e vice-versa) seja realizada de forma suave, isto é, sem saltos na ação de controle quando o modo é alterado.

Devemos ressaltar que este tipo de mudança entre modos de operação é muito usada em plantas industriais. Um exemplo de passagem entre um modo de operação manual para automático é observado no momento da inicialização de um processo, para o qual a planta é conduzida, em modo manual, até que esteja operando nas vizinhanças de um ponto de operação predefinido, para o qual o controlador automático foi projetado.

Outra situação acontece quando o operador observa que o controle não está atuando adequadamente e decide operar de forma manual para garantir a segurança do sistema, até que a lei de controle seja reprojetada.

Portanto, analisaremos essas questões práticas de implementação considerando um sistema de controle PI digital com ponderação do set-point, conforme dado pela Eq. (11.15), na seção anterior.

Para tal, consideraremos que o valor de controle manual é enviado manualmente pelo usuário para o sistema de controle (por exemplo, via teclado) e seu valor é dado por u_{manual}. Também consideraremos que a mudança da operação entre os modos manual e automático é imposta por meio de um sinal enviado pelo usuário para o sistema de controle, definindo uma variável $A = 1$ para a operação automático e $A = 0$ para operação manual. De forma complementar, armazena-se na variável A_a o valor anterior da variável A, para que o sistema de controle digital possa saber se houve (ou não) mudança entre os modos de operação. Quando o controlador é ligado na operação automática, define-se $A = 1$ e $A_a = 0$.

Quando o sistema de controle opera em modo manual, o valor u_{manual} deve ser passado para a ação de controle, ou seja, $u(t) = u_{\text{manual}}$. Caso contrário, o valor do sinal de controle $u(t)$ deve ser calculado de acordo com uma lei PI. Ressaltamos que a transição entre ambos os modos de operação deve ser realizada sem saltos da ação de controle.

Para que essa transição adequada entre modos de operação seja garantida, o controle automático deve ser inicializado no momento de sua ativação com o valor do controle manual que estava sendo aplicado, e da mesma forma, no caso contrário, o sinal de inicialização do modo manual no momento da troca deve ser igual ao último valor de controle automático aplicado. O código de implementação digital pode ser redigido da seguinte forma:

- Passo 0: Define-se o ganho direto do processo: quando esse for positivo, inicializa-se $p = 1$ e, quando negativo, inicializa-se $p = -1$.

- Passo 1: Lê-se A (modo de operação).
- Passo 2:
  - Caso $A = 1$ e $A_a = 0$, lê-se u_{manual} e armazena-se o valor lido em u_a. Lê-se o set-point r e a variável de processo y. Inicializa-se $r_a = r$ e $y_a = y$. Continua-se no Passo 3.
  - Caso $A = 1$ e $A_a = 1$, continua-se no Passo 3.
  - Caso $A = 0$ e $A_a = 1$, define-se $u = u_a$ e continua-se no Passo 8.
  - Caso $A = 0$ e $A_a = 0$, continua-se no Passo 7.
- Passo 3: Leem-se os valores de K_p, K_i e b.
- Passo 4: Calcula-se o sinal de controle $u = u_a + p(K_p b + K_i T_s)r - pK_p br_a - p(K_p + K_i T_s)y + pK_p y_a$ e aplica-se o controle ao processo.
- Passo 5: Atualizam-se as variáveis: $u_a = u$, $r_a = r$, $y_a = y$, $A_a = A$.
- Passo 6: Retorne ao Passo 2.
- Passo 7: Lê-se u_{manual} e toma-se $u = u_{\text{manual}}$.
- Passo 8: Aplica-se u ao processo.
- Passo 9: Retorna-se ao Passo 1.

11.5 Controle PI com saturação da ação de controle

Conforme discutido anteriormente, na prática, todos os controladores e atuadores apresentam limites físicos para a atuação. Quando o valor da variável de controle atinge o limite máximo (ou mínimo) da banda de atuação do autuador, ocorre a saturação do sinal de controle. Esse fato faz com que a malha de realimentação seja, de certa forma, quebrada, pois o atuador permanecerá no seu limite máximo $u_{\max}$ (ou mínimo $u_{\min}$) independentemente da saída do processo.

De um ponto de vista do processo em si, esta situação é facilmente interpretada como uma resposta em malha aberta em face da entrada de valor fixo. Consideraremos, aqui, a implementação discreta do controle para realizar a análise dessa situação.

Iniciemos esta análise considerando uma lei de controle proporcional e um atuador que define uma faixa de valores limitados para o sinal de controle que é, de fato, aplicado ao processo. Consideremos que o sinal de atuação é dado dentro do conjunto $[u_{\min}, u_{\max}]$. Note que o sinal de controle é sempre calculado como $u(k) = K_p e(k)$. Entretanto, a variável manipulada de fato aplicada ao processo u_r é dada por:

$$u_r(k) = \begin{cases} u_{\min}, & \text{se } K_p e(k) \leq u_{\min}, \\ u_{\max}, & \text{se } K_p e(k) \geq u_{\max}, \\ K_p e(k), & \text{caso contrário.} \end{cases} \tag{11.16}$$

Portanto, quando usamos uma estratégia tipo P, que não possui memória, a ação de controle em um dado instante de amostragem não depende do controle aplicado no instante anterior. Perceba que, se o erro no instante

k é conhecido, o sinal de controle neste instante é dado por $K_p e(k)$, não dependendo da condição em que se encontrava o sistema no instante anterior (com saturação do atuador ou não). Conforme discutido anteriormente, caso o erro esteja dentro da banda proporcional do controle, observamos uma atuação tipo P, caso contrário, uma atuação tipo liga-desliga. Portanto, observaremos uma combinação de respostas em malha aberta e malha fechada quando o atuador do sistema está ou não está saturado, respectivamente.

Entretanto, quando um controlador com ação integral é utilizado, visto que ele possui memória, observamos um problema. Quando o sinal de controle satura, a integral pode sofrer uma acumulação, isto é, a integral do erro pode aumentar mais do que necessário, causando problemas ao sistema de controle e deteriorando a resposta em malha fechada. Isso reflete em um atraso no momento em que o sistema retorna a uma condição sem saturação da atuação. Analisaremos este caso com mais detalhes, considerando um controle PI simples (sem ponderação do set-point).

11.5.1 O efeito do acúmulo da ação integral

Considere o caso de um controlador PI discreto. Para tal controlador, a ação de controle é calculada da seguinte forma:

$$u(k) = u(k-1) + K_1 e(k) + K_2 e(k-1)\,, \tag{11.17}$$

sendo $K_1 = K_p + K_i T_s$ e $K_2 = -K_p$.

Tal como no caso do controle P, quando ocorre saturação do sinal de controle, observamos que o sinal de atuação real enviado ao processo, $u_r(k)$, é dado por:

$$u_r(k) = \begin{cases} u_{\min}, & \text{se } u(k) \le u_{\min}, \\ u_{\max}, & \text{se } u(k) \ge u_{\max}, \\ u(k-1) + K_1 e(k) + K_2 e(k-1), & \text{caso contrário.} \end{cases}$$

Neste caso, uma vez que atualizamos o sinal de controle no instante anterior $u(k-1)$ com base no sinal calculado, a seguinte situação é gerada: caso ocorra saturação no limite superior no instante $k-1$, ou seja, $u(k-1) > u_{\max}$, o valor que é salvado na memória do sistema de controle para o cálculo de $u(k)$ será maior que o valor do sinal de controle que foi de fato aplicado ao processo, $u_r(k-1) = u_{\max}$. Assim, se o erro instantâneo $e(k)$ ainda for positivo, a ação de controle $u(k)$ será ainda maior que $u(k-1)$, e o sinal aplicado continuará sendo $u_r(k) = u_{\max}$.

Portanto, enquanto o sinal erro e não trocar de sinal ou convergir para zero, a parcela integral do sinal de controle continua crescendo. Ademais, se o valor acumulado na integral do sinal de erro, no instante k, for maior que o valor do regime permanente da parcela integral, o erro deverá ser negativo em algum momento para que se possa diminuir a integral acumulada.

Note que discutimos o caso de saturação no limite superior, mas um fenômeno análogo ocorre no caso da saturação no limite inferior. Neste caso, a integral continuará decrescendo indefinidamente, a menos que o sinal de erro passe a ser positivo de tal forma que a integral pare de decrescer. Na sequência, ilustraremos esse fenômeno graficamente.

Consideraremos um exemplo de um controle PI aplicado a um processo com ganho direto positivo (representado por uma EDO com parâmetros $\tau = 5$ s e $K_e = 2$), por ora sem saturação na atuação. Este controlador foi sintonizado de forma a buscar respostas do processo em malha fechada adequadas face às mudanças no sinal de referência, como mostra a Figura 11.9.

Esta figura mostra a variável de processo, a ação de controle e também parcela referente à integral do erro. Relembramos que a integral do erro pode ser calculada como a área entre o sinal de erro e o eixo das abscissas. Neste caso, o sinal integral do erro $i_e(t) = \left(\int_0^t e(\mu)d\mu\right)$ aumenta progressivamente, partindo da origem até que a variável de processo chegue ao valor de referência. Na sequência, a ação integral $i_e(t)$ diminui quando o erro é

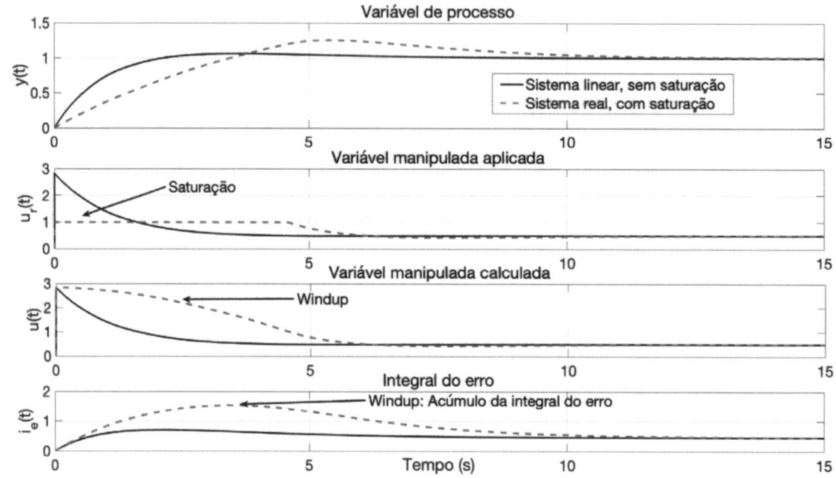

Figura 11.9 – Resposta do sistema com controle PI sem saturação (linhas cheias) e com saturação (linhas tracejadas) da ação de controle.

negativo, até atingir o valor final de equilíbrio. Observamos, portanto, um acúmulo da ação integral durante o tempo em que o sinal de erro é positivo e um descarregamento da integral quando o erro é negativo.

Incluiremos, agora, o fenômeno da saturação no sinal de controle. O sinal de controle é limitado dentro do conjunto $[u_{\min}, u_{\max}]$, com $u_{\min} = -1$ e $u_{\max} = 1$. Com a saturação da atuação, o valor de controle aplicado no processo não será mais o sinal de controle $u(t)$ calculado pela estratégia PI, mas $u_r(t)$. As curvas resultantes quando há saturação em $u(t)$ são apresentadas com traços.

Notamos que a banda disponível para o sinal de atuação real $u_r(t)$ de controle é menor que a banda utilizada pelo sinal de controle no caso sem saturação. Uma vez que a atuação é restringida, observamos respostas em malha fechada mais lentas. Note, também, que o valor final de equilíbrio do controle não é alterado, isto é, depois do transitório, em ambos os casos, o valor da integral do erro será o mesmo. Essa propriedade é esperada, uma vez que o ponto de equilíbrio do processo $(u(+\infty), y(+\infty))$ depende apenas do set-point escolhido e encontra-se dentro da banda de controle admissível.

Analisando o regime transitório, podemos observar que, na primeira parte do transitório da variável de processo, a integral do erro $i_e(t)$ referente ao caso com saturação (linhas tracejadas) é maior que a integral no caso sem saturação (linhas cheias), uma vez que a área entre a curva do erro e o eixo das abscissas no caso com saturação é maior que a área do erro no carro sem saturação.

Desta forma, a parcela positiva do sinal $i_e(t)$ no caso com saturação é maior que a parcela positiva do sinal $i_e(t)$ no caso sem saturação, implicando que a parcela negativa deste sinal também deverá ser maior (em módulo), no caso com saturação. Esse fenômeno é claramente observado na Figura 11.9, visto que o sistema com saturação apresenta um pico na resposta muito maior, levando mais tempo para chegar ao equilíbrio do que no caso sem saturação.

Ainda, enquanto o erro for positivo, o controlador entende que deve aumentar o sinal de controle por meio da ação integral, e, como o controle está saturado, esse aumento não causa o efeito desejado, isto é, a resposta do sistema continua em malha aberta com o controle máximo. Isso implica que a ação de controle integral aumenta mais do que seria necessário. Portanto, a resposta do sistema no caso com saturação permanecerá mais tempo em um regime de saturação do que seria necessário, e também mais tempo com erro negativo, para que $i_e(t)$ seja plenamente descarregado. Este efeito de sobrecarga da ação integral é chamado na literatura de controle como **windup**, termo proveniente do inglês.

O fenômeno do windup acontece pois o sinal de controle PI é calculado com base em uma ação de controle anterior teoricamente maior (em módulo) que o sinal de controle que fora de fato aplicado ao sistema, fazendo com que o cálculo referente à parcela da ação integral seja maior (em módulo) do que o necessário, atuando como se o sistema não estivesse saturado.

A cada passo discreto, a lei de controle PI é dada por $u(k) = u(k-1) + K_1e(k)+K_2e(k-1)$. No caso de processos com ganho direto positivo, quando ocorre saturação em um instante de tempo $k-1$, temos $u_r(k-1) = u_{\max}$. Entretanto, a lei de controle é atualizada considerando $u(k-1)$, que é maior que $u_r(k-1)$. Assim, a cada passo durante o regime de saturação, para o qual todo $u_r(k) = u_{\max}$, poderíamos adaptar a lei de controle PI para levar em conta este fenômeno, da seguinte forma: $u(k) = u_{\max} + K_1 e(k) + K_2 e(k-1)$. Assim, o valor de u não cresce tanto, e quando o sinal de erro muda de sinal, tornando-se negativo, o sinal de controle diminui e sai mais rapidamente do regime de saturação.

Com esta pequena modificação do código de controle, evitamos que a ação integral continue carregando. Temos então uma forma de eliminar ou diminuir a sobrecarga da ação integral, e, por esse motivo, as estratégias que evitam ou amenizam o problema do windup em sistemas de controle são chamadas de "**anti-windup**". Mostraremos graficamente o efeito desta modificação do controle no mesmo processo. A Figura 11.10 mostra o resultado obtido atualizando corretamente o sinal de controle.

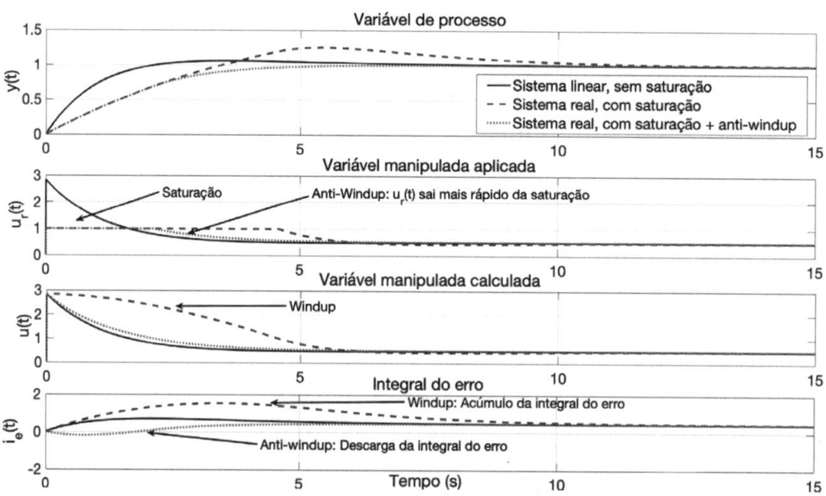

Figura 11.10 – Resposta do sistema com controle PI sem saturação (linhas cheias), com saturação (linhas tracejadas) da ação de controle e com saturação e atualização correta da ação de controle (linhas pontilhadas).

Como pode ser observado nessa figura, a nova lei de controle PI adaptada permite que o tempo de subida do sinal de controle saturado seja mantido, com relação ao caso sem "**anti-windup**", mas sem causar o pico na resposta da variável de processo observado anteriormente. Ademais, a variável de processo chega no set-point em menos tempo em que chegaria no caso sem saturação. Note que a integral do erro chega ao equilíbrio de forma mais rápida e sem ultrapassar o valor final. Evita-se a sobrecarga da ação integral e melhora-se a resposta da variável de processo.

É importante ressaltarmos que o fenômeno do windup também pode acontecer quando o sistema é afetado por uma perturbação rápida e de grande amplitude, que causa um sinal de controle fora da banda permitida. A Figura 11.11 mostra essa situação para os três casos, sem saturação (linhas cheias), com saturação (linhas tracejadas) da ação de controle e com saturação e atualização correta da ação de controle (linhas tracejadas e pontilhadas).

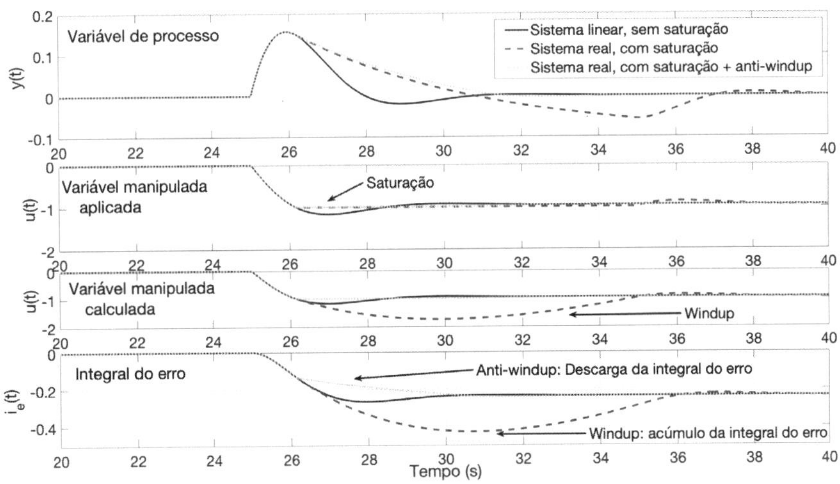

Figura 11.11 – Resposta do sistema com controle PI para uma perturbação: sem saturação (linhas cheias), com saturação (linhas tracejadas) da ação de controle e com saturação e atualização correta da ação de controle (linhas pontilhadas).

Observe como o efeito da saturação não apenas deixa a rejeição à perturbação mais lenta (linhas tracejadas) que no caso sem saturação (linhas cheias), como também causa uma grande ultrapassagem da variável de processo em face do sinal de referência (neste exemplo por valores menores que a referência). Os sinais de controle com atualização correta da saturação (linhas tracejadas e pontilhadas) demonstram que esta estratégia evita que ocorra o efeito do windup.

Existem várias estratégias "anti-windup" e todas elas têm como ideia básica impedir que o integrador do controle continue a ser carregado/descarregado quando a saturação ocorre. Neste livro, apresentaremos apenas duas estratégias, uma para implementação digital e outra para implementação analógica.

Entretanto, antes de passarmos para a parte da análise específica destas estratégias, discutiremos um último ponto. Uma pergunta que poderíamos fazer é a seguinte: não seria melhor mudarmos a sintonia dos parâmetros do controlador PI visando evitar a saturação, em vez de utilizar alguma estratégia anti-windup?

Note que, para evitarmos que o sinal de controle sature durante o regime transitório, ou seja, não ultrapasse os limites inferior ou superior da banda de atuação, é necessário que o sinal esteja limitado ao intervalo $[u_{\min}, u_{\max}]$ durante todo o regime transitório. Entretanto, isso acarretaria uma resposta mais lenta para a variável de processo.

Ressaltamos que o mesmo tipo de comportamento pode acontecer em face de uma perturbação, uma vez que o controle ajustado para não saturar apresentará uma resposta transitória mais lenta.

Desta forma, a solução que usa um controle saturado com correção de windup é mais interessante, sempre que consigamos evitar oscilações e grandes ultrapassagens na resposta transitória do sistema.

Usaremos o exemplo do tanque do fermentador já analisado neste capítulo. Se quiséssemos encher o tanque até um dado nível, a estratégia mais eficiente é usar o máximo de vazão até que o nível chegue no valor desejado e em seguida fechar a válvula que alimenta o fermentador instantaneamente.

Implementar esta estratégia com perfeição exige um controle não linear e instantâneo, usando $u(t) = u_{\max}$, para todo instante de tempo t tal que $y(t) \leq r(t)$ e $u(t) = 0$, a partir do instante seguinte. Observe, entretanto, que um controle PI com anti-windup se aproxima bastante desta estratégia.

Ilustraremos as diferenças entre as respostas de um processo contínuo, descrito por uma EDO de primeira ordem com $K_e = 1$, $K_q = 1$ e $\tau = 2$, com dois PIs diferentes, um deixando a ação de controle saturar com o uso de um anti-windup (PI-1, linhas cheias) e outro mais conservador, que não deixa a variável manipulada chegar na saturação (PI-2, linhas tracejadas), ajustado para respostas menos agressivas. Consideramos uma perturbação tipo degrau de amplitude 1.5 no instante de tempo $t = 15$ s. A saturação é dada por $u \in [-2, 2]$.

A Figura 11.12 mostra as respostas usando as estratégias de controle PI-1 e PI-2. Como pode ser observado, a estratégia com anti-windup (PI-1) permite uma resposta mais rápida e que rejeita muito melhor a perturbação, graças ao uso de uma ação de controle mais rápida, mas que sai do regime de saturação no momento correto.

11.5.2 Anti-windup digital

Para formalizarmos a implementação de uma estratégia PI anti-windup, recapitularemos a seguir o código discreto que inclui a passagem entre modos manual e automático, com o fator de ponderação do set-point, incluindo o efeito da saturação:

- Passo 0: Define-se o ganho direto do processo: em caso positivo, inicializa-se $p = 1$ e, em caso negativo, inicializa-se $p = -1$.

- Passo 1: Lê-se A (modo de operação).

- Passo 2:

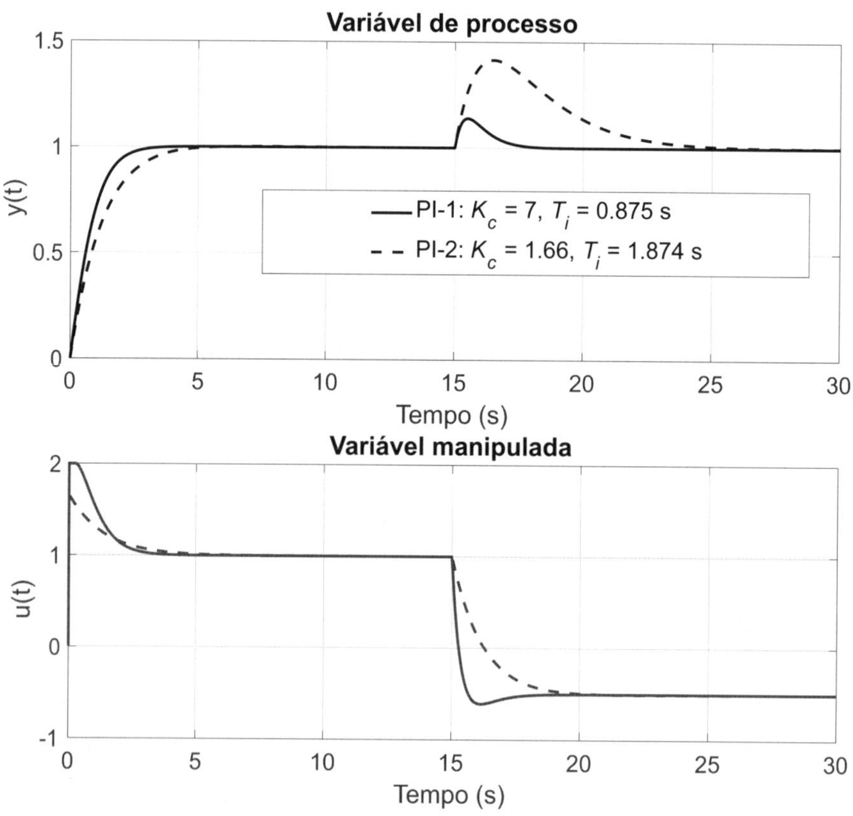

Figura 11.12 – Resposta do sistema com controladores PI-1 e PI-2.

- Caso $A = 1$ e $A_a = 0$, lê-se u_{manual} e armazena-se o valor lido em u_a. Lê-se o set-point r e a variável de processo y. Inicializa-se $r_a = r$ e $y_a = y$. Continua-se no Passo 3.
- Caso $A = 1$ e $A_a = 1$, continua-se no Passo 3.
- Caso $A = 0$ e $A_a = 1$, define-se $u = u_a$ e continua-se no Passo 9.
- Caso $A = 0$ e $A_a = 0$, continua-se no Passo 8.

- Passo 3: Leem-se os valores de K_p, K_i e b.
- Passo 4: Calcula-se o sinal de controle $u = u_a + p(K_p b + K_i T_s)r - pK_p b r_a - p(K_p + K_i T_s)y + pK_p y_a$.
- Passo 5:
  - Caso $u_{\min} \leq u \leq u_{\max}$, aplica-se u ao processo.
  - Caso $u < u_{\min}$, toma-se $u = u_{\min}$, aplica-se u ao processo.
  - Caso $u > u_{\max}$, toma-se $u = u_{\max}$ e aplica-se u ao processo.
- Passo 6: Atualizam-se as variáveis: $u_a = u$, $r_a = r$, $y_a = y$, $A_a = A$.
- Passo 7: Retorne ao Passo 2.
- Passo 8: Lê-se u_{manual} e toma-se $u = u_{\text{manual}}$.
- Passo 9: Aplica-se u ao processo.
- Passo 10: Retorna-se ao Passo 1.

Comparando este código com o código do controle PI anterior, adicionamos apenas os passos 5 e 6 para incluirmos a saturação do sinal de controle e a atualização correta das variáveis do sistema de controle.

Exemplo 94 *Controle de estoque de uma fábrica*

Neste exemplo, retomaremos o controle do estoque do armazém que já analisamos em capítulos anteriores, que é um processo naturalmente discreto. Para este processo, discutiremos o uso da estratégia de controle PI com anti-windup.

O modelo do sistema é dado por:

$$E(k) = E(k-1) + P(k-d) - V(k)\,. \tag{11.18}$$

O índice k é natural e representa o tempo em dias, $E(k)$ representa o estoque que se deseja controlar, $P(k)$ os pedidos ou variável manipulada, $V(k)$ as vendas ou perturbação e d é o atraso em dias desde que o pedido é enviado à fábrica e que chega no armazém.

Neste exemplo, consideramos como capacidade máxima do armazém cinco mil caixas, limite superior de vendas por dia de duzentas caixas, limite superior de entrada de produto por dia de duzentas caixas e um atraso discreto de $d = 3$ dias.

Neste caso, o controle PI usado é ajustado de tal forma que a resposta do sistema seja suave, visando manter o nível do estoque próximo da metade da capacidade de duas mil e quinhentas caixas, sempre evitando o esvaziamento ou sobrecarregamento do armazém.

Usaremos o ajuste do PI com o método de Skogestad para plantas integradoras, especificando um tempo de resposta esperado de malha fechada de cinco dias. Portanto, usamos um $\tau_{MF} = 5$ dias e, visto que o modelo contínuo análogo é dado com $L = 3$ dias e $K_v = 1$, os parâmetros de ajuste são:

$$K_c = \frac{1}{8} \qquad e \qquad T_i = 12\,. \tag{11.19}$$

O PI discreto é implementado usando $K_p = \frac{1}{8}$ e $K_i = \frac{K_c}{T_i} = \frac{1}{96}$, con-

siderando o tempo de amostragem de $T_s = 1$ dia, de acordo com a seguinte lei, considerando r constante:

$$\begin{cases} P(k) &= \quad P(k-1) + (K_p + K_i T_s)(r - E(k)) - K_p(r - E(k-1)), \\ P(k) &= P(k-1) + 0.1354(2500 - E(k)) - 0.125(2500 - E(k-1)). \end{cases}$$

Para fins de simulação, consideramos um ano inteiro, com trezentos e sessenta e cinco dias de operação, com um perfil de vendas dado por duzentas caixas vendidas por dia nos cem primeiros dias, nenhuma caixa vendidas nos seguintes cem dias e oitenta caixas vendidas por dia nos últimos sessenta e cinco dias. A ideia do exemplo é mostrar uma situação difícil para o controle, com um período sem vendas e variações bruscas no perfil de vendas.

Mostraremos duas situações, uma com o controle PI sem anti-windup e outra com anti-windup. A Figura 11.13 mostra o resultado do cenário simulado com o PI sem anti-windup, considerando uma situação puramente teórica, isto é, sem colocar limites físicos no armazém. Neste caso, observamos que o sistema não respeita os limites predeterminados e o estoque E assume valores maiores que cinco mil peças e menores que zero, o que seria fisicamente impossível. Para melhor visualização os valores discretos foram interpolados, mostrando curvas contínuas de todas as variáveis.

Fica evidente que esta situação simulada não é possível, mas podemos notar por meio desse ensaio em simulação que o controle projetado não seria capaz de manter o estoque bem regulado. Observe que aproximadamente entre os dias cem e cento e trinta, os pedidos ficam saturados em duzentas caixas mesmo depois que as vendas caem para zero, dado que a integral do erro está acumulada (como mostra o quarto gráfico da figura). O mesmo acontece depois do ducentésimo dia, quando as vendas voltam a acontecer, mas os pedidos se mantêm em zero, fazendo com que a integral do erro fique negativa por um período de tempo longo. Portanto, a saturação do controle com ação integral causa uma resposta inadequada desse sistema.

Na Figura 11.14, apresentamos as simulações do mesmo cenário, con-

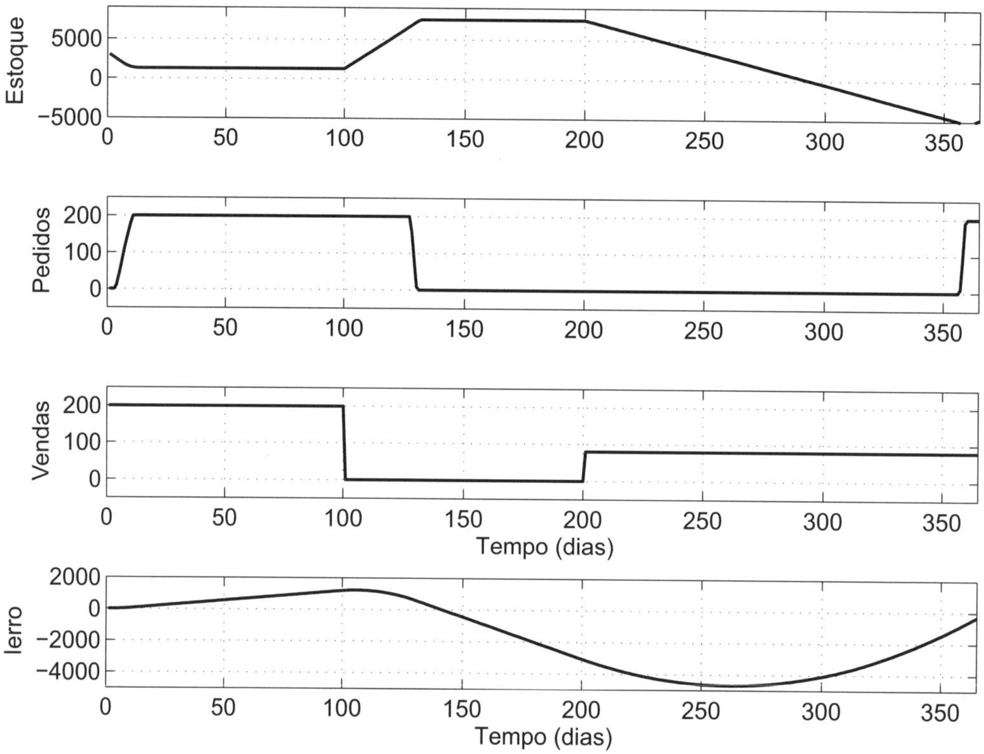

Figura 11.13 – Resultado da aplicação de controle PI no armazém para controle de estoque, sem uso de estratégia anti-windup.

siderando agora a inclusão de uma correção anti-windup. Como pode ser observado, o estoque é mantido dentro dos limites e, quando as vendas estabilizam, o controlador leva o estoque para o set-point desejado de duas mil e quinhentas peças.

Nesta figura, também podemos observar que a integral do erro se mantém entre zero e duzentos, e como os pedidos saem da situação de saturação rapidamente depois das mudanças no número de caixas vendidas nos dias cem e duzentos. Portanto, o controle PI proposto com a estratégia anti-windup tem um resultado satisfatório para o processo.

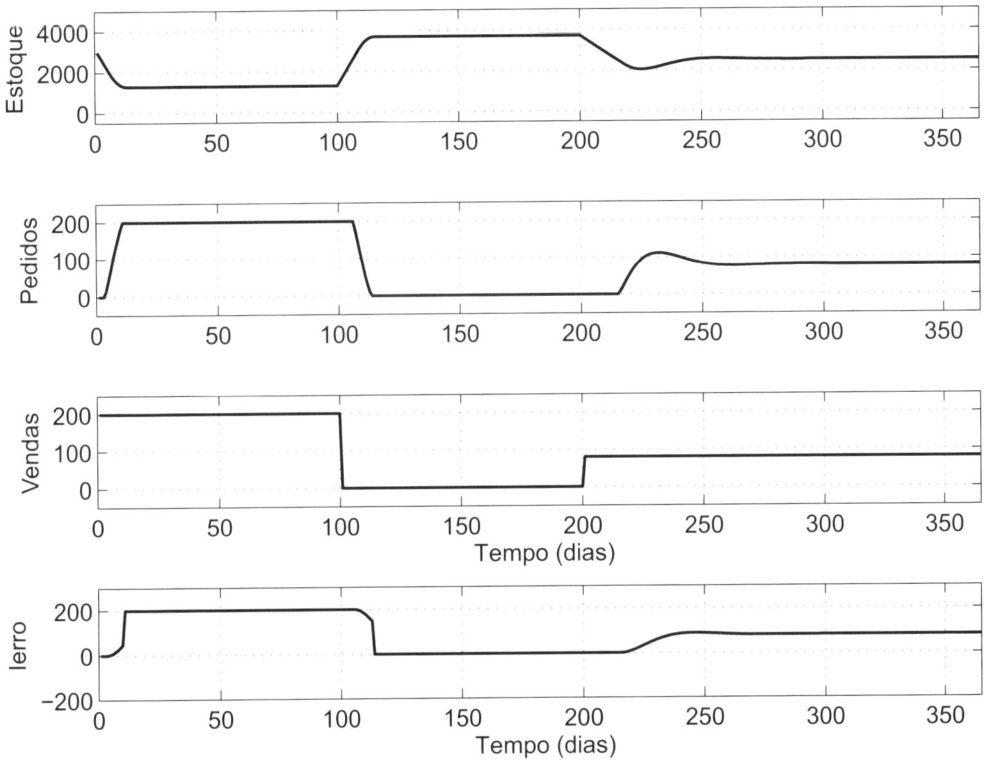

Figura 11.14 – Resultado da aplicação de controle PI no armazém para controle de estoque, com uso de estratégia anti-windup.

11.5.3 Anti-windup analógico

A descarga da ação integral em uma implementação analógica também deve ser discutida. Uma possibilidade de implementação anti-windup analógica é apresentada na Figura 11.15, considerando um PI cuja equação de controle é dada por: $u(t) = K_c e(t) + \frac{K_c}{T_i}\left(\int_0^t e(\mu)d\mu\right)$.

Neste diagrama de blocos, podemos observar que o bloco integrador do PI apresenta um somatório de duas entradas: o sinal de $\frac{K_c}{T_i}e(t)$ e o sinal $K_{aw}(u_r(t) - u(t))$. Esse segundo sinal serve para a correção do acúmulo da integral.

Quando não ocorre a saturação, temos $u(t) = u_r(t)$, uma lei de controle PI sem estratégia de compensação anti-windup, dado que a entrada do bloco

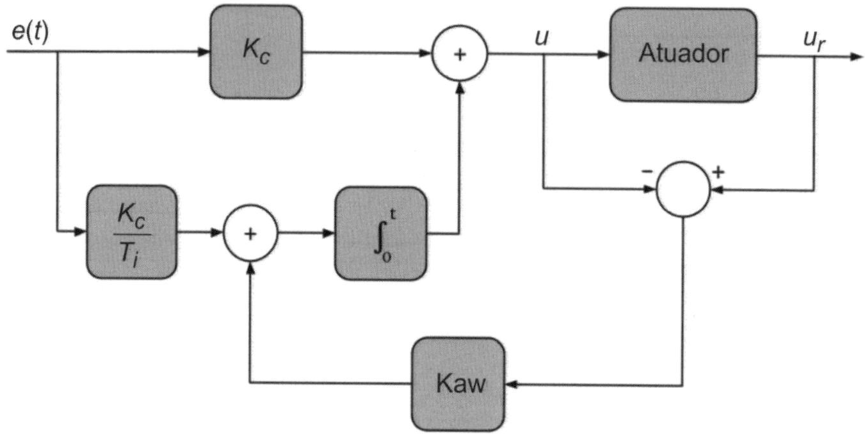

Figura 11.15 – Diagrama de blocos: implementação de ação anti-windup analógica.

K_{aw} é zero. Quando o sistema satura no limite superior $u_{\max}$, observamos $u_r(t) < u$ e, portanto, a entrada do bloco K_{aw} é negativa e sua saída faz com que a ação integral diminua, ajudando, por sua vez, a que o sinal de controle $u(t)$ saia da saturação. No caso em que o sinal de controle $u(t)$ satura no limite inferior $u_{\min}$, temos $u_r(t) > u(t)$ e a entrada do bloco K_{aw} será positiva, fazendo com que a integral aumente, evitando que u continue a diminuir. Dessa forma, a estratégia corrige o efeito windup. Essa estratégia tem um parâmetro de ajuste, que é o ganho K_{aw}. Valores muito pequenos desse ganho podem fazer nulo o efeito da compensação e normalmente deve ser escolhido $K_{aw} > \frac{K_c}{T_i}$.

Devemos notar que essa estratégia também pode ser implementada de forma digital, discretizando as equações referentes ao diagrama de blocos apresentado, com a redação de um código equivalente. A implementação digital dessa estratégia é proposta como exercício na lista ao final deste capítulo.

Finalizaremos esta seção com um exemplo do uso dessa estratégia para podermos mostrar o efeito do ajuste do ganho anti-windup K_{aw}.

Exemplo 95 *Utilizaremos, neste exemplo, o modelo de um trocador de calor água-vapor, cujo modelo dinâmico é dado pela seguinte EDO:*

$$2\frac{dT(t)}{dt} = 6V(t) + 6T_v(t)\,, \tag{11.20}$$

sendo T a temperatura de saída da água (que é a variável de processo), V a vazão de vapor (variável manipulada) e T_v a temperatura de entrada do vapor (perturbação). Consideraremos, inicialmente, o ajuste básico do PI com $K_c = 1$ e $T_i = 1$ e uma mudança de set-point tipo degrau unitário em tempo zero, além de uma perturbação tipo degrau de amplitude 0.5 em tempo 6 segundos. A região de operação do controle é dada pelo intervalo: $[-0.5, 0.5]$.

Por meio de ensaios em simulação, comparamos a resposta do sistema com e sem estratégia, para dois ajustes diferentes do ganho anti-windup K_{aw}. Na Figura 11.16, apresentamos os sinais resultantes para o caso de $K_{aw} = 2$. As curvas em linhas cheias mostram as respostas para o caso sem anti-windup e as curvas tracejadas as do caso com anti-windup.

Como pode ser observado, a resposta do sistema com este ajuste do anti-windup funciona muito bem para as mudanças de set-point, evitando o pico da resposta. Observe que a ação de controle não satura para a resposta à perturbação.

Para finalizarmos esta discussão, a Figura 11.17 mostra o resultado obtido com um ajuste mais agressivo do controle PI ($K_c = 2$ e $T_i = 0.6$ s), usando um novo valor de ganho anti-windup $K_{aw} = 2.5$. Neste caso, a amplitude da perturbação é aumentada para 0.65, causando saturação da ação de controle também na resposta da rejeição da perturbação. Notamos que a resposta para a mudança de set-point com o anti-windup (curvas tracejadas) é muito boa, subindo na máxima velocidade e parando rapidamente para chegar ao valor do set-point sem picos.

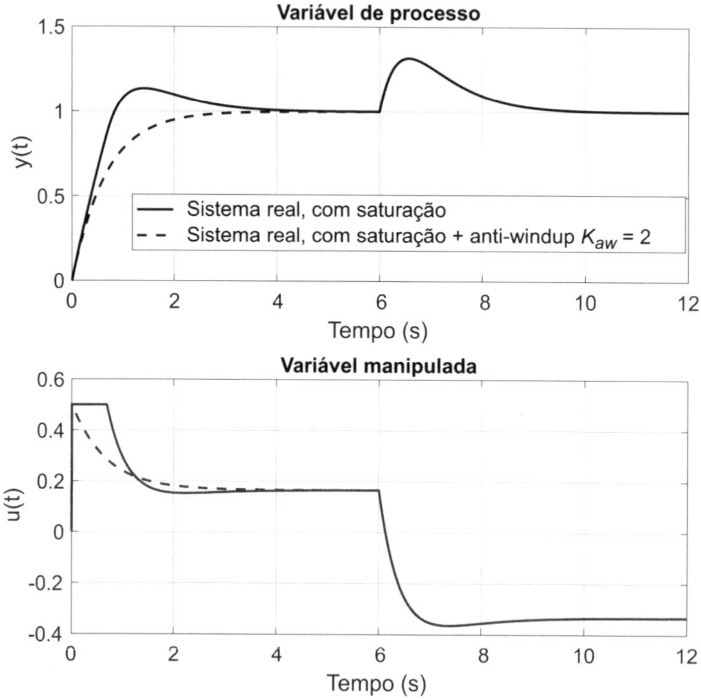

Figura 11.16 – Trocador de calor: controle de temperatura com um controlador PI ($K_c = 1, T_i = 1$ s) com anti-windup com $K_{aw} = 2$ (linhas tracejadas) e sem anti-windup (linhas cheias).

Notamos, também, que a resposta em face das perturbações apresenta um tempo de assentamento menor, uma vez que a ação de controle satura, mas o anti-windup evita que a variável de processo tenha um pico negativo. Também ressaltamos que o anti-windup leva a variável de processo para o set-point em praticamente a metade do tempo que o controle sem anti-windup levaria.

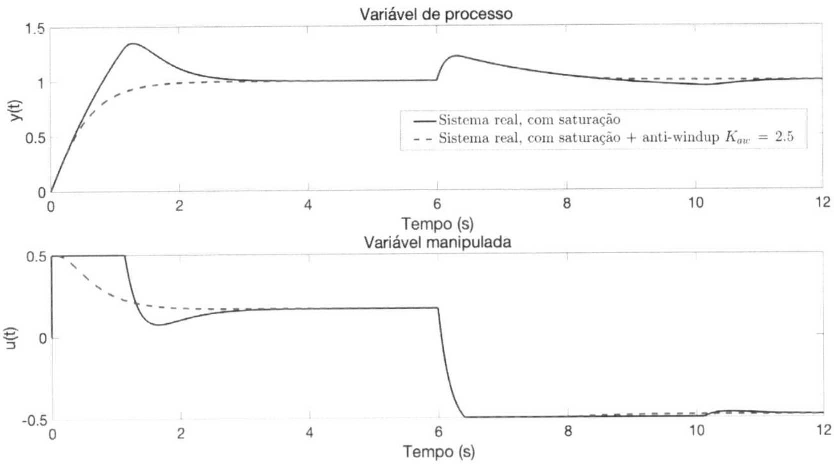

Figura 11.17 – Controle de temperatura do trocador de calor com PI ($K_c = 2, T_i = 0.6$) com anti-windup com $K_{aw} = 2.5$ (linhas tracejadas) e sem anti-windup (linhas cheias).

11.6 Comentários finais

Neste capítulo, analisamos diversos problemas práticos relacionados com a estratégia de controle PI. Mostramos como adicionando um grau de liberdade no controle por meio da ponderação do set-point podemos conseguir melhorar o compromisso entre as respostas ao set-point e às perturbações. Também mostramos como usar uma modificação da lei de controle PI para evitar o problema que a saturação causa na malha fechada e também discutimos alguns aspectos de implementação do controle relacionados com a passagem manual-automático.

Como discutido, o algoritmo de controle PI é uma estratégia amplamente usada na indústria. Para completar o estudo, no próximo capítulo discutiremos sobre controladores proporcionais integrais derivativos (PID), que são obtidos adicionando uma parcela derivativa ao controle PI. Além disso, analisaremos alguns aspectos práticos importantes, como o tratamento de ruído e de sinais de perturbação medíveis.

Lista de exercícios e atividade proposta

Exercícios

1. Analise o controle PI do PH do fermentador de etanol apresentado no início do capítulo. O modelo identificado no ponto de operação do processo é de primeira ordem com atraso e tem $K_e = -1$, $K_q = 2$, $\tau = 11$ s e $L = 1$ s:

$$11\frac{dPH(t)}{dt} + PH(t) = -V_a(t-1) + 2V_c(t-1),$$

sendo a vazão de ácido V_a a variável manipulada e a vazão de caldo V_c a perturbação. Ajuste um PI para este processo usando o método de Ziegler-Nichols, analise por simulação as respostas em face das perturbações de V_c. Observe as respostas para uma mudança de set-point e discuta sobre a presença e a magnitude do pico desta curva. Use o ajuste b da ponderação do set-point para melhorar esta resposta.

2. Analise o controle PI da temperatura do fermentador de etanol apresentado no início do capítulo. O modelo identificado no ponto de operação do processo é de primeira ordem com atraso e tem $K_e = -0.57$, $K_q = 1$, $\tau = 1.2$ h e $L = 0.2$h:

$$1.2\frac{dT(t)}{dt} + T(t) = -0.57a(t-0.2) + T_a(t-0.2),$$

sendo a variável manipulada a abertura da válvula de água a que alimenta o trocador de calor e a sua temperatura T_a a perturbação. Ajuste um PI para esse processo usando o método de Skogestad, analise por simulação as respostas às mudanças de set-point tipo degrau e às perturbações no sinal $T_a(t)$. Avalie a possibilidade se usar o ajuste b. Implemente o controle PI de forma digital e simule comparando com o caso simulado de forma contínua. Avalie a escolha do período de amostragem T_s usando diferentes valores e comparando os resultados.

3. Implemente de forma digital a estratégia de anti-windup apresentada na Figura 11.15. Para isso discretize as equações no diagrama de blocos apresentado e escreva um código equivalente. Estude por simulação um sistema de controle de nível de um tanque com modelo:

$$10\frac{dh(t)}{dt} = V_e(t) - V_s(t)\,,$$

considerando que V_s é a variável manipulada e V_e a perturbação. Implemente vários ajustes do PI e vários cenários de perturbação e use a estratégia de anti-windup implementada de forma analógica e digital. Compare os resultados.

4. Implemente um código de simulação para o controle de estoque do armazém apresentado neste capítulo. Proponha diversos cenários de simulação com diferentes perfis de vendas e analise o desempenho do sistema.

5. Implemente um código de simulação para o uso de um controle PI com passagem de manual para automático. Como exemplo de processo utilize o modelo de um forno dado por:

$$5\frac{dT(t)}{dt} + T(t) \;=\; 5P(t) + T_a(t)\,, \tag{11.21}$$

considerando que a potência P é a variável manipulada e a temperatura ambiente T_a é a perturbação; o tempo está em minutos. Use um cenário para o qual o operador leva o processo desde a partida em $t = 0$ com $T = T_a = 20\,°\text{C}$ de forma manual até o forno atingir a temperatura $T = 200\,°\text{C}$ e, somente neste momento, coloca o controle em automático. Considere que o forno opera por duas horas e que, depois disso, é colocado novamente em modo manual.

Atividade proposta

A intensificação do deslocamento humano e dos transportes de carga nas últimas décadas favoreceu a quebra de barreiras ecológicas, proporcionando um aumento expressivo da introdução de espécies invasoras nos ecossistemas. Essas invasões biológicas são apontadas como uma das principais causas de perda de biodiversidade no planeta, gerando preocupação nos diversos ambientes nos quais são introduzidas, a exemplo do mexilhão dourado (*Limnoperna fortunei*, visto na Figura 11.18). O mexilhão dourado é considerado uma espécie exótica invasora na América do Sul, e desde que ingressou nessa região tem provocado alterações na dieta de diversas espécies de peixes, que provavelmente se favorecem da sua elevada abundância no ambiente. No alto rio Uruguai, o *L. fortunei* foi registrado pela primeira vez no ano de 2012 e, desde então, estudam-se os prejuízos que ele trouxe para a vida dos peixes do local.

Neste problema, a vida dos peixes deste rio é quantitativamente caracterizada pelo uso do fator de condição (K). Este se assemelha ao índice de massa corporal (IMC) humano, de certa forma. Por meio dele, pode-se concluir sobre a qualidade da vida das espécies de peixes. Em um estudo realizado com dados reais, observou-se que houve um aumento significativo no fator de condição das espécies *Iheringichthys labrosus* e *Schizodon nasutus* após a invasão do mexilhão dourado.

Figura 11.18 – Mexilhão-dourado adulto

Hipóteses

Para o desenvolvimento deste trabalho, supõe-se que:

1. A dinâmica temporal (discreta) do fator de condição das espécies *Iheringichthys labrosus* e *Schizodon nasutus* podem ser descritas em função da presença de mexilhão (u) e de fatores aquáticos alheios, como a disponibilidade de recurso alimentar na água (q, dado entre 0 e 1000 unidades de recursos por metro cúbico).

2. A presença (ou não) deste invasor é representada pelo uso de uma função degrau indo de 0 a 100%, como mostra a Figura 11.19.

3. Usa-se, ao longo deste trabalho, a escala de tempo em ordem de meses. Uma amostragem é feita a cada três meses.

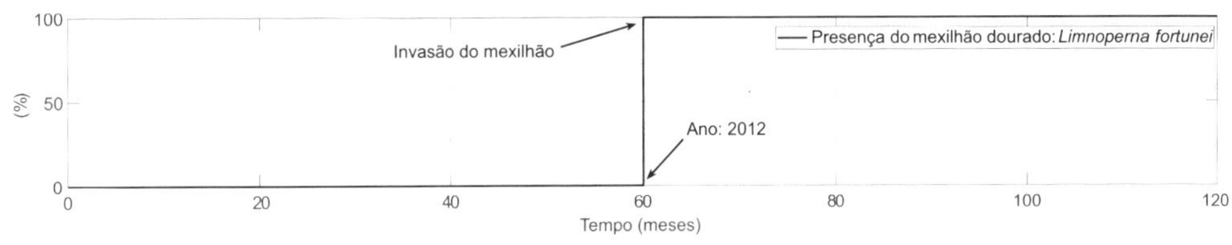

Figura 11.19 – Presença do mexilhão-dourado no alto rio Uruguai.

Modelo

Considere o seguinte modelo para o fator de condição das espécies *Iheringichthys labrosus* e *Schizodon nasutus*, respectivamente, de acordo com a presença deste invasor ecológico:

$$
\begin{aligned}
K_{labrosus}(k) &= 0.6K_{labrosus}(k-1) \\
&+ 0.2u(k-1) + 0.04q(k-1)
\end{aligned}
\tag{11.22}
$$

$$
\begin{aligned}
K_{nasutus}(k) &= 0.7K_{nasutus}(k-1) \\
&+ 0.15u(k-1) + 0.04q(k-1)
\end{aligned}
\tag{11.23}
$$

sendo que K representa o fator de condição e k é a escala de tempo discreta (amostras). K é dado em uma escala normalizada, ou seja, de 0 a 100 %.

Ressalta-se que: fatores de condição abaixo de 50 % são considerados saudáveis, ao passo que fatores de condição acima desta margem são ditos perigosos para a continuidade da vida daquela espécie.

Para controlar o efeito deste invasor da vida marinha, adiciona-se Cloro à água. Este composto regula a quantidade de mexilhão na água de forma muito rápida (em face da amostragem de três meses), sem afetar tanto a vida dos demais animais marinhos. Considera-se, então, que, depois do ano de 2016, o sinal de controle u é dado de acordo com a seguinte lei:

$$u(k) = 100 - C_\ell(k) ,$$

sendo que $C_\ell(k)$ representa a taxa de injeção de Cloro à água. Esta variável também é normalizada (dada de 0 a 100 %), mas é impreterível notar que ela pode assumir o valor máximo de 70%.

Para regular o valor de condição da vida das duas espécies de peixe mencionadas, por meio da filtragem do mexilhão dourado (dada pela inserção de Cloro à água), propõem-se duas distintas estratégias de controle:

Proporcional:

$$e(k) = R_j(k) - K_j(k) , \tag{11.24}$$

$$C_\ell(k) = K_p e(k) + BIAS(k) . \tag{11.25}$$

Proporcional-integral:

$$e(k) = R_j(k) - K_j(k) , \tag{11.26}$$

$$C_\ell(k) = K_c e(k) + \frac{K_c}{T_i} i(k) , \tag{11.27}$$

sendo que j pode representar uma das duas espécies. O sinal $i(k)$ representa uma aproximação discreta para o sinal de integral de $e(k)$ ao longo de k.

Note que o controle é ajustado para uma das espécies e a ação dele no fator de condição da outra é apenas uma consequência (dinâmicas desacopladas). Quer dizer, escolhe-se uma espécie de peixe (*I. labrosus* ou *S. nasutus*) e adota-se a estratégia de controle. Como o mesmo sinal de controle atua para a regulação da outra espécie, sua dinâmica temporal também será influenciada.

Questões

Sobre tal problema, pede-se:

1. Antes da invasão, estas espécies de peixe apresentavam fatores K estáveis, respectivamente, iguais a 25 % (*I. labrosus*) e 33.33 % (*S. nasutus*). Nestas condições, determine o valor de disponibilidade de recursos na água antes da presença do mexilhão, dado por $\hat{q}$. Em sequência, determine o valor final dos fatores de condição após a invasão do mexilhão (sem controle) para cada uma das espécies.

2. Assumindo o limite de injeção de Cloro na água, determine uma referência adequada $r_j(k)$ para cada espécie, assumindo a disponibilidade de recursos constante igual a $\hat{q}$.

3. Proponha um método para o cálculo da integral do erro $i(k)$, a cada iteração. A partir daqui, escolha apenas uma das espécies para controlar e, por hora, mantenha q constante e igual a $\hat{q}$.

4. Escreva um código para simular o efeito da invasão do mexilhão dourado na vida (fator K) das duas espécies de peixes estudadas, via Matlab. Elabore, então, uma simulação de três anos de invasão.

5. Adapte o código do item anterior para incorporar uma estratégia de controle P com BIAS para a regulação do fator de condição. É possível garantir fatores de condição saudáveis a despeito das perturbações q? Para tal, considere q como um sinal do tipo degrau de amplitude 500 (partindo de $\hat{q}$).

6. Agora, compare a estratégia com o controlador PI. Discuta os efeitos de rejeição de perturbação de carga q, seguimento de referência (setpoint) e tempo de resposta. Novamente, considere o mesmo tipo de sinal para q.

7. É possível planejar uma estratégia PI que leve em conta os sinais de erros de seguimento referentes às duas espécies de peixe, ou um sinal de erro médio, ponderando ambos os sinais? Esboce uma resposta analítica.

Atividade prática: kit experimental motor-gerador

O objetivo desta atividade é implementar e analisar uma estratégia de controle proporcional-integral quando o sinal de controle satura e incluir no controle uma ação anti-windup. Também estudar as mudanças de operação entre dois modos: Automático e Manual. Para isso, propõem-se as seguintes etapas:

- Adapte o código de implementação da estratégia de controle proporcional-integral aplicada ao kit experimental, realizada no capítulo anterior, incluindo uma estratégia tipo anti-windup e uma lógica para mudança de operação entre dois modos: Automático e Manual. Lembre que, no modo Automático, a lei de controle é definida pelo controlador do tipo PI, para o qual se passa o sinal de referência; já no modo Manual, define-se diretamente o valor da variável manipulada aplicada ao motor.

- Para esta experiência ajuste os parâmetros da lei de controle K_c e T_i por meio da metodologia básica de sintonia, considerando $L = 0$ e uma resposta agressiva.

- Mantendo apenas o modo automático, realize ensaios de mudança de set-point e aplique pertubações manuais no eixo do motor de forma a levar o sinal de controle a saturar. Observe as respostas e compare com o caso estudado anteriormente sem a estratégia anti-windup. Os resultados são condizentes com os analisados na teoria? Como são as respostas transitórias observadas? Explique como a ação anti-windup opera.

- Teste, por meio de ensaios experimentais, variações nos parâmetros de ajuste do PI e discuta os efeitos observados nas respostas. Que acontece se o controlador é menos agressivo? Observe se os resultados são os esperados do ponto de vista teórico.

- Para um dos ajustes anteriores realize diversos testes mudando os valores dos set-points aplicados. Observe o efeito na resposta do sistema e veja se o resultado está de acordo com a análise teórica. Use também variações na perturbação de carga nestes ensaios, analise as repostas e discuta.

- Realize ensaios com um controle PI não muito agressivo passando de manual para automático e novamente para manual. Observe se as respostas do sistema se deterioram no momento da comutação. Que acontece com o sinal de controle nas mudanças de modo? Essa transição é suave? Caso não seja, revise a implementação dessa passagem.

Problema resolvido

Um sistema de controle de temperatura de um forno de uma indústria cerâmica utiliza um controle PI que atua na abertura da válvula de gás que alimenta o queimador, como se mostra na Figura 11.20. Nesta figura, $T(t)$ é a temperatura do forno e $u(t)$ o sinal enviado à válvula de gás para regular a sua abertura.

Figura 11.20 – Sistema de controle de temperatura de um forno de cerâmica.

Supõe-se que a dinâmica do forno que relaciona T com u é bem representada por um modelo de primeira ordem nas vizinhanças das condições de operação, tendo ganho estático K_e e constante de tempo τ.

Na Figura 11.21, mostra-se o resultado de um experimento realizado em malha fechada com o controle PI apenas com o ganho proporcional ativado, sendo $K_p = 5$ e BIAS$= 35\%$, partindo do ponto de operação 70% de temperatura e 35% de abertura da válvula de controle. As variáveis estão normalizadas, podendo variar de 0 a 100%.

Deve-se usar o resultado deste ensaio para encontrar o modelo do processo e sintonizar, posteriormente, um controlador PI, usando a seguinte regra de sintonia: $K_c = 3/K_e$ e $T_i = 0.75\tau$.

- (a) Encontre o valor dos parâmetros K_e e o τ do modelo do forno.
- (b) Se o set-point mudasse para 75%, qual seria o valor de temperatura do forno no regime permanente com controle proporcional para o mesmo $K_p = 5$ e BIAS $= 35\%$?
- (c) Ajuste o PI usando o método proposto. Precisa manter o BIAS no controle? Se precisa, qual seria o BIAS a utilizar?
- (d) Se o set-point mudasse para 60%, qual seria o erro entre o set-point e a temperatura de equilíbrio após o transitório com o controle PI ajustado? Por quê?

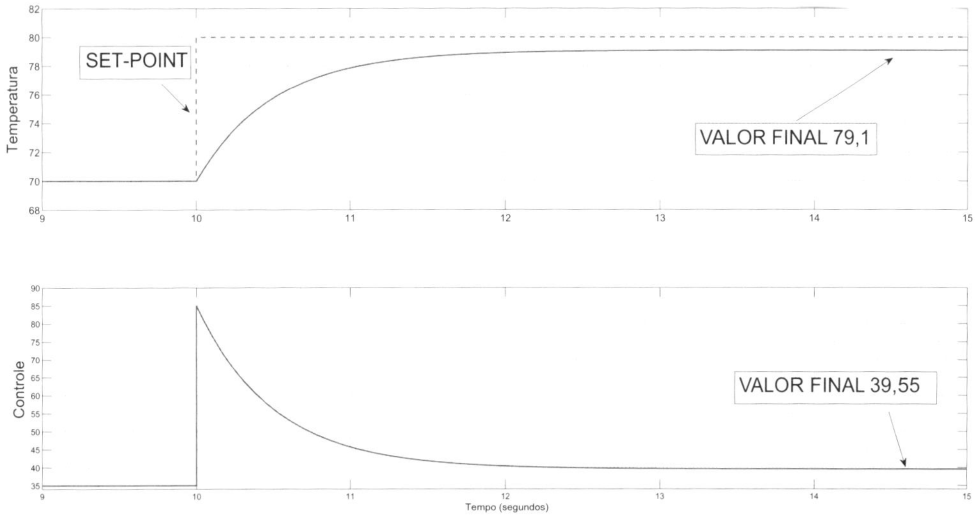

Figura 11.21 – Resultado do experimento de mudança de set-point no sistema de controle de temperatura de um forno de cerâmica com controle proporcional.

- (e) O controlador PI precisa ser programado em um microcontrolador. Escreva um código para essa estratégia de controle, considerando que o controlador tem a possibilidade de passar de manual a automático com um botão. Como pode ser feita a escolha do período de amostragem?

Resolução

a) O sistema apresentado é da forma

$$\tau \frac{dy(t)}{dt} + y(t) = K_e u(t) \,,$$

sendo que os sinais $y(t) = T(t)$ e $u(t) = av(t)$ correspondem à temperatura e à abertura da válvula, respectivamente.

Partindo do ponto de operação $T = 70\%$ e $av = 35\%$, em malha fechada, considerando um $K_p = 5$ e BIAS $= 35\%$, temos o seguinte diagrama da

Figura 11.22.

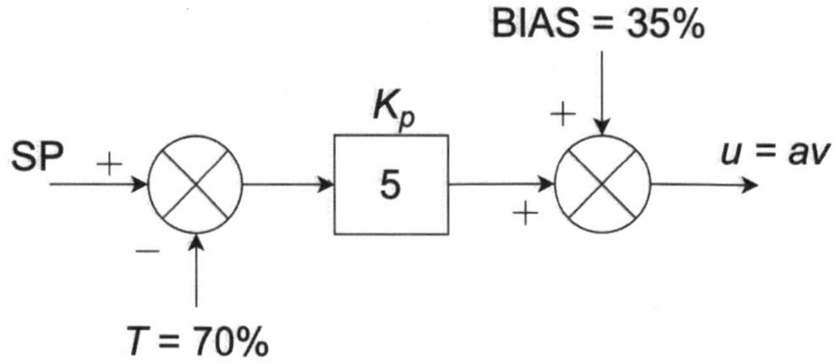

Figura 11.22 – Diagrama de blocos do sistema.

Para calcular o ganho estático do sistema, K_e, analisaremos o ponto de operação dado por $T_\infty = 70\%$. Com a ação do BIAS, o erro é nulo e, logo, $av = 35\ \%$. Obtemos, portanto:

$$K_e = \frac{70\,\%}{35\,\%} = 2\,.$$

Para analisarmos a parte dinâmica, calculamos a constante de tempo de malha fechada do processo:

$$\tau_{\text{MF}} = \frac{\tau}{1 + K_e K_p}\,.$$

Neste caso, pela análise do gráfico da resposta em malha fechada, podemos determinar aproximadamente o valor do parâmetro τ_{MF}.

Sabemos que, após a aplicação do degrau, o tempo que a resposta leva até atingir 63% da variação final da resposta é aproximadamente igual a τ_{MF}.

Ao analisarmos o primeiro gráfico da Figura 11.21, observamos uma variação final de 9.1°C (79.1°C − 70°C) e, portanto, 63% desse valor é 5.733°C. Assim, buscamos na curva de $T(t)$ o valor de 75.733°C, encontrando um valor de tempo de 10.5 s, ou seja, do instante que foi aplicado o degrau até o valor de 63%, temos 0.5 s. Portanto, como $\tau_{\mathrm{MF}} = 0.5$, temos:

$$\tau = 0.5(1 + 2(5)) = 0.5(11) = 5.5\,\mathrm{s}\,.$$

Os valores encontrados são:

$$K_e = 2 \quad \mathrm{e} \quad \tau = 5.5\,\mathrm{s} \quad .$$

b) Se o set-point é dado por 75%, para o sistema em equilíbrio no novo ponto de operação com o controle P, temos:

$$\begin{aligned} e_\infty &= r_\infty - 2(\mathrm{BIAS} + K_c e_\infty)\,, \\ e_\infty &= 75 - 70 - 10 e_\infty\,, \\ 11 e_\infty &= 5\,. \end{aligned}$$

O erro em regime permanente, portanto, será de aproximadamente 0.45%. Assim, o valor de temperatura do forno em regime permanente será $T_\infty =$ 74.55%.

c) Como colocado no enunciado, a sintonia do controlador PI é dada por $K_c = \frac{3}{K_e}$ e $T_i = 0.75\tau$. Assim, obtemos:

$$K_c = \frac{3}{2}\,,$$
$$T_i = 0.75(5.5) = 4.125\,\mathrm{s}\,.$$

d) Mesmo que o set-point mudasse para 60%, o erro em regime permanente (após o regime transitório) será nulo, pois o controlador possui ação integral e consideramos que o sistema em malha fechada é estável.

Lembrando que a ação integral só pode ter uma ação de controle constante se a sua entrada for zero, assim sempre irá atingir um ponto de equilíbrio com $e = 0$, considerando um sistema estável em malha fechada.

e) O código deve seguir a lógica apresentada no algoritmo da Seção 11.4 deste Capítulo. Em geral, o o período de amostragem escolhido T_s deve ser igual ou menor a um vigésimo do tempo de assentamento da resposta em malha fechada do sistema.

Capítulo 12

Controle proporcional-integral-derivativo (PID)

Neste capítulo, estudaremos os sistemas de controle tipo proporcional-integral-derivativo (PID). Esta é a estrutura de controle mais usada na indústria, além de ser amplamente conhecida e estudada na academia. Algoritmos de controle PID podem ser encontrados em aplicações específicas, de laço único, e em praticamente todos os controladores lógicos programáveis (CLPs). Controladores PIDs também são encontradas como blocos específicos em todos os sistemas digitais de controle.

A estrutura de controle PID é obtida por meio da inclusão de uma nova ação de controle à estrutura PI: a ação derivativa, que, como veremos, pode melhorar o desempenho do controlador PI em algumas situações.

Desta forma, neste capítulo, iniciaremos apresentando o conceito da ação derivativa para, posteriormente, analisarmos propriedades, noções básicas de sintonia e aspectos práticos de implementação desta estratégia de controle.

Ressaltamos que, neste capítulo, também discutiremos sobre questões relacionadas a ruídos de medição e controle antecipativo acoplado a laços PID, temas de grande importância prática.

12.1 A ação derivativa: predizendo o futuro

O controle PI, que apresentamos nos Capítulos 10 e 11, combina, de forma ponderada, duas ações de controle: a ação proporcional, que atua apenas com base na informação presente do erro (é proporcional ao erro entre o set-point – ou uma ponderação dele – e a variável de processo) e a ação integral, que atua com a informação do passado do erro (integral do erro desde o instante de tempo inicial até o momento atual).

Surge, então, a seguinte pergunta: poderíamos melhorar o desempenho deste controlador usando alguma informação sobre o comportamento futuro do sinal de erro? Temos, portanto, dois aspectos para analisar:

1. Quais vantagens teríamos ao usar o conhecimento sobre o comportamento futuro do erro na ação de controle?

2. É evidente que o comportamento futuro das variáveis de um sistema de controle não é um sinal disponível. Portanto, caso seja verificado que o uso da informação futura do sinal de erro possa melhor o desempenho do controlador, é possível usarmos algum tipo de estimação ou previsão do sinal futuro de erro para adicioná-lo no cálculo da lei de controle?

Começaremos analisando as vantagens de usarmos o conhecimento do comportamento futuro do sinal de erro na lei de controle. Consideremos, para tal, um exemplo de um processo regulado por meio de um esquema de controle em malha fechada do tipo PI em um cenário para o qual ajustamos o controlador para ter uma resposta rápida.

Ao aplicarmos uma mudança de set-point do tipo degrau a este sistema, observaremos a variável de processo movimentando-se em direção ao set-point, com uma certa velocidade. O cenário "ideal" seria que esta variação da variável de processo fosse instantânea, de tal forma que a variável de processo chegue muito perto do sinal de set-point e que "freasse" rapidamente para atingir o valor desejado sem ultrapassagens.

Discutimos, com diversos exemplos e casos de estudo no Capítulo 10, que, geralmente, quando buscamos respostas muito rápidas, acabamos tendo como consequência picos ou oscilações da variável de processo ao redor do valor de set-point.

Para podermos obter uma resposta que desacelere no momento certo, seria interessante que o controlador soubesse, a cada instante, quais seriam os valores de erro futuros, para poder decidir da melhor forma quando deve começar a desaceleração ("frenagem") da ação de controle. Isto é, o conhecimento do comportamento futuro do sistema poderia ajudar na construção de uma ação de controle ideal, garantindo que a resposta do sistema apresente o desempenho desejado.

Usaremos um modelo simples de um processo discreto para discutirmos esta propriedade em termos matemáticos. Considere o seguinte modelo do tipo EaD:

$$y(k) \;=\; ay(k-1) + bu(k-1)\,. \tag{12.1}$$

Observe que, para este processo, se desejamos que a saída tenha um dado comportamento futuro $y(k+1)$, podemos definir *a priori* os valores de $y(k)$ que desejamos e calcular o sinal de controle resultante com base na sequência de valores para y. Isso poderia ser feito através da seguinte lei de controle:

$$u(k) \;=\; (1/b)y(k+1) - (a/b)y(k)\,. \tag{12.2}$$

Assim, caso conhecêssemos os valores futuros da saída do processo (neste exemplo, como o sistema é de primeira ordem, bastaria conhecermos o valor de saída a um passo à frente, $y(k+1)$), poderíamos calcular o sinal de controle ideal para a resposta desejada.

Note que, caso o processo tenha um atraso de d amostras entre a entrada e a saída, o modelo seria dado por $y(k+1+d) = ay(k+d) + bu(k)$, de tal forma que a lei de controle seria dada por $u(k) = (1/b)y(k+1+d) - (a/b)y(k+d)$. Neste segundo caso, precisaríamos conhecer os valores futuros da saída d e $d+1$ passos à frente do instante atual. Entretanto, ambas estas leis de controle não são factíveis, uma vez que os valores futuros da saída não são previamente conhecidos.

Passamos, portanto, à segunda indagação supracitada. Como podemos estimar, de maneira aproximada, o comportamento futuro de uma variável ao longo do tempo? A maneira mais simples de estimarmos o valor futuro de uma variável, com base na informação disponível em um instante atual, é fazermos uma aproximação da curva que descreve o comportamento da variável pela reta rangente ao instante e, então, tomarmos a reta tangente como estimativa para o comportamento futuro da variável.

Este procedimento é análogo à metodologia detalhada para o procedimento de linearização. Portanto, consideremos um sinal arbitrário que varia no tempo $x(t)$. Para estimarmos o valor de $x(t+\delta t)$, sendo δt um incremento de tempo para o futuro, podemos realizar a seguinte aproximação com base na expansão de Taylor de primeira ordem:

$$x(t+\delta t) \approx x(t) + \left.\frac{dx(t)}{dt}\right|_t \delta t\,. \tag{12.3}$$

Por meio da aproximação apresentada na Eq. (12.3), fazemos uma predição aproximada para a variável x, considerando o instante futuro $t+\delta t$, com base no valor instantâneo da variável $x(t)$, que é conhecido, e sua derivada em relação ao tempo, avaliada no instante t, que também é conhecida. Podemos aplicar essa aproximação ao sinal de erro de um sistema de controle. Neste caso, denotando $\hat{e}(t + \delta t)$ como a estimativa futura do erro, temos:

$$\hat{e}(t + \delta t) \ = \ e(t) + \left. \frac{de(t)}{dt} \right|_t \delta t \, . \tag{12.4}$$

Portanto, usando a Eq. (12.4) para estimar o erro em um instante futuro com base em uma combinação linear do sinal de erro e de sua derivada (avaliados no instante de tempo atual), podemos considerar uma ação de controle proporcional ao sinal futuro de erro do sistema, em um instante T_d à frente de t, da seguinte forma:

$$u_D(t) \ = \ K_D \hat{e}(t) \ = \ K_D e(t) + K_D \frac{de(t)}{dt} T_d \, . \tag{12.5}$$

A lei de controle apresentada na Eq. (12.5) é do tipo proporcional-derivativa (PD), pois possui um termo proporcional ao sinal de erro com ganho K_D e outro proporcional ao sinal de derivada do erro, com ganho $K_D T_d$.

Como complemento à discussão precedente, a Figura 12.1 ilustra, de forma gráfica, a evolução de um sinal de erro no tempo $e(t)$ e o uso da aproximação dada na Eq. (12.4) para o cálculo de $e(t + T_d)$, tomado com base na reta tangente ao ponto t. Como podemos observar nesta figura, o sinal $\hat{e}(t + T_d)$ aproxima-se do sinal real $e(t + T_d)$ razoavelmente bem. Entretanto, é evidente que há uma diferença entre os valores real e predito para o sinal de erro futuro, dependendo da forma da curva $e(t)$ e do valor do passo de predição T_d.

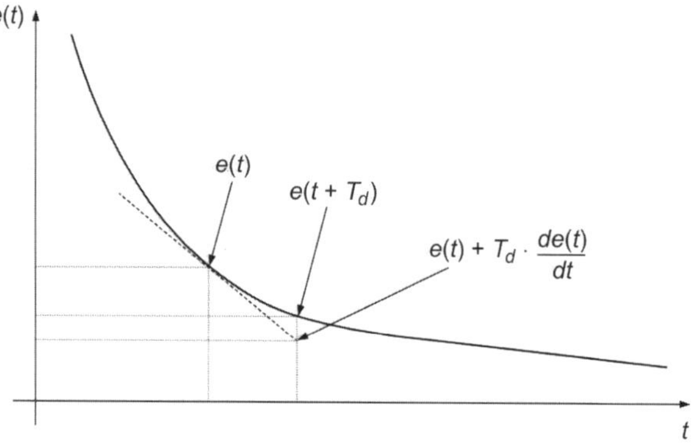

Figura 12.1 – Interpretação da ação PD como uma predição linear do erro.

Com base nesta ideia, podemos desenvolver um controlador que leva em conta as ações do presente (ação P), passado (ação I) e futuro (ação PD) de forma unificada, da seguinte forma:

$$u(t) = \overbrace{K_{p_1} e(t)}^{\text{Parcela P}} + \overbrace{K_i \left(\int_0^t e(\mu) d\mu \right)}^{\text{Parcela I}} + \overbrace{K_D e(t) + K_D \frac{de(t)}{dt} T_d}^{\text{Parcela PD}} . \quad (12.6)$$

A Eq. (12.6) é reescrita como uma lei de controle PID, da seguinte forma:

$$u(t) = \overbrace{K_p e(t)}^{\text{Parcela P}} + \overbrace{K_i \left(\int_0^t e(\mu) d\mu \right)}^{\text{Parcela I}} + \overbrace{K_d \frac{de(t)}{dt}}^{\text{Parcela D}} , \quad (12.7)$$

para a qual agrupamos os dois termos proporcionais, usando $K_p = K_{p_1} + K_D$ e definindo o ganho derivativo como $K_d = K_D T_d$.

12.2 Controladores PID e suas configurações

Com base nas discussões da seção anterior, pudemos demonstrar que a lei de controle PID é equivalente a uma lei PI acrescida por um termo derivativo, usado como aproximação do valor futuro do sinal de erro. A configuração PID apresentada na Eq. (12.7) é dita **ideal** e implementada na forma **paralela**.

Este PID é chamado de ideal, pois consideramos uma implementação perfeita da ação derivativa na equação do controle. Discutiremos este fato em maiores detalhes na sequência. Ressaltamos, ademais, que essa configuração é costumeiramente chamada de paralela, pois as três ações de controle (proporcional, integral e derivativa) são calculadas de forma separada e, então, somadas, como mostra o diagrama de blocos apresentado na Figura 12.2.

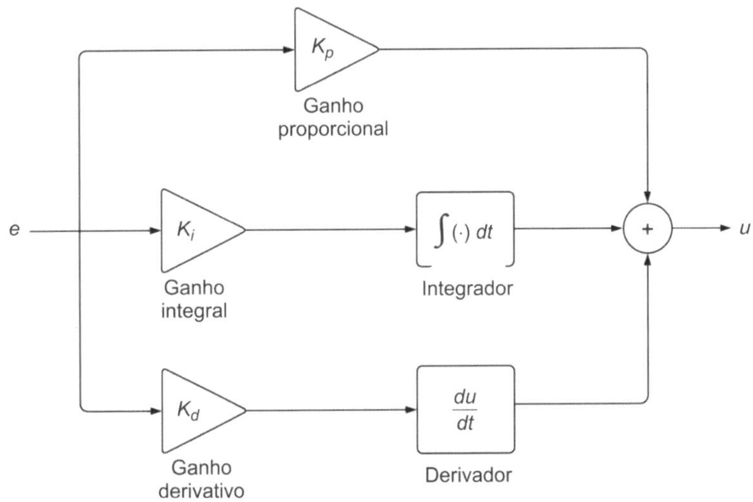

Figura 12.2 – Diagrama de PID ideal na configuração paralela.

O controle PID ideal também pode ser implementado de outras formas. Aqui mencionaremos mais uma, conhecida como estrutura **acadêmica**. Esta implementação é usada na maioria dos livros e materiais de ensino de sistemas de controle. A expressão para a lei de controle PID acadêmica é dada por:

$$u(t) \;=\; K_c\left(e(t)+\frac{1}{T_i}\left(\int_0^t e(\mu)d\mu\right)+T_d\frac{de(t)}{dt}\right). \qquad (12.8)$$

Vejamos que esta expressão é similar à lei do controle PI apresentada no Capítulo 10, com a adição da ação derivativa. Neste caso, temos uma ponderação T_d junto à ação derivativa, parâmetro chamado como **tempo derivativo**. A Figura 12.3 mostra a forma de implementação desta estrutura de controle (no caso ideal). Ressaltamos que o ganho K_c multiplica todos os termos desta lei de controle. Note que a integral está definida de $\mu = inf$ até $\mu = t$. Todavia, como consideramos apenas sinais causais definidos a partir de $t = 0$, $\int_{-\infty}^{t} e(\mu)d\mu) = \int_{0}^{t} e(\mu)d\mu)$, uma vez que $\int_{-\infty}^{0} e(\mu)d\mu) = 0$.

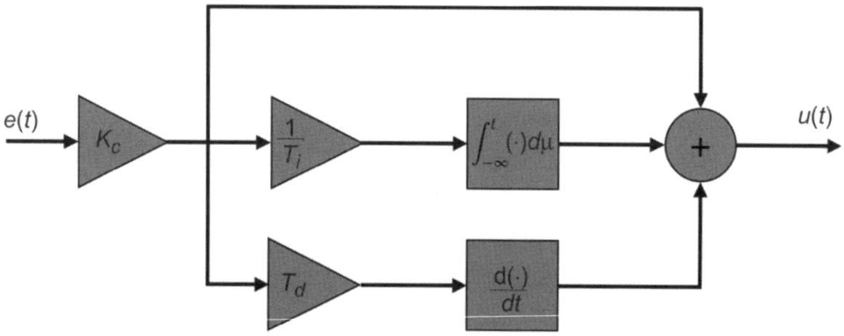

Figura 12.3 – Diagrama de PID ideal na configuração acadêmica.

Em ambas estas configurações de controlares PID, observamos três parâmetros de ajuste: os ganhos K_p, K_i e K_d, no primeiro caso, o ganho K_c e os tempos T_i e T_d, no segundo.

No Capítulo 11, introduzimos a metodologia de ponderação do sinal de referência na ação proporcional, em estratégias de controle PI, como uma forma de ajustar, simultaneamente, as respostas às perturbações e às mudanças de set-point, evitando que valores elevados da ação de controle aparecessem para mudanças bruscas de set-point, que causavam picos na resposta em malha fechada da variável de processo. Como a inclusão da ação derivativa não altera o efeito que a ação P tem nas mudanças de set-point, o uso da ponderação do set-point na ação proporcional será mantida no controle PID.

Por outro lado, devemos debater qual o efeito da ação derivativa sobre o sinal de controle, quando ocorrem mudanças bruscas de set-point. Note que a ação derivativa é dada por:

$$u_D(t) \;=\; K_d\frac{de(t)}{dt} \;=\; K_d\frac{dr(t)}{dt} - K_d\frac{dy(t)}{dt}\,. \tag{12.9}$$

Portanto, quando ocorrem mudanças tipo degrau no sinal set-point, observamos uma variação instantânea em $r(t)$, cuja derivada $\frac{dr(t)}{dt}$ é instantaneamente indefinida. Sendo t_m o momento de mudança tipo degrau de referência, de r_1 para r_2, temos $\lim_{t\to t_m^-} r(t) = r_1$ e $\lim_{t\to t_m^+} r(t) = r_2$ e, portanto, $\lim_{t\to t_m} \frac{dr(t)}{dt} \to +\infty$. Por esse motivo, na prática, é bem comum que a ação derivativa seja tomada somente com base na variável de processo, ou seja:

$$u_D(t) \;=\; -K_d\frac{dy(t)}{dt}\,. \tag{12.10}$$

Dessa forma, a ação derivativa contribui apenas para a rejeição de perturbações, que são sentidas por meio das variações de $y(t)$, mas não produz saltos bruscos na ação de controle diante das mudanças bruscas no sinal $r(t)$.

Incluindo esta consideração sobre a ação derivativa na lei de controle PID, chegamos às seguintes expressões completas, considerando ponderação de set-point e derivada apenas na variável de processo:

$$u(t) \;=\; K_p(br(t) - y(t)) + K_i\left(\int_0^t e(\mu)d\mu\right) - K_d\frac{dy(t)}{dt}\,, \tag{12.11}$$

para o caso paralelo e:

$$u(t) \;=\; K_c\left(br(t) - y(t) + \frac{1}{T_i}\left(\int_0^t e(\mu)d\mu\right) - T_d\frac{dy(t)}{dt}\right), \tag{12.12}$$

para o caso acadêmico.

Note que, nessas duas configurações, há leis de controle com quatro parâmetros de ajuste, incluindo o fator de ponderação de referência b.

Como já analisamos, no Capítulo 10, os efeitos do ajuste das parcelas proporcional e integral do controle (incluindo o fator de ponderação b), discutiremos, aqui, apenas alguns aspectos referentes ao ajuste da ação derivativa.

Como discutido ao longo deste capítulo, por meio da ação derivativa, incluímos uma predição do erro futuro do sistema e, assim, antecipamos as ações de controle, que atuarão em um instante atual de tempo para corrigir um erro que acontecerá em um instante futuro.

Sabemos que a predição do sinal de erro proveniente da aproximação pela reta tangente, dada na Eq. (12.4), será válida apenas para valores pequenos de T_d, pois, neste caso, fazemos predições para instantes futuros muito próximos ao instante atual, de tal forma que a discrepância entre o sinal real do erro no futuro e a aproximação deste sinal por sua tangente seja pequena.

Entretanto, ao usarmos um parâmetro T_d de magnitude muito pequena, o termo derivativo pode ajudar muito pouco na melhoria da resposta do sistema de controle, pois a ação de controle resultante do PID será muito próxima da ação de um controlador PI.

Ao usarmos um parâmetro T_d de magnitude maior, observaremos mais efeito "preditivo" na ação de controle e, desta forma, a resposta resultante do sistema sob controle será diferente da resposta encontrada com uma estratégia de um controlador PI. Todavia, como temos uma discrepância maior entre o sinal de erro futuro real e sua aproximação proveniente da construção dada pela Eq. (12.4), poderemos observar um efeito negativo na resposta em malha fechada, isto é, os benefícios do uso do conhecimento do erro futuro no controle podem ser dizimados pelo fato de usarmos uma predição errada.

Por essas razões, o ajuste da ação derivativa do controle PID requer bastante cuidado. Na sequência, ilustraremos este fato através de alguns casos de estudo, usando um ajuste manual do PID. Ressaltamos que na prática industrial muitos operadores usam ajustes intuitivos manuais com base nas ideias das ações P, I e D. Operadores com grande experiência podem conseguir bons resultados, mas em geral é melhor recorrer a métodos estabelecidos de ajuste. Cabe destacar que há relatórios mostrando que muitas das malhas que utilizam PIDs na indústria funcionam de forma inadequada por estarem mal ajustadas.

Exemplo 96 *Considere um controle de temperatura de um forno elétrico. Em um experimento, aplicou-se um sinal de potência tipo degrau e observou-se o comportamento da temperatura, de tal forma que um modelo de primeira ordem, do tipo EDO com atraso, foi obtido. Este modelo possui os seguintes parâmetros:* $K_e = 1$, $\tau = 5$ *minutos e um atraso de* $L = 1$ *minuto.*

Para o controle deste forno elétrico, consideremos o uso de um PID ideal, na forma acadêmica, com ponderação de set-point, cuja lei de implementação é dada na Eq. (12.12).

Inicialmente, o parâmetro tempo derivativo é usado como $T_d = 0$ *minutos, ou seja, apenas um controlador PI é usado, com parâmetros* $K_c = 2.19, T_i = 2.37$ *minutos e um fator de ponderação* $b = 0.26$. *Usando este PI, as respostas obtidas são apresentadas na Figura 12.4. Neste caso, consideramos uma perturbação de amplitude unitária, tipo degrau, aplicada no tempo 25 minutos.*

Em seguida, um controlador PID é ajustado manualmente, visando acelerar a resposta da variável de processo, sem causar um pico maior ou oscilações. Os resultados da regulação do forno elétrico com este PID são apresentados na mesma figura (linhas tracejadas). Estas respostas são obtidas com os seguintes parâmetros de sintonia: $K_c = 3.72, T_i = 2.29$ *minutos,* $T_d = 0.29$ *minutos e* $b = 0.26$. *Como pode ser observado, o uso da ação derivativa permite aumentar o ganho proporcional e a intensidade da ação integral (o parâmetro* T_i *é menor) para ganhar velocidade e, ao mesmo tempo, conseguir uma desaceleração da resposta nas vizinhanças do set-point, evitando picos e oscilações. Note, também, que a resposta à perturbação é significativamente melhorada e que, para que essa melhor resposta possa ser obtida com a regulação por meio do PID, a ação de controle resultante é mais rápida e agressiva do que a ação de controle obtida com a estratégia PI.*

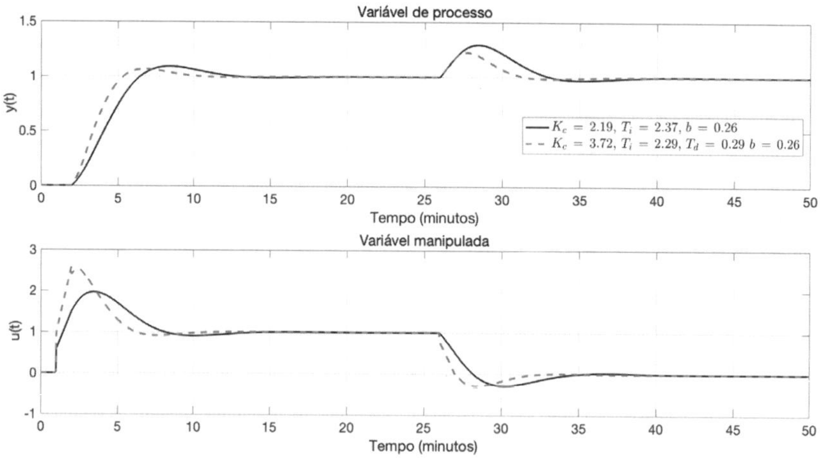

Figura 12.4 – Resultados obtidos com as estratégias PI (linhas cheias) e PID (linhas tracejadas) para o controle do forno elétrico, com atraso de $L = 1$ minuto.

Ressaltamos que a melhoria nos resultados da regulação, tal como exemplificados no exemplo anterior, pode ser explicada pois os controladores tipo PID têm um grau de liberdade a mais para a sintonia do que o controlador PI. Essa diferença se torna ainda mais evidente no caso de processos mais complexos. Entretanto, para processos com comportamento suficientemente bem representado por modelos tipo EDO/EaD de primeira ordem sem atraso, as diferenças nas respostas ficam menos evidentes. Analisaremos mais dois exemplos para ilustrar essas situações.

Exemplo 97 *Considere que o forno usado no exemplo anterior foi modificado, visando melhorias nos sistemas de atuação e medição de temperatura.*

O experimento de identificação foi realizado novamente, encontrando, desta vez, os seguintes parâmetros para um modelo EDO de primeira ordem com atraso: $K_e = 1$, $\tau = 5$ *minutos e atraso* $L = 0.05$ *minutos.*

Ressaltamos que este modelo com menos atraso que o anterior é mais fácil de controlar. Tal como no exemplo anterior, este forno é inicialmente controlado com um controlador tipo PI com parâmetros $K_c = 12.24, T_i = 0.83$ *e* $b = 0$. *As respostas desta regulação são apresentadas (linhas cheias) na Figura 12.5.*

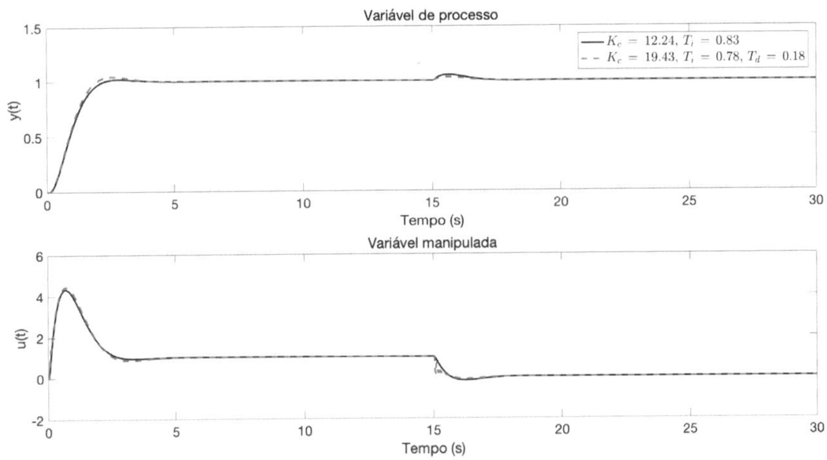

Figura 12.5 – Resultados do controle PI (linhas cheias) e PID (linhas tracejadas) para o forno elétrico com atraso $L = 0.05$ minuto.

Em seguida, um controlador tipo PID é ajustado para acelerar a resposta, evitando picos ou oscilações. Este PID é sintonizado com os seguintes parâmetros: $K_c = 19.43, T_i = 0.78$, $T_d = 0.18$ *e* $b = 0$. *Os resultados são apresentados na mesma figura, em linhas tracejadas. Note que, neste caso com menos atraso, a mudança nas respostas observadas é muito pequena, se ganha um pouco de velocidade na resposta de rejeição da perturbação, mas a resposta ao set-point tem um pico maior. Assim, este caso de atraso quase desprezível pode ser bem controlado apenas com o controle PI com bons resultados.*

Como pudemos notar nestes últimos dois exemplos, ao adicionar a ação derivativa para melhorar as respostas em malha fechada, precisamos ajustar todos os parâmetros do controle, dado que há acoplamento entre as três ações. Quando o processo apresenta atrasos mais significativos, a predição do erro por meio da reta tangente, dada pela Eq. (12.4), torna-se menos representativa, tornando anda mais difícil o ajuste manual do PID. Já no caso com menos atraso, a sintonia do controlador PID torna-se mais simples, por isso muitas vezes na indústria se usa o fator L/τ do modelo como uma medida da dificuldade de controlar a planta. Ainda é importante notar que, quando controlamos um processo que apresenta atraso na sua dinâmica, esse atraso sempre aparece na resposta em malha fechada, e o controle apenas consegue modificar a dinâmica da variável de processo depois desse atraso.

Antes de passar a discutir métodos de ajuste sistemáticos, vamos apresentar um último exemplo com mais atraso, isto é, com uma fator L/τ maior.

Exemplo 98 *Depois de muito tempo de uso, o forno elétrico do exemplo anterior deteriorou-se. Repete-se o experimento de identificação, obtendo os seguintes parâmetros:* $K_e = 1$, $\tau = 5$ *minutos e atraso* $L = 3$ *minutos. Note que, neste caso, o sistema apresenta uma resposta com mais atraso que nos casos anteriores.*

Tal como nos exemplos precedentes, ajustam-se um controlador PI, com parâmetros $K_c = 0.91, T_i = 4.7$ *minutos e* $b = 0$*, e um controlador PID, que visa uma aceleração da resposta da variável de processo, sem ocasionar picos ou oscilações. Este PID é sintonizado com parâmetros* $K_c = 1.54, T_i = 5.12$ *minutos,* $T_d = 1.05$ *minuto e um fator de ponderação* $b = 0$*. As respostas obtidas com ambos estes controladores são apresentadas na Figura 12.6: PI (linhas cheias) e PID (linhas tracejadas).*

Como pode ser observado, o desempenho das respostas da variável de processo obtido com o controlador PID é significativamente melhor que o desempenho referente ao controlador PI. Observe que os parâmetros de sin-

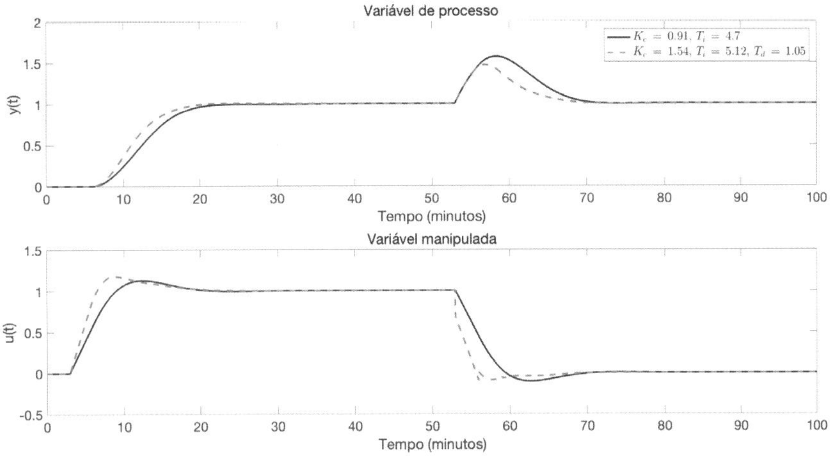

Figura 12.6 – Resultados do controle PI (linhas cheias) e PID (linhas tracejadas) para o forno elétrico com atraso $L = 3$ minutos.

tonia do controlador PID aumentaram em comparação ao controlador PI.

Um ponto importante a ressaltar neste exemplo é que a resposta em malha fechada do processo tem um tempo de assentamento aproximado de 20 minutos para a mudança de set-point. Note que temos na resposta um atraso de 3 minutos e um transitório até chegar na referência de aproximadamente 17 minutos. O processo que estamos controlando tem atraso de 3 minutos e uma constante de tempo de 5 minutos, assim, em malha aberta demora aproximadamente $3 + 5\tau = 3 + 25 = 28$ *minutos para chegar a 99% do valor final. Assim, o aumento da velocidade de resposta deste caso é bem menos significativo que no caso com atraso pequeno do exemplo anterior, quando o tempo de malha aberta era de aproximadamente 25 minutos e o de malha fechada de aproximadamente 4 minutos. Isso mostra como o atraso impõe uma limitação no ajuste de respostas rápidas. Isso é intuitivamente lógico, já que o controlador sempre recebe a informação da saída atrasada e isso dificulta a interpretação da relação causa-efeito entre a variável de controle e a de processo, obrigando a atuar de forma mais lenta para evitar respostas indesejadas.*

Para ilustrar esta discussão, vamos supor que o desejamos acelerar a resposta a perturbação ainda mais. Assim, busca-se uma nova sintonia alterando apenas o parâmetro tempo derivativo. Para tal, este parâmetro é aumentado para $T_d = 3.12$ minutos, valor próximo do atraso do sistema. A resposta deste novo ajuste se mostra na Figura 12.7, que compara o PI (linhas cheias), o segundo PID (linhas tracejadas) e este último PID ajustado com maior tempo derivativo (linhas de pontos).

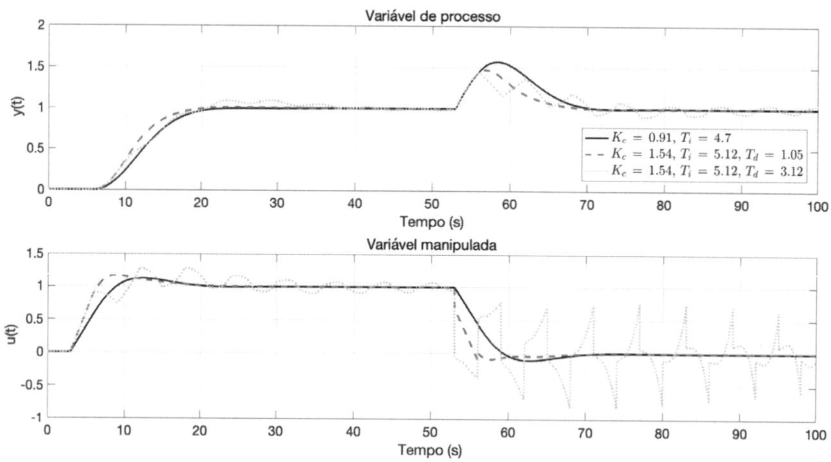

Figura 12.7 – Resultados do controle PID com $T_d = 1.05$ (linhas cheias) e com $T_d = 3.12$ (linhas tracejadas) para o forno elétrico com atraso $L = 3$ minutos.

Note que o novo PID tenta reagir mais rapidamente na rejeição da pertubação, mas isso causa muitas oscilações na variável de processo e de controle. Este resultado é indesejado e mostra como é complexo o ajuste manual do PID e também como o atraso limita a obtenção de respostas muito rápidas.

Os três exemplos apresentados, com todos os controladores ajustados de forma manual, permitiram ilustrar aspectos qualitativos do uso da ação derivativa. Apresentaremos, na sequência, alguns métodos de sintonia dos parâmetros de ajuste de controladores PID, que são muito usados no ambiente industrial.

12.3 Sintonia de controladores PID

Tal como no caso de controladores tipo PI, existem muitas metodologias possíveis para a sintonia dos parâmetros de ajuste de controladores tipo PID. Em geral, a grande maioria dos estudos teóricos que propõe métodos de ajuste para controladores PI também contemplam o caso de controladores PID. Neste livro introdutório, apresentaremos apenas alguns destes métodos de sintonia.

12.3.1 Método de sintonia de Ziegler-Nichols em malha aberta

O método de sintonia de Ziegler-Nichols para ajuste de controladores PID, implementados na forma acadêmica, é válido para processos estáveis e integradores, com atrasos pouco significativos: $0.1\tau \leq L \leq \tau$.

De forma análoga ao método de sintonia para controladores PI, esta metodologia de ajuste baseia-se em um modelo com apenas dois parâmetros, L e $K_v = \frac{K_e}{\tau}$, tal como explicado no Capítulo 10.

A metodologia de sintonia é dada pela seguinte regra:

$$K_c = \frac{1.2}{K_v L} \quad , \quad T_i = 2L, \quad T_d = L/2\,. \tag{12.13}$$

Essa metodologia busca uma atenuação das perturbações com uma taxa de decaimento entre picos subsequentes na resposta da variável de processo da ordem de $\frac{1}{4}$. Podemos observar como o atraso do modelo L limita as ações P e I (se L aumenta elas diminuem) e como o tempo derivativo tem uma relação direta com o atraso, justificando a interpretação de predição já discutida.

Ao comparamos esse ajuste com ajuste do PI apresentado no Capítulo

10, podemos observar que o uso da ação derivativa permite aumentar os ganhos referente às ações proporcional e integral, mantendo uma especificação de resposta similar. Ilustraremos o uso deste método com um exemplo.

Exemplo 99 *Consideremos o mesmo exemplo do Capítulo 10 para a sintonia Ziegler-Nichols para controladores PI, considerando um processo modelado por meio de uma EDO com parâmetros* $K_e = 1$, $L = 1\,s$ *e* $\tau = 5\,s$. *Comparemos, agora, os resultados obtidos em termos de regulação em malha fechada com um controlador PI e um controlador PID. O ajuste do PI é dado por:* $K_c = 4.5$ *e* $T_i = 3\,s$ *e o do PID por* $K_c = 6$, $T_i = 2\,s$ *e* $T_d = 0.5\,s$.

A Figura 12.8 apresenta a variável de processo e a variável manipulada, em malha fechada, considerando a resposta deste sistema de controle a um degrau de perturbação de amplitude 1.5 aplicado aproximadamente em $t = 6\,s$. *As respostas obtidas com o controlador PI são apresentadas em linhas cheias, ao passo que as respostas referentes à estratégia PID são apresentadas em linhas tracejadas.*

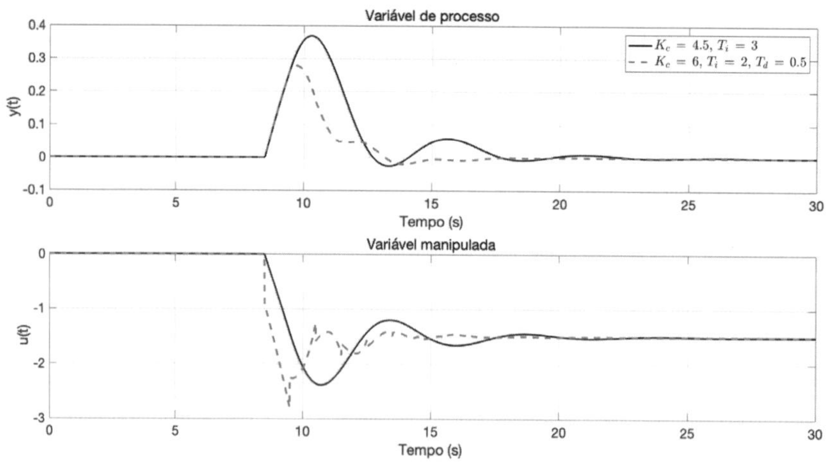

Figura 12.8 – Resposta ao degrau do processo em malha fechada com o PI (linhas cheias) e PID (linhas tracejadas) ajustados com o método de Ziegler-Nichols.

Como podemos observar nessa figura, ambos os controladores garantem a especificação de atenuação das oscilações a uma taxa de $\frac{1}{4}$ *entre picos. Entretanto, as respostas obtidas com o controle PID são mais rápidas e as variações da variável de processo são de menor amplitude. Consequentemente, observamos uma ação de controle mais agressiva com o controlador PID. Note que apenas realizamos um ensaio de rejeição de perturbação, dado que o método de Ziegler-Nichols é especificamente projetado para esse objetivo.*

No Capítulo 10, comentamos que as respostas obtidas com este método de sintonia para mudanças no sinal de referência não são boas, uma vez que o método não tem como objetivo a regulação dessas respostas. Ilustraremos isso por meio de uma nova simulação, usando a ponderação do set-point na ação proporcional do controlador. Ressaltando que o controlador PID é implementado com a ação derivativa aplicada unicamente sobre a variável de processo, ou seja, $u_D(t) = -T_d \frac{dy(t)}{dt}$.

Exemplo 100 *A Figura 12.9 apresenta as respostas do PID do exemplo anterior para uma mudança de set-point, com fator de ponderação de referência* $b = 1$ *(linhas cheias) e* $b = 0.3$ *(linhas tracejadas). As ações derivativas são apresentadas da seguinte forma: em linha preta pontilhada-tracejada para primeiro ajuste e em cinza pontilhado para o segundo.*

Como pode ser observado, usando a ponderação do set-point, conseguimos uma resposta elegante para o comportamento do sistema em malha fechada, tanto para a mudança de set-point como para a perturbação de carga aplicada no instante de tempo $t = 15\,s$.

Esta figura também mostra a evolução do sinal $u_D(t)$*, referente à ação derivativa, em linhas pontilhada e pontilhada-tracejada. Podemos observar que esta ação atua apenas depois que a variável de processo se movimenta, ou seja, não há ação derivativa sobre* $r(t)$*. Note que a parcela* $u_D(t)$ *contribui significativamente para o sinal de controle durante o início do regime transitório do processo.*

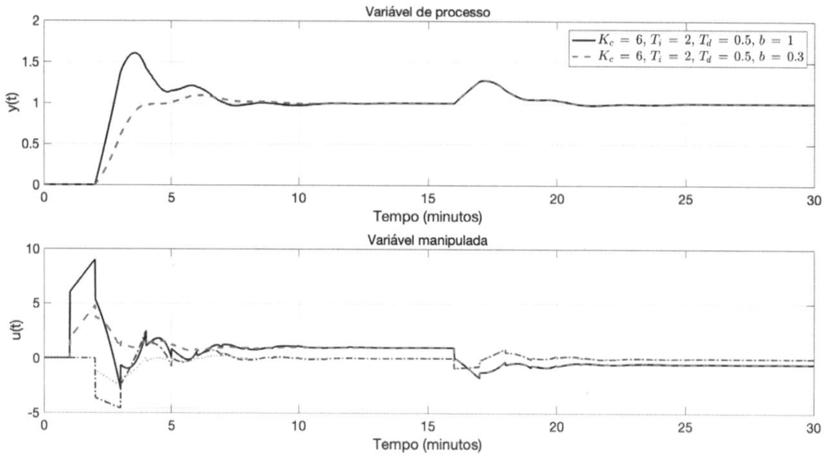

Figura 12.9 – Resposta ao degrau do processo em malha fechada com PID ajustados com o método de Ziegler e Nichols, com fator de ponderação de referência $b = 1$ (linhas cheias) e $b = 0.3$ (linhas tracejadas).

12.3.2 Método de ajuste de Ziegler-Nichols em malha fechada

O método apresentado anteriormente precisa de um ensaio de malha aberta para determinar os parâmetros do processo e, consequentemente, do desligamento do controlador PID (colocar ele no modo manual). Isto é uma inconveniência em aplicações práticas nas quais já exista um controle em operação e deseja-se realizar uma mudança na sintonia, mas sem desligar o controlador.

Para este tipo de situação, os mesmos pesquisadores desenvolveram um método diferente, conhecido como método de sintonia de Ziegler-Nichols em malha fechada.

Neste método, os parâmetros do PID podem ser obtidos por meio de um ensaio em malha fechada, com um sistema de controle já em operação, sem que seja necessário um experimento de identificação de malha aberta para o processo.

Esta segunda metodologia de sintonia para controladores tipo PID é dada por meio de três passos:

- Com um controlador PID operando, desligam-se as ações integral e derivativa.
- Usando apenas a ação proporcional, aumenta-se o ganho do controle até que a resposta em malha fechada seja oscilatória, com amplitude constante. Para essa resposta, mede-se o período da oscilação T_0 e armazena-se o ganho proporcional K_0 usado para que a resposta exiba essas oscilações.
- Ajusta-se o PID com $K_c = 0.6K_0$, $T_i = 0.5T_0$ e $T_d = 0.125T_0$.

Na prática, o procedimento de ajuste do PID depois deste ensaio deve ser feito de forma sequencial: reduzindo, primeiramente, o ganho proporcional e, posteriormente, introduzindo a ação derivativa e, por último, a ação integral. Ilustraremos o uso desta metodologia de ajuste com um exemplo.

Exemplo 101 *A Figura 12.10 mostra a variável de processo e variável manipulada em malha fechada de um processo controlado usando um controlador tipo PID com apenas a ação proporcional ligada, em face de uma entrada tipo degrau. O modelo do processo é desconhecido, mas o valor do ganho proporcional que leva a saída a apresentar oscilações é* $K_0 = 8.5$. *Note que este ganho é obtido empiricamente, realizando pequenos aumentos até que a condição desejada seja obtida. Dessa figura, podemos observar que o período de oscilação é de* $T_0 \approx 3.3\,s$.

Com esses valores obtidos no ensaio em malha fechada, a sintonia do PID é feita segundo o método de Ziegler-Nichols, com os seguintes parâmetros: $K_c = 5.1$, $T_i = 1.65\,s$ *e* $T_d = 0.4125\,s$. *Assim, usando esse ajuste, as respostas obtidas para a regulação deste processo em malha fechada são apresentadas na Figura 12.11, com e sem o uso do fator de ponderação de referência.*

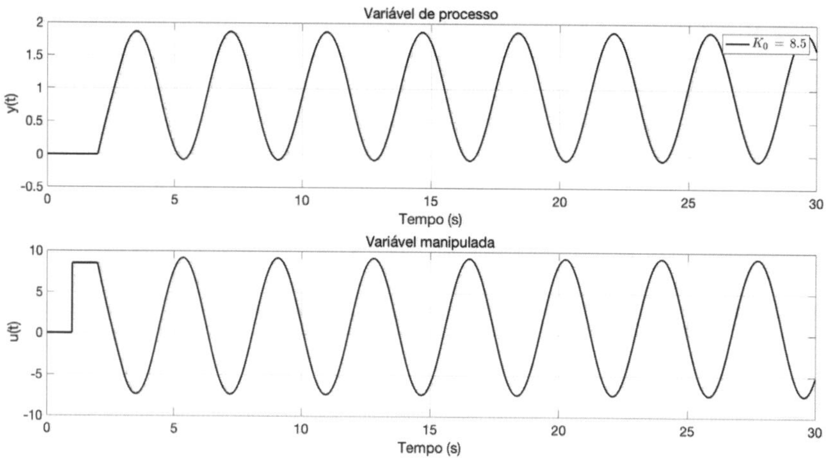

Figura 12.10 – Resposta ao degrau com o PID apenas com a ação P ativa para o ensaio de malha fechada do método de Ziegler e Nichols.

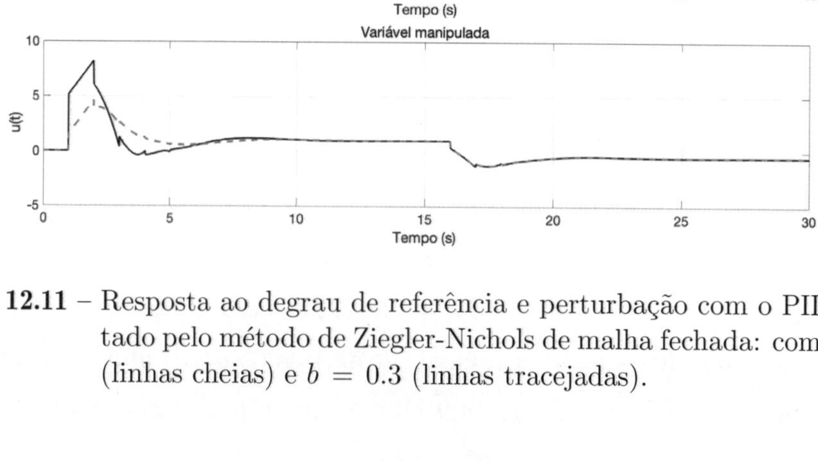

Figura 12.11 – Resposta ao degrau de referência e perturbação com o PID ajustado pelo método de Ziegler-Nichols de malha fechada: com $b = 1$ (linhas cheias) e $b = 0.3$ (linhas tracejadas).

Nessa figura, podemos observar duas respostas: as linhas cheias, considerando o PID sem ponderação de referência, usando $b = 1$, e as linhas tracejadas, considerando o PID ajustado com um fator de ponderação $b = 0.3$. Observe como a resposta à perturbação cumpre os requisitos pre-especificados e como a resposta ao set-point, que apresenta um grande pico, pode ser melhorada com o uso do fator de ponderação b.

Desses exemplos podemos concluir que os dois métodos de Ziegler-Nichols permitem obter uma resposta rápida porém oscilatória para rejeição de perturbações, e que, usando um fator de ponderação da referência adequado, podemos obter uma resposta aceitável para mudanças de set-point. Esses dois métodos são os mais conhecidos no meio industrial e largamente usados por operadores em diversos processos.

12.3.3 Método de ajuste de PID-IMC

Para concluirmos esta seção, apresentaremos uma última metodologia de sintonia para o ajuste de parâmetros de controladores PID. Esse método foi desenvolvido pelo professor Manfred Morari e seu grupo de pesquisa nos anos 1980 e, desde então, tem sido amplamente usado no meio industrial.

O método é denominado PID-IMC, pois baseia-se em uma metodologia de projeto chamada controle por modelo interno (do inglês, *internal model control*). O estudo da teoria de IMC não é foco deste livro.

Esta metodologia de sintonia considera que o processo sob controle é representado por um modelo de primeira ordem com atraso e usa um parâmetro de ajuste λ para definir a velocidade de resposta em malha fechada para as mudanças de set-point. As respostas às perturbações de carga não são consideradas neste método para o ajuste (existem estudos para casos que consideram o problema completo).

Segundo esta metodologia, o ajuste dos parâmetros do PID, na configuração acadêmica, é dado por:

$$\begin{cases} K_c & = & \frac{\tau+0.5L}{K_e(\lambda+0.5L)}, \\ T_i & = & \tau + 0.5L\,, \qquad T_d = \frac{\tau L}{2\tau+L}\,. \end{cases} \tag{12.14}$$

Estas regras de sintonia buscam que a resposta em malha fechada do processo seja pouco oscilatória para valores de ajuste $\lambda > 0.8L$, ou seja, para um fator de velocidade escolhido maior que 80 % que o atraso do processo.

Ilustraremos o uso desta regra de ajuste e a compararemos com o método de Ziegler-Nichols de malha aberta.

Exemplo 102 *Considere o mesmo modelo de processo já apresentado nos últimos exemplos, representado através de uma EDO de primeira ordem com atraso, com parâmetros:* $K_e = 1$, $L = 1$ *s e* $\tau = 5$ *s. Considera-se no ensaio uma mudança de set-point em tempo zero e uma perturbação tipo degrau de amplitude* 1.5 *aplicada no tempo* 25 *s da simulação.*

A Figura 12.12 mostra a variável de processo e variável manipulada em malha fechada para esta nova metodologia de ajuste, sintonizada para $\lambda = 1$ *(linhas cheias). Os parâmetros de ajuste do PID são:* $K_c = 3.67$, $T_i = 5.5$ *s e* $T_d = 0.45$ *s. As respostas para o método de Ziegler-Nichols de malha aberta, com fator de ponderação* $b = 0.3$, *são apresentadas por meio das curvas em linhas tracejadas.*

Em termos de resultados, podemos constatar que este novo método de sintonia garante uma boa resposta de regulação da variável de processo em face das mudanças de set-point, sem oscilações e sem a necessidade do uso de um fator de ponderação do set-point na ação proporcional.

Entretanto, como desvantagem deste ajuste, ressaltamos que as respostas às perturbações de carga são muito mais lentas ao compará-las às respostas obtidas com o método de Ziegler-Nichols. Desta forma, podemos concluir que esse método de ajuste é mais indicado para processos submetidos a mudanças contínuas de set-point, para as quais é importante que a variável de

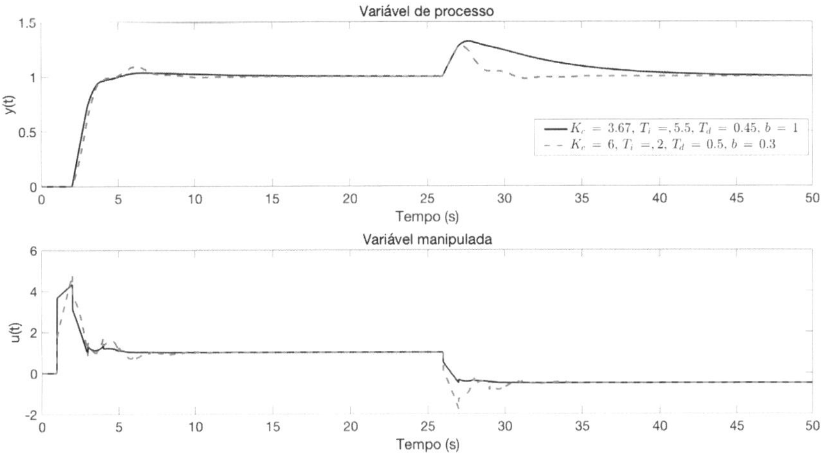

Figura 12.12 – Resposta ao degrau de referência e perturbação com o PID ajustado pelo método IMC (linhas cheias) e de Ziegler-Nichols de malha aberta (linhas tracejadas).

processo mantenha um bom comportamento transitório.

Note que as ações de controle provenientes desta estratégia de sintonia são bem mais suaves do que as ações de controle previamente obtidas com o método de Ziegler-Nichols.

Para finalizarmos este exemplo, analisaremos o efeito do parâmetro de ajuste de λ nas respostas do processo, usando um valor menor para λ do que no ensaio anterior. Mantemos a mesma perturbação. A Figura 12.13 mostra a variável de processo e a variável manipulada em malha fechada para um novo ajuste, com $\lambda = 0.5$ (linhas cheias), que resulta nos parâmetros $K_c = 5.5$, $T_i = 5.5$ s e $T_d = 0.45$ s. Neste caso, um fator de ponderação de set-point $b = 0.8$ é usado para abaixar o pico da resposta ao degrau de set-point. Para fins de comparação, as respostas obtidas para o caso de $\lambda = 1$ são apresentadas por meio das linhas tracejadas.

Podemos observar, portanto, que, conforme diminuímos o valor do parâmetro de ajuste λ, as respostas tornam-se mais oscilatórias, mas o tempo de assentamento da resposta não se altera muito. Notavelmente, este método de sintonia não consegue garantir um bom comportamento da variável de

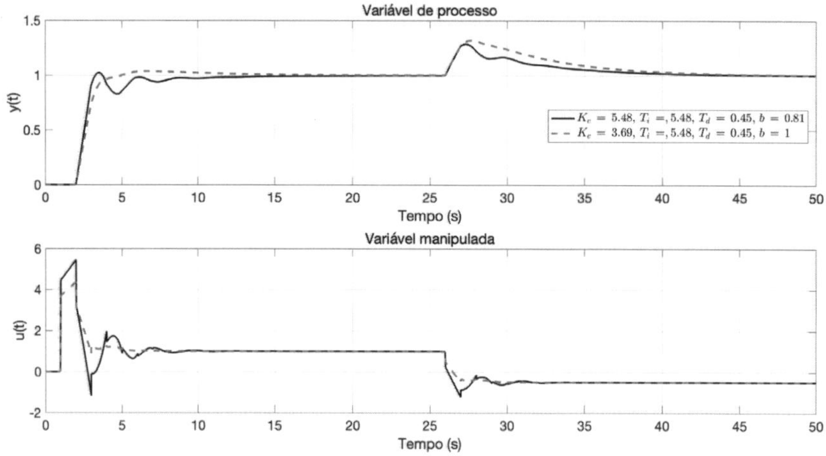

Figura 12.13 – Resposta ao degrau de referência e perturbação com o PID ajustado pelo método IMC com $\lambda = 0.5$ (linhas cheias) e $\lambda = 1$ (linhas tracejadas).

processo em face das perturbações. Existem alternativas para melhorar este aspectos, mas que não são foco deste livro.

12.4 Implementação de controladores PID

Tal como discutido nos capítulos anteriores para estratégias P e PI, detalharemos aqui como controladores tipo PID podem ser implementados, tanto no caso analógico, pelo uso de circuitos eletrônicos com amplificadores operacionais, quanto no caso digital, por meio de códigos elaborados em tempo discreto.

12.4.1 Implementação analógica de controladores PID

Para adicionarmos a parcela referente à ação derivativa na estrutura de implementação analógica de controladores PI (detalhada no Capítulo 10), devemos apenas apresentar como implementar um circuito de derivação de sinais e somar esta nova ação à estrutura de controle PI.

Para implementarmos a ação derivativa, apenas atuando na variável de processo $y(t)$, podemos usar o circuito eletrônico apresentado na Figura 12.14. Aplicando as mesmas considerações já apresentadas no Capítulo 10 sobre o uso de um amplificador operacional, temos, por construção:

$$i(t) = -C\frac{dy(t)}{dt} \text{ e } i(t) = \frac{u_D(t)}{R_3}, \qquad (12.15)$$

na qual $i(t)$ é a corrente que circula pelo capacitor e resistor. Manipulando, temos o valor de tensão de saída como:

$$u_D(t) = -CR_3\frac{dy(t)}{dt}, \qquad (12.16)$$

com $T_d = CR_3$. Assim, o ganho da ação derivativa é ajustado diretamente por meio da resistência do resistor R_3. Note que, na prática, esse resistor é implementado com uma resistência variável (potenciômetro), de tal forma que o parâmetro T_d do controlador PID possa ser ajustado manualmente.

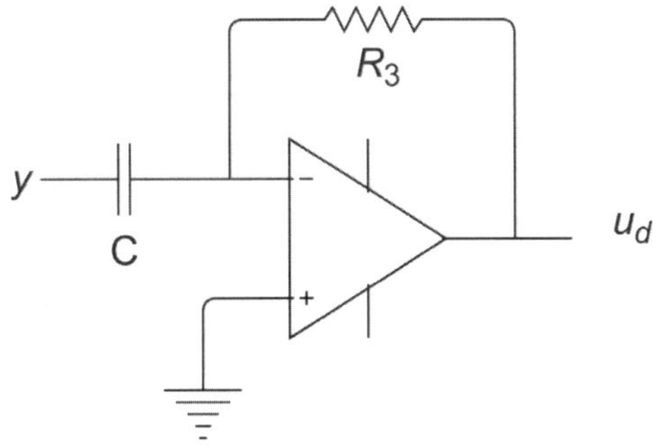

Figura 12.14 – Implementação da ação derivativa usando um amplificador operacional.

Para construirmos o circuito de implementação de um controle PID, então, basta adicionarmos a parcela referente à ação derivativa à estrutura do controlador PI apresentada no Capítulo 10, ajustando a conexão entre os amplificadores operacionais, tal como apresentamos no circuito eletrônico da Figura 12.15.

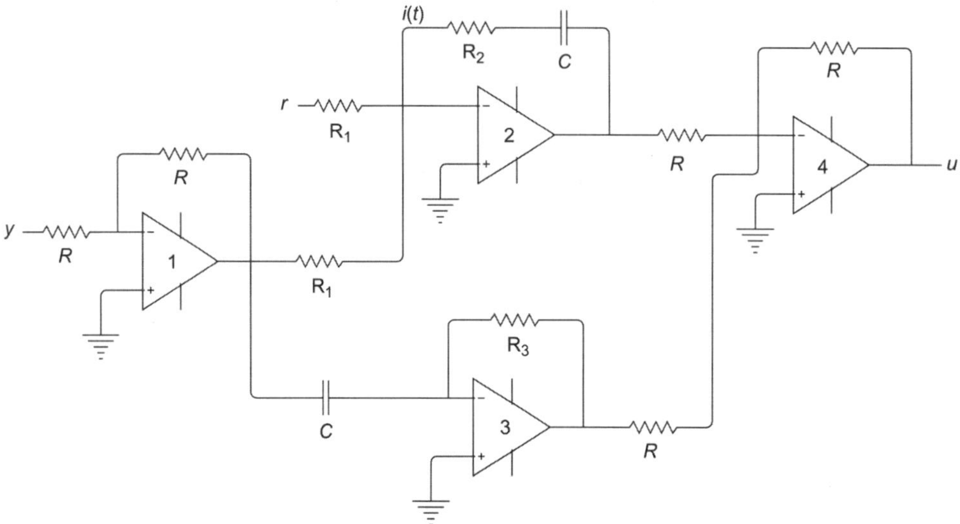

Figura 12.15 – Implementação do PID usando um amplificador operacional.

A lei de controle implementada por meio desse circuito eletrônico é, portanto, dada por:

$$\begin{aligned} u(t) &= \overbrace{\left(\frac{R_2}{R_1}\right)}^{K_p}(r(t) - y(t)) + \overbrace{\left(\frac{1}{R_1 C}\right)}^{K_i}\left(\int_0^t e(\mu)d\mu\right) \\ &- \overbrace{(CR_3)}^{K_d}\frac{dy(t)}{dt}. \end{aligned} \tag{12.17}$$

Note que, para esta implementação analógica de um controlador PID, o resistor R_1 é usado para o ajuste do parâmetro K_i, ao passo que os resistores R_2 e R_3 são usados para o ajuste dos parâmetros K_p e K_d, respectivamente.

Ressaltamos que usamos algumas simplificações a respeito dos amplificadores operacionais nesses circuitos eletrônicos. Um ponto que deve ser considerado é que o modelo usado para representar o amplificador operacional, representado por um ganho muito alto, é válido apenas para sinais de baixas frequências (com variações suficientemente lentas). Portanto, caso os sinais $r(t)$ e $y(t)$ variem muito rapidamente, os resultados das equações não serão totalmente verdadeiros, apenas aproximados. Este ponto tem mais importância no caso da implementação da derivada, pois, se o sinal de entrada do derivador varia muito rapidamente, o amplificador operacional naturalmente vai filtrar esse comportamento e não teremos uma derivada perfeita na saída do derivador. Normalmente, na prática industrial, o sinal $y(t)$ vai ter variações suaves, mas a sua medição poderá ser afetada por ruídos, de forma que o sinal que chega no controlador tenha, sim, variações rápidas, embora de pequena amplitude. Este ponto será discutido com mais detalhes em seções posteriores deste capítulo.

12.4.2 Implementação digital de controladores PID

Para podermos implementar um controlador tipo PID na forma digital, devemos, primeiramente, aproximar a ação derivativa para o caso discreto, por meio de uma aproximação de Euler da derivada de um sinal, ou seja:

$$\frac{dy(t)}{dt} \approx \frac{y(kT_s) - y((k-1)T_s)}{T_s}, \tag{12.18}$$

sendo T_s o período de amostragem do controlador.

Desta forma, a ação de controle derivativa do controlador PID é aproximada por:

$$u_D(t) = -K_d \frac{y(kT_s) - y((k-1)T_s)}{T_s}, \tag{12.19}$$

Adicionando este termo derivativo nas seguintes equações discretas, da implementação digital de controladores PI:

$$\begin{cases} e(kT_s) = (r(kT_s) - y(kT_s)), \\ u(kT_s) = K_p e(kT_s) + K_i T_s \sum_{i=0}^{i=k} e(iT_s), \end{cases} \tag{12.20}$$

podemos escrever, de forma completa para o PID:

$$\begin{aligned} u(kT_s) &= K_p e(kT_s) + K_i T_s \sum_{i=0}^{i=k} e(iT_s) \\ &- K_d \frac{y(kT_s) - y((k-1)T_s)}{T_s} . \end{aligned} \tag{12.21}$$

Para uma representação recursiva desta lei de controle PID, podemos usar o sinal de controle em um passo anterior:

$$\begin{aligned} u((k-1)T_s) &= K_p e((k-1)T_s) + K_i T_s \sum_{i=0}^{i=k-1} e(iT_s) \\ &- K_d \frac{y((k-1)T_s) - y((k-2)T_s)}{T_s} . \end{aligned} \tag{12.22}$$

e, ao substituirmos a Eq. (12.21) na Eq. (12.22), obtemos:

$$\begin{aligned} u(kT_s) &= u((k-1)T_s) + (K_p + K_i T_s) e(kT_s) \\ &- K_p e((k-1)T_s) - \frac{K_d}{T_s} \left(y(kT_s) - 2y((k-1)T_s) + y((k-2)T_s) \right) . \end{aligned} \tag{12.23}$$

Observe que, para a implementação deste código em um computador ou microprocessador, precisaremos armazenar na memória os valores das amostras do sinal de erro e do sinal de controle no instante anterior, tal como os valores das amostras da variável de processo nos últimos dois instantes. Desta forma, o algoritmo para implementação desta lei de controle PID, na forma recursiva, é dado por:

- Passo 1: Lê-se u_{manual} e salva-se o valor lido em u_a, lê-se $y(k)$ e salva-se o valor em y_a e y_{aa}. Inicializa-se $e_a = 0$.

- Passo 2: Lê-se $r(k)$, $y(k)$ e os parâmetros K_p, K_i e K_d.

- Passo 3: Calcula-se $e = r(k) - y(k)$.

- Passo 4: Calcula-se o sinal de controle

$$u = u_a + (K_p + K_i T_s)e - K_p e_a - \frac{K_d}{T_s}(y(k) - 2y_a + y_{aa}) .$$

Aplica-se este sinal ao processo.

- Passo 5: Atualizam-se as variáveis: $u_a = u$, $e_a = e$, $y_{aa} = y_a$, $y_a = y(k)$

- Passo 6: Retorne ao Passo 2.

As variações desse código para a introdução do fator de ponderação do set-point, a opção de passagem entre modos manual e automático e a opção de cálculo do erro para processos com ganho direto positivo ou negativo podem ser realizadas de forma análoga à implementação dessas estratégias para controladores PI (vide Capítulo 11).

12.5 Medição ruidosa

Ao longo deste livro, em praticamente todas as análises e ensaios apresentados até o momento, os controladores P, PI e PID foram elaborados considerando que os sinais medidos do processo estavam isentos de ruído de medição.

Para fins de análises conceituais a respeito desses controladores, essa hipótese (ausência de ruídos) é adequada. Entretanto, quando trabalhamos com aplicações reais, os sinais provenientes das plantas físicas são sempre afetados por ruído e, uma vez que os controladores tomam estes sinais como base para a construção das leis de controle, os sinais resultantes são corrompidos pela presença do **ruído**.

O termo ruído é usado para definir variações dos sinais medidos que não são esperadas em condições ideais. Geralmente, o ruído é usado para representar variações rápidas e de baixa amplitude (se comparadas à amplitude do sinal real), observadas na medição de uma variável.

Consideremos um exemplo prático. Quando medimos a vazão de água em uma tubulação, nos interessamos em determinar quantos litros escoam por segundo pelo local, no qual o sensor de vazão é instalado. Essa vazão depende do sinal de controle que regula a bomba de água ligada à tubulação. Caso a bomba opere em condições constantes, esperamos medir uma vazão constante na tubulação. Entretanto, devido à turbulência do fluido em escoamento, o sensor de medição pode apresentar oscilações muito rápidas em torno ao valor de vazão que esperaríamos medir.

Neste caso, dizemos que a medição é ruidosa ou que há um sinal de ruído atrelado ao sinal medido. O ruído de medição também é ocasionado por interferências eletromagnéticas no sensor de medição e por outras causas externas, muitas vezes difíceis de serem identificadas com precisão.

Em todas as situações de ruído de medição, entretanto, observamos sinais medidos que apresentam uma superposição de comportamentos, com uma variação lenta no tempo de maior amplitude (sinal real) sobreposta por um sinal com variações muito mais rápidas e de menor amplitude (sinal de ruído).

A Figura 12.16 apresenta o sinal referente à variável de processo de um sistema de aquecimento térmico, sujeito a ruído de medição. Neste caso, o ruído está presente na curva inferior da simulação, a curva superior refere-se ao sinal sem ruído.

O ruído sempre estará presente em todos sistemas reais. Entretanto, qual é o efeito que o ruído causa nos sistemas de controle? Discutiremos isso nas próximas seções.

12.5.1 O efeito do ruído de medição

O efeito mais desvantajoso da presença de ruídos nos sistemas de controle em malha fechada é associado à variável manipulada. Em estratégias de controle realimentadas, o sinal de controle é sempre calculado como função

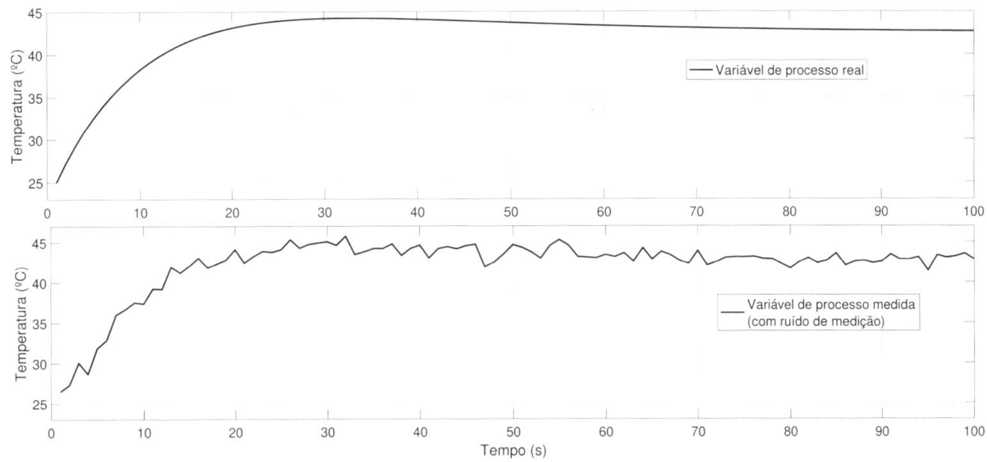

Figura 12.16 – Efeito do ruído no sinal medido no processo.

da variável de processo. Esta, por sua vez, é medida com ruído. Portanto, caso a estratégia de controle amplifique este ruído, a variável manipulada poderá ter variações muito rápidas e de grande amplitude. Ilustraremos este fenômeno por meio de um exemplo e, na sequência, elaboraremos algumas discussões complementares, por meio de análises matemáticas.

Exemplo 103 *Considere um sistema de controle proporcional que atua na abertura de uma válvula, com o objetivo de controlar a vazão de um fluido em uma tubulação. O processo que relaciona o sinal de tensão (em volts) que define a abertura da válvula com a vazão medida na tubulação é modelado por uma EDO de primeira ordem sem atraso, com parâmetros* $\tau = 1\,s$ *e* $K_e = 5\ Vs/m^3$.

Para este problema de controle, dois controladores proporcionais foram ajustados, um com ganho proporcional $K_p = 2$ *e outro com ganho proporcional* $K_p = 20$. *As respostas do sistema em malha fechada deste sistema, para uma mudança de set-point tipo degrau de amplitude* $1\,m^3/s$ *de vazão, são apresentadas na Figura 12.17, considerando um caso ideal, por ora sem ruído de medição.*

Por meio das respostas apresentadas nesta figura, parece evidente que o

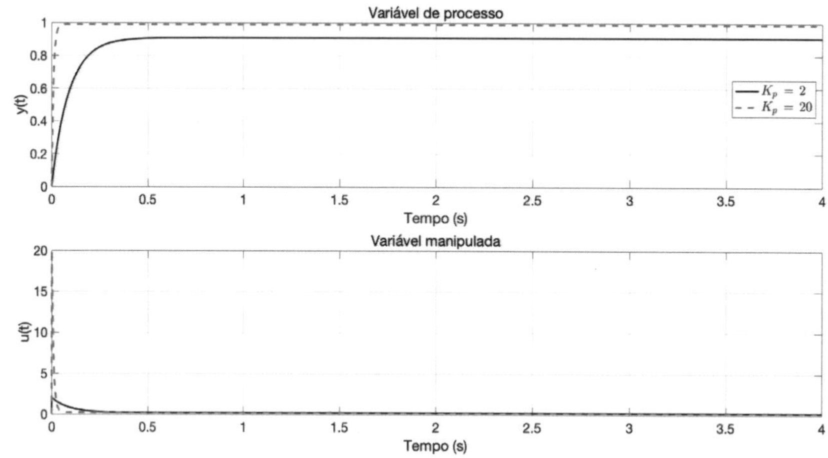

Figura 12.17 – Controle P de vazão em uma tubulação com $K_p = 2$ (linhas cheias) e $K_p = 20$ (linhas tracejadas).

controlador ajustado com $K_p = 20$ é mais vantajoso, pois consegue fazer com que a variável de processo estabilize-se mais rapidamente, com menor erro de seguimento. Logicamente, este controle com ganho maior apresenta um valor muito maior da ação de controle, principalmente nos instantes iniciais do transitório.

Entretanto, ao realizarmos este mesmo ensaio com a presença de ruído de medição no sinal de vazão (de amplitude média 0.01 m^3/s) e saturação da variável manipulada ($u \in [-1, 1]$ V), podemos perceber que esta conclusão é precipitada.

A Figura 12.18 apresenta o experimento em condições reais, com ruído de medição e saturação. Observe que, neste caso, depois do regime transitório inicial nos primeiros segundos, a variável manipulada do controlador com $K_p = 20$ oscila muito mais que a variável manipulada obtida usando $K_p = 2$. Essa oscilação, na prática, é inaceitável, pois um sinal de atuação para abertura da válvula tão brusco e variante danificaria o mecanismo da válvula. Além disso, com a saturação do sinal de controle, diminuem as diferenças entre as taxas de variação das respostas transitórias obtidas *com as duas configurações de sintonia de* K_p. *Portanto, as vantagens do controle proporcional com maior ganho proporcional, em um caso real, são sobrepostas pelas desvantagens que aparecessem devido ao efeito do ruído e às limitações físicas do atuador.*

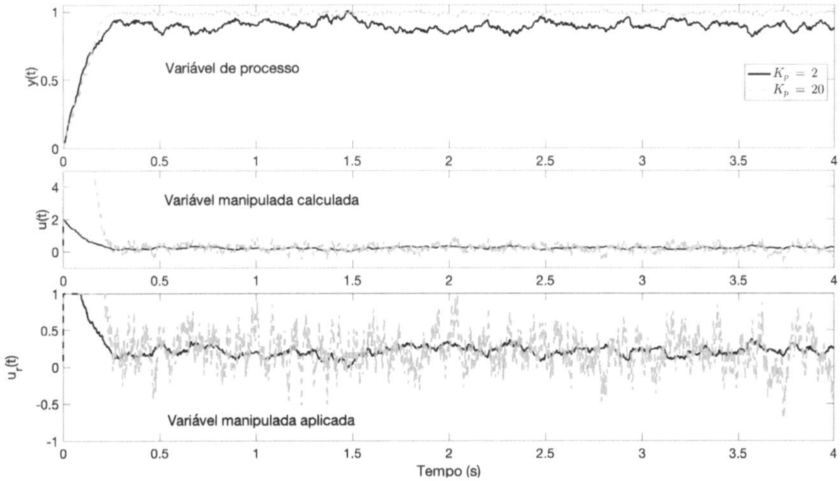

Figura 12.18 – Efeito do ruído no sinal medido da variável de processo na variável manipulada sob ação de controle P com $K_p = 2$ (linhas cheias) e com $K_p = 20$ (linhas tracejadas). Considere u_r o sinal real aplicado ao processo (devido ao efeito da saturação). No segundo gráfico se limitou o valor do eixo das ordenadas ao intervalo $[-0.5, 4]$, para melhor visualização das respostas.

Analiticamente, é relativamente simples mostrarmos o que acontece neste sistema de controle com ruído de medição atrelado à variável de processo. Para tal, consideraremos que o sinal da variável de processo que é, de fato, representado por:

$$y_m(t) \quad = \quad y(t) + \nu(t)\,, \tag{12.24}$$

sendo $y(t)$ a variável de processo real, $y_m(t)$ o sinal medido referente a esta variável e $\nu(t)$ o ruído de medição. Ressaltamos que $\nu(t)$ é um sinal de alta frequência e baixa amplitude em face da amplitude de $y(t)$. Esse sinal de ruído é, *a priori*, desconhecido.

No caso de um controle proporcional, ao substituirmos $y_m(t)$ na lei de controle, obtemos:

$$u(t) = K_p\left(r(t) - y_m(t)\right) = K_p\left(r(t) - y(t)\right) - K_p\nu(t)\,. \quad (12.25)$$

Por meio dessa equação, podemos observar que o sinal de controle, em uma situação real, é composto por duas parcelas: uma parcela ideal, calculada com base no sinal de erro real (sem ruído), e um termo novo, referente ao ruído de medição, dado por $-K_p\nu(t)$.

Desta forma, podemos concluir que o sinal de ruído, em malhas de controle realimentadas, reaparece na variável manipulada amplificado pelo ganho proporcional do controlador, K_p. Assim, para controladores com maior ganho proporcional, maior será o efeito do ruído na variável manipulada do sistema em malha fechada.

Note que este fenômeno da reaparição do ruído no sinal de controle não é exclusiva para leis de controle tipo P. Em sistemas de controle tipo PI, observamos o mesmo problema devido à parcela proporcional da ação. Note também que, substituindo $y_m(t)$ na lei de controle PI, obtemos:

$$\begin{aligned} u(t) &= K_p\left(r(t) - y_m(t)\right) + K_i\left(\int_0^t \left(r(\mu) - y_m(\mu)\right)d\mu\right) \quad (12.26)\\ &= K_p e(t) + K_i\left(\int_0^t e(\mu)d\mu\right) - K_p\nu(t) - K_i\left(\int_0^t \nu(\mu)d\mu\right). \end{aligned}$$

Veja que, neste caso, $-K_p\nu(t)$ é um termo de amplificação do ruído de medição, por um ganho proporcional K_p, na variável manipulada.

Note que o termo $-K_i\left(\int_0^t \nu(\mu)d\mu\right)$ é nulo ou muito pequeno em face da amplitude média de $u(t)$ e, portanto, negligenciável, uma vez que na maioria dos casos o ruído tem integral nula, dado que as variações positivas "compensam-se" com as variações negativas do sinal $\nu(t)$, de tal forma que a área entre a curva e o eixo das abscissas torna-se nula [1].

[1]Em sistemas de controle se usa bastante o ruído branco, que tem componentes de

Já no caso de controladores tipo PID, observamos uma amplificação do ruído tanto na parcela proporcional como no termo derivativo. Analisemos, portanto, a ação derivativa sobre um sinal com ruído, dada por:

$$u_D(t) \;=\; -K_d\frac{dy_m(t)}{dt} \;=\; -K_d\frac{dy(t)}{dt} - K_d\frac{d\nu(t)}{dt}\,. \qquad (12.27)$$

Observamos que o efeito do ruído reaparece por meio de um termo $-K_d\frac{d\nu(t)}{dt}$. Note que, como sinais de ruído $\nu(t)$ têm características de variações muito rápidas, os sinais $\frac{d\nu(t)}{dt}$ possuem amplitudes muito maiores que as amplitudes de $\nu(t)$, que, por sua vez, serão amplificadas pelo ganho derivativo K_d.

Então, com base na discussão antecedente, podemos esperar que um controlador tipo PID sempre apresentará um efeito de amplificação do ruído de medição na variável manipulada, e que esta amplificação será maior que a observada nos casos de controladores P ou PI, devido ao termo derivativo. Conforme discutido, esse fenômeno é desvantajoso e pode ocasionar o desgaste e a danificação do sistema de atuação.

Para ilustrar essa discussão, apresentamos, na sequência, um processo com ruído de medição para o qual observaremos as parcelas proporcional, integral e derivativa do controle PID separadamente, visando uma comprovação experimental da análise precedente.

Exemplo 104 *Considere o controle de um processo de temperatura de um trocador de calor, cujo modelo em malha aberta é uma EDO de primeira ordem com atraso com os seguintes parâmetros:* $K_e = 2$, $\tau = 20\,s$ *e* $L = 5\,s$. *Uma perturbação tipo degrau de amplitude* 1.5 *ocorre no instante de tempo* $t = 100\,s$.

Para o controle deste sistema térmico, um controlador PID é ajustado com os seguintes parâmetros: $K_c = 2$, $T_i = 8.5\,s$, $T_d = 2\,s$ *e* $b = 0$. *As respostas obtidas são apresentadas na Figura 12.19.*

igual magnitude presentes ao longo de todo espectro de frequências e verifica essa propriedade.

Nesta figura, podemos observar que, apesar da amplitude do ruído ser pequena na temperatura (variável de processo), o efeito do ruído na ação de controle é muito grande, tornando quase impossível sua aplicação prática para regular a válvula que controla a quantidade de vapor que entra no trocador de calor.

Também observamos os valores das ações de controle proporcional, integral e derivativa, separadamente. Essas parcelas do sinal de controle são exibidas, respectivamente, por meio das linhas tracejada-pontilhada, tracejada e pontilhada. Note que o efeito do ruído na ação integral é nulo e muito pequeno na ação proporcional. Entretanto, na ação derivativa, observamos um grande efeito do ruído, que contribui com quase a totalidade do ruído observado na variável manipulada.

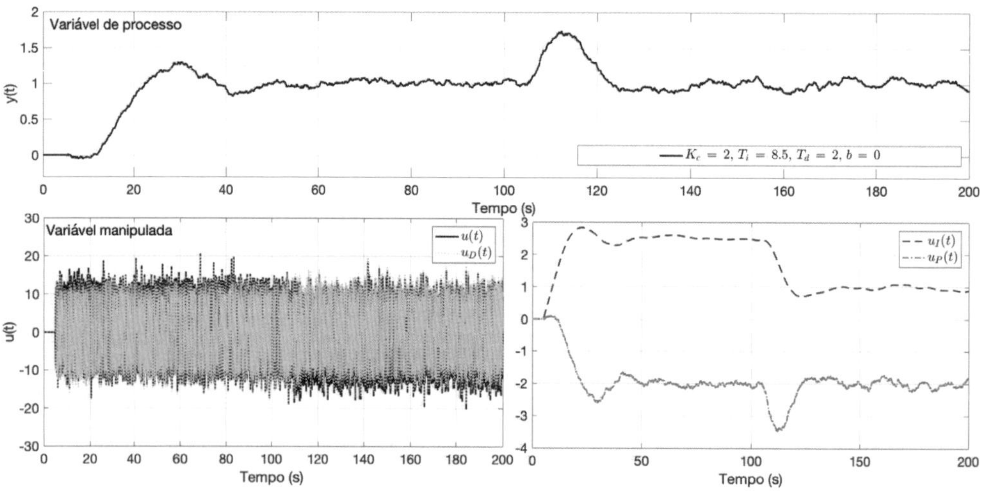

Figura 12.19 – Efeito do ruído do sinal medido no processo na variável manipulada com controle PID.

O efeito do ruído em controladores industriais é um problema importante e, por essa razão, muitas vezes a ação de controle derivativa do PID não é usada justamente por causa dos efeitos negativos na presença de ruído.

Uma solução para este problema é o uso de uma ação derivativa de menor intensidade, já que, com a diminuição do ganho derivativo $|K_d|$, a amplificação dessa parcela torna-se menor. Entretanto, esta opção prejudica o ajuste do controlador PID, perdendo-se a eficácia da ação derivativa na malha fechada. Uma segunda solução, que é a mais adotada na prática, consiste no uso de filtros na realimentação, que visam diminuir a amplitude do sinal de ruído no sinal $y_m(t)$, usado no controlador. Discutiremos o uso desses filtros na próxima seção.

12.5.2 Filtro de medição

Filtros são elementos conhecidos do nosso cotidiano. Normalmente, um filtro é um sistema utilizado para reter alguma impureza de um fluido ou de um dado processo. Por exemplo, usamos filtros para retirar impurezas da água para beber; peneiras também são um tipo de filtro que apenas deixam passar grãos de um dado material menores que um certo diâmetro.

Em sistemas de medição, filtros são usados para separar a informação importante de um sinal do restante da sua composição. Por exemplo, quando enchemos um tanque com uma mangueira que esguicha água desde uma certa altura, a superfície da água no tanque apresentará pequenas oscilações devidas ao impacto da água na superfície. Se queremos medir o nível do tanque, não nos interessamos com essas pequenas oscilações de nível causadas pelo escoamento turbulento da água, mas sim com a variação de nível de dinâmica mais lenta, que se altera devido à vazão principal de água proveniente da mangueira. Observe que, se colocássemos a mangueira diretamente encostada na superfície da água, observaríamos o mesmo aumento de nível, sem nenhuma oscilação.

Dessa forma, um sensor de nível poderia usar um filtro que detectaria apenas a variação lenta do nível de água no tanque, informação de interesse, sem que as variações rápidas devidas à queda da água afetem essa medida. Portanto, o sensor de nível deve ser projetado para fornecer sinais insensíveis a esse ruído causado pelas oscilações da superfície do tanque.

Com base nesta discussão, podemos analisar como desenvolver um filtro que realize uma operação desse tipo, medindo apenas as variações mais lentas de um sinal de interesse e eliminando ou atenuando as variações mais rápidas.

Normalmente, um sensor que "recebe" um sinal ruidoso $y_m(t) = y(t) + \nu(t)$, sendo $y(t)$ o sinal de interesse e $\nu(t)$ a parcela ruidosa, com variações rápidas, e "deixa passar" apenas a informação principal, referente ao sinal $y(t)$, é dito passa-baixas, pois apenas as variações de baixa frequência (mais lentas) são preservadas.

Ilustraremos, agora, um exemplo do uso de um filtro passa-baixas hidráulico. Imaginemos que uma planta industrial tem dois processos em cascata, sendo que o primeiro processo alimenta o segundo por meio da vazão de um dado fluido. Consideremos que essa vazão é extremamente ruidosa, ou seja, sujeita a um sinal de ruído que apresenta variações de alta frequência e pequena amplitude em torno do seu valor médio, corrompendo o sinal principal, tal como ilustrado pela Figura 12.20.

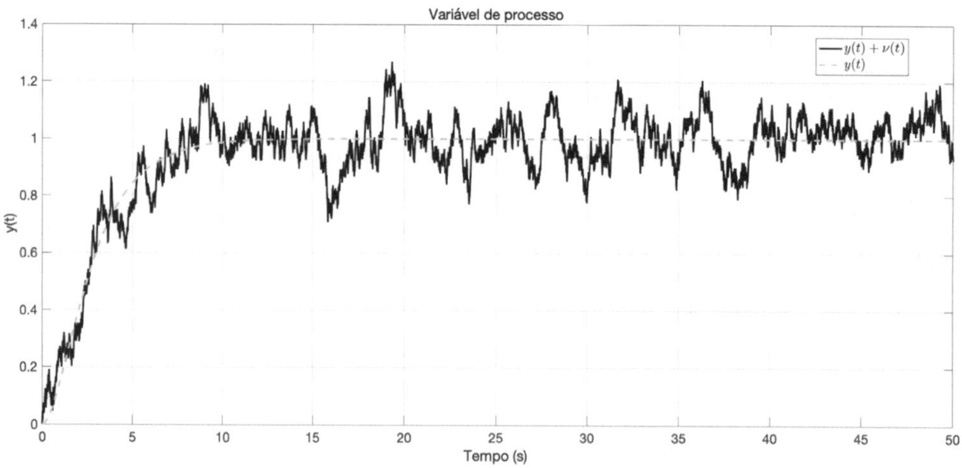

Figura 12.20 – Sinal de vazão (unitária) sujeito a variações de alta frequência (ruído de medição).

Considere que o segundo processo, que recebe a vazão deste fluido, é muito sensível aos ruídos e, portanto, não pode ser colocado em operação diretamente com esta vazão que escoa como saída do primeiro processo.

Portanto, um "tanque pulmão" é instalado entre ambos os processos, de forma que o primeiro processo descarregue o produto no tanque pulmão, que, por sua vez, tem uma vazão de saída que escoa para o segundo processo. Chamamos de tanque pulmão um tanque que tem uma tubulação com saída livre na sua base, de forma que a vazão de saída é apenas dependente do nível do tanque, tal como discutido no Capítulo 9.

A ideia deste projeto é que, se o tanque pulmão, introduzido como etapa intermediária entre os dois processos, for suficientemente grande e sempre estiver com líquido, as pequenas oscilações de ruído causadas pela saída do primeiro processo terão pouco efeito na variação do nível do tanque e, consequentemente, a vazão de saída do tanque, que alimenta o segundo processo, não será afetada pelas variações rápidas da vazão de entrada. Assim, o segundo processo é isolado dos efeitos do ruído.

Tomemos um exemplo numérico desta operação em cascata com um tanque pulmão intermediário, para fins de ilustração. Considere que a vazão de entrada ao tanque pulmão (saída do primeiro processo) é da ordem de $v_0 = 1\,\text{m}^3/\text{min}$ (vazão principal) e o ruído faz variar esta vazão em $\pm 1\,\%$, de forma muito rápida. Podemos representar o sinal de ruído $\nu(t)$, neste caso, como uma sequência de degraus unitários, de sinal positivo ou negativo, com subidas/descidas a cada um segundo. Note que as variações deste sinal são muito mais rápidas que a vazão de água. Considere, ainda, que o tanque pulmão é cilíndrico e tem $1.1\,\text{m}^3$ de volume, com uma base de $1\,\text{m}^2$, operando com nível de água próximo da altura $h_0 = 1\,\text{m}$.

As dinâmicas do nível do tanque pulmão são dadas por $\frac{dh(t)}{dt} = v(t) - v_s(t) = v(t) - \sqrt{2gh(t)}$. Considerando uma linearização destas dinâmicas nas vizinhanças do ponto de equilíbrio (h_0, v_0, v_0), tomando $h(t) = h_0 + \delta h(t)$ (nível do tanque pulmão), $v(t) = v_0 + \delta v(t)$ (vazão de entrada ao tanque pulmão) e $v_s(t) = v_0 + \delta v_s(t)$ (vazão de saída do tanque pulmão), obtemos o seguinte modelo:

$$\left\{\begin{array}{rcl} \frac{d\delta h(t)}{dt} & = & \delta v(t) - \delta v_s(t) \\ & = & \delta v(t) - \sqrt{\frac{g}{2h_0}}\delta h(t) \\ & = & \delta v(t) - 2.23\delta h(t)\,. \end{array}\right.$$

Considerando as dinâmicas linearizadas para a vazão de saída $\delta v_s(t) = 2.23\delta h(t)$, podemos reescrever o modelo anterior como:

$$0.447\frac{d\delta v_s(t)}{dt} + \delta v_s(t) \;=\; \delta v(t)\,. \tag{12.28}$$

Note que este é um modelo tipo EDO de primeira ordem com constante de tempo $\tau = 0.447\,\text{min}$ e ganho estático unitário. Portanto, se a vazão de entrada é constante e igual a v_0, observamos uma vazão de saída $v_s = v_0$.

Com base neste modelo aproximado, analisaremos, agora, qual será a variação do sinal de vazão de saída $v_s(t)$ devido às variações no sinal de vazão de entrada $v(t)$ de pequena amplitude e alta frequência, considerando $\delta v(t) = \nu(t)$ como uma sequência de sinais tipo degrau de amplitude $\pm\,0.01\,\text{m}^3/\text{min}$, com novas subidas/descidas a cada um segundo ($\frac{1}{60}$ minuto).

Tomemos, como exemplo, $\nu(t)$ como um degrau com subida em $t = 0$ de amplitude $0.01\,\text{m}^3/\text{min}$. O resultado que segue é estendido para uma sequência de degraus, visto que o modelo aproximado é linear. Para este tipo de sinal $\nu(t)$, obtemos a seguinte resposta para $\delta v_s(t)$:

$$\delta v_s(t) \;=\; 0.01\left(1 - e^{-\frac{t}{0.447}}\right)\,. \tag{12.29}$$

Passado um segundo da aplicação deste sinal, temos uma vazão de saída dada por:

$$\delta v_s(\frac{1}{60}) \;=\; 0.01\left(1 - e^{-0.037}\right) \;=\; 0.00037\,\text{m}^3/\text{min}\,. \tag{12.30}$$

Desta resposta, podemos concluir que a vazão de saída praticamente não se altera com as oscilações das entradas rápidas e, além disso, a amplitude do ruído de $0.01\,\mathrm{m}^3/\mathrm{min}$ é reduzida em aproximadamente setenta e sete vezes.

Ressaltamos, portanto, que o tanque pulmão funciona como um filtro passa-baixas, não deixando as variações rápidas no sinal de vazão de entrada serem reverberadas no sinal de vazão de saída. A vazão de saída apresentará variações do tipo dente-de-serra, com subidas e descidas exponenciais com período de um segundo, similares às curvas referentes às variáveis de processo reguladas por estratégias *on-off*.

Note que o volume do tanque alterará este resultado: se o tanque for bem pequeno, é claro que a oscilação de nível será maior e, por consequência, a vazão de saída será mais afetada pelas variações na vazão de entrada. Se o tanque for maior, a variação da vazão na saída será menor. O parâmetro que mostra a redução da amplitude da saída é a constante de tempo τ. Tanques pulmões cilíndricos de uma dada altura resultam em modelos com maior constantes de tempo τ se tem base maior, gerando, por consequência, saídas menos sensíveis ao ruído $\nu(t)$.

Com base nesta discussão, podemos inferir que, de forma geral, um modelo do tipo EDO, da seguinte forma:

$$\tau_f \frac{dy_f(t)}{dt} + y_f(t) = y(t)\,, \tag{12.31}$$

atua como um filtro passa-baixas, de tal forma que as oscilações da variável de entrada do filtro $y(t)$ sejam transmitidas de forma reduzida para variável filtrada $y_f(t)$.

A escolha do parâmetro τ_f deve ser feita de tal forma que as oscilações rápidas no sinal $y(t)$ sejam reduzidas. Entretanto, essa redução não deve causar muita deformação das caraterísticas dinâmicas do sinal filtrado, isto é, $y_f(y)$ deve guardar a informação relevante de $y(t)$. Ilustraremos esta discussão com um exemplo.

Exemplo 105 *Considere o seguinte modelo normalizado da temperatura de um forno $T(t)$, regulada por meio de um sinal de potência $P(t)$, também normalizado:*

$$10\frac{dT(t)}{dt} + T(t) = P(t)\,. \tag{12.32}$$

Neste forno, um experimento em malha aberta foi realizado, observando a resposta $T(t)$ para um degrau unitário $P(t)$. Entretanto, o sinal medido é corrompido por um ruído de medição atrelado ao sensor de temperatura. Para filtrar este ruído, três filtros diferentes foram projetados, seguindo o modelo EDO apresentado na Eq. (12.31), para o qual $y(t) = T(t)$. Cada um destes filtros é projetado com uma constante de tempo τ_f diferentes (0.1, 1 e 5 s).

A Figura 12.21 apresenta os três sinais de temperatura filtrados. Observamos que o filtro com $\tau_f = 0.1\,s$, por ter uma dinâmica muito rápida, praticamente não atenua o ruído presente no sinal medido.

Já o filtro com $\tau_f = 1\,s$ consegue atenuar o ruído, causando pouco efeito na dinâmica principal do sinal medido, entretanto, note que o sinal filtrado com este filtro é um pouco mais lento que o sinal referente ao primeiro filtro.

Por fim, o terceiro filtro, com $\tau_f = 5\,s$, é o que consegue a maior atenuação do ruído de medição, porém, como contrapartida, apresenta um sinal de temperatura mais lento em relação ao sinal real.

Podemos deduzir, com base neste exemplo, que existe sempre um compromisso entre a atenuação do ruído de medição e a deformação do sinal original. Filtros com constantes de tempo τ_f muito pequena não deformam o sinal, mas também não atenuam o ruído; já filtros com constantes τ_f muito grandes atenuam fortemente o ruído presente no sinal filtrado, mas deformam muito o sinal.

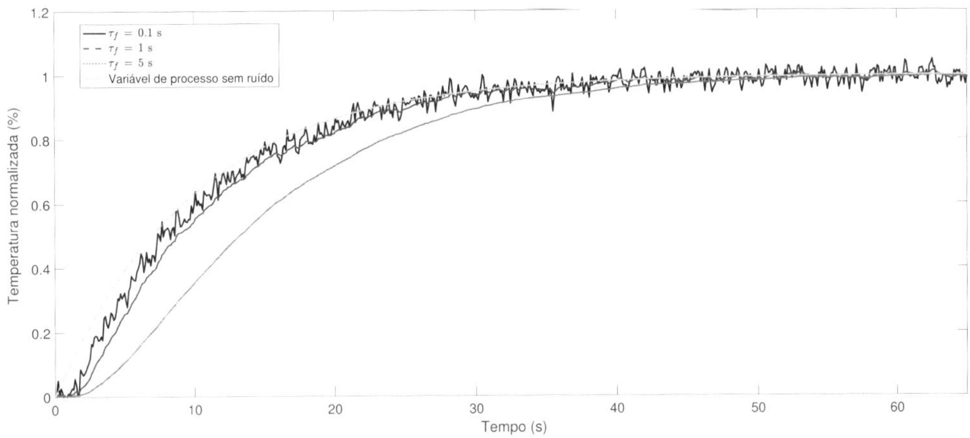

Figura 12.21 – Efeito do ruído na temperatura do forno para diferentes filtros.

Na prática, este compromisso é estabelecido por meio de uma constante de tempo τ_f intermediária, que balance a atenuação do ruído com a deformação do sinal. Uma regra de sintonia simples para este parâmetro é tomá-lo como dez vezes menor que a constante de tempo do processo.

Ressaltamos que o projeto do filtro torna-se mais fácil quanto mais rápida for a variação do ruído quando comparada à variação natural do sinal que se deseja filtrar.

A Figura 12.22 mostra três respostas do sinal de temperatura normalizado do forno do exemplo anterior para uma entrada degrau de potência, usando o filtro com constante de tempo $\tau_f = 0.1\,\mathrm{s}$ para três sinais de ruído diferentes, de característica senoidal e mesma amplitude. Note como o filtro atenua melhor os ruídos de variação mais rápida. Na figura o primeiro sinal de ruido senoidal tem frequência $\omega = 10$, o segundo $\omega = 50$ e o terceiro $\omega = 100$.

12.5.3 Implementação do filtro de medição

Assim como no caso de controladores, os filtros de medição podem ser implementados de forma analógica ou digital.

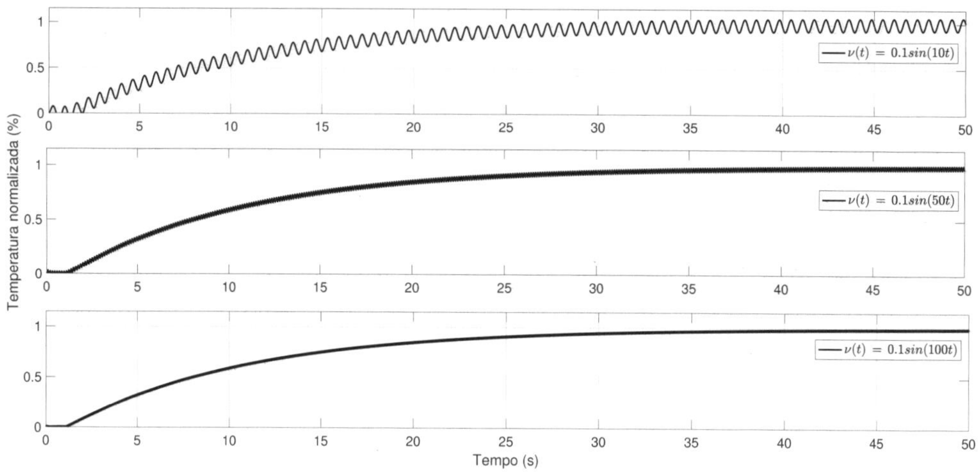

Figura 12.22 – Efeito de diferentes ruídos na temperatura do forno com o filtro $0.1\frac{dy_f(t)}{dt} + y_f(t) = y(t)$.

Para implementar de forma analógica um filtro passa-baixas do tipo apresentado na Eq. (12.31), um circuito resistivo-capacitivo é suficiente. O circuito elétrico apresentado na Figura 12.23 é chamado de filtro RC passivo, para o qual a tensão aplicada sobre os terminais à esquerda (V_i) é filtrada, cuja tensão resultante é dada sobre o capacitor, em paralelo com os terminais à direita (V_o).

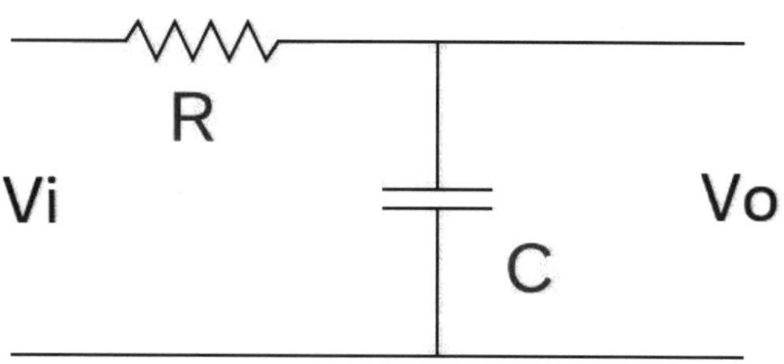

Figura 12.23 – Filtro RC passivo para atenuação de ruídos de alta frequência.

Aplicando as leis de Kirchoff sobre este circuito, considerando $V_i(t)$ a tensão aplicada à esquerda e $V_0(t)$ a tensão medida à direita, temos:

$$RC\frac{dV_0(t)}{dt} + V_0(t) = V_i(t) . \qquad (12.33)$$

Note que esta EDO é análoga à Eq. (12.31), considerando $\tau_f = RC$. Para implementar um filtro de constante de tempo ajustável, usa-se um capacitor de capacitância fixa e um resistor de resistência variável (potenciômetro), de tal forma que a constante de tempo τ_f possa ser ajustada manualmente.

Uma outra forma de implementar um filtro passa-baixas é através de circuito eletrônico com um amplificador operacional, tal como apresentado na Figura 12.24. Este tipo de implementação é normalmente chamada de filtro RC ativo. O modelo que descreve as dinâmicas deste circuito também é dado pela Eq. (12.33).

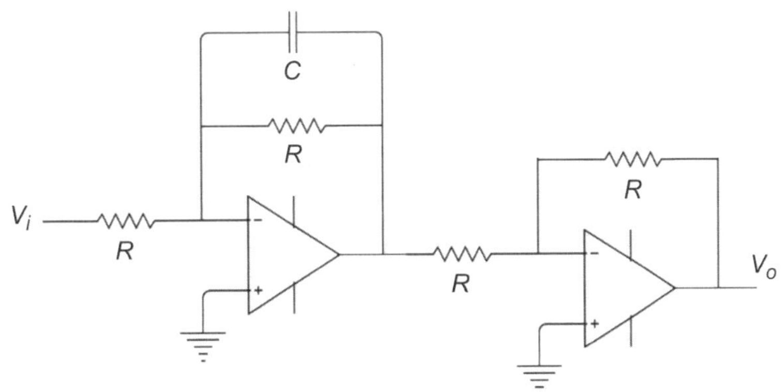

Figura 12.24 – Filtro ativo para atenuação de ruídos de alta frequência.

A implementação digital de um filtro passa-baixas de primeira ordem pode ser realizada com base nos conceitos discutidos no Capítulo 6, usando uma EaD de primeira ordem, cuja resposta é equivalente à resposta de um filtro analógico correspondente.

Portanto, o filtro passa-baixas da Eq. (12.31) pode ser implementado na forma digital por meio da seguinte EaD:

$$y_f(k) \;=\; a_f y_f(k-1) + (1-a_f)\, y(k-1)\,. \qquad (12.34)$$

Nesta EaD, y representa o sinal original e y_f o sinal filtrado. Observe que este filtro tem ganho estático unitário, ou seja, tal como no caso contínuo, visto que, quando y é constante, obtemos $y_f(+\infty) = y(+\infty)$.

O ajuste da constante de tempo deste filtro passa-baixas digital é realizado da mesma forma que no caso analógico. Para este filtro, ajusta-se o parâmetro a_f. Com base na equivalência entre as representações contínuas e discretas, temos que a equivalência entre constante de tempo τ_f de um filtro contínuo e o parâmetro a_f de um filtro discreto é dada por: $a_f = e^{-\frac{T_s}{\tau_f}}$, sendo T_s o período de amostragem do filtro digital. Com base nesta equivalência, temos um parâmetro de ajuste $a_f \in (0,1)$, implicando em um filtro que restringe mais os ruídos para a_f mais próximo de 1 e menos ruídos caso este parâmetro esteja mais perto de 0.

Outra forma simples de implementarmos um filtro na forma digital é usando uma média móvel, como descreve a Eq. (12.35). Neste caso, o sinal filtrado $y_f(k)$ é tomado como a média dos últimos m valores da variável ruidosa $y(k)$. Como o ruído é um sinal com média nula, ou quase nula, conforme previamente discutido, ao calcularmos a média dos valores de y, obtemos um sinal y_f com ruído reduzido. Da mesma forma que no caso do filtro de primeira ordem, com aumento do número de amostas m, obtemos um sinal filtrado com menos ruído.

Entretanto, ao usarmos um número de amostras m muito elevado, observamos uma deformação maior do sinal original, pois suas variações no tempo são corrompidas pelo uso da média. Portanto, existe um compromisso entre capacidade de filtragem e de distorção do sinal para o ajuste de m, tal como para o ajuste de τ_f no filtro passa-baixas analógico.

$$y_f(k) = \frac{1}{m}\left(\sum_{i=0}^{m-1} y(k-i)\right). \tag{12.35}$$

12.5.4 O uso de filtros de ruído no controle PID

Em termos de sistemas de controle, o interesse do uso de filtros de medição diz respeito à filtragem das saídas de um processo, visando a atenuação do ruído no sinal usado pelo controlador.

O objetivo do projeto de um filtro passa-baixas é que ele seja capaz de manter as caraterísticas dinâmicas da variável de processo $y(t)$ e, ao mesmo tempo, atenuar as variações de alta frequência presentes no sinal medido. Como $y(t)$ varia com uma dinâmica dada pela constante de tempo do sistema em malha fechada τ_{MF}, o filtro deverá ser projetado com uma constante de tempo τ_f bem menor que τ_{MF}, de tal forma que a resposta não seja deformada, e bem maior que o período de oscilação do ruído presente na variável medida.

No caso de controladores PID, como já discutimos, o ruído de alta frequência na medição da variável de processo afeta, principalmente, as ações proporcional e derivativa, com mais intensidade nesta segunda. Portanto, é habitual que o sinal derivado no termo derivativo da lei PID seja um sinal filtrado. Para o caso do algoritmo PID paralelo, a ação derivativa, neste caso, é descrita pela seguinte equação, para a qual $y_f(t)$ provém da Eq. (12.31):

$$u_d(t) = -K_d\frac{dy_f(t)}{dt}. \tag{12.36}$$

Nas aplicações com controladores PID, a constante de tempo do filtro τ_f é definida de forma proporcional ao valor do ganho derivativo K_d (em módulo). Assim, a filtragem torna-se maior ou menor conforme a intensidade da ação derivativa. Usa-se, normalmente, uma regra do tipo $\tau_f = \gamma_f|K_d|$, sendo $\gamma_f < 1$ uma constante de proporcionalidade. Maiores valores de γ_f implicam em um filtro mais lento e, portanto, em uma ação de filtragem mais intensa.

No caso dos controladores PID implementados na forma acadêmica, a constante de tempo do filtro é definida de acordo com a seguinte regra de proporção inversa: $\tau_f = \frac{T_d}{N_f}$, sendo que valores menores da constante N_f implicam em filtros mais lentos, com filtragem mais intensa.

Ilustraremos o uso da filtragem em um sistema de controle PID através de um ensaio em simulação.

Exemplo 106 *Considere um processo funcionando em malha fechada, com uma regulação feita por meio de um controlador PID, cujos parâmetros estão coerentemente sintonizados. O controlador PID é implementado na forma acadêmica e um filtro de medição é incluído na ação derivativa, para o qual usa-se* $\tau_f = \frac{T_d}{N_f}$, *com* $N_f = 30$.

A resposta da variável de processo é satisfatória, atendendo todas as especificações de projeto. Entretanto, o efeito do ruído de medição no sinal de controle é muito grande.

Então, em vez de modificar o ganho do controlador, diminuindo a ação derivativa para reduzir o efeito do ruído na variável manipulada, opta-se por modificar o valor da constante de proporcionalidade inversa N_f, *usando* $N_f = 4$ *e* $N_f = 0.1$, *de tal forma que a filtragem seja mais intensa.*

Na Figura 12.25, os sinais referentes à variável de processo medida (com ruídos), à variável de processo filtrada e à variável manipulada, para este sistema de controle, são apresentados, considerando os três diferentes ajustes para o filtro passa-baixas, com $N_f = 30$, $N_f = 4$ *e* $N_f = 0.1$.

Como podemos observar, a filtragem é insuficiente para o primeiro ajuste, uma vez que o sinal de controle apresenta muito ruído. Com o terceiro ajuste, observamos o efeito do ruído na variável manipulada que praticamente desaparece, porém a dinâmica da variável de processo é adulterada *devido à lentidão das dinâmicas do filtro. Fica evidente, portanto, que o compromisso de sintonia do filtro é obtido com $N_f = 4$, que garante uma redução do efeito do ruído no sinal de controle sem alterar as dinâmicas da variável controlada.*

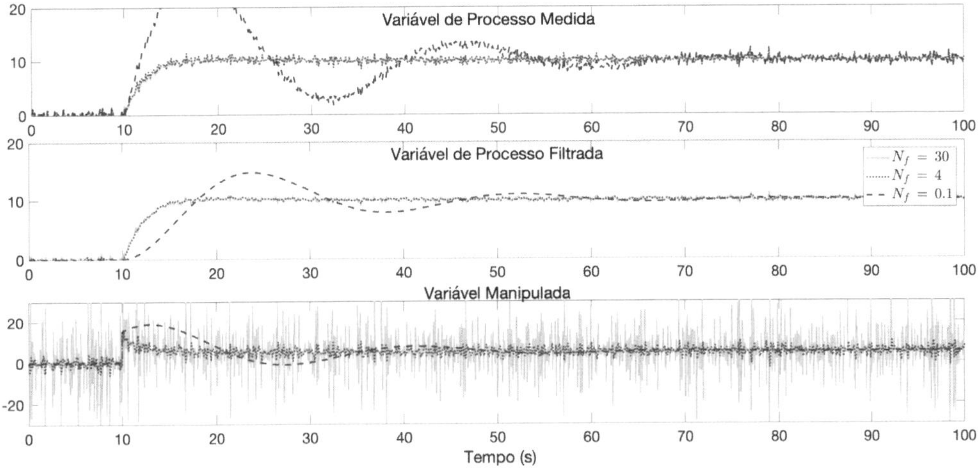

Figura 12.25 – Respostas do sistema em malha fechada com controlador PID, usando filtro na ação derivativa e considerando ruídos de medição de alta frequência.

12.6 Controle antecipativo

As respostas em malha fechada de sistema de controle P, PI e PID diante das perturbações podem ser bastante melhoradas quando as perturbações que afetam o processo são mensuráveis. Nestes casos, é possível utilizarmos uma estratégia de controle com ação antecipativa, que atua na variável manipulada antes de que o efeito da perturbação seja observado na variável de processo.

Já mencionamos no início deste livro que, em muitos processos, é possível medirmos as perturbações de maior relevância, que mais afetam o comportamento da variável de processo. Por exemplo, em um ambiente para o qual a temperatura interna é regulada, podemos medir as variações na temperatura externa ao ambiente e usar essa informação para corrigir o cálculo da ação de controle de tal forma a antecipar o efeito que esta perturbação causa nas dinâmicas da temperatura interna. Note que, se a potência do aquecedor que esquenta o ambiente é constante, quando a temperatura externa ao ambiente varia, observaremos uma variação da temperatura interna. Quando o modelo do processo é conhecido, podemos manipular a potência com base na medição da variação de temperatura externa para compensar o efeito dessa perturbação, sem esperar que temperatura do ambiente se modifique por causa da perturbação para iniciar a correção.

Esta mesma ideia é válida para um processo no qual esfriamos um ambiente: o efeito que o aumento da temperatura externa causa na temperatura interna do ambiente pode ser corrigido com um aumento antecipado da potência do equipamento que resfria o ambiente.

Formalizaremos esse conceito por meio do seguinte modelo linear que descreve as variações da temperatura do ambiente refrigerado:

$$\tau\frac{d\Delta T(t)}{dt} + \Delta T(t) \;=\; K_e \Delta P(t) + \Delta T_e(t)\,. \tag{12.37}$$

Nesse modelo, $\Delta T_e(t)$ representa as variações na temperatura do ambiente externo, sinal mensurável e $\Delta P(t)$ as variações da potência do equipamento que resfria o ambiente, cuja temperatura é dada por $T(t) = T_0 + \Delta T(t)$.

Consideremos que uma estratégia de controle antecipativa é usada para a regulação deste processo, para a qual:

$$\Delta P(t) \;=\; -\frac{1}{K_e}\Delta T_e(t) + u(t)\,. \tag{12.38}$$

Note que, ao substituirmos esta lei de controle no modelo do processo, obtemos o seguinte modelo modificado para o sistema composto pelo processo e controle antecipativo:

$$\tau \frac{d\Delta T(t)}{dt} + \Delta T(t) \;=\; K_e u(t) \,. \tag{12.39}$$

Com ação de controle antecipativo, dada pela Eq. (12.38), pudemos eliminar o efeito das perturbações. O novo modelo a ser usado para o projeto de um controle realimentado atuando em $u(t)$ tem o mesmo ganho estático e a constante de tempo do sistema original. Para este novo sistema, podemos, então, projetar uma lei de controle PI (por exemplo), seguindo alguns dos métodos já apresentados, de tal forma que:

$$u(t) \;=\; K_p e(t) + K_i \left(\int_0^t e(\mu) d\mu \right) , \tag{12.40}$$

com $e(t) = \Delta r(t) - \Delta T(t)$. Combinando as duas estratégias obtemos uma lei de controle para o sinal de potência dada por:

$$\Delta P(t) \;=\; -\frac{1}{K_e} \Delta T_e(t) + K_p e(t) + K_i \left(\int_0^t e(\mu) d\mu \right) . \tag{12.41}$$

Esta lei de controle executa conjuntamente uma ação tipo PI e uma ação antecipativa em face da perturbação, com ganho de compensação $-\frac{1}{K_e}$.

Caso o ganho estático do processo K_e seja perfeitamente conhecido, esta estratégia de controle elimina o efeito das perturbações de forma instantânea, tendo, portanto, um desempenho superior em comparação a um controlador PI simples, sem estratégia antecipativa. Note, entretanto, que esta estratégia só é viável pois a perturbação é mensurável.

Com base nesta discussão sobre controle antecipativo, generalizaremos o resultado anterior para um processo contínuo genérico, estável, modelado por meio de uma EDO de primeira ordem, cuja variável de processo $y(t)$ é controlada por meio de uma variável manipulada $u(t)$ e sujeita a uma perturbação mensurável $q(t)$:

$$\tau \frac{dy(t)}{dt} + y(t) = K_e u(t) + K_q q(t)\,. \tag{12.42}$$

Para este processo, queremos usar um controlador antecipativo do tipo:

$$u(t) = K_a q(t) + u_r(t)\,. \tag{12.43}$$

Esta lei será introduzida no modelo do processo em malha aberta de tal forma que o termo $K_a q(t)$ elimine o efeito de $q(t)$ na variável de processo, fazendo com que $u_r(t)$ seja uma nova variável manipulada para o modelo do novo sistema sem perturbação.

Desejamos, portanto, encontrar um ganho de pre-alimentação K_a para que o sistema equivalente esteja isento das perturbações. Ao substituímos esta lei de controle antecipativo no modelo do processo, obtemos:

$$\begin{aligned} \tau \frac{dy(t)}{dt} + y(t) &= K_e \left(K_a q(t) + u_r(t)\right) + K_q q(t) \qquad (12.44) \\ &= K_e u_r(t) + \left(K_q + K_e K_a\right) q(t)\,. \end{aligned}$$

Neste caso, ao tomarmos o ganho antecipativo $K_a = -\frac{K_q}{K_e}$, obtemos um modelo equivalente para o sistema, agora sem pertubações:

$$\tau \frac{dy(t)}{dt} + y(t) = K_e u_r(t)\,, \tag{12.45}$$

para o qual podemos definir a variável manipulada $u_r(r)$ usando qualquer tipo de estratégia de controle realimentado.

De forma genérica, consideraremos que o sinal de controle $u_r(t)$ é dado por uma estratégia PID, visto que controladores P e PI são apenas casos particulares do PID (com ações integral e derivativa desligadas).

Então, a lei de controle completa é dada por uma soma de uma lei de controle PID com uma ação antecipativa, usada para eliminar (pelo menos teoricamente) o efeito da perturbação no sistema em malha fechada. A lei de controle resultante, portanto, é dada por:

$$u(t) = \overbrace{-\frac{K_q}{K_e}q(t)}^{\text{Antecipativo}} + \underbrace{K_p e(t) + K_i\left(\int_0^t e(\mu)d\mu\right) - K_d\frac{dy(t)}{dt}}_{\text{PID}}. \quad (12.46)$$

A Figura 12.26 apresenta um diagrama de blocos que ilustra a implementação deste sistema de controle PID antecipativo, na qual podemos observar as ações antecipativa e realimentada de forma disjunta (diagrama superior) ou integrada (diagrama inferior).

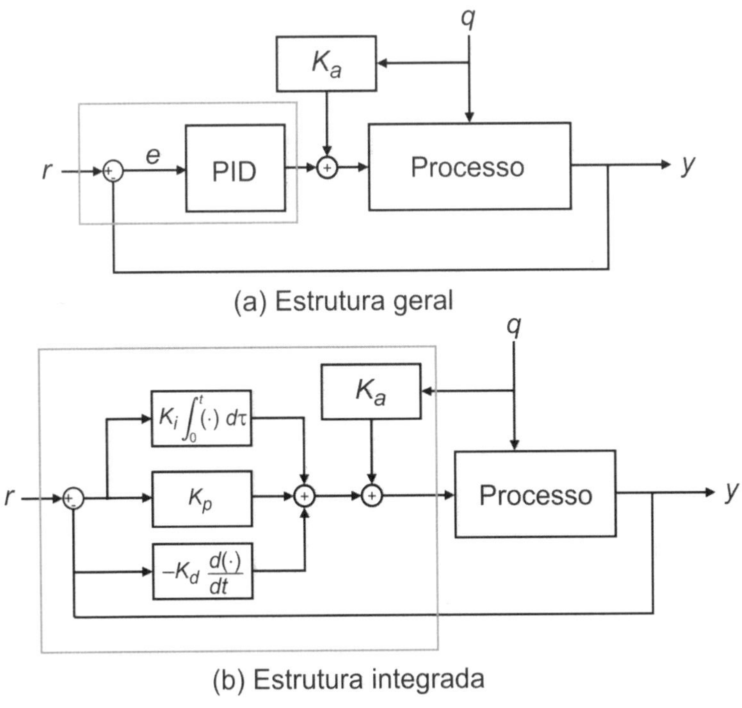

Figura 12.26 – Sistema controlado com controle antecipativo e controlador PID.

A segunda estrutura, na qual o controlador PID é implementado com uma ação antecipativa integrada, é encontrada em muitos controladores industriais. Neste caso, o controlador tem quatro parâmetros de ajuste:

K_p, K_i, K_d e K_a.

Observe que este controlador PID recebe os valores do sinal de set-point $r(t)$, da variável de processo $y(t)$ e da perturbação $q(t)$ para o cálculo de $u(t)$. Logicamente, podemos adicionar a esta estrutura outras funcionalidades, como ponderação do set-point, anti-windup, filtro de realimentação, etc.

A implementação discreta deste tipo de controle antecipativa é simples, visto que a ação antecipativa é apenas uma ação tipo proporcional complementar à lei de controle realimentada. Uma vez que a perturbação $q(k)$ é medida, a lei de controle antecipativa $u_a(k)$ é implementada por meio da seguinte equação discreta:

$$u_a(k) = K_a q(k) . \tag{12.47}$$

Tal como no caso contínuo, o ganho antecipativo K_a é calculado com base no modelo do processo em malha aberta. Considerando um modelo de processo tipo EaD de primeira ordem, do tipo:

$$y(k) = \alpha y(k) + \beta_u u(k-1) + \beta_q q(k-1) , \tag{12.48}$$

tomamos o ganho antecipativo como $K_a = -\frac{\beta_q}{\beta_u}$. No código do controle digital da estrutura de controle completa, basta adicionarmos a medição de q e somá-la, ponderada por K_a, ao valor de controle calculado.

Note que a ação antecipativa é instantânea, eliminando o efeito da perturbação no modelo do processo de forma perfeita. Entretanto, devemos discutir o fato de que, na prática, não é isso que se observa, visto que o modelo não representa perfeitamente o processo.

Por essa razão, os ganhos K_e e K_q (ou parâmetros β_u e β_q) são uma representação da realidade do processo e, portanto, o controle antecipativo projetado com uma lei $-\frac{K_q}{K_e}q(t)$ (ou $-\frac{-\beta_u}{\beta_q}q(k)$, no caso discreto) não compensará o efeito das perturbações perfeitamente, mas atenuará o efeito da perturbação muito rapidamente, ajudando ao controle PID. Por meio de um exemplo em simulação, discutiremos este fenômeno.

Exemplo 107 *Considere um sistema de controle de nível de água em um tanque, como modelo em malha aberta dado por:*

$$50\frac{dh(t)}{dt} + h(t) = 2a_e(t) - 1.5a_s(t)\,. \tag{12.49}$$

Neste modelo, $a_e(t)$ e $a_s(t)$ são sinais que representam as aberturas das válvulas de entrada e saída de água do tanque, respectivamente, e $h(t)$ é o sinal que representa o nível de água medido.

Neste processo, a abertura da válvula de saída $a_s(t)$ é a variável manipulada, ao passo que $a_e(t)$ é uma perturbação no tanque, representando a entrada de água no tanque. Esta perturbação pode ser mensurada para todo instante de tempo.

Deseja-se que este sistema rejeite as perturbações $a_e(t)$ o mais rápido possível e que o nível de água no tanque siga um sinal de referência $r(t)$ tipo degrau sem erro em regime permanente, com um tempo de resposta mais rápido que as dinâmicas de malha aberta. Para atender a essas especificações, um controle PI com ação antecipativa em face da perturbação é usado.

Neste exemplo, compararemos os resultados obtidos com um controlador PI com e sem controle antecipativo. Para tal, os parâmetros do controlador PI são sintonizados da seguinte forma: $K_c = \frac{6}{K_e} = -4$ e $T_i = 0.5\tau = 25\,s$. O controle antecipativo é implementado com o seguinte ganho antecipativo: $K_a = -\frac{K_q}{K_e} = -\frac{2}{(-1.5)} = 1.33$.

As respostas em malha fechada para um sinal $r(t)$ tipo degrau de amplitude 0.5 e um sinal $a_e(t)$ tipo degrau unitário são apresentados na Figura 12.27, que detalha os sinais referentes ao nível e à variável manipulada.

Note como o controle antecipativo consegue eliminar totalmente o efeito da perturbação, de forma instantânea, ao passo que o controlador PI sem ação antecipativa consegue eliminá-lo apenas em regime permanente. Ob-

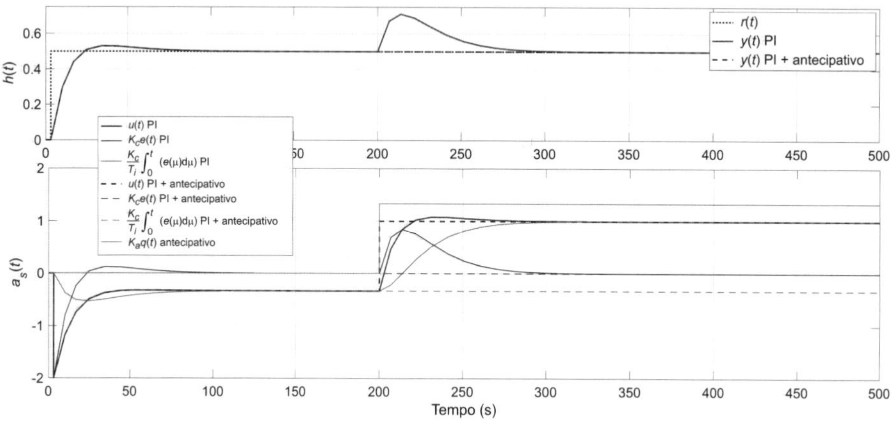

Figura 12.27 – Respostas do tanque controlado com controle antecipativo e controlador PI. Comparação das respostas com e sem ganho antecipativo.

serve, também, que o controle com ação antecipativa atua de forma instantânea quando ocorre a subida da perturbação tipo degrau. A ação $K_a q(t)$ contribui ao sinal de controle com a energia necessária para compensar os efeitos da perturbação que atua no sistema.

Para completar este exemplo, consideraremos que o ganho estático do modelo não foi determinado de forma correta, isto é, o ganho do modelo não corresponde exatamente com o ganho do processo. Para tal, consideraremos que o ganho estático do processo é $K_e = 3$, ao passo que o ganho estático do modelo é $K_e = 1.5$. Os ajustes dos parâmetros da estratégia de controle são mantidos.

As respostas em malha fechada para o mesmo cenário (sinais $r(t)$ e $q(t)$ tipo degrau) são apresentadas na Figura 12.28. Note que, neste caso, as respostas não são perfeitas na rejeição de perturbação, mas, ainda assim, o controle antecipativo ajuda muito na eliminação do efeito da perturbação, apresentando respostas mais eficientes que as obtidas com uma estratégia PI sem ação antecipativa.

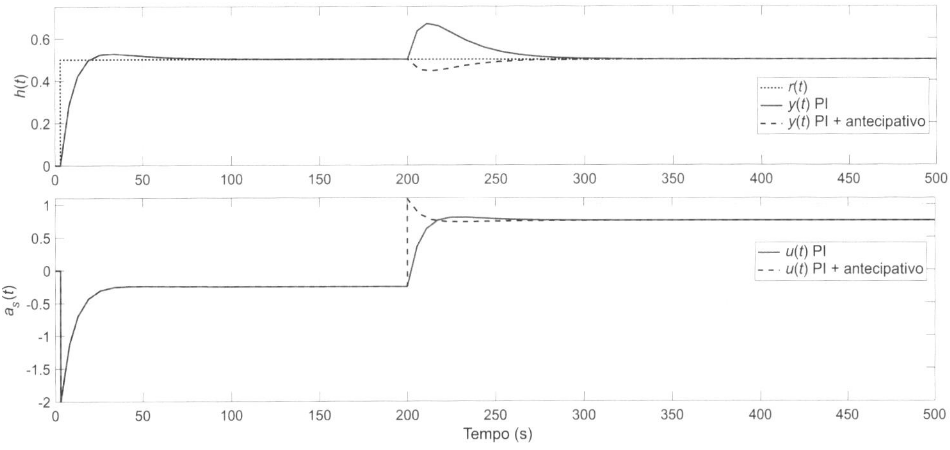

Figura 12.28 – Respostas do tanque controlado com controle antecipativo e controlador PI para o caso com erro de estimativa do ganho estático do processo. Comparação das respostas com e sem ganho antecipativo.

Por meio deste exemplo em simulação, pudemos observar a eficiência do controle antecipativo mesmo quando não há um conhecimento exato do processo, ou seja, quando há erros de modelagem. Analisaremos com mais detalhes o caso quando o modelo não é perfeito e os efeitos observados nas respostas obtidas com leis de controle antecipativas.

Em situações reais, não sabemos exatamente o comportamento dos processos, mas sim modelos aproximados para esses comportamentos. Dessa forma, consideraremos duas representações matemáticas diferentes, uma para o processo real e outra para o modelo que descreve as dinâmicas do processo.

Consideremos um processo contínuo estável genérico, de primeira ordem, com variável de processo $y(t)$, sinal de controle $u(t)$ e perturbação mensurável $q(t)$:

$$\tau \frac{dy(t)}{dt} + y(t) = K_e u(t) + K_q q(t) . \tag{12.50}$$

Supomos, então, que o modelo que descreve este processo é dado pela seguinte EDO:

$$\tau_m \frac{dy(t)}{dt} + y(t) = K_{em} u(t) + K_{qm} q(t) . \tag{12.51}$$

Neste caso, há um erro na estimativa de todos os parâmetros. A lei de controle antecipativa é calculada com base no modelo do processo (o processo em si não é conhecido para o projeto). Assim, temos um ganho antecipativo $K_a = -\frac{K_{qm}}{K_{em}}$. Ao aplicarmos a lei de controle $u(t) = K_a q(t) + u_r(t)$, obtemos as seguintes dinâmicas em malha fechada:

$$\begin{aligned} \tau \frac{dy(t)}{dt} + y(t) &= -\left(\frac{K_e K_{qm}}{K_{em}}\right) q(t) + K_e u_r(t) + K_q q(t) \quad (12.52) \\ &= K_e u_r(t) + \left(\frac{K_q - K_e K_{qm}}{K_{em}}\right) q(t) . \end{aligned}$$

Observe que, neste caso, a perturbação não é eliminada do sistema integralmente. Mantém-se um termo de perturbação com um novo ganho estático, dado por $K_q^{\text{novo}} = \left(\frac{K_q - K_e K_{qm}}{K_{em}}\right)$. Este termo é nulo quando o modelo é perfeito, ou seja, quando $K_{em} = K_e$ e $K_{qm} = K_q$. Todavia, o novo ganho estático face às perturbações K_q^{novo} pode ser maior ou menor que o ganho original K_q, dependendo do erro de modelagem (discrepância entre K_{em} e K_e e K_{qm} e K_q) e inclusive pode apresentar um sinal invertido.

Ressaltamos, portanto, que o controle antecipativo é vantajoso apenas se o ganho estático face às perturbações for reduzido, ou seja, se $|K_q^{\text{novo}}| < |K_q|$, de tal forma que o sistema equivalente seja menos sensível aos efeitos da perturbação do que o sistema original.

Isso mostra que, na prática, o controle antecipativo não é sempre vantajoso e que devemos ter uma ideia da representatividade do modelo para decidirmos se devemos adicionar uma ação antecipativa. Note que um modelo representativo tem erro de modelagem pequeno e, portanto, um nível reduzido de discrepância entre os parâmetros do modelo e do processo (K_{em} e K_e e K_{qm} e K_q). Neste caso, um controle antecipativo melhorara o desempenho em face das perturbações.

Ressaltamos que uma estratégia de controle realimentada (P, PI ou PID) será usada conjuntamente com a ação antecipativa, atuando sobre o processo equivalente (com compensação da perturbação):

$$\tau \frac{dy(t)}{dt} + y(t) \quad = \quad K_e u_r + K_q^{\text{novo}} q(t)\,. \tag{12.53}$$

Neste caso, a lei de controle realimentada, sintonizada com base no modelo (nos parâmetros τ_m e K_{em}), não resultará no mesmo resultado experimental do que no caso teórico, para o qual os parâmetros do modelo e do processo são iguais. De forma geral, a resposta obtida experimentalmente será deteriorada em comparação com o caso teórico, apresentando possíveis oscilações. Entretanto, se o controlador mantém a estabilidade do sistema em malha fechada, a ação integral vai garantir que a variável de processo convirja para o set-point no regime permanente. Discutiremos mais tópicos sobre incertezas de modelagem no Capítulo 12.7.

12.7 Comentários finais

Neste capítulo, apresentamos a estratégia de controle realimentado PID e discutimos diversos aspectos práticos relacionados a sua implementação.

Por meio de um esboço conceitual sobre o uso da ação derivativa como uma previsão do sinal futuro de erro, detalhamos como controladores PID podem ser vantajosos em relação a controladores PI, por possuir um termo que corrige o comportamento da saída de forma preditiva.

Mostramos que a análise do efeito do ruído de medição é de fundamental importância em sistemas de controle e que o seu efeito pode ser mitigado com uso de filtros. Ademais, discutimos como estratégias de controle antecipativo podem ser projetadas, para o caso de perturbações mensuráveis, dando a possibilidade de melhorar a resposta de rejeição de perturbações do sistema. Abordamos, preliminarmente, o tópico de erros de modelagem e incerteza, que serão retomados no próximo capítulo.

Conforme discutido, o algoritmo de controle PID é uma estratégia muito conhecida e também muito usada na prática industrial. A inclusão da parcela derivativa deve ser realizada com cuidado, pois as respostas podem ser deterioradas se a sintonia dos parâmetros não for bem feita e se o sinal medido é muito afetado pelo ruído. Podemos concluir que o controle PID considerando uma ação antecipativa e a ponderação do set-point é uma estratégia muito versátil para realizar o controle de muitos processos na prática.

Lista de exercícios e atividades

Exercícios

1. Escreva um pseudocódigo para simular um sistema de controle PID atuando em um processo discreto de primeira ordem com atraso, descrito pelo seguinte modelo:

$$y(k) = 0.8y(k-1) + 0.4u(k-5) - 0.2q(k-5)\,, \qquad (12.54)$$

considerando o período de amostragem $T_s = 1$ s. Simule o sistema funcionando em malha fechada, aplicando sinais de set-point $r(t)$ e perturbação $q(t)$ tipo degrau.

2. Considere um processo de controle de temperatura de um trocador de calor, com modelo de primeira ordem contínuo identificado com parâmetros $L = 2\,\text{s}$, $\tau = 10\,\text{s}$, $K_e = 4$ e $K_q = -2$, para o qual a variável manipulada é a potência entregue ao sistema e a perturbação é a vazão de produto. Ajuste um controle PID usando os métodos de Ziegler-Nichols de malha aberta e de malha fechada. Compare os resultados das respostas de temperatura obtida para seguimento de sinais de referência tipo degrau, considerando sinais de perturbação de vazão tipo degrau. Tente ajustar a sintonia de controle para melhorar as respostas obtidas com o uso de um fator de ponderação para o sinal de referência.

3. Para o sistema de controle PID do exercício anterior, ajustado pelo método de Ziegler-Nichols de malha aberta, compare o desempenho do controlador com a ação derivativa aplicada sobre o sinal de erro e apenas sobre a variável de processo. Essa modificação afeta as respostas à perturbação e à referência? Justifique a sua resposta.

4. Deseja-se estudar o efeito do ruído de medição no sinal de controle do

PID do Exercício 1, ajustado pelo método de Ziegler-Nichols de malha fechada. Considere um filtro de ruído modelado pela seguinte EDO:

$$\tau_f \frac{dy_f(t)}{dt} + y_f(t) = y(t) . \qquad (12.55)$$

Discuta o efeito do ajuste do parâmetro τ_f nas respostas do processo em malha fechada e como conseguir um bom compromisso entre a atenuação de ruído e a velocidade e pico da resposta em malha fechada.

5. Considere um processo de controle de nível de um sistema de tanques acoplados com modelo tipo EDO, identificado com parâmetros $L = 1\,\text{s}$, $\tau = 15\,\text{s}$, $K_e = 2$ e $K_q = -1$, para o qual a variável manipulada é a abertura da válvula de entrada de fluido no sistema e a perturbação é a abertura da válvula de saída do último tanque. Por meio de ensaios em simulação, realize o seguinte experimento em passos:

    - (i) Ajuste um controlador PI pelo método de Ziegler-Nichols de malha aberta e verifique as respostas sem considerar ruído.
    - (ii) Adicione a ação derivativa no controle e sintonize-a manualmente. Observe se é possível melhorar a resposta obtida.
    - (iii) Repita o ajuste da ação derivativa, agora considerando a presença de ruído de medição. Compare com o caso anterior e discuta.

6. Para o mesmo sistema de tanques do exercício anterior compare por simulação o desempenho do PI ajustado pelo método de Ziegler-Nichols de malha aberta com e sem a inclusão de uma ação antecipativa. Considere três casos neste estudo: (i) quando os atrasos do modelo para a variável manipulada e a perturbação são iguais e o modelo é perfeito; (ii) quando os atrasos do modelo para a variável manipulada e a perturbação são iguais e o modelo tem erro de $+20\,\%$ em relação ao ganho estático K_e e de $-5\,\%$ em relação ao ganho K_q; (iii) quando os

atrasos em face do sinal de controle é de 1 s, em face da perturbação de 0.5 s e o modelo é perfeito (parâmetros iguais aos do processo); (iv) quando os atrasos em face do sinal de controle é de 1 s, em face da perturbação de 0.5 s e o modelo possui um erro de +20 % em relação ao ganho estático K_e e de −5 % em relação ao ganho K_q.

Atividade proposta

O controle tipo PID é implementado por meio da seguinte lei de controle:

$$u(t) = K_c \left(e(t) + \frac{1}{T_i} \int e(\tau) d\tau + T_d \frac{de(t)}{dt} \right) \tag{12.56}$$

Ademais, um fator de ponderação de referência pode ser incluído. Para uma ação de controle mais suave, na prática, a ação derivativa é aplicada sobre a variável de processo. Neste caso, usa-se a lei de controle tal como descrita pela Eq. (12.57).

$$u(t) = K_c \left((br(t) - y(t)) + \frac{1}{T_i} \int e(\tau) d\tau - T_d \frac{d(y(t))}{dt} \right) \tag{12.57}$$

Neste caso, o parâmetro T_i sintoniza a ação integral e o parâmetro T_d regula a parcela derivativa. O ganho proporcional do controle é dado por K_c. O parâmetro de ajuste b é um fator de ponderação da referência, que afeta somente a parte proporcional da ação de controle. Note que, para $b = 1$, temos um controle tipo PID "normal", para o qual o sinal $r(t)$ é considerado integralmente na ação proporcional, resultando em ações de controle mais bruscas para mudanças de referência tipo degrau. No caso em que b se aproxima de zero, o efeito deve ser o contrário, com mudanças mais suaves no sinal de controle.

Considere um processo descrito pelo seguinte modelo:

$$5\frac{dy(t)}{dt} + y(t) \quad = \quad 0.5u(t-2) + 0.2q(t-2)\,. \tag{12.58}$$

A variável de processo medida é:

$$y_m(t) \quad = \quad y(t) + \nu(t)\,, \tag{12.59}$$

e $\nu(t) = 0.01 \sin(2000t)$ é um sinal de ruído de medição de alta frequência.

Para controlar a saída deste processo, deverá ser ajustado um controlador PID na forma acadêmica, sintonizado por meio do método de Ziegler-Nichols em malha fechada já apresentado neste capítulo.

1. Ajuste os parâmetros para o controlador PID como solicitado e verifique se a resposta para uma perturbação degrau apresenta o segundo pico de oscilação com uma amplitude menor que $\frac{1}{4}$ da amplitude do primeiro pico. Observe os sinais relevantes, principalmente a ação derivativa, e o efeito do ruído, tanto aplicando um degrau de referência como de perturbação. Discuta os resultados.

2. Com o mesmo ajuste da questão anterior, mude a lei de controle para um PID mostrado na Eq. (12.57), mantendo $b = 1$. Observe os sinais relevantes, discuta e compare com as respostas da questão anterior. Qual parte da resposta muda com o novo controle e por quê?

3. Faça a análise de ruídos no controlador do item anterior. Como este ruído poderia ser melhorado, considerando o uso de um filtro aplicado na medição da variável de processo no canal de realimentação ?

4. Como poderia ser melhorada a resposta transitória do sistema? Explique e demonstre.

5. Adicione o fator de ponderação do sinal de referência (b entre 0 e 1) à lei de controle e compare a resposta do sistema com os diferentes ajustes de b. O que é observado como vantagem principal do uso do fator de ponderação b na lei de controle?

6. Faça um pseudocódigo discreto para a lei de controle do primeiro item. Analise e discuta o efeito do período de amostragem nos resultados obtidos com a implementação desta estratégia discreta, isto é, use um T_s adequado e posteriormente aumente o valor de T_s e observe e explique os resultados obtidos.

Atividade prática: kit experimental motor-gerador

O objetivo desta atividade é implementar e analisar uma estratégia de controle proporcional-integral-derivativo e analisar a utilização da ponderação do set-point, o uso da ação D na realimentação e o efeito do ruído no sinal de controle. Para isso, propõem-se as seguintes etapas:

- Adapte o código desenvolvido nos capítulos anteriores, para a implementação de um controlador PID para o kit experimental, incluindo uma ação derivativa. Crie um código para o controle PID com ação D no erro e outro com ação D apenas na variável de processo.

- Utilize primeiramente o controle com a ação D no erro. Use o ajuste os parâmetros K_c e T_i como na experiência do capítulo anterior e depois ajuste T_d manualmente, começando com um valor de $T_d = 0.1$. Aplique variações de tipo degrau no set-point na região onde obteve o modelo linearizado nos capítulos anteriores. Também aplique perturbações manualmente no eixo do motor. Analise as respostas observadas e o efeito da ação derivativa. Observe principalmente a ação de controle e discuta.

- Utilize agora o controle com a ação D na velocidade. Use o mesmo ajuste do PID que no item anterior e compare os resultados obtidos aplicando variações de tipo degrau no set-point e perturbações manuais no eixo do motor. Analise as respostas observadas e as diferenças na ação de controle e na velocidade com relação ao caso anterior. Quais as vantagens e inconveniências de cada estrutura do PID?

- Modifique o controle PID com a ação D na velocidade para incluir o parâmetro b da ponderação do set-point. Repita os ensaios do item anterior e compare as respostas deste novo PID com $b = 0.5$ e do anterior que não usava b. As respostas as perturbações se alteram? As respostas as mudanças de set-point são afetadas? Qual o efeito de

b na ação de controle? Discuta. Modifique o valor de b e observe os efeitos nas respostas.

- Analise agora o ruído no sinal de velocidade e seu efeito no sinal de controle. Modifique o código para poder visualizar separadamente as ações P, D e I do controle PID. Observe o efeito do ruído em cada uma delas. Adapte este código PID com a inclusão de um filtro digital, visando atenuar o efeito do ruído de medição no sinal de controle. Realize experimentos, observe as respostas para diferentes valores do ajuste da ação D e da constante de tempo do filtro. Discuta as diferenças entre as respostas obtidas.

Problema resolvido

Uma empresa de engenharia automotiva quer instalar em seus carros um controle automático de velocidade. Para tal, estuda um modelo de comportamento do carro, relacionando a velocidade v, com o acionamento do acelerador a e o ângulo de inclinação da estrada θ. O objetivo do sistema é que o controle regule automaticamente a aceleração para manter uma dada velocidade para diferentes inclinações de estrada. O modelo simplificado que representa as dinâmicas do carro é dado pela seguinte equação diferencial:

$$m\frac{dv(t)}{dt} = 80a(t) - 200v(t) - mg\sin(\theta(t)),$$

sendo $m = 1000\,\text{kg}$ a massa do carro e $g = 10\text{m/s}^2$ a aceleração da gravidade. Neste modelo a está no intervalo $[0, 100\%]$, θ está no intervalo $[0, 10]\,^\circ$ e v no intervalo $[0, 40]\,\text{m/s}$. O tempo se mede em segundos.

- (a) Analise o comportamento estático do carro e desenhe a característica estática do sistema considerando as variáveis que julgue importantes.

- (b) Desenhe um diagrama de blocos do sistema identificando a variável de processo, a variável manipulada e a perturbação assim como a operação de integração das variáveis.

- (c) Encontre um modelo linearizado para o sistema operando nas vizinhanças do ponto de equilíbrio dado por $v = 30$ m/s e $\theta = 5\,^\circ$. Escreva o modelo na forma de uma equação diferencial linear de primeira ordem definindo neste novo modelo a variável de processo $y(t)$, a variável manipulada $u(t)$ e a perturbação $q(t)$.

- (d) Considere que se usa um controle proporcional K_p com BIAS no controlador de velocidade. Calcule o valor do BIAS que deve ser usado para manter a velocidade em 25 m/s quando o carro está em uma estrada de inclinação de 10 ° e se usa um $K_p = 5$. Qual seria o BIAS caso o ganho fosse $K_p = 7$?

- (e) Usando o modelo linearizado, e o controle proporcional, calcule o K_p a ser usado no sistema para que a constante de tempo do sistema em malha fechada seja 1/3 da constante de tempo do carro sem controle. Para o ganho achado, quanto vale a banda proporcional?

- (f) Um controle PI é usado para a regulação da velocidade. Este controlador é dado pela seguinte lei:

$$a(t) = K_c e(t) + \frac{K_c}{T_i}\int_0^t e(\mu)d\mu\,, \qquad e(t) = r(t) - v(t)\,,$$

com $K_c = 3/K_e$ e $T_i = 0.75\tau$, em que K_e é o ganho estático do modelo linearizado para a relação entre y e u; τ é a constante de tempo do modelo linear do carro e $r(t)$ é o set-point de velocidade. Desenhe um diagrama de blocos do processo com controle. Se o set-point de velocidade (SP) for de 30 m/s, qual deverá ser o valor da atuação do acelerador no equilíbrio do sistema em malha fechada quando $\theta = 5\,°$? Por quê?

- (g) Finalmente, a empresa quer analisar o uso de um controle PID da velocidade para ter boas respostas tanto para as perturbações como para as mudanças de set-point. Tem duas opções para a implementação. O primeiro PID é dado por:

$$a(t) = K_c e(t) + \frac{K_c}{T_i}\int_0^t e(\mu)d\mu + K_c T_d\frac{de(t)}{dt} \qquad e(t) = r(t) - v(t)$$

e o segundo PID é dado por:

$$a(t) = K_c(br(t) - v(t)) + \frac{K_c}{T_i}\int_0^t e(\mu)d\mu - K_c T_d\frac{dv(t)}{dt} \qquad e(t) = r(t) - v(t)\,.$$

Qual dos PIDs você escolheria e por quê? Justifique. Comente sobre as vantagens e inconveniências.

Resolução

a) O modelo estático do processo é obtido para $\frac{dv}{dt} = 0$, $m = 10^3$, $g = 10$, $v = [0, 40]$, $\theta = [0, 10]$, $u = [0, 100\%]$,:

$$0 = 80u_0 - 200v_0 - 10^4 \sin\theta_0 \,. \tag{12.60}$$

Isolando v_0, temos:

$$v_0 = \frac{80u_0}{200} - \frac{10^4 \sin(\theta_0)}{200} = 0.4u_0 - 50\sin(\theta_0)\,. \tag{12.61}$$

Nas Figuras 12.29 e 12.30, as características estáticas são apresentadas. Ressaltamos que há uma relação linear crescente entre u_0 e v_0, ao passo que há uma relação não linear decrescente entre θ_0 e v_0.

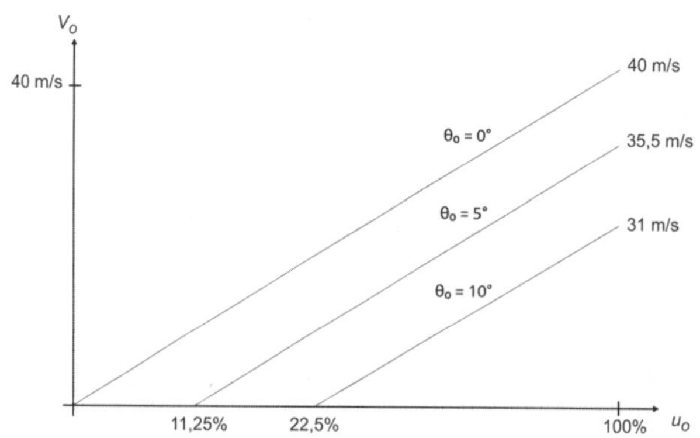

Figura 12.29 – Relação $v_0 \times u_0$.

b) O diagrama de blocos é apresentado na Figura 12.31.

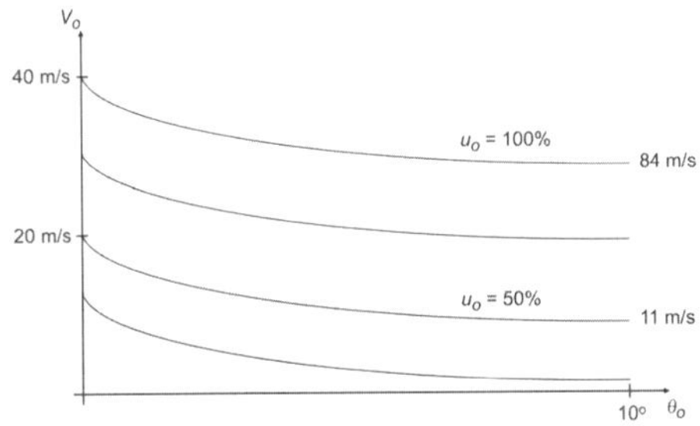

Figura 12.30 – Relação $v_0 \times \theta_0$.

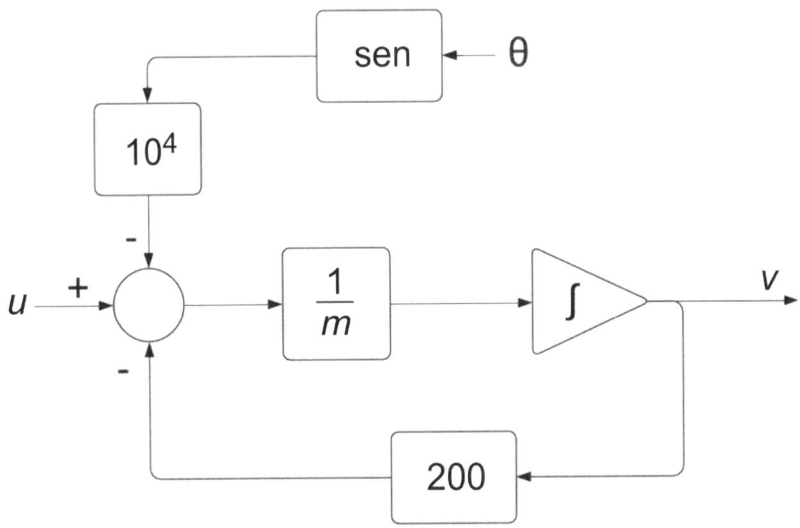

Figura 12.31 – Diagrama de blocos.

c) Utilizando $v_0 = 30$ m/s e $\theta = 5^o$, obtemos:

$$30 = 0.4u_0 - 50\sin(5) = 0 - 4u_0 - 50\,0.09\,. \tag{12.62}$$

Isolando u_0, obtemos:

$$u_0 = \frac{30 + (50\,0.09)}{0.4} = 86.25\,\%\,. \tag{12.63}$$

Tomando $v(t) = v_0 + \Delta v(t)$, $u(t) = u_0 + \Delta u(t)$ e $\theta(t) = \theta_0 + \Delta\theta(t)$, obtemos

$$m\frac{d\Delta v(t)}{dt} = 80\Delta u(t) - 200\Delta v(t) - 10^4\cos(\theta_0)\Delta\theta(t)\,. \tag{12.64}$$

Assim, temos a seguinte EDO que descreve o sistema de forma aproximada, perto do ponto de operação:

$$\frac{10^3}{200}\frac{d\Delta v(t)}{dt} + \Delta v(t) = \frac{80}{200}\Delta u(t) - \frac{9962}{200}\Delta\theta(t)\,. \tag{12.65}$$

d) Visando ao melhor entendimento desse processo, apresentamos o diagrama de blocos na Figura 12.32.

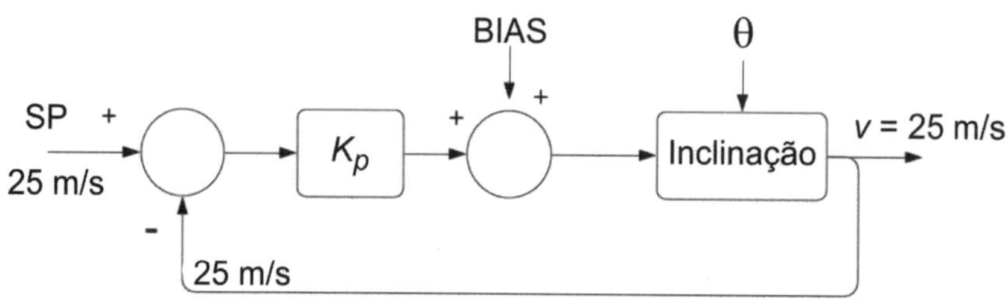

Figura 12.32 – Diagrama de Blocos.

Neste diagrama, é possível verificarmos que, no equilíbrio, $r = v = 25$ m/s.

Para calcularmos o valor de BIAS, temos apenas que analisar o sistema em equilíbrio. Neste caso, usaremos o modelo estático:

$$v_0 \;=\; 0,4u_0 - 50\sin(\theta_0)\,.$$

Uma vez que, no equilíbrio, assumimos a hipótese de erro nulo, temos:

$$u_0 \;=\; K_p e_0 + \text{BIAS} \;=\; \text{BIAS}\,.$$

Portanto, temos:

$$25 \;=\; 0,4u_0 - 50 * \sin(10)\,,\; 0.4u_0 \;=\; 25 + 4.5\,,\; u_0 \;=\; \tfrac{29.5}{0.4} = 73.75\%.$$

e) Temos: $\tau_{\text{MF}} = \dfrac{\tau}{1 + K_e K_p}$, $\quad K_e = \frac{80}{200} = 0.4, \quad \tau = \frac{10^3}{200} = 5\,\text{s}\,.$

$$1 + K_e K_p = 3 \to K_e K_p = 2 \to K_p = \frac{2}{0.4} = 5 \tag{12.66}$$

Se $K_p = 5$ como BP $= \frac{100\,\%}{K_p}$, logo, BP; $=$ 20 m/s.

f) Temos o diagrama de blocos que representa este sistema de controle apresentado na Figura 12.33.

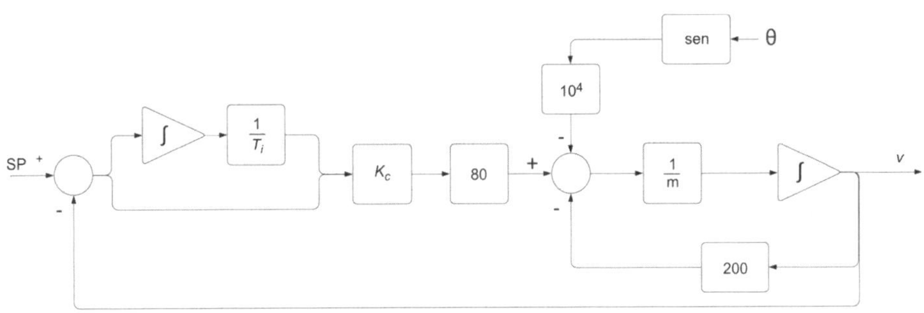

Figura 12.33 – Diagrama de blocos.

Temos os seguintes parâmetros ajuste para o controlador PI:

$$T_i \;=\; 0.75\,5 \;=\; 3.75\,\text{s}\,, \qquad K_c = \frac{3}{K_e} \;=\; \frac{3}{0.4} \;=\; 7.5\,. \tag{12.67}$$

Com um set-point de 30 m/s e $\theta = 5^o$ e uma vez que, no equilíbrio, a ação integral garante o erro nulo, podemos utilizar, novamente, o modelo estático do sistema para calcularmos o sinal de controle:

$$30 = 0.4u_0 - 50\,0.09 \rightarrow u_0 = 86,25\,\%\,. \tag{12.68}$$

Sabemos que a ação integral do controlador somente pode atingir um valor constante quando a sua entrada (o erro) é nulo. Assim, o equilíbrio deste sistema somente é alcançado com a variável de processo igual ao set-point (em regime permanente), sempre que o sistema seja estável em malha fechada.

g) Primeiramente, devemos destacar que ambos os PIDs têm a mesma performance para a resposta às perturbações, dado que a ação de controle no caso $r(t) = 0$ (que equivale a dizer que o set-point não muda) é a mesma. Assim, se igualmente ajustados, permitem a mesma resposta em malha fechada do sistema.

Claramente o segundo PID tem como vantagem a possibilidade de usar um quarto parâmetro de ajuste, que é a ponderação do set-point (b). Com este parâmetro adicional se pode regular o pico na ação de controle causado pela ação P ante mudanças de set-point bruscas. Ademais, o segundo controlador PID tem a ação derivativa unicamente aplicada sobre a saída do processo, evitando que, ao aplicar uma mudança brusca de set-point, o sinal de controle apresente uma variação quase infinita. Desta forma, o segundo controlador PID é mais vantajoso que o primeiro.

Capítulo 13

Controle avançado: noções básicas de otimização e robustez

Neste capítulo, discutiremos, preliminarmente, alguns tópicos avançados referentes ao controle de processos. Abordaremos questões referentes aos níveis de controle secundário e terciário, em termos de planejamento do processo de produção por meio de otimização.

Ademais, discutiremos o questão da incerteza de modelagem, ou seja, quando o modelo de um processo não consegue representar fielmente o comportamento do processo real. Neste caso, noções de controle robusto são apresentadas, como a robustez da ação integral.

13.1 Planejamento do processo de produção

No Capítulo 7, argumentamos que os sistemas de controle são organizados em níveis hierárquicos com especificações e requisitos diferentes. Nos capítulos precedentes, abordamos estratégias de controle do nível primário, com especificações de projeto como rastreamento de referência e rejeição de perturbações. Todavia, os níveis superiores de controle também são de suma importância para o planejamento geral da produção.

No nível secundário, questões referentes às interações entre subprocessos e às complexidades da planta são levadas em conta. Por exemplo, quando um processo tem suas características variantes no tempo ou dadas em função da região de operação, estratégias adaptativas são usadas para adequar o desempenho do processo a despeito dessas variações. Discutiremos, na Seção 13.1, um pouco mais sobre este tópico.

Já no nível terciário, questões econômicas e referentes ao plano de produção são levadas em conta. Nas plantas complexas, o regime da produção é determinado com base em um planejamento de longo prazo. Neste nível são calculados os valores de referência a ser enviados aos controladores locais que estão instalados em cada um dos subprocessos da planta.

Por exemplo, em um sistema de geração de energia renovável, com painéis fotovoltaicos e turbinas a biogás, o nível terciário de controle determina quando se deve produzir mais energia proveniente do biogás, com base na demanda contratada e em previsões meteorológicas que indicam a irradiação que será recebida. Quando há um dia nublado, por exemplo, não há como se determinar uma geração fotovoltaica muito elevada e, para atender a demanda, o sistema de geração com biogás deverá ser mais usado. Assim, os sinais de referência passados aos controladores locais de cada um desses dois subsistemas devem ser coerentes com o regime de operação plausível.

Em muitos processos de produção industrial apenas se utilizam dois níveis de controle, passando diretamente do nível terciário para o primário (sem a aplicação de controle avançado). Assim, o regime de operação dos níveis inferiores de controle é determinado por meio de uma otimização estática, realizada no nível terciário de controle e passada diretamente aos controles PID locais. Discutiremos, na sequência, algumas noções básicas sobre otimização e sobre o planejamento de um sistema de produção.

13.2 Otimização

A otimização é um ramo da pesquisa em matemática que busca modelar, analisar e resolver analiticamente (ou numericamente) os problemas que consistem em minimizar ou maximizar uma função sobre um conjunto.

Um problema de otimização real do tipo minimização, sem restrições, é descrito por meio da seguinte notação:

$$x^\star = \arg\min_{x \in \mathbb{R}} f(x) . \tag{13.1}$$

Neste problema, busca-se o valor da variável x, definida dentro do conjunto dos números reais $\mathbb{R}$, que minimiza a função objetivo $f(x)$. Dizemos que $x^\star$ é o argumento que encontra o menor valor possível de $f(x)$, dado por $f(x^\star)$.

Apresentamos, a seguir, um exemplo simples que ilustra o uso deste tipo de problema de otimização.

Exemplo 108 *Um processo de produção de um produto químico $y(t)$ é descrito pelo seguinte modelo:*

$$\tau \frac{dy(t)}{dt} + y(t) = K_e u(t) . \tag{13.2}$$

Este processo é regulado, em malha fechada, por um controlador PID que garante que o sinal $y(t)$, que representa a quantidade de produto produzido, rastreie um sinal de referência de produção, dado por $r(t)$.

Entretanto, há um custo associado à produção deste produto. Este custo, em unidades normalizadas, é dado pela seguinte equação estática não linear:

$$f(y(t)) = b(y(t) - a)^2 , \tag{13.3}$$

sendo a e b dois parâmetros que dependem do preço da matéria-prima e da energia elétrica requerida para a produção do produto químico.

Esse custo de produção não é necessariamente constante ao longo do tempo, pois depende da situação do mercado e do valor das matérias-primas e energia, por exemplo, mudando a cada dia ou semana. Assim, como ele varia de forma tão lenta se comparado à dinâmica do processo, pode ser considerado como constante para o controle PID da quantidade de produto. Temos assim dois problemas sendo resolvidos; a cada dia se busca o valor de y que minimiza o custo de produção, dados a e b. Esse valor de y desejado é passado como referência ao PID para aquele dia.

Uma vez que o controlador PID local garante que a variável de processo $y(t)$ siga o perfil de um sinal de referência $r(t)$, o custo de produção é dado em termos do sinal de referência, ou seja, $f(r(t))$, negligenciando os momentos de tempo nos quais $y(t) \neq r(t)$ (que, como comentamos, são apenas os instantes do transitório da resposta de $y(t)$).

Neste caso, o sinal de referência $r(t)$ deve ser determinado de tal forma que a função $f(r(t))$ seja minimizada. Considerando que $y(t)$ é uma variável definida dentro do conjunto dos números reais (e, portanto, $r(t)$ também), o problema de otimização usado para definir o sinal $r(t)$ é o seguinte:

$$r^{\star} = \arg\min_{r \in \mathbb{R}} b(r-a)^2 . \tag{13.4}$$

Note que $f(r)$ é uma função quadrática, cujo valor mínimo é conhecido; uma parábola tem seu valor mínimo no ponto na qual ela é centrada. Desta forma, sabemos que $r^{\star} = a$ é o argumento que minimiza $b(r-a)^2$.

A resolução deste problema pode também ser feita com o uso da derivada: o ponto de mínimo de $f(r)$, em relação a r, é dado por $\frac{df(r)}{dr} = 0$. Note que $\frac{df(r)}{dr} = 2b(r-a)$ e, portanto, $r^{\star} = a$ é a solução única deste problema de otimização. Assim, a cada dia, um valor de $r^{\star}$ será encontrado dependendo do valor de a nesse dia e passado como referência ao PID.

Note que o problema de minimização irrestrito é um problema cuja solução é conhecida para qualquer função analítica definida de $\mathbb{R}$ para $\mathbb{R}$, sendo necessário apenas o cálculo da derivada da função de custo. Note que o ponto de mínimo também pode ser encontrado por meio de abordagens numéricas, avaliando a função em diferentes pontos dentro do domínio em um processo iterativo, até que uma convergência seja verificada.

Apesar de o problema de otimização anterior ser de grande relevância, a maioria dos problemas reais de otimização não é irrestrito. Neste caso, não só devemos encontrar um valor de mínimo para uma função custo, como também devemos nos preocupar com restrições no domínio e na imagem desse custo.

Um problema de otimização real do tipo minimização, com restrições de desigualdade, é descrito por meio da seguinte notação:

$$\begin{aligned} x^\star &= \arg\min_{x\in\mathcal{R}} f(x) \\ \text{tal que:} \quad & A_d(x) \leq b_d(x)\,. \end{aligned} \tag{13.5}$$

Neste problema, busca-se o valor da variável x, definida dentro do conjunto dos números reais, que minimiza a função objetivo $f(x)$ sujeita à restrição (possivelmente não linear) $A_d(x) \leq b_d(x)$. Neste caso, $x^\star$ é o argumento real que encontra o menor valor possível de $f(x)$, dado por $f(x^\star)$, que respeita a desigualdade $A_d(x^\star) \leq b_d(x^\star)$.

Exemplo 109 *Retomemos o exemplo anterior da produção de um produto químico, cujo custo de produção é dado pela seguinte equação estática não linear para um dado dia, representada em termos do sinal de referência:*

$$f(r) = (r - 0.5)^2\,. \tag{13.6}$$

Note que supomos os parâmetros $a = 0.5$ e $b = 1$, neste caso. Consideremos que o sinal de referência $r(t)$ é definido dentro do conjunto dos números reais. Entretanto, a operação deste sistema requer um nível mínimo de produção dado por $\underline{r} = 0.6$ e não pode ultrapassar um nível máximo *dado por* $\overline{r} = 0.8$.

Ademais, considera-se que o custo de produção deve sempre estar dentro de um patamar de referência, dado por: $0.05 \leq f\,(r(t)) \leq 0.1$.

Neste caso, obtemos um problema de otimização restrito:

$$\begin{aligned} r^{\star} &= \arg\min_{r\,\in\,\mathbb{R}} (r-0.5)^2 \\ \textit{tal que:} \quad & 0.6 \leq r \leq 0.8 \\ & 0.05 \leq f(r) \leq 0.1\,. \end{aligned} \tag{13.7}$$

Note que a solução analítica para este problema não é mais conhecida, em dissonância com o caso irrestrito. Entretanto, podemos encontrar a solução $r^{\star}$ *para o problema por meio de uma interpretação gráfica do custo* $f(r)$ *ao longo do domínio dos números reais e sob o efeito das restrições em* r *e em* $f(r)$.

A Figura 13.1 apresenta a curva estática $f(r)$ *para todo* $r \in \mathbb{R}$. *Note que esta curva é uma parábola centrada em* 0.5, *cujo valor mínimo é dado exatamente para* $r = 0.5$ *no caso sem restrições. Já com as restrições mencionadas, observamos que o ponto de mínimo é deslocado* $r = 0.723$, *no qual a curva* $f(r)$ *encontra-se com a restrição de mínimo* $f(r) \geq 0.05$ *e é limitada pelas restrições no domínio de* r.

No problema de duas camadas de otimização e controle a cada dia o sistema otimizador recebe os valores de a *e* b, *e a faixa de valores máximo e mínimo de* f *e calcula a solução ótima* r. *Este valor é repassado ao PID que controla* y *nessa referência durante esse dia. No dia seguinte o procedimento se repete para novos valores.*

Note que as restrições $r \in [0.6\,,\,0.8]$ *e* $f(r) \in [0.05\,,\,0.1]$ *podem ser reescritas em termos de uma desigualdade não linear em* r, *do tipo* $A_d(r) \leq$

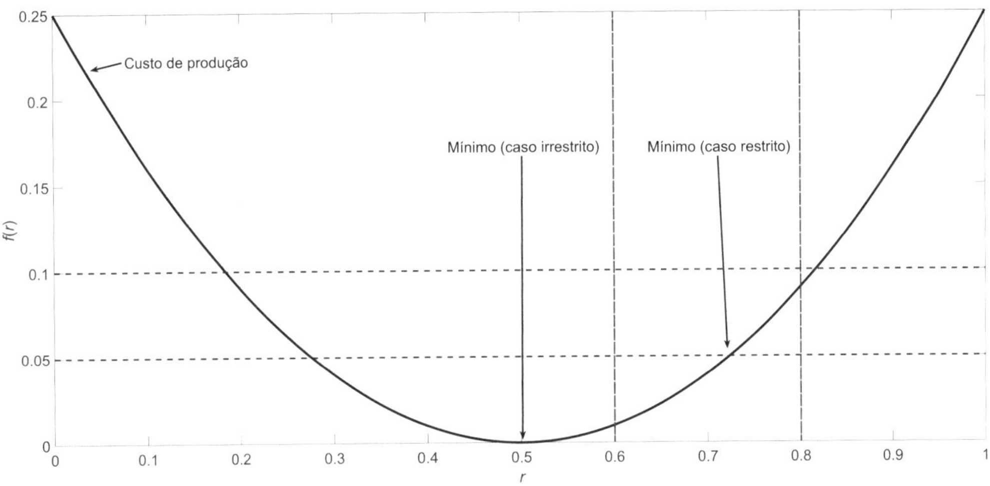

Figura 13.1 – Interpretação gráfica de um problema de otimização restrito.

$b_d(r)$, *da seguinte forma:*

$$\begin{bmatrix} -r \\ r \\ -(r-0.5)^2 \\ (r-0.5)^2 \end{bmatrix} \leq \begin{bmatrix} 0.6 \\ 0.8 \\ -0.05 \\ 0.1 \end{bmatrix}. \tag{13.8}$$

Para ilustrarmos o uso da otimização num nível superior da pirâmide de controle, apresentamos um exemplo motivador.

Exemplo 110 *Na indústria da cana-de-açúcar, os excedentes do processo de geração de açúcar e etanol podem ser usados para a geração de energia. Esses excedentes são resíduos orgânicos, como o bagaço e o palhiço da cana, que podem ser queimados em caldeiras, gerando vapor, que, por sua vez, propulsiona uma turbina e gera energia elétrica.*

Em muitas plantas industriais, a geração de energia com base nesses resíduos orgânicos as tornam autossuficientes. Entretanto, a geração de energia deve ser coordenada, de forma que haja energia disponível para a sustentação dos processos de produção de açúcar e etanol.

Ao longo da safra, portanto, o perfil de geração de energia torna-se atrelado ao perfil da demanda de energia para a produção de açúcar e etanol. Já na entressafra, quando não há colheita e, portanto, não há bagaço e palhiço em excesso, a geração também deve ser mantida para, por exemplo, injetar na rede elétrica um excedente de carga (venda de energia para a rede). Assim, a decisão dos sinais de referência de geração de energia, passados aos processos de baixo nível (controle local da caldeira, controle local da turbina elétrica etc.), deve levar em conta questões como a disponibilidade de biomassa (bagaça e palhiço), que varia nos períodos de safra e entressafra, e o custo da produção de energia (custo de operação e manutenção da caldeira e da turbina), que deve ser minimizado. Para tanto, um problema de otimização é resolvido.

Suponhamos que a disponibilidade de biomassa $b(t)$ é descrita de acordo com a seguinte desigualdade variante no tempo:

$$b_{min}(t) \;\leq\; b(t) \;\leq\; b_{max}(t)\,. \tag{13.9}$$

Estes sinais variantes no tempo são periódicos e alteram-se a cada mês. Desta forma, no começo de cada mês, sabe-se que a disponibilidade de biomassa para os dias que seguem é definida dentro de um intervalo fixo. Ademais, suponhamos que o custo de produção de energia é descrito em função do uso da biomassa b, de acordo com uma função $f(b)$. Esse custo não deve superar um valor máximo, dado por f_{max}.

Então, de tal forma a minimizar o custo de geração de energia e, ao mesmo tempo, garantir que biomassa sempre esteja disponível para a gera-

ção, resolve-se o seguinte problema de otimização restrito:

$$\begin{aligned} b^\star \quad &= \quad \arg\min_{b \in \mathbb{R}} f(b) \\ \textit{tal que:} \quad & b_{min}(t) \leq b \leq b_{max}(t) \\ & f(b) \leq f_{max}\,. \end{aligned} \tag{13.10}$$

Ressaltamos que, na maioria dos processos reais, a otimização realizada no nível terciário de controle é realizada periodicamente, em amostras de tempo mais longas que as amostras dos níveis inferiores. A otimização estática é usada como forma de definir os pontos de operação para o processo e, assim, definir os sinais de set-point que são passados aos níveis inferiores de controle.

Muitas vezes, o problema de otimização é descrito em função de diversas variáveis, como os set-points de vários controladores locais diferentes, que devem, em conjunto, respeitar um custo máximo.

Apresentamos, na sequência, um último exemplo que ilustra uma situação na qual o otimizado toma uma decisão que influencia múltiplas variáveis.

Exemplo 111 *Considere uma indústria química de grande escala. Nesta indústria, são produzidos diversos produtos, cujos PHs devem ser regulados. A dinâmica local de cada produto é regulada por controladores do tipo PID, que determinam a quantidade de ácido $u_i(t)$ injetado na mistura de tal forma que o produto tenha seu PH $y_i(t)$ rastreando um nível de referência $r_i(t)$. O subíndice i indica o i-ésimo sistema de controle de PH. Consideramos que existem n sistemas de controle.*

Nessa indústria, há uma limite mínimo e máximo para a vazão de ácido que é distribuído entre cada sistema misturador, respectivamente, dados por u_{min} e u_{max}. Ademais, o custo de produção é atrelado de forma complexa à soma do valor de regime permanente dos PHs de cada um dos n produtos. Uma vez que, no regime permanente, assumimos que cada $y_i = K_i u_i$ converge para o set-point r_i, o custo de produção é dado da seguinte maneira, *em termos dos n sinais de set-point:*

$$f(r_1, \ldots, r_n) = 1 - \frac{1}{1 + e^{-\left(\left(\frac{\sum_{i=1}^{n} r_i}{n}\right) - 10\right)}} + 0.01\left(\left(\sum_{i=1}^{n} r_i\right) - 3\right)^2 .$$

Levando em conta que cada r_i é definido dentro do intervalo $[0, 14]$, o problema de minimização resultante, usado para determinar os sinais de set-point, é, tomando $r = \begin{bmatrix} r_1 & \ldots & r_n \end{bmatrix}$, dado por:

$$\begin{aligned} r^\star &= \arg \min_{r \in [0\,,\,14]} f(r) \qquad (13.11) \\ \text{tal que:} \quad u_{max} &\leq \left(\sum_i \frac{r_i}{K_i}\right) \leq u_{max} . \end{aligned}$$

Ressaltamos que este problema de otimização é extremamente complexo e não linear, dependendo de n variáveis restritas. Para ilustrar de forma gráfica a forma da função de custo, a Figura 13.2 ilustra esta otimização para um problema com $n = 1$, $K_1 = 0.5$, $u_{min} = 1.9$ e $u_{max} = 2.3$. Neste caso mais simples de uma única variável, podemos inferir a solução de forma gráfica. No caso geral precisamos usar algoritmos de cômputo iterativos e complexos para chegar à solução.

13.3 Incerteza de modelagem

Um outro tema de fundamental importância no contexto de sistemas de controle é o efeito da incerteza de modelagem no comportamento de um sistema em malha fechada. A incerteza de modelagem é definida como a discrepância entre o modelo do processo e o processo em si.

O que acontece quando projetamos um sistema de controle com base em

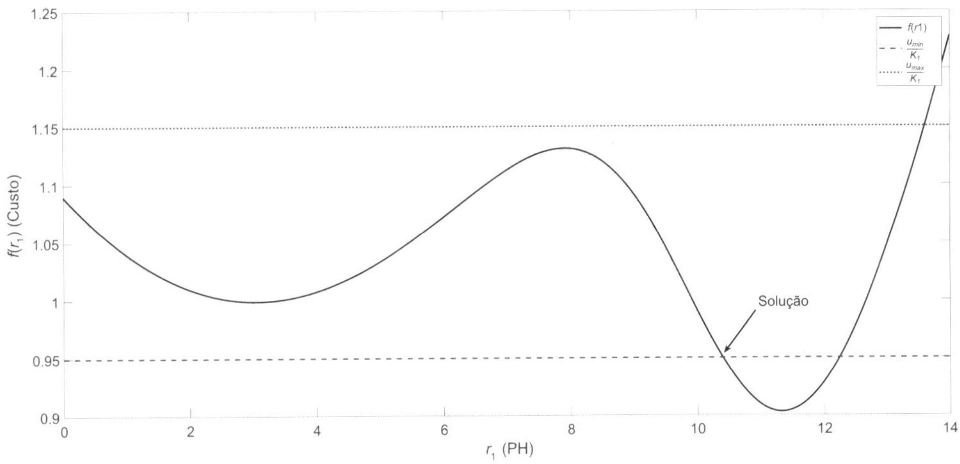

Figura 13.2 – Interpretação gráfica de um problema de otimização complexo restrito.

um modelo que tem um comportamento diferente do processo? O sistema em malha fechada vai manter a estabilidade? E como vai ser o desempenho? As respostas para essas perguntas se estudam dentro do tema denominado "controle robusto".

Dizemos que um sistema de controle é robusto quando, mesmo sendo projetado com base em um modelo nominal, garante as especificações de projeto (como estabilidade e desempenho) ao ser aplicado no processo real, isto é, a despeito da presença dessas incertezas de modelagem.

Na teoria de controle robusto tentamos, se possível, quantificar o nível de incerteza de um modelo. Por exemplo, podemos assumir que para termos uma representação fiel do processo precisamos de vários modelos, cada um capturando um dado comportamento do processo. Como apenas um único modelo (chamado nominal) pode ser escolhido para o ajuste do controle, consideramos como incerteza a diferença entre o modelo nominal e todos os demais modelos.

Uma forma geral para obtermos vários modelos que representam um processo é considerar limites para os parâmetros de um dado modelo, tomando-os como variantes no tempo. Prosseguiremos com um exemplo ilustrativo desse conceito.

Exemplo 112 *Considere as dinâmicas da velocidade de um carro, descritas pela segunda lei de Newton:*

$$\frac{d\,(m(t)v(t))}{dt} = F_m(t) - F_a(t)\,, \tag{13.12}$$

sendo $v(t)$ a velocidade do carro, $m(t)$ a massa do carro (variante no tempo), $F_m(t)$ a força do motor que propulsiona o carro e $F_a(t)$ a força de atrito na direção oposta ao movimento do carro.

Consideremos que a força do motor é dada por $F_m(t) = a_1 u(t)$, sendo $u(t) \in [-0.5\,,\,1.5]$ a aceleração do carro (pedal), e que a força de atrito é descrita pelo sinal $F_a(t) = a_2 v(t)$.

Note que a massa do veículo depende de quantas pessoas estão sendo transportadas. Portanto, consideramos que a massa total do veículo é descrita por $m(t) = m_0 + \delta m(t)$, com $m_0 = 900\,kg$, sendo a massa do carro sem pessoas e $\delta m(t) \in [70\,,\,350]\,kg$ a massa adicional, que varia conforme o número de pessoas no carro, considerando a massa média de uma pessoa como $70\,kg$ e que o carro pode carregar até cinco pessoas. Note que podemos considerar como tendo cinco modelos diferentes, dependendo da quantidade de pessoas no carro.

Podemos considerar, por simplicidade, que $\frac{\delta m(t)}{dt} = 0$. Dessa forma, obtemos o seguinte modelo:

$$\overbrace{\frac{(m_0 + \delta m(t))}{a_2}}^{\tau(t)} \frac{dv(t)}{dt} + v(t) = \overbrace{\frac{a_1}{a_2}}^{K_e} u(t)\,. \tag{13.13}$$

O parâmetro limitado $\delta m(t)$ é um parâmetro de incerteza desse modelo. Note que a constante de tempo $\tau(t)$ desse modelo é variante no tempo, mas limitada a um conjunto conhecido: $\tau(t) \in \frac{m_0}{a_2} + [\frac{70}{a_2}\,,\,\frac{350}{a_2}]$.

Assim, denominamos de **controle robusto** *uma lei realimentada* $u(t) = f(v(t))$ *que garante que as especificações de projeto sejam respeitadas, a despeito das variações no modelo causadas por* $\delta m(t)$ *(pela entrada e saída de pessoas no veículo).*

Note que a variável de incerteza $\delta m(t)$ *não é conhecida, pois o controlador não tem informações referentes à medida instantânea da massa do veículo, a priori.*

Ilustraremos, então, os resultados de um controlador proporcional. Consideremos os parâmetros $a_1 = 290\, N/V$ *e* $a_2 = 10\, kg/s$.

Em uma situação real, pessoas entrariam ou sairiam do veículo apenas com este em repouso. Todavia, para fins de simulação, consideraremos que $\delta m(t)$ *pode variar instantaneamente mesmo que* $v(t)$ *seja não nula, como se alguém "pulasse para fora" (ou para dentro!) do carro. Essa simplificação permite demonstrarmos como comportam-se as dinâmicas em malha fechada do sistema com variações paramétrica em seu modelo.*

Suponhamos que se use um modelo nominal deste sistema, dado pela Eq. (13.13) *com* $\delta m = 70\, kg$, *para a sintonia do controlador proporcional, cuja especificação é de um tempo de assentamento em malha fechada* $t_{5\%} < 150\, s$, *para seguimento de referências de velocidade* $r(t)$ *tipo degrau. Para tal, toma-se o modelo do processo nominal em malha fechada, com* $u(t) = K_p\,(r(t) - v(t))$:

$$\frac{970}{10}\frac{dv(t)}{dt} + v(t) = 29\,(K_p\,(r(t) - v(t)))\,, \tag{13.14}$$

$$\left(\frac{97}{1 + 29K_p}\right)\frac{dv(t)}{dt} + v(t) = \left(\frac{29K_p}{1 + 29K_p}\right) r(t)\,. \tag{13.15}$$

Para garantir as especificações (segundo o modelo nominal), basta que o ganho proporcional seja escolhido como $K_p = 0.035$, *o que leva a* $\tau_{MF} = \left(\frac{97}{1+29K_p}\right) \approx 48\, s$ *e, consequentemente, a* $t_{5\%} = 144\, s$. *Teoricamente, segundo o modelo nominal, o erro de seguimento a sinais de referência tipo degrau será de* $e_r = \left(\frac{97}{1+29K_p}\right) \approx 50.37\,\%$.

Na Figura 13.3, as curvas resultantes deste processo são apresentadas, considerando a lei de controle $u(t) = 0.035\,(r(t) - v(t))$ *e variações tipo degrau na variável de incerteza* $\delta m(t)$*. Nesta figura, marcamos os tempos de assentamento* $t_{5\%}$ *registrados para a estabilização da variável de processo face às diversas variações do tipo degrau no sinal de referência. Evidentemente, a estratégia de controle não consegue garantir as especificações ao usar o modelo nominal do processo. Toda vez que* $\delta m(t) > 70\,kg$*, as especificações não são cumpridas.*

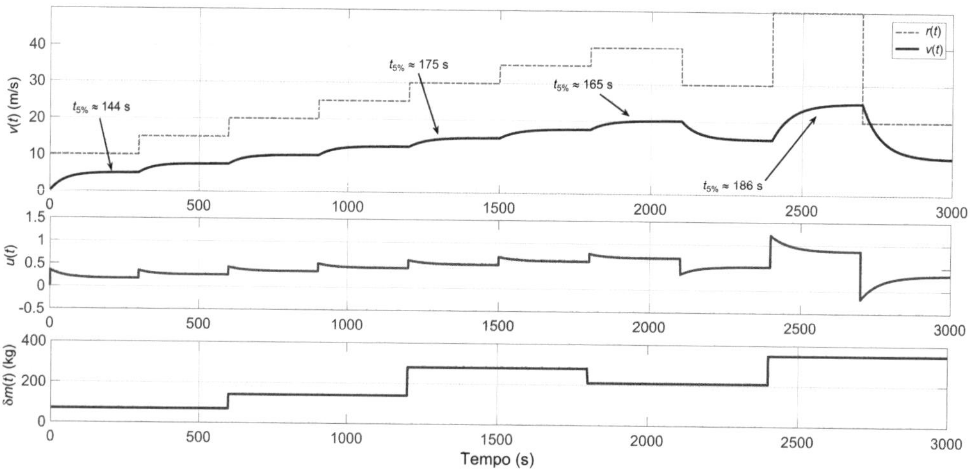

Figura 13.3 – Exemplo: resposta da velocidade de um carro com parâmetros variantes no tempo.

Tal como visto no exemplo anterior, as incertezas no modelo afetam o desempenho do sistema de controle. Na sequência, discutiremos como sintonizar controladores proporcional e proporcional-integral robustos, que garantem as especificações mesmo no caso incerto. Todas as análises e discussões serão elaboradas no domínio do tempo contínuo, mas são conceitualmente válidas também para o caso discreto, com as devidas manipulações.

Consideraremos, então, um processo genérico, com parâmetros variantes no tempo, descrito pela seguinte equação diferencial:

$$\tau(t)\frac{dy(t)}{dt} + y(t) \ = \ K_e(t)u(t)\,. \tag{13.16}$$

Sabe-se que estes parâmetros variantes no tempo são limitados por natureza e que os limites são conhecidos, ou seja, $\tau(t) \in [\underline{\tau}\,, \overline{\tau}]$ e $K_e(t) \in [\underline{K_e}\,, \overline{K_e}]$. Desta forma, como podemos proceder com o projeto de controladores robustos, conhecendo os limites da variação dos parâmetros? Na sequência, discutiremos um pouco sobre síntese e a aplicação de um controlador proporcional robusto e as propriedades de robustez implícitas de controladores com ação integral.

13.3.1 Controle proporcional robusto

Consideraremos, na sequência, que as variações $\frac{d\tau(t)}{dt}$ e $\frac{dK_e(t)}{dt}$ são negligenciáveis. Neste caso, grosso modo, o sistema descrito pela Eq. (13.16) pode ser controlado por um controlador proporcional baseado em um "**modelo nominal de pior caso**".

Este modelo nominal de pior caso representa as dinâmicas possíveis do sistema com parâmetros variantes que necessitam de ações de controle mais agressivas para serem controladas.

Note que um sistema mais lento necessitará de uma ação de controle mais intensa para ser acelerado do que um sistema mais rápido. Da mesma forma, um sistema com ganho estático menor necessitará de uma ação de controle mais intensa para garantir menor erro de seguimento de referências tipo degrau, em malha fechada. Isto pode ser facilmente verificado usando o cálculo do τ_{MF} e K_{MF} e sua dependência com τ, K_p e K_e.

O modelo nominal de pior caso é, portanto, obtido avaliando a Eq. (13.16) com $\tau(t) = \overline{\tau}$ e $K_e(t) = \underline{K_e}$. Este modelo é o mais lento e com menor ganho estático possível, dentro dos modelos possíveis definidos pelos conjuntos $\tau(t) \in [\underline{\tau}, \overline{\tau}]$ e $K_e(t) \in \left[\underline{K_e}, \overline{K_e}\right]$.

Com relação ao exemplo da seção anterior, do carro com massa variante devido ao número de passageiros, descrito pela Eq. (13.13), este modelo de pior caso é aquele que representa as dinâmicas de aceleração com o maior número de pessoas embarcadas no veículo. Note que, com mais pessoas no veículo, a constante de tempo $\tau(t)$ da Eq. (13.13) aumenta, fazendo-se necessário uma estratégia de aceleração mais agressiva para o seguimento de referências de velocidade tipo degrau.

Prosseguiremos, portanto, mostrando que uma estratégia de controle proporcional baseada neste modelo de pior caso, dita robusta, consegue garantir estabilidade em malha fechada e, ademais, dinâmicas que respeitam especificações de projeto.

Consideraremos um processo com ganho direto positivo. Neste caso, um controlador proporcional robusto é definido segundo a seguinte lei de controle: $u(t) = K_p(r(t) - y(t))$, com $K_p > 0$. Esta lei de controle deve garantir que o sistema em malha fechada seja estável, a despeito das variações paramétricas. Ademais, deve-se garantir uma especificação de projeto, ou que o tempo de assentamento em malha fechada, para mudanças de sinais de referência tipo degrau, seja sempre menor que $3\tau_{\text{MF}}$, ou que o erro estático em face dos sinais de referências tipo degrau, em malha fechada, seja menor que e_{MF}.

Usando o procedimento metodológico apresentado no Capítulo 9, considerando o modelo de pior caso $\overline{\tau}\frac{dy(t)}{dt} + y(t) = \underline{K_e}u(t)$, define-se $K_p \geq \frac{\left(\frac{\overline{\tau}}{\tau_{\text{MF}}} - 1\right)}{\underline{K_e}} > 0$ para a primeira especificação, dado que $\frac{\overline{\tau}}{\tau_{\text{MF}}} > 1$. Já para a segunda especificação, obtemos $K_p \geq \frac{1 - e_{\text{MF}}}{e_{\text{MF}}\underline{K_e}} > 0$ dado que $e_{\text{MF}} < 1$.

Note que, os ganhos proporcionais calculados garantem que o controle com o modelo nominal cumpra as especificações de projeto. Se usarmos o maior dos dois valores calculados, teremos as duas especificações atendidas.

Todavia, esboçaremos algumas ideias sobre como podemos mostrarmos que as especificações são cumpridas também no modelo real.

Ao substituirmos a lei de controle na equação que descreve as dinâmicas verdadeiras do sistema, obtemos o seguinte modelo em malha fechada:

$$\tau_{\mathrm{MF}}(t)\frac{dy(t)}{dt} + y(t) \;=\; K_{e_{\mathrm{MF}}}(t)r(t)\,. \tag{13.17}$$

Comparando com o sistema que estudamos nos capítulos anteriores, podemos interpretar este modelo como uma EDO de primeira ordem variante no tempo, na qual a constante de tempo (variante) do sistema em malha fechada é definida por $\tau_{\mathrm{MF}}(t) = \left(\frac{\tau(t)}{1+K_e(t)K_p}\right)$, ao passo que o ganho estático em malha fechada é dado por $K_{e_{\mathrm{MF}}}(t) = \left(\frac{K_e(t)K_p}{1+K_e(t)K_p}\right)$.

Uma forma de demonstrar que o sistema é estável em malha fechada é provando que $\lim_{t\to+\infty} y(t) \to y_\infty$ e que o sinal $\breve{y}(t) = y(t) - y_\infty$ tem energia finita. As ferramentas que permitem tal demonstração estão, todavia, fora do contexto deste livro. Mas, de forma intuitiva, podemos atribuir a estabilidade deste sistema a uma constante de tempo $\tau_{\mathrm{MF}}(t) > 0$ (lembre que EDOs com $\tau > 0$ são estáveis.). Já consideramos que o ganho estático do processo é positivo $K_e(t) > 0$ e que está limitado no intervalo $\underline{K_e} \leq K_e(t) \leq \overline{K_e}$ e que a constante de tempo do processo também é positiva $\tau(t) > 0$ e que $\underline{\tau} \leq \tau(t) \leq \overline{\tau}$. Por construção, temos que:

$$\frac{\overline{\tau}}{1+\underline{K_e}K_p} \;\geq\; \frac{\tau(t)}{1+K_e(t)K_p} \;\geq\; \frac{\underline{\tau}}{1+\overline{K_e}K_p} > 0\,, \tag{13.18}$$

dado que o produto $\overline{K_e}K_p > 0$. Isso significa que o sistema será estável em malha fechada com ambos esses ganhos proporcionais robustos.

Provemos, agora, que as especificações de desempenho em malha fechada são respeitadas:

- Para o primeiro ganho proporcional, que visa uma especificação do tempo de assentamento em malha fechada, basta analisarmos a constante de tempo do sistema em malha fechada:

$$\frac{\tau(t)}{1+K_e(t)K_p} = \frac{\tau(t)}{1+K_e(t)\frac{\left(\frac{\overline{\tau}}{\tau_{\text{MF}}}-1\right)}{\underline{K_e}}} \leq \frac{\overline{\tau}}{1+\underline{K_e}\frac{\left(\frac{\overline{\tau}}{\tau_{\text{MF}}}-1\right)}{\underline{K_e}}} = \tau_{\text{MF}}\,.$$

Note que a especificação de projeto é, de fato, garantida.

- Para o segundo ganho proporcional, que visa uma especificação em relação ao erro de seguimento em malha fechada, basta analisarmos o erro estático em malha fechada:

$$\frac{1}{1+K_e(t)K_p} = \frac{1}{1+K_e(t)\frac{1-e_{\text{MF}}}{e_{\text{MF}}\underline{K_e}}} \leq \frac{1}{1+\underline{K_e}\frac{1-e_{\text{MF}}}{e_{\text{MF}}\underline{K_e}}} = e_{\text{MF}}\,.$$

Podemos observar que a especificação de projeto é, novamente, garantida.

Como exemplo, retomaremos o caso de estudo do carro com modelo a parâmetros variantes, cuja velocidade é regulada por um controlador proporcional. Agora, entretanto, o ajuste do ganho proporcional seguirá a metodologia de sintonia robusta, levando em conta o modelo nominal de pior caso.

Exemplo 113 *Consideremos o controle de velocidade de um carro, cujo modelo completo é dado pela seguinte equação diferencial:*

$$\tau(t)\frac{dv(t)}{dt} + v(t) = 29u(t)\,. \tag{13.19}$$

Para este sistema, $\tau(t) \in [97\,,\,125]$ s é uma constante de tempo variante no tempo, que depende do número de passageiros no veículo.

O modelo nominal de pior caso é dado com a maior constante de tempo, ou seja, é descrito pela seguinte EDO:

$$125\frac{dv(t)}{dt} + v(t) = 29u(t)\,. \tag{13.20}$$

Para esse sistema, deseja-se projetar um controlador proporcional robusto que garante que o tempo de assentamento em malha fechada, em face de mudanças tipo degrau no sinal de referência de velocidades $r(t)$, seja sempre menor ou igual a 90 s. Neste caso, a constante de tempo do modelo nominal, em malha fechada, deve ser menor ou igual a $\tau_{MF} = 30$ s.

Seguindo a metodologia descrita neste capítulo, toma-se a seguinte lei de controle robusta: $u(t) = K_p(r(t) - y(t))$, com $K_p \geq \frac{\left(\frac{125}{30}-1\right)}{29} \approx 0.11$. Obtemos assim um ganho proporcional positivo ($K_p > 0$) e, portanto, podemos comprovar que a desigualdade $\frac{\tau(t)}{1+K_e(t)K_p} > 0$ é válida para todo o intervalo de $\tau(t)$, dando ao sistema de malha fechada uma característica estável.

Note que este ganho proporcional é sensivelmente maior que o ganho proporcional obtido no projeto do exemplo anterior, usando um modelo nominal com menor constante de tempo. Ressaltamos, portanto, que a ação de controle deve ser mais agressiva com esta estratégia de sintonia robusta.

Na Figura 13.4, os sinais de importância para a regulação deste processo são apresentados (variável de processo, variável manipulada e $\tau(t)$). Note que as especificações de desempenho se verificam, visto que o tempo de assentamento em malha fechada $t_{5\%}$ é, de fato, sempre menor que 90 s. Note também que o desempenho é melhorado em comparação ao desempenho obtido com uma regra de sintonia padrão (vide Figura 13.3).

13.3.2 Robustez da ação integral

No contexto deste livro, não podemos discutir, de fato, como sintonizar um controlador tipo PI de forma robusta, uma vez que essa discussão requer ferramentas matemáticas mais avançadas. Entretanto, retomaremos algumas propriedades importantes da ação integral em face das incertezas de modelo. Para tal, consideraremos que um processo com dinâmicas descritas pela Eq. diferencial (13.16).

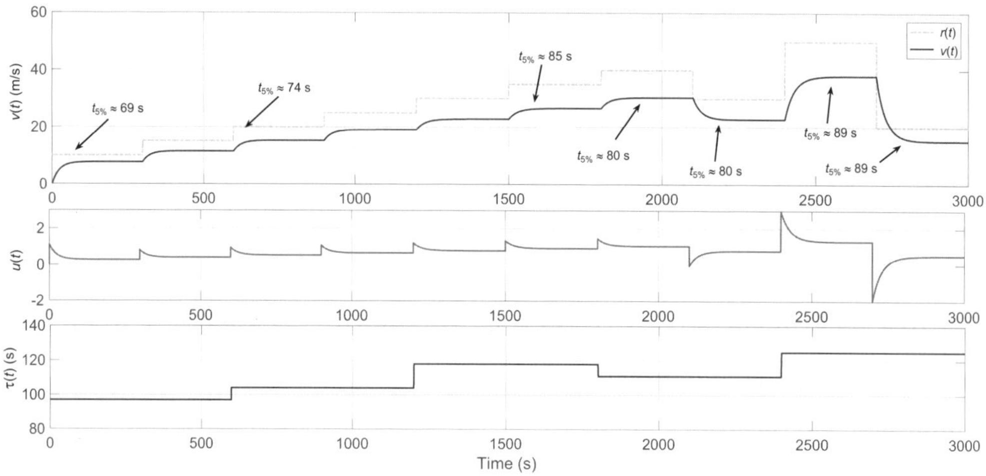

Figura 13.4 – Exemplo: controle proporcional robusto através de modelo de pior caso.

Rearranjaremos a Eq. (13.16), tomando $K_e(t) = K_e^{\text{nom}} + \delta K_e(t)$ e $\tau(t) = \tau^{\text{nom}} + \delta\tau(t)$, da seguinte forma:

$$\tau^{\text{nom}}\frac{dy(t)}{dt} + y(t) \quad = \quad K_e^{\text{nom}}u(t) + \underbrace{\left(\delta K_e(t)u(t) - \delta\tau(t)\frac{dy(t)}{dt}\right)}_{q_\delta(t)} \tag{13.21}$$

Note que a Eq. (13.21) pode ser vista como uma EDO de primeira ordem com uma perturbação $q_\delta(t)$ limitada, visto que $\delta K_e(t)$, $\delta\tau(t)$, $u(t)$ e $\frac{dy(t)}{dt}$ são sinais limitados a conjuntos conhecidos.

De forma simplificada, podemos entender que a diferença entre o modelo nominal $\tau^{\text{nom}}\frac{dy(t)}{dt} + y(t) = K_e^{\text{nom}}u(t)$ e um modelo a parâmetros variantes limitados (Eq. (13.21)) é dada por uma perturbação limitada a um conjunto conhecido: $q_\delta(t) \in \mathcal{Q}$.

Portanto, quando a lei de controle possui ação integral, o sistema em malha fechada, se for estável, conseguirá garantir erro nulo de seguimento a sinais de referências desde que a perturbação $q_\delta(t)$ tenda a um valor constante, e que a amplitude da perturbação $q_\delta(t)$ seja, de fato, rejeitável, ou seja, que a ação de controle exigida para a rejeição da perturbação de maior módulo $|q_\delta(t)|$ seja factível.

Discutiremos intuitivamente, por meio de um exemplo, essa característica robusta da ação integral.

Exemplo 114 *Consideremos, novamente, o controle de velocidade de um carro, cujo modelo completo é dado pela seguinte equação diferencial:*

$$\tau(t)\frac{dv(t)}{dt} + v(t) \;=\; 29u(t)\,. \tag{13.22}$$

Para este sistema, $\tau(t) \in [97\,,\,125]$ *s é um parâmetro de constante de tempo variante no tempo, que depende do número de passageiros no veículo. O modelo nominal é descrito pela seguinte EDO:*

$$125\frac{dv(t)}{dt} + v(t) \;=\; 29u(t)\,. \tag{13.23}$$

Para este sistema, deseja-se projetar um controlador proporcional integral, do tipo:

$$u(t) \;=\; K_c\left(e(t) + \frac{1}{T_i}\int_0^t (e(\mu)d\mu)\right)\,. \tag{13.24}$$

Para tal, os parâmetros do controlador PI são ajustados segundo o ajuste básico (vide Capítulo 10), para uma aceleração da resposta em malha fechada em três vezes ($n = 3$)*. Assim, usando o modelo nominal, obtém-se* $K_c = \frac{3}{K_e} = 0.103$ *e* $T_i = \tau = 125\,s$*.*

Os sinais de importância para a regulação deste processo são apresentados na Figura 13.5. Note que, com a ação integral, há seguimento de referências tipo degrau, com erro nulo, mesmo com as variações no tempo dos parâmetros do processo.

O exemplo anterior serviu para mostrarmos que o seguimento de referências tipo degrau é garantido por estratégias com ação integral, a despeito das incertezas de modelagem, se o sistema em malha fechada é estável. Res-

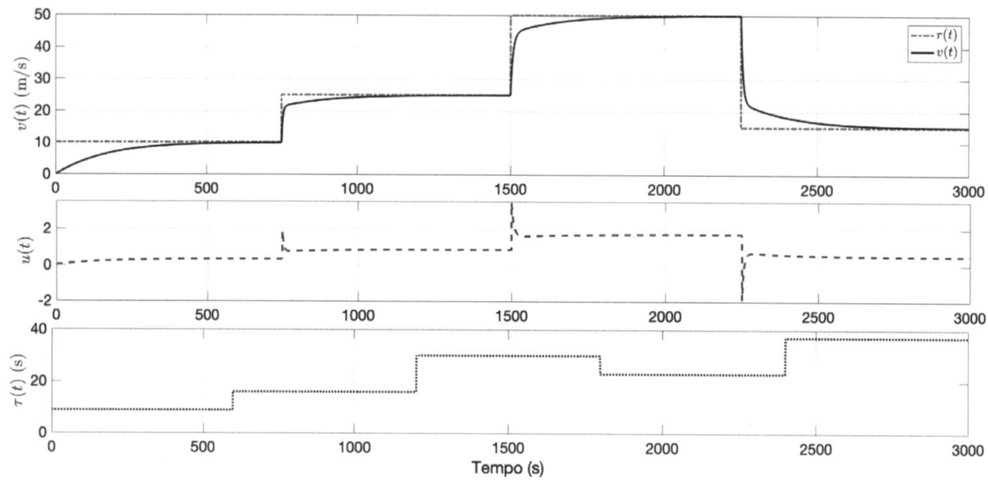

Figura 13.5 – Exemplo: robustez da ação integral.

saltamos, todavia, que as incertezas de modelagem podem desestabilizar a malha fechada. O estudo da estabilidade em malha fechada, face às incertezas de modelagem, é tema de estudo complexo e requer ferramentas matemáticas mais avançadas.

De forma intuitiva, podemos argumentar que existe um limite de incerteza que é tolerado por uma estratégia de controle PI. Esse limite é quantificado por meio da **margem de robustez do controlador**, índice que mensura a magnitude máxima das incertezas de modelagem toleradas pelo controlador. O estudo das margens de robustez não é foco deste livro e pode ser encontrado nas referências complementares apresentadas ao final deste capítulo.

13.4 Controle linear a parâmetros variantes (LPV)

Para finalizarmos este capítulo de noções básicas sobre tópicos avançados, comentaremos brevemente sobre técnicas de controle linear a parâmetros variantes (LPV).

Quando um processo é linear, mas possui parâmetros variantes no tempo e esses parâmetros, além de serem limitados a conjuntos conhecidos, são mensuráveis, a lei de controle pode ser adaptada em tempo real, levando em conta as medições dos parâmetros variantes.

Para exemplificarmos este tipo de abordagem, podemos assumir que o sistema controlado é descrito por um modelo com parâmetros variantes tal como posto na Eq. (13.16). Ademais, considera-se que os parâmetros são medidos para todo instante de tempo. Assim, pode-se projetar um controlador cujos parâmetros variem em função das medidas $\tau(t)$ e $K_e(t)$. O exemplo a seguir ilustra e compara esse tipo de abordagem.

Exemplo 115 *Consideremos, novamente, o controle de velocidade de um carro, cujo modelo completo é dado pela seguinte equação diferencial:*

$$\tau(t)\frac{dv(t)}{dt} + v(t) \quad = \quad 29u(t)\,. \tag{13.25}$$

Para este sistema, $\tau(t) \in [97\,,\,125]$ *s é um parâmetro de constante de tempo variante no tempo, que depende do número de passageiros no veículo. Consideraremos que o parâmetro* $\tau(t)$ *é medido para todo instante de tempo* t*, uma vez que o carro possui um sensor que mede a massa dos passageiros embarcados.*

Desta forma, deseja-se projetar um controlador proporcional LPV, cujo ganho proporcional adapte-se em função de $\tau(t)$*. Para tal, injetamos a lei de controle linear a parâmetros variantes* $u(t) = K_p\left(\tau(t)\right)$ *na Eq.* (13.25)*, obtendo as seguintes dinâmicas de malha fechada:*

$$\left(\frac{\tau(t)}{1+29K_p\left(\tau(t)\right)}\right)\frac{dv(t)}{dt} + v(t) \quad = \quad \left(\frac{29K_p\left(\tau(t)\right)}{1+29K_p\left(\tau(t)\right)}\right)r(t)\,. \tag{13.26}$$

Note que, em malha fechada, com um "abuso" de nomenclatura, poderíamos dizer que a constante de tempo do modelo variante no tempo é dada por $\left(\frac{\tau(t)}{1+29K_p(\tau(t))}\right)$*, ao passo que o ganho estático em face dos sinais de* *referência é dado por* $\left(\frac{29K_p(\tau(t))}{1+29K_p(\tau(t))}\right)$.

Como especificação de projeto, é necessário que o controlador garanta um tempo de assentamento em malha fechada $t_{5\%} \leq 90\,s$*, para seguimento de referências de velocidade* $r(t)$ *tipo degrau. Portanto, toma-se:*

$$\left(\frac{\tau(t)}{1+29K_p\,(\tau(t))}\right) = 30\,, \tag{13.27}$$

$$K_p\,(\tau(t)) = \left(\frac{\left(\frac{\tau(t)}{30}-1\right)}{29}\right). \tag{13.28}$$

Note que este ganho proporcional adapta-se com base em $\tau(t)$. *Para fins de comparação, consideramos também a estratégia proporcional robusta dos exemplos antecedentes, com* $K_p = 0.11$.

Os sinais de importância para a regulação deste processo são apresentados na Figura 13.6. Note que, com a abordagem LPV, a ação de controle não precisa ser tão agressiva para todos os momentos, tal como com a estratégia robusta, o que é vantajoso.

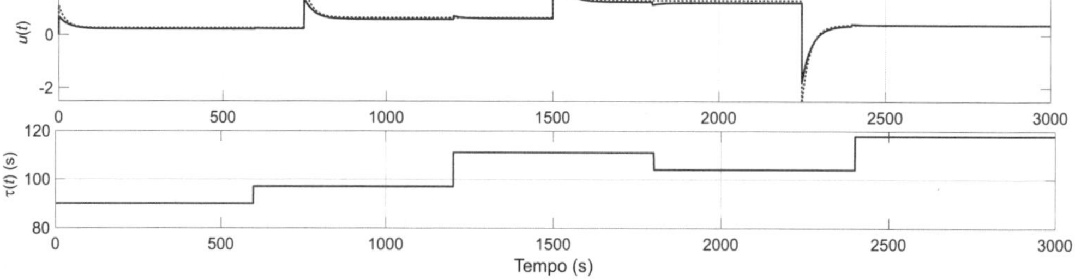

Figura 13.6 – Exemplo: estratégia LPV.

Ressaltamos que a abordagem LPV é muito útil para "esconder" as não linearidades de um processo, quando esses termos são mensuráveis para todo instante de tempo.

Um processo cujo modelo dinâmico é não linear, do tipo $\frac{dy(t)}{dt} = f(u(t), y(t))$, pode ser representado por meio de um formalismo LPV se a função não linear $f(u(t), y(t))$ pode ser reescrita como $f_u(u(t), y(t))\, u(t) + f_y(u(t), y(t))\, y(t)$, sendo f_u e f_y funções não lineares mensuráveis e limitadas. Exploraremos esse conceito com um último exemplo.

Exemplo 116 *Considere as dinâmicas não lineares de um tanque de área de base A, cujo nível $y(t)$ deve ser regulado pela vazão de líquido na entrada superior do tanque, a despeito da vazão que sai do tanque pelo orifício aberto em sua base:*

$$A\frac{dy(t)}{dt} = u(t) - \sqrt{2gy(t)}\,. \tag{13.29}$$

Note que este é um modelo não linear, devido ao termo $\sqrt{2gy(t)}$. Todavia, uma vez que $y(t)$ é um sinal medido para todo instante de tempo, podemos reescrever este modelo da seguinte forma:

$$A\frac{dy(t)}{dt} = u(t) - a(t)y(t)\,, \tag{13.30}$$

$$\frac{A}{a(t)}\frac{dy(t)}{dt} + y(t) = \frac{1}{a(t)}u(t)\,, \tag{13.31}$$

$$\tag{13.32}$$

sendo $a(t) = \frac{\sqrt{2g}}{\sqrt{y(t)}}$ um parâmetro variante no tempo. Dado que sinal $y(t)$ é limitado, por construção, ao conjunto $[y_{min}\,, y_{max}]$, uma vez que este descreve o nível do tanque, $a(t)$ também é limitado para todo $y_{min} > 0$.

Temos, então, o seguinte modelo LPV:

$$\tau(t)\frac{dy(t)}{dt} + y(t) = K_e(t)u(t)\,, \tag{13.33}$$

para o qual $\tau(t) = \frac{A\sqrt{y(t)}}{\sqrt{2g}} \in [\frac{Ay_{min}}{\sqrt{2g}}, \frac{Ay_{max}}{\sqrt{2g}}]$ *e* $K_e(t) = \frac{\sqrt{y(t)}}{\sqrt{2g}} \in [\frac{y_{min}}{\sqrt{2g}}, \frac{y_{max}}{\sqrt{2g}}]$ *são parâmetros variantes no tempo, limitados e mensuráveis.*

Podemos inferir, do modelo LPV, que as dinâmicas do sistemas são mais rápidas conforme o tanque se esvazia e $y(t)$ *aproxima-se de* y_{min}. *Note que, uma vez que os parâmetros variantes* $\tau(t)$ *e* $K_e(t)$ *são medidos para todo instante de tempo, um controlador LPV é projetado sem a necessidade da linearização do modelo.*

Prosseguimos com a síntese de um controlador proporcional LPV, com BIAS automático, com a seguinte lei de controle:

$$u(t) = K_p(\tau(t), K_e(t)) + BIAS(K_e(t)) \ . \tag{13.34}$$

Assim, podemos ajustar o ganho proporcional $K_p(\tau(t), K_e(t))$ *de tal forma que o tempo de assentamento em malha fechada seja sempre menor que um limite e, paralelamente, usar o sinal de BIAS automático para garantir erro nulo ao seguimento de referências.*

As dinâmicas LPV de malha fechada são descritas pela seguinte equação:

$$\begin{aligned}\left(\frac{\tau(t)}{1 + K_e(t)K_p(\tau(t), K_e(t))}\right)\frac{dy(t)}{dt} + y(t) &= \\ &\left(\frac{K_e(t)K_p(\tau(t), K_e(t))}{1 + K_e(t)K_p(\tau(t), K_e(t))}\right) r(t) \\ + \left(\frac{K_e(t)}{1 + K_e(t)K_p(\tau(t), K_e(t))}\right) BIAS(K_e(t)) \ . \end{aligned}\tag{13.35}$$

Consideramos que é preestabelecido que o sistema de controle deve garantir um tempo de assentamento, em malha fechada, menor que $t_{5\%} = 3\tau_{MF}$, *tomamos o seguinte ganho proporcional LPV:* $K_p(\tau(t), K_e(t)) = \left(\frac{\frac{\tau(t)}{\tau_{MF}} - 1}{K_e(t)}\right)$. *Ressaltamos que este ganho é dado de forma simplificada, em termos do parâmetro* $a(t)$: $K_p(a(t)) = \left(\frac{A}{\tau_{MF}} - a(t)\right)$.

De forma complementar, tomamos o sinal de BIAS automático de tal forma que o ganho em face do sinal de referência seja unitário: $BIAS(K_e(t)) =$

$\frac{1}{K_e(t)}r(t)$. *Note que este sinal também é reescrito de forma simplificada, em termos do parâmetro* $a(t)$*:* $BIAS(a(t)) = a(t)r(t)$.

Na sequência, apresentamos os resultados em simulação para este sistema de controle LPV, em comparação a um sistema de controle proporcional com BIAS automático baseado em um modelo linearizado do processo, obtido por meio de uma expansão de Taylor nas vizinhanças de $\overline{y}$. *Para tal, consideram-se os seguintes parâmetros:* $y_{min} = 0\,m$, $y_{max} = 1.5\,m$, $\overline{y} = 0.5\,m$, $A = 1\,m^2$, $g \approx 9.81\,m/s^2$. *Ademais, deseja-se* $\tau_{MF} = 0.1\,m$.

Na Figura 13.7, os sinais de relevância são apresentados. Notamos, portanto, que a estratégia LPV consegue adaptar o ganho proporcional e o sinal de BIAS de tal forma a garantir erro nulo de seguimento de referências. Já a estratégia linear, baseada em um modelo linearizado, apresenta erros não nulos para o seguimento em todos os pontos de operação diferentes de $\overline{y}$.

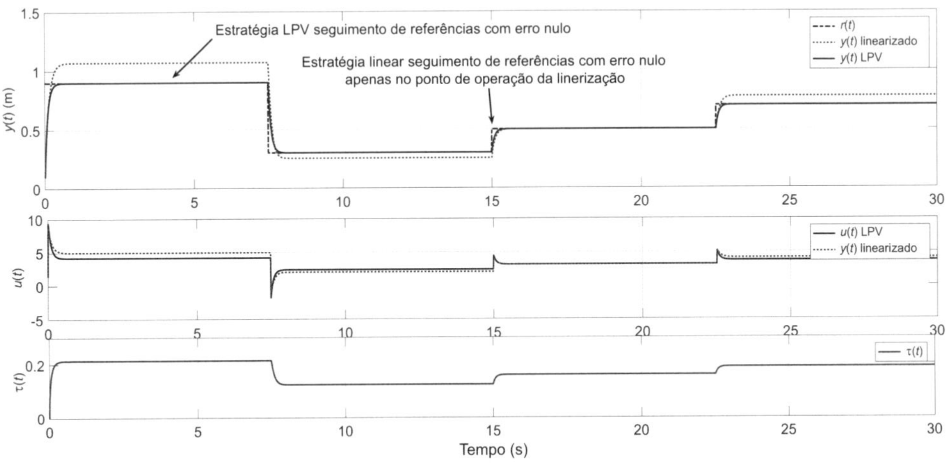

Figura 13.7 – Controle LPV de nível em um tanque com vazão livre por orifício na saída.

13.5 Comentários finais

Neste capítulo, discutimos algumas questões preliminares sobre otimização, no nível de planejamento dos processos, e sobre técnicas de controle avançado, robustas em face da incerteza de modelagem.

Estes pontos foram abordados meramente de forma ilustrativa e preliminar, apenas para motivar o(a) leitor(a) em temas mais avançados. Ressaltamos, entretanto, que o estudo destes tópicos é de grande importância para a implementação de sistemas de controle mais complexos, mas requerem ferramentas matemáticas que estão fora do escopo deste livro.

13.6 Leitura complementar

Os tópicos abordados neste capítulo são mais complexos que os antecedentes. Dessa forma, estudos mais aprofundados nos temas requerem uma série de fundamentos e conceitos que não foram abordados neste livro, além de ferramentas de cálculo mais avançadas. Todavia, apresentamos a seguir algumas referências complementares que podem guiar o estudo:

- AGUIRRE, L. A. *Enciclopédia de Automática. Vol. 3: Controle e Automação.* São Paulo: Blucher, 2007.

- BRASIL, R. M.; DA SILVA, M. A. *Otimização de projetos de engenharia.* São Paulo: Blucher, 2019.

- GEROMEL, J. C.; KOROGUI, R. H. *Controle linear de sistemas dinâmicos: teoria, ensaios práticos e exercícios.* São Paulo: Blucher, 2019.

Lista de exercícios e atividades propostas

Exercícios

1. Considere uma fábrica de produção de sapatos. O custo total de produção de n pares de sapatos é dado de acordo com a seguinte equação de custo:

$$J(J_0, m, x, x_{ref}) = J_0 - \left(\frac{(0.1m^3 + 4)}{(0.05m^2 - m)} \right) + 0.1(x - x_{ref})^2,$$

para a qual as variáveis J_0, m, x e x_{ref} representam, respectivamente: um custo mínimo de produção, a quantidade de material encomendada para a produção dos sapatos, o estoque de sapatos produzidos e o número de pares de sapatos que se deseja ter em estoque. Note que J_0 é nominalmente dado dentro do intervalo $(1, 3)$ reais. A referência desejada para o estoque é dada por $x_{ref} = 0.5$. Lembre-se que $m \geq 0$ e $J \geq 0 \,\forall\, J_0 \neq 0$.

- Utilizando um software de simulação numérica, gere os gráficos $J \times m$ e $J \times x$ para os intervalos de relevância.
- Usando derivação numérica, calcule os Jacobianos $\frac{\partial J}{\partial m}$ e $\frac{\partial J}{\partial x}$ e demonstre os pontos de máximo/mínimo de J, dentro do intervalo factível do problema.
- Agora, considere que o custo total de produção de n pares de sapatos J é dado descrito em função da quantidade de material encomendada para a produção, m. Esta, por sua vez, é dada como uma função do número de pares de sapatos encomendados (n, inteiro, dado em múltiplos de 100; $n = 1$ significa que 100

pares serão produzidos), tal como colocado a seguir:

$$m(n) = -0.5n^3 + 0.7n^2 + 2n + 2(n-2)^3 - 0.1(n-3)^2 + 2\,,$$

- Analise graficamente os mínimos e máximos locais de m em função de n.
- Por simplicidade matemática, considere, agora, que n pode tomar valores reais dentro do intervalo $(2,3)$. Encontre uma função que se aproxime suficientemente do gráfico da função $m(n)$ dentro desse intervalo.
- Considere novamente que n é real e dado dentro do intervalo $(2,3)$. Ache uma função que aproxime $m(n)$ perto do ponto $n = 2.5$ empiricamente, usando uma função linear do tipo $\hat{m}(n) = a_0 n + b_0$.

2. Considere um sistema de controle de pressão em um tanque cujas dinâmicas em malha aberta são modeladas por:

$$5\frac{dy(t)}{dt} + y(t) = 2u(t) - 0.7q(t)\,.$$

Nesse modelo, y representa a pressão dentro do tanque (controlada), u representa o sinal de vazão de entrada de gás ao tanque e q representa a abertura da válvula de saída de gás do tanque. O tempo é medido em segundos.

Para esse sistema, duas estratégias distintas de controle são propostas: um controlador proporcional, cuja lei de implementação é $u(t) = K_p(r(t) - y(t)) + \text{BIAS}$, e um controlador proporcional-integral, cuja lei de implementação é $u(t) = K_c(r(t) - y(t)) + \frac{K_c}{T_i}\int_0^t (r(\mu) - y(\mu))d\mu$. Para esses controladores, $r(t)$ é um sinal de referência de pressão tipo degrau.

O controle P deve ser ajustado para que as dinâmicas em malha fechada desse sistema apresentem uma constante de tempo igual a $\tau_{\text{MF}} = 1$ s. Além disso, o controlador deve manter o processo no ponto de operação definido por $y_r = 8.6$, $u_r = 5$ e $q_r = 2$.

O controle PI é ajustado com os parâmetros de sintonia $T_i = 5$ s e $K_c = 5$.

Sintonize os parâmetros do controlador proporcional e estude, por meio de ensaios por simulação, o comportamento do sistema em malha fechada sob a ação dos dois controladores. Para isso, realize os seguinte experimentos:

(a) Partindo do repouso, leve o sistema para o ponto de operação $P_r = (y_r, u_r, q_r)$, escolhendo um sinal de referência adequado. Observe e compare as trajetórias das respostas, levando em conta os tempos de assentamento ($t_{5\%}$). Os dois controladores conseguem levar o sistema ao ponto P_r?

(b) Simule o comportamento do sistema quando sujeito a perturbações tipo degrau, para operações nas vizinhanças de P_r (isto é, incremente o valor de equilíbrio do sinal q de 2 para 3). Observe as respostas obtidas com as duas estratégias de controle e compare as características dos regimes transitórios e permanentes. Qual estratégia de controle consegue obter uma resposta mais rápida? Qual controlador mantém a variável de processo na referência, mesmo com a perturbação aplicada? Justifique suas respostas.

3. Considere um processo linear com parâmetros variantes no tempo, descrito pela seguinte equação diferencial:

$$\tau(t)\frac{dy(t)}{dt} + y(t) \;=\; K_e(t)u(t) + K_q q(t)\,,$$

com $\tau(t) \in [5\,,\,10]\,\text{s}$, $K_e(t) \in [0.5\,,\,0.8]$ e $K_q = 0.25$. Este processo é regulado por meio da variável manipulada $u(t)$, de tal forma que a variável de processo $y(t)$ siga um sinal de referência $r(t)$, do tipo degrau unitário, a despeito das perturbações $q(t)$ tipo degrau unitário. Proponha uma lei de controle proporcional robusta, baseada em um modelo nominal de pior caso, que garanta $t_{5\%} \leq 2\,\text{s}$, em malha fechada. Por meio de ensaios em simulação, discuta os efeitos desta lei de controle robusta em face das pertubações.

4. Considerando o processo variante no tempo do item anterior, considere que $\tau(t)$ e $K_e(t)$ são variáveis medidas para todo instante de tempo. Desta forma, projete uma lei de controle proporcional LPV que garanta $t_{5\%} \leq 2\,\text{s}$, em malha fechada. Por meio de ensaios em simulação, compare as performances obtidas, em malha fechada, com esta estratégia de controle e com a estratégia robusta, discutindo as vantagens e desvantagens de cada abordagem.

Apêndice A

Problemas e soluções

Neste capítulo, propomos uma série de problemas relativos aos conteúdos discutidos e desenvolvidos nos capítulos anteriores. Todas as questões acompanham resolução, visando a compreensão plena por parte dos leitores e das leitoras deste livro.

A.1 Problema 1

Para concentrar o caldo de cana em uma indústria de cana de açúcar se utilizam evaporadores, que, mediante a injeção de vapor, aumentam a temperatura do caldo, evaporando a água nele contida e aumentando a concentração de açúcar. Para controlar a concentração se atua na válvula que injeta vapor no evaporador. A qualidade do caldo que entra no evaporador é uma perturbação para o sistema. Estudando o comportamento do processo nas proximidades do ponto de operação, foi proposto um modelo discreto linear dado pela equação:

$$y(k) = 0.7y(k-1) + \gamma u(k-1) - 0.3q(k-1)\,,$$

sendo $y(k)$ a concentração de açúcar no caldo concentrado na saída, $u(k)$ a vazão de vapor injetada e $q(k)$ a diluição no caldo na entrada do evaporador.

As amostras são medidas a cada segundo e γ é uma constante real.

- (a) Para determinar o valor de γ, realiza-se o seguinte experimento: o sistema parte do repouso, com $u = 0$, $q = 0$ e $y = 0$, e aplica-se um degrau de amplitude 0.1 em u, mantendo $q = 0$; depois de dez segundos, mede-se $y(10) = 0.195$. Encontre a forma geral da resposta do sistema para o ensaio proposto. Usando os dados do ensaio, determine o parâmetro γ do modelo e calcule o valor final de y no ensaio ($y(\infty)$). Qual é o ganho estático do modelo do sistema para a relação entre u e y?

- (b) Considere agora que $\gamma = 0.6$. Qual é o ganho estático do modelo do sistema para a relação entre q e y? Qual é o tempo que o sistema levaria para sair do repouso e chegar em $y = -0.0975$ quando se aplica um degrau de amplitude 0.1 em q, mantendo $u = 0$?

- (c) Utiliza-se um controle proporcional com BIAS da forma $u(k) = K_p(r(k) - y(k)) + \text{BIAS}$ para controlar a concentração, sendo $r(t)$ o sinal de set-point tipo degrau desejado. Encontre o modelo dinâmico do sistema em malha fechada (Considere $\gamma = 0.6$). Qual o K_p que deve usar para obter um ganho estático em malha fechada (entre o r e y) de 2/3? Com o K_p achado, seria possível ajustar o BIAS para que a concentração chegue ao valor de $r = 1$ se a concentração de entrada é constante e igual a $q = 0.5$? Qual o valor do BIAS? Encontre o tempo aproximado para chegar a 95% do valor final em um ensaio para o qual se mantém constante $q = 0$ e BIAS $= 0$ e se aplica um degrau de set-point de amplitude 0.2.

A.1.1 Resolução

a) A forma geral da resposta do sistema para um degrau de amplitude u_0 e um degrau de amplitude q_0, ambos aplicados em $t = 0$, é:

$$y(k) = (0.7)^k y(0) + \frac{1 - 0.7^k}{(1 - 0.7)} \gamma u_0 - 0.3 \frac{1 - 0.7^k}{(1 - 0.7)} q_0 \qquad \text{(A.1)}$$

No ensaio considerado, estamos partindo de $u = 0$, $q = 0$, $y = 0$ e aplicamos apenas um degrau em $t = 0$ de amplitude 0.1, mantendo $q = 0$. Assim, a resposta é a seguinte:

$$y(k) = \frac{1 - 0.7^k}{(1 - 0.7)} \gamma 0.1. \qquad \text{(A.2)}$$

O sistema chega em $k = 10$ a $y(10) = 0.195$, assim:

$$y(10) = \frac{(1 - 0.7^{10})}{0.3} 0.1\gamma = \frac{\gamma}{3}(1 - 0.7^{10}) = 0.195, \qquad \text{(A.3)}$$

e podemos calcular γ como:

$$\gamma = \frac{3\,0.195}{1 - 0.7^{10}} = \frac{0.585}{0.9717} \approx 0.6. \qquad \text{(A.4)}$$

Dado γ podemos calcular o valor final da concentração $y(\infty)$ usando o limite da Eq. (A.2) para $k \to \infty$:

$$y(\infty) = \frac{1}{0.3} 0.6\,0.1 = 0.2. \qquad \text{(A.5)}$$

O ganho estático K_e pode ser calculado como:

$$K_e = \frac{\gamma}{1 - 0.7} = \frac{0.6}{0.3} = 2. \qquad \text{(A.6)}$$

Este ganho poderia ser calculado também com o quociente entre o valor final de y e u, dado que o sistema é linear:

$$K_e = \frac{0.2}{0.1} = 2. \quad \text{(A.7)}$$

b) Calcularemos, agora, o ganho estático para a relação entre q e y:

$$K_q = \frac{-0.3}{1 - 0.7} = -1. \quad \text{(A.8)}$$

Para calcular o tempo que o sistema levaria para sair do repouso e chegar em $y = -0.0975$ quando se aplica um degrau de amplitude 0.1 em q, mantendo $u = 0$, vamos usar novamente a forma geral da resposta com as novas condições:

$$y(k) = -0.3\frac{1 - 0.7^k}{(1 - 0.7)}0.1 = -0.0975. \quad \text{(A.9)}$$

Para encontrar o valor de k usamos:

$$y(k) = -0.1(1 - 0.7^k) = -0.0975, \quad \text{(A.10)}$$

que leva a $1 - 0.7^k = 0.975$ ou $0.7^k = 0.025$, assim:

$$k = \frac{\log(0.025)}{\log(0.7)} = 10.34, \quad \text{(A.11)}$$

ou seja, que o sistema leva aproximadamente 11 passos (aproximando pelo inteiro maior mais próximo).

c) Para esta questão, começaremos calculando o modelo do sistema em malha fechada. Para isso substituímos a lei de controle:

$$u(k) = K_p(r(k) - y(k)) + \text{BIAS}, \quad \text{(A.12)}$$

no modelo do processo, obtendo:

$$\begin{aligned} y(k) &= 0.7y(k-1) + 0.6K_p(r(k-1) - y(k-1)) \\ &+ 0.6\text{BIAS} - 0.3q(k-1), \end{aligned} \tag{A.13}$$

que pode ser organizada na forma clássica de uma EaD de primeira ordem como:

$$\begin{aligned} y(k) &= (0.7 - 0.6K_p)y(k-1) + 0.6K_p r(k-1) \\ &+ 0.6\text{BIAS} - 0.3q(k-1). \end{aligned} \tag{A.14}$$

Para calcular o ganho estático entre r e y usamos a definição de ganho estático:

$$K_{e_{\text{MF}}} = \frac{0.6K_p}{1 - (0.7 - 0.6K_p)} = \frac{K_p}{0.5 + K_p}. \tag{A.15}$$

Dado que $K_{e_{\text{MF}}} = \frac{2}{3}$, temos:

$$\frac{K_p}{0.5 + K_p} = \frac{2}{3} \rightarrow K_p = 1. \tag{A.16}$$

Para encontrar o sinal de BIAS que deve ser usado para mantermos a concentração y no ponto de equilíbrio $r = 1$, com $q = 0.5$ usamos o sinal de controle do sistema em equilíbrio, que neste caso será igual ao BIAS, dado que o erro é zero. Assim, a partir do modelo do processo, considerando a condição de equilíbrio com $y = 1$ e $q = 0.5$:

$$1 = 0.7\,1 + 0.6\text{BIAS} - 0.3\,0.5. \tag{A.17}$$

Resolvendo a Eq. (A.17) concluiremos que BIAS $= 0.75$.

Para calcular o tempo para chegar a 95% do valor final em um ensaio em malha fechada e com $q = 0$ e BIAS $= 0$, usaremos o modelo encontrado na equação A.14, os valores especificados e o $K_p = 1$ calculado, obtendo:

$$y(k) = 0.1y(k-1) + 0.6r(k-1). \tag{A.18}$$

A resposta deste sistema ao degrau de set-point é:

$$y(k) = [1 - (0.1)^k]\frac{0.6}{0.9}r_0 = [1 - (0.1)^k]y_f, \tag{A.19}$$

sendo y_f o valor final de y e r_0 o degrau aplicado. Para calcular o tempo para chegar ao valor de 95% de y_f usamos:

$$1 - 0.1^k = 0.95 \rightarrow 0.1^k = 0.05 \rightarrow k = \frac{\log(0.05)}{\log(0.1)} = 1.3, \tag{A.20}$$

ou seja, que o sistema leva aproximadamente 2 passos para chegar no valor desejado (aproximando pelo inteiro maior mais próximo).

A.2 Problema 2

Para controlar a velocidade de giro de um sistema turbina-gerador, usado para gerar energia elétrica a frequência constante em uma indústria de cana de açúcar, se atua na válvula que injeta vapor na turbina. A carga elétrica no sistema de geração atua como freio do gerador, sendo uma perturbação para a velocidade. Estudando o comportamento do processo, foi proposto um modelo discreto dado pela equação:

$$y(k) = 0.85y(k-1) + au(k-1) - bq(k-1) \qquad k = 1, 2, 3, ...segundos$$

sendo $y(k)$ a velocidade, $u(k)$ a vazão de vapor injetada e $q(k)$ a carga elétrica no sistema, a e b reais são parâmetros do sistema. As variáveis u e q estão normalizadas no intervalo [0.1] e y está no intervalo [0.3].

- (a) Para determinar os valores de a e b se mediram as condições de operação em dois pontos de equilíbrio:

  - com $u_1 = 0.5, q_1 = 0.5$ se mediu $y_1 = 0.5$;
  - com $u_2 = 0.8, q_2 = 0.2$ se mediu $y_2 = 2.0$;

  Determine os parâmetros a e b do modelo.

- (b) Qual é o ganho estático do modelo do sistema para a relação entre u e y e para a relação entre q e y?

- (c) Considere que o sistema está no ponto de equilíbrio inicial $u_i = 0.5, q_i = 0.5, y_i = 0.5$ e se aplica um degrau na vazão de vapor, passando de $u_i = 0.5$ para $u_f = 0.8$ (q se mantém constante). Calcule o valor final y_f que será atingido pela velocidade no novo equilíbrio. Calcule o tempo que a velocidade leva para atingir aproximadamente 95% da variação $(y_f - y_i)$.

- (d) Utiliza-se um controle proporcional com BIAS da forma $u(k) = K_p(r(t) - y(k)) + \text{BIAS}$ para controlar a velocidade, sendo $r(t)$ o valor do set-point constante desejado. Encontre o modelo dinâmico do sistema em malha fechada. Qual o K_p que deve usar para obter um ganho estático em malha fechada (entre o r e y) de 0.9? Com o K_p achado, seria possível ajustar o BIAS para que a velocidade chegue ao ponto de equilíbrio definido por $r = 2$, se a carga elétrica é $q = 0.3$? Qual o valor do BIAS?

A.2.1 Resolução

a) Os dois ensaios realizados nos dão os valores das variáveis em dois pontos de equilíbrio. Essa condição implica que $y(k) = y(k-1)$. Assim, usando o modelo:

$$y(k) \;=\; 0.85y(k-1) + au(k-1) - bq(k-1), \tag{A.21}$$

no primeiro caso com $u_1 = 0.5,\ q_1 = 0.5,\ y_1 = 0.5$, temos:

$$0.5 \;=\; 0.85\,0.5 + 0.5a - 0.5b$$

$$a - b \;=\; 0.15 \tag{A.22}$$

Para $u_2 = 0.8,\ q_2 = 0.2$ se mediu $y_2 = 2.0$, com isso:

$$2 \;=\; 0.85\,2 + 0.8a - 0.2b$$

$$4a - b \;=\; \frac{3}{2} \tag{A.23}$$

Utilizando os resultados obtidos nas Equações (A.2) e (A.23) podemos descobrir os valores de a e b:

$$3a + (a - b) = \frac{3}{2}$$

$$3a \;=\; 1.5 - 0.15 \;=\; 1.35$$

$$a \;=\; 0.45 \tag{A.24}$$

Agora substituindo o valor de a em qualquer uma das Eqs. (A.2) ou (A.23) descobrimos o valor de b:

$$b \;=\; 0.3. \tag{A.25}$$

b) Para determinar os ganhos estáticos usamos o modelo do processo na condição de equilíbrio:

$$y_0 \;=\; 0.85y_0 + 0.45u_0 - 0.3q_0. \tag{A.26}$$

Calculamos então y_0:

$$y_0 = \frac{0.45}{1-0.85}u_0 - \frac{0.3}{1-0.85}q_0 = 3u_0 - 2q_0, \tag{A.27}$$

que é o modelo estático do sistema.

Como o sistema é linear, os ganhos estáticos são definidos pelas relações entre os valores de equilíbrio das variáveis de forma independente. Dessa maneira, os valores dos ganhos estáticos K_e e K_q são calculados como:

$$K_e = 3 \qquad K_q = -2. \tag{A.28}$$

c) No ensaio considerado o sistema parte de um ponto de equilíbrio conhecido e queremos saber o valor final y_f quando o sinal de controle passa de $u_i = 0.5$ para $u_f = 0.8$, mantendo q constante. O modelo estático do sistema nos determina a relação entre a variação de u e q com y em regime permanente, assim:

$$\Delta y = K_e \Delta u + K_q \Delta q. \tag{A.29}$$

Agora basta substituir os valores das variações na Eq. (A.29):

$$\Delta y = 3\,0.3 - 2\,0 = 0.9. \tag{A.30}$$

Conhecendo a variação de y podemos calcular $y_f = y_i + \Delta y$:

$$y_f = y_i + \Delta y = 0.5 + 0.9 = 1.4. \tag{A.31}$$

Para calcular o tempo que a velocidade leva para atingir os 95% da variação do ensaio utilizaremos a equação da resposta geral do sistema na variável incremental:

$$\Delta y = K_e(1 - a^k)\Delta u = (1 - (0.85)^k)\Delta y_f, \tag{A.32}$$

dado que apenas houve variação em u. Para chegar a 95% do valor final precisamos achar k para que $(1 - (0.85)^k) = 0.95$ ou $(0.85)^k = 0.05$:

$$0.85^k \;=\; 0.05 \;\rightarrow\; k \;=\; \frac{\log(0.05)}{\log 0.85} \;\approx\; 18.43 \tag{A.33}$$

Então precisaremos de 19 passos para chegar aproximadamente aos 95% da variação final.

d) Para analisar o sistema em malha fechada substituímos $u(k)$ no modelo do processo por: $K_p(r(k) - y(k)) + \text{BIAS}$, obtendo:

$$\begin{aligned} y(k) &= 0.85y(k-1) - 0.3q(k-1) && \text{(A.34)}\\ &+ 0.45(K_p(r(k-1) - y(k-1)) + \text{BIAS}),\\ y(k) &= 0.85y(k-1) - 0.3q(k-1) && \text{(A.35)}\\ &+ 0.45K_pSP - 0.45K_py(k-1) + 0.45\text{BIAS},\\ y(k) &= (0.85 - 0.45K_p)y(k-1) + 0.45K_pr(k-1) && \text{(A.36)}\\ &+ 0.45\text{BIAS} - 0.3q(k-1). \end{aligned}$$

Utilizando a expressão do ganho estático e sabendo que $K_{e_{\text{MF}}} = 0.9$:

$$K_{e_{\text{MF}}} \;=\; \frac{0.45K_p}{1 - (0.85 - 0.45K_p)} \;=\; 0.9, \tag{A.37}$$

$$0.45K_p \;=\; 0.9 - 0.9\,0.85 + 0.9\,0.45K_p. \tag{A.38}$$

Fazendo as multiplicações e isolando K_p:

$$K_p = \frac{0.135}{0.045} = 3. \tag{A.39}$$

Como o set-point é $r = 2$ e sabemos que o controle foi ajustado para $y = 2$, isto é, o erro é nulo, logo, $u = \text{BIAS}$. Usando então que $y = 2$ e $q = 0.3$ no modelo estático, temos:

$$2 = 2\,0.85 + 0.45\text{BIAS} - 0.3\,0.3. \tag{A.40}$$

Isolando BIAS:

$$\text{BIAS} = \frac{0.39}{0.45} \approx 0.87. \tag{A.41}$$

A.3 Problema 3

Em um processo da indústria farmacêutica se utilizam dois fluidos X e Y para produzir um produto Z em uma reação exotérmica, que tem também um resíduo W. A vazão de saída do produto Z é dependente das vazões de entrada de X e Y, e a dinâmica dessa vazão é descrita pelo modelo:

$$4\frac{dz(t)}{dt} + 2z(t) = \frac{x(t)}{y(t)}$$

onde x é a vazão de X, y a de Y, e z a de Z. Todas as vazões estão em $\frac{1}{\text{min}}$ e o tempo em minutos.

Neste sistema a vazão de X é usada como variável manipulada, sendo a vazão de Z a variável de processo e a vazão de Y uma perturbação.

- (a) Analise o comportamento estático do reator e desenhe a característica estática do sistema considerando as variáveis que julgue importantes. Considere y no intervalo $[1, 4]$ e x no intervalo $[1, 8]$.

- (b) Desenhe um diagrama de blocos do sistema identificando a variável de processo, a variável manipulada e a perturbação assim como a operação de integração das variáveis.

- (c) Encontre um modelo linearizado para o sistema operando nas vizinhanças do ponto de equilíbrio dado por $x = 6, y = 3$.

- (d) Usando o modelo linearizado, calcule o ganho estático do sistema para a relação entre a perturbação e a variável de processo e o tempo que esta última levaria para chegar do ponto de equilíbrio dado por $x = 6, y = 3$ para o ponto de equilíbrio dado por $x = 6, y = 4$ (considere que, na prática, chegando a 99% do valor o sistema já está no equilíbrio).

- (e) Utiliza-se um controlador PI para o controle do nível:

$$x(t) = K_c e(t) + \frac{K_c}{T_i}\int_0^t e(\mu)d\mu\,, \qquad e(t) = r(t) - z(t)\,,$$

com $K_c = 1/K_e$ e $T_i = \tau$, sendo K_e o ganho estático do modelo linearizado para a relação entre z e x; τ a constante de tempo do modelo e $r(t)$ o set-point de vazão. Desenhe um diagrama de blocos do processo com controle. Se o set-point for de 1.2, qual será o valor da vazão de saída z e de entrada x no equilíbrio do sistema em malha fechada quando $y = 2$? Por quê?

A.3.1 Resolução

a) Para analisar o comportamento estático consideramos todas as variáveis em um valor fixo dado, assim, $\left(\frac{dz(t)}{dt} = 0\right)$, e o modelo dinâmico transforma-se no modelo estático dado por:

$$z = \frac{x}{2y}. \tag{A.42}$$

Para desenhar as características estáticas do sistema, consideramos, para os intervalos definidos, a relação entre x e z para valores fixos de y, $z = f_1(x)$, e na sequência a relação entre y e z para valores fixos de x, $z = f_2(y)$.

A Figura A.1 mostra $z = f_1(x)$ para diversos valores de y. Podemos observar da figura que a relação entre os incrementos de x e os incrementos de z é constante para cada valor de y, isto é, o modelo estático $\Delta z = f_1(\Delta x)$ é linear. Também observamos que o ganho é sempre positivo, assim, em quaisquer ponto de operação, um aumento de x causa um aumento de z.

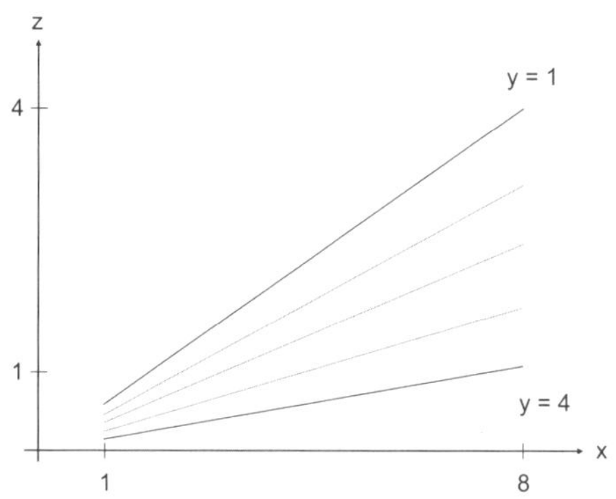

Figura A.1 – Função $z = f_1(x)$.

A Figura A.2 mostra $z = f_2(y)$ para diversos valores de x. Podemos observar da figura que a relação entre os incrementos de y e os incrementos de z para cada valor de x é variável com o valor de y , isto é, o modelo estático $z = f_2(y)$ é não linear. Também observamos que o ganho é sempre negativo, assim, em quaisquer ponto de operação, um aumento de y causa um decréscimo de z. Ainda notamos que o módulo desse ganho é maior para valores menores de y.

b) Para desenhar o diagrama de blocos usamos a equação do modelo reescrita como:

$$\frac{dz(t)}{dt} = -1/4\left(\frac{x(t)}{y(t)} - 2z(t)\right),$$

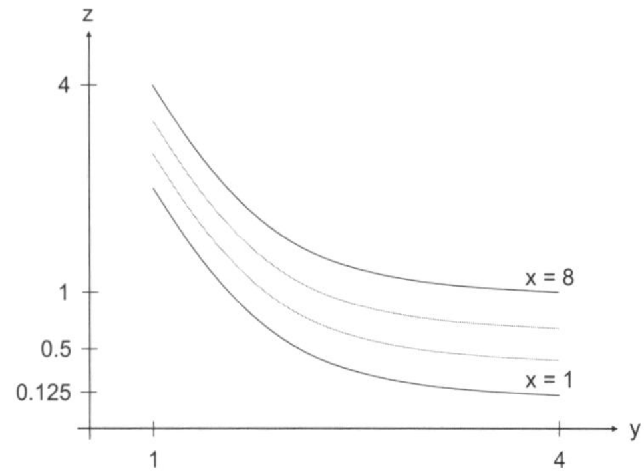

Figura A.2 – Função $z = f_2(y)$.

ou seja, a derivada de z pode ser calculada em função dos valores de x e y usando a expressão $-1/4[x(t)/y(t) - z(t)]$. Assim, usando blocos de soma, divisão, integração e ganho, podemos desenhar o diagrama de blocos como na Figura A.3.

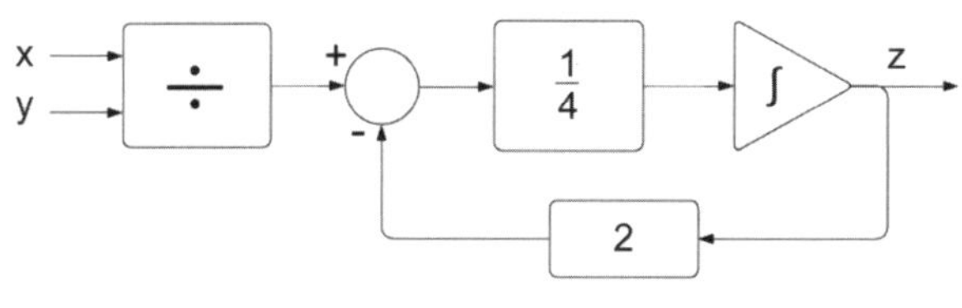

Figura A.3 – Diagrama de blocos.

c) Para encontrar um modelo linearizado no ponto de operação dado por $x_0 = 6$ e $y_0 = 3$ primeiramente calculamos o valor de z_0 usando o modelo estático:

$$z_0 = \frac{x_0}{2y_0} = \frac{6}{3} = 1$$

O modelo linearizado relaciona as variáveis incrementais Δz, Δx e Δy quando x, y e z variam nas vizinhanças do ponto de operação $x_0 = 6$, $y_0 = 3$, $z_0 = 1$, assim $x = x_0 + \Delta x$, $y = y_0 + \Delta y$, $z = z_0 + \Delta z$. Vamos realizar então uma mudança de variáveis no modelo não linear e aproximar por Taylor de primeira ordem as funções não lineares do modelo.

Aplicando a mudança de variáveis no modelo obtemos o seguinte resultado:

$$4\frac{dz_0}{dt} + 4\frac{d\Delta z}{dt} + 2z_0 + 2\Delta z \;=\; \frac{x_0 + \Delta x}{(y_0 + \Delta y)}. \tag{A.43}$$

Considerando que z_0 é constante, simplificamos o modelo para:

$$4\frac{d\Delta z}{dt} + 2z_0 + 2\Delta z \;=\; \frac{x_0 + \Delta x}{(y_0 + \Delta y)}. \tag{A.44}$$

Observando que o único termo não linear é $\frac{x}{y}$, vamos aproximar por Taylor de primeira ordem (não precisamos colocar explicitamente o tempo nas equações):

$$\frac{x}{y} \approx \frac{x_0}{y_0} + \frac{1}{y_0}\Delta x + \frac{-x_0}{(y_0)}\Delta y$$

Usando a expressão anterior e substituindo os valores de x_0, y_0 e z_0, obtemos:

$$\frac{x}{y} \approx 2 + \frac{1}{3}\Delta x + \frac{-2}{3}\Delta y.$$

Substituindo na Eq. (A.44) e simplificando:

$$2\frac{d\Delta z}{dt} + \Delta z \;=\; \frac{\Delta x}{6} - \frac{\Delta y}{3}. \tag{A.45}$$

que é o modelo linearizado do sistema no ponto de equilíbrio dado.

d) A Eq. (A.45) está apresentada da forma padrão de uma EDO de primeira ordem e ficam evidentes os valores dos ganhos estáticos:

$$K_e = \frac{1}{6} \quad , \quad K_q = -\frac{1}{3},$$

dado que em equilíbrio o modelo estático é $\Delta z = \frac{\Delta x}{6} - \frac{\Delta y}{3}$.

No modelo padrão também está identificada a constante de tempo $\tau = 5$ s. Assim, o tempo para que o sistema transite de um ponto de equilíbrio e chegue a 99% de outro ponto de equilíbrio para Δy pode ser aproximado por 5τ:

$$\tau_{99\%} = 5\tau = 10\,\mathrm{s}.$$

e) Para desenhar o diagrama de blocos apenas precisamos adicionar ao diagrama do processo a relação entre o sinal de controle x, a variável de processo z e o set-point. O controle neste caso tem $K_c = 1/K_e = 6$ e $T_i = 2$.

A Figura A.4 mostra esse diagrama com as ações integral e proporcional do controle PI.

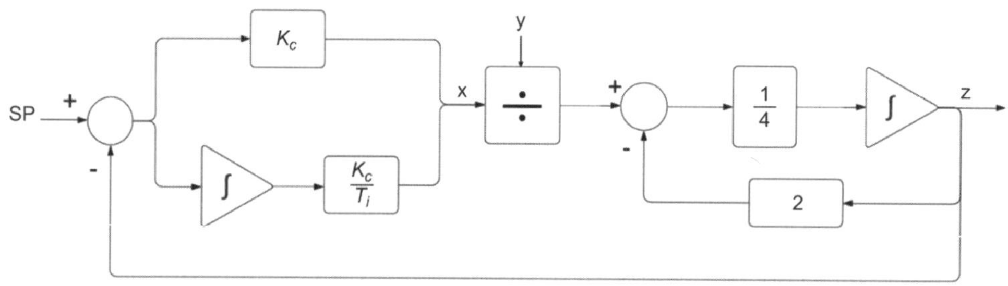

Figura A.4 – Diagrama de blocos PI.

Tratando-se de um controlador PI que assumimos que mantém a estabilidade de malha fechada, o erro nulo é garantido no equilíbrio. Logo, se o set-point é 1.2, o sistema terá saída $z = 1.2$.

Para calcular o valor da entrada de controle x basta substituirmos os valores de $z = 1.2$ e $y = 2$ no modelo estático do processo:

$$2z_0 = \frac{x_0}{y_0} \qquad x_0 = 2\,(1.2)\,2 = 4.8 \tag{A.46}$$

A.4 Problema 4

O modelo discreto obtido a partir de experimentos em uma região de operação de um trocador de calor de uma planta solar térmica vem dado pela equação:

$$y(k) = ay(k-1) + bu(k-1) + cq(k-1)\,,$$

para a qual $y(k)$ é a temperatura de saída da água aquecida no trocador, $u(k)$ é a abertura da válvula que regula a vazão de entrada do fluido térmico, e $q(k)$ é a vazão de entrada da água no trocador. Neste problema se considera $u(k)$ como variável manipulada, $y(k)$ como variável de processo e $q(k)$ como perturbação. As amostras são medidas a cada minuto.

- (a) Para determinar os parâmetros a, b, c do modelo da planta foram realizados alguns experimentos usando o sistema em malha fechada com um controle $u(k) = K_p[r(k) - y(k)] + \text{BIAS}$, sendo r o sinal de referência de temperatura para sistema com controle. Nos experimentos realizados se mantém $K_p = 2$ e $\text{BIAS} = 5$. Na primeira parte do ensaio o sistema está no equilibrio $y = u = q = 0$ e se aplica um degrau de perturbação de valor 1 no instante $k = 0$ e se muda o set-point para o valor 2 nesse mesmo instante, e, como o sistema tem o BIAS bem ajustado, a variável de processo atinge o set-point no final do experimento. No transitório desse experimento mede-se o valor de $y(k)$ no instante $k = 6$, e determina-se o valor $y = 0.74$ (aproximadamente). Na segunda parte do experimento, partindo do ponto de equilíbrio anteriormente atingido, se mantém o valor de set-point mas se retira a perturbação (ou seja q volta para zero) e o sistema com o mesmo controle atinge o valor de equilíbrio de $y = 2.25$. Usando estas informações e assumindo que o modelo linear representa bem ao sistema, determine os parâmetros do modelo a, b e c.

- (b) Considere um novo trocador de calor da mesma planta solar, com um modelo igual ao anterior mas com $a = 0.85, b = 0.2$ e $c = -0.1$. Usando novamente um controle $u(k) = K_p[r(k) - y(k)] + \text{BIAS}$ deseja-se encontrar K_p e BIAS para que se cumpram as condições do seguinte experimento: inicialmente $r = 0$ e a perturbação aplicada é $q = 2$. em um dado momento se muda o set-point para valor 3, mantendo q constante, e se deseja que a temperatura y atinja o set-point no novo equilíbrio e que o tempo para ir de 0 até 90% do valor do set-point seja de 10 minutos.

- (c) Se projeta um controle PI para o processo do item anterior na forma $u(k) = u(k-1) + K_1 e(k) + K_2 e(k-1)$ com $K_1 + K_2 \neq 0$, sendo $e(k) = r(k) - y(k)$ e r o set-point ou temperatura de referência para o sistema com controle. Suponha que o sistema está no equilíbrio $u = y = q = 0$ e se aplica uma variação de set-point de zero para 4 e uma perturbação degrau de valor 2. Assuma que o sistema atinge um novo ponto de equilíbrio depois de um certo tempo. Qual será o valor de y e de u nesse novo ponto de equilíbrio? Por quê? Explique analiticamente o resultado.

A.4.1 Resolução

a) No experimento temos definidos: BIAS = 5, $K_p = 2$ e $r = 2$. Usando a equação do processo:

$$y(k) = ay(k-1) + bu(k-1) + cq(k-1), \tag{A.47}$$

e a do controle:

$$u(k) = K_p(r(k) - y(k)) + \text{BIAS}, \tag{A.48}$$

calculamos o modelo do sistema em malha fechada:

$$y(k) = (a - bK_p)y(k-1) + bK_p r(k-1) + b\text{BIAS} + cq(k-1), \tag{A.49}$$

Podemos ainda fazer a seguinte substituição para simplificar a equação:

$$a - bK_p = a_{\mathrm{MF}}, \tag{A.50}$$

e então calcular a resposta do sistema em malha fechada para condição inicial nula e entradas constantes de set-point r_0, BIAS e pertubação q_0:

$$y(k) = (1 - a_{\mathrm{MF}}^k)\left[\frac{bK_p}{1 - a_{\mathrm{MF}}}r_0 + \frac{b}{1 - a_{\mathrm{MF}}}\mathrm{BIAS} + \frac{c}{1 - a_{\mathrm{MF}}}q_0\right] \tag{A.51}$$

O valor final do ensaio se obtém quando o tempo vai ao infinito $k \to \infty$, e, assumindo estabilidade, temos que a_{MF}^k tende a 0, de forma tal que se verifica:

$$y_\infty = \frac{bK_p r_0 + b\mathrm{BIAS} + cq_0}{1 - a_{\mathrm{MF}}}. \tag{A.52}$$

No primeiro experimento com $r_0 = 2$, $q_0 = 1$, BIAS $= 5$ e $K_p = 2$ temos $y_\infty = 2$, assim:

$$2 = \frac{4b + 5b + c}{1 - a_{\mathrm{MF}}} = \frac{9b + c}{1 - a_{\mathrm{MF}}}. \tag{A.53}$$

No transitório do ensaio temos que para $k = 6$, $y(6) = 0.74$, assim:

$$0.74 = (1 - a_{\mathrm{MF}}^6)\frac{9b + c}{1 - a_{\mathrm{MF}}}. \tag{A.54}$$

Usando a Eq. (A.53) na Eq. (A.54) obtemos:

$$0.74 = (1 - a_{\mathrm{MF}}^6)2. \tag{A.55}$$

Isolando a_{MF}

$$a_{\mathrm{MF}} = \sqrt[6]{0.63} = 0.92. \tag{A.56}$$

Com o resultado obtido substituímos na Eq. (A.53)

$$2 = \frac{9b + c}{1 - 0.92}$$

$$9b + c \;=\; 0.16, \tag{A.57}$$

obtendo uma relação entre b e c.

Na segunda parte do experimento temos que o equilíbrio se consegue com $y = 2.25$ e $q = 0$ ao manter $r_0 = 2$ e o mesmo ajuste do controle que no caso anterior. Substituindo estes valores na Eq. (A.52):

$$2.25 \;=\; \frac{9b}{1 - a_{\text{MF}}} = \frac{9b}{0.08} \qquad \rightarrow \qquad b \;=\; \frac{0.08\,2.25}{9} \;=\; 0.02 \tag{A.58}$$

Agora substituindo o valor de b na Eq. (A.50) (lembrando que $K_p = 2$)

$$a_{\text{MF}} \;=\; a - bK_p \qquad \rightarrow \qquad a - 0.02\,2 \;=\; 0.92 \qquad \rightarrow \qquad a \;=\; 0.96 \tag{A.59}$$

Agora substituindo os valores conhecidos na Eq. (A.57)

$$9b + c \;=\; 0.16 \qquad \rightarrow \qquad 9\,0.02 + c = 0.16 \qquad \rightarrow \qquad c \;=\; -0.02 \tag{A.60}$$

b) No novo modelo temos $a = 0.85$, $b = 0.2$, e $c = -0.1$. O experimento tem condições iniciais $r = 0$, $q = 2$, e no final do experimento $r_0 = 3$ e $q = 2$. Como se deseja que o sistema atinja o equilíbrio em $r_0 = y_f = 3$, sabemos que o erro será nulo e a ação de controle final será igual ao BIAS. Assim a condição de equilíbrio final do processo é dada por:

$$y_f \;=\; ay_f + b\text{BIAS} + cq_f \rightarrow 3 = 0.85\,3 + 0.2\text{BIAS} - 0.1\,2 \tag{A.61}$$

Isolando BIAS:

$$\text{BIAS} = 3.25 \tag{A.62}$$

Para encontrar o valor de K_p vamos a usar a resposta transitória do sistema em malha fechada dado por:

$$y(k) = (a - bK_p)y(k-1) + b\text{BIAS} + cq(k-1) + bK_p r(k-1) \tag{A.63}$$

Como a perturbação e o sinal de BIAS são constantes, a variação de y depende somente da variação do set-point. Sendo assim, obtemos:

$$\Delta y = (1 - a_{\text{MF}}^k)\frac{bK_p}{1 - a_{\text{MF}}}\Delta r = (1 - a_{\text{MF}}^k)\Delta y_f. \tag{A.64}$$

Para chegar a 90% do valor final em 10 minutos precisamos que $1 - a_{\text{MF}}^{10} = 0.9$, com isso podemos calcular o valor de a_{MF}:

$$a_{\text{MF}}^{10} = 0.1 \qquad \rightarrow \qquad a_{\text{MF}} = \sqrt[10]{0.1} \approx 0.794 \tag{A.65}$$

Agora, isolaremos K_p em $a_{\text{MF}} = a - bK_p$:

$$K_p = \frac{a - a_{\text{MF}}}{b} \qquad \rightarrow \qquad K_p = 0.28 \tag{A.66}$$

c) Nesta análise com o controle PI o processo está inicialmente em (0.0.0) e o set-point vai de $0 \rightarrow 4$, quando se aplica uma perturbação $q = 2$. Como o sistema atinge um novo ponto de equilíbrio, temos que $e(k) = e(k-1) = e_f$, $u(k) = u(k-1) = u_f$ e $y(k) = y(k-1) = y_f$, sendo e_f, u_f e y_f os valores do novo equilíbrio.

Usando a equação do controle no equilíbrio temos:

$$u_f = u_f + K_1 e_f + K_2 e_f \qquad \rightarrow \qquad 0 = (K_1 + K_2)e_f,$$

e, como $K_1 + K_2 \neq 0$, temos $e_f = 0$. Desta forma, $y_f = r = 4$ e, usando o modelo estático do sistema, temos:

$$4 = 4a + bu_f + 2c \tag{A.67}$$

Substituindo agora os valores de a, b e c (lembrando que são os valores fornecidos no item b)) e isolando u_f:

$$u_f = \frac{4 - 4a - 2c}{b} \qquad \rightarrow \qquad u_f = \frac{4 - 4\,0.85 + 2\,0.1}{0.2} = 4 \tag{A.68}$$

que é o valor da ação de controle do PI no ponto de operação final.

A.5 Problema 5

Um tanque de mistura da indústria petroquímica utiliza dois fluidos X e Y para produzir um produto Z e um resíduo W. A concentração de saída de Z é dependente das vazões de entrada de X e Y com o modelo:

$$\frac{dz(t)}{dt}x(t) = -z(t) + [x(t)]^2 + 2y(t)$$

onde x é a vazão de X, y a de Y, e z a concentração de Z. As vazões estão em $\frac{\text{l}}{\text{min}}$, a concentração em $\frac{\text{mol}}{\text{min}}$ e o tempo em minutos.

Neste sistema a vazão de X é usada como variável manipulada, sendo a concentração de Z a variável de processo e a vazão de Y uma perturbação.

- (a) Desenhe a(s) característica(s) estática(s) do sistema considerando que x e y variam, respectivamente, nos intervalos $[0,\ 2]\frac{\text{l}}{\text{min}}$ e $[0,\ 1]\frac{\text{l}}{\text{min}}$.
- (b) Encontre um modelo linearizado para o sistema operando nas vizinhanças do ponto de equilíbrio dado por $x = 1\frac{\text{l}}{\text{min}}$, $y = 0.5\frac{\text{l}}{\text{min}}$. Calcule a constante de tempo τ e o ganhos estáticos do modelo para a manipulada e para a perturbação do modelo linearizado encontrado.

- (c) Realizam-se dois ensaios partindo do ponto de equilíbrio $x_0 = 1; y_0 = 0.5; z_0 = 2$. No primeiro, o valor da perturbação é alterado para $y_f = 0.75$ mantendo $x = x_0$ constante; no segundo, o valor do controle é alterado para $x_f = 1.25$ mantendo $y = y_0$ constante. Usando o modelo linearizado calculado em (2.b), quanto tempo levará o sistema aproximadamente até estabilizar no novo ponto de equilíbrio em ambos os experimentos? Ainda neste modelo linearizado, qual é o ponto final em que este sistema se estabiliza para as variações de y e x propostas em cada experimento? Calcule, agora, a concentração final (real) em que o sistema se estabilizará para as mesmas variações de y e x em cada experimento (use o modelo não linear). Discuta as diferenças entre o ponto que ele se estabilizará no modelo linearizado e no modelo não linear, usando gráficos em ambos os casos.

- (d) Considere que se utiliza um controlador PI para o controle de vazão z, usando o sinal $r(t)$ como referência para a vazão z a controlar. Há duas possíveis implementações deste PI:

  - Opção 1: $x(t) = K_p e(t) + K_i \int_0^t e(\mu)d\mu \,, e(t) = r(t) - z(t)\,,$

  - Opção 2: $x(t) = K_p[br(t) - z(t)] + K_i \int_0^t e(\mu)d\mu \,, e(t) = r(t) - z(t)\,.$

  O segundo PI possui um parâmetro adicional de ajuste (b), denominado fator de ponderação do set-point. Analise ambas essas estratégias de controle e compare o desempenho do sistema em malha fechada quando aplicam-se perturbações $y(t)$ de tipo degrau e mudanças de set-point $r(t)$ de tipo degrau. Quais as vantagens ou desvantagens de cada estratégia de controle?

A.5.1 Resolução

a) Para estudar o comportamento estático partimos da equação do modelo dinâmico:

$$\frac{dz(t)}{dt}x(t) = -z(t) + [x(t)]^2 + 2y(t) \tag{A.69}$$

e consideramos a condição de equilíbrio com derivada zero. Isso nos leva ao modelo estático do sistema:

$$z = x^2 + 2y \tag{A.70}$$

Para desenhar as características estáticas do sistema, consideramos, para os intervalos definidos, a relação entre x e z para valores fixos de y, $z = f_1(x)$, e na sequência a relação entre y e z para valores fixos de x, $z = f_2(y)$. A Figura A.5.a mostra $z = f_1(x)$ para diversos valores de y. Podemos observar da figura que a relação entre os incrementos de x e os incrementos de z é positiva, não é constante e aumenta para valores maiores de x, configurando um comportamento estático não linear. Na Figura A.5.b observamos $z = f_2(y)$ para diversos valores de x. Neste caso a relação entre os incrementos de y e os incrementos de z é positiva e constante, configurando um comportamento estático linear entre Δy e Δz.

b) O modelo deve ser linearizado no ponto $x_0 = 1$, $y_0 = 0.5$, que corresponde a um valor de $z_0 = 2$. Definimos então as variáveis incrementais para analisar as variações nas proximidades do equilíbrio:

$$x = x_0 + \Delta x$$

$$y = y_0 + \Delta y$$

$$z = z_0 + \Delta z \tag{A.71}$$

e substituindo na Eq. (A.69):

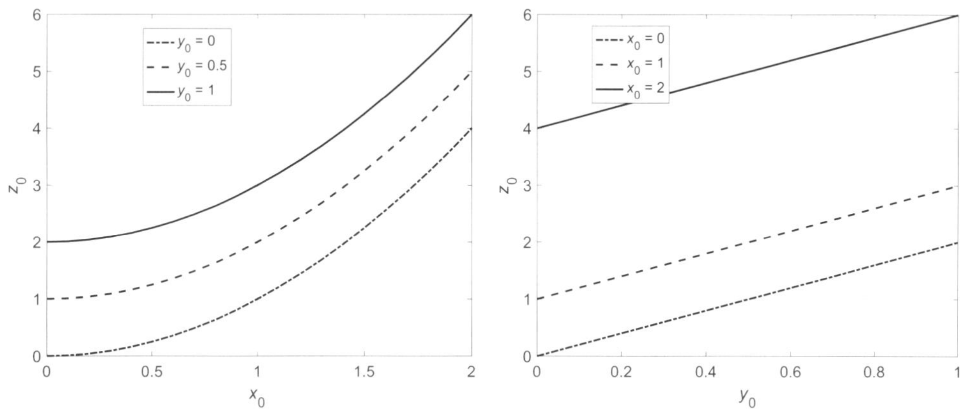

Figura A.5 – Relações estáticas z, x e z, y

$$\frac{d(z_0 + \Delta z)}{dt}(x_0 + \Delta x(t)) = -(z_0 + \Delta z(t)) + [x_0 + \Delta x(t)]^2 + 2[y_0 + \Delta y(t)]$$

Usando que z_0 é constante e aproximando as duas funções não lineares do modelo usando Taylor de primeira ordem:

$$x^2 \approx x_0^2 + 2x_0 \Delta x$$

$$\frac{dz}{dt}x \approx \frac{dz}{dt}|_0 x_0 + \frac{dz}{dt}|_0 \Delta x + x_0 \frac{d(\Delta z)}{dt} = x_0 \frac{d(\Delta z)}{dt},$$

temos:

$$x_0 \frac{d\Delta z}{dt} = 2x_0 \Delta x + 2\Delta y - \Delta z - z_0 + x_0^2 + 2y_0 \tag{A.72}$$

e, como $-z_0 + x_0^2 + 2y_0 = 0$ (condição de equilíbrio), resulta:

$$x_0 \frac{d\Delta z}{dt} = 2x_0 \Delta x + 2\Delta y - \Delta z \tag{A.73}$$

Agora, substituindo os valores de x_0, y_0 e z_0 e organizando:

$$\frac{d\Delta z}{dt} + \Delta z = 2\Delta x + 2\Delta y \tag{A.74}$$

Analisando a Eq (A.74) que está na forma padrão de uma EDO de primeira ordem, ficam evidentes os valores de interesse:

$$\tau = 1 \qquad K_e = 2 \qquad K_q = 2$$

c) Nos ensaios desta parte do problema o sistema parte do ponto de equilíbrio $x_0 = 1$, $y_0 = 0.5$ e $z_0 = 2$.

- No primeiro ensaio se mantém $x_0 = 1$, muda-se y de y_0 para $y_f = 0.75$ e devemos encontrar o valor final z_{f1}.
- No segundo ensaio variamos x de x_0 para $x_0 = 1.25$, mantemos $y = y_0 = 0.5$ e devemos encontrar o valor final z_{f2}.

Partindo do pressuposto que $z_f = z_0 + \Delta z$ e observando que no primeiro ensaio $\Delta x = 0$ temos a partir do modelo linearizado que:

$$\Delta z = K_q \Delta y \qquad \rightarrow \qquad \Delta z = 2\,0.25 = 0.5 \tag{A.75}$$

Portanto:

$$z_{f1} = 2 + 0.5 = 2.5 \tag{A.76}$$

Usando agora o modelo real não linear estático, podemos encontrar o valor final de z_{f1} diretamente como:

$$z_{f1} = x_0^2 + 2y_f \tag{A.77}$$

Substituindo os valores:

$$z_{f1} = 1^2 + 2\,0.75 = 2.5 \tag{A.78}$$

Como esperado, o valor de z_{f1} encontrado é o mesmo que no caso de usar o modelo linearizado, pois o modelo incremental é linear na relação estática $z = f_2(y)$. Confirmando o resultado observado na Figura A.5.

Vamos repetir agora o procedimento para o segundo ensaio. Calculando a variação pelo modelo linearizado, temos:

$$z_{f2} = z_0 + K_e \Delta x = 2 + 2\,0.25 = 2.5 \tag{A.79}$$

Agora, calculando pelo modelo não linear utilizando a Eq. (A.77):

$$z_{f2} = (1.25)^2 + 2\,0.5 = 2.5625 \tag{A.80}$$

Conforme esperado, o valor obtido pela equação linearizada é diferente do valor da equação não linear, pois a relação estática $z = f_1(x)$ não é linear, conforme observado na Figura A.5.

Agora, calcularemos o tempo para chegar no equilíbrio, considerando que 99% do ponto final é suficiente. Sabemos que para um sistema linear se verifica que o tempo de resposta não depende da amplitude da entrada nem do ganho estático, mas apenas do τ. Assim, podemos aproximar:

$$\tau_{99\%} = 5\tau = 5\,1 = 5 \tag{A.81}$$

que é válido para os dois experimentos.

d) Considerando o controle PI implementado das duas formas sugeridas, podemos concluir que para as perturbações obteremos respostas e ação de controle iguais em ambos os PIs, pois o parâmetro b apenas modifica o valor do termo relativo a $r(t)$, que neste cenário não mudaria. Observe que para $r = 0$ as duas ações de controle são iguais.

Porém para mudanças no sinal de referência teremos sinais de controle diferentes. Para o segundo caso, com $0 < b < 1$, conforme o valor de b

decresce, diminui-se também o valor de pico e a amplitude do sinal de controle no regime transitório. Tipicamente, para uma mudança de set-point do tipo degrau de amplitude A, no controle u_1 teremos uma variação de ação de controle instantânea diretamente proporcional a A, de valor K_pA. Já no controle u_2 esse valor será de $K_pAb < K_pA$. Isso permite mais possibilidades de ajuste do controle para ter respostas rápidas às perturbações (K_p grande) e manter as respostas à referência sem pico (b pequeno). Claramente o controle 2 tem vantagens por permitir um ajuste mais adequado das duas respostas.

Note que b somente tem efeito no transitório da resposta. Em regime permanente o sinal de controle final u_f será o mesmo nos dois controladores, assim como o valor de equilíbrio da variável de processo $y_f = r$, pois o termo integral continua sendo a integral do erro $e = r - y$ que garante a convergência do sinal erro para a zero em ambas as leis de controle. Por outro lado, como o ponto de equilíbrio do processo é único, para esse y_f e uma dada perturbação existe um único valor de u_f. A diferença entre os controles 1 e 2 está nas parcelas de controle P e I no regime permanente, pois no caso 1 teremos $u_{P1} = 0$ e $u_{I1} = u_f$, enquanto no caso 2 teremos $u_{P2} = K_py_f(b-1)$ e $u_{I2} = u_f - K_py_f(b-1)$.

Apêndice B

Bancada experimental: controle de velocidade de um motor DC

Neste Apêndice, apresentamos um tutorial para montagem de uma bancada experimental de controle digital para testes de várias das metodologias apresentadas ao longo deste livro. O sistema proposto permite realizar o controle de velocidade de um par motor-gerador constituído por motores de corrente contínua (motor DC, do inglês *direct current*).

B.1 Kit experimental

O kit experimental proposto, tal como ilustrado na Figura B.1, tem baixo custo de montagem. Para sua confecção, os seguintes componentes são necessários:

- dois motores DC de 5V;
- um transistor MOSFET;
- uma protoboard pequena;
- cabos de cobre (*jumpers*);

- um microcontrolador Arduino.

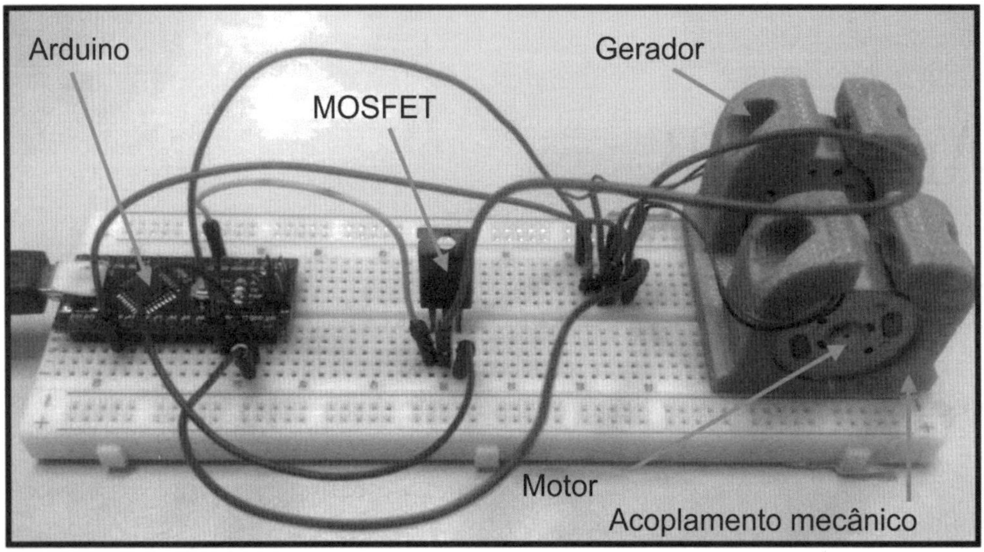

Figura B.1 – Foto de um kit experimental confeccionado pelos autores.

Os dois motores considerados são acoplados mecanicamente pelo seu eixo, como mostra a Figura B.2.

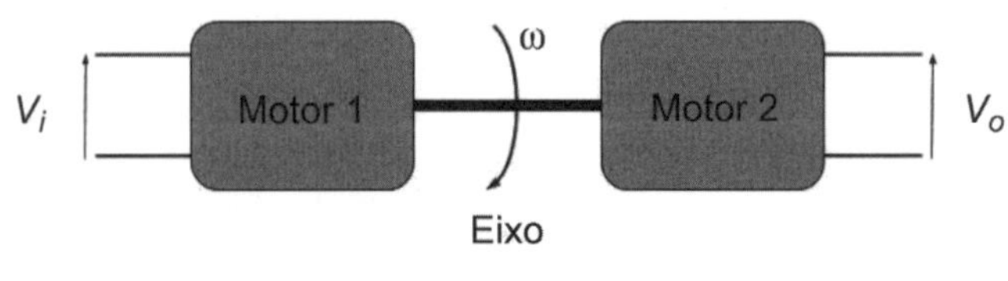

Figura B.2 – Montagem do processo motor-gerador.

O primeiro motor é acionado por uma tensão de entrada $V_i(t)$ e, girando a uma velocidade de giro ω, faz o segundo motor se movimentar, gerando uma tensão $V_o(t)$ sobre os terminais do segundo motor. Assim, o sinal de controle do processo é a tensão de alimentação do primeiro motor, à esquerda na figura, sendo que a variável de processo (sinal medido) é a tensão do segundo motor, à direita na figura. Por simplicidade, consideramos que as tensões sobre os terminais do segundo motor são medidas de velocidade. No kit, ambas as tensões variam entre 0 e 5 V.

Neste sistema, o controlador será implementado em microcontrolador Arduino, que já possui sistema de conversão analógico-digital e permite comunicação com o computador, no qual será escrito o código de controle.

Para a atuação, o Arduino envia uma tensão entre 0 e 5 volts para o primeiro motor, que, por simplicidade, será implementada através da saída PWM do Arduino. Finalmente, o Arduino pode comunicar-se com o computador para envio de informações e, dessa forma, possibilitar a visualização de gráficos, por exemplo.

B.2 Modulação PWM

Explicaremos o funcionamento do modo PWM do Arduino antes de apresentar o sistema de montagem do kit.

A modulação por pulsos (do inglês, *pulse width modulation*) é uma alternativa para implementar uma atuação proporcional usando um atuador tipo liga-desliga. Caso a frequência usada para ligar e desligar o atuador seja muito maior que o inverso do período de tempo médio das dinâmicas do sistema, então, podemos considerar que o sistema recebe uma atuação dada pelo valor médio do sinal de tensão enviado. Pense, por exemplo, no que acontece com os sistemas de iluminação com corrente alternada e nossa percepção do fenômeno. Como a lâmpada esta ligando e desligando 60 vezes por segundo, e nosso olho não consegue reagir a essa variação tão rápida da luz emitida pela lâmpada, nos parece que ela está sempre acesa. Percebemos apenas o valor médio da luz emitida.

Para este caso de estudo, o sinal tipo PWM de amplitude 5 V tem a característica apresentada na Figura B.3.

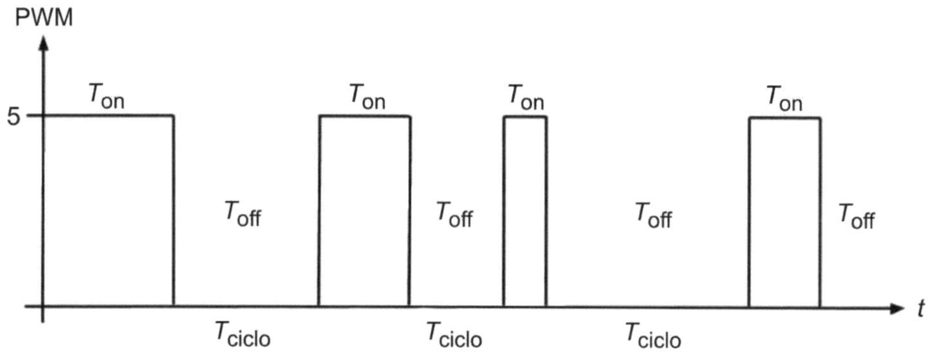

Figura B.3 – Sinal tipo PWM.

A cada T_{Ciclo}, este sinal é definido como 5 V durante um tempo T_{On} e como 0 V durante um período de tempo T_{Off}, de tal forma que $T_{\text{Ciclo}} = (T_{\text{On}} + T_{\text{Off}})$.

O valor médio da tensão aplicada em um ciclo i é:

$$V_{\text{média}}(i) = \frac{\left(5T_{\text{On}}(i) + 0T_{\text{Off}(i)}\right)}{T_{\text{Ciclo}}} = \frac{5T_{\text{On}}(i)}{T_{\text{Ciclo}}}. \qquad \text{(B.1)}$$

Em uma janela de n ciclos, o valor médio da tensão aplicada a cada ciclo é dado por:

$$V_{\text{média}}^{n} = \frac{1}{n}\sum_{i=1}^{n}\left(\frac{5T_{\text{On}}(i)}{T_{\text{Ciclo}}}\right) = \left(\frac{5}{nT_{\text{Ciclo}}}\right)\sum_{i=1}^{n}\left(T_{\text{On}}(i)\right). \qquad \text{(B.2)}$$

Desta forma, quando regulamos cada período $T_{\text{On}}(i)$, podemos obter uma tensão média dada entre 0 e 5 V. Ou seja, que o sinal de controle passa a ser a largura do pulso que define o tempo de On. Com este tipo de implementação não precisamos de um atuador de tensão variável, mas apenas uma chave capaz de abrir e fechar de forma rápida. No kit proposto, o MOSFET é usado como chave eletrônica, pois é capaz de chavear entre 0 e 5 volts com uma frequência muito alta.

No caso do Arduino, este microcontrolador permite regular 256 intervalos de tempo a cada ciclo. Portanto, podemos ter desde 0 a 255 pulsos no estado "On", de um total de 256 ciclos possíveis. Considerando que a tensão do estado "On" é 5 V, isso permite regular o valor médio com uma variação de $\frac{5}{255} \approx 0.02$ V por amostra, ou seja, podemos aumentar ou diminuir a tensão aplicada em passos de 0.02 V, aproximadamente. Esta resolução de tensão é suficiente para nossa aplicação e podemos considerar que o sistema de atuação PWM com a chave pode ser modelado como um atuador proporcional, para o qual a tensão aplicada é proporcional ao período de tempo no estado "On".

O transistor MOSFET é ilustrado na Figura B.4. Como mencionado, este elemento eletrônico funciona como uma chave: se a tensão aplicada sobre o pino 1 for 5 V, a chave fica fechada e, portanto, a tensão sobre o pino 2 é igual à tensão sobre o pino 3; se a tensão aplicada sobre o pino 1 for nula (0 V), a chave fica aberta e, portanto, não circula corrente entre os pinos 2 e 3.

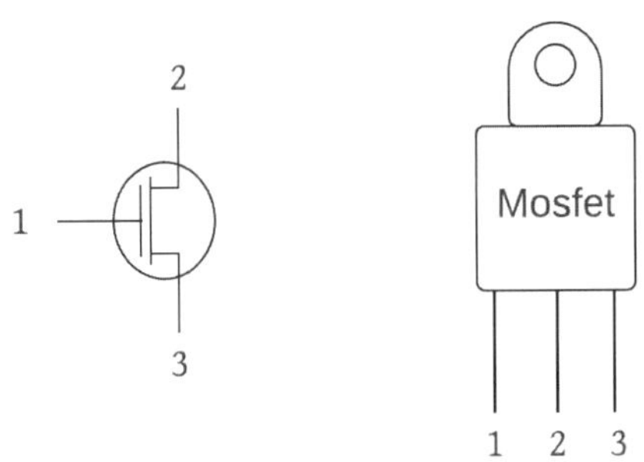

Figura B.4 – Transistor tipo MOSFET.

B.3 Circuito eletrônico

A implementação deste kit experimental segue o esquema apresentado na Figura B.5. O elemento ao centro é o transistor MOSFET. Os dois motores com acoplamento mecânico se mostram à direita na figura (este acoplamento pode ser construído com um tubo plástico de diâmetro apropriado). Como se observa da figura o sinal de controle gerado pelo Arduino na sua porta PWM é usado para acionar o MOSFET que atua como chave.

Neste esquema, considera-se:

1. A0: Entrada analógica do Arduino.
2. GND: Aterramento elétrico.
3. PWM: Saída PWM do Arduino.
4. 5V: Saída do Arduino de 5 V.
5. USB: Cabo de conexão com o PC, comunicação e alimentação de 5 V.

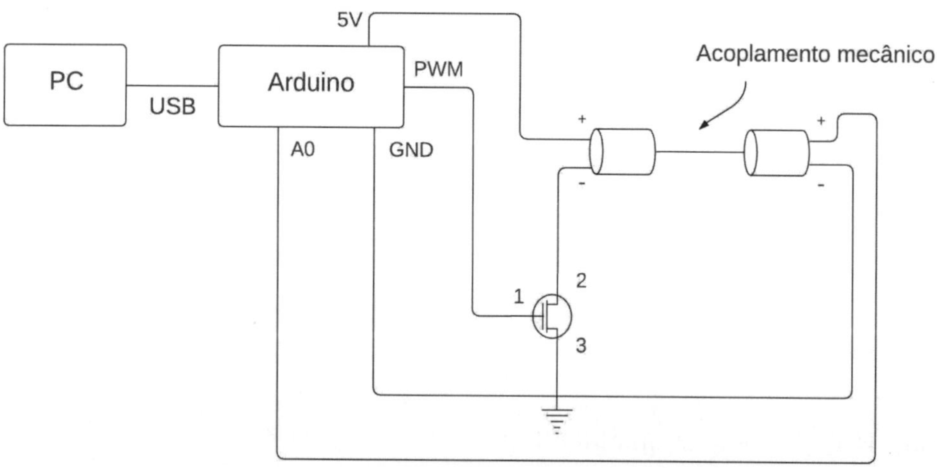

Figura B.5 – Circuito de implementação do kit experimental.

Discutiremos agora o funcionamento da chave eletrônica no esquema. O motor 1 está conectado no terminal positivo a 5 V e no negativo no pino 2 do MOSFET. Desta forma, quando o MOSFET é acionado com tensão 5 V no pino 1, ele fecha a chave e o terminal negativo do motor estará a terra, assim estaremos aplicando 5 V na entrada do motor 1. Já quando o MOSFET é acionado com tensão 0 V no pino 1, ele abre a chave e impede a passagem de corrente pelo motor 1.

Finalmente, para finalizar o esquema, o motor que funciona como gerador deve ser conectado ao Arduino de forma tal que a tensão aplicada sobre a porta de leitura analógica A0 seja positiva. Note que esta tensão depende do sentido de giro do motor. Desta forma, verifique a tensão do sentido de giro, com um multímetro, antes de conectar o motor à porta A0 do Arduino.

A montagem deste kit se dá de acordo com as seguintes etapas:

- Passo 1: Fixe os motores no protoboard usando cola quente ou silicone. Acople os motores pelo eixo e verifique se não há escorregamento.

- Passo 2: Faça todas as conexões de terra (GND). Não conecte o gerador na porta A0.

- Passo 3: Conecte o cabo USB. Carregue o programa no Arduino usando a interface do aplicativo Arduino (detalhes na sequência). Realize um ensaio de malha aberta, isto é, envie sinal ao motor pela porta PWM e, usando multímetro, verifique a tensão no gerador após identificar a polaridade da tensão conecte o cabo da saída (+) do gerador na porta A0. Verifique se o sinal é recebido e se consegue visualizar a medida da velocidade.

- Passo 4: Realize vários ensaios de malha aberta para visualizar todos os sinais e analise o comportamento do sistema.

B.4 Tutorial de comunicação com Arduino

A comunicação entre o computador e o microcontrolador Arduino deve ser realizada por meio do software proprietário para esse sistema. Toda documentação e instrução para instalação deste software está disponível em *https://www.arduino.cc*, para os mais diversos sistemas operacionais.

Na sequência, detalharemos como pode ser elaborado um código básico para a implementação dos sistemas de controle de velocidade, no kit experimental, por meio do microcontrolador Arduino. Consideremos, para tal, que o kit está montado corretamente, tal como descrito no esquema de montagem anterior. Ressaltamos, ademais, que o microcontrolador Arduino opera por meio de instruções elaboradas em códigos em linguagem proprietária do sistema, mas muito similar ao C.

Em uma primeira etapa, devemos definir as portas de leitura e envio de sinais entre o Arduino e a bancada experimental. Considerando que o sinal de atuação é feito por meio da porta analógica A0 e que a aquisição do sinal digital de medição é feita pela porta digital 11, o código de implementação deve começar da seguinte forma:

```
#define MEDICAO A0
#define ATUACAO 11
```

Em seguida, devemos definir os parâmetros dos controladores (K_p, T_i, etc) como constantes voláteis tipo *float*:

```
volatile const float Kp = 1;
volatile const float Ti = 1;
```

Devemos, então, prosseguir com a inicialização do sistema. Para tal, devemos inicializar as portas do Arduino como portas de leitura (aquisição) ou envio (atuação) de dados. Ademais, definimos a taxa de envio de informação pelos canais de comunicação (*Baud Rate*). Para o propósito deste trabalho, uma taxa de 9600 amostras por unidade de tempo é suficiente. O código de inicialização é o seguinte:

```
void setup() {
  Serial.begin(9600);
  pinMode(ATUACAO, OUTPUT);
  pinMode(MEDICAO, INPUT);
}
```

Finalmente, devemos roteirizar o laço principal de operação do Arduino. Neste laço, a lógica do sistema de controle deve ser embarcada. Como exemplo, apresentamos na sequência um laço que implementa uma lógica de controle tipo *on-off* e apresenta o sinal medido da variável de processo no canal serial. Note que os sinais são medidos entre 0 e 255, de acordo com a discussão prévia. Neste exemplo, a banda *on-off* é definida entre 100 e 200 unidades.

```
void loop()
{
    float uanterior = 0;
    if (analogRead(MEDICAO) < 100){
        uanterior = 255;
        analogWrite(ATUACAO, uanterior);
    }
    else if (analogRead(MEDICAO) > 200){
        uanterior = 0;
        analogWrite(ATUACAO, uanterior);
    }
    else{
        analogWrite(ATUACAO, uanterior);
    end
    Serial.print(analogRead(MEDICAO));
    Serial.print("\t");
}
```

Ressaltamos que funções separadas para a operação deste microcontrolador podem ser definidas na antecedência do laço principal e operadas dentro dele. Como um exemplo, considere a seguinte função que calcula um sinal de controle proporcional, dentro dos limites de atuação, com base em um sinal de erro.

```
void controleProporcional (float erro) {
    if(erro < 0){
        analogWrite(ATUACAO, 0);
    }
    else if(Kp*erro > 255){
        analogWrite(ATUACAO, 255);
    }
    else{
        analogWrite(ATUACAO,Kp*erro);
    }
}
```

Apêndice C

Simuladores de processos

Para que as estratégias de controle apresentadas ao longo deste livro possam ser testadas e analisadas, incluímos como material didático complementar duas ferramentas de simulação.

Essas ferramentas são gratuitas e permitem a simulação de processos SISO modelados pela seguinte EDO:

$$\tau\frac{dy(t)}{dt} + y(t) = K_e u(t) + K_q q(t)\,. \tag{C.1}$$

Essas ferramentas também consideram ruído de medição, do tipo:

$$y_m(t) = y(t) + \nu(t)\,, \tag{C.2}$$

sendo $y_m(t)$ o sinal medido referente à variável de processo usado por uma estratégia de controle para formalizar uma ação de controle $u(t)$. As perturbações $q(t)$ são do tipo degrau, tal como o sinal de referência $r(t)$.

As ferramentas são as seguintes:

1. Ferramenta implementada em Matlab, desenvolvida pelos autores deste livro, disponível em **http://livro.link/sbanm01**.

2. Ferramenta executável diretamente em sistemas operacionais Win-

dows, Linux e Macintosh, desenvolvida pelos professores José Luis Guzmán, Karl J. Åström, Sebastián Dormido, Tore Hägglund e Yves Piguet, disponível em **http://livro.link/sbanm02**.

Nos links precedentes, instruções e detalhes para o uso de cada uma dessas ferramenta são incluídos.

Sobre os autores

Julio Elias Normey-Rico possui graduação em Ingenieria Electronica pela Universidad Nacional de La Plata (1986), mestrado em Engenharia Elétrica pela Universidade Federal de Santa Catarina (UFSC, 1989) e doutorado em Robotica Automatica y Electronica pela Universidad de Sevilla (1999). Atualmente é professor titular da UFSC, pesquisador 1A do CNPq, coordenador de vários projetos de pesquisa em áreas de energia e membro do comitê editorial do International Renewable Energy Congress e da revista *Frontiers*. É coordenador de diversas parcerias com industriais do setor da energia e de acordos de cooperação internacional (Argentina, Uruguai, Espanha, Chile e Itália). Coordena também o Grupo de Pesquisa em Energias Renováveis da UFSC. Tem experiência na área de Engenharia de Controle e Automação, com ênfase em Controle de Processos, atuando principalmente nos seguintes temas: controle de sistemas com atraso e controle preditivo, com aplicações em diversos setores, principalmente em petróleo e gás natural e energias renováveis, assim como em sistemas epidemiológicos. É autor de mais de 330 artigos em congressos e revistas e publicou cinco capítulos de livros e um livro didático (*Control of Dead-Time Processes*, Springer, 2007). Leciona disciplinas de controle de processos e sistemas lineares desde 1990, participando como professor convidado em várias universidades e tendo ministrado cursos no tema para o setor industrial. Foi plenarista convidado em diversos congressos nacionais e internacionais e orientou mais de sessenta teses e dissertações. Integra o comitê de diversos congressos nacionais relacionados ao controle automático desde 2000 e foi coordenador geral do IFAC Symposium DYCOPS 2019.

Marcelo Menezes Morato é doutorando em Automação e Sistemas pela Universidade Federal de Santa Catarina (UFSC) e em Automação e Produção pela Université Grenoble-Alpes, França. É pesquisador do Grupo de Pesquisa em Energias Renováveis da UFSC e do GIPSA-Lab (Grenoble, França). É engenheiro de controle e automação (2018, *Summa Cum Laude*) e mestre engenheiro de automação e sistemas (CNPq, 2019), formado pela mesma instituição. Lecionou como professor substituto do Departamento de Automação e Sistemas da UFSC (2019-2020) e, durante vários anos (2016-2021), como assistente de ensino em disciplinas de controle de processos. É autor de mais de cinquenta artigos em conferências e em revistas. Atualmente, também é revisor de diversos periódicos e de congressos internacionais e colabora com a supervisão de estudantes de graduação em projetos de pesquisa. Em 2019, foi contemplado com o prêmio Green Talents pelo governo alemão, concedido a jovens cientistas com pesquisa de relevância na área de sustentabilidade. Em 2020, foi homenageado pela Câmara Municipal de Florianópolis com a Medalha João David Ferreira Lima por relevantes serviços prestados ao ensino superior no município.

Lista de figuras

GRÁFICA PAYM
Tel. [11] 4392-3344
paym@graficapaym.com.br